美国名校学生喜爱的心理学教材

社会心理学

SOCIAL
PSYCHOLOGY
FOURTEENTH EDITION

原书第14版
（四色彩图版）

[美] 尼拉 R. 布兰斯科姆（Nyla R. Branscombe）
罗伯特 A. 巴隆（Robert A. Baron） 著　邹智敏　翟晴　等译

机械工业出版社
CHINA MACHINE PRESS

图书在版编目（CIP）数据

社会心理学（原书第14版）/（美）尼拉 R. 布兰斯科姆（Nyla R. Branscombe），（美）罗伯特 A. 巴隆（Robert A. Baron）著；邹智敏，翟晴等译. —北京：机械工业出版社，2019.2（2025.5 重印）
（美国名校学生喜爱的心理学教材）
书名原文：Social Psychology

ISBN 978-7-111-61935-2

I. 社… II. ①尼… ②罗… ③邹… ④翟… III. 社会心理学 - 高等学校 - 教材 IV. C912.6

中国版本图书馆 CIP 数据核字（2019）第 019795 号

北京市版权局著作权合同登记　图字：01-2018-8014 号。

Authorized translation from the English language edition, entitled Social Psychology, 14th Edition, Nyla R. Branscombe, Robert A. Baron, published by Pearson Education, Inc, Copyright © 2017, 2012, 2009 by Pearson Education, Inc.

All rights reserved. No part of this book may be reproduced or transmitted in any form or by any means, electronic or mechanical, including photocopying, recording or by any information storage retrieval system, without permission from Pearson Education, Inc.
CHINESE SIMPLIFIED language edition published by China Machine Press Copyright © 2019. This edition is authorized for sale in the Chinese mainland (excluding Hong Kong SAR, Macao SAR and Taiwan).

本书中文简体字版由 Pearson Education（培生教育出版集团）授权机械工业出版社仅在中国大陆地区（不包括香港、澳门特别行政区及台湾地区）独家出版发行。未经出版者书面许可，不得以任何方式抄袭、复制或节录本书中的任何部分。

本书封底贴有 Pearson Education（培生教育出版集团）激光防伪标签，无标签者不得销售。

本书向人们展示了社会心理学领域的不断变化，对学生的日常生活非常有帮助。本书以生动活泼的语言为世界各地成千上万的学生呈现了各个社会心理学主题的最新发展情况，作者尼拉 R. 布兰斯科姆和罗伯特 A. 巴隆均为知名学者和有着几十年丰富教学经验的心理学教授，他们特别善于将理论和实际经验联系起来。第 14 版更新部分尤其引人注目，如每章的"研究告诉我们"部分，探讨研究结果如何帮助人们解决有关社会生活的重要问题。

本书适用于心理学专业师生和相关人士。

出版发行：机械工业出版社（北京市西城区百万庄大街22号　邮政编码：100037）
责任编辑：王钦福　王　戬　　　　　　　　　责任校对：殷　虹
印　　刷：北京瑞禾彩色印刷有限公司印刷　　版　　次：2025年5月第1版第4次印刷
开　　本：214mm×275mm　1/16　　　　　　印　　张：22.25
书　　号：ISBN 978-7-111-61935-2　　　　　定　　价：149.00元

客服电话：（010）88361066　68326294

版权所有·侵权必究
封底无防伪标均为盗版

The Translator's Words | 译者序

我十分有幸能再次翻译布兰斯科姆和巴隆教授的这本《社会心理学》。最初与这本书结缘是在中山大学读硕士研究生时，当时恩师杨中芳老师指定这本书作为我们的课程教材，并召集黄敏儿老师和王飞雪老师带领大家一同翻译了本书的第10版。我在北京大学深研院做博士后期间，有缘再次接手这本书第12版的翻译工作，并在之后的几年教学中，一直都将这本书作为自己课程的主要教科书。

对我而言，作为一本优秀的社会心理学教材，它必须具备几个重要特征：①结构宏大，不然不足以展示社会心理学的广博；②紧跟研究前沿，不然无法了解社会心理学的最新科研成果；③实例要与时俱进，不然不足以反映瞬息万变的社会现实。这本书都做到了。

这是本书的第14版，在之前第12版的基础上，增加了全新的一章："应对逆境并实现幸福的生活"，这是近20年来心理学界对于积极心理学的呼吁，也是社会心理学者能从中有所发挥的重要舞台。

今天，在全党、全国都在为了"让人民群众过上美好幸福生活"而奋斗的当下，社会心理学所能发挥的影响正当其时！

最后感谢参与本书翻译的实验室同学们：前言、第1章和第9章，翟晴；第2章，莫璐瑕；第3、4章，郑少凤；第5章，黄茹；第6、10章，黄铃铃；第7章，段紫逸；第8章，陆嘉琦；第11章，吴晓舒；第12章，林智靓。谢谢大家的付出与努力！

邹智敏
于番禺小谷围
2018年11月6日

前言 | Preface

变化世界中的心理学

教育是改变世界最有力的武器。

——纳尔逊·曼德拉

当我们前进的时候,我希望我们将继续使用技术真正改变人们的生活与工作方式。

——谢尔盖·布林(Google创始人之一)

心理学虽然不能告诉人们应该如何生活,但是它能够为人们提供有效改变个人与社会的一种方式。

——阿尔伯特·班杜拉

我们大多数人都会同意以上这些句子背后的深刻意义:相信教育的变革力量。我们也同意,当人们拥有一套新的认识自己与世界如何互动的知识时,它会带来的深远影响。更为重要的是,我们相信社会心理学确实有一套手段能够帮助人们了解他们的想法、感受以及行为的原因,而这些反过来又阐明了社会世界在如何塑造我们,以及我们在自我与社会世界中又是如何实现这些改变的过程。如你所知,通过技术改变世界这个目标至少在我们与他人互动以及获取知识方面已经实现了,"Google"已经成为我们日常语言中的一个动词,而Facebook以及其他社交媒体已经极大地改变了我们彼此之间的互动方式。你也许很难想象如果没有了我们几乎每天都在使用的社交媒体,生活会是怎样的。因为数字技术已经成为我们生活的一部分,所以我们将其视为理所当然的存在,甚至将它们视作我们自己的延伸。Google与Facebook的创始人试图改变人们与世界互动的方式,而社会心理学家则试图揭示人们如何互相影响的"隐藏过程"。这本书将概括地向你介绍社会心理学的理论与研究,我们相信这本书所提供的信息能够为你提供一个有价值的了解自己以及我们所赖以生存的社会世界的方式。

这本书关注到社会世界在近几年发生了巨大的变化,这种变化可能比以往任何时候都要更快速、更引人注目。这包括我们彼此之间如何互动,以及我们将在整本书中强调的一个重点,即这些变化对于我们如何看待自己和他人有着重要的意义。社会心理学是心理学的一个分支,其研究涵盖了我们与他人有关的所有行为,我们对他人的感受与想法,以及我们是如何与他们建立关系的等内容。社会心理学领域以及任何一本社会心理学书籍的核心准则都很简单：了解这些技术变革对社会生活的影响。这也是我们编撰本书第 14 版的准则。

值得高兴的是，社会心理学迄今为止为了解我们的社会变革提供了许多重要的见解，进而能为我们如何进一步以及更好地进行社会变革提供方法。我们预期这个领域将会永远充满活力与适应性。在过去的几年里，社会心理学研究的范围迅速扩大。事实上，自从本书前一版出版以来，人们对社会心理学已经有了更多的了解，这次的新版本将充分地反映许多当今世界正在发生的变化。

新版本的一个核心目标是展现社会心理学能够更好地适应以及反映这个不断变化的社会世界。技术不只是简单地改变了我们做特定任务的方式，还改变了我们的生活方式，最重要的是改变了我们彼此之间的互动方式。虽然关于社会生活的许多准则，如爱、恨的本质以及不同的情感，仍然保留不变，但是这些准则的表达与体验方式已经发生了巨大的变化。

那么我们要如何准确地反映这些主要趋势，同时充分准确地描述社会心理学领域的核心——社会心理学家在过去的几十年通过系统性研究总结得到的知识与见解呢？正如 2015 年白官发布的《社会与行为科学团队报告》所指出的，社会心理学研究涵盖了大量关于人们如何思考、感受与对待他人的知识，这些知识能够让我们辨别如何通过改变社会环境来改变现有状况，着眼于提高我们所有人的生活品质。事实上，社会心理学研究已经告诉我们很多关于"人类动物"的知识，这些知识也正被广泛运用于许多领域。我们编写本书第 14 版的目的正是为了说明了解社会心理过程可以如何帮助我们提升生活的方方面面。以下是我们完成这些重要目标的主要步骤总结。

内容的变化：一个完全基于"幸福科学"的全新章节

应对逆境并实现幸福的生活（第 12 章）

本书的终结章与第 14 版书的主题完全一致：教育是为了实现改变。我们相信社会心理学能够帮助你应对生活中的压力，也能引导你获得更大的幸福。提高幸福感是一个大难题，但社会心理学能够通过改变人们看待自己的方式来塑造人们进入新环境时的弹性，并提供可应用的有效策略来提升人们的幸福感。以下是你可以从做了大量修改的这个章节了解到的（第 12 章）：

人们可以获得幸福吗？何为幸福？在为幸福下定义时，文化与年龄扮演着怎样的角色？我们了解如何提高不同国家人们的幸福吗？我们能够做些什么来让自己更快乐，更满意于我们所拥有的和我们所做出的决定？我们如何把逆境转化为力量和成就？简而言之，本章的社会心理学知识可以帮助你搭建幸福、实现所追求的理想人生。

换言之，在本章中我们将会提供社会心理学科学改变个人与社会的一些重要方法，以实现我们的核心目标。最重要的或许是，我们将考察人们应对挫折时的策略并揭示提高幸福感的要素。我们所呈现的有些结论可能会让你感到惊讶。例如，财富的增加不一定会让人更快乐，但社会关系的投资则确实会让人更快乐。我们相信这是本书一个独特且重要的方面，同时也完全符合社会心理学这个领域的实践信条：始终接受新的发现与知识。

每章内容的变化

延续本书以往的传统，每次新版本都包含很多新的主题，第14版书确实是"新的"。在每一章中，我们都增加了新的研究思路、新的发现、新的理论观点。以下是部分新主题的列表：

第 1 章
- 强调社会关系对心理健康的重要性。
- 有关用元分析来评估某一主题现有结论重要性的全新小节。
- 强调文化因素如何塑造我们的自我概念，以及反过来又如何影响个体适应不同社交情境的能力。

第 2 章
- 关于经济威胁条件下运用启发式的新小节。
- 关于"部分尺寸效应"以及饮食可以反映高锚定下调整不足的新小节。
- 关于自由意志信念及其反事实思维的新研究。

第 3 章
- 关于我们为什么难以识别他人欺骗的新小节。
- 关于归因与恐怖主义的新讨论，肇事者如何解释他们的行为。
- 关于第一印象如何随时间变化的新研究。

第 4 章
- 关于消解身份认同会抑制社会互动、损害幸福感的全新小节。
- 关于内省法靠不住，人们不知道把钱花在别人身上会比把钱花在自己身上更让他们快乐的原因的新研究。
- 关于搬家（包括跨国移民与国内搬迁）影响自尊的全新小节。

第 5 章
- 关于学生在课堂上对老师行为反应逆反作用的新研究。
- 关于如何无意识地调节个体态度的新研究。
- 关于人们的行为什么时候反映的是他们的价值观，什么时候又是基于他们的经济利益的新研究。

第 6 章
- 关于种族群体如何影响针对警民事件的反应的新内容。
- 关于在对其他群体持有偏见的情况下，群体如何保持对自己群体的积极观点的新研究。
- 关于刻板印象如何在工作场所形成性别不平等的新研究。

第 7 章
- 关于我们与他人相处的社交能力及其在社交生活中的重要性的新小节。
- 关于与他人的细微相似之处（如，相同的名字）如何增加我们对他人好感的新讨论。
- 关于我们所期待的恋爱对象的特质会随着我们与他们关系的变化而变化的新信息。

第 8 章
- 关于拒绝"同流合污"或不屈服社会压力的潜在好处的新讨论。
- 关于各种让别人服从，对我们的要求说"是"的手段的有效性的进一步讨论。
- 关于无意识社会影响的全新小节：别人是如何影响我们的，即使他们并没有试图那样做。

第 9 章
- 关于"众筹"的新讨论，一种个体能够捐钱给从未谋面的企业家且没有期望任何回报的线上助人形式。
- 关于社会阶层在亲社会行为中作用的新探讨。
- 关于匿名感如何减少助人意愿的新发现。

第 10 章

- 关于基因与压力对儿童攻击性的综合作用的新研究。
- 关于自恋对攻击性的影响的新小节。
- 关于助长攻击行为的情境因素（包含枪支可获得性）的新小节。

第 11 章

- 关于群体如何在他们的独特性受到威胁时，在群体成员间产生更大凝聚力的新研究。
- 关于作为群体中的一员如何帮助人们增强对自己生活的控制感的新研究。
- 关于分配公平原则以及不同文化下这一原则有何不同的新研究。

第 12 章

- 这个全新的终结章为我们应对生活中的压力提供了一个"社会治愈"的观点，并阐述了社会关系对于健康与幸福，以及在这个不断变化的世界中实现有意义人生的关键作用。
- "相信我们能够改变"对于帮助我们渡过逆境的重要性。
- 在犯错误之后，自我宽恕为什么能够帮助人们实现改变。

新特色：关于前言话题的研究见解

为了充分反映当前社会心理学研究的趋势以及该领域对社会变革的影响，我们在当前版本每章中都增加了两个先前版本从未有过的特殊小节。这些小节叫"研究告诉我们"，它整合了能够吸引学生注意并引发他们对社会心理学新主题兴趣的重要研究。例如：

- 关于"人们倾向于选择现状"的新研究观点。
- 关于"为什么释放自己的行为，能让我们感觉良好"的新研究观点。
- 关于"非语言线索在工作面试中的作用"的新研究观点。
- 关于"为什么有些人认为自己比其他人优秀"的新研究观点。
- 关于"归属感与群体关系的重要性"的新研究观点。
- 关于"歧视知觉与自尊"的新研究观点。
- 关于"社会模型和饮食"的新研究观点。
- 关于"文化和态度加工"的新研究观点。
- 关于"我们的信念中关于不公平的偏见"的新研究观点。
- 关于"存在性威胁对偏见的作用"的新研究观点。
- 关于"伴侣外表间的戏剧化差距：爱真的是盲目的吗"的新研究观点。
- 关于"破坏爱的两个因素嫉妒和背弃"的新研究观点。
- 关于"我们有多么从众"的新研究观点。
- 关于"运用稀缺性获得依从"的新研究观点。
- 关于"爱的传递，帮助他人是因为曾得到帮助"的新研究观点。
- 关于"人们如何回应帮助"的新研究观点。
- 关于"情绪在攻击中所起的作用"的新研究观点。

- 关于"工作场所中的攻击"的新研究观点。
- 关于"对我们群体的异议和批评,'因为我们在乎'"的新研究观点。
- 关于"感到被尊重的重要性"的新研究观点。
- 关于"缓解退伍军人的创伤后应激障碍"的新研究观点。
- 关于"不同文化下,情感和生活满意度之间的关系"的新研究观点。

学生助手

任何教科书只有让使用它的学生感到既有用又有趣,它才是有价值的。为了让这个版本能更好地为学生所用,我们在本书编排了几个学生助手模块,旨在提高这本书的吸引力与实用性,包括以下这些内容:

章节概览:每个主要章节的学习目标。有了这些目标,学生在开始学习每个章节前就知道他们将要学习的内容。

以重要的社会趋势与事件开始章节:所有章节都以能够反映当前社会趋势以及现实生活事件的例子开始论述,以说明重要的社会生活原则。例子如下:

1. 人们如何用不完整的信息做出判断,从上哪所大学到选择什么健康保险(第2章)
2. 有多少名人欺骗了大众以及他们的欺骗为什么如此难以察觉(第3章)
3. Facebook:一个向他人展示自己的媒介(第4章)
4. 我们对气候变化的信念是如何形成的(第5章)
5. 反抗运动,如"黑人问题"是如何出现的,为什么对于警察对待公民的问题存在种族不同(第6章)
6. 长得可爱的强大实用优势(第7章)
7. 像伯尼·麦道夫这种骗了投资者数十亿的骗子如何利用社会影响实现自私的目的(第8章)
8. 提供更高效和安全的炉灶如何帮助超过15亿人过上更好的生活(第9章)
9. 最近美国枪击事件肇事者的动机,与那些处理群际问题时认同攻击行为以实现政治目的的人的动机进行比较(第10章)
10. 群体中与听众共享一个身份对于有效交流的关键作用(第11章)
11. 美国最高法院法官索尼娅·索托马纳尔(Sonia Sotomayor)是如何克服逆境实现幸福生活的(第12章)

要点:简要回顾了每章每个主要小节的要点。

章节末尾的总结:每章都以本章重要议题的总结结束。

所有图表的特殊标签:为了使图表易于理解,我们继续沿用了"特殊标签",这也是本书的特色。

总结

回顾我们为这第14版所做的改变,我们绝对相信我们已经尽了一切努力使这个版本成为最好的版本!我们试图打造一本充分展现现代社会心理学如何反映并拥抱现在世界主要变化并影响社会生活的一本书。但是只有你们（使用这本教材的同行以及学生）能够告诉我们，我们是否成功地做到了这一点。所以请给我们你的评价、反馈以及建议。与过去一样，我们将非常认真地聆听这些建议，并且在编写下一版本时有建设性地使用它们。

我们向你们致以热情的问候与感谢！

尼拉 R. 布兰斯科姆

Nyla@ku.edu

罗伯特 A. 巴隆

Robert.baron@okstate.edu

关于作者 | About the Authors

尼拉 R. 布兰斯科姆（Nyla R. Branscombe）

美国堪萨斯大学心理学教授，本科毕业于多伦多的约克大学，于加拿大西安大略大学获得硕士学位，1986年获得普渡大学心理学博士学位。现任《社会与人格心理学公报》《英国社会心理学》与《群体加工与群际关系》等杂志的副主编。2015年，获得美国堪萨斯大学拜伦 A. 亚历山大研究生导师奖。

至今，她已发表了超过140篇论文，作为共同得主，曾两次获得奥托·克莱因伯格奖，两次获得人格与社会心理学出版奖。2004年，她与波特让·杜丝（Bertjan Doosje）共同撰写了《集体犯罪：国际视角》（剑桥大学出版社）一书；2007年，出版《纪念布朗：社会心理学中的种族主义与歧视》（美国心理学协会出版）一书；2010年，出版《重新审视社会认同》（心理学出版社）一书；2013年，出版《性别与心理学手册》（塞奇出版社）；2015年，出版《变化的心理学：生活情境、经验与身份认同》。

她目前的研究领域是在社会认同视角下研究群体间关系，其主要的研究问题有：人们如何看待曾遭受迫害的群体，特权群体会在何种情境下因何种原因为他们过去所犯下的罪行而负疚，遭受歧视对心理健康所产生的影响。她由衷地感谢加拿大高级研究所"社会关系、身份认同与幸福感项目"的大力支持。

罗伯特 A. 巴隆（Robert A. Baron）

美国俄克拉何马州立大学终身教授、创业杰出教授。1968年于艾奥瓦大学社会心理系获得博士学位。曾任教于伦斯勒理工学院、普渡大学、明尼苏达大学、得克萨斯大学、南卡罗来纳大学、华盛顿大学、普林斯顿大学与牛津大学。1979～1981年，任美国国家科学基金会社会与发展心理学项目主任；2001年，任法国研究部（图卢兹大学）高级研究员。

他是美国心理学协会（APA）成员，也是美国心理科学协会（APS）的特别会员。至今已发表140多篇论文，独自或共同著有49本心理学或管理学的书籍。他是几本重要期刊的董事会成员，也获得许多研究奖项（如《管理学院》商业部"思想领袖"奖，2009年格瑞夫奖）。他拥有三项美国专利，同时也是个别教育计划（IEP）的创立者和首席执行官。

他目前的研究兴趣是：将社会心理学的研究成果与原理应用于商学中，如知觉在机会识别中的作用，企业管理者的社会技能如何影响其商业成功，积极情感在商业管理中的作用等。

目录 | Contents

译者序
前言
关于作者

第 1 章　社会心理学：社会生活中的科学 / 1

1.1 社会心理学：什么是社会心理学，社会心理学是做什么的 / 3
　1.1.1 社会心理学是自然科学 / 3
　1.1.2 社会心理学关注个体行为 / 6
　1.1.3 社会心理学寻求理解社会行为与思想的原因 / 6
　1.1.4 社会心理学在变化的世界中寻求基本原理 / 9
1.2 社会心理学的前沿 / 10
　1.2.1 认知与行为：同一枚"社会硬币"的两面 / 10
　1.2.2 情绪在社会生活中扮演的角色 / 10
　1.2.3 社会关系：它对幸福感有多重要 / 10
　1.2.4 社会认知科学：当社会心理学遇到脑科学 / 12
　1.2.5 内隐（无意识）过程所扮演的角色 / 13
　1.2.6 全面思考社会多样性 / 14
1.3 社会心理学家如何解答问题：通过研究增长知识 / 15
　1.3.1 系统观察法：描述我们周围的世界 / 15
　1.3.2 相关性：寻找关联 / 16
　1.3.3 实验法：通过系统干预获得知识 / 18
　1.3.4 对因果关系的进一步思考：中介变量的作用 / 20
　1.3.5 元分析：评估知识体系 / 20
1.4 理论在社会心理学上的地位 / 21
1.5 对知识与个人权利的渴求：寻找一个恰当的平衡点 / 22
1.6 最大限度地从本书中获益：使用指南 / 24
总结与回顾 / 24

第 2 章　社会认知：我们怎么看社会 / 26

2.1 启发式：如何使用社会认知中的简单法则 / 28
　2.1.1 代表性：通过相似进行判断 / 28
　2.1.2 易得性：如果我能回忆起它，那它一定是频繁出现的 / 29
　2.1.3 锚定调节：你哪里开始变得不同 / 31
　2.1.4 现状启发式：这是什么？是否是好的 / 32
研究告诉我们 人们倾向于选择现状 / 32
2.2 图式：组织社会心理学的心理框架 / 34
　2.2.1 图式对社会认知的影响：注意、编码和提取 / 34

2.2.2 启动：究竟哪些图式指导我们的思维过程 / 35
2.2.3 图式的持续：为什么不可信的图式有时也会影响我们的想法和行为 / 36
2.2.4 通过隐喻去推理：修辞如何影响社会态度和行为 / 36
2.3 社会思维的两种基本模式：自动加工和控制加工 / 37
2.3.1 自动加工过程和自动化的社会行为 / 38
2.3.2 自动加工过程的优势：不仅仅是效率 / 39
2.4 社会认知中潜在的错误来源：为什么绝对理性比你想的要少 / 40
2.4.1 社会思维的基本"倾向"：过度乐观 / 40
2.4.2 社会认知中错误的具体来源：反事实假设、迷信思维 / 43
2.5 情感和认知：情绪如何影响思维，思维如何影响感觉 / 45
2.5.1 情绪对认知的影响 / 46
2.5.2 认知对情感的影响 / 47
2.5.3 情感和认知：两个独立系统的社会神经科学依据 / 49

研究告诉我们 为什么释放自己的行为，能让我们感觉良好 / 49

总结与回顾 / 50

第 3 章 社会知觉：寻求理解他人 / 52

3.1 非言语交流：不言之语 / 53
3.1.1 非言语交流的基本渠道 / 54
3.1.2 社会生活中的非言语线索 / 56
3.1.3 识别欺骗 / 58

研究告诉我们 非言语线索在工作面试中的作用 / 60

3.2 归因：了解行为的原因 / 62
3.2.1 归因理论：我们如何试图理解社会 / 62
3.2.2 基本归因偏差 / 65

研究告诉我们 为什么有些人认为自己比其他人优秀 / 68

3.2.3 归因理论的应用：干预和洞察 / 69
3.3 印象形成与管理：整合他人的信息 / 71
3.3.1 印象形成 / 71
3.3.2 印象管理 / 74

总结与回顾 / 75

第 4 章 自我：回答"我是谁"这个问题 / 77

4.1 自我呈现：管理不同社会情境下的自我 / 79
4.1.1 在预测行为方面的"自我–他人准确性" / 79
4.1.2 自我呈现的策略 / 81
4.2 自我知识：决定我们是谁 / 83
4.2.1 内省：内省以探索我们自己行为的原因 / 83
4.2.2 观察者角度的自我 / 84
4.3 个体认同与社会认同 / 85
4.3.1 对自我的定义依社会情境而定 / 87
4.3.2 对自我的定义依别人的看法而定 / 89

研究告诉我们 归属感与群体关系的重要性 / 90

4.3.3 自我的变迁：过去与未来的自我 / 91
4.3.4 为什么自我控制难以实现 / 92
4.4 社会比较：我们如何评估自己 / 94
4.5 自尊：对自己的态度 / 96
4.5.1 自尊的测量 / 97
4.5.2 移民如何影响自尊 / 98
4.5.3 男性和女性在自尊水平上存在差异吗 / 99

研究告诉我们 歧视知觉与自尊 / 100

4.6 当自己成为偏见的对象 / 102

4.6.1 隐瞒身份：如何损害幸福感 / 102
4.6.2 克服刻板印象威胁的影响 / 102

总结与回顾 / 105

第 5 章　态度：对社会世界的评估与反馈 / 107

5.1 态度的形成：态度是如何发展的 / 112
    5.1.1 经典条件作用：联结学习 / 112
    5.1.2 工具性条件作用：奖励"正确"看法 / 114
    5.1.3 观察学习：学习他人 / 115

研究告诉我们　社会模型和饮食 / 116

5.2 态度何时以及为什么会影响行为 / 117
    5.2.1 态度与行为之间的情境因素 / 118
    5.2.2 态度的强度 / 118
    5.2.3 态度的极端性：既得权益的角色 / 119
    5.2.4 态度的确定性：清晰度与正确性的重要性 / 120
    5.2.5 个人经历的作用 / 120

5.3 态度如何引导行为 / 121
    5.3.1 源于理性思考的态度 / 121
    5.3.2 态度与自发行为反应 / 122

5.4 说服的学问：态度是如何被改变的 / 123
    5.4.1 说服：传播者、信息和受众 / 123

5.4.2 说服的认知过程 / 125

5.5 抗拒说服 / 127
    5.5.1 反作用力：对个人自由的保护 / 127
    5.5.2 预警：已预知说服意图 / 128
    5.5.3 对说服的选择性回避 / 128
    5.5.4 主动捍卫我们的态度：与对立态度进行驳斥 / 129
    5.5.5 抗拒说服的个体差异 / 129
    5.5.6 自我损耗会削弱说服抗拒 / 129

5.6 认知失调：认知失调是什么以及我们如何管理认知失调 / 130
    5.6.1 失调与态度改变：诱导服从的影响 / 131
    5.6.2 解决认知失调的多种策略 / 132
    5.6.3 失调何时可以作为利于行为改变的有效工具 / 132

研究告诉我们　文化和态度加工 / 133

总结与回顾 / 134

第 6 章　刻板印象、偏见和歧视 / 136

6.1 不同群体的成员如何知觉不公平 / 138

研究告诉我们　我们的信念中关于不公平的偏见 / 140

6.2 刻板印象的本质和起源 / 142
    6.2.1 刻板印象：对社会群体的看法 / 142
    6.2.2 当不同群体的成员被同等评价时，就不存在刻板印象吗 / 147
    6.2.3 我们会成为刻板印象的受害者而对此无所察觉吗？来自个案的研究 / 148
    6.2.4 人们为何会形成和拥有刻板印象 / 149

6.3 偏见：对社会群体的情感 / 151
    6.3.1 偏见的起因：多元视角 / 153

研究告诉我们　存在性威胁对偏见的作用 / 156

6.4 歧视：偏见的行为表现 / 158
    6.4.1 现代种族主义：致命而隐蔽 / 158

6.5 为什么说偏见可以避免：克服偏见的技巧 / 161
    6.5.1 学会不去厌恶 / 161
    6.5.2 接触的潜在好处 / 161
    6.5.3 重新分类：改变边界 / 162
    6.5.4 减少偏见的内疚效应 / 162
    6.5.5 我们是否可以对刻板印象及归隐偏差说"不" / 163
    6.5.6 社会影响是减少偏见的方法之一 / 164

总结与回顾 / 165

第 7 章　喜欢、爱和其他的亲密关系 / 167

7.1 人际吸引的内在决定因素：需要和情绪的作用 / 169
    7.1.1 归属对人类生存的重要性：归属感的需要 / 169
    7.1.2 情感角色：我们的心情会影响我们喜欢一个人吗 / 170

7.2 吸引力的外部因素：接近、熟悉感和外表美的影响 / 172
    7.2.1 接近的力量："天造地设"的接触 / 172
    7.2.2 外表美：它在人际吸引中的角色 / 174

研究告诉我们　伴侣外表间的戏剧化差距：爱真的是盲目的吗 / 177

7.3 以社交互动为基础的喜爱的根源 / 179
    7.3.1 相似性：物以类聚 / 179
    7.3.2 互相喜欢和讨厌：喜欢那些喜欢我们的人 / 182
    7.3.3 社会技能：喜欢那些善于与人交往的人 / 182
    7.3.4 人格与喜欢：为什么拥有某些特质的人会比其他人更有吸引力 / 183
    7.3.5 我们对另一方的期待？性别差异以及关系在不同阶段的改变 / 184

7.4 亲密关系：社会生活的基础 / 186
    7.4.1 浪漫关系和爱的谜团 / 186

研究告诉我们　破坏爱的两个因素——嫉妒和背弃 / 189

    7.4.2 我们希望另一半身上拥有什么 / 190
    7.4.3 和家庭成员的关系：我们第一个，也是持续时间最长久的亲密关系 / 191
    7.4.4 友谊：建立在家庭之外的关系 / 193

总结和回顾 / 195

第 8 章　社会影响：改变他人的行为 / 197

8.1 从众：群体和规则对行为的影响 / 199
    8.1.1 社会压力——不可抗拒的力量 / 200

研究告诉我们　我们有多么从众 / 201

    8.1.2 社会规则的产生 / 202
    8.1.3 影响从众的因素 / 203
    8.1.4 从众的社会根源：为什么我们经常选择"附和" / 204
    8.1.5 从众的消极作用 / 205
    8.1.6 对从众的反抗：为什么我们有时候选择"不附和" / 207
    8.1.7 少数派的影响：多数派是不是总是占上风 / 210

8.2 依从：有求必应 / 211
    8.2.1 依从的基本原则 / 211
    8.2.2 基于友谊和喜爱的技巧 / 212
    8.2.3 基于承诺或者一致性的技巧 / 212
    8.2.4 基于互惠的技巧 / 213
    8.2.5 基于稀缺的技巧 / 214

研究告诉我们　运用稀缺性获得依从 / 215

    8.2.6 依从技巧真的有用吗 / 215

8.3 对权威的服从：如果命令你去伤害一个无辜的陌生人，你会这么做吗 / 216
    8.3.1 实验室里的服从 / 216
    8.3.2 破坏性服从：为何发生 / 218
    8.3.3 破坏性服从：拒绝它的影响 / 219

8.4 无意识社会影响：他人如何改变我们的行为，即使他们并非有意 / 220
    8.4.1 情绪感染 / 220
    8.4.2 象征性社会影响 / 221
    8.4.3 模范作用：从观察中学习 / 222

总结与回顾 / 223

第9章 亲社会行为：帮助他人 / 224

9.1 亲社会行为的动机 / 225
    9.1.1 共情–利他主义：助人为乐 / 226
    9.1.2 缓解消极状态：助人行为能降低不愉快的感受 / 227
    9.1.3 共情喜悦：帮助他人使人感到愉快 / 227
    9.1.4 竞争–利他主义：为什么好人最先获得成就 / 228
    9.1.5 血缘选择理论 / 229
    9.1.6 防御性帮助：减少外群体对内群体的威胁 / 229
9.2 应对突发事件：旁观者会帮忙吗 / 230
    9.2.1 危急情况下，旁观还是出手 / 230
    9.2.2 法不责众？有时的确是，但并非总这样 / 231
    9.2.3 决定人们是否提供帮助的关键步骤 / 231
9.3 提高或阻碍助人行为的因素 / 235
    9.3.1 有利于亲社会行为的因素 / 235

研究告诉我们 爱的传递，帮助他人是因为曾得到帮助 / 238

    9.3.2 减少助人行为的因素 / 239

研究告诉我们 人们如何回应帮助 / 241

9.4 众筹：一种新的亲社会行为 / 242
    9.4.1 情绪与亲社会行为：心境、情感升华与助人 / 242
    9.4.2 性别和亲社会行为：存在性别差异吗 / 244
9.5 最后的思考：亲社会行为和攻击行为是对立的吗 / 244

总结与回顾 / 245

第10章 攻击：本质、原因和控制 / 247

10.1 攻击理论：寻找暴力的根源 / 249
    10.1.1 生物因素的作用：我们是否生来暴力 / 249
    10.1.2 驱力理论：伤害他人的动机 / 251
    10.1.3 关于攻击的现代理论 / 251
10.2 人类攻击的决定因素：社会、文化、个人和情境 / 253
    10.2.1 攻击的基本来源：挫折与挑衅 / 253

研究告诉我们 情绪在攻击中所起的作用 / 255

    10.2.2 导致攻击的社会因素 / 256
    10.2.3 为什么有的人比其他人更具攻击性 / 260
    10.2.4 性别与攻击：男性比女性更加具有攻击性吗 / 262
    10.2.5 决定攻击的情境因素：高温、酒精和枪支持有 / 262
10.3 教室和工作场所中的攻击 / 266
    10.3.1 什么是霸凌行为 / 266
    10.3.2 网络霸凌：电子手段下的伤害行为 / 267
    10.3.3 霸凌行为能减少吗 / 268

研究告诉我们 工作场所中的攻击 / 269

10.4 攻击的预防与控制：一些有效的技巧 / 270
    10.4.1 惩罚：报复还是威慑 / 270
    10.4.2 自我调节：抑制攻击的内在机制 / 271
    10.4.3 宣泄：释放被压抑的情感真的有帮助吗 / 272
    10.4.4 从思维入手减少攻击：无攻击的想法 / 273

总结和回顾 / 274

第 11 章　群体与个体：归属的结果 / 275

- 11.1 群体：我们何时加入，何时离开 / 278
  - 11.1.1 群体：其主要特征 / 279
  - 11.1.2 加入群体的利与弊 / 283
- **研究告诉我们** 对我们群体的异议和批评，"因为我们在乎" / 286
- 11.2 他人在场的影响：从任务表现到身处人群中的行为 / 288
  - 11.2.1 社会促进：他人在场时的表现 / 289
  - 11.2.2 社会懈怠：让其他人来做这份工作 / 290
  - 11.2.3 身处人群中的效应 / 291
- 11.3 群体协作：合作还是冲突 / 293
  - 11.3.1 合作：为了共同目标与他人共事 / 294
  - 11.3.2 应对和解决冲突 / 295
- 11.4 群体中的公平：其特点和影响 / 297
  - 11.4.1 判断公正的基本规则：分配公平、程序公平和事务性公平 / 297
- **研究告诉我们** 感到被尊重的重要性 / 298
- 11.5 群体决策：如何发生及所面临的陷阱 / 300
  - 11.5.1 群体决策的过程：群体怎样达成共识 / 300
  - 11.5.2 群体决策的缺陷 / 301
- 11.6 领导在群体中的作用 / 303
- **总结和回顾** / 305

第 12 章　应对逆境并实现幸福的生活 / 307

- 12.1 社会压力的来源和对健康的影响 / 309
  - 12.1.1 社会关系对健康的影响 / 309
  - 12.1.2 自我观念的影响 / 311
  - 12.1.3 获得归属感 / 313
- 12.2 减少压力负面影响的社会策略 / 315
  - 12.2.1 利用社会群体改善心理健康 / 315
  - 12.2.2 管理压力：社会认同法 / 315
- **研究告诉我们** 缓解退伍军人的创伤后应激障碍 / 316
  - 12.2.3 接纳自己 / 317
- 12.3 建立更公平、有效的法律体系 / 319
  - 12.3.1 司法过程中的社会影响 / 319
  - 12.3.2 偏见与刻板印象在司法系统中的影响 / 322
- 12.4 培养生活中的幸福感 / 324
  - 12.4.1 总体来说，人们有多幸福 / 324
  - 12.4.2 影响幸福感的因素 / 325
  - 12.4.3 财富能带来幸福感吗 / 326
  - 12.4.4 幸福是"获得你想要的"还是"享受你拥有的" / 327
  - 12.4.5 幸福的人与不幸福的人之间的区别 / 327
- **研究告诉我们** 不同文化下，情感和生活满意度之间的关系 / 328
  - 12.4.6 幸福感的好处 / 329
  - 12.4.7 变得过于幸福是可能的吗 / 330
  - 12.4.8 提高幸福水平 / 331
  - 12.4.9 创业是寻求幸福的手段 / 332
- **总结与回顾** / 334

图片版权清单 / 336

参考文献⊖

⊖ 参考文献为在线资源，请访问网站 course.cmpreading.com 下载。

第 1 章

社会心理学：社会生活中的科学

章节概览

- **社会心理学：什么是社会心理学，社会心理学是做什么的**

  社会心理学是自然科学
  社会心理学关注个体行为
  社会心理学寻求理解社会行为与思想的原因
  社会心理学在变化的世界中寻求基本原理

- **社会心理学的前沿**

  认知与行为：同一枚"社会硬币"的两面
  情绪在社会生活中扮演的角色
  社会关系：它对幸福感有多重要
  社会认知科学：当社会心理学遇到脑科学

  内隐（无意识）过程所扮演的角色
  全面思考社会多样性

- **社会心理学家如何解答问题：通过研究增长知识**

  系统观察法：描述我们周围的世界
  相关性：寻找关联
  实验法：通过系统干预获得知识
  对因果关系的进一步思考：中介变量的作用
  元分析：评估知识体系

- **理论在社会心理学上的地位**
- **对知识与个人权利的渴求：寻找一个恰当的平衡点**
- **最大限度地从本书中获益：使用指南**

思考一下，生活中哪一方面对你的健康和幸福影响最大？你是不是想到了与他人的关系（人际关系）？如果没有你的家人、朋友、室友、伴侣、导师、同事以及体育队友——那些你在乎并且保持联系的人，你的生活会怎样？事实上，人类的确是一种社会性物种，我们每个人都与他人联系着，被他人影响着，虽然我们并不总能意识到我们被他人影响的方式。实际上，社会心理学的一个基本事实是：在我们的生活中，不论好事还是坏事都会涉及他人。正如以下名人名言所示，来自不同文化、不同行业的人们都同意这样的说法：我们与他人的联系为我们的生活带来快乐与意义。同时，我们也知道那些反对我们、排斥我们或者是伤害我们的他人，也是我们最深沉的苦痛的来源。

- 约翰·列侬（前披头士乐队成员）："衡量自己年龄的标准在于朋友，而不是岁数。"
- 马丁·路德·金："生命最为恒久迫切的问题是，'你为他人做了什么？'"
- 鲍勃·马利（著名雷鬼音乐家）："事实是，每个人都会伤害你，你只需要找到那些值得你忍受这些人。"
- 大卫·拜恩（前讲话头乐队成员）："有时候，同那些与你毫无共同之处却让你着迷的人说话，就是一种爱的形式。"
- 罗伯特·艾伦·西尔弗斯坦（作家、社会变革积极分子）："在这个忙碌、快速、消费导向的社会中，感到不知所措、孤独与寂寞很常见……而当我们花时间在群体中积极扮演自己的角色时，那种归属感才能赋予我们更深层次的目的和意义。"

不论是作为个体还是作为社会团体中的一部分，与他人相联系都是幸福与健康的重要预测因素。罗伯特·帕特南在《一个人的保龄球》一书中，基于大量研究总结出社会联系的重要性，"如果你不属于任何群体但决定加入一个的话，那么你可能在明年死去的风险就会减少一半。"如果你之前还对社会生活的重要性存有怀疑的话，现在你不必再疑虑了。

我们也知道，隔离拘禁对心理健康的损害巨大，经常被认为是一种异常残酷的刑罚。试着想象一下，像电影《荒岛余生》那样完全脱离他人的生活。电影中，一个男人由于坠机而漂流到太平洋一个杳无人烟的小岛上，他十分渴望有人陪伴，以至于在一个排球上画了个人脸，为它取名威尔逊，一直与它聊天，因为这是他唯一的朋友（见图1-1）。最后，这个由汤姆·汉克斯所扮演的人物，看不到这种独自生活的任何意义，所以他竭尽所有努力也要回到文明社会与其他人一起生活。

你能够想象完全独自一人生活，完全不与他人接触会是怎样的吗？在电影《荒岛余生》中，一个人漂流到了一个无人的岛屿上，他如此渴望陪伴，于是在排球上画出人脸，"捏造"出一个"人"。他如此渴望回归人类的社会生活，因而不顾生命危险在大海中漂流。

图1-1　与世隔绝的生活有意义吗

不止想到物理上的隔绝会让我们深感忧虑，我们还可以从更小的、更加数字信息化的方面思考一下"断绝与他人联系"。试着回忆上一次你落下手机，或者无法访问微博、微信以及其他社交媒体软件时，这种失去联系的感觉怎么样？会不会让你抓狂？或许这就不难理解，即便是数字虚拟化形式的联系，也能满足我们的情感需要。例如，研究发现，在大学生群体中，Facebook朋友的数量能够预测生活满意度（Manago, Taylor, & Greenfield, 2012）。因而，我们可以肯定地说，社会联系是我们生活中的核心方面。基本上讲，它帮助我们定义我们是谁，也影响着我们生活的质量。

社会生活是整本书的焦点，所以，准备好进入这奇妙旅途了吗？社会心理学是心理学的分支，研究人类社会生活的方方面面：一方面有爱与助人，另一方面也有偏见、排斥和暴力。社会心理学家也研究群体如何影响我们，我们所处的社会环境如何影响我们的决策，我们如何解释自己与他人的行为。正如你将看到的，任何时候我们如何看待自己这一点，也就是我们的身份认同，是由我们与他人的关系塑造而成的，反过来它也会引导我们的社会行为。在本书中，我们会阐述一些你可能早已在思考的问题。毕竟，探究社会世界的本质是我们所有人的兴趣。但是我们相信来自社会心理学研究的关于人类社会行为的答案仍然会使你吃惊和讶异。

社会心理学包含了许多领域，其中大部分都围绕着人类经验。它与其他社会科学的重要区别在于社会心理学专注于解释对个体思想与行为产生影响的那些因素。而社会心理学与我们所有人都在做的非正式观察的区别则在于社会心理学的科学性。社会心理学的科学性对我们而言至关重要，故将在本章稍后部分介绍，看看社会心理学家为了解答社会生活中那些有趣的问题都用了哪些方法和技术。

首先，我们会介绍社会心理学一个比较正式的定义，它是什么？它寻求实现的目标是什么？然后，介绍它目前主要的发展趋势。这些内容贯穿于整本书，你们提早对它有所了解对于之后理解这些内容非常有帮助；最后，我们会介绍社会心理学家为了解答社会生活方面的问题所使用的不同方法的优缺点。这些基本研究方法的知识可以帮助你理解社会心理学家如何帮助我们更深入地了解社会思维与社会行为，并且这些内容对于你们将来步入社会也会有所帮助。

事实上，社会心理学研究揭示了许多关于人类行为的有用信息，因而，奥巴马总统于2015年9月发布了一项行政法令，要求联邦政府机构要重视来自行为科学的见解，并纳入执行项目中，而这些观点大部分是基于社会心理学关于影响决策因素的研究（Sunstein, 2015）。对于人们如何思考、感受、行为以及环境如何影响这些结果，社会心理学家早已构建出一座知识大厦。这些让我们了解"人类"这一动物的社会心理学研究，正被广泛地运用于很多领域，包括：理解人们如何运用数码科技与社交媒体；如何帮助人们更好地克服困境，比如让来自低收入家庭的孩子上大学，让工作的人们参与退休储蓄计划等。与白宫发布的《社会与行为科学团队报告》的观点一致，我们相信社会心理学研究的确能够告诉我们，通过哪些改革可以提高人们的生活质量。既然社会心理学家是运用实证与科学的方法来揭示"什么有用，什么没用"，那么我们相信你将看到为什么心理学的这个分支能够为这些实际问题提供答案。

1.1 社会心理学：什么是社会心理学，社会心理学是做什么的

为一个领域下定义不是一件容易的事。对于社会心理学来说，由于其领域广泛，这种困难又有所增加。正如你将在本书各章节中所能看到的，社会心理学家有着广泛的兴趣。尽管社会心理学变化多样，大部分社会心理学家主要关注的问题依然是：理解个体处于社会情境中，其行为、思维和感受如何发生以及发生的原因是什么，这包括真实或虚拟他人在场的情境。在特定环境下，人们如何定义自己与他人可以改变他们的行为。因此，我们将社会心理学定义为**试图理解个体行为与思想在社会情境中的特性以及原因的一门科学**。还可以换一种说法，即**社会心理学调查的是我们的思维、感受以及行为如何受我们所处的社会环境的影响，不仅包括其他人的影响，还包括我们对其他人想法的影响**。接下来，我们通过几方面特性来进一步细化这个定义。

1.1.1 社会心理学是自然科学

许多人认为只有那些需要仪器设备来研究物质世界的学科，比如化学、物理、生物这些才是科学，就像图1-2所示。如果你也这样认为，那么你可能会对社会心理学属于科学这种说法会产生怀疑。一门研究爱情本质、探讨攻击行为原因的学科，如何能像物理、生化以及计算机科学那样呢？回答其实非常简单。

实际上，科学一词并不特指那些高精尖领域，而是指两件事：1）一套价值观；2）研究问题所采用的方法。决定某个领域是否属于科学，关键的问题是：它有没有采纳这样的价值观和方法？如果它这样做了，它便是科学；如果它做不到，那它就进不了科学的殿堂。我们会在后面一节内容中审视社会心理学家做研究的步骤与程序，但现在我们先来看一下那些作为科学所必须强调的价值观。其中四

许多人认为只有那些需要大型科研设备（左图）的学科才是科学。还有一些人认为如中图所示的"人类观察"也是科学的一种形式。实际上，科学一词指的是可以坚持一套基本价值观（例如精确性、客观性），并且使用一套基本方法来研究我们周围的世界，包括社会生活。相反，那些不怎么科学的领域（右图）却不接受这样的价值观，也不使用这些方法。

图 1-2　什么才是真正的科学

方面内容尤为重要。

（1）**精确性**。收集与评价信息（包括社会行为与想法）的方式要尽可能地做到谨慎、精确、避免失误。这说明随意的、人人都可以做到的"人类观察"并不满足这个定义。我们每个人可能关注着不同的事情，因而观察结果缺乏准确性和可重复性，即某个人发现的结果可能无法被其他人发现。

（2）**客观性**。获取并评价信息时要尽可能地排除人为偏见。在一般的"人类观察"中，我们对所见的评价可能会因人不同。因而我们的观察结果缺乏客观性。

（3）**怀疑性**。只有当研究结果得到多次验证，我们才会接受这些结论。你应该注意到可重复性的重要性，即另一个观察者能够重复研究者的研究程序并得到同样的结论。

（4）**心灵的开放**。只要有证据证明观念不正确，就要改变自己的观念，即使这些观念根深蒂固。社会心理学家通过研究得到大量令人吃惊的结果，这些结果要求我们再次思考群体对我们幸福感的作用、无意识过程的运作、问题框架对我们态度与偏好的影响，以及为什么令我们快乐的事情往往与我们所期望的不同。这些问题都在启发我们修正之前对人类本性的假设。

社会心理学认同上述的这些价值观，并将它们应用到理解社会行为与社会思维的过程中。因此，将社会心理学称为科学是有道理的。相反，那些不科学的领域，对于这个世界或者人的断言，则缺乏上面所列价值观所要求的谨慎检验与分析。这些领域，像星相学或者芳香疗法，是靠着直觉、信仰或者看不到的力量来下结论的（见图 1-2）。

"但是为什么一定要采用科学的方法呢？社会心理学就不可以仅仅是常识性知识吗？"教书多年，我们经常听到学生会问起这样的问题，我们也能理解为什么你们会有这种感受。我们每个人的一生几乎都用在了与他人交往，或者思考他人上面，因此，我们都是业余的社会心理学家。为什么不能依靠我们自己的经验与直觉，甚至依靠"年长的智慧"来理解社会生活呢？

我们的回答很直接：因为这样做所提供的指导不一致并且不可靠。这是因为我们每个人的经验都是独特的，哪怕是对一般性的问题也很难给出确凿的回答，比如"为什么人们有时候即使在不赞成群体的做法时仍会从众""我们如何知道他人在某个特定的时刻在想什么"之类。正如我们从社会心理学研究中了解到的一样，人们常常意识不到到底是什么在影响着自己。个体虽然可以构建一些他们是如何被他人影响或者不被影响的"理论"，但是这样的常识常常由于一厢情愿而产生偏差。例如，如图 1-3 所示，我们可能希望自己的观点是"独立的"，却没有看到自己如何被他人影响着，或者，当我们相信的确受到他人影响时，也会声称是被与我们持相同观点的人所影响，然而事实远非如此。

事实上，关于社会生活许多方面的理念均众说纷纭，只有客观的研究证据才能对这些矛盾的观点给出正确的答案。例如,想一想下面的这个说法:"离别让心变得更加温柔。"当人们与心爱的人分离时,人们会与日俱增地思念他们。许多人会同意这种观点,在一定意义上,这是因为他们能够从自己的记忆中提取到这样的经历。但是再想一想下面的一句话:"放在眼上的才放在心上。"这句话又对不对呢?当人们和心爱的对象不在一起时,是不是很快就会找到另一个恋爱对象?许多流行歌曲都是这么说的,就像Crosby、Stills、Young和Nash的歌中所唱:"如果你不能和你爱的人在一起,那么就爱你身边的人吧。"正如你所看到的,这两种说法都来自常识,都是流行文化,事实却恰恰相反。同样,其他许多对人类行为的非正式观察看起来貌似有道理,却有着相反的结论。比如"三个臭皮匠,顶个诸葛亮",还有"三个和尚没水喝"。一个是说人们一起工作会做得更好(比如,能做出更好的决策)。而另一句却在说人们一起工作时,可能会彼此干扰因而导致绩效下降。而严谨的系统研究却发现,与个体相比,群体的绩效表现好坏依赖于许多因素:任务的性质、任务分配的有效性、团队成员的专业性以及团队内的信息共享性(Minson & Mueller, 2012; Stasser, Stewart, & Wittenbaum, 1995; van Ginkel & van Knippenberg, 2009)

到目前为止,我们的主旨应该很清晰了:常识经常会把人类行为描述得前后颠倒,逻辑混乱。纵然,有时它可以提供一些能够用实验验证的、有趣的假设,却不能告诉我们什么时候这个原理是有效的。例如,"离别让心变得更加温柔"是否只存在于已经建立承诺的关系中呢?同样,常识也不能告诉我们"放在眼上的才放在心上"这种行为会对谁,或者会在何种关系中发生。当然,只有用科学方法在不同的情境下,研究不同群体(如年轻人与老人)的社会思维与行为,才能给出答案。这就是为什么社会心理学家要信仰科学方法:根据科学方法得来的证据更加确实可靠。事实上,科学方法不仅能帮助我们决定事先相反的两种预测哪个才正确,还能告诉我们什么时候、对于何人以及为什么这个或其他说法是有道理的。

不能依赖常识的原因还不止这些。正如本书反复强调的那样(例如,第2、3、4、6、8章),我们的主观想法经常让我们偏离事实。举个例子,想想你以前学过或做过的某件事情(比如写学期论文,烹饪一道复杂的菜式,或装修房间)。试着回忆两件事:1)你最初估计要多久完成这项工作;2)实际上用了多久才完成。答案是不是并不一致?这是因为我们大部分人都会犯这种计划谬误(planning fallacy):总有一种强烈的倾向让我们相信可以花费比实际上更短的时间完成任务,或者说我们可以在特定时间内完成更多的事情(Halkjelsvik & Jorgensen, 2012)。尽管反反复复的事实告诉我们,"一切事情总要比我们的预想花更长的时间",但我们依然一遍又一遍地败给这种谬误。

为什么我们会犯这种错误呢?社会心理学家的研究表明,部分原因在于我们对未来更为关注,因

我们会被他人的行为所影响,不论是在社交媒体上看见他人的行为,还是身体力行地参与到他人的活动中。这种他人曝光效应,尤其当我们认同他们时,常常对我们的行为与思想产生有力的影响。

图1-3 被他人行为所影响

此我们总是记不住相似任务过去要用时多久，这就导致我们会低估现在工作所需要的时间（e.g., Buehler, Griffin, & Ross, 1994）。但这只是我们在思考其他人（包括我们自己）时经常会犯的错误之一。正因为我们容易犯这样的错误，因此我们不能依赖常识来解释神奇的社会行为。我们需要科学证据来告诉我们大部分人会怎样，不论他们是否意识得到，并且提供证据，这就是社会心理学的本质所在。

1.1.2 社会心理学关注个体行为

不同社会环境下的暴力水平各不相同，而社会心理学致力于解释为什么人们会表现或是抑制攻击行为。文化差异存在于几乎其他所有的社会行为中，从服从到助人，从友爱到冲突，但是社会心理学旨在解决隐藏在行为背后的思维过程与情绪变化。这意味着，正如我们在上文讨论过的，我们并不是独立的"孤岛"，而是与他人、环境紧密联系的整体，许多研究都会考虑到文化、环境因素对我们的影响。

社会心理学家探索群体如何影响个人行为，文化如何内化并影响个人偏好，情感如何影响个体决策等。虽然我们强调的是社会因素如何影响个体，但是许多非社会因素（如环境特征、接收信息的架构方式等）也能通过影响我们的情绪与社会思维，从而发挥强有力的影响。社会心理学领域的主要研究兴趣在于理解社会情境如何塑造个体行为。

但是，这并不意味着忽视社会因素与文化因素的作用，反而是一种强调。例如，大量的研究早已开始探究种族与社会阶层如何塑造"自我"（我们是"独立的"，还是"依赖的"），以及行为模式（Markus & Kitayama, 2010）。这意味着某种制度会受到一类人的认同，却被另一类人反对。例如，美国大学曾尝试提倡独立的自我模式，该模式更加符合中产阶级行为而非工人阶级行为（Stephens, Fryberg, & Markus, 2012），部分原因是重要资源的差异，学校鼓励来自中产阶级的学生离开家，培养自己独特的兴趣，选择自己的人生道路，相反，来自工人阶级的学生更可能住在同一个地方，扎根于家庭与当地的社交网络中，通过表现出关心他人的利益而融入群体之中。由于社会阶层所造成的社会经历与自我的差异，美国大学的一般规范可以说是一种很好的文化匹配，也可以说是一种非常差劲的文化匹配。这个研究说明了社会阶层与群体关系所造成的生活经历的差异，影响着每一个个体的思想与行为。社会心理学对个体的理解可以通过下面的关系来表示：

社会情境/社会经历 ⇒ 自我认同 ⇒ 社会行为

1.1.3 社会心理学寻求理解社会行为与思想的原因

社会心理学家的主要兴趣在于理解塑造个人社会行为与思维的因素和条件：也就是个体那些与他人有关的行为、感受、信仰、记忆和推断。显然，这涉及许多变量，不过大部分变量可以归为以下五个主要方面。

1. 他人的行为与特征

想象一下，如果你在聚会上注意到一个很有魅力的人正朝着你看，并向你微笑。其实一个人这样看着你不太会有什么歧义，他们正在传递一个清晰的信号说："我喜欢你的样子！"换一个场景，一天你下课回到寝室，发现你的一位朋友很沮丧地坐在地板上，你走过去想问问他的情况，却发现她正在哭泣。

在这两种情况下，他人（聚会上朝你微笑的陌生人和哭泣的朋友）的行为会对你的情绪、想法和行为产生怎样的影响呢？显然，如果你愿意接受聚会上的陌生人发出的浪漫信号，你会走过去说"你好"；当你看见你的朋友在哭泣，你会问道"发生了什么"，然后坐在她身边聆听她的倾诉，安慰着她。这些例子表明，我们常常受到他人情绪表现的强烈影响（见图1-4）。

此外，他人的外表也会影响我们。老实说：对待一个有吸引力的人和对待一个长相一般的人，你的表现会一样吗？那么对待老人和年轻人呢？对待那些与你有不同信仰和民族的人呢？可能你对这些问题的回答是"不一样"，因为我们经常会"以貌取人"（e.g., McCall, 1997; Twenge & Manis, 1998）。实际上，有研究发现（e.g., Hassin & Trope, 2000）我们无法忽视他人的外表，即使我们意识到不能以貌取人，但我们还是会受到他人外貌的强烈影响，有时我们都意识不到这种影响，甚至否认它的存在（见第6、7章）。有趣的是，也有研究发现"以貌取人"并不总是错误的，相反，这种方式是相对准确的，特别是在观察对方自然行为而非静止的照片姿势时（Nauman, Vazire, Rentfrow, & Gosling, 2009）。

我们常常被他人的情绪表现所影响。也许某人在一个情景下表现出积极的情绪，在另一个情景下表现出消极的情绪，无论哪种情况，我们都会趋近他。

图1-4 依据他人的行为做出反应

2. 认知过程

假如你约朋友见面，那个人却迟迟未到，30分钟后，你开始疑虑他恐怕不会来了，这时他才出现并道歉说："对不起，我刚刚才记起来和你有约这件事。"你听了会怎样反应？很可能会有些不高兴。但如果你朋友到了之后说："对不起我来晚了，刚才路上碰到一起交通事故，堵车堵了好久。"你又会怎样反应呢？可能这时你就不会那么不高兴了，但或许也不一定。如果你朋友经常迟到，并且以前也用过这样的理由，你可能就会怀疑他这个解释是不是真的。相反，如果你朋友以前从不迟到，或者他从来没用过这种借口，那你可能就会接受他的解释。换句话说，你这时的反应将取决于你对你朋友以前行为的记忆以及你是否相信他的解释。这种状况就涉及认知过程，它在社会行为和社会思维中扮演着重要角色。我们总是试图将人们的行为归因于他们自身（如，人格特征），或是环境因素（如，无法预料的车祸），这就是社会认知，即思考其他人会怎样、为什么会这样、会对我们的行为有何反应，诸如此类（e.g., Shah, 2003）。社会心理学家对这些过程十分关注，并认为这是社会心理学领域中最重要的部分（Fiske, 2009）。

3. 环境变量：物理环境的影响

潮湿闷热的天气是不是比凉爽舒适的天气更容易让我们变得易怒或者具有攻击性（Bell, Greene, Fisher, & Baum, 2001; Rotton & Cohn, 2000）？在气味芬芳的环境里人们是不是更愿意帮助他人（Baron, 1997）？仅仅只看到钱——一张一美元现金的图片是否会影响我们享受生活中小乐趣的能力，如品味巧克力的香醇（Quoidbach, Dunn, Petrides, & Mikolajczak, 2010）？有研究发现，物理环境的确会影响我们的感受、思维和行为，因此生态变量也属于现代社会心理学的范畴。

4. 生理因素

社会行为是不是也受到生理过程和遗传因素的影响呢？过去大部分社会心理学家并不这样认为，至少对遗传部分的回答是"No"。然而现在，许多人慢慢意识到我们的喜好、情绪与行为都在一定程度上受到生理遗传的影响（Buss, 2008; Schmitt, 2004）。当然，社会经验也发挥着重要的作用，社会经验与生理因素共同作用形成了我们的社会生活方式（Gillath, Shaver, Baek, & Chun, 2008）。

显然，生理与社会经验两个因素的作用是相辅相成的。压力，尤其在青年时期与壮年时期长期暴露在包括政治暴力在内的创伤下，能够引发神经生物学状态的改变，从而影响心理健康（Canetti & Lindner, 2015; Hertzman & Boyce, 2010; McInnis, McQuaid, Matheson, & Anisman, 2015）。现在有越来越多的证据证明，环境因素与社会经验因素能够通过表观遗传过程（epigenetic processes，即某些基因发挥或不发挥作用）影响行为，这种影响有时候会在初次曝光很久以后才会显露（Spector, 2012）。

生理因素在社会行为中扮演着重要角色，这个观点来自**进化心理学**（evolutionary psychology; e.g., Buss, 2004; Buss & Shackelford, 1997）。这一心理学的新分支认为，我们人类与地球上的其他生物一样，都是长期生物进化过程的结果，也就是说，我们现在所拥有的心理机制，大部分都是经过进化形成的，用于（或者曾经）帮助我们解决与生命相关的重要问题。

进化过程离不开三个基本要素：变异、遗传和选择。在进化过程中，这些趋势转变为我们生物遗传的一部分。变异指属于某物种的有机体在许多不同的方面有差异，它是地球生命的基本形态。我们早已知道，人类似乎在无数的方面都有区别。遗传指变异能够通过复杂的机制从一代传递到下一代的现象。选择指某些变异使得个体拥有繁殖的优势：他们更有可能存活、找到配偶，从而能够将这些变异遗传给下一代。结果是随着时间的推移，物种内越来越多的个体拥有这些变异，这种物种特性随着时间的推移而变化的变化正是进化的实际结果（这三者的转化过程见图1-5）。

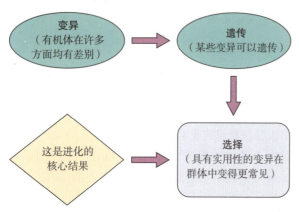

进化过程主要涉及三个要素：变异、遗传和选择。接受进化观点的社会心理学家对影响性别化行为的特征特别感兴趣，尤其是与性相关的特征。

图1-5 进化心理学观点

接受进化观点的社会心理学家认为进化过程体现在社会行为的众多方面。例如，择偶偏好的问题。为什么我们会觉得有些人充满魅力呢？根据进化的观点，他们表现出来的特点在吸引我们，比如五官对称、口齿清晰、身材苗条、皮肤白净、头发光亮，这些都标志着"优良基因"，拥有这些特征的人将更加健康有活力，因而是很好的伴侣人选（e.g., Schmitt & Buss, 2001; Tesser & Martin, 1996）。另外，这些特征还表明一个人拥有强大的免疫系统，可以保护他们免于疾病（e.g., Li & Kenrick, 2006）。可以推测，我们的祖先选择一位健康有活力的人作为配偶，能够提高他们成功生育的机会。这也许就是我们喜欢这种外貌特征的原因。

进化使得我们青睐男性与女性的不同行为？

这个推测有依据吗？当人们在描述理想约会对象的时候，他们，尤其是女性，将幽默感排在很高的位置（e.g., Buss, 2008）。从进化的观点来看，幽默感可能预示着高智商，因而幽默的人更有吸引力（Griskevicius et al., 2009）。另一种可能是预示着其他特征：建立新关系的兴趣，意味着这个人是能够接近的，他（她）对你是感兴趣的。Li与其同事们（2009）发现，当对方更有吸引力时，人们更有可能展现幽默感与笑容；而在约会中展现幽默感的人被认为表现出更多的恋爱兴趣。

进化理论还研究其他一些主题（比如，助人行为、攻击行为、喜欢当第三者），我们将在后面的章节讨论这些研究。这里我们要强调的是：进化的观点并不是说我们会继承社会中的某种行为模式；我们继承的只是某种倾向性，这些倾向性只是有可能表现在我们的外在行为中。同样，进化的观点也不认为我们的行为是"被迫的"或者是受基因驱使的。它所阐述的只是通过基因，我们继承了某些行为方式的倾向，这些行为方式至少在过去可以增加我们祖先生存的概率，帮助他们将基因遗传下来。同时这些倾向也经常受到认知以及经验因素的制约和改变（Pettijohn & Jungeberg, 2004）。举例而言，对美女帅哥的看法，在不同时期、不同文化下的差异都很大。

研究结果表明幽默感是恋爱对象的理想特征，部分原因在于幽默感被认为是这个人对建立新关系感兴趣的信号。这种效应发生在许多情境下，包括约会，所以，如果你想要恋爱的话，保持笑容讲笑话吧。

图1-6 幽默感：约会中的"闪光点"

因此，虽然遗传因素在我们的行为和思想中发挥着某些作用，但显然它们也只是众多影响因素中的一个。

1.1.4 社会心理学在变化的世界中寻求基本原理

科学的一个重要目标是构建准确的基本原理框架，使其能够适用于不同的时间和地点。社会心理学家一直致力于此。例如，他们想要知道影响吸引力、助人行为、从众与态度形成的因素，就会开展研究以探索隐藏在不同时间与文化后的真实基本原理。

另外，社会心理学家意识到文化是异质的，我们所处的社会也在发生着持续而重大的变化。例如，对于人们什么时候、什么地点应该穿正装而非便装的问题，不同的文化有着不同的解答，美国文化下，几乎所有的情境都允许便装的出现，而其他文化则要求某些情境必须正装出席。文化差异也显现在其他重要的方面：青少年可以在没有监护人在场的情况下约会吗？你应该给孩子取一个大众化的名字还是相对独特的名字？人们的退休年龄应该是多少？退休后他们应该享受怎样的待遇？我们应该随波逐流地做出选择还是应该鹤立鸡群地坚持自己（见图1-7）？

文化间的差异存在于许多方面，这使得构建社会思维与行为的一般原理十分困难。我们应该通过夸赞别人来博得好感吗？正如你将在第8章所见，逢迎策略在个人主义文化下是有效的。然而，研究发现，某些文化的个体倡导独立性（将自己看作独特而与众不同的），而另一些文化倡导依赖性（将自己看作普通且与他人相互关联的），因而逢迎策略的有效性依赖于人们所在群体的文化取向（Siy & Cheryan, 2013）。由此，亚洲文化下的人们会对暗示他们与众不同的对待产生消极的反应，而美国文化下的人们会对暗示他们泯然众人的对待产生消极的反应。

此外，在同一文化中，我们与他人交往的方式也随着时间发生变化。由于社交媒体与数字技术的普遍应用，人们有更多的方式遇见他们未来的恋爱对象，而以前，他们通常只能通过朋友介绍、学校、教堂或其他社交组织安排的舞会发生偶遇。这是否意味着现今人们的吸引力因素与过去不同呢？社会心理学家认为不论世事如何变幻，基本原理总是不变的：虽然不同时代下吸引力因素不一致，但外表仍是其中最基本的。同样，虽然信息传递的方式与以往不同（如，电子方式），但说话的基本原理仍是相同的。简单地说，由于文化差异与社会生活的迅速变化，使得判定社会思维与行为背后的基本原理十分复杂，即便如此，社会心理学研究依然初心不改，以发现隐藏在社会生活背后的基本原理为己任。

在某些文化下，与众不同被认为很重要，而在另一些文化下，合乎大众才是主流。

图1-7 文化差异的不同表现——个体独特性

总而言之，社会心理学主要关注社会行为的成因，即探索社会情境下塑造人们情感、思维与行为的因素。社会心理学使用科学的方法进行研究，也审慎地注意到社会因素、认知因素、环境因素、文化因素与生理因素对社会行为的影响。本书接下来的内容概述了社会心理学领域的重要发现，我们相信你会拥有一段奇妙的阅读之旅，毕竟，这些内容都关乎我们自身与社会生活。我们也同样相信你会发现某些研究结果出人意料，甚至可能超乎你对人们与社会关系的认知。或许读完本书后，你不再会以以往的思维方式思考社会生活。

要点 Key Points

- 社会心理学是寻求理解个体行为与思想在社会情境中的特性和原因的一门科学。
- 它的科学性体现在它采取了科学的价值观和方法。
- 社会心理学家使用科学方法是因为常识对于社会行为所提供的指导不可靠,还因为我们的看法经常会受到许多个人偏见的影响。
- 社会心理学关注个体的行为,它寻求理解情绪、思想与社会行为的原因,其中涉及他人的外表与行为、环境因素、文化价值以及生理因素等。
- 持进化心理学观点的研究强调自然选择如何形成特定的行为倾向,特别是与交配和性相关的因素。
- 尽管文化差异与飞速的科技更新影响着人们的社会生活,但社会心理学仍寻求构建引导社会生活的基本原理框架。

1.2 社会心理学的前沿

正如醇香的红酒一样,教科书并不是年代愈久远,香味愈扑鼻。因此,为了保持新鲜性,教科书必须紧跟其领域的变化而变化。那么,我们最主要的目标就是保证本书的新鲜性。我们可以向你保证,后面章节中你所见的所有研究都是社会心理学领域最新的观点。与我们的目标一致,我们现在会介绍现代社会心理学主要的几个发展趋势,这些即将呈现的主题与观点会贯通于整本书中,因为它们代表了社会心理学的中心焦点。

1.2.1 认知与行为:同一枚"社会硬币"的两面

曾经有过一段时间,社会心理学家分成了两派:一些人对**社会行为**感兴趣,即考察人们在社会情境中如何采取行动;而另一些人则对**社会思维**感兴趣,研究人们如何理解社会世界,如何理解自己和他人。如今这种分离状态已经看不到了。在现代社会心理学中,行为与认知紧密联系在一起。换句话说,如果我们不考虑人们的思维、记忆、动机、情绪、态度和信念,我们就别想理解他们在社会情境中为什么以及如何行动。同样,社会心理学家也同意社会思维与社会行为之间有着复杂的相互关系。我们对他人的看法会影响我们对待他们的方式,而行为结果反过来又会影响我们的想法。可见这是一个理解社会生活的循环过程,现代社会心理学将二者整合在一起。本书也着力体现出这种特点。

1.2.2 情绪在社会生活中扮演的角色

你能够想象没有情绪的生活吗?可能不行。因为失去情感的生活会缺失许多乐趣,也会让我们不能在情感上回应那些我们熟悉的人。长久以来,社会心理学家对情绪与情感十分感兴趣,他们有着充分的理由:情绪与情感在社会生活的许多方面都发挥了重要的作用。例如,你想要请朋友帮一个忙,那么你会在什么时候提出这个请求呢?在你的朋友情绪高昂时还是低落时?研究发现,在你的朋友情绪高昂时求助,你的成功概率会更高,因为积极情绪(社会心理学家也称之为积极情感)确实提高了人们的助人倾向(e.g., Isen & Levin, 1972)。同样,想象一下你与某人初次见面,你认为自己此刻的情绪是否影响了你对此人的反应呢?如果你回答"是",那么你便是赞成了这些系统的研究发现,即我们当下的情绪会影响我们对他人的印象(或是想法)。近来,社会心理学家研究了情绪在众多社会行为中所担任的角色(Forgas, Baumeister, & Tice, 2009)。总的来说,社会心理学家对这一话题(包括一些特定情绪的影响)的兴趣愈加浓厚了。因此,我们将情绪作为当下社会生活中快速发展的领域,在此处提了出来。

1.2.3 社会关系:它对幸福感有多重要

如果将社会生活比作一幢大楼,那么人际关系则是建造大楼的砖石。当人际关系坚不可摧时,它将大大提升我们的幸福感;而当人际关系出现裂痕时,它便能摧毁我们生活中的一切,损害我们的心理健康与幸福感（Slotter, Gardner, & Finkel, 2010）。于我们而言，人际关系十分重要，因此，社会心理学家一直在探寻社会关系的特性，如：人际关系是如何开始又是如何改变的；为什么一些人之间的关系稳固而深刻，而另一些则脆弱而浅薄，甚至对人们造成巨大的伤害。我们将会在第7章深入探讨社会关系的细节，在此处，我们只提出几个重要并有启迪作用的研究。

社会关系的其中一个主题与下面的问题相关："从建立稳固的关系上讲，是力求真实地看待我们的伴侣（男朋友、女朋友或配偶）更好呢？还是像人们平常那样，戴着'有色眼镜'看更好呢？"俗语告诉我们：爱情是盲目的。当我们坠入爱河时，我们总是看到对方好的那一面（见图1-8）。这种情况对他们的关系是好是坏呢？研究发现，一般而言，适度地展现真实是有益于关系发展的（Fletcher, Simpson, & Boyes, 2006）。伴侣间的积极性与感知相似性能够提升幸福感，真实性也是如此。

许多其他类型的社会关系也对幸福感十分重要。事实上，在西方国家，更多的人花费生活中更高比例的时间独自生活，以及那些选择单身的人们生活得依然很幸福（DePaulo, 2008; Klinenberg, 2012）。这又如何解释社会关系对于社会生活至关重要呢？研究结果发现，单身的人常常为社会做出更多的贡献（通过志愿活动），因而拥有更多的朋友，更重要的是，他们从属于更多的群体。从属于更多群体不仅意味着更高的幸福感，而且这类人的寿命比从属于更少群体的人更长（Holt-Lunstad, Smith, & Layton, 2010; Jetten et al., 2015; Putnam, 2000）。我们所从属的群体不仅逐渐成为"我是谁"的标签，同时它也能提供诸如"社会支持"之类的重要心理资源。我们将在第11章与第12章看到关于"社会支持"的内容，正是这种心理资源帮助人们应对困境。来到大学后，你是否有参加女生联谊会或是兄弟会呢？是否有在宿舍举行联谊活动呢？或者是否参加了学校的心理学社团呢？如果是的，那么成为这样的群体的一员能够增强你的自尊，正如图1-9所示。

当情侣们陷入热恋时，他们总是"情人眼里出西施"。对他们未来的关系而言，这究竟是好是坏呢？答案是复杂的，但研究结果发现，展示出一定程度的真实是有益的。

图1-8 爱的炽热

人们通过加入不同的社会群体以获得与他人的联系，这种联系不仅能触动情感，而且研究还发现，当我们实现了身份认同，我们就有了提升自尊的潜力。

图1-9 归属感：成为群体的一员对幸福感提升至关重要

1.2.4 社会认知科学：当社会心理学遇到脑科学

从最基本的方面看，我们所做的、所感知到的、所想象的，或是所创造的一切，都是大脑活动的结果。你现在能够阅读并且理解这些文字，也都是大脑活动的功劳。你感到愉悦吗？你所感受到的一切都反映着大脑与生理系统的活动。你是怎样知道"我是谁"的？你是否还记得你中学时最好的朋友？第一次坐过山车是什么体验？你对未来有规划吗？你相信你能达成自己制定的目标吗？所有的这些经历与回忆正是你广袤的大脑活动的结果。

在过去20年间，测量大脑运行过程的活动状态（如功能性）的新工具得到了发展。虽然发明这些工具的初衷是用于医疗用途，如图1-10，但是它们也确实在外科医疗领域取得了重大突破，帮助医生发现脑内的异常，但同时，如核磁共振成像（MRI）、正电子发射层析扫描（PET）等技术也帮助心理学家与其他科学家探究人们行为过程中或是某一特定时刻下的大脑活动。这使得我们了解更多神经活动与心理特征的复杂关系，诸如情感、思维与外显行为。

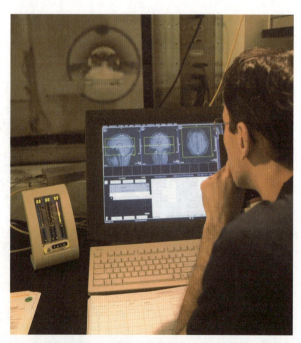

正如图中所示，技术的进步使得社会心理学家能够观测人们在处理不同信息时，不同脑部区域的血液流动变化。这可以为研究思维与大脑活动的交互作用提供信息。

图1-10　使用核磁共振成像仪探索大脑

社会心理学家早已开始使用这些新型研究工具探究社会思维与行为的脑神经基础，主要是发现大脑的激活区域，以及发现隐藏在偏见、暴力、压力（(Mobbs et al., 2009)、共情与助人（VanBerkum, Holleman, Nieuwland, Otten, & Murre, 2009）等重要社会生活方面背后的复杂神经机制。在进行这些研究时，社会心理学家采用与其他科学家同样的技术，他们同样关注着大脑的活动变化，甚至包括免疫系统的变化（Taylor, Lerner, Sherman, Sage, & McDowell, 2003），从而探索这些生理变化与社会心理过程之间的关联。这些研究发现非常有趣，我们这里讲一个例子。

正如你将在第5章所见，态度与价值观是社会生活的重要方面，它们引导着我们的外显行为，也塑造着我们对待人或事的情绪反应。但是，态度与价值观是如何在大脑中呈现的呢？它们又是如何强有力地影响着我们的行为、思维与情绪呢？社会神经科学做出了有趣的回答。例如，Van Berkum及其同事们（2009）进行了一个研究，该研究主要是为了探索当人们面对一些符合或不符合自己持有的价值观或态度时，他们的大脑活动会如何变化。他们招募了两组持对立观点的被试，其中一组（虔诚的基督徒）反对安乐死、反对男女平等、反对堕胎以及毒品使用，另一组自称为"无信仰者"，他们与另一组被试持相反的观点。

两组被试都被要求在电脑屏幕前浏览与上述态度有关的陈述，与此同时，他们的脑电活动也被谨慎地记录了下来。研究者重点关注的问题是：就脑部活动而言，人们对与自己的态度和价值观相反的陈述反应有多快？他们是否在看到与他们观点不一致的某个词时就能迅速做出反应（如，反对安乐死的被试在看到陈述"我认为安乐死是可接受的"中"可接受的"这一词时）？还是在看完整个句子后进行谨慎地思考才能反应？以往的研究认为，当人们浏览到与自己价值观相反的词语时，仅仅需要250毫秒，特定的脑区活动模式（N400，一种脑部活动的事件相关电位）就会迅速发生变化，这表明，大脑对该词语进行了强化处理。相反地，随后出现的其他模式则反映了人们对与己相悖的价值观陈述的消极反应。可以预见的是，面对与自己价值观相悖的词语，每个群体都会表现出更强烈的 N400 反应，例如，基督教徒群体会对安乐死描述中的"可接受的"表现出更强烈的反应，而"无信仰"群体则会对"不可接受的"一词表现出更强烈的反应。该研究的结果强有力地支持了上述预测，表明我们确实能够很快地处理与我们的态度相悖的信息，快到我们无法用语言表述这种反应。因而，态度与价值观确实对我们的大脑活动和外显行为发挥了有力的影响。

这是另一个关于社会心理学家如何运用神经科学来研究社会思维与行为的例子。你听说过"镜像神经元"吗？它们是我们大脑内的一种神经元，当我们观察或模仿一些动作时，它们会被激活，有人认为镜像神经元对共情（即间接地体会他人情绪与情感的能力）起到了关键作用（Gazzola, Aziz-Zadeh, & Keysers, 2006; Iacoboni, 2009）。镜像神经元位于大脑中被称为岛盖部（frontal operculum）的位置。在一个有趣的研究中，Montgomery, Seeherman 和 Haxby（2009）认为，当人们观看他人表情时，那些在共情量表中得分更高的人们，岛盖部的活动更为强烈。

为了检验这个假设，研究者将被试分为两组，一组在共情量表上得分高，一组得分低，要求被试观看他人面部表情（如，微笑、皱眉）或非社会性表情活动（如，不带情绪的面部活动）的视频短片。两组被试的脑部活动都被核磁共振扫描仪记录下来。结果很清晰：正如预测的那样，与低共情的被试相比，在共情量表上得分较高或中等的被试确实在岛盖部（镜像神经元所在处）处的活动更强烈，如图 1-11 所示。

无疑**社会神经科学**（social neuroscience）这一迅速发展的领域，是社会心理学进步的最前沿。然而我们需要注意的是，正如许多专家（e.g., Cacioppo, Hawkley, & Berntson, 2003）所说，社会神经科学并不能解答社会思维与社会行为的所有问题。社会思维当中的许多内容，比如态度、归因和互惠（e.g., Willingham & Dunn, 2003）就不能简单地用大脑某些区域的活动来理解。本质上说，社会思维的所有要素的确都会反映在大脑活动上，但这并不一定就意味着脑科学是研究它们的最好途径。实际上，这种情况就类似于化学和物理。化学家都同意，化学反应最终都可以用物理变化来解释，但是化学原理依然有用，化学家也依然以此继续他们的研究，而不是改行去做物理学家。同样，社会心理学也是这样：不一定只有根据大脑或神经系统的活动才能理解社会心理学的所有问题，其他方法也同样有效。因此，本书所介绍的研究就涉及了各种方法，从脑扫描到直接观察，这也反映了当前社会心理学研究的真实特点。

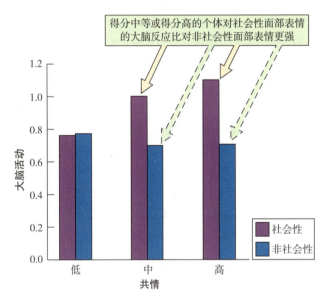

当人们观看他人面部表情变化时，与在共情量表上得分低的个体相比，得分高或中等的个体在岛盖部的脑区活动更多。相反，在观看非社会性面部活动时，得分高或中等的脑区活动没有差异。

图 1-11　共情的神经基础

1.2.5　内隐（无意识）过程所扮演的角色

你有没有过这样的经历，第一眼看到一个人就会立刻喜欢或讨厌他，然后自己也犯嘀咕："为什么我会喜欢或讨厌这个人呢？"通常我们的这种怀疑不会持续很长时间，因为我们都善于用合理化的理由来解释自己的行为与感受。这说明我们确实不知道我们为什么会这样想或这样做。在接下来的第 2 章和第 4 章你会了解到，社会心理学领域近期的热点研究主题是：在许多情况下，我们确实不理解我们在当时社会情境下的想法与做法。以及，由于我们错误的处理社会信息的方法，我们甚至不能清楚地知道，什么才能使我们幸福。

事实上，导致我们想法和行为的因素和过程，我们只有模糊的意识，在很多情况下，它们都是自动发生的，不带有任何明确的想法和意图。例如，思考一下，你认为男人更有创造力还是女人更有创造力？由于创造力被认为是高层人员重要的品质，大多数人可能不愿意太明显地参与和讨论关于性别刻板印象，当然也不愿意说："当然，我认为男人比女人更有创造力。"为了解决这个问题，则需要另一种方法了。Proudfoot, Kay 和 Koval（2015）向他们的被试呈现在某男性化领域（建筑业）工作的一个男人或女人的工作成果（建筑设计的图像），被试们被要求简单描述设计师作品的创新程度。

思考一下这个无意识过程对第一印象产生影响的例子。研究表明，我们在遇见他人短短几秒钟的时间内就形成了对他人的第一印象（Gray, 2008）。有时候，这些第一印象是准确的，而有时候它们却是完全错误的（Carney, Colvin, & Hall, 2007）。我们是否能知道，什么时候的第一印象是准确的，什么时候第一印象又是错误的呢？Ames, Kammrath, Suppes 和 Bolger 等人（2010）的研究证据表明，我们无法凭直觉判断我们的第一印象什么时候是正确的，什么时候是错误的。因而，无意识过程确实能够影响我们的判断与行为，但是它是在我们无法自我控制的情况下发生的，并且无意识可以引领我们走入歧途。对于内隐（无意识）过程在社会思想与行为中所扮演的角色，许多研究也探索了其他主题，由于无意识过程是当下研究的热点，我们将在后面几章继续深入探讨（见第2章、第6章）。

1.2.6　全面思考社会多样性

毫无疑问，美国与其他国家一样都处于社会与文化的巨大变革之中。最近的数据表明，64%的美国人口为欧裔白人，而另外36%属于其他民族（其中非裔占13%、印第安土著占4.5%、西班牙裔占14%、太平洋群岛的居民以及亚裔占4.5%，还有7%的其他民族）。事实上，到2050年，欧裔白人就会失去他们的人数优势。这种转变是从20世纪60年代开始，当时大约90%的人口都是欧洲人的后裔。

为了应对这种社会转变，心理学家越来越意识到文化因素的重要性，在处理所有事情上也都不忘仔细考察文化上的差异，包括教学、科研与治疗，当然社会心理学家也不例外。他们发现个体的文化和民族传承经常在自我认同方面扮演着重要角色，甚至可以影响到行为。因此，普通心理学和社会心理学现在普遍采取**多文化视角**（multicultural perspective），也就是说，在研究中需要仔细明确性别、年龄、种族、性取向、社会经济地位、宗教取向和其他众多社会与文化维度。这种视角使社会心理学研究发生了重要的转变，包括在任意给定的时间点，依赖于所在群体的行为变化，是如何用于定义自我的。我们将在第2、6和11章继续探讨社会多样性，及其对团队绩效、不公平感与歧视等重要话题产生的影响。

思考一下文化是如何塑造人们的审美观的。一个在十个不同国家进行的研究中，被试被要求在不同的女性体型图片中，选择最能够吸引他们的女性体型（Swami et al., 2010）。结果表明，被试对女性体型的选择确实存在文化差异：相比于东亚的被试，来自大洋洲、南亚、西亚与东南亚的被试偏好更丰满的体型。然而，更大的差异出现在同一文化下不同社会经济地位（SES）群体中：高社会经济地位（如高教育与高收入）的人们比低社会经济地位的人们更偏好苗条的体态。这说明，文化内的社会知觉差异比文化间的社会知觉差异更大。

文化也能够改变外貌对生活质量与心理幸福感的影响程度。在众多针对美国城市学生的研究中，与低外貌魅力的被试相比，高外貌魅力的被试报告受到他人更好的对待，也具有更高的心理幸福感（Langlois et al., 2000）。然而，在美国乡村地区，由于出众的外形而受到欢迎与优待的情况是不存在的（Plaut, Adams, & Anderson, 2009）。研究者推测文化差异根植于人际关系构建的不同方式，或根植于个人意志与个人选择，或是根植于独特的社交网络。很明显，不同的文化与在同一文化背景下的不同社会阶层，都可以促使人们以不同的视角体会社会生活。提高对文化差异的认知，是现代社会心理学研究的特点。本书将从多个方面对文化为什么能够塑造社会思想与行为进行深入探讨。

要点 Key Points

- 社会心理学是心理科学的分支，它关注的是社会生活。
- 社会心理学家已经认识到社会思维与社会行为是同一枚硬币的两面，两者之间存在着紧密且复杂的联系。
- 社会心理学家日益对情绪在社会思想与行为中扮演的角色产生浓厚的兴趣。
- 多样的社会关系的重要性是社会心理学领域的另一主要趋势。
- 社会心理学的另一大分支在于对社会神经科学日益增长的兴趣，也就是要努力探索大脑和其他生理事件与社会思维和社会行为之间的关联。
- 我们的行为与想法经常受到某些我们意识不到的因素的影响。对内隐（无意识）过程的关注是现代社会心理学的另一个主要课题。
- 目前社会心理学采取了**多文化视角**来理解社会行为。这种视角强调了文化在社会行为与社会思维中的重要性，主张在一种文化下获得的研究发现，不一定会在另一种文化中出现。

1.3 社会心理学家如何解答问题：通过研究增长知识

我们已经介绍了社会心理学的最新发展方向，下面我们转到另一个重要的话题：社会心理学家如何解答社会行为与社会思维的问题。既然社会心理学是科学取向的，那么社会心理学家自然要通过系统的研究来回答问题。为了让你们了解这个领域相关的研究技巧，我们会考察三个主题。首先，我们会介绍社会心理学的几种研究方法。接着，我们会考察理论在研究中的地位。最后，我们会接触一些与社会心理学研究相关的伦理问题。

1.3.1 系统观察法：描述我们周围的世界

研究社会行为的一个基本方法是**系统观察法**（systematic observation），这种观察不是那种我们从小就会的随意观察，在科学领域，就像社会心理学，所做的观察要力求细致、准确。假设社会心理学家想要考察人们在不同场合与他人触碰的次数，那么研究者就要去商场、机场、校园或其他场所，观察记录谁触碰了谁，是如何接触的，多少频率等。这种研究（该研究的真实情况请见第3章）叫作**自然观察法**（naturalistic observation），也就是说观察发生在自然情境下的行为（Linden, 1992）。通过这种观察，研究者只能获知各种条件下发生了什么，他们不会改变观察对象的行为。实际上，要完成这种观察，研究者必须要尽力避免对观察对象产生任何可能影响。研究者要尽可能地不被观察对象发现，甚至要躲在电话亭、墙角或灌木丛的背后。

另一种方法也经常包含在系统观察法下面，那就是**调查法**（survey method）。研究者会请很多人回答一些关于态度或行为的问题。问卷使用的目的很多，从测量对待某个问题的态度，到选民对政界候选人的感受，甚至用来测量学生对任课老师的评价，你的大学可能就是这样做的。社会心理学家有时会使用调查法来测量民众对于社会问题的看法，比如，枪支管制与赞助性行动计划。其他领域的科学家与从业者将调查法用于测量生活满意度、消费者对新产品的反应等。

调查法有着许多优势：可以相对容易地收集到成千上万人的信息，而且不同群体被试的调查结果能够用于相互比较，比如男人与女人是否在歧视宗教人士、对托儿所的公共资助的看法以及自我报告的生活满意度等方面存在差异？事实上，调查法常常通过互联网实现。这是由于在全世界范围内，Facebook用户已超过14亿，成了调查研究日益重要的使用平台。调查对象只需要在Facebook上点击进行作答，这使得研究者能够收集到许多具有不同个人属性（如，性别、朋友数量、人口变量以及个人兴趣爱好等）用户的自我调查报告。

近来关于幸福感的研究常常通过研究者自己的

网站进行（见图1-12）。这个网站展示出的调查由知名心理学家编制，同时你的回答是完全保密的，并且其会成为研究人们为什么幸福或不幸福的大数据中的一部分。这个网站已被数以百万计的人访问过，并且拥有75万注册用户（我们将在第2章探讨此话题的细节）。

社会心理学家会从他们建立的网点收集调查数据。许多网点是为特定的研究而设立的，但也有一些长期开放的、从成千上万的人那儿收集数据的调查网点，正如图中所示。

图1-12 利用互联网进行研究

尽管如此，作为研究工具，调查法还必须符合一定要求。首先，调查对象必须具有代表性，也就是取样的问题。如果这个条件不满足，会导致严重的错误。想象一下，由于不幸福的人不愿意报告自己的感受，所以如果网站仅仅被那些已经很幸福的人访问，或者，仅仅只有那些想要知道如何变得更幸福的不幸者访问，那么，研究者描述美国人幸福感平均水平的结果就是有问题的，因为这些结果不能代表整体美国人的幸福感水平。

关于调查法还有另一个问题必须强调：提问的用词及方式会严重影响所得到的调查结果。继续采用上文幸福感的例子，某调查要求人们对"你的生活现在有多幸福"进行评分（7点量表，1 = 很不幸福，7 = 很幸福）。许多人可能会评4分或更高的分，因为大部分人在大部分时间还是相对幸福的。那么再考虑一下这个问法："与你最幸福的时候相比，你现在的生活有多幸福？"（1 = 非常不幸福，7 = 一样幸福）。在与自己的幸福峰值相比较的情况下，许多人可能会给出比4更低的分数，因为他们知道，在过去某时，他们更加幸福。如果忽视了这些问题的措辞，比较得到的结果是具有误导性的。

总之，调查法是研究社会行为某些方面的一个很好的工具。调查法可用于获得大样本，人们能够轻松地报告其与主题相关的问题，并且研究者关注的行为也很难被调查对象意识到。然而，只有当取样与提问方式恰当时，得到的结果才是准确的。

1.3.2 相关性：寻找关联

你可能注意到许多事情的发生与另一些事件的出现有关系，一方发生变化，另一方也会随之发生变化。例如，你可能注意到开新车、好车的人，往往年龄比较大，或者使用如Facebook等社交软件的人，往往比较年轻（虽然情况正在发生变化）。当两件事情出现这种关联（年龄与车的新旧程度）时，我们就说它们之间存在相关性。相关，是指当某事件改变时，另一事件也随之改变。社会心理学家把这些可改变的自然事件称为变量，因为它们的值可以变化。

从科学的观点来看，两个变量之间存在相关对研究很有帮助。只要存在相关，我们就可能通过一个或多个变量的信息来预测另一个变量。做出这种预测是所有科学领域，包括社会心理学在内的一个重要目标。这种准确预测对于我们的生活相当有帮助。例如，假设人们向慈善机构捐献的金钱数量（一个变量），与他们的幸福感（另一个变量）存在相关。尽管相关的存在的原因可能是多种的，但是这个相关可以帮助公益组织挑选出那些通过帮助别人而获得幸福感的志愿者。事实上，我们确实发现，在某些国家，人们帮助他人的风气更盛，幸福感也更强

（Oarga, Stavrova, & Fetchenhauer, 2015）。这说明在社会中倡导助人风气（如，"我们是互助的伙伴"）可以提高社会成员的幸福感。同样，如果我们观察到夫妻之间的某些行为模式（例如，尖锐地批评对方）与他们将来的离婚率存在相关，那么这个结果可以帮助我们从事夫妻咨询，或者如果当事人愿意，甚至可以挽救他们的关系。

两个变量之间的相关越强，预测也就越准确。相关系数在 -1～1 之间变化，离零越远，相关越强。正相关系数表示当一个变量增大时，另一个变量随之增大。例如，对之前的敌对群体的看法改变越大，人们对在内战期间犯下罪行的群体表达的宽恕之情则越强（Licata, Klein, Saade, Azzi, & Branscombe, 2012）。负相关系数表示当一个变量增大时，另一个变量随之减小。例如，经历过冲突的群体（如，伊拉克与巴勒斯坦、北爱尔兰地区的新教徒与天主教徒），哪一方受害者越多，或者声称自己这方所受的苦难越多，则越不能原谅另一方（Noor, Brown, Gonzalez, Manzi, & Lewis, 2008）。对于那些对群体间冲突如何得到解决并归于和平的方式感兴趣的研究者而言，这些正向或负向的相关关系是十分有用的。

这些事实背后，有一个社会心理学家有时会使用的重要研究方法：**相关法**（correlational method），通过这种方法，社会心理学家可以尝试了解不同变量彼此之间是否存在关联，以及关联程度有多大。这需要对每个变量进行谨慎地测量，然后通过恰当的统计检验来计算。

假设社会心理学家想要知道网友发表在 Facebook 上的信息是否准确，即这些信息是否真实地表现了自己，抑或是仅仅展现出他们理想的自己。再进一步，在以往研究的基础上，研究者假设人们发布在 Facebook 上的信息是相对准确的，这个假设该如何检验呢？采用最基本的相关法如下：首先，令在 Facebook 上发信息者完成人格测量（包括外向性、尽责性、开放性三种人格，以往研究发现这三项在人格测评上很重要）；然后，请其他评价者阅读发布者在 Facebook 上发布的信息，并在前述三种人格维度上对发布者进行评分。作为检验材料，发布者的熟人也会在三种人格维度上对发布者进行评分。最后，对收集到的数据进行对比，检验其相关性。

这些评分（即发布者本人与熟知他们的人的评分）的相关越高，发布者展示在 Facebook 上的自我形象与真实形象则越接近。

由于发布者的评分与熟知发布者的人的评分相一致，说明发布的信息是准确的。为了检验发布者是否在试图展示理想的自我，研究者要求他们描述"理想中的自我"，将这个信息与阅读 Facebook 内容的他人评分进行相关分析。事实上，这些基本的研究方法已经被 Back 等人（2010）应用在研究中了，这个研究探究了 Facebook 发布内容是否以及在多大程度上，展现出发布者的人格。研究结果支持了研究者的**假设**（hypothesis），即 Facebook 内容是准确的，发布的内容贴合发布者的真实人格，也贴合朋友与家人对其的人格评价。但是，在理想化自我展现方面，研究者未发现证据。在该研究的基础上，我们能够暂时得出结论，关于发布者人格的 Facebook 信息是相对准确的，他们的人格分数能够预测发布内容，同样，发布内容也能够预测人格分数。但是，在此处，我们强调"暂时"一词，原因有以下两个。

首先，两个变量的相关关系不代表它们之间存在因果联系，即一方的变化会引起另一方的变化。相反，两者的这种变化可能与第三个因素有关。比如，还是这个例子，很有可能发布 Facebook 信息的人仅仅是善于"自我展示"，使自己符合大众喜好的标准，若这是真实存在的，他们发布的内容与人格测验的相关理应能够反映这个问题。但正是由于他们善于"自我展示"，在发布 Facebook 信息与进行人格测验时，都会美化自己。事实上，Facebook 上发布的内容与人格并无任何直接或间接的联系。

相关法也存在着另一个问题：Facebook 上的发布内容也可能导致了发布者人格逐渐贴合其 Facebook 内容。乍眼一看，这种说法十分牵强，但是我们知道，当人们当众发言时，他们常常说服自己相信那些言论并促使自己做出改变（Higgins, 1999）。这仅仅是一个可能的解释，相关研究并不能明确地对此做出回答，因而我们仅仅只能得出存在这样的关系的结论。相关研究并不能说明任何方向性的影响关系，也不能说明因果联系。

尽管存在这样的局限，在某些时候，相关法依然是社会心理学家的重要研究方法。一来它们可以在自然条件下使用，另外也非常高效：短期内足以获得大量信息。但是要注意的是，相关法不能做因果关系的推论。有另一种方法可以做到这一点，因此更加受到社会心理学家的青睐，这就是我们将要讲到的实验法。

1.3.3 实验法：通过系统干预获得知识

正如我们前面看到的，科学的一个重要目的是做出准确预测，仅考虑这一条，相关法非常有用。但科学还有另外一个重要目的——解释，对于这一点，相关法就没有多大用处了。科学家不仅渴望描述世界和其中变量之间的关系，他们还希望可以解释这些关系。

为了达到解释的目的，社会心理学家会使用**实验法**（experimentation）。实验法的要旨在于：当一个变量发生系统变化，这种变化会作用于另外一个或多个变量。如果一个变量的系统改变导致了另一个变量也发生了改变（并且我们下面所列的其他两个条件也同时满足），就有可能做出一个比较有把握的结论：这些变量之间的确存在因果关系。因为实验法在这方面具有独特的价值，因此是社会心理学研究的常用方法。但是要记住，世上没有最好的研究方法。社会心理学家与其他科学家一样，只选择那些对于所研究问题最为恰当的方法。

1. 实验：基本属性

最简单的实验法包括两个关键步骤：1）以不同的强度呈现那些被认为可以系统影响社会行为或社会思维的变量；2）谨慎测量这种系统变化所产生的影响。变化的因素被研究者称作**自变量**（independent variable），而所研究的行为方面是**因变量**（dependent variable）。在一个简单的实验中，不同的参与者被随机分配到自变量的不同水平中，然后研究者通过测量他们的行为，来决定这些行为是否真的随着自变量的改变而有所变化。如果是这样，也就是说另外两个条件也得到了满足，这时研究者可以自信地说自变量的确可以引起研究中行为的变化。

下面我们用一个例子来说明社会心理学实验的基本属性。假设一个社会心理学家对下面的问题感兴趣：暴露在暴力电子游戏下是否增加人们任何形式的暴力行为的可能性（例如，言语攻击、肢体伤害、散布谣言、网络传播不雅照片等，见图1-13）。那么这个问题应该如何通过实验法来考察呢？

如图中所示的暴力电子游戏，是否会增加攻击性呢？通过使用实验法，社会心理学家研究发现暴力电子游戏的确增加了攻击反应。

图1-13 将实验法用于暴力电子游戏研究

可以这样做：实验被试被随机分配到暴力电子游戏组与非暴力电子游戏组，进行游戏后，则将其安置于某一情境下，在该情境中，只要被试愿意，则可以攻击他人，例如，研究者告诉被试，研究的下一环节是关于味觉敏感度的测验，被试可以随意在水杯中加入辣油给另一个人喝，被试尝过只放一滴辣油的味道，因此他们知道他们多放的话味道会怎样。那么辣油滴入的量就可以代表他们想对另一个人施加伤害的程度。

如果人暴露在暴力电子游戏中就会激发对他人

的攻击性，那么实验中那些玩暴力游戏的被试会比玩非暴力游戏的被试在水里滴入更多的辣油。如果真的得到这样的结果，至少暂时我们可以下结论说，暴露在暴力电子游戏下会增加人们的攻击性。之所以能得出这样的结论，是因为研究设置的两组被试其差异仅仅在于一组玩暴力电子游戏，而另一组玩非暴力电子游戏。因此，这两组行为（攻击行为）上的差别只能代表这两种设置所带来的差别。注意，实验中的自变量——玩暴力游戏还是非暴力游戏，是研究者操控改变的。而相关法却相反，变量的变化是自然发生的，研究者只能观察和记录。

2. 实验：成功必备的两个关键

前面我们提过研究者下结论说"是自变量的变化引起了因变量的改变"需要满足两个条件。现在我们就来讲一下这两个条件。首先是**随机分配被试进入实验条件**（random assignment of participants to experimental conditions），它是指实验中所有被试必须具有相同的机会进入自变量的任意一个水平。这条原则的理由很简单：如果被试不是随机进入实验条件，那么就不能判断不同实验条件之间的差异到底是来源于被试的差别，还是由于自变量的影响。例如，如果上面关于电子游戏的研究中，那些安排玩暴力电子游戏的被试都来自"柔道俱乐部"，而那些玩非暴力电子游戏的都来自"歌唱俱乐部"。这时如果玩暴力电子游戏的那组表现出更高水平的攻击性，这个结果告诉我们什么呢？什么也没有！这两组之间的差异只是由于两组被试本身已有的攻击性差异，喜爱柔道的人本身比喜爱唱歌的人更具攻击性，在实验中玩暴力电子游戏可能与结果差异毫无联系。因此，我们无法判断它们之间差异的原因。也就是说，如果没有做到随机分配被试进入实验处理，那么我们的研究结果就会失去意义。

第二个条件对于成功的实验来说也是必不可少的：凡有可能影响到被试行为的所有变量，除了自变量以外，都必须尽可能地保持它们在各个条件下水平一致。为什么要这样呢？仍是暴力电子游戏的研究，有两名助手参与收集数据。其中一个友好热情，另一个傲慢无礼。又碰巧，友好的那名助手收集的大部分是非暴力电子游戏组的数据；而无礼的那名助手收集的却是暴力电子游戏组的数据。假设暴力电子游戏组的攻击性确实更高一些，那么这个结果能说明什么吗？什么也说明不了！因为我们不知道他们是因为组装了枪支，还是因为碰到了一个板脸的实验员才让他们的攻击性提高的。这种情形，我们就说自变量受到其他变量的**混淆**（confounded）了，混淆变量就是指那些不在研究系统考察下的变量。一旦变量发生混淆，实验结果就不具备说服性了（见图1-14）。

综合几方面的内容，实验法都可以说是社会心理学的顶梁柱。当然它也不是完美的，比如，因为它经常是在实验室的环境下进行研究，这与我们实际中的社会行为所发生的场合不同，所以其外部

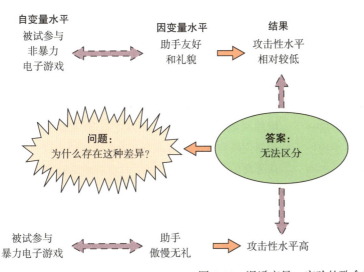

在一个研究暴力电子游戏对攻击性的影响的实验中，如果自变量受到了另一个变量（实验助手的行为）的干扰。两名助手当中一名和善有礼貌；另一个傲慢无礼。而友善的那名助手收集非暴力电子游戏组的数据，不友好的助手收集暴力电子游戏组的数据。如果结果表明玩暴力电子游戏被试攻击性更高，那么我们不清楚这个结果是因为被试玩暴力电子游戏引起的，还是因为他们碰到了一个脾气坏的实验助手。这两个变量彼此混淆，因此研究无法对假设提供有力的证明。

图1-14 混淆变量：实验的致命缺陷

效度（external validity）的问题就经常受到质疑：实验发现在多大程度上可以推广到现实的社会情境，或者推广到和实验参与者特征不同的人群中？而且因为道德或者法律上的考虑，有些社会情境是无法操控的，比如，如果我们安排人们随便结婚，或者让个体观看一些可能会引起他们自伤行为的电视节目，这些都是不道德的。但是对于那些可以合理利用的情境，仔细加以设计，实验法便可以帮助我们解答社会行为和思维的复杂问题。然而，请记住下面一个基本原则：做社会心理学研究没有哪个方法是最好的。所有方法都有各自的优势与不足，原则是哪个方法对于所研究问题最为恰当，就应该使用哪个方法。当用多种优劣势不同的研究方法却得出同一结论时，那么该结果的可信度就会大大提高。

1.3.4 对因果关系的进一步思考：中介变量的作用

我们前面提过，社会心理学家经常使用实验法是因为它可以解答关于因果的问题：一个变量的变化是不是可以产生（引起）另一个变量的变化？这种信息很有价值，因为它可以帮助我们理解什么时间、什么想法或什么情境可以导致不同的社会行为结果。不仅如此，社会心理学家做实验还经常要更进一步地解释"为什么"的问题，即理解为什么一个变量会带来另一个变量的变化。例如，回到暴力电子游戏那个研究，即"为什么玩暴力电子游戏会增强攻击性呢"是因为它导致了伤害他人的想法？是因为这让他们想起自己曾经受到过的或者想象中的类似伤害？是因为他们对被暴力袭击的受害者的同情心已被消耗殆尽？抑或是因为在游戏中获得高分的快感使他们相信"攻击是无错的"？

为了解释这种内部机制问题，社会心理学的研究中通常不仅只测量一个因变量，还有另一个被认为是内部原因的变量，即受自变量影响转而会影响因变量的变量。实际上，在暴力电子游戏研究中，我们可以测量被试对于伤害他人是否能够被接受、什么时候能够被接受等想法，看这些因素是否能够帮助我们解释"为什么玩电子游戏会增加攻击性"这一问题。我们也可以测量人们对受害者的同情程度，以帮助我们解释这一效应。如果这些因素确实在其中起作用，则被称为中介变量（mediating variables），即在自变量（玩暴力/非暴力电子游戏）与因变量（攻击行为的改变）间起中介作用的变量。

1.3.5 元分析：评估知识体系

我们即将深度讨论的许多话题都存在着一个庞大的知识体系。当两个变量已被大量的研究方法所检验时，研究者如何评估两个变量的相关程度、中介变量的影响效度以及构建变量间关系的理论的相对准确性呢？研究者们采用**元分析法**（meta-analysis）（Chan & Arvey, 2012）。在评估研究结果可重复性方面，也就是不同的研究（变量相同）是否能够得出相同模式的结果，元分析是十分实用的统计工具。元分析也能指出研究中存在的缺漏与研究背景的特点，减弱所得效应的强度，甚至指正效应的方向。**调节变量**（moderators）指能够影响自变量对因变量的效应的因素，它能够影响两个变量间的效应强度。接下来举例说明，元分析如何有效地解释现存研究，同时保证了社会心理科学的累积性。

正如你将在第9章所见，一直存在着一个十分有趣的问题，即性别如何影响人们的助人意向。社会心理学界已有了许多研究和理论证明，在某种情况下，某一性别更具有助人倾向或亲社会性。Eagly和Crowley（1986）对现存的助人研究进行了元分析，这也为大量的助人文献提供了概念秩序。正如他们所提到的，许多关于助人的社会心理学研究都是在偶遇陌生人的情境下进行的，这些助人行为常常需要承担生理上的风险（如，搭载旅行者），或是有技能要求（如，修理爆胎）。该元分析通过描述大量现存文献的性质，结果显示，在使用上述研究情境的文献中，男性确实比女性有更多的助人行为。这两位研究者也指出，亲近关系中的助人行为（被公认为女性角色的看护行为）并没有纳入研究中，因而所有研究助人行为的文献都具有误导性。我们想告诉你的是：元分析可以被用于解释大量现存的研究体系。我们也希望你们明白，元分析不仅仅告诉了我们变量间存在什么效应，效应的强度有多大，它也指出了科学研究本身的缺陷与偏见。

1.4 理论在社会心理学上的地位

在做社会心理学研究之前，我们应该考虑几个方面。我们前面提过，社会心理学家不仅满足于简单描述这个世界，他们还想解释这个世界。例如，社会心理学家不仅会陈述种族偏见在美国很普遍，他们还想解释为什么有些人的偏见更为严重。不仅社会心理学，在所有科学领域，要"解释"就涉及理论（theories）的建构：解释各种事件及过程的框架。构建一个理论需要下面的步骤：

（1）在现有证据的基础上，提出可以反映证据的理论。

（2）理论由基本概念以及这些概念之间的关系所构成，它帮助我们组织现有信息并对可观察的事件做出预测。例如，理论可以预测个体形成种族偏见的条件，以及如何减少这些成见。

（3）这些预测，也就是假设，可以得到实际研究的验证。

（4）如果验证结果与理论一致，那么理论的准确性就得到提高。如果不一致，那么理论就需要修改以及进一步的验证。

（5）最终，理论要么被接受，要么因为不准确被拒绝。即使被接受，理论仍然有待于通过研究方法的改进以及得到更多相关证据来实现进一步的完善。

听上去好像有点抽象，让我们来看一个具体的例子。假设一位社会心理学家提出下面的理论：当人们认为他们所持的观点属于少数派时，他们陈述观点的语速就会放慢（即少数派放慢效应）。这可能因为一方面他们的观点不那么强硬；另一方面还可能因为他们担心其他人听到后可能会反对他们的观点，因此不愿意公开陈述他们的看法。根据这个理论可以得到一个清楚的预测：如果人们以不公开的方式来陈述观点，那么这种少数派放慢效应就会减弱（Bassili, 2003）。最后如果研究结果与这一预测一致，那么这个理论就有一定可信度了。如果结果与理论不一致，那么理论就需要修改甚至推翻。需要铭记的原则：两个变量相关并不意味着其中一方的变化一定会引起另一方的变化。两者可能都与第三个变量相关，而非彼此有直接关联。理论构建、验证、修改、再次验证的过程是科学方法中的重要方面，因而也是社会心理学研究的重要方面（见图1-15）。因此，本书会介绍与社会行为和想法相关的各方面理论。

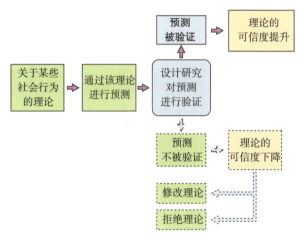

理论既可以组织现有知识，还可以对各种事件及发生过程进行预测。一旦理论被提出来，其逻辑推导出来的假设就要经受研究的仔细验证。如果结果与预测一致，那么理论的可信度就得到提升。如果结果与预测不一致，理论就需要修改或被推翻。

图 1-15　理论在社会心理学中的地位

最后两点：第一，理论永远不会得到最后完全的证实，只能说它们总等待着接受检验，根据可获证据的权重决定这一理论的可靠程度；第二，不是为了证明或验证一个理论而做研究，做研究是为了收集与理论相关的证据。如果研究者的出发点是为了证明他们的理论，那这便严重违背了科学所强调的怀疑、客观和开放的原则。

要点 Key Points

- **系统观察法**可以仔细观察和记录行为。在**自然观察法**中，只能观察那些自然发生的行为，研究对象不能受到研究者的任何影响。
- **调查法**经常会请大量参与者就他们的态度或行为回答问题。
- **相关法**是通过测量两个或多个变量，来决定

- 它们之间是否有关联。当变量间呈正相关时，一方增加另一方也随之增加，反之亦然。
- 即使变量之间存在显著相关，也不代表它们之间有因果关系。
- **实验法**通过系统改变一个或多个变量（**自变量**）来决定这个变量的改变是否会影响到行为的某个方面（**因变量**）。
- 要正确使用实验法，需要把被试随机安排到各个实验条件中，并使所有其他有可能影响到行为的因素保持一致来避免变量的**混淆**。
- 尽管实验法是一种强大的研究工具，但是它并不完美，其研究的外部效度问题就经常受到质疑。另外，出于现实或伦理道德上的考虑，有些情境下也不可能使用实验法。
- 关于考察**中介变量**的研究，是试图理解某变量如何影响社会行为或社会思维的某些方面。
- 作为统计方法的**元分析**能够评估研究结果的可重复性。
- **调节变量**是能够改变自变量与因变量间效应的变量。
- 构建理论是为了解释各种事件及过程。它们在社会心理研究中占有极其关键的地位。

1.5 对知识与个人权利的渴求：寻找一个恰当的平衡点

在对实验法、相关法和系统观察法等方法的使用上，社会心理学与其他领域的研究并无差别。然而有一项技术是社会心理学比较独特的：**欺骗法**（deception）。它是指研究者对研究被试试图隐瞒或者编造研究目的的手段。这样做的原因很简单：社会心理学家认为如果被试知道了研究的真实意图后，他们的行为就会有所改变，因此就无法得到有关社会行为或思维的有效信息。

有些研究看上去的确需要暂时性的欺骗。例如，想一下前面介绍的"暴力电子游戏研究"，如果被试知道了研究目的，那么他们是不是有可能会尽力隐藏自己的攻击性呢？还有，如果一项研究是考察性别对创造力与工作表现评分的影响，那么如果被试知道研究者对此性别刻板印象的影响感兴趣，他们便有可能努力工作以排除性别的影响。在这些例子中，社会心理学家都认为不得不在研究中使用欺骗法（Suls & Rosnow, 1988）。然而这也带来了重要的伦理问题。

第一，虽然概率很小，然而这种欺骗依然有可能会对人造成一些伤害，他们可能会因为所使用的程序或自己的反应而感到不安。例如，有些研究考察紧急情境下的助人行为，被试被置于逼真的紧急情境中，比如见到其中一人突发癫痫（Darley & Latané, 1968）。有些被试会因这些情节是表演出来的而感到很生气；另一些则会因为他们意识到那个人需要帮助却没有伸出援手而感到愧疚。显然，被试的焦虑情绪是因研究而起的，因此这就带出一个复杂的伦理问题：当研究类似这些非常重要的问题时，研究者到底可以在多大程度上欺骗被试。最新的联邦行为研究指南规定，所有类似的研究均需要立即上报伦理审查委员会（Institutional Review Boards）。

我们应尽快强调一下，上面这个研究代表的是欺骗法的极致，而通常为了隐瞒研究目的而使用的欺骗要更为柔和，称为"被动欺骗"（passive deception）。例如，在一个关于人们对有生理缺陷或无生理缺陷他人的第一印象的研究中，一部分被试会得到一张坐在轮椅上的人的照片，另一部分被试得到的是同样一个人却没有轮椅的照片。这个研究的目的是探索轮椅线索的呈现，是否会导致人们对照片中人物的不同评价。而在研究过程中，这个目的是不为被试所知的。

欺骗的其他形式还包括提供"误导信息"（misleading information），例如，被试可能受到一个陌生人的求助，而这个人实际上是研究者的助手；或者他们可能被告知学校里的大部分学生都持有某种观点，而实际上并非如此。在其他一些研究中，被试会被告知有其他人与你共同进行实验（如在讨价还价博弈中分钱），而事实上却是电脑程序在模拟"其他人"的反应。在这种形式的欺骗下，误导信息虽然呈现给了被试，但可能会对被试造成更多的伤害，因而类似研究的科学价值应当被谨慎地评估。

第二，被试有可能会因为在研究中受到"愚弄"而感到愤懑不平，因此他们对社会心理学以及普通心理研究都会产生消极态度。例如，他们此后可能会开始怀疑研究者呈现的信息（Kimmel, 2004）。最近的研究表明，一定程度上的确有这类反应：一些人对一味强调科学研究的社会心理学及其将来发展持怀疑态度（Epley & Huff, 1998）。

因为存在这些可能性，因此使用欺骗法对于社会心理学家而言是一种两难困境。一方面，创造一个能在安全的实验室环境下进行的心理干预对于他们的研究非常关键；另一方面，又会带来一些严重问题。应该如何解决这个困境呢？大部分社会心理学家同意以下说法，也秉承伦理审查委员提出的准则：监控由大学教师或学生进行的研究过程。

首先，不应该使用欺骗来劝被试参加研究，通过隐瞒实验相关信息或者提供误导信息导致人们参加实验是绝对不能接受的（Sigall, 1997）；其次，大部分社会心理学家同意有时可以接受暂时性的欺骗，只要有两个基本保障。一是**知情同意**（informed consent），在被试决定参与研究之前，尽可能多地为被试提供有关研究过程的信息，这与通过隐瞒劝服被试参与研究的做法完全相反；二是认真做**事后解释**（debriefing），在被试参与研究之后，为其提供充分的说明，来解释研究目的（见图1-16），这类信息也包括对所用欺骗的解释以及为什么必须这样做的说明。

幸运的是，已有证据表明知情同意与全面的事后解释确实可以降低欺骗的潜在危害（Smith & Richardson, 1985）。大部分被试表示他们可以接受这种暂时性的欺骗，只要好处大于危害，或者是因为没有其他可以获得信息的途径（Rogers, 1980; Sharpe, Adair, & Roese, 1992）。总之，似乎只要明确其意图以及必要性，大部分被试对暂时性的欺骗还是会积极对待。然而，这并不意味着欺骗就是安全或恰当的（Rubin, 1985; Weathington, Cunningham, & Pittenger, 2010）。相反，对于所有计划使用欺骗技术的研究者来说，指导原则应该是：1）只能在绝对需要的情况下，没有其他替代方式进行研究时，才能使用欺骗；2）要谨慎使用；3）确保做好每一步的预防措施，尽量保护研究被试的权利、安全和健康。根据最后这一点，美国的所有大学都要求必须设立评审机构对凡涉及人类被试的研究计划进行评估，考察其中的伦理问题，包括当必须使用欺骗时各方面的损失与利益分析。

实验过程结束后，应该给被试提供充分的事后解释：关于实验目的以及为什么要暂时欺骗等。

图1-16 事后解释：使用欺骗研究的必要步骤

要点 Key Points

- 欺骗是指社会心理学家对被试隐瞒研究意图等相关信息的做法。欺骗可以是被动欺骗，即隐瞒实验的真实意图，或是呈现误导信息。
- 大部分社会心理学家认为为了获得有效的研究结果，暂时性的欺骗通常是必要的。
- 然而，只有在**知情同意**与详细的**事后解释**得到保障的条件下，才可以使用欺骗法。
- 在美国，伦理道德委员会必须对每一个拟开展研究进行伦理审查与损失–利益分析。

1.6 最大限度地从本书中获益：使用指南

当一本书词句不通或难以理解时，就如同一把钝器一样无法发挥作用，因而我们尽力使这本书易于阅读，也加入了许多例子使本书更加实用并有趣。以下是如何以愉悦并有益的方式从本书中获取经验的步骤。

首先，每一章均会从一个故事开始，解释这个话题如何与我们的日常生活相联系。每一章的关键术语都以加粗字体标出并随后附上定义。为了便于你的理解，每一主要章节后都附有要点清单，即本章关键知识的简要总结。所有图表都尽量清晰而简洁，大部分图表下方都有图表说明，以帮助你理解。最后，每章的末尾都会有一篇总结与回顾，这部分内容将是你学习过程中的重要帮手。

其次，我们早已说明过本书有一个潜在的主题，但再次强调：社会心理学探求社会思维与行为的基本原理，虽然这些原理被普遍地应用于不同文化与环境中，但是其发生的社会情境也十分重要。因为随着科技的发展，人与人之间的联系方式也随之发生变化，现在人们常常通过网络而非面对面的方式进行交流。我们相信，社会心理学的基本原理同样也适应于新情境，但是因为现在是一个网络世界，我们应当谨慎地评判其准确性。考虑到环境与社会行为模式的变化，我们会在本书中报告一些社交媒体与其他相关话题的研究。除此之外，为了引起大家对重要性日益增长的其他话题的关注，我们在每章设立了一个名为"研究告诉我们"的栏目，介绍一些最新的研究，这里有几个例子：人们的偏好现状、不平等信念下的偏见、攻击中情绪的作用、面试中非言语线索的作用，以及受到尊重的重要性。重要的社会变化会影响社会生活的形态甚至本质，而这些部分将会考虑到这些变化。

我们认为所有的这些特点能够帮助你从本书中获益匪浅，希望你能在首次接触社会心理学的旅程中获得丰富的、有益的、有价值的以及快乐的体验。

总结与回顾

社会心理学是寻求理解在社会情境下，个人思维与行为的本质与原因的一门科学，其科学本质体现在它融会了其他科学领域的价值观与方法。由于"社会常识"不能可靠地引导社会行为，我们的个人思维又被许多潜在的偏见所干扰，所以社会心理学家应用科学的方法尤为重要。社会心理学不仅关注个体行为，也寻求探索社会行为的成因，包括外表因素、环境因素、文化价值甚至生理因素。在认识"我是谁"（我们的身份认同）的同时，社会心理学也致力于建立能够在不同的文化群体中矗立的社会生活基本原理。跨文化研究方法使已发现的原理能够应用于不同的文化情境中。

目前，社会心理学家意识到社会思维与社会行为如同一枚硬币的两面，它们之间存在着持续且复杂的相互作用。社会心理学家对情绪在社会思维与行为中扮演的角色的研究兴趣日益浓厚，社会关系对幸福感的影响也是他们研究的主要趋势。其他重要的研究趋势还包括**社会神经科学**，也就是将大脑活动与社会思维和行为相关联的一种研究方式。此外，本书也将讨论数字化技术与社交媒体等技术变化如何影响我们与他人的联系方式的问题。

人类的社会行为常常是在无意识下塑造而成的，那么，内隐（无意识）加工也是现代社会心理学关注的另一主题。目前，社会心理学家意识到文化因素在塑造自我与社会行为方面的重要性，因而采用**多元文化视角**（multicultural perspective）进行研究。

自然观察法（naturalistic observation）要求在行为自然发生的情境下，谨慎地观察并记录行为。**调查法**（survey methods）常常需要大量的被试对关于态度或行为的问题进行回答。使用**相关法**（correlational method）时，应通过测量两个或更多变量以期发现他们相互之间的关联，但变量间的强相关并不意味着变量间存在因果联系。

实验法（experimentation）指系统地改变一个或多个变量（**自变量**），以观察这些变量变化是否会影响行为变量（**因变量**）。实验法要求对被试进行随机分配，以及对其他所有影响行为的变量（**混淆变量**，confounding variable）进行控制。虽然实验法是一种强大的实验方法，但它也并非完美，除了其研究结果的外部效度常常受到质疑之外，出于实用性与道德问题的考虑，实验法并不适用于某些情境。

加入**中介变量**（mediating variables）的研究考察了自变量如何影响社会思维或行为的问题。**元分析**（meta-analysis）是用于综述某一知识体系并指出其未能详尽之处的研究方法。**调节变量**（moderator）能够改变两变量间的关系。理论是解释大量现象与过程的框架。它们在社会心理学研究中起着关键的作用。

欺骗（deception）指社会心理学家向被试隐瞒或谎报研究目的的行为。大部分社会心理学家认为，为了获得有效的研究结果，暂时的欺骗是必要的。然而，只有当社会心理学家获得被试的**知情同意**并做到**事后解释**时，欺骗才是可以接受的。

第 2 章

社会认知：我们怎么看社会

章节概览

- 启发式：如何使用社会认知中的简单法则

    代表性：通过相似进行判断

    易得性：如果我能回忆起它，那它一定是频繁出现的

    锚定调节：你哪里开始变得不同

    现状启发式：这是什么？是否是好的

- 研究告诉我们：人们倾向于选择现状
- 图式：组织社会心理学中的心理框架

    图式对社会认知的影响：注意、编码和提取

    启动：究竟哪些图式指导我们的思维过程

    图式的持续：为什么不可信的图式有时也会影响我们的想法和行为

    通过隐喻去推理：修辞如何影响社会态度和行为

- 社会思维的两种基本模式：自动加工和控制加工

    自动加工过程和自动化的社会行为

    自动加工过程的优势：不仅仅是效率

- 社会认知中潜在的错误来源：为什么绝对理性比你想的要少

    社会思维的基本"倾向"：过度乐观

    社会认知中错误的具体来源：反事实假设、迷信思维

- 情感和认知：情绪如何影响思维，思维如何影响感觉

    情绪对认知的影响

    认知对情感的影响

- 研究告诉我们：为什么释放自己的行为，能让我们感觉良好

    情感和认知：两个独立系统的社会神经科学依据

我们生活在一个信息密集的时代。然而，大多数的信息是模糊不清或者自相矛盾的，可能让我们无法确认哪些信息是可信的。那我们要如何评估未来面临的种种风险的可能性呢？例如，发生交通事故的可能性、钱包（或身份证）被偷的可能性、患癌的可能性，或者是挑选了"柠檬车"，需要不断为其维修的可能性。其中没有任何一种风险的可能性是能够轻易进行判断的。但是，正如接下来我们将会提到，一个关于人们如何理解风险的社会心理分析，解释了即使当所掌握的风险可能性信息不完整的时候，我们进行决策的过程。判断风险性仅仅只是生活中种种挑战的一种。我们需要从大量复杂的信息中进行信息筛选从而帮助我们做出决定。在你决定进入哪所大学的时候，你可能会难以取舍。你是否努力做理性的选择，对于每种可能存在的选择都列出其利弊？或者，你仅仅只是根据一些简单的规则来做决定，比如"哪一个更便宜""哪一个地位更高"或"哪一个我的父母会更加同意？"由于大学的高昂学费，你可能会需要申请学生贷款。正如图 2-1 中的人一样，你当然知道填写贷款申请是一个非常复杂的过程，可能比申请大部分大学花费更长的时间。在一番努力之后，你可能仍然不清楚哪一项贷款能在最大程度上使你获益。大学毕业后，你将要不断面临各种伴有高风险的选择，其中也涉及许多复杂的信息。比如，当你开始一份新的工作时，你通常需要在收到薪水前，在大量看起来很费解的健康保险计划和退休金储蓄选择中做出自己的决定。当你决定要买你的第一套房子时，了解各类型按揭贷款的利与弊并从中做出选择是至关重要的。

乍一看，我们有许多的替代选择似乎是很美好的事情，但是，拥有如此多的选项也可能会使得我们陷入无选择的状态。我们是否会因为过多的选项而放弃"正确"的选项，从而盲目地做出了选择？Thaler 与 Sunstein（2009）在他们的畅销书《助推》中提出，了解人类决策的社会心理学知识能够帮助我们更好地理解大量信息。这证明，当人们获得以可见的方式突出关键点的信息时，他们的决策过程更简单，实际为自身做出的选择也更加有效。

在本章你将看到，当面对复杂、矛盾甚至困难到难以做出正确选择的情况时，人们通常会采用一些心理捷径或经验法则进行选择。作为本章的主要焦点，**社会认知**（Social cognition）包含了我们如何认识社会，如何理解复杂事件，以及为什么我们有时候不能做到"最佳理性"等问题（e.g., Fiske & Taylor, 2008; Higgins & Kruglanski, 1996）。研究表明我们对社会的认知通常是"自动"进行的——迅速、没有经过精细的推理。在后面的内容中我们会见到，这种自动思维具有重要的优势：只需要通过很少的努力甚至不需要努力就能获得效率。虽然这种思考方式可能会使我们做出一个令人满意的决策，但是它也可能导致我们犯下重大错误或者是做出次优的决定。

许多我们至关重要的人生决定需要我们费力地理解大量看起来很费解的信息，当你面对如此复杂的情况时，你会试图系统化地权衡利弊，进行"理性"决策吗？又或者，你会替代性地基于一些简单的策略做出选择吗？

图 2-1　选择过多：当信息错综复杂的时候，我们如何做决定

尽管很多社会思维是自动进行的，但是偶尔我们也会停下来更加仔细地、有逻辑地分析一些问题（例如，报考大学）。如果事情很重要，或是发生了一些意想不到的情况，更具有控制性的思考倾向就会出现，代替这种自动的、不费力的思维。

在这一章的第一节中，我们将会介绍一些经常使用的、加快对面临状况推论的经验法则，并且会

介绍一些实验，这些实验为我们解释了这些简单的规则是如何运行的。我们将会深入思考让人们高效率组织大量信息的思维框架。这些框架能够对社会行为产生强大的影响，虽然从准确性上来看并不总是有益的。因此，我们将介绍社会思维中的一些特殊倾向，这些倾向会使我们错误地理解他人或社会环境。最后，我们将介绍情感和社会认知之间复杂的交互作用。

2.1 启发式：如何使用社会认知中的简单法则

几个州已经通过或即将通过禁止在开车时打电话以及发短信的法案。为什么呢？如图2-2所示，这些行为，尤其是在开车的时候编辑信息，是非常危险的。事实一次又一次证明，如果司机分心，出现事故的可能性会大大增加，而发短信更加容易让人分心（Atchley, Hadlock, & Lane, 2012），那么GPS向司机展示地图会不会分散司机的注意力呢？你是否认为GPS可能在快速行驶的过程中分散我们的注意力从而导致事故发生呢？

因为我们处理信息的能力是有限的，分心驾驶很容易就会超出能力范围。当司机在开车时使用手机发短信或打电话时，他们的注意力就会离开眼前的交通路况。这种行为有可能会导致事故发生，甚至致命。

图2-2　分心驾驶：意外发生的原因

任何时候，我们能够处理的信息数量都是有限的。如果进入系统的信息超过某一水平，就会出现**信息超载**（information overload），认知系统不能满足认知的要求。此外，高压力水平或是其他要求会耗尽我们处理能力（e.g., Chajut & Algom, 2003）。为了应对这种情况，人们采用许多策略"延伸"认知资源——用最小的努力做最多的事情，否则，情况就会不一样了。许多社会认知过程之所以会"自动"发生，正是因为这种方式比谨慎的、系统的、费力的方式更加快速、省力。在后面我们会讨论这种思维的代价和潜在的好处。但是这里，我们将主要介绍迅速处理大量信息时所使用的技术，尤其是在难以确定正确答案以及难以做出决定的时候。有很多技术能够达到这一目的，其中最有效的手段是**启发式**（heuristics），它是做出复杂决定或是快速高效获得信息的基本方法。

2.1.1 代表性：通过相似进行判断

假设第一次见到你的邻居。和她聊天的时候你注意到她穿着保守，非常整洁，家中有大量藏书，看起来非常亲近并且有一点腼腆。后来你意识到她从来都没有提及过她的职业。经理人、内科医生、服务员、律师、舞蹈演员还是图书馆管理员？做出推测的一种快速的办法是将她和这些职业**原型**（prototype）进行比较，一般每一种职业的职员都各具一系列的特征。她和你认识的这些领域中的人有多相像，或者，更可能是和这些领域中的代表人物有多相像（Shah & Oppenheimer, 2009）？如果你这么想下去，你很快就会得出结论：她可能是图书馆管理员；她的品质特征看起来与图书馆管理员的品质特征更接近，而不是与医生、舞蹈演员或是法官的特征相关。如果你通过这样的方式来判断你邻居的职业，你使用的就是**代表性启发式**（representativeness heuristic）。换言之，你在相对简单的规则的基础上做出判断：个体与已知群体的相似或者相符的程度越高，那么他隶属于这个群体的可能性就越大。

这种判断准确吗？一般来说是准确的，因为归属于某一群体会影响人们的行为和风格，具有确定特质的人一开始就也会被特定群体所吸引。但是有时使用代表性启发式进行判断可能是错的，这主要是因为当我们使用这种规则进行判断时，我们可能会忽略基本概率，即特定事件在总体中发生的频率（Kahneman & Tversky, 1973; Koehler & Frederick, 2002）。事实上，职业经理人比图书馆管理员要多。因此，即使你的邻居在具有特质方面看上去可能和图书管理员的原型更相似，但事实上她是经理人的可能性要比她是图书馆管理员的可能性更高。

代表性启发同时被用于判断特定原因是否相似，以及它们是否会产生同等强度的影响。也就是说，当让人去判断一个由特殊原因（如一种异常感染的细菌或标准菌株）而产生特殊结果（如许多或部分人死于某种疾病）的可能性时，人们很有可能期望这个原因的强度与它的影响相匹配。然而，各个文化群体在依赖于代表性启发的程度，以及在因果关系方面期待随心所欲的程度是不同的。特别的是，亚洲人在判断结果时比美国人更倾向于考虑更多潜在的因素（Choi, Dalal, Kim-Prieto, & Park, 2003）。因为亚洲人在判断一件事的时候会考虑更多的信息要素，并且抓住事物的复杂本质，那么与北美人相比，他们应该更少地表现出以表性启发这样的简化判断现象。

为了验证这个推理，研究者（Spina et al., 2010）要求中国和加拿大的学生评估由不同规模的病毒（一种抗治疗的菌株或者一种可以通过医学治疗进行控制的标准菌株）引起的一个或高或低程度的结果（少量或者大量的死亡数）的可能性。两组被试都认为抗治疗的菌株会引发大规模死亡，可以通过医学治疗进行控制的标准菌株则导致小规模死亡，但是，加拿大被试比中国被试展现出更强的倾向。当不同群体的成员在如何最好地解决一些全球性问题，比如全球变暖上寻求一致时，这种推理上的差异可能会导致一些困难，西方人更期望解决"重大原因"来减少全球变暖的可能性，然而亚洲人更强调在"次要原因"中调查出大量的结果，比如气候的变化。

2.1.2 易得性：如果我能回忆起它，那它一定是频繁出现的

当人们需要评估一件事件的发生频率以及可能性的时候，他们可能并不知道正确答案，甚至是发生在他们自己生活中的事件。那么他们怎样才能得到答案呢？试问下自己，你是否经常在开车的时候打电话？如果你能回忆起很多开车时打电话的场景，那么说明这件事是经常发生的。这是一个以可以回忆起的事件频率为基础进行判断的实例。现在考虑另一个并不相关的问题：一辆越野车（SUV）和一辆轻型小汽车，哪个更安全？许多人会回答，"大型SUV"，他们认为，如果发生事故，你在较大的交通工具上人们受伤的可能性会更小。这可能是事实，然而数据显示SUV的车祸死亡率（公路上每一百万辆车的死亡人数）更高一些（e.g., Gladwell, 2004）

那么为什么这么多人会错误地认为庞大的SUV更安全？答案在于，思考这个问题的时候我们更容易想到什么，就像是使用手机的问题。大多数人想起事故中，一辆巨大的车撞向其他较小的交通工具的场景。因为这种场景太具冲击性，我们很容易就能回忆起来，但是这种"易得回忆"可能误导了我们。我们会假设容易回忆起某种场景是因为它反映了普遍情况，而事实并非如此。这些场景并没有提醒我们相对轻型小汽车而言，SUV会发生更多事故，SUV翻车的频率更大，而且SUV的目标更大。

这个案例和许多相似的判断错误，阐明了另一种认知中的"经验法则"——**易得性启发式**（availability heuristic）：容易想起的信息对我们的判断或决策过程影响更大。这种启发式在绝大多数时间里都有意义：毕竟，很容易想起某些信息，说明这些信息一定经常出现或者是非常重要的，应该对判断或决策产生影响。但是依靠可得性启发式进行社会判断可能会犯错，特别是因为它们容易被想起，就会使我们高估那些戏剧性但是很少发生的事件的可能性。

在这种可得性原则的影响下，许多人害怕坐飞机而更愿意乘车旅行，尽管车祸死亡的概率是飞机事故的几百倍。同样，人们倾向于高估谋杀成为死亡原因的概率，而低估更多平凡但是频率更高的"杀手"，比如心脏病和中风。由于大众媒体对谋杀和其他具有戏剧性的死亡原因的频繁报道，这些事件比那些在媒体中有很小代表性的自然死亡原因更容易让人们从记忆中提取。

另一个可能令人更加不安的例子是：接受有关

某一疾病信息的医生后来确定之前有病患被误诊为表面上与他们先前容易认识到的疾病相似的临床病例（Schmidt et al., 2014）。当媒体或者其他资源频繁地集中在这一种特殊的疾病上时，即使是医生也会因为这种确定的特征比其他的更容易想起，而表现出这种倾向的影响。因此，医生的诊断可能会由于提取数据的易得性而表现不同，由此显示出使用易得性启发式的影响。

易得性启发式还能以其他的方式影响我们吗？研究发现我们的需求可能会误导我们的决策（Mishra, 2014）。比如，经济条件差的情况下，明智的选择就是节约用钱和选择低风险的投资。但是人们的行为更偏向于高风险的决策（Akerlof & Shiller, 2009）。如果你感觉到经济危机，那么你对"金钱需要"的欲望就会增加。当你有了尝试承担金融风险的想法时，想要改变自己经济状况的欲望是否更加强烈并不总是与完全理性预测的行为一致。上述的想法，正好支持了一个研究，研究发现当人们处于经济条件衰竭期时，人们会高估赌博所带来的经济利益的可能性（Canadian Gaming Association, 2011）。

实验研究也曾探讨过经济危机是否使赌博更加吸引人。Wohl, Branscombe 和 Lister 等人设计了一个实验：首先，实验组诱导一些学生相信，在全球金融危机的影响下，自己未来的经济状况很低迷。与此相反，对照组仅仅只是阅读了一些关于国有造币厂如何制造钱的报道。实验中，对两组被试的一些观念进行测量，比如"我认为赌博是一种金融投资"。然后所有的被试将拥有 10 美元并且可以用赌博机进行赌博。实验结果表明，对于实验组来说，认为赌博是获得经济收益的必要条件的观念增加，同时，赌博的意愿以及赌博的钱数也增加。正如图 2-3，那些被说服以为未来的经济需求将无法满足的学生，为了满足这些需要，冒风险的价值更容易得到考虑。这种想法反过来影响了学生们的赌博意愿。

有趣的是，研究发现不仅是相关信息的主观易得性会影响易得性启发式，能够回忆起的信息的数量也会对判断有影响（Schwarz et al., 1991）。关于一件事，我们能想起的信息越多，它对判断的影响就越大。这两项哪个更重要呢？这取决于我们所做判断的种类。如果是和情绪情感有关的，我们遵循"易得"原则；如果判断和事实有关，或者任务十分困难的时候，我们会遵循"数量"原则（e.g., Rothman & Hardin, 1997; Ruder & Bless, 2003）。

当人们意识到自己重要的需求无法得到满足时，选择一种冒险的方法来提升自我地位的吸引力的行为就会增加。当人们感觉自己的未来不确定时，人们更可能赌博，更倾向于认为获得经济收益要承担必要的风险。

图 2-3　易得性启发式的使用：冒险的价值更容易被提取

同样实例也证明，容易想起的事例与自身相关时要比与其他人时更容易产生影响。实际上，甚至是我们个人十分熟悉的事物，比如消费品牌，比起那些我们比较不熟悉的，我们更容易受到更容易检索到的品牌的影响（Tybout, Sternthal, Bakamitsos, & Park, 2005）。这是因为当我们知道我们对其他人或者不熟悉的事物了解比较少的时候做决策是非常困难的，并且能够被检索的权重也很小。但是，当我们对一件事物非常熟悉，了解的信息更多时，我们会认为其更加容易检索，那么，检索的方便性就有可能成为我们判断的基础。让我们看看在自我判断中它是如何发挥作用的。

你能否能轻易地举出两个实例证明你的创造力呢，或者 6 个实例？关于创造力的实例是否真的存在？在 Caruso（2008）的研究中，发现两个关于创造力的实例比起 6 个更简单，正如图 2-4 所示，这影响着他们对于自身创造力水平的评价。轻松获取一个熟人的创造力的例子并不影响我们对他创造力的评级。这是因为在任务更加困难，而且与其他人属性相关的情况下，我们主观上的检索权重会降低。

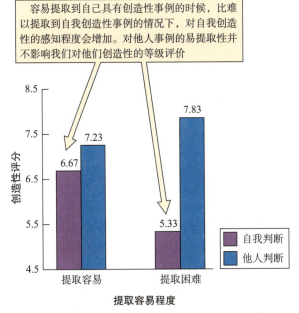

提取的难易程度影响对自我创造性的等级评价。当生成自我诊断事例更容易（相对于困难而言）时，感知到的自我创造力增加。想起他人创造性事例的难易程度并不影响人们对其他人创造性的判断。

图 2-4　易得性启发式的使用：检索的便利性决定自我感知的创造力

2.1.3　锚定调节：你哪里开始变得不同

当销售者准备推销产品的时候（无论是房子还是车，无论是通过报纸上或者网上发布广告），广告上的价格都要比人们能接受的心理价格高。同样的，购买者一开始的出价往往比最终成交价格要低。主要原因是购买者和销售者想要给自己留一点讨价还价的余地。售价通常是议价的起始点；购买者说一个低一点的价格，销售者还一个价，这个过程会持续到双方达成共识。当卖方设定起始价格时，其实他们有一种重要的优势：一种强烈影响我们思考决策的启发式——锚定调节。

这个启发式涉及了在很多情况下通过使用一些我们知道的东西作为起点（"锚"）来处理不确定性，然后做出判断。销售者开出售价产生一个起始点，使得购买者尝试对价格进行还价来取得更低的成交价格。同一开始的售价相比，削价之后的价格让购

买者感觉自己赚了一笔。这也是为什么"销售价格"和非常明显的"降低价格"在零售店这么常见，原始售价好比是设置了一道线，从而让顾客感觉他们可以以其作为参照对比来进行讨价还价。

在某种意义上，锚定调节和突发奇想完全不同。它为我们在未知的情境中进行判断提供了起始点。然而让人意想不到的是，即使在一些不应该出现锚定调节的场景中，它仍然影响着我们的行为。例如，Englich、Mussweiler 和 Strack（2006）的一项关于不确定的实验证明，就连法庭的决议和判决都会被锚定调节所影响，即使是有经验的法官也不能幸免。

该研究中，被试是德国经验丰富的法律人士。被试读了一段真实的法庭案例，然后了解对被告的量刑建议。在一个研究中，量刑建议来自没有受过法律训练的新闻记者。另一个实验中，量刑建议通过掷骰子随机产生，案件本身未经过思考。最后，第三个实验，建议来源于经验丰富的公诉人。

量刑建议包括宽大（留职查看 1 个月）和严厉（例如，同样的罪行 3 年监禁）两种情况。获得这些信息之后，有法律经验的被试给出自己的量刑建议。显然，这些专业人士给出的量刑建议不应受到这些锚的影响，特别是在前两种条件下，建议来自不相关人员或是随机概率。但是，正如你在图 2-5 所见，这些锚有明显的作用：如果被试得到的锚是严厉的，他给出的量刑建议会比较严苛；得到的锚是宽大的，给出的量刑建议也会比较宽大。而锚的来源是新闻记者、公诉人还是骰子并不重要。

我们平时的行为中有些情况会受到锚微妙的影响。想想那些我们大多数人收到的捐款请求。大多数的请求会提供给你一些选择来做出"合适的"捐赠。当第一个选择是 50 美元，接下来每个连续的选择以 25 美元增长，和一开始的选择是 100 美元随后以 50 美元增长相比，组织几乎肯定收到更少的钱。因为我们通常不会意识到锚对于我们的影响，其他人设定的"锚"不仅影响我们捐赠的多少，而且是通过我们可能都不会怀疑的方式。

举个例子，餐馆提供的食物分量可能会影响你的食量。Marchiori、Papies 和 Klein（2014）最近做的研究表明分量大小如何产生影响：当提供大分量食物时要比提供较小分量时，被试会吃得更多。这

是一个很好的关于锚定效应例子。被分配了少数锚的被试的食物有芝士、汤、牛排、意面，估计他们吃得显著比那些没有锚或者被提供大分量食物的被试要少。实际上，对食物摄取量的估计中高锚情况时以77%远远高于低锚的情况。如图2-6所示，当我们眼前是大分量的食物时，我们食量的多少难以向下调整。

为什么锚定调节启发式有这么大影响？尽管我们会对外部给定的锚进行调整，但是这种调节并不足以克服锚的最初影响。有趣的是，当人们不能使用大量资源进行费力的思考时，比如刚喝过酒或者忙于别的事情时，更有可能出现这种调节不足的现象（Epley & Gilovich, 2016）。总之，最初的锚影响着我们判断，即使是在重要时刻也是如此，这很大程度上是因为我们想要避免对锚进行调节这种费力的工作。

2.1.4 现状启发式：这是什么？是否是好的

人们总是会选择其认为当前情况下最好的方式去做决策或者选择。与易得性启发式相似，在启发当中我们越是认为"好"的信息或事物，越容易被想起。实际上，这些选项经常被认为比那些新的、很少遇到的，或者代表对现状改变的选择更好。试想一下，在超市当中，那些长时期供应的产品比新产品更加畅销，其中的缘由可能是因为随着时间过去，那些不好的产品被市场淘汰。但是也有可能是因为这些产品是让人产生惰性的，人们习惯性地购买老产品。所以，如果市场人员在其包装标签上加上"新升级"的标志是否会影响他们的销量呢？在下面的特别栏目中，我们将会探讨人们在喜好的选择上是选择"老"还是"新"。

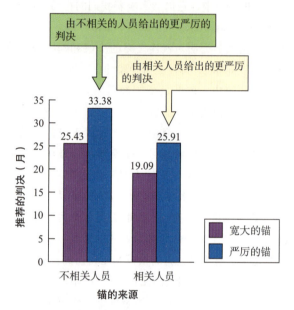

这些发现虽然强有力地证明了"锚"的重要作用，但也让人十分不安。受过训练并且经验丰富的法律专家都会被锚定调节所影响，说明它的影响力非常大，是一种会在重要场景中产生重要影响的社会认知捷径。

图 2-5　法律判决中的锚定调节

研究告诉我们　　　　　　　**人们倾向于选择现状**

在大量的研究当中，Eidelman, Pattershall 和 Crandall（2010）探讨了人们在喜好上的选择是选择"老"还是"新"。在其中一个实验当中，被试被要求去品尝一块巧克力。在品尝之前，被试将分别被告知巧克力第一次在欧洲销售的时间，分别为1937年和2003年。品尝之后，询问被试有多喜欢此块巧克力，是否对它印象深刻以及是否会买它。

接下来，询问被试他们评价巧克力的原因。实验结果为，被试压倒性地认为了"老"品牌巧克力比"新"品牌巧克力更美味。这些被试似乎没有意识到在市场上存在时间影响了他们对于巧克力的判断。而实际上，他们一致认为品牌的年龄是他们评价内容的一个最低要求并且是作为品尝味道的一个重要标准。其实，他们并不知道实验中的巧克力是一样的，时间的长短仅仅是假定不一样而已。

当"旧"与"新"的选择与我们人类息息相关时，会如何呢？是否会出现一样的偏好情况呢（更加偏好"老"）？研究者 Eidelman 和 Crandall（2014）证实确实如此，这可能是知名度的原因，比如现任的当政者会优于新的竞选者。为了测试这种观点，实验者给予被试关于一个州竞选人的资料，资料包括一张照片以及竞选市长的信息。一半的被试被告知竞选者"现任市长，二次参加竞选"。另一半的被试被告知竞选者为"竞选市长，首次竞选者"。实验结果如同巧克力实验一样，被试认为"现任"的竞争者比"新的"、首次参加公职竞选的竞争者更具有吸引力。尽管，两个测试组中竞选者的照片和信息是完全一致的，但是被试的认知发生了不同。

而另一些实验证明，在政党竞选中出现的"新选择"往往会受到更严格的审查。换句话说，比起二次竞选者他们将会被问更多的问题。由于首次竞选者被更加关注，他们的瑕疵也将会被放大。同样，因为"现任"受到更少的审查，缺点也会被更少注意到。

所以，市场经营者将商品展示为"经考验证明好的"，而不是"更新升级的"，这样是否会更好呢？根据研究者 Eidelman 和 Crandall（2014）的研究，答案是"是的！"举个例子，当时间的长短发生改变时，一种实践（针灸）被认为存在了 250、500、1000 或者 2000 年，随着它出现时间的增长，针灸被人们感知到的效力增加了。同样，人们认为 1905 年的画作的审美价值比 2005 年的更高，而其实两幅画的年代是一样的。

因此，人们似乎启发式地使用一个产品或者实践存在时间的长短作为判断其是否优秀的线索。尽管，并不是所有的产品都赢在历史，偶尔新奇的事物可能获胜，但是比起新的事物而言，传统和寿命往往暗示"经过实践证明是好的"。

当人们得到一份小分量的食物时，他们估计并确实比得到大分量食物时吃得少。在西方国家，大分量食物作为高的锚使我们通常难以调低我们的食量并容易导致肥胖症。

图 2-6 "分量效应"：一个关于锚和调整不足的问题

要点 Key Points

- 当认知系统的需求比其可承载能力更大时，就会出现**信息超载**的情况。为了避免这种现象，我们经常减少在**社会认知**中的努力，我们如何认知他人和事物。
- 由于我们处理信息的能力是有限的，我们经常充分利用简单的策略来实现判断。当信息是复杂的并且正确答案不明显（**不确定条件**），我们经常使用**启发式**——快速省力地做出决定的简单原则。
- **代表性启发式**，个体与特定群体的代表成员——群体的**原型**越相似，人们就越可能认为该个体是这个群体的成员。
- 当我们忽视了基本概率时，尽管它们是相关的，代表性启发式很容易导致错误的决策。

- 并不是所有的文化团体都使用相同程度的代表性去评估引起事件的特殊原因。亚洲人在"随性"方面的程度比西方人低，因此亚洲人更少受到这种倾向的影响。
- **易得性启发式**，越容易想起的信息对随后的决定或判断影响越大。某些情况中，易得性也和我们想起的信息的数量有关。我们更倾向于运用易提取的原则对自身能力进行判断，但这一原则不会影响我们对他人能力的判断。
- **锚定调节启发式**让我们学会使用一个数字或者一种价值来作为我们做判断的起点（"锚"）。这些调整可能不够充分，可能因为我们一旦达到了一种似乎合理的评价，我们就停止了调整的过程，一些人（尤其是销售员）可能会有目标地设定一个"锚"来使我们的判断出现偏差。
- **分量效应**，在被提供大分量的食物时比被提供小分量食物时表现出吃得更多的倾向，是锚定和不充分调整的好例子。当个体不能对锚定点进行仔细思考时，他们做出不充分调整的倾向就更大了。
- 更容易从记忆中检索到的对象和选项可能会被启发式地认为是"好的"。这些对象和选项常常被认为比那些新的、很少遇到的，或者对现状产生改变的事物更好。

2.2 图式：组织社会心理学的心理框架

想象一下，你去看医生的过程中，会发生什么？大概是这样：走进医院，挂号，然后找个椅子坐下来等着。幸运的话，不用等很久，护士会把你带到检查室。到那儿之后你会等很久。终于医生进来了，与你进行交谈，可能会进行一些检查。最后，你返回服务台，可能支付部分医药费然后离开。

这和医生是谁或是你住在哪里都无关，这一系列事情就是这么发生的，没什么新奇。事实上，你可以预想到这些事情发生的过程，包括等待。为什么？因为，根据过去的经验，你已经建立了一个包含这类情况（比如预约一个保健专业人士）必要因素的心理框架。同样，你还会有其他的思维框架，比如去饭店吃饭、剪头发、买日用品、去看电影，或者坐飞机（见图 2-7）。

社会心理学家将这种框架称作**图式**（schemas），并将其定义为帮助我们组织社会信息、指导我们行动，进行特殊情境下的信息处理的心理结构。在很多方面，你的经验可能和你所在文化中其他人的经验相同，同一社会中所有人会共享一些基本的图式。一旦图式形成，它会决定我们注意到社会生活中的什么信息、记住什么信息以及怎么理解这些信息。我们将对图式的这些作用做进一步介绍，因为这些作用对我们组织、理解社会信息有重要影响，并最终影响我们与他人的关系。

2.2.1 图式对社会认知的影响：注意、编码和提取

图式是怎样影响社会思维的？研究表明，图式影响社会认知的三个基本过程：注意、编码和提取（Wyer & Srull, 1994）。注意是指觉察到了什么信息。编码是指将注意到的信息存入记忆的过程。提取是指以某种方式，从记忆中恢复信息，例如对他人作出判断。

就注意而言，图式通常起到过滤器的作用：一般我们会注意到与图式一致的信息，并且让这些信息进入意识层面。当出现认知超载（我们试图一次掌握过多信息）时，我们尤其依赖于图式（Kunda,

人们通过经验获得图式——组织、理解、加工社会信息的心理框架。例如，你已经形成了一些图式：搭乘飞机（左图），去酒吧或饭店等待就座（右图）。总而言之，你可以预期到很多这样的情况，并且可以按序列展开这些事件并为之做好准备。

图 2-7 日常事件的心理框架

1999）。在这种情况下，图式能够帮助我们有效地处理许多信息。

说到编码，指的是那些进入记忆的特殊信息，如果变成了注意的焦点，则存入长时记忆的可能性更大。总的来说，我们会编码那些和图式一致的信息。但是那些和图式不一致的信，在特定情况下与我们的预期不相同，也有可能被编码然后存到一个带有特殊"标签"的记忆区。毕竟，这种信息太特殊了，它强烈地吸引我们注意，迫使我们记住它（Stangor & McMillan, 1992）。举例来说，你有一个关于教授的图式。你知道教授会走进教室，讲课，回答问题，进行测验并评分，等等。如果一个教授走进教室却不讲课，而是变魔术，你一定会记住这个经历，因为这和你对于一个教授会怎么说怎么做的心理框架太不一样了！

这就涉及第三个过程：从记忆中提取。什么信息最容易被回忆起来？是那些和图式一致的信息，还是不一致的信息？这是一个复杂的问题，许多实验研究过这个问题（e.g., Stangor & McMillan, 1992）。

总的来说，研究表明，人们倾向于报告与图式一致的有用信息，而不是和他们的图式不一致的信息。原因可能是真实的记忆就是这样，也可能是因为简单回应的倾向。换言之，在记忆提取的强度方面，不一致的信息与一致的信息可能强度相同，甚至更为强烈，但是人们倾向于只报告与图式一致的信息。事实上，后一种说法更可能是正确的。如果使用一些方法去除被试报告时的倾向性，或者要求被试确实去回想信息而不是简单地使用信息，或者判断是否能再认信息时，被试报告和图式不一致的信息的趋势增加。因此，我们对于哪种信息记得更好，是和图式一致的还是和图式不一致的？这个问题取决于记忆的方式。总的来说，人们会报告和他们的图式一致的信息，但实际上，和图式不一致的信息在记忆中呈现的程度也同样强烈。

2.2.2 启动：究竟哪些图式指导我们的思维过程

我们已经开发了大量的图式，认知框架帮助我们理解和使用社会信息。这就引出了一个有趣的问题：在特定的时间段，这么多图式，究竟是哪些图式在影响我们的思维？有一种答案是，这和不同图式的强度有关：图式发展程度越高，强度越大，就越可能影响我们的思维，特别是我们对于社会信息的记忆（e.g., Stangor & McMillan, 1992; Tice et al., 2000）。

其次，图式会被**启动**（priming）过程暂时激活。启动是指由相关经验引起的某种图式出现的概率增加（e.g., Sparrow & Wegner, 2006）。例如，假设你刚看了一个"可爱"风格的广告，比如"Hello Kitty"手机外壳的广告。这样的产品能够启发开心（Nenkov & Scott, 2014）。然后，你想要找一些东西吃，正好前方有一家冰激凌店。你会停下来去买一杯圣代，认为这是一个"健康的选择"，还是去坚持选择买一个更有营养的沙拉呢？之前接触可爱的产品广告，激活了你对于"愉快地放纵"的图式，因此你很有可能认为冰激凌是健康（而且美味）的食物。这说明了启动的作用，近期研究中，研究者激活一种图式，反过来对思维产生了影响。

启动是否会失效，图式是否注定会被先前的经验所激活呢？社会心理学家指出，存在一种**去启动**（unpriming）的效应使图式停止激活。去启动是指，如果一些想法或者行为被某个经验所启动，这种启动会维持到行为表达出来为止。Sparrow 和 Wegner 在他们的研究中清楚地阐述了去启动的作用（2006）。他们给被试一系列非常简单的"是，或者否"的判断题（如，三角形是不是有三条边）。告诉一组被试回答问题时使他们的答案尽量随机（而不是尽量正确）。另一组对这些问题作答两遍；第一次尽量正确回答，第二次尽量随机作答。

研究假设是第一组的被试不能给出随机答案；他们正确作答的图式将被激活，这个图式引导他们给出正确答案。而作答两次的被试（第一次正确，第二次随机作答）在随机作答中会做得更好。第一次的正确作答让他们表达了回答正确答案的图式，这就允许他们在第二次的时候随机作答。

实验结果完全符合假设，那些只进行一次随机作答的被试实际上在58%的题目上回答正确，他们的正确回答图式妨碍了他们随机作答。先给出正确答案再随机作答的被试，就做得很好：在第二次作答中，他们的正确率是49%。他们的答案是随机的。这项研究表明,图式被启动后,如果以某种方式得到表达,就会发生去启动,这个图式的作用就消失了。图2-8总结了去启动的本质。如果被启动的图式没有得到表达,它们的效果会持续很长的时间(Budson & Price, 2005; Mitchell, 2006)。

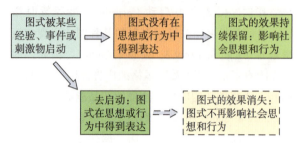

图式被经验、事件或刺激物激活启动后,影响会一直持续。这种影响在几年之后依然能观察到。但是,如果这个图式以某种方式在思想或行为中得到表达,就可能发生启动。图式的影响就会减小甚至消失。

图2-8　图式的去启动:终止启动的效果

2.2.3 图式的持续:为什么不可信的图式有时也会影响我们的想法和行为

图式源于过去经验,一般情况下对我们有益,帮助我们从大量的社会信息中找出逻辑,但是它们也有一个重要的"缺点"。通过影响注意、编码、储存的内容,图式可能扭曲我们对社会信息的理解。不幸的是,一旦这种图式形成,基本上就不会改变,它们呈现出强烈的**持久性**(perseverance effect),即使有反例,也不会改变(e.g., Kunda & Oleson, 1995)。更糟的是,图式有时会自我实现:它会影响我们对外部世界的反作用,实现我们的预期,使外部世界与图式一致。

我们的认知框架(图式)在反映社会世界的时候可能产生塑造作用?大量证据表明事实就是这样的(e.g., Madon, Jussim, & Eccles, 1997; Smith, Jussim, & Eccles, 1999)。关于图式的自我实现,最戏剧性的证据可能是由Robert Rosenthal和Lenore Jacobson(1968)所做的一个著名实验,该实验研究教师及其非故意行为对学生产生的影响。他们对旧金山一所小学的所有学生进行智商测验。之后他们告诉老师一些学生的智商极高,以后在学术上会取得巨大成就。而另一部分并没有被告知的学生作为控制组。尽管实验者只是随机地选了一些名字告诉老师,但Rosenthal和Jacobson预测这一信息可能会改变教师对这些学生的预期以及对这些学生的行为。

8个月后,他们回到该学校验证实验结果。他们再一次测试了两组学生的智商。结果显示:相对控制组而言,被说成是"天才"的学生智商测验结果有显著提高。简言之,教师对学生的图式自我实现了:教师认为学习成绩会提高的学生,成绩果然提高了。所以图式可能是一把双刃剑。它们可以帮助我们有效地了解世界和处理信息,但也限制了我们创造期待的新世界的方式。

2.2.4 通过隐喻去推理:修辞如何影响社会态度和行为

隐喻(metaphor)是一种将典型的抽象概念与其不相关的概念进行比较,并且提出它们的相似性的一种语言手法。由于使用隐喻会激活许多社会层面的知识,所以隐喻能够影响我们对一件事情的理解(Landau, Meier, & Keefer, 2010)。看看下面几个隐喻:

她的演讲很爆炸;每一个和她有交往的人都想寻找掩护。

他提高了观众的注意力;他受到了热情的接待。

我们的关系将会向哪儿发展?我们走对路了吗?

你可能之前并没有听过任何的隐喻,但是你能很简单地就理解它的意思。上述的例子中,抽象概念被用来给具体事件一个特定的意义。在第一个句子中,我们将形容战争的词,用来理解观众对演讲的反应。在第二个句子中,高度和温度都用于帮助我们理解观众对演讲者或表演的反应。最后一个句子中,旅程或旅行的概念用来描述爱情和关系。

隐喻的使用会对社会判断和行为有影响吗?研究发现确实会有影响(Landau et al., 2010)表2-1举了几个不同类型的隐喻,一旦启动,会对许多不同类型的社会推理和行为产生影响。举个例子来说,为了启动被试有关身体污染的概念,Landau, Sullivan和Greenberg(2009)首先要求被试阅读许多关于空气细菌传染的报道,这些细菌被描述为对人体有害或者无害。然后,被试将完成一个看似无关的任务:一份与美国有关的身体隐喻,其隐喻的是美国国内问题（内战后，美国经历了一种前所未有的"性高潮"）或者没有这个隐喻（内战后，美国经济了前所未有的创新发展）。

实验的最后，被试要求报告其对移民的态度。当美国作为一个身体的隐喻被启动时，比起没有对美国进行这种隐喻，那些被告知细菌对人体有害的被试对"身体污染"表示出担忧，并对移民表现出更加消极的态度。所以，我们如何谈论（比喻性地，我们用我们的话去绘制的图片），可以影响我们如何解释和回应社会世界。

隐喻也会影响我们对常见问题，如抑郁症的治疗效果的看法吗？在几个研究中，Keefer, Landau, Sullivan 和 Rothschild（2014）的研究证明了这点。抑郁情绪经常在隐喻中，表达为"下落/心情失落（feeling down）"或"陷入黑暗"。其中一个隐喻启动时，研究者想要探讨是否存在一种抗抑郁药，其将被描述为"提升情绪"，作为一个差异化比较。如预期的一样，"低落"的隐喻启动将影响被试认为药物治疗是高效的。但是"黑暗"隐喻启动时，药物治疗的疗效并没有那么有效。研究者建议广告中使用隐喻，或者作为一个产品名字的线索，都有可能驱使人们接近或远离某种疗法。

表 2-1　隐喻对于社会态度和行为的影响

隐喻一旦被启动，将会对我们的态度、记忆、决策和身体感知产生影响。

启动隐喻	对于社会决策的影响
国家就是身体（Landau, Sullivan, & Greenberg, 2009）	将美国作为一个身体使那些被激发来保护他们的身体免受污染的人对于移民产生了更为苛刻的态度
好就是向上；坏就是向下（Crawford, Margolies, Drake, & Murphy, 2006）	在较高位置呈现的积极项目和在较低位置呈现的消极项目最容易被记起
神是在上的（Chasteen, Burdzy, & Pratt, 2010）	在屏幕上显示的照片中处于较高位置（对比低）的人被认为对上帝有更高的信仰
社会排斥是身体上的寒冷（Zhong & Leonardelli, 2008）	回忆一次社会排斥（对比社会接受）的经历会导致房间被感知的温度下降5摄氏度
过去就是向后；将来就是向前（Miles, Nind, & Macrae, 2010）	当回忆过去的时候身体向后摇摆，想到未来时身体向前摇摆

资料来源：Based on research by Landau, Meier, and Keefer (2010).

👆 要点 Key Points

- 社会认知的基本成分之一是**图式**，图式是由经验发展而来的思维框架，当我们一次性接收过多信息造成认知负荷时，这些图式在帮助我们组织和处理社会信息时尤为重要。
- 一旦图式形成，就会影响我们觉察到什么（注意）、什么能够进入记忆（编码）以及之后能回忆起什么内容（提取）。很多情况下，人们会报告记住了更多和他们的图式一致的信息，但那些和他们图式不一致的信息，也在记忆中强烈地存在着。
- 图式会被经验、事件或刺激所**启动**。一旦启动，图式对思维和行为的影响会一直持续，直到在思想或是行为中以某种方式表达出来；这种表达过程（被称为**去启动**）降低了图式影响我们未来想法和行为的可能性。
- 图式帮助我们处理信息，但是尽管在事实上证明是不成立的信息，也会表现出一种强大的**持续影响**作用，如此我们对社会理解就会被扭曲。
- 图式有自我实现效应，因此我们会用不同的方式证明我们的期待。
- **隐喻**，一种将抽象概念与不相关概念进行关联的语言手法，可以塑造我们如何感知和适应社会。

2.3　社会思维的两种基本模式：自动加工和控制加工

在本章中，我们多次提到社会思维以两种完全不同的方式进行：系统、有逻辑、谨慎、耗费资源的**控制加工过程**（controlled processing），和快速、节省资源、直觉的**自动加工过程**（automatic processing）。已经有大量研究证明两种加工方式之间的区别，社会心理学家认识到这种区别是社会思维的重要组成。但是请注意,这并不意味着两种过程是绝对独立的。事实上最近有证据表明自动加工和控制加工经常同时出现,特别是在不确定的条件下(Ferrita, Garcia-Marques, Sherman, & Sherman, 2006)。二者间的区别依然很重要,并值得细细思量。

有大量证据证实这两种社会思维模式的存在,其中最有说服力的证据是社会神经科学研究。如第1章中简要描述的,在这些研究中,研究人员观察个体处理社会信息时的脑部活动。这些研究发现人类有两套不同的神经系统用于处理社会信息:一种以自动方式执行,另一种以系统的受控制的方式进行。此外,这两种系统以不同的脑区为中心。例如,判断我们是否喜欢某种事物(某个人、想法、物品或其他东西)的评估反应。这种评估可以以两种截然不同的方式进行:快速、自动的方式进行简单的好坏判断(Phelps et al., 2001),或是通过一种更费力的方式,进行系统的仔细推敲和逻辑思考,全面权衡所有相关的点(e.g., Duncan & Owen, 2000)。

第一种反应(自动化的)主要出现在杏仁核,第二种(受控制的)出现在前额叶皮层,特别是内侧前额叶皮层和腹外侧前额叶皮层(e.g., Cunningham et al., 2003)。另外,我们也有两种不同的大脑系统用于处理这类信息,控制加工(推理、逻辑)主要发生在大脑的前额皮质区,而和情绪有关的自动反应出现在大脑内部深层结构的边缘系统中(e.g., Cohen, 2005)。

总之,许多社会神经科学研究和社会心理学的传统研究都表明自动加工和控制加工之间的区别确实存在并且非常重要。在本书中,我们多次说明这一现象,但是这里,我们要通过自动加工对社会行为的影响和这种加工带来的好处来说明这种区别的重要性。

2.3.1 自动加工过程和自动化的社会行为

我们已经知道,一旦图式激活就会影响社会思维和社会行为。通常,人们的行动方式和图式相一致,即使他们不是故意要这么做,甚至没有意识到自己正在以这种方式做事。例如,Bargh, Chen 和 Burrows(1996)所做的一项研究,在一个实验中,研究者通过启动的方式激活粗鲁特质或礼貌特质的图式。启动过程为,被试整理乱序的句子,这些句子中包含和粗鲁有关的词汇(如流血、粗鲁、不礼貌、不客气)或和礼貌有关的词汇(真诚、热情、耐心、礼貌、谦恭)。第三组(控制组)被试整理的句子中所含的词汇和任何一种特质都无关(如练习、完美、偶然、迅速)。

被试完成这些任务后,向主试报告,主试会告诉他们接下来的任务。当他们到主试那里的时候,主试正在和别人(助手)对话。主试没有停止对话,忽视这些被试。因变量是被试是否会打断他们的对话以询问下一步实验的说明。实验者预测,启动粗鲁特质的人会比启动礼貌特质的人更有可能打断对话,这一预测得到验证。进一步研究发现,尽管三种条件下,被试对主试行为的礼貌程度评分是一致的,这种效应还是会出现。因此这种行为上的差别是无意识的,自动的。那么,无疑的是,自动化过程是一种可以影响外显行为的重要社会思维。

进一步研究显示,自动加工的作用不仅仅是触发特定行为。一旦自动加工开始了(例如,通过启动),无意识中,人们可能已经准备和认知自动加工的焦点群体进行互动。正如 Cesario, Plaks 和 Higgins(2006)所指出,启动一个图式也许不仅仅是激活与之相一致的行为,可能还激活另一些行为,在某种意义上来说,使人们准备和别人真正进行互动。Cesario 和他的同事所做的实验(2006)说明了这一现象。实验参加者被一些带有"同性恋"或者"非同性恋"的标签的图片启动。照片呈现时间非常短,被试不能真正看见这些图像;但是和许多实验一样,实验者预测照片能够启动人们对这两个群体的图式。接下来的程序看似与实验无关:呈现图片的电脑死机了,被试并不知道这一问题的发生是故意的,他们要去找主试处理这一问题。

当主试进来的时候,他表现得充满敌意。关键问题是:那些启动了同性恋负面刻板印象(模式)的异性恋参与者,他们的表现会比那些启动了异性恋刻板印象的参与者更有敌意吗?如果如此,被试的行为带有攻击性就有悖于人们通常所认为的同性恋不具攻击性。而这个实验的假设是:启动这些图式,让人们准备好和这一图式中的人进行互动(在这个例子中,这个群体是被试不喜欢的），同性恋图式会增加更多的攻击行为。实验结果支持这一假设：在和实验者互动时，和那些看了标有异性恋面孔照片的被试相比，被同性恋面孔所启动的被试，行为更有敌意。图2-9中总结了这两种观点的不同预测：1) 图式启动那些和图式一致的行为，在参与者被展示"同性恋"标签的情况下行为应该不具攻击性；2) 图式让人们准备好和图式所包含的个体互动，作为被展示的是"同性恋"标签的参与者行为更具有攻击性的证据。

刻板印象（图式）触发图式一致性行为

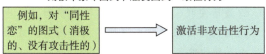

刻板印象（图式）触发准备，用于与图式焦点的群体或个人互动

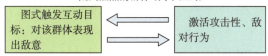

在前面研究中，激活的图式会引起和图式一致的行为。最近的研究进一步表明，一旦图式被启动，还会让人准备好与图式焦点的群体或个人互动。例如在同性恋的实验中，异性恋会表现出敌意、攻击的倾向性增加。（资料来源：Cesario, Plaks, & Higgins, 2006）

图2-9 自动加工过程激活对未来互动的准备

2.3.2 自动加工过程的优势：不仅仅是效率

大多数人都很熟悉这种自动加工过程，当人们试图想回忆一些东西（名字或者我们前面讲述的观点）但是却没有想起来时，我们会去做其他事情，而这个查找信息的过程还在继续，但是我们并没有意识到。通常，这种记忆搜索能成功，想不起来的名字或事情会突然出现在脑海里。在这些情况中，我们隐约知道有什么事情在发生，但是却说不明白。这类自动加工的研究证实这种现象确实存在：通常在解决问题甚至做出复杂决定时，我们的注意力却在其他地方（e.g., Dijksterhuis & Nordgren, 2006）。更让人吃惊的是，最近有证据表明，有时，在做出极好的决定方面，自动化过程可能会比小心的、谨慎的想法更出众（Galdi, Arcuri, & Gawronski, 2008）。

Dijksterhuis 和 van Olden 的一项研究（2006）

说明了这些好处。他们让参加实验的学生，从大量海报中选出他们最喜欢的。在一种条件下（迅速决定），这些海报同时呈现在电脑屏幕上，学生迅速做出决定。另一种条件下（有意识思考），每次呈现一张，每张呈现90秒，要求学生在纸上写出他们的想法和评价，让他们能够认真考虑这些海报以及他们的选择偏好。最后一种条件（无意识思考），被试看完海报之后进行另一项任务（填字游戏）。几分钟后，让他们指出最喜欢的海报。填字游戏防止他们有意识地思考最喜欢哪一幅海报。

实验后，被试收到一个惊喜：他们可以把最喜欢的海报带回家。3～5周之后，实验人员打电话给他们，询问他们对这些海报的满意程度，以及他们愿意以什么样的价格（欧元）将这些海报卖出。研究人员预测，无意识思考条件下的被试会最满意他们的海报，他们做决定的时候没有机会仔细思考。正如你在图2-10中看到的，此图精确地描述了发生的事件。这个结果令人惊喜，表明了在满意度方面，"自动化"过程比"认真思考"做出了更好的选择。

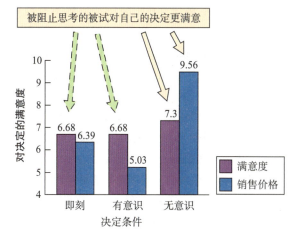

和认真系统地思考自己更偏爱哪张海报（有意识思考组）还有看过海报后迅速做出决定（迅速决定组）的被试相比，不能有意识思考（无意识思维组）的被试对他们的决定更加满意。这项发现证明自动加工过程的优点不仅迅速、效率高，而且还有其他好处。

图2-10 自动（无意识）思考的优点

为什么呢？可能是因为有意识思维能处理的信息数量有限，换句话说，我们做决定时不能考虑到所有能获得的信息。相反，无意识的自动思维能处理更多信息。与此类似，在有意识地做决定时，我们不能精确地权衡事情的所有方面。举例来说，就是对某一方面的思考会使焦点模糊，使得我们再次猜测自己的想法。无意识的自动加工过程在这方面更适合，并且能更清楚地反映出我们的偏爱。无论准确的原因是什么，这些发现以及类似研究（e.g., Ito, Chiao, Devine, Lorig, & Cacioppo, 2006）都得出结论，自动加工不仅更快而且更有效率。尽管有对这种实验方法和结论的批评，（e.g., Newell & Shanks, 2014），但仅仅依赖于有意识的想法去做决策往往事与愿违。

要点 Key Points

- **控制加工过程**，是系统、有逻辑、谨慎、耗费资源的，而**自动加工过程**，是快速、节省资源、依靠直觉的。
- 大量证据表明自动加工和控制加工是基本的加工过程。事实上，这两种加工过程涉及不同的脑区，在进行社会评价时候，这种区别更为明显。
- 图式或其他认知框架激活之后（甚至在我们没有意识到的情况下）会对行为产生影响，图式的激活使我们表现出与图式一致的行为，也让我们做好与聚焦在这些图式中的群体或个人互动的准备。
- 自动加工过程快速高效率；可能还有别的优点，例如做出满意度更高的决定。

2.4 社会认知中潜在的错误来源：为什么绝对理性比你想的要少

人类绝对不是计算机，我们的思维不是简单地基于理性自利，正如经济学家长期以来所设想的那样（Akerlof & Shiller, 2009）人们系统地做出的决定很多偏离了完美理性。这些具有重大意义的决定，如选择职业道路或结婚，以及做出财务决定，投资股票或信用卡使用等是真实发生（非绝对理性）的。我们的选择通常会表现得过度乐观和过度自信（Garling, Kirchler, Lewis, & van Raaij, 2009）。

尽管可以想象我们进行严谨的逻辑推理的情景，但是依据已有经验，我们知道这个目标还无法达到。在试图理解他人和社会时，我们服从多种倾向性，它们会将我们引向严重的错误。我们现在介绍社会认知中的一些倾向性。在此之前，我们需要强调：尽管这些社会思维有时会带来错误，但它们通常也具有适应性。它们减少了在社会生活过程中运行所需要的努力，就像我们看待启发式一样，这些思维倾向提供给我们切实的好处，也让我们付出了非常重要的代价。

正如我们将要看到的，有很多种方式使社会思维变得不理性。为了让你了解这些现象，我们从两种经常出现并导致错误的基本倾向性开始：大部分时间我们都倾向于过度乐观。在认真思考这个深远的一般倾向之后，我们转向其他使我们的社会思维偏离理性的其他方面，这些方面也很重要，但是只在特定条件下才会发生。

2.4.1 社会思维的基本"倾向"：过度乐观

如果在处理社会信息时我们能够绝对理性，我们可以收集、处理并使用更多信息，进行多种决定、判断和参考。相反，在许多方面，大多数人倾向于"透过玫瑰色的眼镜看世界"。这种现象称为**乐观偏差**（optimistic bias），一种忽略风险、期待事情向好的方向转变的强有力的思维倾向。事实上，研究发现大多数人相信他们比其他人更有可能遇到更多好事，而遇到不好事情的可能性较小（e.g., Shepperd, CARROLL, & Sweeny, 2008）。在许多情境下我们都能看到这种乐观倾向：大多数人认为他们更有可能获得一份好工作、幸福的婚姻、长寿，不会经历不幸，比如烧伤、重病或是离婚（e.g., Schwarzer, 1994）。

同样地，我们对自己判断力的信心要超过客观实际，即**过度自信障碍**（overconfidence barrier）。Vallone, Ross, Lepper 等研究者于 1900 年的实验阐明了人们在对自己的预测中是多么过度自信。实验中，要求学生在学年初表明他们是否会进行一些行动（例如，放弃一门学科，继续学习或者离开学校）。实验要求学生叙述一下对自己的预测的自信程度。实验结果为大多数学生的预测都是错的。甚至有些学生报告说有百分之百的信心，可预测错误率为 15%。

具有讽刺意味的是，在人们最不胜任的领域，人们更容易对于自己在那个领域的判断产生过度自信。像许多其他类型的判断一样，我们经常要在不确定性的条件下（即所有的相关信息是不知道的）评估我们的能力。我们是否选择了最好的医疗保险计划，以满足我们未来的需求？我们的退休基金是否足够多元化，以适应股市的动荡？我们新厨房的设计是否是最理想的？我们为大学入学考试写的文章涵盖了所有的要点吗？

Caputo 和 Dunning（2005）指出，人们对自己的判断或者行为出现过度自信的一个重要原因，是因为我们缺乏一些重要的信息。也就是说，我们并没有意识到我们错过了什么。研究人员认为出现过度自信的原因可能是信息的遗漏。假设一下，你被要求尽可能多地列出关于一种名为 WD-40 的润滑油的用途。你想了想，列出了 20 个令你印象深刻、合理的用途。你认为你能完成这项任务吗？根据 Captuo 和 Dunning（2005）的实验，在这种情况下，人们会自信地评价自己的能力，但事实上他们不应该做出这样的评价。在 WD-40 这个例子当中，你无法知道你遗漏的 1980 种关于这个产品的其他合理用途，这些就是你所遗漏的。事实上，当研究者告知被试他们所遗漏的用途时，被试的自信心水平会下降至低于客观水平线。所以，我们表现得过度自信的一个重要原因，是因为我们缺乏相关的反馈，其可以帮助调节我们的信心。正如图 2-11 所示，过度自信也可以解释，为什么企业家开始一个新的生意的时候，对自己成功概率的估计也高于实际情况（Baron & Shane 2007）。

1. 稳固的过去和辉煌的未来：工作中的乐观主义

回顾你过去的生活。你是否经历过万事顺利的巅峰，是否经历过事事不如意的低谷？现在，展望一下你的未来：你认为你的未来将会怎样展开？多数人会发现在这些描述上存在差别。尽管我们中的大多数都能认识到过去既有高峰又有低谷，但是我们仍然倾向于认为未来充满美好和辉煌：在未来我们会非常幸福，而不好的事情也不会发生在我们身上。事实上，由 Newby-Clark 和 Ross（2003）所进行的实验显示，这种倾向非常强烈，即使人们刚回顾一件不好的事情，也会出现这种倾向。

是什么导致了过去和未来之间的不同呢？一种可能是我们回顾过去的时候，能够想起失败、不愉快的事情，以及其他让人挫败的事情，而在预测未来的时候，发生这些意外的可能性并不显著。相反，当我们展望未来时，我们更关注渴望的目标、个人的幸福，以及做我们想做的事情，比如出国旅行。结果呢？因为脑海中充满了这些积极的想法，我们会对未来做出乐观的预测，认为未来是辉煌的，至少对我们来说充满希望和潜在的可能性。简言之，乐观偏差不仅仅在特殊任务或特定条件下发生，还会在展望未来生活的时候发生。

也许人们对未来感到乐观，是因为这样做感觉很好。但是，对我们自己和未来的过度乐观仍然存在隐藏成本，特别是当我们最后发现自己的乐观是一种错误的时候。Sweeny 和 Shepperd 于 2010 年的研究证实了上述问题。实验要求心理学专业的学生估计他们在第一次考试中将会得到的成绩，这些预估的成绩和他们的情绪状态被测量。然后，收到成

"你贷款 5 000 万美元，准备开 800 个比萨店，你会如何开始？"

研究证明，比起能够担保的客观概率，企业家们经常在他们事业成功前便显示出强烈的自信。

图 2-11　行动中的过度自信：在未开始之前，就认为自己将获得高分数

绩的学生和他们的情绪状态将再一次被测量。

那些对于考试成绩过度自信的学生在第一次测量时会表现出更多正面情绪，这意味着乐观能带来更好的感觉。但是，当学生得知他们的乐观预测没有实现的时候，会发生什么呢？对于过度自信的学生，当他们知道成绩后，他们会比那些悲观预测成绩的以及准确预测成绩的学生感觉更差。幸运的是，24 小时后，消极情绪就会消失。也就是说，即使对我们未来的乐观态度会使我们感觉良好，但是如果这种态度的基础证明不成立，我们可能感觉更糟糕，但幸运的是，这只是暂时的！

2. 乐观思维影响我们有效计划的能力

另一个例子说明乐观偏差的还有**计划谬误**（planning fallacy）：我们倾向于相信在一段时间内我们能做得更多，或者认为一项任务花的时间比实际需要的要少。因为这种乐观偏差，政府在制订工作计划时（例如修路、建机场、修桥）会过度乐观，个人也会制订一份不可能实现的乐观的工作计划（如图 2-12 所示）。如果你曾经低估完成一项工作所需的时间，那么你早已经熟悉这种现象，也明白什么是计划谬误了。

为什么我们（反复地）深受这种乐观偏差所害呢？根据 Buehler，Griffin 和 Ross（1994）的文献，社会心理学家已经研究过计划谬误，有几个因素会对其产生影响。一个是在预测完成任务所花费的时间时，个体会进入一种思考狭隘的状态，在这种状态下他们主要关注未来以及怎么进行这个任务。这种状态反过来妨碍他们回顾过去的经验，思考过去完成类似的任务花了多少时间。所以，能帮助他们避免这种过度自信的现实性检查就被取消了。然而，当给的是别人的信息时，人们的估计往往变得更加现实（Shepperd, Waters, Weinstein, & Klein, 2015）。这会帮助他们想起过去这种任务花费时间要比预期的更长的经验。但是，人们倾向于将这种结果归因于非正常情况和不可控因素。因此，当预测一项任务需要多长时间时，他们倾向于忽视那些重要的、不能轻易预见的潜在障碍（但事实上总会出现的），再一次深受其害。

可是，这些认知因素并不是全部。进一步研究提出另一个因素：完成一项任务的动机在计划谬误中也起到了非常重要的作用。在预测会发生什么的时候，个体通常认为他们希望发生的事情就是会发生（e.g., Johnson & Sherman, 1990）。因此，人们有强烈的动机完成一个任务时，对于什么时候能获得他们渴望的东西会过度乐观。研究证实了这一推理（e.g., Buehler, Griffin, & MacDonald, 1997）。看起来，对任务完成时间的估计受愿望的影响；我们想要准时完成，因此我们预测我们可以做到。

是否存在某一部分人更加容易出现计划谬误？正如我们所考虑的一样，当人们更专注于任务的目的而不是完成任务的步骤时，他们更容易出现过度自信，认为完成任务所需时间更少。研究人员 Weick

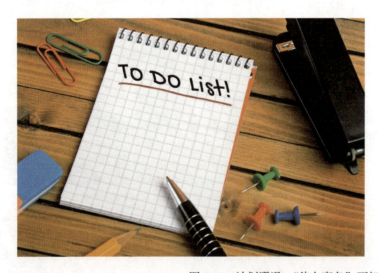

计划谬误，即一种思维倾向，认为我们的计划是可行的，我们能在给定时间内完成更多，或者说，没有什么会妨碍我们的目标实现。我们大多数人都有很不切实际的"待办事项"，很少有过能完成计划表的情况。

图 2-12　计划谬误："待办事务"不切实际

和 Guinote（2010）提出，有权势的人更容易倾向于出现计划谬误，是因为他们更专注于任务的目的，而那些权势较少的人更有可能集中在如何完成这项任务和完成这项任务所需要的步骤上。实验要求一部分被试回忆他们相对有权势的时候的一个片段。另一部分被试要求回忆一段他们无权无势时的小片段。随后，两组被试要求使用复杂的软件去完成一个文档任务。在此之前，被试将分别报告他们认为将需要多久时间完成此任务。

如图2-13所示，两组被试均出现了计划谬误。实际上，被试严重低估了他们完成编辑任务的时间。其实，两组被试实际完成时间相同。然而，正如研究者预测的一样，那些曾回忆起自己是当权者的被试，比那些认为自己是无权的人更加低估了他们的用时。实验结果与一个理论一致，即权力导致我们过于专注于完成任务，而不是参与的步骤，这可能会导致我们严重低估了完成任务所需要的时间。

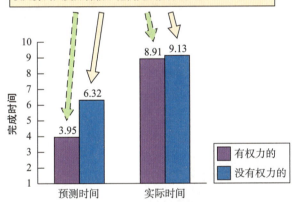

两组被试（权力 VS 无权力）均低估了他们完成复杂文案编辑任务所花费的时间。但是，权力组更加低估了他们所花费的时间。实验结果与一个理论一致，即权力导致我们过于专注完成任务，而不是参与的步骤，这可能会导致我们严重低估多长时间才能完成任务。

图2-13 权力与计划谬误

2.4.2 社会认知中错误的具体来源：反事实假设、迷信思维

乐观偏差的存在非常普遍，在许多条件和情境中都会出现。而其他一些"错误"或偏差只有在特定的条件下才会发生。我们现在介绍其中的两种：反事实假设、迷信思维。

1. 反事实假设：原本可以发生什么

假设你刚参加一项重要考试，你得了C，这比你期望的要低得多。看到这个成绩的时候你会想到什么？和大多数人一样，你可能会想如果……会怎么样：如果你做了什么，就可能会得到更高的分数。你可能会想，"如果我再多学一点"，或者"如果我多去上几节课"。然后，你可能就开始规划如何在下次考试做得更好。

社会心理学家把这种关于"原本可能会发生什么"的想法叫作**反事实假设**（counterfactual thinking），它在很多情况下都会发生，不仅仅在我们觉得沮丧的时候。假设你读了一段新闻报道，说的是某人在下班的路上被一辆闯红灯的车撞了。当然，你会同情他，认为他应获得一些赔偿。

但是如果故事稍有不同：如果这个人是从公司早退，一样发生了车祸，理智上你对受害者同情应该是一样的。但事实上，你不会那么同情他，因为你知道他比平时早下班，很容易就想象出他如果没有那么做就会避免这次事故。或者，假想他走了一条不寻常的路线回家，而不是他正常选择的那一条路，这会让你的同情有所不同吗？研究表明，答案是肯定的，情绪反应的不同取决于心理上解决先前发生的事件（如果……）的难易程度。

由于，在我们的心目中选择不平常的线路比平常的路线更容易，所以对事故受害者的同情也会有所不同。也就是说，关于过去可能会发生什么而不是实际上发生了什么的反事实假设，影响了你的同情，也影响了你认为他应获得的赔偿（Miller & McFarland, 1987）。这种同情强度的差异，已被观察到，即使是高度悲惨的事件，比如强奸案和一个孩子在汽车事故中的死亡。（Branscombe, Owen, Garstka, & Coleman, 1996; Davis, Lehman, Wortman, Silver, & Thompson, 1995; Wolf, 2010）。

因为许多情况下反事实假设都是自动发生的，想象那些可能会使结果不同的事情似乎是很简单的。近期的研究发现与绝对论相对立的、信仰自由意志的人，鼓励进行反事实思维（Alquist, Ainsworth,

Baumeister, Daly, & Stillman, 2015）。在研究中，参与者的自由意志信念暂时加强，会使参与者形成更多的反事实假设。同样的事情也发生在信仰自由意志的人身上。研究说明，反事实思维（想象之前发生了什么而不是做了什么）能帮助人们从错误中学习并且更好地计划未来。相信人们有能力采取不同的行动（即，相信自由意志）促进这种形式的社会思想。通过想象我们怎么做可能做得更好，我们可能会提出改进的策略和方法，这样能让我们的努力更加有效。

当反事实假设发生时，会伴随着许多效应：一些使人受益，一些让人付出代价（e.g., Kray, Galinsky, & Wong, 2006; Nario-Redmond & Branscombe, 1996; Roese & Olson）。这取决于我们关注的焦点，想象我们收到的关于结果的反设事实，可能会促进或者降低我们现在的心情。如果个体产生向上的反事实假设，假设的结果比他经历的好得多，结果可能会产生强烈的不满。比如，获银牌的奥林匹克选手就会有这样的反应，因为他们更容易想到赢得金牌。（e.g., Medvec, Madey, & Gilovich, 1995）。相反，如果个体将现在的情况和不利的、可能会更糟糕的情况相比较，他们会产生积极的情绪（Nario-Redmond & Branscombe, 1996）。这种情况经常发生在获得铜牌的选手身上，他们很容易想象出没有获得奖牌的场景（e.g., Gleicher et al., 1995）。总之，反事实假设会强烈地影响情绪状态在和未来获得可选择的结果上赌博的意愿（Petrocelli & Sherman, 2010）。

另外，我们经常使用反事实假设降低痛苦和失望。在悲剧发生后，比如所爱之人去世，"能做的都做了，死亡是不可避免的"这种想法让人得到安慰。也就是说，人们通过关注死亡的不可避免性，将它看作是必然发生的。相反，如果他们有不同的反事实假设，"如果早点发现疾病……"或"如果能更快把他送到医院……"，他们的痛苦会增加。所以假设不好的事情不可避免，我们才更能承受打击（Tykocinski, 2001）。因此，不仅仅考虑现在是什么，还考虑本来可以是什么，这种思维倾向，对社会思维和社会行为的许多方面都会产生深远影响。

2. 迷信思维，恐惧管理，对超自然的信念

请如实作答：

如果，上课的时候你不希望教授叫你回答问题，你有没有试过不去想老师会叫你这件事？

如果你并没有看你们大学队伍的季后赛，你是否会祈求好运，在掷骰子之前吹一口气，带着幸运符，或者感觉你自己可能是"藐视命运"的人？

如果有人给你一块蟑螂或者蛇造型的巧克力，你会不会吃？

如果在纯理性思考的基础上，回答应该是"不""不"和"是"。但这是你的答案吗？可能不是。事实上，研究发现，人类会受到**迷信思维**（magical thinking）的影响（Rozin & Nemeroff, 1990）。这种想法不是源自对世界的理性观察，而是神秘事件的积累。

这种迷信思维的一个原则是人们的想法可以不受物理定律的限制，能超越自然法则，影响物质世界。举例来说，如果你在想教授会点你的名字，教授会点你的名字的概率也不会改变。同样地，把针扎在一个娃娃身上，代表着伤害你的敌人，这种巫术并不意味着真的可以伤害他人。但是根据另一个相似性原则，很容易让人们认为扎针在一个娃娃身上，可以伤害本人。同样的原理，人们不会吃蟑螂造型的巧克力，尽管理智上他们知道，巧克力的形状和味道没有关系（见图2-14）。

你会吃图片中这种蛋糕吗？很多人不会，即使他们知道蛋糕的形状和味道无关。这说明迷信思维的一个原则——相似性，人们对蛋糕的感觉会受到影响，因为它们具有类似于其他令人厌恶的物体的性质。

图 2-14 迷信思维

人们购买保险时也相信他们是在"购买内心的平和"。也就是说，人们不仅认为当某些事情出错时，保险能够弥补这样的差错，并且买保险这个正确的行为能够保证任何事都不出错。研究表明，人

们认为拒绝保险就是在"冒险",同时灾难发生的可能性也将会增加（Tykocinski, 2008）。事实上,不同寻常的结果出现得越多,人们越容易相信迷信行为,比如携带幸运物（Hamerman & Morewedge, 2015）。

令人惊讶的是,很多时候我们的想法会被迷信思维所影响。那么,什么是看起来非理性思考的基础呢？一些研究认为,作为人类,我们充分认识到我们终将死去的事实,因此我们也不得不进行**恐惧管理**（terror management）,努力与死亡的必然性和令人不安的影响达成协议。一种办法是相信那些超越我们理解和控制的超自然力量会影响我们的生活。研究表明,当想起自己死亡的必然性时,这种信念会增强（Norenzayan & Hansen, 2006）。简而言之,在面对一定会到来的死亡时,我们试图用非理性的信念控制死亡带来的影响。

所以,下次你想取笑别人的迷信思维时（比如,害怕数字13或是害怕黑猫过马路）,不要笑得太快,你自己的想法也不是完全不受"有魔力的"推测的影响,这种推测在我们的社会思维中占据很大一部分。

要点 Key Points

- 很多社会思维会偏离理性。人们表现出强烈的**乐观偏差**,期望我们比别人更可能得到好的结果,更少经历不幸。
- 在做预测的时候,人们经常会存在**过度自信偏差**。在特定的领域当中,那些能力越低的人越容易出现过度自信。这可能是因为信息的遗漏,当我们缺乏一些可以中和我们自信心的信息时,这种趋势更容易出现。
- 我们会过度乐观地预测完成一项任务所花的时间,这就是**计划谬误**。这种情况会反复发生,因为当我们预测我们需要花费多长时间完成一项任务时,我们没办法考虑到我们可能遇到的障碍。同时,当我们有强烈的动机去完成一项任务的时候,我们经常没有考虑所有必需步骤耗时。
- 当个体想象"本来会发生什么"的时候,他们加入了**反事实思维**。这种思维会影响我们对他人不幸事件的同情。但是向上的反事实假设能够让我们更好地对未来做出计划,避免已经产生的结果。自由信仰能够增加反事实假设。
- 人类理性认识世界的能力是有限的。人们会出现**迷信思维**,认为我们的思维能够直接影响客观世界,甚至认为行为（比如,不买保险）会增加消极事件的发生率。我们认为如果两种事物有联系,一种事物的特质会传递到另一种上。
- 迷信思维的一种形式——对超自然的迷信在一定程度上源自**恐惧管理**,这是我们对死亡焦虑的一种应对方式,对我们必然死亡的思考会加强对超自然力量的信仰。

2.5 情感和认知：情绪如何影响思维,思维如何影响感觉

想想你情绪很好的时候,可能是发生了一些好事,你觉得很高兴。然后再想想你情绪不好的时候,不好的事情发生了,你觉得情绪低落。正如迪士尼电影《头脑特攻队》当中的卡通人物乐乐和忧忧（见图2-15）当两种情绪控制你的意识的时候,在这两段时间里你对于世界的想法是否不同？也就是说,在形成鲜明对比的情况下你是否记得你的经历和其他共享这些经历的人？很有可能是这样的,因为大量研究显示情绪（我们目前的心情或者情感）和认知（我们思考、处理、储存、记忆和使用信息的多种方式）之间存在持久、复杂的相互作用（e.g., Forgas, 2000; Isen, 2002; Isen & Labroo, 2003）。我们并不是随随便便就用了"相互"这个词,证据显示情绪和认知之间的影响是双向的：感觉和情绪强烈地影响认知的许多方面；反过来,认知也会强烈地影响感觉和情绪（e.g., Baron; McDonald & Hirt, 1997; Seta, Hayes, & Seta, 1994）。我们来进一步观察一下这种

现象的本质。

在电影《头脑特工队》中，我们的行为以及看待世界的观点由乐乐和忧忧控制。对过去的回忆会被目前我们感觉到的心情粉饰。

图 2-15　情绪能够丰富我们的经验与记忆

2.5.1　情绪对认知的影响

首先，很明显，当前的情绪通常会强烈影响我们对周围世界的认识。心情很好时（有好事情发生）比我们心情坏时，我们会更认可环境、他人、想法，甚至新发明，几乎每件事物都非常好（e.g., Clore, Schwarz, & Conway, 1993）。确实，这种效应强烈而普遍，如果我们在心情好的时候遇到一些陈述，会比我们在中等或者消极情绪时读到或者听到那些陈述更容易判断哪些陈述是真实的（Blanchette & Richards, 2010; Garcia-Marques et al., 2004）。积极情绪能够引导人们认为世界是更好的（Hicks, Cicero, Trent, Burton, & King, 2010），为了验证这种理论，研究者设计了一个实验，呈现给被试一些模糊不清的物体，比如抽象画或者是禅宗谜语，比如"如果安慰剂真的有作用，真实事件是否没有那么真实呢？"接下来，被试被要求解释这句话的意义。那些处于积极情绪的被试会比处于消极情绪的被试对这句话有更好的理解。在那些报告说，自己做判断的时候使用的是启发式的人当中，他们有更好的理解能力。

情绪影响认知，这种效应有重要的实际意义。

例如，在工作面试时，面试官第一次见到很多应聘者，证据显示面试官不能避免情绪的影响：他们心情好的时候给应聘者打分更高（e.g., Baron, 1993; Robbins & DeNisi, 1994）。其他研究也证明，心情好的时候，我们会降低自己的防御，并且更少责备他人（Gokdenber & Forgas, 2012）。

情绪影响认知的另一个方式是影响记忆。这一影响有两种不同却又有联系的情况。一种是**情绪一致性效应**（mood congruence effects），当前的情绪决定在特定场景中注意并记住什么信息。也就是情绪充当过滤器的角色，与这种情绪一致的信息进入长时记忆。

情绪也会影响我们从记忆中提取什么信息，这种现象被称为**心境依存性记忆**（mood dependent memory）（e.g., Baddeley, 1990; Eich, 1995）。在特定情绪状态下，人们倾向于想起过去那些处于同样情绪状态时所接触过的信息，而不是处于不同情绪状态下的记忆。也就是说当前的情绪是一种提取线索，促进与过去心情一致信息的回想。

需要说明一下这两种效应的区别。假设你第一次遇到两个人：心情好的时候遇见一个，心情不好的时候遇见了另一个。因为情绪一致性效应，你会主要注意并记住第一个人的正面信息，而记住第二个人的负面信息。你见到这些人时的情绪决定你会注意并记住关于他们的什么信息。现在，想象一下，你后来情绪好的时候，会想起谁呢？可能是你在相似情绪（好情绪）状态下遇见的人。此时，你的心情就会引发过去那些在相似的心情下取得（并储存在记忆里）的信息。

情绪一致性效应和心境依存性共同影响我们存入记忆的信息。这些信息是我们之后能回忆起来的，因此这两种机制对记忆的影响也会影响社会思维和社会行为。图 2-16 总结了这些心情和记忆的过程。

我们当前的情绪也会影响认知的另一重要成分——创造力。许多研究结果证明好心情能促进创造力，可能是因为好心情能拓宽思维，并且产生更多积极的联想，在某种程度上，创造力由这些联想组合成的新模式组成（Isen, 2000）。一个关于情绪和创造力的元分析（Baas, De Dreu, & Nijstad, 2008）证明当人们处于高唤醒状态的时候，积极情绪更容易被激发。情绪影响认知的第三种方式是影响启发式。这种类型的思维在很大程度上依赖于通过过去的经验获得的心理"快捷方式"和知识。启发式对决策和问题解决——我们经常执行的活动有重要的影响。研究发现，当处理当前问题和做决定时，经历积极情绪的人更有可能依赖于先前获得的"经验法则"和先前收集到的信息。也就是说，情绪状态好的人比情绪状态不好的人更喜欢使用启发式思维（e.g., Mackie & Worth, 1989; Park & Banaji, 2000; Wegner & Petty, 1994）。

最后，我们要说的是当前的情绪经常会影响我们理解别人的行为和行为背后的动机。正性情绪使人们把别人的行为归因于正性动机，负性情绪则相反（e.g., Forgas, 2006）。我们在第 3 章将介绍，在许多情况下对他人态度的归因都非常重要，因此理解情感和认知之间的相互影响在这一点上也很重要。

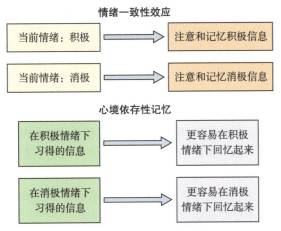

情绪通过两种机制影响我们记住什么：情绪一致性效应，我们更容易记住或者存储和情绪状态一致的信息；心境依存性记忆，我们容易想起和当前情绪一致的信息。

图 2-16　情绪对记忆的影响

2.5.2　认知对情感的影响

对情感和认知之间关系的研究，多集中于情绪是怎么影响思维的。然而反过来也有很多认知影响情感的证据。情绪的两因素理论描述了这种关系（Schachter, 1964）。该理论认为，通常我们不能直接理解自己的情绪或态度。我们内部的反应常含混不清，这时我们会通过外部世界的状况（从我们经历这些反应的各种情况）来推断我们内部反应产生的原因。举例来说，如果一个有吸引力的人出现使我们觉得心跳加速，我们会认为自己爱上了这个人。相反，如果在交通过程中被其他司机阻碍了道路的时候出现这种心跳加速，结论会是我们在生气。这样，我们的想法影响了我们的感受。

认知影响情绪的第二种方式是，激活含有强烈情绪成分的图式。例如，如果我们将一个人归类于不同于我们的一个群体，和如果将他归为我们群体中的一员，我们可能会经历不同的情绪体验。接下来我们将讨论一个实验，人们看到他人接受一个手部止疼针手术的感受。当参与者中的白种人看到一个黑皮肤的手被注入时，他们表现出低水平的移情（大脑的痛觉区域减少活动）；而当他们看到同族人实施该手术时，他们表现出更多的同情（Avenanti, Sirigu, & Aglioti, 2010）。同样的结果也发生在非洲组当中。当看到黑色手时会比白色手时非洲组被试在大脑中产生更强的移情的痛觉反应。这个实验也进一步说明了，我们如何看待他人（我们认为谁是他人），我们对这类人是什么感觉，我们是否"感受"到他们的痛苦。

另一个有趣的研究结果表明，影响我们认知的因素不同于影响我们情绪的因素。许多实验表明我们的**情绪预测**（affective forecasts），预测我们对未曾经历过的事件的体验，经常是不准确的（Dunn & Laham, 2006）。我们的认知与实际情感经验处理信息的方式不同，因此这些两种回应（预测和体验）也应当不同。Dunn 和 Ashtom-James（2008）做了大量的实验来验证这个观点。在一个实验当中，将一些被试分为"体验组"，他们将阅读一篇关于致命的西班牙森林火灾的报告，并且报告他们当时的情绪。而另一部被试被分到"预测组"，他们被要求报告一下如果他们阅读一篇关于西班牙森林火灾造成伤亡的文章，他们会有什么感受。其中，悲剧的程度也不同。一部分被试被告知火灾中有 5 人死亡，另一部分被试告知有 10 000 人死亡。

死亡人数的多少影响预测者对事件的悲伤程度的预测。换句话说，预测者认为他们可以对这场悲剧的大小做出对应的反应。与此相反，死亡人数的多少并不影响经历者的感受。因此，那些缺失信息但是真正经历悲剧的人们不会通过数字来改变他们的情绪体验。因为理性的认知是在对那些抽象符号（包括数字、对悲剧的范围的预测）深思熟虑后做出的回应。以想象的具体化和直接经验为基础的情绪对实际的死亡人数相对不敏感。

认知和情绪管理

我们的想法会影响我们的情绪吗？学会控制情绪是非常重要的任务：负面事件和负性结果是生活中不可避免的部分，因此处理这些事情产生的负面情绪，对自我调节和良好的人际关系都至关重要。我们控制情绪最重要的机制之一就是认知机制。换句话说，认知控制情绪。

其中一种能让我们提高当前情绪的方法就是，通过诱惑物来改善心情——一个有效的应对机制。当我们觉得失落或者痛苦时，我们可以投身于一些活动（比如购物，吃高热量食品，跟朋友出去喝酒，就像图 2-17 中说明的），尽管我们知道这些事情从长远来讲对我们是不好的，但是它们至少能暂时让我们感觉更好。尽管我们充分地知道它们有很重要的"缺点"，为什么我们还要选择这些行为呢？过去，社会心理学家认为，人们致力于那些有潜在危害的事情，因为情绪的低落同时减少了我们控制自我冲动的能力和动力。然而，Tice 和他的同事（2000）论述道，这种行为中认知也起了作用。我们屈服于这些诱惑是因为它们能帮助我们应对那些强烈的负性情绪。

为了检验这个假设，Tice 等人（2000）第一次通过给被试一些故事，让他们想象自己是一个英雄或者是主角，从而影响参与者的心情。首先让被试进入情绪好或情绪不好的状态（通过读一段故事，内容是他们救了一个小孩或是他们闯红灯撞死了一个小孩）。之后告诉他们，他们的情绪会随着时间改变；或是告诉他们，因为实验员点了一种有治疗效果的蜡烛，他们的情绪被"冷冻"了，并不会改变。然后告诉被试他们要进行一个智力测验，并且进行等级评定。智力测试之前，他们有 15 分钟练习时间。然后实验员将他们留在一个房间里，房间里有练习材料和诱惑物，即被试能做的其他任务。

主要的问题是：比起心情好的人，心情不好的人是否会在干扰项上耗费更多的时间？更重要的是，是不是只有在被试认为这些东西能改变他们情绪的时候，他们才会进行这些娱乐活动？毕竟，如果被试相信他们的情绪不能改变的话，那些分心物也没有用。Tice 和他同事（2000）的预测是：情绪不好的人会更容易被诱惑物所吸引，但是只有在他们相信这么做能改变自己情绪的时候才会这么做。结果证实了这一预测。结果显示，沉浸于这些诱惑物是一种有意识的选择，而不是我们在控制自我冲动的能力上的失误。那么，如果我们被诱惑去做坏事，比如欺骗，我们会怎么样呢？在特别栏目"研究告诉我们：为什么释放自己的行为，能让我们感觉良好"中，我们将会了解为什么不道德的行为有时可以唤起自我满足的感受。

很多人在情绪低落的时候，会进行能提升情绪的活动，购物、吃东西、喝酒等，有人曾假设，这是我们屈服于诱惑的结果。研究结果证明，参加这些活动反映出有意识控制情绪的策略。

图 2-17　控制消极情绪的活动

2.5.3 情感和认知：两个独立系统的社会神经科学依据

前文已经说了情感和认知之间有紧密的联系，每一种都有影响另一种的能力。然而，我们也应说明最近使用神经科学技术的一些研究证明，大脑中存在两种截然不同的处理社会信息的系统（e.g., Cohen, 2005）。一个系统与术语上的"理由"相关（合理的想法），它的运行会受到认知负荷的破坏。另一种系统首要是处理情绪或者心情，对认知负荷的敏感性较低。这两种系统尽管在具体的方面存在差别，但在解决问题、做决定和其他重要的认知形成的方式上有重要的交互作用。

例如，使用"独裁者"范式进行的实验。在这类研究中，主试告诉两名被试，他们将分享一定数目的金钱（如10美元）。一个人可以给出最初的决定，另一个可以接受或者拒绝这个决定。但是，如果第二个人拒绝了这个提议，他们两个都得不到任何东西。因为任何分配方式中，第二个人都会得到大于零的金额，所以"理性人"假设（以及经典经济学理论）认为，任何分配方案下，接受都是最理性（也是最好）的行为。然而事实上，大多数人都会拒绝少于3美元的分配方案，许多人只要少于5美元就不接受。

对参加这样实验的被试进行磁共振（MRI）扫描揭示了两种不同系统的运作方式，当他们收到的分配方案不公平时，与推理（如背外侧前额叶皮层）和情绪（如边缘系统）有关的脑区会激活。和情绪有关的脑区激活程度越高，他们就越有可能拒绝分配方案，做出与自己的经济利益相反的行为（e.g., Sanfey, Rilling, Aronson, Nystrum, & Cohen, 2003）。这些研究以及其他很多的研究为以下理论提供了实际证据，即在决策和其他认知过程中有两种不同的系统（理性和情绪）共同起作用（e.g., Gabaix & Laibson, 2006）。

总的来说，现代脑部扫描技术提供的研究证据表明，情感在人类思维中起着基础性作用，为了充分了解我们对于社会的认识和我们存在的复杂方式，我们必须充分考虑我们思维也会影响我们情绪的具体方面。情感和认知不是单方向的通道；它们是潜在地影响另一个的双向通道。

研究告诉我们　　为什么释放自己的行为，能让我们感觉良好

人们通常认为，如果我们做坏事，我们将会感到内疚。因为我们通过情感预测感知到在此类事件中，我们会产生负性情绪。对于消极情绪的自我导向的预测（预测会感到糟糕）可能会阻止我们被很多被禁止的事物的诱惑。那么，我们如何解释，很多情况下，人们还是会出现"撒谎"的行为呢？比如，著名的自行车运动员 Lance Armstrong 通过服用了大量的非法药物从而获得了许多法国骑行大赛的冠军。还有著名游泳运动员 Frank Abagnale 曾主演电影 Catch Me If You Can；还有 Bernie Madoff，还有偷税漏税，工作场所失窃，考场作弊等间接或直接对他人造成伤害的不道德行为，当今社会比比皆是。是因为物质需求（金钱，荣誉，好成绩等）造成了偷窃欺骗，还是有其他的原因？

研究者 Ruedy，Moore，Gino 和 Schweizer（2013）认为不道德的行为在某些情况下有积极作用。在他们的第一项研究中，研究者向被试描述了一个情境，情境中被试自己或其他人可以虚报自己完成的工作量来获取比原来更多的钱，又或者可以如实报告。正如预期的一样，那些自己或者他人存在欺骗行为的被试，会感受到更多的负性情绪。因此，没有人会认为撒谎欺骗的人在欺骗别人后会感觉很好。

有趣的是，当人们可以拥有一个撒谎机会的时候，接下来会发生什么呢？在一项研究中，主试将会夸大被试的成绩（欺骗被试的行为）或者报告真实成绩。在另一项研究中，被试将有机会偷看到真实成绩或者没有机会。最后一项研究中，被试要求完成一个困难的任务。在报告被试成绩之前，一部分的被试能够明确知道主试不会"核查他们是否欺骗"；另一部分被试并不知道这个信息。

结果是什么呢？在三项研究当中，发现在实验中作弊的被试比没有作弊的被试具有更多积极、更少消极的情感。在最后一项研究中，作弊者认为实验不会察觉是否存在欺骗行为，他们的自我满意度是最高的。这表明，作弊有时在心情上是有益的，特别是在他们感觉到"侥幸成功"的时候。有趣的是，研究的结果与人们预期的可能性有一定的出入。被试们误预测了当他们作弊之后他们自己和其他人的感受。除非被试已经作弊，否则他们不会理解说谎的人和骗子可能会从他们欺骗的行为上收获的情感上的收益。

要点 Key Points

- 情感对认知的影响是多方面的。当前的心境可以让我们对一个新异刺激或者其他人做出正面或负面反应，影响我们采用系统的方式或启发式进行思考的程度，还会通过**情绪一致性效应**和**心境依存性记忆**等情绪效应影响记忆。
- 我们处于正性情绪的时候，比处于负性情绪的时候，更多使用启发式思维。在我们处于积极的心情时，我们更多地使用刻板印象和其他的思维快捷方式。
- 认知影响情感的方式包括：影响我们对那些激发情绪的事件的理解，以及激活带有强烈情感成分的图式。当我们看见他人经历痛苦时，同情的程度依赖于我们对于其他人的感觉和分类。
- **情绪预测**——对于未经历过的事件，测试我们的情绪会如何，这种预测经常是错误的。因为认知和情绪是两种不同的系统。预测者的情绪对于受伤人更加敏感，反之，那些亲身经历的人则不这样。预测者认为欺骗让人更加消极。但是，研究证明欺骗让人更加能感受积极情绪，实际上，自我满足可以从感觉到"逃避一些惩罚"中显现出来。
- 我们使用几种认知方法管理情绪和感觉。例如，觉得痛苦的时候，我们会有意识地选择参与那些使我们短时间内会觉得很好，但长远来看会产生不好结果的事情。令人惊奇的是，在自我控制上的失败会激起满足的积极感觉。
- 社会神经科学研究显示，我们可能有两套不同的处理社会信息的系统：一种和逻辑思维有关，另一种和情绪情感有关。

总结与回顾

因为认知能力有限，我们经常试图减少在**社会认知**（social cognition）（我们如何认识其他人和社会）上花费的努力。同时也由于处理信息的能力是有限的，我们有时会出现**信息超载**（information overload）的情况。为了避免这种现象，我们使用**启发式**（heuristics）：快速省力地做出决定的方法。第一种是**代表性启发式**（representativeness），个体与特定群体的代表成员（**原型**，prototype）越相似，就越可能是这个群体的成员。当使用代表性启示式时，人们倾向于忽略基本概率：在所有人口中某个事件或案例发生的频率。另一种是**易得性启发式**（availability heuristic），越容易想起的信息对随后的决定或判断影响越大。使用易得性启发式会使我们错误估计这些我们很容易想起的生动的事件发生的范围，但是它们的发生并不是那么频繁。第三种是**锚定调节启发式**（anchoring and adjustment），我们使用一个数字作为起始点，从这个点开始进行调节。这些调节往往是不够充分的。**部分尺寸效应**（portion size effect）是锚定和不充分调节的重要例子。第四种启发式是现状启发，即现存状况使我们比起"新的"更加喜欢"旧的"。

社会认知的基本成分是**图式**（schemas），图式是由经验发展而来的思维框架，形成之后会有助于组织社会信息。一旦图式形成，就会影响我们觉察到什么（注意）、什么能够进入记忆（编码）以及之后能回忆起什么内容（提取）。人们记住的与图式一致的信息要比与图式不一致的信息多，但那些和他们的图式不一致的信息，也在记忆中强烈地存在着。图式会被经验、事件或刺激所**启动**（primed）。一旦它们被启动，图式会表现出一种强烈的**固着效应**（perseverance effect）（不管是不是错误的信息）直到它们在思想和行为上以某种程度表现出来。这种表达（被称为**去启动**）减少了图式的影响。图式也会表现出自我实现的影响，使我们的表现都按照证实这些图式的方式进行。**隐喻**（metaphors），即将一个抽象概念与另一个不同概念相关，可以塑造我们如何回应社会。

控制加工过程（controlled processing）以系统、有逻辑、更耗力的方式进行，**自动加工过程**（automatic processing）更快、凭借直觉、相对来说需要较小努力。大量的证据显示，自动加工过程和控制加工过程在社会思维中是两种完全不同的模式。事实上，这两种加工过程涉及不同的脑区，在进行社会评价时，这种区别更为明显。当图式或者其他认知框架被激活（甚至我们的意识还没有察觉），它们可以影响我们的行为，引起与图式相关的行动，也让我们做好与图式中的群体或个人互动的准备。自动加工过程快速高效，具有其他的优点，比如增加我们选择的满意度。当我们处于**不确定条件**（conditions of uncertainty）下时，即获得正确答案的方法十分困难，我们会经常使用启发式，以帮助我们快速有效地做出决定。

我们有很强的**乐观偏差**（optimistic bias）：期待好的事情和结果。此外，人们对于自身的决定和预测，经常会出现**过度自信偏差**。这是因为我们经常出现信息遗漏，即如果我们缺失一些比较信息，那么我们将无法考虑到一些重要信息。在工作上的乐观偏差的重要例子就是**计划谬误**（planning fallacy），即我们会过度乐观地预测完成一项任务需要的时间。很多情况下，人们会想象"过去可能会发生什么"而不是已经发生了什么——**反事实假设**（counterfactual thinking）。这种思维会影响我们对他人不幸事件的同情。在许多情况下，反事实假设通常是自动性出现的。向上的反事实假设可以通过激励我们来提高自己，从而避免将来不受欢迎的结果，向下的反事实假设（想象事情会变得更加糟糕）可能只是起一个安慰剂的作用。

我们理性认识世界的能力是有限的。我们会出现**迷信思维**（magical thinking），这种想法的基础是没有依据的观察。例如，我们认为如果两种事物有联系，一种事物的特质会传递到另一种上。相信超自然能力是迷信思维的一种形式，它可能部分起源于我们在面对我们终将死亡的事实时做出的**恐惧管理**。

情感（affect，我们的心情和情绪）对认知的影响是多方面的。当前的心境会影响我们对于周围世界的感知。我们思考的系统程度和启发式思维，还会通过**情绪一致性效应**（mood congruence effects）和**心境依存性记忆**（mood dependent memory）等情绪效应影响记忆。情绪还会影响创造力和我们对他人行为的一些解释看法。认知通过影响我们对那些激发情绪的事件的理解以及激活带有强烈情感成分的图式影响情感。此外，我们使用一些认知技术来管理我们的情绪情感（比如，通过有意识地接受诱惑从而减少负性情绪）。虽然情感和认知看起来是紧密联系的，但社会神经科学研究显示，它们在大脑中涉及不同的系统。人们做出**情绪预测**（affective forecasts），预测他们对一件未曾经历的事件的感受，使用的是认知系统，但是当真正经历这些事件的时候人们使用的是情绪系统。

第3章

社会知觉：寻求理解他人

章节概览

- 非言语交流：不言之语
    - 非言语交流的基本渠道
    - 社会生活中的非言语线索
    - 识别欺骗

- 研究告诉我们：非语言线索在工作面试中的作用

- 归因：了解行为的原因
    - 归因理论：我们如何试图理解社会

- 基本归因偏差

- 研究告诉我们：为什么有些人认为自己比其他人优秀
    - 归因理论的应用：干预与洞察

- 印象形成与管理：整合他人的信息
    - 印象形成
    - 印象管理

社会历史中不乏种种谎言的实例，错误地陈述自己的行为或其他事情来误导他人。想想那些因欺骗而被抓的名人。如Frank Abagnale，他21岁就成功假扮过律师、大学教授、儿科医师和飞行员（见图3-1）。再比如美国前总统Richard Nixon，他声称自己对政治对手的办公室窃听案毫不知情，他如此言之凿凿以至于再次在选举中获胜。然而当他的谎言被公之于世时，他不得不辞职。再看一个最近的例子，关于Volkswagen的丑闻。该公司故意使用特制软件在测试过程中提供虚假的排放数据，试图以此掩盖汽车对环境造成的危害。但当谎言被曝光后，Volkswagen被迫召回大量汽车。

虽然我们努力理解他人，但经常不能完全准确地知觉他们。这是因为人们有时故意对我们隐瞒他们的目的和计划。电影《逍遥法外》便描绘了为何有些骗子可以如此有说服力。在这部影片当中，机长只是弗兰克·阿巴内尔（莱昂纳多·迪卡普里奥饰演）假扮的职业之一。

图 3-1 难以精确觉察他人

当然，不只是知名人士和大公司才会说谎，日常生活中，我们也都经历过他人的谎言。而且，如果我们百分百诚实的话，就必须承认有时我们自己也会欺骗，只不过这些通常都微不足道，很少有不良后果。例如，当一个青少年被问道："你做功课了吗？"他可能会回答"做了"，即使这不是真的。虽然很多谎言看似琐碎渺小，但它们常常出现。但既然说谎如此常见，为什么我们察觉不出来呢？为什么我们不能从他人的说辞中看穿其背后的谎言呢？或换句话说，为什么我们不能准确感知到他们实际做过什么？这些令人困惑的问题是社会心理学家一直在研究、关注的课题。

准确知觉他人对有效互动很重要。我们必须要知道展现于公众面前的那张面具下的实际样子，并确定他们是否诚实地对我们表现出他们的真实动机。如果我们不能成功评估他人是否在欺骗我们，我们就很难有效地与其互动，并建立良好关系。那我们是如何实现这些任务呢？社会心理学家试图透过研究**社会知觉**（social perception），寻求了解他人的这一过程，来解决这个问题。这个过程包含我们如何收集并分析有关他人的信息。

社会知觉是社会生活的关键基础，也是本章节的重点。为了把社会心理学家在这个话题上所积累的丰富知识全面展现出来，我们将如下展开：第一，我们将会介绍我们了解他人的非言语方式，包含面部表情、眼神交流、肢体动作、姿势和触摸等线索。第二，我们将研究试图理解他人行为背后原因的过程，包括了解为什么在特定情况下他们会有这些行为，他们想要获得的目标是什么，他们的意图是什么（e.g., Burrus & Roese, 2006）。这个过程很重要，因为正如我们将会了解到的，对他人行为原因的揣度会强烈影响我们对于他人言行的反应，甚至能察觉出某些人做坏事的原因。第三，我们将研究我们如何对他人形成第一印象，以及我们如何保持自己在他人眼里的良好印象。

3.1 非言语交流：不言之语

研究表明我们与他人之间的社会行为经常会受到暂时性因素的影响。心情改变、情绪变化、疲劳、疾病、药物，甚至隐秘的生理过程，如月经周期，所有这些因素都会影响我们思考和行为的方式。毫无疑问，我们都有过糟糕的身心问题影响我们与他人的互动，甚至大发脾气的经历。

因为这些暂时性的状态对社会行为和思维有重要影响，所以认识与了解这些往往非常有用。有时，这是一个相对简单的任务，我们直接问别人，他们感觉怎样或心情怎样，然后他们告诉我们答案。但是，有时他人不愿意向我们袒露内心的感觉（De Paulo et al., 2003; Forrest & Feldman, 2000）。例如，谈判中的人通常在对手面前掩盖自己的真实想法；销售人员对潜在顾客表现出更多好感和友善（见图 3-2）。

在不适合或不能询问他人感觉的情况下，我们可以仔细注意他们的表情、眼神、姿态、身体动作和其他行为中表现出来的非言语线索。事实上，这些行为是相对难以控制的，即使人们想要隐瞒他们内心的感觉，非言语线索仍然会"泄露"这些感觉。除了口语内容以外的其他线索所传达的信息以及我们对其的解读，通常被称为**非言语交流**（nonverbal communication；Ko，Judd，& Blair，2006）。接下来我们将仔细探讨这种交流方式出现的一些基本方式。

不论内心的感受与想法如何，销售人员通常无时无刻保持微笑，因为他们知道让他人喜欢自己意味着更多的业绩。

图 3-2　面部表情并非总是一个侦测情绪的好指标

3.1.1　非言语交流的基本渠道

情绪状态不同，人的表现也往往不同，但是你的内部状态，情感、感觉和情绪，究竟是怎么表现在行为上的？这个问题和非言语交流渠道有关。研究发现，存在五种基本的非言语交流途径：面部表情、目光交流、肢体动作、姿态和身体接触。

1. 面部表情：理解他人情绪的线索

两千多年前，罗马演说家西赛罗曾说过一句有趣的话："脸是内心的映照，由眼睛来解释。"他通过这句话所传达的是：人类的感受与情感通常反映在脸部。现代研究发现，西赛罗是正确的：我们确实能从别人的面部表情中了解到他们当前的情绪与情感。很早以来，面部就有五种不同的基本情绪：生气、恐惧、高兴、悲伤和厌恶（Izard, 1991; Rozin, Lowery, & Ebert, 1994）。人们曾认为惊讶也是一种反映在面部的基本情绪，但研究结果却没能达成一致，所以惊讶也许不是一种基本情绪或不像其他情绪那样有代表性（Reisenzein, Bordgen, Holtbernd, & Matz, 2006）。

需要说明的是，只有五种基本情绪并不意味着人类只有很少的表情。恰恰相反，情绪以不同的组合出现（如，悲喜交加、又气又怕），而且有不同的强烈程度。因此，尽管面部表情的基本种类很少，但却变化无穷（见图3-3）。

现在又有另外一个重要问题：面部表情是不是全世界范围内都通用？换言之，如果你到一个偏远的地方去旅行，拜访了一群与世隔绝的人，他们在各种情境中的面部表情是不是和你一样呢？发生了开心的事情他们是不是微笑？生气时候会不会皱眉头之类的？此外，你能不能像理解自己文化群体中的个体表情那样容易地识别他们的表情含义？早期研究认为，面部表情无论是使用还是再认都是全世界通用的（e.g., Ekman & Friesen, 1975）。后续研究证实了大部分情况下，开心确实能跨文化精准识别。而悲伤和厌恶的识别准确度却较低，但尽管如此其识别的准确性依然高于随机水平。恐惧是最难准确识别的，部分原因是它常常被混淆为惊讶（Elfenbein & Ambady, 2002）。

虽然某些面部表情，如微笑和皱眉，在很多文化下都代表开心与生气这两种基本情绪（e.g., Shaver, Murdaya, & Fraley, 2001），但研究结果也并非完全一致（e.g., Russell, 1994; Carroll & Russell, 1996）。许多研究都清楚地表明，相较于其他国家，人们对于识别自己国家的人的面部表情更加准确（Elfenbein & Ambady, 2002）。表情的精确含义确实也存在着文化差别，但是它与一般口头语言不同，并不需要太多翻译我们也能理解。

尽管在跨文化中能够被清晰识别的面部表情只有五种基本情绪，但这些情绪的组合以及程度却是多种多样的。因此，独特的面部表情的数量几乎无穷尽。

图 3-3　面部表情：表达范围广阔

2. 我们能够准确识别别人的面部表情吗

研究发现，通过他人的面部表情，我们可以相对较好地识别出他们的情绪，但这种识别能力存在较大的个体差异，有些人比其他人更善于识别面部表情。即所谓的"读心术"能力，因人而异（Hall, Andrzejewski, Yopchick, 2009）。

你可能认为，有些人能成功读懂他人是因为他们自己通常也喜欢将情绪清楚地表露在脸上，然而令人惊讶的是，研究发现的结果却更加错综复杂。现有证据（Elfenbein & Eisenkraft, 2010）表明，只有当一个人试图将自己的感受传达给别人时，情绪阅读与情绪表达才相关。而当表情自发地出现时（如美好事物突然发生时，喜悦的表情自然出现），能够识别他人表情与清楚展露自己表情并不相关。换句话说，毫不隐藏并轻易表露自己情感的人，不一定能准确识别他人的面部表情。这种准确性似乎只与人们有意通过面部表情展示自己情绪有关，也许人们试图通过这种方式更好地洞察他人表情，进而帮助他们更准确地识别出他人的内在情感。

3. 目光交流：非言语交流的线索

你有过和戴墨镜的人交谈的经历吗？是不是会让你感到不舒服？因为你看不到对方的眼睛，进而不能确定他有何反应。古代诗人经常将眼睛描述为"心灵的窗户"。从某种意义上，他们是对的：我们经常从他人的眼睛中了解他们的感受。例如，我们将目光凝视理解为友好和喜欢（Kleinke, 1986）。相反，如果他人避免和我们的目光进行交流，我们会认为他们不友好，不喜欢我们，或者只是害羞。

尽管高频率的目光交流通常被解读为喜爱或积极的情感，但对于这个一般规则有一个例外情况。如果有人一直盯着我们看，而且不管我们做什么他都不停地盯着我们，他的这个行为可以称为**盯**（staring）。通常认为，盯表达的是愤怒和敌意（如冷冷地盯着），大多数人认为这种非言语线索会让人不安（Ellsworth & Carlsmith, 1973）。事实上，当被人盯着时，我们不愿意再继续进行社会互动，甚至可能会离开这个场合（Greenbaum & Rosenfield, 1978）。这就是为什么"公路暴力"（司机的高攻击性驾驶）方面的专家建议，司机应避免和那些违反道路交通规则的司机有目光交流（Bushman, 1998）。显然，这类人已经处于易怒状态，会将其他司机的任何目光解读为侵犯性行为并据此做出反应。盯也可以简单地被理解为"古怪"。换句话说，在社交场合中，我们往往把盯着别人看作是粗鲁和愚蠢的行为（Bond et al., 1992）。

4. 肢体语言：手势、姿势和动作

试一下这个简单的例子：

首先，想一件让你生气的事情，越生气越好。想一分钟。

现在，再想一件让你难过的事情，也是越难过越好。

当你的思维从第一件事转换到第二件事的时候，你的姿势是不是改变了？手、胳膊或者腿是不是移动过？你做了个很好的尝试，因为我们当前的心情和情绪常会反映在手势、姿势和动作上。这些非言语的行为统称**肢体语言**（body language），与面部表情和眼神交流一样，肢体语言也能提供有关他人的有用信息。

肢体语言经常可以揭示他人的情绪状态。大量动作，特别是身体的两个不同部分的相互作用（触摸、摩擦、挠），代表情绪唤醒。这些行为的频率越高，唤醒或紧张的程度就越高。此外，在许多情境中，"坐立不安"也被解读为说谎的迹象。所以你应该避免在社交场合做出这类动作，否则，你周围的人可能会开始怀疑你和你的动机。

从手势中能获得更多关于他人情感的具体信息。手势分为多种类别，其中最重要的可能是标志性动作。标志性动作是指在特定文化中带有特定含义的肢体动作。你能不能认出图3-4中的手势？在美国等国家，这些手势有明确的特定含义。而在其他国家，这些手势可能没有含义或是代表一个完全不同的含义。因此，去不同文化背景的国家旅游时，需要注意手势的使用，以免无意中冒犯了周围的人。

5. 触：告诉我们关于他人的信息

当我去餐厅吃饭时，我总是待服务员非常友好。我常与他们玩笑、微笑以及道谢，作为回应他们常常会拍我的肩膀。在这个情境中，他们的触碰可能是对我表示友好并感谢我的相待之礼。但触碰并不

总是反映这类情绪,事实上,触碰的意义取决于多种因素:谁碰了你(一个朋友、陌生人、男性或女性);触碰的细节(短暂的还是持续的,温柔的还是粗暴的,碰了身体的哪部分);触碰的情境(商业场合、社交场合或医院)。综合这些因素,触碰可以意味着友好、喜爱、优越感、关怀,或侵犯。尽管触碰的含义如此复杂,现有证据表明当对方认为触碰是合适的时,那么触碰通常也会引起对方的积极反应(e.g., Alagna, Whitcher, & Fisher, 1979; Levav & Argo, 2010)。但请记住,它必须被视为是适当的,才能唤起这种反应。

在美国,这两种常见的手势都有明确的意义。然而在其他国家,它们可能有着完全不同的含义。例如,你可能认为竖起大拇指的意思是"做得好"或"太好了"。但在某些地区,比如中东,它的意思是"坐下"或"去你的"。与之相类似,OK的手势在不同的国家也有不同的含义:日本代表"钱";法国代表"零";其他国家例如巴西,是一种冒犯的手势,象征着身体的孔洞。

图 3-4　手势:不同国家的不同含义

握手在很多文化下都是一种可以接受的陌生人之间的触碰(虽然在很多以鞠躬作为问候方式的亚洲社会并没有这样的规范)。"流行心理学"与礼仪书籍(e.g., Vanderbilt, 1957)都认为握手能显露人们很多有关人格的信息。研究(e.g., Chaplin, Phillips, Brown, Clanton, & Stein, 2000)证实如果对方握手的方式是坚实、持久且有力的,我们倾向于认为他们性格外向、乐于接受新事物,并且对他们的第一印象也更好。

有时,其他形式的触碰也是合适的。例如,Levav 和 Argo(2010)发现,安慰性地轻拍对方手臂可以让对方(男性或女性)觉得有安全感,但前提是这个触碰是由一个女性发起的。这种安全感反过来会影响实际行为。在风险投资实验中,被女性实验者触碰肩膀的个体,比那些没有被触碰的或只通过握手触碰的个体,更愿意承担风险。

总之,触碰可以作为另一种非言语交流的方式。当触碰被视为是合适的时(如在一些文化中的握手),它能引起积极的反应。然而,若触碰被视为不合适时,触碰便会被知觉为无礼。

3.1.2　社会生活中的非言语线索

通常认为"百闻不如一见""言传不如身教",这些谚语表达比起语言,应用于人际沟通,我们能从人们的非言语线索中了解到更多的信息。虽然语言交流(口语、书面语)非常重要,但在这一章节中,我们将研究非言语线索可能比言语揭示更多信息。

1. 副语言:我们如何说话

研究表明,我们通常能够从人们在谈话中表现出的非言语线索中,获得比他们的语言内容更多信息。副语言是一种除语音外,包含声音效果的非言语交流,比如语气(一种通过声音传达的感觉或态度)和声调(声音高低)。当我们与他人交流时,他们通常使用独立于词汇之外的,声音质量或特定声调的噪音来表达他们的情感。例如,有些人可能不会直接说他们在生气,但我们能够从他们的声音中"听到"。他们的愤怒与烦躁通过语气、音量,以及其他与声音相关的方面表现出来。

比起人们的话语,副语言是否能更准确地反映出人们的情绪呢?为了研究这个问题,Hawk, van Kleef, Fischer 和 van der Schalk(2009)将被试暴露在另一个人的各种情绪表达的记录中。其中一些被试被暴露在别人表达情感的话语中,而另一些被试则被暴露在别人语言表达过程产生的非言语线索中(例如,通过尖叫表达恐惧,笑表达开心,吸鼻子表达恶心)。其他被试被暴露在各种表达情绪的面部表情中,例如,咬牙切齿和大笑。之后,被试被要求,通过这些线索辨别其背后的情绪。正如 Hawk 和他同事所预测的,在说话过程中发出的声音(如大笑和哭泣)以及面部表情,比此语言本身(如"我感觉很开心")更能准确地表达出人们内在的情感。在这种情况下,非言语线索确实比话语本身更管用。

2. "爱情的模样"真的存在吗

许多歌曲的歌词都暗示人们使用非言语的方式向外展示爱的迹象,例如,"爱情的模样就在你脸上……"(The look of love is on your face...)以及"你的眼睛是恋爱中女人的眼睛……"(Your eyes are the eyes of a woman in love...)大多数人都同意爱是表面可见的,如图3-5所示。恋爱中的人触碰或注视他人的方式往往与不在恋爱中的人不同(如在公开场合牵手,站得很近,搂着另一个人)。Gonzaga、Kelmer、Kleltner和Smith(2001)的研究为这种非正式的观察提供了直接证据,证明非言语线索能够体现爱。

研究结果认为,相爱的人会经由非语言线索透露他们的感情,例如,深情凝望彼此以及牵手。

图3-5 非言语线索体现爱

研究人员招募了热恋中的情侣参与一个与伴侣互动的研究。在研究开始前两周,参与者被要求填写一份问卷以测量他们相爱的程度。在实验过程中,这些情侣会讨论一系列关于他们关系的问题,其中一些是能够唤起积极反应的(如第一次约会),另一些则是会唤起关系中的冲突(如分担工作的问题、共度时光的问题等)。谈话过程全程录像。之后,几位评价者评估这些情侣做出那些反映爱的非言语线索的频率:微笑、点头、身体倾向彼此、积极的姿态(如接触彼此)。然后将这些非语言线索出现的频率与他们自我报告的相爱程度做相关。正如所料,情侣自我报告的爱越强烈,这些非言语线索出现得越频繁。此外,无论他们在讨论的话题是积极的,还是消极的(如冲突),相关趋势都是一致的。简言之,内心的爱在积极与消极两种条件下都会显现非言语动作。这是通过面部表情、肢体动作以及手势进行个人交流的另一个重要方式。

3. 面部反馈假说

音乐剧《国王与我》中的一首歌曾唱道:"每当我感到害怕,我就昂首挺胸并且哼快乐的曲调……这种欺骗的结果是难以言喻的,因为当我欺骗人们我不害怕时,我也在骗我自己。"这几句歌词指的是:在本质上,我们的行为(也许特别是我们的非言语行为)影响着我们的感情。换言之,不只是我们的情绪影响我们的非言语线索,这些线索本身也影响我们内在感情(Duclos, Laird, Schneider, Sexter, Stern, & Van Lighten, 1989; McCanne & Anderson, 1987)。

许多研究支持面部反馈假说,认为面部表情可以引发情绪。举例来说,McCanne和Anderson(1987)要求女性参与者想象积极和消极事件(例如继承100万美元和失去一段亲密友谊)。在想象这些事件时,她们被要求增强或抑制她们的两组面部肌肉:一组是当我们微笑或看到快乐情境时活跃的肌肉,另一组则是当我们皱眉或看到不愉快情境时活跃的肌肉。这两组肌肉皮电反应测量结果表明,在几次练习试验后,大多数人都能十分成功地完成这个任务。当被试被告知增强或抑制这两组肌肉时,她们可以在面部表情没有任何肉眼可见变化的情况下,按指示完成加强或抑制肌肉紧张。

在想象完每个场景后,被试根据快乐或苦痛对她们的情绪体验进行评分。如果面部反馈假说是正确的,评分应受参与者努力增强或抑制相关肌肉紧张程度的影响。如果当她们增强与微笑有关的面部肌肉的活动时,在积极情境中她们应该报告更多的快乐;如果她们抑制了此类活动,则应报告更少的快乐。研究结果明确支持了这些假设。被试在抑制相关肌肉时,在积极事件中报告更少的愉悦情绪,而在抑制与皱眉相关的肌肉时,则倾向于在消极事件中报告更少压力。

这一研究结果使人相信面部表情可以触发情绪，但对于这一解释仍存在一个重要的问题，增强或抑制特定肌肉的指令可能会影响被试自我报告的情绪体验。为了解决这一问题，近期研究（Davis, Senghas, Brandt, & Ochsner, 2010）用了一个非常巧妙的解决方式：研究者比较了两组人在接受不同类型的抗皱注射后的面部表情和情绪反应。在注射之前，两组被试都观看了积极与消极的视频。影片的属性从非常消极到非常积极，被试观看完每个视频片段后，都要对自己的感受进行评分。8天后，其中一组被试接受了肉毒杆菌注射，用以麻痹与面部表情相关的肌肉。另一组被试则注射玻尿酸，玻尿酸仅仅是填充皱纹而没有麻痹肌肉的作用。接受注射的14～24天后，参与者再次观看积极与消极的视频，且被要求每看完一个视频片段后，对自己的感受进行评分。

研究发现，注射了肉毒杆菌的被试对两种视频片段的情绪反应都比较弱。也就是说，他们在观看消极视频后报告较弱的消极情绪，在观看积极的影片后报告较弱的积极情绪（见图3-6）。这些研究结果表明，面部肌肉的反馈起着塑造我们情感体验的作用。我们面部的表现似乎确实能影响我们的内在体验。

3.1.3 识别欺骗

如果我们对自己坦诚，我们必须承认我们都曾说过谎，可能是为了避免伤害到别人的感情，或是为了让自己摆脱与朋友、父母或教授之间的"麻烦"。但是说谎或是更普遍的欺骗性沟通，比你想象的更经常发生。研究结果表明，大多数人每天至少会说一次谎，且会在20%的社交中使用某种形式的欺骗（DePaulo & Kashy, 1998）。另一个研究发现，大多数人在和陌生人初次见面的时候会向对方至少撒谎一次（Feldman, Forrest, & Happ, 2002; Tyler & Feldman, 2004）。

1. 我们如何识别欺骗

由于说谎很频繁，你可能会认为那么我们应该都非常熟悉且能够识别谎言。然而，在一般情况下，我们对一个人是否在说谎的判断的准确性，并没有比随机水平高多少（e.g., Ekman, 2001; Malone & DePaulo, 2001）。其中一个原因是，我们往往认为他人是诚实的，所以我们并不会去留意欺骗的线索（Ekman, 2001）。另一个原因是，我们想要保持礼貌，使我们不愿发现或指出别人的欺骗。人们对于撒谎的定义不同也是原因之一。有些人报告自己撒谎的频率低，是因为他们不认为自己在尝试"有意误导他人"，所以他们不认为这是欺骗(Serota, Levine, & Boster, 2010)。近期研究发现，如果对撒谎使用更严格的定义，超过6成的美国人报告，在特定一天内，自己是不说谎的，大部分的谎实际上是一小部分经常说谎的人撒的。

那么，是不是有些人比其他人更善于识别谎言呢？如果我们大部分人在日常生活中都不擅长于准确觉察谎言，也许有训练有素善于识谎的专家。Ekman和O'Sullivan（1991）通过测试各类执法人员识谎的准确性来探讨这个问题。他们让每个被试观看10分钟女大学生们的视频，其中一半学生对自己观看电影时的感受说了谎，而另一半学生则是说实话。因此，仅靠随机猜测的准确率会是50%。令人惊讶的是，在所有参与测试的专业人士中，只有有9～23年工作经验的特工的识谎准确率显著高于随

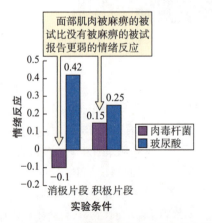

注射肉毒杆菌麻痹了面部表情肌肉的被试，比注射玻尿酸没麻痹面部表情肌肉的被试，在观看消极电影片段后报告更弱的负面情绪体验；在观看积极电影片段后报告更弱的积极情绪体验。

图3-6　面部反馈假说的证据

随机水平（见图3-7）。Ekman和O'Sullivan表示，特勤局的成员之所以会比其他人识谎更准确，也许是因为他们把时间花在扫描人群与关注非言语行为，而大多数执法人员则将重点放在沟通的其他要素（例如，人们说的话）。不论是何种解释，这项研究说明了，即使是对于那些以检测谎言为工作的一部分且被认为有识谎能力的人而言，侦测谎言仍然是相当困难的。

对方是否说谎无关的非言语线索（Hartwig & Bond, 2011）。换句话说，当试图检测谎言时，人们关注的信息不是他人说谎与否的有效指标。

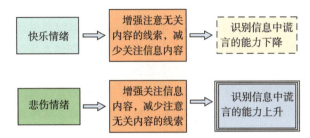

研究发现，个体悲伤时的识谎能力高于快乐时的识谎能力。这是因为悲伤情绪增强对于信息内容的关注，并更少地注意无关信息。另一方面，快乐情绪增强对于无关内容的注意，并更少地关注信息内容，所以识谎质量下降。

图3-8　情绪影响识谎能力

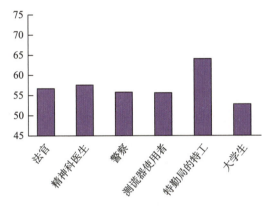

当被要求检测谎言时，多数执法人员侦测谎言的准确率并没有高于随机水平。如图所示，只有特勤局特工的识谎准确率显著高于随机水平。

图3-7　专家识谎能力高于随机水平

我们的情绪也能够影响我们的识谎能力。研究表明，悲伤的人比快乐的人能更好地识别他人的谎言（Reinhard & Schwarz, 2011）。这可能是因为人们在经历负面情绪时，会更多地注意信息的内容：词汇与意义。相比之下，心情愉快的人往往更注重与信息无关的线索，例如，提供信息者的吸引力。因为心情愉快的人被与信息无关的线索所干扰，所以他们更难识别出信息本身的瞒骗。为了验证此观点，Reinhard和Schwarz（2012）首先诱导一些被试的愉悦心情和其他被试的悲伤心情。然后，两种情绪条件下的被试都被要求判断从另一个学生那得来的信息的真假。三个实验的结果证实，与预期相同，我们的情绪在我们的识谎能力上起着重要的作用。那些处于消极情绪的人比积极情绪的人更能成功地识别谎言（见图3-8）。

有研究发现，成功撒谎的人能够通过操纵他们的非言语线索来掩饰他们的欺骗。现有证据表明，另一个更重要的原因是：我们倾向于关注那些与

总的来说，当他人在摆弄物件时，似乎不确定自己说的话，对自己说的话似乎满不在乎时，我们倾向于认为他们在欺骗我们。相比之下，如果他们表现出愉快的神色，而且似乎真正投入到他们所说的话中时，我们倾向于判断他们是在说实话的。虽然经常有人认为他人看我们的方式也能看出他们是否说谎，但研究发现这个效应其实很弱。无论人们在与我们交谈时是否眨眼、避免眼神接触，或者参与水平的高低，似乎与他们实际上是否说谎无关（DePaulo et al., 2003）。

有一些非言语线索可以适度揭示谎言。然而，这些线索往往被忽视（e.g., Etcoff, Ekman, Magee, & Frank, 2000）。这些线索包含**微表情**（microexpressions）——只持续零点几秒的短暂面部表情。在情绪唤醒事件出现之后，这些表情迅速浮现于脸上，且难以抑制。另一个能有效反映出欺骗的非言语线索是通道间差异，例如人们的面部表情和肢体语言之间的差异。撒谎的人往往会发现自己很难同时控制所有的沟通通道。最后，夸张的面部表情也可以反映出对方的撒谎意图，例如微笑得比平时更频繁，或者对我们所说的话过分感兴趣。

除了这些非言语线索，还有其他欺骗的迹象会体现在非言语交流方面。人们在说谎时，声调会升高。与此相似，他们往往需要更长的时间来回答一个问题或描述事件。说谎的人可能会表现出很想开

始一段对话，却中途停下来，再从头开始讲。也就是说，**语言风格**（linguistic style）的某些方面，除了语意，像是音调、语速、模式（节奏），也是能揭示他人是否说谎的指标。

总的来说，通过仔细观察非言语线索以及说话方式（如说话时的声调），我们也许能辨别他人是否在说谎。但是，为了这么做，我们必须运用大量的认知努力。这包含试图集中注意在我们通常不关注的非言语线索。因此，即使对于专家而言，准确地检测谎言都是非常困难的。

2. 非言语线索在专业场合中的重要性

非言语交流显然是我们理解他人的一个重要的方面。我们不仅尝试在日常社交活动中，基于他人的非言语线索去解读他们说的内容，而且我们也在重要场合中这么做。例如，当我们与专业医疗人员交流时，我们可能会根据他们的非言语线索来评估，他们是真正关心我们还是只是在扮演好自己的角色。想一下你上次看医生的情况，你觉得他是真的对你的问题感兴趣，还是只想赶快完成以换下一位病人？医生的哪些行为是你判断的依据？

Dimatteo 和 Taranta（1970）的研究发现，非言语线索在医患关系中起着关键作用。这些研究人员要求病患评价医生聆听他们的程度，医生也完成准确识别他人面部表情能力的测验。面部识别测试中得高分的医生从其患者获得的评价高于得分较低的医生。也就是说，能够准确"读取"患者情绪反应的医生被患者认为是真正在倾听的。同样，医生在与患者情绪交流能力测试中得分越高，患者对其评价也越高。总之，医生解读与传达非言语线索的能力是影响患者感知的一个重要因素。

医生非言语行为的哪些具体方面会影响患者？对医生的信任可能对减少患者焦虑、增进遵循治疗建议的意愿至关重要。为了评估眼神接触和微笑如何影响患者的信任感，一个关于肿瘤学家与乳腺癌患者交谈的视频被展示出来。视频改变了这两种非言语线索的显示程度（Hillen et al., 2015）。患者更加信任与其有更多眼神交流的医生，同样，微笑的医生也被认为更关心患者。

总的来说，面部表情、手势、肢体动作和其他非言语线索，不仅在日常生活中扮演重要角色；他们的影响远超出非正式情境。要了解非言语线索如何影响工作面试中的印象和表现，请参阅专题"研究告诉我们：非言语线索在工作面试中的作用"。

研究告诉我们　　　　**非言语线索在工作面试中的作用**

虽然我们可能相信，能力最强、最好的求职者会获得工作，但大量研究证据表明，许多社会因素，包括应聘者的外表等方面，在面试中也可以发挥作用。证据还表明，在面试期间表现出的非言语线索对于形成良好的印象很重要。例如，在一项研究（Gifford, Ng, & Wilkinson, 1985）中，向有数年面试经验的面试官展示了一段真实工作面试的视频。这些面试官对应聘者的动机和与他人良好互动的社交技能进行了评估。面试过程中的非言语线索则由受过训练的评估者进行评定。

结果表明，一些非言语线索（谈话时间、微笑和手势）与对应聘者的动机和社交技能的判断相关。这些行为评分高的应聘者获得面试官更高的评价。那么，最有资质的应聘者总是能得到工作吗？这似乎取决于应聘者的非言语技能是否包含在这方程之中。

有没有一些简单如姿势一样的事情能影响面试的表现？Carney，Cuddy，和 Yap（2010）的研究表明是可行的。以非言语形式表达强大：以高大强壮的姿势占据更多空间。相反，低力量的姿势也是可见的：驼背缩小占据的空间。强大或弱小的姿势不仅可以影响他人对我们的印象（见图 3-9）；还可以反过来影响我们的生理和行为，使我们自己感到更强大。为了检验这种可能性，Carney 与其同事教一群男女如何做出一个高姿势或低姿势，且要求他们维持姿势一分钟。然后给予被试两美元，这两美元可以选择用来博弈或留着。研究人员还收集了唾液来测量睾酮激素。

与低力量的姿势相比，在高力量姿势条件下，被试不仅自我报告感觉更强大，而且更愿意冒险（选择博弈的可能性更高）以及睾酮水平上升。这项研究表明，身体姿势有助于我们在心理与身体上做好面对压力情境的准备，并提高我们在面试中的信心和表现。

研究表明，应聘者的非语言线索可以影响评估和面试结果。懒散如左边的人，将会比右边姿势良好且警觉的人更少获得成功。

图 3-9　非言语线索对工作面试很重要

要点 Key Points

- **社会知觉**包括我们设法理解他人的过程，对于社会思维和行为都非常重要。
- 为了理解他人的情绪状态，我们经常依赖于**非言语交流**：面部表情、目光交流、肢体动作和触碰等。
- 尽管所有基本情绪的面部表情不像人们最初所相信的那样是全世界共通的，它仍然为我们理解他人的情绪状态提供了有用的信息。
- 虽然高水平的眼神接触被认为是积极感觉的象征，但连续的凝视——**盯**，通常被认为是愤怒或敌意的迹象。另一种类型的非言语行为是**肢体语言**，它往往通过我们身体的位置、姿势和移动来反映情绪。同样地，触摸，例如我们握手的方式，也可以透露我们的信息。
- 许多人透过与他们所说的话无关的声音来表达情感。这种非言语交流被称为副语言，除语音外的声音要素，如音调、音量、音高或节奏。

- 面部反馈假设表明，我们在通过面部表情表达自己感受时，面部表情也会影响我们的情绪状态。
- 我们不能准确识别谎言的原因有很多，例如我们倾向于认为他人是诚实的且我们希望表现得礼貌。因此，我们通常不会寻找欺骗的线索。但是，当处于消极情绪时，我们比在积极情绪下更能成功识别出谎言。
- 注意非言语线索，例如**微表情**、跨通道差异和夸张的面部表情可能有助于识别谎言，但这些线索往往不被注意到，因为大多数人并没有寻找它们。**语言风格**的突然变化，例如说话的音高或速度的变化，也可能意味着欺骗。
- 非言语线索在许多重要的社会情境中起着重要的作用，例如医患关系和工作面试。显示力量的姿势可以影响我们在压力情境中的信心和实际表现。

3.2 归因：了解行为的原因

假设你在聚会上遇到一个非常有魅力的人，你想再见到他，所以你问："下周你想一起看电影吗？"当他回答"不，对不起"时，你美妙浪漫的幻想瞬间破灭。此时，你只想知道他为什么拒绝你的邀请，是因为他不喜欢你吗？或者是他目前正处于一段亲密关系中不想跟其他人约会？也可能是他忙于其他事务，没有空闲时间。你相信这个人想再次见到你，只是现在太忙了。无论你做出什么推断，都可能影响你的自尊，也会影响你下一步做什么。如果你认为这个人不喜欢你或者已经处于另一段关系之中，那么你尝试安排另一次约会的可能性就会比你认为他只是现在太忙要小很多。

这个简单的例子说明了关于社会知觉的一个重要事实：我们常常想知道为什么有人这么说或这么做，或更进一步，他们到底是什么样的人，他们的特质、动机以及目标是什么？社会心理学家认为，我们对这些事情的兴趣，在很大程度上源自我们对了解社会中的因果关系的基本渴望（Pittman, 1993; Van Overwalle, 1998）。我们不仅仅想知道他人是如何行事的，这是我们很容易观察到的。我们还想知道他们为什么这么做，因为这些信息能帮助我们更了解他们并预测他们将来的行为。这个搜集信息并且得出结论的过程就是**归因**（attribution）。归因不仅关系到我们努力理解他人行为背后的原因，有时我们也用它来了解自己行为背后的原因。现在我们来仔细看看社会心理学家对这一重要社会知觉现象的了解（Graham & Folkes, 1990; Heider, 1958; Read & Miller, 1998）。

3.2.1 归因理论：我们如何试图理解社会

由于归因的过程是复杂的，有很多理论试图解释归因的机制、时机、原因以及我们如何归因。在本节中，我们将重点介绍两个至今仍特别有影响力的经典归因理论。我们还将探讨与因果归因相关的其他因素，包括时间的影响、控制或影响情境的能力、命运与个人选择信念，以及我们解释他人行为的方式。

1. 从他人的行为看他们的稳定特质

Jones 和 Davis（1965）的**对应推论**（correspondent inference）理论说明我们如何以他人行为的信息为基础推断他们的特质。换句话说，这个理论关注的是，我们如何根据他人公开的行动，来决定他们是否具有某种稳定的特质或性情。乍看起来，这似乎是一个简单的任务。他人的行为为我们的推断提供了丰富的信息，所以如果我们仔细观察行为，自然就能了解他们。这种说法在某种程度上是正确的。然而这项任务远比我们想象的要复杂：通常来说，人们采用某种方式做事并非是他们的特质使然，而是外部因素让他们没得选择。假设你去餐馆，看到一位服务员对你微笑且行为友好，这是否意味着这个服务员只是一个单纯喜欢人的友善的人？这是有可能的，但也可能他这样做纯粹是他的工作需要。这种情况非常普遍，如果仅是用他人的行为来推测他们的特质或动机，就很有可能被误导。

什么时候我们可能会根据情境因素来调整我们对他人特质的判断？根据对应推论理论（Jones & Davis, 1965; Jones & McGillis, 1976），我们倾向于将注意力集中于能提供最多信息的行为。首先，我们可能将他人自由选择的行为视为一个人的特质。相较之下，如果行为似乎是以某种方式强加于人的，我们倾向于认为它不太能代表一个人的特质。其次，我们会注意那些产生 Jones 和 Davis 称为**不寻常效应**（noncommon effects）的行为，即只能由某种因素所引起，而其他因素不能引起的效应（不要与罕见效应混淆，后者是指不常见的效应）。产生不寻常效应的行为能够提供信息是因为这些行为能排除其他可能，让我们能确定他人行为背后的具体原因。

为了说明不寻常效应的概念，想象两个不同的情况。假设你的朋友刚订婚，他的未婚妻很有魅力，似乎爱你的朋友，且性格温和。你能从你的朋友决定与这个人结婚的行为中了解到他有什么特质吗？可能不多。有太多的理由去选择这样一个人了，你很难从中选择一个原因。相反，假设你朋友的未婚妻外表非常迷人，但是经常对他很无礼，且有巨额学生贷款。这种情况下，你朋友要娶这个女人的决定能否告诉你什么？绝对能。你可以推断出比起被伴侣尊重或经济保障，他更在乎对方的外表。

正如你从这个例子中看到的，我们通常从产生不寻常效应的行为中了解到更多他人的信息。这个例子还说明了期望如何影响我们对另一个人的行为的推断。我们通常期望一个人跟明显很爱他的人结婚。在此情况下，若当你的朋友违背了你的期望，选择了一个似乎不合"常理"的伴侣时，我们则更确定他的选择反映了他是什么人。

最后，Jones和Davis（1965）认为，相对于社会赞许性高的行为，我们格外注意那些社会赞许性低的行为。也就是说，相对于一些常见的行为，我们从他人的违反常规行为中能了解到更多他人的特质。例如，如果我们看到有人打小孩或是动物，我们很可能会认为这些行为告诉了我们，这个人可能特别愤怒或具有攻击性（见图3-10）。另一方面，如果我们看到他人以社会所期望的方式行事，例如温柔地对待孩子或动物，那我们就了解不到太多这人的独特信息，因为多数人都会做类似的事。

当他人行事不寻常，行为不同于大多数人，特别是违背社会期许时，这些行为经常能为我们提供很多有用的信息以了解他人特质。

图3-10　不寻常的行为经常告诉我们很多关于他人的信息

总的来说，根据Jones和Davis的理论（1965），在以下情况发生时，我们更能从他人的行为推断出他们的稳定特质（也就是，我们很可能在他人的行为与个人特质之间得到相应的推论）：1）行为是自由选择的；2）行为能产生特定非寻常的效果；3）行为的社会赞许性低或违背社会规范。

2. Kelley的协变理论：我们如何回答行为"为什么"发生

想一想下面这种情况：

你约了人在餐厅见面，但是她没来。

你给朋友发了几条短信，但是他从不回复。

你期望升职，但是没能实现。

在这些情况下，你可能会想知道为什么会发生这些事情：为什么你的熟人没来餐厅，她是忘了还是故意不来？为什么你的朋友没有回你短信，他在生你的气吗？他的手机坏了吗？还是他只是刚好很忙？为什么你没能升职，是因为你的老板对你的工作表现不满意还是因为你受到了某种歧视，还是这是多种原因所导致的？

很多时候，了解事件背后的原因是归因问题的关键。我们想知道他人为什么这么做，为什么事情会有这样的结果。知道这些很重要，因为只有知道他人行为或事件背后的原因，我们才能了解社会（并有可能阻止未来不好的事情发生）。显然，他人行为背后的原因有很多。为了使问题更易处理，我们常常从一个简单的基本问题开始：他人的行为主要是源于内在的原因（特质、动机、意图）还是外在的原因（社会或物质方面），或是两者都有？例如，你可能会猜测你没有得到晋升是因为你工作真的不努力（内部原因），或是你的老板对你有偏见（外部原因），或两者都有。我们如何试图回答这个问题呢？

根据Kelley的协变理论（Kelley, 1972; Kelley & Michela, 1980），当我们试图回答他人行为的原因时，我们会关注三类主要信息。首先是**一致性**（consensus），面对同样事物，其他人和这个人做出相同反应的程度。他们做出相同反应的比例越高，一致性就越高；其次是**一贯性**（consistency），这个人在其他场合、时间应对同样的事件也做出相同反应的程度；最后，我们会注意**区别性**（distinctiveness），这个人面对其他事件做出相似反应的程度。

根据Kelly的理论，在一致性和区别性都较低，而一贯性较高的情况下，我们很可能把他人行为归因于内部原因。相较之下，当一致性、一贯性与区别性都很高的情况下,我们很可能把他人行为归因于外部原因。最后,当一贯性与区别性都较高,但一致性较低的情况下,我们通常将他人行为归因为是由内部因素与外部因素相结合所导致的。

为了说明这个理论,想象一下,你在餐馆见到一个服务员和顾客在调情,这个行为提出了有趣的问题。为什么这个服务员会这么做呢?你会将他的行为归因为内部原因还是外部原因?这个服务员单纯是一个喜欢和别人调情的人(内部原因)?还是这名顾客非常有吸引力,是一个与很多人调情的人(外部原因)?根据 Kelley(1972)的理论,你的决定(作为这个情境的观察者)将取决于与前面提到的三个因素相关的信息。首先,假设存在这些条件:1)你看到别的服务员也和这名顾客调情(一致性高);2)你看到这名服务员在其他情况下也和这名顾客调情(一贯性高);3)你没有见过这名服务员和别的顾客调情(区别性高)。在这种一致性、一贯性、区别性都高的条件下,你可能会将这名服务员的行为归因于外部原因。换言之,你可能会认为这名顾客非常具有吸引力,这也是服务员与她调情的原因。

相反,假设条件是:1)没有其他服务员和这名顾客调情(一致性低);2)这名服务员在其他情况下也会和这名顾客调情(一贯性高);3)你见过这名服务员和其他顾客调情(区别性低)。根据 Kelley(1972)的理论,这种情况下,你会将这名服务员的行为归因于内因:这个服务员单纯是一个喜欢调情的人(见图3-11)。Kelley 的理论的基本假设在很多情况下都得到证实,为我们提供了洞察归因问题本质的重要视角。但是有关研究也显示这一理论需要进一步修正和补充,这也是我们将要探讨的问题。

3. 归因的其他方面

虽然我们常对知道他人行为的原因主要是内部还是外部的问题很感兴趣,但并非全部,我们还关注另外两个问题:1)这个因素对行为的影响是稳定持久的还是暂时的?2)这些因素是否可控,个体是不是能根据自身意愿改变它(Weiner, 1993, 1995)?这些方面独立于前面所说的内部和外部因素。

行为的一些内部原因如人格特质和气质有跨时间的稳定性(e.g., Miles & Carey, 1997)。而另一些内

部原因则经常可以发生很大的变化,例如动机、健康、疲劳。与此类似,一些内部原因是可控的。例如,如果个体希望控制自己的脾气,那么他们就可以控制自己的脾气。而另一些内部原因,比如慢性疾病或残疾则几乎是不可控的。行为的外部原因也是如此:一些是相对稳定的(如定义了我们在各种情境中应该如何表现的法律和社会规范),另一些则是不稳定的(如遇到一个心情不好的人)。大量研究证据表明,在试图理解他人行为背后的原因时,我们会考虑三方面的因素:内部–外部,稳定–不稳定,可控–不可控(Weiner, 1985, 1995)。

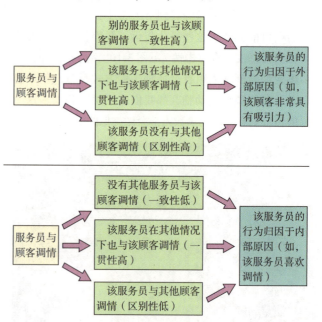

在上图的上半部分所示条件下,我们会将服务员的行为归因于外因,如这名顾客很有吸引力。而在下半部分所示条件下,我们会将服务员的行为归因于内因,如这名服务员喜欢与人调情。

图 3-11 Kelley 的协变理论举例

4. 命运归因与个人选择

归因也受到我们是否相信我们生命中事件的发生是"注定的"还是自身导致的影响。例如,假设在你生活中发生了意想不到但重要的事情:你中了头彩,或者在计划的假期前摔断了腿而不能去旅行。我们如何解释这类事件?一种解释是这些事件的发生都源于我们自己:你摔断腿是因为你试图拿到一个非常高的架子上的东西而愚蠢地站在一个不稳的椅子上。另一种解释则是将这些事情归因于我们理

解和控制能力以外的命运的力量。在命运归因下，事件的发生是因为它们只是"命运"。

两种解释都是有可能的，那么是什么因素导致我们偏好其中一种呢？这个有趣的问题已经在许多研究中研究过了（e.g., Burrus & Roese, 2006; Trope & Lieberman, 2003），但最有趣的答案是由 Norenzayan 和 Lee（2010）的研究提供的。这些社会心理学家认为对命运的信念与两种更基本的信仰相关，即对上帝存在的宗教信仰，以及对复杂因果关系的信念：许多原因影响了事件的发生，但没有任何原因是必要的。这种想法还引出这样的结论：不可能事件的发生是"命中注定"。因为是很多因素结合起来导致了事件的发生，所以一个因素的存在与否对事件的发生没有什么影响，事件是"超定的"。

为了检验这些假设，Norenzayan 和 Lee（2010）让那些自称是基督徒或没有宗教信仰、欧洲或东亚传统文化的被试，阅读描述着意想不到事件的短篇故事。然后要求被试指出这些事件在多大程度上是由于命运或偶然导致的。举个例子：如同往常一样匆忙的早上 8 点的街上，Kelly 在上学的路上，停下来想系鞋带，但她弯腰发现了面前有一枚很难发现的钻石戒指。

如图 3-12 所示，研究结果表明，有强烈宗教信仰的人比没有宗教信仰的人更可能将不可能事件归因于命运（即认为它们是"命中注定的"）。东亚人也更可能这么认为，因为他们的文化强烈信仰复杂因果关系。在进一步的研究中，Norenzayan 和 Lee（2010）发现，命运的信念本身源于基督徒对上帝的信念和东亚人的复杂因果信念。

5. 行为识别和归因过程

当我们试图理解他人行为的原因（包括行为的目的）时，我们通常有很多种可选的解释。假设你看见一个人将零钱放入储蓄罐，你可能会想："她怕零钱丢了，所以放进存钱罐。"或者你可能认为："她为了念书而攒钱。"第一种解释是一种集中于行为本身的具体解释。与之相对的，第二种解释则更为抽象，它将行为归因于这个人的意图、目标。相同的行为（将零钱放入储蓄罐），但是我们对它发生的原因的解释却不同。我们对行为的不同抽象程度的解释就是**行为识别**（action identification）。

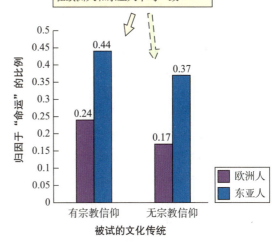

研究结果表明，概率极低但重要的事件常被归因于命运而非个人行为。有强烈宗教信仰的人和强烈因果复杂性文化下的人（即，许多因素结合导致不可能发生的事件产生），最有可能将这种事件归因于命运，并将其视为"命中注定"。

图 3-12 人们如何对不可能事件归因

研究结果表明，行为识别是归因的基本构成。当我们具体地看待他人行为（只看到行为本身）时，我们也就倾向于更少的对他们的意图或更高级的认知进行归因。相反地，如果我们更抽象地看待他人行为（看到行为更多的意义），就会将行为更多地归因于心理活动。我们认为他们的行为不仅仅是由当前情境所产生，它反映了更多内在信息，如行动者的目标、性格、意图。Kozak，Marsh 和 Wegner（2006）的研究支持了这种说法。他们在几项研究中都发现，如果人们从高抽象水平解释一个人的行为（即比行为本身反映更多），则更有可能认为这个人有复杂的动机、目标和思维过程。因此，在归因方面，不仅仅是他人的行为帮助我们塑造对他们的知觉，我们怎么解释他们的行为也至关重要。

3.2.2 基本归因偏差

尽管我们擅长理解社会，但是我们做得并不完美。事实上，我们理解他人和自己的努力会受到几种偏差的影响。归因"错误"会让我们错误地解释他人的行为以及错误地预测他们将来的行为。

1. 对应偏差：基本归因错误

想象你目击了以下场景：一个人开会的时候迟到了一小时；进门的时候，他把笔记本掉在地上；他想捡起笔记本时眼镜掉在地上摔碎了；之后他把咖啡洒在领带上。你会怎么解释这些事情呢？你很可能会推断，"这个人做事没有条理且笨拙。"这种归因正确吗？有可能。但是也有可能他迟到是因为飞机晚点；掉了笔记本是因为笔记本的纸质太滑；弄洒了咖啡是因为杯子太烫难以拿住。在这个例子中，忽视人的行为的潜在外部原因的倾向，正是 Jones (1979) 所说的**对应偏差**（correspondence bias）：即使有明显的外因存在，仍倾向于用性格原因来解释他人的行为（e.g., Gilbert & Malone, 1995）。

对应偏差如此常见（至少在西方人中），所以社会心理学家将其称为**基本归因错误**（fundamental attribution error）。简言之，我们倾向于认为别人做了某件事是因为他们"就是那种人"，而不是外部因素影响了他们的行为。很多情境下都会出现这种倾向，但是 Kelley 的理论（1972）依然正确，在一致性和区别性都很低时这种倾向更强烈，另外在预测他人很久以后的行为而不是即时行为的时候这种倾向更容易出现（Nussbaum, Trope, & Liberman, 2003; Van Overwalle, 1997）。这是为什么呢？因为在想到很久之后的事情时，我们倾向于使用抽象思维。这使得我们根据他人的特质去看待他们，进而忽视了行为背后的外部原因。

即使很多研究都证实了这种基本归因错误，而且也强烈影响后续理解归因过程的研究，我们现在知道文化可以改变这种偏差。举个例子，我们知道亚洲人很少对他人的行为做内部归因。事实上，印度的成年人被要求解释他人行为时，无论是积极行为还是消极行为，他们都更倾向于情境解释而非内部归因（Miller, 1984）。此外，美国人基于宗教信仰不同，归因倾向也不同（e.g., Li et al 人, 2012）。例如，新教徒比天主教徒更可能做内部归因。

2. 对应偏差的力量

假设你读了一篇由另一个人写的关于一个有争议的话题的文章。基于这篇文章，你可能会希望知道作者对这个问题是"支持"还是"反对"。但是假设在读这篇文章之前，你知道作者写这篇文章是被要求以一个特定的观点（"支持"或"反对"）来书写的。从纯理性的角度来看，你应该意识到这篇文章并没有告诉你任何关于作者观点的信息。毕竟，作者只是照章办事。然而，社会心理学家 Jones 和 Harris（1967）挑战了这种认为当人们意识到作者被所面临的情境约束时，他们会纠正对作者的推断的观点。他们认为，基本归因错误强烈到，即使被告知作者是被要求以一种特定方式写作的，大多数人仍认为自己可以从文章中确定作者的观点。

为了验证他们的推理，Jones 和 Harris 让参加实验的被试读一篇小文章，文章内容是关于支持或者反对菲德尔·卡斯特罗对古巴的统治的（注意研究是在1967年进行的）。一种条件下，实验人员告诉被试，作者能自由选择以什么立场写作。另一种条件下，实验人员告诉被试，作者是被要求以支持或反对卡斯特罗的立场来写作的。读过这篇文章后，要求被试判断作者的真实态度。结果很明确：即使被试知道作者是被要求以特定立场来写这篇文章的，他们还是认为能从文章中看出作者的真实态度。换句话说，他们将文章作者的行为归因于内部因素（他的真实信念），尽管他们知道事实并非如此！显然，这项研究是行为中基本归因错误的戏剧性证明。

后续在该领域被视为"经典"的研究也得出了同样结论。例如，在 Nisbett 等人（1973）所进行的实验中，被试看到 20 对特质（如安静和健谈、宽大和严苛），然后要求被试从每对中分别选择最能描述他们自身、好友、父亲、一般人、Walter Cronkite（当时的知名新闻播音员）的特质。被试还有第三种选择，他们还可以选择"视情况而定"。结果再次为基本归因错误提供了强有力的证据。相对于对他人的描述，被试给自己的描述中更多地选择"视情况而定"。也就是说，他们报告自己的行为会依情况改变，而别人（他们的好友、父亲还有知名新闻播音员）的行为反映了性格特征（见图 3-13）。

3. 电子邮件中的对应偏差

假设你收到一封充满拼写和语法错误的电子邮件，你会认为发送邮件的人很匆忙、懒惰且粗心，或者英语很不好吗？如果邮件看起来很无礼，或者你知道此人背景，看法会不会有所不同？对应偏差可能在你的解释中起到什么作用？

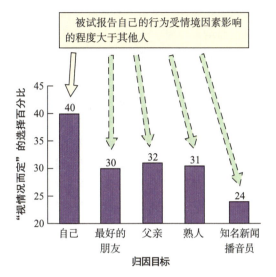

被试被问及某些特质与自己和几个特定他人是否相符。他们也可以选择"视情况而定"。被试表示，他们自己的行为受外部因素（情境）的影响强烈，但其他人的行为则被认为主要源于内部因素（人的特质）。

图 3-13　行为的基本归因错误：经典研究

为了知道对应偏差是否也作用在电子邮件交流中，Vignovic 和 Thompson（2010）进行了一项研究，研究中一个组织的员工收到一封陌生邮件。该信息要么表示发件人来自另一个文化，要么就是没有提供此类信息。而且该信息是以下三种类型之一：一是没有拼写或语法错误，而且很有礼貌；二是有拼写或语法错误，但是很有礼貌；三是没有拼写和语法错误，但没礼貌（即简洁，但缺乏对话语气）。收到信息后，被试对发件人从多个人格维度进行评价。

如果被试知道发件人来自另一个文化，他们并不会低估这个人的责任心、智力以及其他特质。但了解发件人来自不同的文化，并不会减少基于没礼貌而得到的负面推论。这显示了对应偏差对他人归因在电子邮件中与面对面交流中的作用相同。虽然这种偏差在拼写和语法错误有清楚的情境解释时影响会减少，但即使我们知道他们行为可能的外部原因，它仍然可以继续强烈地影响我们对他人的感知。

4. 对应偏差发生的原因

为了解对应偏差发生的原因，社会心理学家已做了很多研究（e.g., Robins, Spranca, & Mendelsohn, 1996）。一种可能原因是与我们是否注意到情境（外部）因素有关。例如，当观察他人行为时，我们倾向于关注动作。而行为发生的情境，即行为背后的情境因素，常被退居为背景。因此，特质性因素（内部）被知觉（它们是凸显的），而情境因素则没被知觉到。换句话说，我们的观察对象是高知觉突出的，是我们注意的焦点，而可能影响这个人行为的情境因素则不那么突出，因此显得不那么重要。或者，我们可能有注意到这些情境因素，但在我们的归因中给予它们的比重不足。

对应偏差发生的原因的另一种解释是与我们试图理解他人行为的一般过程有关。我们评估他人行为时，我们倾向于先假设行为反映了他们的性格，然后，我们试图修正当前情境中任何可能的外部影响因素。而这种认知修正，通常是不够的，我们对外部因素的影响考虑不足（Gilbert & Malone, 1995）。

很多研究（e.g., Chaiken & Trope, 1999; Gilbert, 2002）已经证明了这种两步加工理论，即归因的过程先是迅速的自动反应，随后是缓慢的、更控制性的过程，所以这一理论似乎是对对应偏差的有力解释（如基本归因错误）。事实上，大多数人都知道这一过程。即我们大多数人都意识到了这样一个事实：我们先假设他人行为的原因是内部原因（如人格、信念），然后通过在一定程度上考虑情境的限制来修正这个假设。更有意思的是，我们倾向于假设我们比别人考虑到更多情境因素。也就是说，我们认为我们自己比别人更不易受到对应偏差的影响（Pronin, Lin, & Ross, 2002）。

5. 行动者－观察者效应："你笨手笨脚的；我滑倒了"

对应偏差主要出现在我们对别人进行归因的时候。我们一般不会将自身的行为过多地归因于内因。这解释了另一种类似的归因偏差，**行动者－观察者效应**（actor-observer effect；Jones & Nisbett, 1971），就是我们倾向于将自己的行为归因于情境（外部）因素，而将他人的行为归因于稳定（内部）因素。举个例子，当我们看到别人跌倒时，我们往往将其归因于他的笨拙。然而，如果我们自己摔倒了，我们更倾向于将其归因于情境因素，如人行道的冰。

行动者－观察者效应发生的部分原因是，我们通常清楚地知道很多外部因素会影响我们的行为，但当我们关注他人行为时，却更少意识到外部因素。因此，我们往往会认为自己的行为主要是由环境造成的，而他人行为的原因则主要是他们的特质。

6. 自我服务偏差："我实力强；你运气好"

假设你写了一篇课程论文，当论文发回来的时候，你看到了以下评语："这是我这些年来见过最好的论文，A^+。"你会将这成功归因于什么呢？你可能将之归因于内部因素，你的天赋、你为写论文花费的努力，等等。相反，现在假设你拿回论文，评语写着："这是我这么多年见过的最糟糕的论文了"。你会怎么解释这一结果呢？你很可能主要注意外部因素（环境）：任务难度、你的教授评分不公平，以及你没有足够的时间准备等。

这种将我们自己的好结果归因于内部因素，将不好的结果归因于外部因素的倾向，就是**自我服务偏差**（self-serving bias）。根据研究，这种偏差涉及的范围很广，影响也非常大（Brown & Rogers, 1991; Miller & Ross, 1976）。已经有很多种关于这种普遍存在的偏差的解释，大多数可以归结为以下两种：认知和动机解释。认知模型认为我们将我们自己的正面结果归因于内部因素，负面结果归因于外部因素，是因为我们期望成功。基于这一原因，我们有一种将正面结果归因于内部原因而非外部原因的倾向（Ross, 1977）。相反，动机解释认为自我服务偏差来源于我们保护和提高自己自尊的需要（Greenberg, Pyszczynski, & Solomon, 1986）。虽然认知和动机两种因素在自我服务偏差中都发挥了作用，但研究结果更加支持动机观点（e.g., Brown & Rogers, 1991）。

有趣的是，一些研究的结果显示文化会影响自我服务偏差的强度（Oettingen, 1995; Oettingen & Seligman, 1990）。在强调群体成就和群体和谐的文化中，如亚洲国家，自我服务偏差的影响较弱。与之相对地，在强调个人成就并允许人们为个人成绩骄傲的西方文化中，自我服务偏差的作用较强。与这个观点相一致，Lee 和 Seligman（1997）发现和华裔美国人相比，欧裔美国人有更强的自我服务偏差。我们再次看到文化因素常常在社会思维的许多基本方面发挥着重要的作用。

让我们延伸一些自我服务偏差的相关知识，"研究告诉我们：为什么有些人认为自己比其他人优秀"。

研究告诉我们　　　　**为什么有些人认为自己比其他人优秀**

关于自我服务偏差的一个令人瞩目的例子就是所谓的傲慢，指一种对自己有夸张的积极看法的强烈倾向（Hayward, Shephered, & Griffin, 2006）。傲慢，是过度自信的一种常见形式。表现傲慢的人通常认为自己是积极结果产生的唯一原因。事实上，高度个人主义的文化强烈地鼓励人们相信，科学、音乐、艺术和商业的创造性成果是个人"特殊能力"的产物，而忽略了时代和团体在创造性成果诞生中的关键作用（Haslam, Adarves-Yorno, Postmes, & Jans, 2013）。例如，在上述领域中，奖项通常单独授予个人，认为他们是独自产生有价值的成果。然而，一些科学家和摇滚明星一样也会参考他人对他们的影响，像是他人提出的关键性问题与激发性讨论的重要作用，以及与他人合作时所收到的建设性反馈（John-Steiner, 2000）。

尽管有些思想家和发明家有时会承认其他人以及情境在他们成就中的作用，但有些思想家、发明家则没有。讽刺的是，他们的背景和所属机构可能都鼓励他们相信成功是归于他们自己的。这促使人们相信自己的决定不可能是错的，即自我服务归因。大型企业的首席执行官经常会出现傲慢，甚至可能导致他们在收购其他公司时支付额外费用。例如，在 106 个企业收购样本中，Hayward 和 Hambrick（1997）评估了 CEO 认为的自我重要性以及最近媒体对 CEO 的赞扬程度，作为造成在企业收购中股东财富损失的预测因素。当缺乏外部问责时，这些测量 CEO 傲慢的指标是对他们公司的损失特别有力的预测因素。苹果公司的联合创始人兼长期 CEO，Steve Jobs（见图 3-14）有时被指责傲慢，作为一个"媒体明星"，似乎低估了其他人在公司的成功中的重要作用。

许多研究人员指出，MBA课程中的理论和观点常强调自身利益，包括在长期组织福利中寻求最高的个人报酬（Bebchuk & Fried, 2005）。Miller和Xu（2015）有趣的研究也表明，一些团体中普遍存在的规范也可能促进组织内成员的自我服务偏差。Miller和Xu收集了444位美国CEO的数据，他们都曾出现在主要的商业杂志封面上。这些研究人员想了解毕业于MBA项目的CEO（与那些没有上过MBA的人相比）和这些CEO表现出自我服务（与公司服务相比）行为程度之间的潜在关系。

在CEO们被报道之后的一年里，Miller和Xu发现，MBA毕业的CEO的个人薪酬比例高于非MBA毕业的。即使MBA毕业生的公司的业绩在随后几年下降得比非MBA毕业生的公司更加剧烈。这项研究表明，这些CEO在商学院学习到的是一种强调个人力量与自信的倾向，这可能不利于组织的长期成功。或许当功成名就时，结果更可能被归因于CEO的内部因素和稳定特质；因为他们相信是自己创造了公司的成就，也说服别人相信这是由于他们持久的技能和才华所造就的成功。

当个人将他们的成功仅仅归因于内部因素时（如天赋或技能），他们会过分地积极看待自己，表现出傲慢。苹果公司的联合创始人兼长期CEO，史蒂夫·乔布斯真的是这样吗？有些观察者认为确实是的。

图 3-14　傲慢：为什么有些人，通常是那些地位显赫的人，认为自己比他人优秀？

7. 我们如何解释突发事件

每个人都经历过意外消极事件。例如，电脑硬盘死机，你失去重要文件，当你要用手机时刚好掉下去并坏掉，或者你学校的球队输了一场很想赢的比赛。通常我们将这样的事情归因于外部因素：你的电脑存在缺陷，手机掉了是因为有人撞到你，球队输了是因为裁判偏袒，等等。相反，当发生积极事件时，我们倾向于将这些结果归因于内部因素，如能力与天赋。正如自我服务偏差的字面意义，我们倾向于将负面事件归因于外部因素，而将积极事件归因为内部因素。

Morewedge（2009）的研究说明了，我们在解释不利结果时往往表现出自我服务偏差。被试在电脑上玩双人"最后通牒游戏"，"合作伙伴"得到3美元并按其希望的方式分配。然后被试再决定接受或拒绝这个金额分配方式。被试没有被告知他们是跟一个真人还是电脑"伙伴"玩这个游戏。一种情况是伙伴提供了一个非常有利的分配：2.25美元给被试，自己只有0.75美元；而另一种情况则是平均分配：每人1.5美元；最不利的情况是伙伴只给被试0.75美元，自己则保留2.25美元。

在玩了几次游戏后，被试会被问及他们认为合作伙伴是真人还是电脑。Morewedge预测，被试更可能在不利情况下相信伙伴是真人；在最有利的情况下相信伙伴是电脑。将负面事件归因于外部因素的倾向将导致被试认为不公平的分配方式是人的决定而非机器的。结果为这一预测提供了强而有力的支持。

3.2.3　归因理论的应用：干预和洞察

库尔特·勒温（Kurt Lewin），现代社会心理学的奠基人之一，常说："没什么比一个好的理论更实用了。"意思是一旦我们对社会行为和社会思维的某些方面有了科学的理解，我们就有可能将这个知识运用于实际中。归因理论就是这种好理论。随着归因基本理论的不断丰富，它也被广泛运用于实际问题中（Graham & Folkes, 1990; Miller & Rempel, 2004）。作为例子，我们将介绍归因理论如何被应用于认识抑郁症，一种心境障碍疾病。我们还将使用归因理论了解恐怖主义以及人们对于伤害他们的解释。

1. 归因和抑郁

抑郁是最常见的心理障碍。实际上，据估计全世界几乎有一半的人在生活的某个时间段经历过抑郁相关症状（e.g., Blazer, Kessler, McGonagle, & Swartz, 1994）。很多因素都和抑郁有关，包括自我挫败（self-defeating）式归因。与前面提及的大多数人使用自我服务偏差不同，抑郁个体倾向于使用相反的归因方式。他们将负面结果归因于持久的内部原因，如个人特质、能力，而将正面的结果归因于暂时的外部原因，如好运气或是他人的特殊照顾。因此，他们认为自己很少或基本不能控制发生在自己身上的事情，他们只能被风吹向不可预知的命运。随着抑郁程度的加深，这种自我挫败归因模式的倾向也逐渐增强。

幸运的是，一些基于归因理论的治疗方法已经发展起来了，并且似乎相当有效（Amirkhan, 1998; Cruwys, South, Greenaway, & Haslam, 2015; Robinson, Berman, & Neimeyer, 1990）。这些疗法主要是帮助抑郁的人改变归因方式，让他们为正面结果接受个人表扬，不再为了负面结果（特别是那些他们无法控制的负面结果）而自责，并至少将一些失败看成是不可控的外部因素的结果。

2. 归因和恐怖主义

当提到恐怖主义时，许多人往往会想起发生在离家最近的重大事件，如 2001 年的"9·11"事件，当时恐怖分子摧毁了纽约市的世界贸易中心，并袭击了华盛顿特区的五角大楼，导致了数千人的死亡（见图 3-15）。另一个例子发生在 1995 年，数百人被 Timothy McVeigh 和 Terry Nichols 杀死，这两名美国人炸毁了俄克拉何马市的联邦大楼。但是，恐怖主义超越了国界，发生在世界各地，且采取了各种形式的伤害行为，包括绑架、酷刑和处决。犯下这种暴行的恐怖分子是如何解释他们的行为的呢？归因理论提供了一些恐怖分子如何为他们的行为辩护的

见解。

Halverscheid 和 Witte（2008）分析了基地组织成员的公开演讲，这些演讲解释了他们在 2001～2004 年的恐怖主义行为。（如果这些研究者现在重复他们的研究，他们肯定会搜集 ISIL 或 ISIS 的声明，在这些声明里恐怖组织承认了他们在叙利亚和中东其他地区犯下的许多暴行）。

重点审查这些演讲中对群体行为的各种归因陈述，特别是努力争取大多数人的利益或是为了"惩罚"侵犯基本人权的敌人而做出的努力。结果表明，基地组织强调其行动是正当合理的，因为他们的敌人（主要是西方国家，如美国）伤害了其他民族。简而言之，他们通过将暴行归因于外部原因来为其辩白，他们的暴行只是回应了他人强大且邪恶的挑衅。

相比之下，美国将其在伊拉克和阿富汗的行动至少部分归因于内部原因，即他们希望通过消除残酷的独裁者以试图建立更稳定和负责的政府来"做善行"。更普遍地，我们知道相对于其他群体，人们倾向于对自己的群体做出不同的归因。换句话说，他们倾向于认为他们自己群体做出的伤害性行为比另一个群体所犯的相同行为更加正当（Tarrant, Branscombe, Warner, & Weston, 2012）。

9·11 纪念碑是为了纪念 2001 年 9 月 11 日被恐怖分子杀害的人。恐怖分子经常将他们的有害行为归因于外部原因，辩白他们的行为是为了更高的目的或惩罚那些被认为是"敌人"的人。

图 3-15　洞察恐怖主义：归因理论提供一些线索

总而言之，归因理论的基本原则有助于阐明为

什么恐怖分子觉得他们所做的事是正义的，以及为什么强大的国家觉得有正当理由使用他们的军事力量，表面上是为人类福祉做出贡献。虽然这些仅依赖于少量证据得出的建议应该被视为只是暂时性的，但是他们说明了归因理论可以为各种各样的情况和事件提供其见解。

要点 Key Points

- 为了得到关于他人特质、动机、目的的信息，我们经常使用**归因**，就是努力理解他人为什么这么做。
- 根据 Jones 和 Davis 的**对应推论**理论，我们试图通过观察他人行为的某些方面推断他人特质，特别是能自由选择，产生**不寻常效应**，低社会赞许性的行为。
- 根据 Kelley 的协变理论，我们想知道他人的行为是源于内因（特质、动机、意图）还是外因（社会或物理因素）。为了回答这一问题，我们关注**一致性、一贯性、区别性**方面的信息。
- 因果归因的另外两个重要方面：引起行为的原因是稳定的还是变化的，可控的还是不可控的。
- 与归因相关的另一个因素涉及我们将生活中的事件归因于命运（即是"命中注定"的）或是个人原因的程度。坚信上帝存在的个体更可能将不可能但重要的事件归因于命运。而那些深处于认为重要事件有着复杂因果关系的文化的个体也同样如此。
- 当我们解释一个人的行为时，使用的抽象水平被称为**行为识别**。低水平的解释关注行动本身，而高水平的解释则侧重于我们观察对象的意图和目标。
- 归因受很多潜在偏差的影响。其中一个最重要的偏差是**对应偏差**，也就是即使在存在情境原因的条件下，我们仍然倾向于用性情来解释他人行为。这种偏差出现得如此频繁，所以社会心理学家将其称为**基本归因错误**。
- 另外两种归因偏差是**行动者－观察者效应**：将自己的行为归因于外部原因，而将他人同样的行为归因于内部原因的倾向；**自我服务偏差**：将正面结果归因于内部原因，而将负面结果归因于外部原因的倾向。自我服务偏差在负面事件中尤为强烈，通常将结果归因于外部因素。
- 与自我服务偏差相关的一个方面是**傲慢**，一种夸张的自信。表现傲慢的人往往认为自己是产生正面结果的唯一原因。
- 归因理论应用广泛，不仅仅用于解释我们与他人的日常互动。例如明确了抑郁症患者的自我挫败归因方式有助于形成改变这种归因模式的新治疗方法。归因理论还提供了为什么恐怖分子觉得有正当理由采取有害行动的见解。

3.3　印象形成与管理：整合他人的信息

当我们第一次见到一个人时，我们确实会被大量信息淹没。我们只用一眼就要了解他们的长相、穿着，说话、行为方式。尽管信息的数量是巨大的，我们还是会以某种方式将这些信息整合成对这个人的第一印象，一种心理表征，是我们对于他人反应的基础。在这个章节中，我们将探讨印象是如何发展的以及我们如何维持良好的印象。

3.3.1　印象形成

印象形成（impression formation）即我们如何形成对他人的看法，显然这是社会知觉的重要组成。有几个重要的问题：究竟什么是第一印象？它们是怎么形成的，多快就形成了？准确吗？我们将介绍相关的社会心理学研究，先介绍经典实验，然后介绍近期研究。

1. 第一印象基础研究：核心特质和次要特质

正如我们已经讲过的，社会认知的某些方面，例如归因，需要大量脑力劳动。从他人行为推断他们的动机和特质并不总是一个简单的任务。相较而言，形成第一印象似乎是毫不费力的。实验社会心理学的创始人之一所罗门·阿希（Solomon Asch）曾说过："我们看见一个人就立即对他的性格形成了某个特定的印象。看一眼，一些简单的言语就足够告诉我们一个相对复杂的故事……"（1946, p.258）。我们是如何做到的？我们怎么不费力又快速地形成对他人的印象？这就是阿希的研究所探讨的问题。

在阿希开展他的研究时，很多社会心理学家受到格式塔心理学家的影响，特别是在知觉方面。格式塔心理学的一个基本原则是："整体往往大于部分之和。"这意味着我们知觉到的往往多于各个感觉之和。你只需要看一幅画就足以说明这一点。你看到的不是画布上单个的笔触，而是一个整体，一幅肖像、一幅风景、一碗水果。因此，正如格式塔心理学家所认为的，我们周围世界中的每一部分都是以与其他部分或刺激的关系（即作为一个整体）被我们解读与了解的。

阿希将这种思想用于理解印象形成，他认为我们不是将我们观察到的某人的所有特质简单加和就形成印象。相反，我们认为这些特质彼此相互关联，特质不单独存在，而是作为一个完整的、动态的整体的一部分存在。为检验这些想法，阿希想到了一个巧妙的办法。他让人们看一张清单，清单上列出了一个陌生人所拥有的一些特质，然后让他们说出他们对这个人的总体印象。例如，在一个研究中，被试读到下列两个清单中的一个（清单中的词语是关于某人的描述）：

聪明、手巧、勤勉、热心、有决心、实际、谨慎

聪明、手巧、勤勉、冷酷、有决心、实际、谨慎

正如你所看到的，这两个清单只有两个词不同，热心与冷酷。因此，如果人们的第一印象的形成过程是简单地将个人特质加起来或平均，那么看到这两张清单的人所形成的印象应该差异不大。但事实却不是这样。阅读了含有"热心"这个词的清单的人，会比那些阅读了含有"冷酷"这个词的清单的人，认为这个陌生人更慷慨、快乐、性格好、善于交际、受欢迎并且无私。因此，阿希得出结论，热心和冷酷是中心特质，在对陌生人形成整体印象以及赋予清单上其他特质形容词的情感意义方面有重要影响。阿希用礼貌和迟钝替换了热心和冷酷，进一步证实了这种观点。阿希在这个实验中，这两张清单对陌生人产生的印象非常相似。所以礼貌、迟钝不是中心特质，不会影响我们对陌生人的整体印象。

在许多这类实验的基础上，阿希得出的结论是，对他人形成印象不是简单地将各个特质进行组合。正如他所说"我们倾向于形成一个整体印象……当两个或更多特质属于同一人时，这些特质就不再独立存在，而是相互作用。我们知觉到的不是'这种特质'和'那种特质'，而是它们以特定关系所形成的整体"（1946, p.284）。尽管在阿希之后，有关第一印象形成的研究已经越来越丰富，但是他所提出的印象形成的基本理论影响深远，至今仍值得深思。

2. 第一印象形成多快以及多准

越来越多的研究表明，第一印象通常是准确的。许多研究报告说，即使是知道的关于他人的信息很少，例如，他们的照片或短视频，感知者的第一印象也是相当准确的（e.g., Ambady, Bernieri, & Richeson, 2000; Borkenau, Mauer, Riemann, Spinath, & Angleitner, 2004）。例如，只需要极少的身体动作信息，评判员就能准确地知觉说话者的外向性（Koppensteiner, 2013）。

人们在形成某些特征的第一印象方面做得很好（Gary, 2008），但总的来说，他们可以很快地完成这项任务，准确性也高于随机水平。多快？在一项研究中（Willis & Todorov, 2006），被试快速地观看陌生人的脸孔：0.1秒、0.5秒、1秒。然后让被试就一些特质对这些陌生人进行评分，如可信度、能力、亲和力、攻击性和吸引力。另一组人也同样对这些特质打分，但是他们看照片的过程没有时间限制。两组评分是非常相似的（如两组分数高相关）。事实上，两组评分的（一组没有时间限制，另一组在短暂时间内观察面孔）相关性在0.60～0.75。因此，我们确

实很快就形成了第一印象，且准确性高于随机水平（见图3-16）。

研究表明，对他人的第一印象是以"光速"形成的，在很多情况下，几秒内形成，有时甚至不到1秒。

图3-16 第一印象形成的速度有多快

当第一印象涉及可以帮助我们避免危险的特征时，快速形成对他人的第一印象是非常有价值的。例如，快速察觉陌生人的面孔上显示出的威胁程度将会是特别有价值的。Bar，Neta 和 Linz（2006）的报告表明对他人潜在威胁的印象可以非常快地形成。被试观看带有不同威胁程度的中性情绪脸孔。这些脸孔的呈现时间分别为26毫秒（0.026秒），39毫秒（0.039秒），1700毫秒（1.7秒）。然后被试从最小威胁到最大威胁对每张面孔进行评分。结果表明，呈现时间为39毫秒和1700毫秒的面部评分高度相关，但26毫秒条件下的相关性就低很多。这表明，在形成他人第一印象的速度上存在一些限制：低于0.04秒，这个任务似乎就不可能完成，但是，0.04秒已经是一个非常短的时间，所以我们显然可以非常快地获得对他人的总体印象。

另一方面，Bar 和同事的研究要求被试评价他人的智力，面孔呈现时间同样分别为39毫秒和1700毫秒。在这种情况下，两种条件下面孔评分没有相关，这表明形成对他人智力的第一印象没有像形成威胁性的第一印象那么快。也许，因为对智力的判断不像是对威胁的判断那样对我们的生存至关重要，快速形成对智力的印象没有大的好处。无论如何，这项研究提出了一个重要问题：什么因素影响第一印象的准确性？虽然没有明确的答案，但第一印象形成取决于几个因素，例如关于他人信息的呈现方式（面对面交流、照片、视频）以及对面部评分所依照的维度。一般来说，现有证据证明我们对他人的第一印象准确性高于随机猜测水平，即我们对他人印象与他们的实际人格、智力和其他许多因素存在相关，但也只是稍稍高于随机猜测的准确性而已（Ames, Kammrath, Suppes, & Bolger, 2010）。

3. 第一印象可以改变吗

鉴于我们对他人的第一印象并不总是准确的，那么另一个重要问题是在什么情况下我们可能会纠正我们的印象。研究表明，我们可以调整甚至逆转我们对他人的第一印象，但只在特定条件下发生。这种调整已经在几个研究中得到证明（Gawronski & Bodenhausen, 2006）。根据现有证据（e.g., Cone & Ferguson, 2015）研究人员已经注意到可以通过获取新的信息或排除现有信息来改变第一印象。关于改变第一印象最翔实的研究是 Mann 和 Ferguson（2015）的研究。他们认为第一印象通常通过重新解释先前信息来改变的。假设你第一次见到某人并获得信息表示这个人是粗鲁，他在谈话过程中离开。后来，你知道那个人是因为糖尿病立即需要胰岛素而离开。在这种情况下，你可能会重新解释导致你形成负面第一印象的信息。

为了检验这个推理，Mann 和 Ferguson（2015）向被试介绍了一个曾经闯入了两间房子叫 Francis 的陌生人的信息。一些被试获悉他这样做是为了破坏别人家，因此他们对 Francis 形成了负面的第一印象。后来，他们收到信息表明，实际上他是为了从火灾中救人才闯进了房子。研究人员预测这一新信息将导致被试重新解释最初的信息，由此他们会认为 Francis 的举动是积极的。确实，结果显示他们对 Francis 的印象确实发生了变化，变得更加积极了。

在进一步的研究中，Mann 和 Ferguson 发现只有某些类型的新信息用于重新解释初始印象时能产生积极的变化。例如，在被试得知 Francis 救了一个掉到地铁轨道的小孩时，被试对他的整体印象得到改善，但是新信息并没有完全抵消原来负面的第一印象。换句话说，拯救小孩的信息虽然是积极的，但是和 Francis 闯入了两间房子的初始信息不相关（见

图3-17）。总的来说，Mann 和 Ferguson（2015）的研究表明，第一印象可以通过几种方式得到改变：通过获取新信息，排除先前的信息；或者可能最有效地，重新诠释产生最初印象的信息。

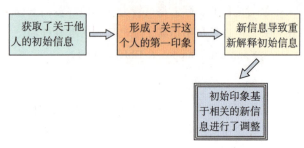

研究结果表明，第一印象可以改变，特别是在导致第一印象的信息在相关信息的附加基础上被重新解释的时候。

图3-17　第一印象可以改变吗

总而言之，研究表明，人们可以在少量信息的基础上形成对他人的第一印象，而且准确性高于随机猜测水平。然而，尽管人们普遍对他们的第一印象的有效性存在自信，但是，这种自信和实际准确性是彼此不相关的。因此我们应该相信我们对他人的第一印象吗？最好的答案是我们一定程度上可以相信，但必须谨慎。

3.3.2　印象管理

我们都希望给别人留下好印象，所以大多数人在第一次见面的时候，都会尽量让自己被他人"看好"。社会心理学家将这种尽量给别人留下好印象的行为称作**"印象管理"**（impression management）或**"自我表露"**（self-presentation），有关研究也显示印象管理的必要性：能够有效地进行印象管理的人确实在很多方面都有优势（e.g., Sharp & Getz, 1996; Wayne & Liden, 1995）。人们使用什么办法给别人留下好印象？哪种办法是最有效的？印象管理与随后在社交或工作情境中的行为有关吗？我们看看关于这些有趣的问题，研究发现告诉了我们什么。

1. 让他人"看好"的策略

虽然我们有许多不同的方法来提升我们的形象，这些方法大多归于两类：自我提升，努力提高自己对别人的吸引力；抬举他人，通过各种方式让目标对象感觉良好。就自我提升而言，具体的策略包括努力提高自己的外观，物理外观或专业外观。物理外观与个人吸引力有关；专业外观则涉及个人仪容仪表，得体的衣着和个人卫生。对许多研究进行元分析的结果显示物理吸引力发挥了它的实质性作用，且两性都适用（Hosoda, Stone-Romero, & Coats, 2003）。美容和服装行业的广泛存在与蓬勃发展表明了人们试图改善他们这两方面的外观以及他人对他们的第一印象（见图3-18）。抬举他人的方式包括奉承他人，对他人表示赞同，帮助他人以及询问他人建议。

为了改善他人对我们的印象，许多人（越来越多的男人跟女人一样）使用声称能提高身体美感并吸引他人的产品。

图3-18　自我提升，印象管理的一种方法

2. 印象管理策略的有效性

越来越多的证据（大部分源于现实生活情境）表明，印象管理策略并不总是有效的。在某种程度上，"全力以赴"的确会产生积极的第一印象（Barrick, Swider, & Stewart, 2010）。但是如果别人觉得我们在试图愚弄他们，那么他们可能会消极回应。这种效应在求职面试中清晰可见。例如，Swider, Barrick, Harris 和 Stoverink（2011）让正在学习成为会计师的学生参加一个由研究生组织的面试。面试考官是正在学习成为人力资源专家的研究生，经常通过面试来筛选出最佳的求职者。

面试分为两部分，第一部分用来创造面试官和面试者之间的良好关系。第二部分是非常贴近现实

的工作面试。面试结束后，面试者被要求自我评价他们使用印象管理策略的程度。具体来说，他们需要评价自己以积极的方式表现自己，像是完美适合这份工作的人的程度。评分表明一些面试者使用中等程度的印象管理策略，他们仅仅是强调他们的资质。其他面试者在工作资质方面作假，如声称他们具有经验（实际上没有），来尝试提高他们在面试官中的印象。

当面试官评价学生的面试时，发现在印象管理策略方面，可能有点"过头"了。换句话说，当超过某个点，面试者使用的印象管理策略越多，他们得到的评价越低（见图3-19）。这些发现的重点是：使用印象管理策略去使他人对自己产生好印象是可行的，但要小心别过度使用，否则可能会产生消极而非积极的结果。

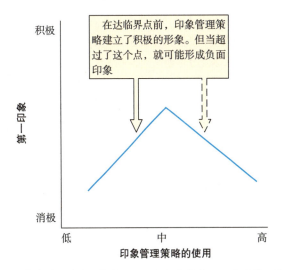

在某种程度上，努力给人一个好印象是可以成功的。然而，当这些指向他人的努力变得显而易见时，策略是会反过来产生负面印象的。

图 3-19 人们可以过多地使用印象管理吗

要点 Key Points

- 大多数人关心怎样给别人留下良好的第一印象，因为他们相信这些印象有持久的积极效应。关于**印象形成**或**自我表露**（我们形成对他人看法的过程）的研究，证明这些印象确实有持久的效应。
- Asch 关于印象形成的经典研究表明，对他人的印象不仅仅是特质的简单总和，一些特质（核心特质）还会影响人们对其他特质的理解。
- 第一印象的形成非常快速（几秒甚至更短的时间内），但是速度不一定等于准确性。虽然一些研究认为，即使是**少量**（thin slices）的他人信息也能产生相当准确的知觉，但其他研究表明，只有一些属性（例如威胁）的第一印象可以高于随机猜测的准确性。
- 当获得新信息时，第一印象可以被改变。这主要发生在当新信息使我们重新解释初始信息，且新信息与被判断的情况相关时。
- 为了给他人留下好印象，个体经常使用**印象管理**或**自我表露**策略。大多数方法可以归结为两类：自我提升，努力提高对他人的吸引力；抬举他人，努力让他人产生积极情绪或反馈。
- 证据显示，印象管理策略是有用的但只在一定程度上，如果过度使用，这些策略就可以被识别出来，并使他人产生负面而非积极的反应。

总结与回顾

社会知觉（social perception）包括我们寻求理解他人的过程。为了理解他人的情绪状态，我们经常依赖于**非言语交流**（nonverbal communication）：面部表情、目光交流、肢体动作与触摸。尽管面部表情不像最初人们所相信的那样是全世界共通的，它仍然为我们理解他人情绪状态提供了有用的信息。例如，高水平的眼神接触常被解释为积极情感的标志，但连续的凝视，**瞪**（staring），常被认为是愤怒和敌意的象征。**肢体语言**（body language）也透过身体的位置、姿势和移动来反映我们情绪。握手的方式也能暴露关于我们的信息。此外，人们也可以通过声音的要素来表达情感，如语调、音量、声调和节奏。我们的情绪不仅影响我们的非语言线索，线索本身也可能反过来影响我们的内部情感，如面部反馈假说所提及的。

一些非语言线索会适度揭示谎言，如**微表情**（microexpressions）和跨通道差异，但它们往往被忽视。除了说话的内容，欺骗的迹象有时也存在于人们的**语言风格**（linguistic style）中，例如突然升高的声音。我们的心情可以影响我们识别谎言的能力；我们往往在悲伤情绪下比愉快心情下更能识别欺骗。非语言线索在专业环境中可能具有重要影响，影响在面试中的表现与印象，以及病人对医生的信任程度。

为了得到关于他人特质、动机、意图的信息，我们经常使用**归因**（attribution），就是努力理解他人为什么这么做。根据 Jones 和 Davis 的**对应推论**（correspondent inference）理论，我们试图根据他人行为的某些方面推断他人特质，特别是自由选择的、产生**不寻常效应**（noncommon effects）的、低社会赞许性的行为。根据 Kelley 的协变理论，我们想知道他人的行为是源于内因还是外因，所以我们关注**一致性**（consensus）、**一贯性**（consistency）、**区别性**（distinctiveness）方面的信息。归因还有两个重要方面，引起行为的原因是稳定的还是变化的，可控还是不可控的。当我们解释一个人的行为时，我们使用的抽象水平被称为**行为识别**（action identification）。

与归因有关的一个因素是我们多大程度上把事件归因于命运（"命中注定"）或个人原因。坚信上帝存在的人更可能将不可能但重要的事情归因于命运的安排。对于身处于认为重要事件有复杂因果关系的文化中的人也是如此。

归因是有偏见的。**对应偏差**（correspondence bias；基本归因错误，fundamental attribution error）是当存在情境原因时，我们仍然倾向于用性情来解释他人行为。另外两种归因错误是**行动者–观察者效应**（actor-observer effect）：将我们的行为归因于外部原因，将他人同样的行为归因于内部原因的倾向；**自我服务偏差**（self-serving bias）：将正面结果归因于内部原因，将负面结果归因于外部原因的倾向。自我服务偏差在负面事件中尤其强烈，我们通常将其归因于外部因素而非我们自己。与自我服务偏差相关的是傲慢，表现傲慢的人通常认为自己是产生积极成果的唯一原因。

大多数人关心怎样给别人留下良好的第一印象，因为他们相信这些印象有持久的积极效应。关于**印象形成**（impression formation）（我们形成对他人看法的过程）的研究，证明这些印象确实有持久的效应。Asch 的印象形成的经典研究表明，对他人的印象不仅仅是特质的简单总和，一些特质（核心特质）还会影响人们对其他特质的理解。

第一印象的形成非常快速，几秒甚至更短的时间内，但是速度不一定等于准确性。虽然一些研究认为，即使是少量的他人信息也能产生相当准确的感知，但其他研究表明，只有一些属性（例如威胁）的第一印象可以高于随机猜测的准确性。当获取新的信息，第一印象可以被改变。这主要发生在当新信息使我们重新解释初始信息，且新信息与被判断的情况相关时。

为了给他人留下好印象，人们经常使用**印象管理**（impression management）或**自我表露**（self-presentation）。大多数方法可以归结为两类：自我提升，努力提高对他人的吸引力；抬举他人，努力让他人产生积极情绪和反馈。证据显示，印象管理策略只是在一定程度上有用。如果过度使用，这些策略就可以被识别出来，并使他人产生负面而非积极的反应。

第 4 章

自我：回答"我是谁"这个问题

章节概览

- 自我呈现：管理不同社会情境下的自我

    在预测行为方面的"自我 – 他人准确性"
    自我呈现的策略

- 自我知识：决定我们是谁

    内省：内省以探索我们自己行为的原因
    观察者角度的自我

- 个体认同与社会认同

    对自我的定义依社会情境而定
    对自我的定义依别人的看法而定

- 研究告诉我们：归属感与群体关系的重要性

    自我的变迁：过去与未来的自我

    为什么自我控制难以实现

- 社会比较：我们如何评估自己

    自我服务偏差与盲目乐观

- 自尊：对自己的态度

    自尊的测量
    移民如何影响自尊
    男性和女性在自尊水平上存在差异吗

- 研究告诉我们：歧视知觉与自尊

- 当自己成为偏见的对象

    隐瞒身份：如何损害幸福感
    克服刻板印象威胁的影响

Facebook⊖是一个很容易观察到许多有趣的自我与身份认同方面的地方。通过提供向他人展示自我的一个重要途径，Facebook 可能是一个创造我们身份认同的公共平台。与其他社交环境一样，在 Facebook 上能够与他人聊天、表达政治观点，以及表明社交偏好（如最喜欢的书籍、音乐和电影）。也许即使没有意识到这一点，你也可能使用 Facebook 作为一个记录你个人成长的地方。换言之，随着时间的推移，通过你以往发布的帖子（包括你在生命不同阶段的照片、你参与的重大事件，或者一些更琐碎的事，如你昨晚做的晚餐），Facebook 可能揭示出"你是谁"。

作为最大的社交网站，Facebook 满足了作为一个真正的社交情境的条件（见图 4-1）。但我们在 Facebook 上的互动与面对面互动有什么不同呢？首先，我们几乎可以随时随地用 Facebook 联系别人。其次，值得注意的是，使用 Facebook 交流时，你可以有更多的时间去组织交流的内容。这包括你对别人帖子的评论以及你分享的关于自己的内容。因为在社交媒体上，我们可以选择性地保留一些关于自己的关键信息，也就是说我们试图去操控别人如何看待我们。一般而言，人们都倾向于在简介中把自己描述得比实际更积极正向一些（Toma & Carlson, 2015）。

Facebook 和其他社交媒体使我们能够随时随地与他人互动并展示我们想要展示的自己。

图 4-1　线上互动：随时随地想你所想

大部分人都关心别人如何看待自己，无论是在社交媒体上还是在面对面的互动中。而你控制自己形象的能力也因社交媒体而有所改变。举个例子，Facebook 上的朋友可以在你的"动态时报"上留言，除非你在用户设置中禁止了该功能。因此他人在你动态时报上发的内容就会影响你想让他人看到的形象。这可不仅仅是朋友发布你不那么好看的照片。除此之外，你在 Facebook 上分享的一些信息可能出现在搜索引擎的结果中，这就使得一些潜在的雇主与他人在没有登录 Facebook 的情况下，也能够看到你发布的信息。

在社交网站上的信息分享行为也能够影响你生活的其他方面。举个例子，在 Facebook 上，你那些可被利用的隐私会让营销人员盯上你。这个问题是大是小取决于你有多看重你的隐私。相对于不太在意个人隐私的年轻人，年纪较大的人更想保护自己的隐私。如果你不花时间去熟悉 Facebook 的数据公约并修改用户隐私设置，那么你收到推销信息也就不需要太惊讶了，而且这些推销广告一般都是基于你提供的关于你自己的信息而推送的！

自我的本质（包括我们对自己的想法与感受）是社会心理学的一个重要研究课题。在这一章里，我们将考察一系列问题，如谁能更准确地预测我们的行为，是我们自己还是其他了解我们的人，以及我们是如何发展自我认知的。我们也将考察自我是一个单一的、稳定的构念，还是一个随着社交情境的变化而变化的构念。换言之，我们是否总是以一样的方式体验自我，还是我们的体验是取决于不同社交情境所引发的社会比较？这个问题的关键是不同的旁观者以及他们对我们的反馈是怎么影响我们看待、评价自己的方式。我们还将探讨是否自我的某一方面比其他方面更真实或更能准确预测行为。接着，我们将讨论自尊。什么是自尊？我们如何获得自尊？又怎样丧失自尊？情境的变化如何影响我们的自尊，如搬到一个新的国家？不同群体的平均自尊水平是否存在差异？我们还将重点讨论自尊的男女差异。

最后，我们将深入探究当自己成为偏见的对象时人们的应对方式。我们将探讨隐瞒自己的身份认同，以及当人们被自己群体的成员排斥或贬低时会有什么样的后果。其中包括对社会认同的潜在排斥会如何影响人们的幸福感以及任务表现。

⊖ 美国的一个社交网络服务网站，功能类似国内的开心网。——译者注

4.1 自我呈现：管理不同社会情境下的自我

莎士比亚很早之前就曾在他的戏剧作品《皆大欢喜》中说过："世界是一个舞台，世间的男女都不过是其中的演员。"用社会心理学的语言来讲，这意味着我们需要向不同的观众展示自己，需要在不同的剧（情境）中扮演不同的角色（自己）。正如我们已经讨论过的，没有什么方式比社交网站（如Facebook）更能让我们有选择性地展示我们自己了（见图4-2）。我们可以有选择地暴露一些我们所认可的个人信息（包括照片），或者我们还可以限制谁能获得这些信息。那么我们多大程度上能控制别人对我们的了解，以及基于这些信息得到的关于我们的推论呢？或许实际上别人比我们自己更了解我们，更能预测我们的行为？

"在网络上，没有人知道你是一条狗"

如漫画所示，和面对面交流相比，互联网交流可能更容易隐瞒关于自我的重要信息。

图4-2 我们在互联网上交流的时候，不是所有关于自我的信息都是可获得的

4.1.1 在预测行为方面的"自我－他人准确性"

支持"自己比任何其他人都更了解自己"这个假设的理由有很多。毕竟，我们每个人都能接触到自己的内在心理状态（如感受、想法、愿望和意图），而别人不能（Pronin & Kruger, 2007; Wilson & Dunn, 2004）。仅凭这个理由，我们显然是最了解自己的人，但真的是这样吗？研究表明，了解自己的意图有时反而是我们不能准确了解自己的原因（Chambers, Epley, Savitsky, & Windschitl, 2008）。举个例子，我的朋友雪莉总是迟到，时不时就迟到超过半个小时。我实在不能指望她在我去接她时就能准备好，或者我们约在某处见面时，她能准时到达。但她会这样介绍自己吗？不会。但是，你可能会问，她怎么这么不了解自己这一点呢？这可能恰恰是因为她知道自己的意图，她想准时并且清楚自己为实现这个目标所付出的努力。这些信息可能反而让她相信自己其实大部分时候都是准时的！因此，在这种情况下，我可能声称我比她自己更了解她，因为至少在时间方面，我比她更能准确地预测她的行为。

尽管有这样的例子，很多人仍坚信自己比别人更了解他们自己。讽刺的是，这些人中的部分人也会声称他们比某些人更了解那些人自己（Pronin, Kruger, Savitsky, & Ross, 2001）。究竟谁才更准确，我们自己还是我们身边的亲密他人？这个难题的关键取决于人们报告的是他们的知觉还是行为（见图4-3）。也许你也会同意，行为上的自我报告很难说是决定准确性的一个客观指标。继续刚刚提到的雪莉的例子，她可能会承认自己偶尔迟到，但她也会说她总是设法努力做到准时。她甚至可能回忆起一些准时的例子。那么，怎样才能解决自我－他人准确性这个问题呢？

Vazire 和 Mehl（2008）想到一个巧妙的方法以解决自我知觉与行为频率来于同一个来源这个难题。为了建立一个人在日常生活中比较客观的真实行为指标，研究者让被试佩戴一个装有麦克风的数字录音机，让他们记录下清醒时刻日常生活中的声音。大概每4天自动录音12.5分钟。随后，研究助理们根据不同的类别对录音内容进行编码（见表4-1）。在被试的真实行为被记录前，他们需要评估（预测）自己在日常生活中做出每种行为的频率（高于还是低于平均水平）。对于每一个被试，研究者还招募了三个很了解被试的知情者（如朋友、父母、恋人）。这

些知情者需要完成一份同样的评估：他们需要预测，与平均水平相比，被试做出每种行为的频率。如表 4-1 所示，被试的自我评估确实与他们的真实行为的相关更高。然而，还有些时候，他人对被试的评估与真实的行为相关更高。看上去他人有时真的比我们更"了解"我们自己。

虽然人类经常出现自我知觉偏差，但是他们能在多大程度上意识到自己出现了偏差呢？Bollich，Rogers 和 Vazire（2015）尝试使用以下方法回答这个问题。被试被要求就十种理想特质进行自评（如外向、热情、可靠、聪明、有趣、有吸引力等）。研究者随后给每个被试的几个同伴发邮件，要求他们同样就这十种特质对被试进行评价。四天后，被试被要求报告他们在先前的特质自我评估中是否存在偏差（如更积极或更消极）。

几乎所有被试都报告说自己至少在一个特质的自评中存在偏差，无论是积极的还是消极的偏差。而且，绝大部分的人都承认他们对自己的评价可能过于正面积极。被试自己的自我知觉与他们同伴对

试图预测我们自己的一个基本问题：我们既是被预测者也是预测者。他人之所以能够更准确地预测我们的行为是因为他们无法了解我们行为的意图，仅仅基于行为的频率来进行报告。

图 4-3 试图预测我们自己的困难

他们的知觉的相关很小。然而，被试的自我评估与他们知觉到的偏差之间有很强的相关。因此，我们确实对自己的评估不够准确（至少在我们的同伴看来）。但是，当我们有机会考虑到我们的自我偏差时，我们往往也能够承认我们确实对自己在积极特质上评价过高。

表 4-1 谁对我们的行为预测更准确，自己还是他人？

通常，一个亲密他人的预测、多个亲密他人的综合预测与被试的真实行为频率之间的相关，会比被试自己的预测与真实行为频率之间的相关更强（如上课）。因此，我们并非总是能比别人更好地预测我们自己的行为。

行为	自己	多个亲密他人	一个亲密他人	行为	自己	多个亲密他人	一个亲密他人
与他人在一起	0.14	0.36**	0.30**	听音乐	0.40**	0.34**	0.26*
打电话	0.37**	0.40**	0.32**	看电视	0.55**	0.39**	0.36**
一对一谈话	-0.06	0.25*	0.22*	使用电脑	0.29**	0.31**	0.20
小组谈话	0.25*	0.20*	0.25*	上班	0.25*	0.35**	0.22*
与同性谈话	0.34**	0.25*	0.13	上课	0.07	0.33**	0.26**
与异性谈话	0.31**	0.32**	0.18	社交	0.18	0.30**	0.27**
大笑	0.23*	0.25*	0.13	室内	0.16	0.16	0.20
唱歌	0.34**	0.29**	0.34**	室外	0.11	0.05	0.10
哭泣	0.18	0.16	0.19	上下班通勤	0.27**	0.16	0.14
争吵	0.28**	-0.05	0.09	在咖啡馆/酒吧/餐馆	0.27**	0.15	0.24*

资料来源：Based on research by Vazire & Mehl, 2008.

统计显著性：$^*p < 0.05$，$^{**}p < 0.01$

4.1.2 自我呈现的策略

当我们试图影响别人对我们的印象时，我们会采用什么方法呢？首先，人们经常采用**自我抬高**（self-promotion）的方式来确保别人对他们的印象是建立在他们的优点上的。比如，当我们想要别人认为我们很聪明时，我们会强调自己的智力"证书"：得高分、获奖、学位等。如果想要他人觉得自己很风趣，我们可以讲笑话，或者谈论我们参加和组织过的大型聚会。如图4-4所示，这些策略有时是行之有效的。如果我们说我们对于某方面很在行，别人通常都会相信我们。自我抬高甚至可能使我们自己相信我们说的话是真的。

通过声明自己在某方面很在行（抬高自己），我们通常能让别人相信我们。

图4-4 自我抬高：说服别人相信我们和我们声称的一样好

自我验证视角（self-verification perspective）是指我们引导他人采纳我们的自我观的过程。这方面的大量研究表明，我们为了让他人能够认可我们的自我观，会与他人进行谈判协商（Swann, 2005）。比如当你与一个未来室友进行自我信息交流时，你可能会突出自我概念中作为学生的部分，强调你良好的学习习惯以及值得骄傲的学习成绩，而淡化你的风趣品质。你的未来室友甚至可能会说："听起来，你似乎对大学里的玩乐不怎么感兴趣。"只要他能够认可最重要的那一方面，即认为你是一个认真的学生，你宁愿接受一个对你幽默感的消极评价。而在这次谈话中，这个未来室友可能刚好想强调自己的社交才能。如果是这样的话，你对于自己社交技能的贬低就恰到好处了，因为他在这方面的才能就能够凸显出来。通过这种自我呈现的交换过程，你可能接受了他作为一个社交型人才的自我评价，而这从一定程度上又帮助你推销了你作为一个优秀学生的自我评价。

因此，根据自我验证的观点，我们总是希望别人对我们的看法能同我们的自我概念一致，即便不得不同时接受一些对自己的消极看法。假如你知道自己没有运动天赋，容易害羞，或者缺乏数学才能，跟体育明星、外向的人和数学天才比起来的话，你的形象会显得比较弱，然而你仍然希望人们看待你的方式跟你看待自己的方式一致。研究发现，与那些没能验证我们自我概念的人相比，我们更愿意与那些验证了我们自我概念的人在一起，即使他们不那么奉承我们（Chen, Chen, & Shaw, 2004）。然而，这种效应也是十分有限的。Swann和Bosson（2010）研究发现，当人们担忧自己的外表吸引力过低时，他们就不再那么喜欢那些能够验证他们自我观点的亲密他人了!

我们还可以通过表达对别人的积极看法来获取一个良好的自我形象。我们肯定都喜欢被人尊重，也喜欢那些向我们表示尊重的人（Tyler & Blader, 2000）。为了达到这个目的，你可以向别人表现出你是一个十分重视和尊重他们的人。一般而言，如果我们想给别人留个好印象，**讨好**（ingratiation）策略是行之有效的。虽然我们有可能做得太过，如图4-5所示。大多数情况下，我们可以通过恭维别人来使他们喜欢自己，除非对方怀疑我们的诚意（Vonk, 1999）。当然，还有一种策略能达到与讨好策略一样的效果，那就是**自我贬低**（self-deprecating），暗示自己不如他人，即在交流的过程中表达自己对对方的崇拜，或者是降低对方对自己能力的期望。

"一个简单的'谢谢'就够了。"

我们通常可以采用讨好的策略来使别人喜欢我们，如表达我们对他们的尊重。然而，过度地讨好或被认为不真诚的话，讨好策略可能产生负面的影响。

图 4-5　讨好：展示自己尊重他人

自我呈现并非总是完全诚实的。正如在第 3 章讨论到的，它们有时是一种策略，但有时是一种欺骗。研究表明，大学生平均每天撒谎两次（Kashy & DePaulo, 1996），通常是为了保护别人，但有时也是为了自己的利益。与前一种可能相对应，那些说谎越多的人朋友越多。Ellison，Heino 和 Gibbs（2006）在关于互联网上的自我呈现的诚实性研究中发现，在互联网上，人们经常使用一些"自我欺骗的善意谎言"来平衡自己想展示真实自我的欲望。即在某种程度上，人们的网络简介反映的是他们的"理想自我"而非"真实自我"。因此，如图 4-6 所示，我们如何看待自己与我们实际上是什么样的人之间可能存在一定的差异。然而，与其他社交网站相比，人们在 Facebook 上的自我抬高毕竟还是很有限的，因为人们知道 Facebook 上的朋友知道他们线下是什么样的，所以如果没有说实话很可能被识破（Wilson, Gosling, & Graham, 2012）。

人们在社交网站上的自我简介可能更接近于理想自我而非真实自我。

图 4-6　理想自我与真实自我的差距

要点 Key Points

- Facebook 是我们向他人展示自我的一个重要媒介。与线下交流相似，人们在 Facebook 上也倾向于把自己描述得比真实的自我更积极正面一些。
- 虽然我们能比他人获得更多关于自我的信息（如动机、目标），但是这些信息本身可能反而使我们的行为自我报告出现偏差。通过单独记录人们的真实行为发现，有时他人确实能够比我们自己更好地预测我们的行为，但有时也恰恰相反。
- 我们可以选择**自我抬高**、**自我贬低**、**讨好**等各种各样的自我呈现策略来给别人留下好的印象。我们也可以通过赞同别人的自我呈现，使别人赞同我们的自我观点，以实现**自我验证**的目的。
- 我们有时对别人不够诚实，这往往会使我们更受欢迎。在很多社交网站上，我们都倾向于用"理想自我"而非"真实自我"来展示自己。但是，在 Facebook 上这两者之间的差距相对比较小，毕竟我们都清楚 Facebook 上的朋友了解线下的我们。

4.2 自我知识：决定我们是谁

现在，我们探讨一下我们获得自我知识的方法。一个较直接的方法就是自我分析。另一个方法则是像别人观察我们一样，以观察者的角度看待自己。我们首先探讨下这两种方法的后果，然后再从社会心理学研究的角度解析如何更好地了解我们自己。

4.2.1 内省：内省以探索我们自己行为的原因

人们经常认为**内省**（introspection）是一个有效了解自我的方法。内省指的是自己思考究竟是什么因素构成了我们是谁。畅销的励志书籍（见图4-7），不断地告诉我们了解我们自己最好的方法是反省自我。事实上，当今社会的许多人都认为我们自省得越多，尤其是反省我们行为的原因越多，我们对自己的了解也就越好。但这真的是一个准确认识自我的最好的方法吗？

首先，很多社会心理学研究都发现，我们并不总是能够知道或有意识地了解到我们行为的原因。不过，我们肯定能够在事后对我们的行为进行有逻辑地归因（Nisbett & Wilson, 1977）。因为我们经常真的不知道为什么我们会这样想，反省行为的原因可能反而会得出错误的结论。Wilson和Kraft通过一系列内省研究说明为什么会产生这种效应。被试被要求围绕一系列话题描述他们的感受，从"我选择我爱人的原因"到"比起另一种果酱，我喜欢这种果酱的原因"。在反省了自己感受的原因后，人们至少会暂时地改变自己的态度以匹配他们自我报告的原因。你可以想象这可能会导致错误的推断，因为完全基于其他因素而产生的真正感觉仍然存在。因此，当我们的行为真的是由我们的感觉所驱动的时候，反省我们行为的原因可能反而会误导我们对自我认识的寻求。

内省还可能误导我们对一些未来事件的感觉预测，即所谓的"情感预测"。如想象一下你住在一个新的城市，丢了工作，或者与另一个人一起生活很多年，等等，你会作何感受。当我们没有真正身处于这些情境中时，我们可能无法准确地预测自己在这些情境中会如何反应，无论这些未来的情境是积极的还是消极的。

很多畅销书都声称内省是获得自我认识的途径，但近来的研究表明这种自我反思可能具有误导性。基于真正驱动我们做出行为的因素的本质，内省可能会误导我们理解自己行为的原因。

图4-7 励志书籍推荐内省

为什么预测我们未来的反应会如此困难？当我们想到发生在我们身上的可怕的事情并试图去预测在事件发生1年后的感受时，我们很可能会过多地关注该事件的消极方面，而忽略所有其他随着时间的推移有益于我们幸福的因素（Gibert & Wilson, 2000）。因此，人们倾向于将他们未来的感受预测得比实际情况更加糟糕。同样地，对于积极的事件，我们会因为过多地关注事件的积极面，而高估我们1年后的幸福感。在预测我们对未来的积极事件的反应时，之所以会犯这种错误是因为我们在预测中不太可能考虑得到我们在未来生活中会经历的日常琐事，而这些日常琐事恰恰会缓和我们的真实感受。

我们再来探讨另一个内省可能会误导我们的方式。现在想想是花钱为别人买一份礼物，还是花同样的钱给自己买东西让你更开心。如果你与大多数人一样的话，你很可能就会认为比起花你的钱给别人买礼物，花钱给自己买一件很酷的东西会让你更开心。但是近来的研究发现事实恰恰相反，比起为自己花钱，为别人花钱反而让我们更快乐！Dunn，Aknin 和 Noerton（2008）要求一群美国被试自我报告他们有多快乐，他们每个月的收入里有多少是花在自己身上的，又有多少是花在给别人买礼物以及慈善捐助方面的。毫无疑问，人们肯定是花在自己身上的钱更多，但问题是究竟哪个能预测人们的幸福感？研究者们发现个人的花费与幸福感无关，反而是花在别人身上的钱越多幸福感水平越高。进一步研究发现，无论你是富有还是贫穷，无论你身处于何种文化环境，为别人付出似乎总能给你带来意外的幸福感（Aknin et al., 2013）。

但你可能会反驳说这只是一个相关的研究，我们并不能够确定为别人花钱与幸福感之间的因果关系。因此，Dunn 等人（2008）做了一个简单的实验来证明其中的因果关系。他们首先让一批心理学系的学生在早上自我报告他们的幸福感，然后给这批学生每人 5 美元或 20 美元，要求他们必须在当天下午 5 点前把这笔钱花掉。其中一半的被试被要求把钱花在付个人账单或为自己买礼物方面，而另一半的被试则被要求把钱花在慈善捐款或给别人买礼物方面。那么，究竟是哪一组被试这一天过得更开心呢？

无论给被试的金钱数额是多少，与把钱花在自己身上的被试相比，把钱花在别人身上的被试自我报告的幸福感水平显著更高。这个实验证实了花钱的方式比赚钱的数额对我们的幸福感更重要。然而，另一批仅仅需要预测一下自己在哪种情境下更开心的被试会毫无疑问地认为把钱花在自己身上比花在别人身上让自己更开心。而且这些被试都认为收到 20 美元会比收到 5 美元让自己更开心。但是，研究结果发现这些自我预测的结果都是错误的！这也就说明了我们通常都不知道情境会如何影响我们，那么单纯的自省也就不会有助于我们了解情境究竟是如何影响我们的情绪与行为的。

4.2.2 观察者角度的自我

正如我们在本章的前一小节中提到的，他人有时比我们自己更能准确地预测我们的行为。因此，我们可以尝试以一个观察者的角度来看待我们的过去以了解我们自己。行为的发出者与观察者在看待同一事件时的关注焦点是不同的。观察者往往不能知道行为的动机，所以他们可能会更多地基于我们以往的行为来预测我们未来的行为。与之相反，作为行为的发出者，我们往往将注意力放在行为的表面，且倾向于将行为更多地归因于一些情境原因（如交通堵塞导致我迟到，或电话响的时候我正好出去了）。观察者将他们的注意力直接集中于行为的发出者上，且他们往往倾向于将同一行为归因为一些特质性的因素（行为发出者与观察者的不同，详见于第 3 章）。因此，如果我们以观察者的视角看自己，我们应该会倾向于用一些稳定的特质来形容我们自己。Pronin 和 Ross（2006）通过让被试自我描述一下 5 年前的自己或现在的自己。证实了相对于描述过去的自己，人们更多用一些稳定的特质来形容现在的自己，现在的自己似乎更多的是依情境变化而变化的。如图 4-8 所示，无论被试的年龄多大（过去的经历有多丰富），被试都倾向于用更多的特质性词汇来形容过去的自己。即相对于描述现在的自己，中年被试与大学生被试都以一种稳定性特质的角度（观察者）来描述过去的自己。

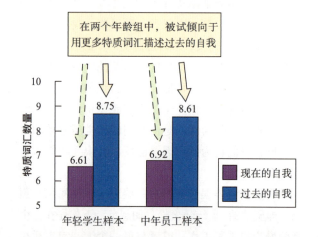

无论是大学生还是中年人，相对现在的自我，他们都倾向于像一个观察者用更多特质性词汇形容过去的自我。

图 4-8 跨时间自我：以观察者的角度看过去的自我

以观察者的角度看待自己会如何影响我们描述自己的方式进而有助于自我洞察呢？Pronin 和 Ross（2006）采用不同的行为技术研究以观察者的角度看待自己会如何改变我们描述自己的方式。被试分为两组，每组被试被给予一种"行为"指导语。"方法行为"组被试被告知他们的任务目标是"感觉你是这个人"。而"标准行为"组被试则被告知在接下来的任务中他们需要"表现得让别人觉得你是这个人"。在用指定方法进行各种场景练习后，被试被告知描述 14 岁时家庭聚餐的场景。在这个场景中，每个被试都要以一种特定的视角扮演过去的自己：一组被试需要以一个事件经历者的角度扮演过去的自己，而另一组被试则需要以一个观察者的角度扮演过去的自己。同样地，被试在描述 14 岁的自己时所使用的稳定的特质数量是我们所感兴趣的关键变量：是否以观察者的角度看待自己会导致更多的自我特质一致性知觉？答案是肯定的。"方法行为"技术组的被试更像是一个行为的发出者，他们认为自己是多变的，而"标准行为"技术组被试则是从一个行为观察者的角度来扮演自己，他们以一致性特质来感知自己。因此，当我们尝试从另一个角度看待自己的时候，我们更倾向于把自己当作一个观察者从一致性行为倾向的角度看待自己。因此，获得自我洞察的一个方法就是尝试从观察者的角度看待自己，并且认识到他们可能比我们自己更准确！

但是所有的内省都会不可避免地产生误导性效果吗？不是的，内省的效果取决于我们内省的内容。当我们的行为的确是基于一个有意识的决策过程，而非基于一些无意识的情感因素时，内省也许能够产生准确的自我判断。而当我们不知道究竟是哪些因素影响了我们的感受（如对他人付出能够使我们快乐）时，内省就不太可能产生准确的自我推断。因此，虽然内省是有效的，但它也可能在很多情况下误导我们。当被问及时，人们总是能够轻易地回答出为什么他们会做他们做的事，但这些理由可能是基于他们自己关于行为的原因的自我理论，正如我们前面所提到的为自己花钱与为他人花钱效果的例子，我们可以知道这些自我理论可能是错误的！依靠这些理论，可能使我们一直无法意识到自己行为的真正原因，如情绪因素。这也是我们大多数人没有形成关于情绪事件如何影响我们的理论的可能原因。举个例子，研究发现与考虑会发生积极结果相比，思考积极结果可能不会发生在我们身上，反而使我们更快乐（Koo, Algoe, Wilson, & Gilbert, 2008）。因此，公平地说深入了解自己的情绪、动机和行为可能的确是相当棘手的。

要点 Key Points

- 我们获得自我知识的一个常见的方法是通过**内省**来确定和理解我们行为的原因。
- 当我们自我质疑为什么我们会这样做时，如果我们没有意识到那些真正影响我们反应的因素，我们就会犯错，虽然即便是这样，我们仍然能够为自己的行为做出貌似合理的解释。
- 当我们在预估未来的感受时，我们忽略了除极端事件外，其他可能缓解情绪的事件。
- 虽然大多数人都相信为自己花钱比把同样的金钱花在别人身上更能让自己开心，但研究表明事实恰恰相反。这也就意味着我们常常不知道我们的行为会如何影响我们，内省并不总是有用的。
- 一个有效的自我反思的方法就是以一个观察者的角度来看待我们的行为。这样做能够使我们像一个观察者一样以一种更具稳定性特质的方式看待自己。

4.3 个体认同与社会认同

根据**社会认同理论**（social identity theory；Tajfel & Turner, 1986），我们对自己的看法是时刻随着我们在**"个体与社会认同连续体"**（personal-versus-social identity continuum）中所处的位置而变化的。如果站

在个体认同的那一端，我们主要将自己看作一个独立的个体。而站在社会认同那一端，我们则把自己看作某一特定群体中的一员。我们不会同时感知到自我概念的所有方面。当我们将自己置于这个连续体的不同位置时，会影响我们的自我概念。这一瞬间的**突出点**（salience），也就是我们此时特别在意的身份认同，会大大影响我们对自己的看法和对他人的反应。

当这个突出点是个体认同时，我们会把自己看作独一无二的个体，所以在自我描述时着重于描述自己与他人的差异。比如说，当你以个体认同的水平知觉自己时，可能会说自己是个有意思的人，以强调在你的自我知觉中，与别人相比，你更具有这种特性。这种个体认同的自我描述可以看作是一种**群体内比较**（intragroup comparison），它涉及同一群体内不同个体间的比较。因此，当描述作为个体的自己时，所属群体会作为一个参照影响自我描述的内容（Oakes, Haslam, & Turner, 1994; Reynolds et al., 2010）。想象一下如果要你描述你和其他人的不同，你会如何描述你自己。如果是与你的父母相比的话，你可能会描述自己是比较自由开放的。但如果是与你的大学同学相比的话，你则会描述自己是相对保守的。就是说，即使在个体认同中，我们对自我的描述还是要依赖于比较，且自我描述的内容会依对比情境而改变，比如上文的开放和保守例子。

在连续体的社会认同一端，当我们以某一特定群体的成员知觉自己时，强调的是我们和其他群体成员之间的共同点。我们着重于描述跟其他群体之间不同的那些属性。因此，基于社会认同的自我描述是一种**群体间比较**（intergroup comparisons），它涉及群体间的对比。比如，你作为一个联谊会成员的社会身份会使你以一些群体内的共同特性描述自己。比如，你可能会认为你们更有激情，更多

自我激励，以与另一个更勤奋、更具学术性的群体区分开。此外，对很多人而言，性别也是一个能够影响自我知觉的重要社会认同。因此，如果你是女性且你的性别认同凸显时，你会更多地知觉到你和其他女性所共有的不同于男性的特征（如温和、体贴）。类似地，如果你是男性，当性别认同凸显时，你会更多地知觉到男性不同于女性的特征（如理性、独立）。

需要重点强调的是，当你把自己看作一个个体时，你自我描述的内容可能会不同于你把自己看作某类人的一员时。当然，大部分人都从属于各种不同的群体（如性别、职业、年龄、性取向、国籍、球队），但是这些社会身份不会同时凸显，且他们对我们的重要性可能也有很大不同。当某种社会身份凸显时，人们会根据自我概念中凸显的部分来调整自己的行为。各种情境因素改变着我们自我定义的方式，所以我们的行为也相应地随着自我定义的改变而不同。图4-9对比总结了在个体认同和社会认同中自我经历的过程与结果。

因为在不同时刻对自己的定义不同，所以我们有许多个"自我"。然而我们能说这其中哪一个是真正的自我吗？个体认同的自我，或者是某个社会认同的自我？不见得。根据环境和对比维度的不同，所有这些方面都可能是对自我的正确描述，并且能依此准确地预测行为（Oakes & Reynolds, 1997; Reynolds et al., 2010）。根据有些情境下的自我描述

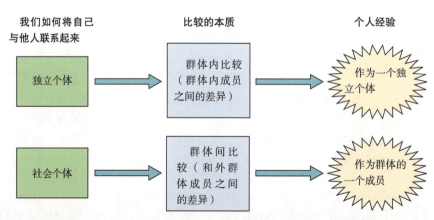

自我定义的内容是群体内比较还是群体间比较的结果，取决于我们是从个体认同还是社会认同的角度定义自己。我们的身份认同将是一个独立个体或一个社会群体的一员。

图 4-9　个体与社会认同连续体

所预测出的行为甚至会迥异于其他情境下的自我描述所预测的（如风趣的还是迂腐的，开放的还是保守的）。

尽管自我定义存在极大的变异性，且在认识到我们的自我定义以及行为会依情境变化而变化的情况下，我们依然努力保持一个相对稳定的自我形象。能够保持相对稳定的自我形象可能是因为我们觉得自我不一致的方面并不重要，或者是因为它们在特定身份认同过程中并不突出（Patrick, Neighbors, & Knee, 2004）。接下来，我们将会详细介绍人们是如何处理自我不同方面之间的冲突的。

4.3.1 对自我的定义依社会情境而定

人们对自我的描述是会依情境的需要而改变的。Mendoza-Denton, Ayduk, Mischel, Shoda 和 Testa (2001) 的一项研究说明了这个现象的存在。在他们的实验中，被试被随机分配到两个不同类型的句子填空任务中。一个是开放性的句子填空任务，如"我是一个……的人"，暗示了以个体进行自我定义。在这种任务条件下，被试的答案相对更宏观，主要是从特质性的角度进行描述（如，"我是一个有上进心的人"）。然而，当启动的是具体情境时，"当……时我是一个……的人"，答案就更多的是针对某个具体情境（如"当老师给我布置很有挑战性的任务时，我是个很有上进心的人"）。

人们强调个体自我与他人的独特性的程度也会随着时空变化而变化。举个例子，最近一项对从1880～2007年出生的3亿2500万个美国婴儿的名字的分析表明，随着时间的推移，父母给孩子取的名字越来越不常见，这一趋势在1980年以后尤为明显（Twenge, Abebe, & Campbell, 2010）。当你有一个与他人不同、独一无二的名字时，你能更容易地区分自己与他人。这种起名字方式的转变，在其他种族群体中也有相同的趋势，这可能反映了个人主义在21世纪日益受到重视，且美国人也越来越赞同个体主义的观点（Twenge, Konrath, Foster, Campbell, & Bushman, 2008）。

社会情境是如何启动对个体自我与个人主义强调程度不同的社会身份的呢？研究发现住在中国香港地区的双语亚洲学生能够解答这个问题。当被用英文提问"我是谁"时，学生主要描述了一些自己与众不同的特质，反映的是一种个体主义的自我构念。然而，当他们被用中文提问同样的问题时，双语学生则描述了一些与群体成员共有的特质，反映了一种互依性的自我构念（Trafimow, Silverman, Fan, & Law, 1997）。因此，自我描述的重要差异会在特定群体身份被激活时出现，比如在本例中，语言激活了相应的身份，英文的自我概念与中文的自我概念。

自我概念随情境的变化会影响我们对自己与他人关系的归类，进而影响我们对他人的反馈（Ryan, David, & Reynolds, 2004）。当一个求助者被归类为大学生时，大学生被试就会把他当成同类型的人，从而男生和女生会对这个人表现出同样程度的关心。但是，如果被试从性别的角度对自己归类时，女生就会比男生表现出更多的关心。事实上，与性别共享的大学生身份认同相比，性别认同的凸显会使男生减少对他人的照顾关心。因此，对他人关怀的性别差异依赖于性别认同的凸显。当然，性别是一个十分重要的社会身份，经常被激活（Fiske & Stevens, 1993）。这意味着性别会极大地影响我们对自我的看法以及对他人的态度。

性别的凸显不仅会影响**自我构念**（self-construal）的性别差异或我们如何描述自己，最近的一项研究（Guimond et al., 2007）显示，我们对自己的看法还取决于与哪个性别群体相比较。在一个跨五个国家的实验中，研究者发现男性和女性只有在与异性群体进行对比（群体间比较）时，他们自评的自我安全感才会表现出预期的性别差异。即当与男性相比时，女性被试会认为自己缺乏安全感，相应地，当与女性相比时，男性被试也会认为自己是不缺乏安全感的。即在与异性相比较的情况下，人们认为自己与自己所属的性别群体的性别刻板印象是一致的。然而，如图4-10所示，当他们在群体内比较的情境下进行同样的自我判断时（即男性和男性比，女性和女性比），自我不安全感的知觉就不存在显著性别差异。所以，我们对自己特质的描述取决于对比的对象。

1. 何时以及为何自我的一些方面会比其他方面更凸显

是什么决定了在某个时刻自我的哪个方面最有

影响力？这是一个重要的问题，因为自我凸显的方面会对我们的自我知觉以及行为产生重大影响。

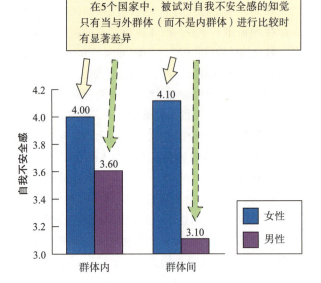

在对5个国家（法国、比利时、马来西亚、荷兰和美国）950个被试进行的跨文化性别差异研究中发现，对自我不安全感知觉的性别差异只在人们将自己与异性进行比较的时候存在，而在与同性进行比较时，这种性别差异就不显著了。

图4-10　不同国家的性别自我知觉测量

第一，自我的某个方面可能和特定的情境十分相关（比如在聚会的时候要风趣，而在工作时则刻苦努力）。第二，情境本身的特点会使我们某一方面的特点特别突出，从而形成自我知觉的基础。举个例子，假设一个办公室里只有一个女人和几个男人。在这个情境中，这个女性的性别将她与其他同事区分开了，所以这个女性的性别角色就会频繁凸显。因而，这个唯一的女性也就更有可能表现得"像一个女人"，其他人也更有可能把她"当成女人"来对待（Fuegen & Biernat, 2002; Yoder & Berendsen, 2001）。与此相似，非裔美国学生在以白人为主的大学就会更多意识到自己的种族身份（Pollak & Niemann, 1998; Postmes & Branscombe, 2002）。

第三，有些人也会因为某个方面对自己特别重要而倾向于强调自己某个个人特点（如聪明）或社会认同（如性别）。那些对自己国家高度认同的人（如美国）比那些对自己国家认同度低的人对威胁的反应更强烈（Branscombe & Wann, 1994）。

第四，别人对我们的暗示会影响我们对自己个体或社会身份的觉察，比如他们怎么称呼我们。当我们用名词（如女人、学生）来指代自我时，此时激活的主要是社会身份（Simon, 2004）。名词代表着种类的划分，启动了你所属群体区别于其他群体的属性（Lickel, Hamilton, & Sherman, 2001）。相对地，其他一些指代自我的形容词或动词（如健壮、高挑、乐于助人）则代表了群体内的差异（Turner & Onorato, 1999），从而更容易启动个体身份。

2. 由不同的自我做出选择时的情感后果

你是否有过买个新东西回家后想"买这个东西的时候我究竟在想什么"的经历。有的话，你不是一个人。LeBoeuf，Shafir和Bayuk（2010）的研究发现，这种消费后的后悔过程实际上是由于你在购买时与后来后悔时自我凸显的方面不同所导致的。让我们看看这个过程是如何在你的学生身份中发生的。

虽然大多数学生上大学是为了发展与自己的智力相关的技能，但是这个阶段也会涉及社会性自我的发展。为了检验同一身份凸显的方面不同是否会影响我们的决策，LeBoeuf等人（2010）通过操纵问卷内容来凸显学生身份的不同方面。参与研究的被试需要完成一份关于世界问题的问卷（"学者"身份）或者一份关于校园社交的问卷（"社交名流"身份）。随后，被试需要选择不同类型的杂志。当他们身份的学术方面凸显时，学生们倾向于选择一些偏学术的期刊（如《经济学人》《华尔街日报》），而当他们身份的社交方面凸显时，学生们则倾向于选择一些偏社交的期刊（如《时尚》《体育画报》）。在后续关于美籍华裔的研究中也发现了类似的结果。研究通过要求美籍华裔被试想自己最喜欢的节日来启动他们的中国身份（"想你最喜欢的中国节日"）或美国身份（"想你最喜欢的美国节日"）。随后，被试需要选择不同颜色的汽车。那些自我概念中美国身份凸显的被试倾向于选择颜色更独特的汽车，而那些自我概念中中国身份凸显的被试则倾向于选择颜色更传统的汽车。这些研究都表明，自我凸显的方面会影响我们的消费选择。

但是，关于我们已经做出的选择的满意度呢？是否我们体验到的满意度取决于我们做决策时，与我们体验评估已做出的选择时，自我凸显的方面之间的匹配程度？为了解答这个问题，LeBooeuf 等人（2010）再次通过操纵问卷内容来凸显学生身份的学术方面或社交方面。同样通过给被试一份关于"世界问题"的问卷来启动学术方面的自我，或一份关于"校园生活"的问卷来启动社交方面的自我。随后，被试需要选择观看一部电影。在被试选择了电影后，观影前，研究者通过提问再次操纵学生们自我凸显的方面（与第一次相同或不同）。通过询问学生们对读研究生的兴趣来启动学术方面的自我，或询问他们对各种校运动队的兴趣来启动社交方面的自我。

如图 4-11 所示，那些选择电影时与观影时自我凸显的方面相同的被试更享受这次观影体验，更喜欢这部电影以及不后悔他们的选择，而那些选择电影时与观影时自我凸显的方面不同的被试则不享受这次观影体验，更不喜欢这部电影且后悔自己的选择。这些研究结果表明我们的选择及体验依赖于我们自我凸显的是哪个方面，这也在一定程度上解释了我们为什么偶尔不得不问自己："选择这个的时候，我到底在想什么？"

4.3.2　对自我的定义依别人的看法而定

别人对我们的看法以及我们自己觉得他们以后可能会怎么看，对我们的自我有着重要的影响。因为一旦提及自我，没有人是一座孤岛。当我们意识到别人可能因为我们的某些特性而否定我们时，可能有几种反应（Tajfel, 1978）。首先，如果可能的话，我们会选择改变我们自己的某一面以避免被拒绝。但事实上，我们能够改变的特征是很有限的。换言之，对于我们自己的某些特性，我们可以尝试在不喜欢它们的人面前隐藏它们。举个例子，美国军队政策中提到的"不问，不说"原则，我们是可以有选择地隐瞒一些东西的。当然，这并不是万全之策。

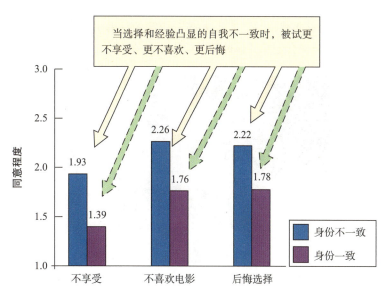

那些选择电影时与观影时身份凸显的方面不同的被试，比那些两次过程身份凸显方面相同的被试，在观影过程中体验更不积极。身份凸显的波动是我们后悔自己当初选择的原因之一。

图 4-11　由不同的凸显自我做出的选择

很多社会身份是我们无法隐藏的，比如我们的种族、性别和年龄。这时候，我们可能反而会将这些特性表现得更加突出，向那些对此抱消极态度的人证明我们对这个东西的认可与重视。

Jetten，Branscombe，Schmitt 和 Spears（2001）对年轻人做的一项关于穿体装饰的研究说明了这一点。他们在耳垂还有其他身体的可视部位做了穿孔装饰，比如肚脐、舌头、眉毛等。一个人的穿着打扮是对个性十分重要的体现，是向别人展示自己的一种方式。然而，一些被同龄人所认可的特性在其他人看来却可能是怪异、不符合常理的。这就好比 20 世纪 60 年代的牛仔裤和男人的长发，即"嬉皮士"，是一种反叛的象征。而今天选择穿体装饰的人就像当年的嬉皮士一样，带着强烈的反叛特性。

那些做穿体装饰的人通常知道他们的行为会招致别人的偏见，然而这只会导致他们更加抛弃主流审美以建立一种强烈的非主流身份。被主流文化排斥与贬低能够促使形成一个新的文化群体。那些由于穿体装饰被主流文化排斥的人会对那些跟他们一样认可穿体装饰的人有更深的认同感（Jetten et al., 2001）。正如图 4-12 所示，那些有很多穿体装饰与文身的人似乎用这种装饰向世人昭示"我是非主流"

的观念。然而,一旦这种穿体装饰成为一种大众时尚,就像到60年代以后,当人人都开始穿牛仔裤时,他们可能又会走向其他极端以证明他们的非主流身份。关于群体认同对心理幸福感的重要性详见专题栏目"研究告诉我们:归属与群体关系的重要性"。

许多穿体装饰与形体改造都是对我们身份的视觉表达。这些人所要表达的正是他们与主流的脱离以及他们想要融入他们的同辈群体。

图4-12 昭示自己的"非主流"身份

研究告诉我们　　归属感与群体关系的重要性

通过成为群体的一员获得归属感对于个体的身心健康至关重要。例如,一项对一群13岁青少年追踪到成年(25～27岁)的研究发现,在控制了与健康相关的各种因素后,青春期与同龄群体的亲近能够预测整个时间段的身体健康水平(Allen, Uchino, & Hafan, 2015)。事实上,感觉到自己不属于同伴群体与大脑活动模式异常有关(杏仁核活动增强),被称为"独立的痛苦",是一个明确的压力标记(Berns et al., 2005)。

群体关系对健康的好处仅限于年轻人吗?近来研究发现群体关系也有益于老年人(60岁及以上)的认知健康(记忆和智力测试)以及情绪健康(降低焦虑水平)(Gleibs et al., 2011; Haslam, Cruwys, Milne, Kan, & Haslam, 2016)。实际上,对老年抑郁症患者的干预研究表明,融入群体能够有效减少抑郁症的复发。Cruwys等人(2013)以英国成年人为大样本,研究发现,那些曾经患有抑郁症且不属于任何群体的人有41%的可能在4年后出现抑郁症复发。但是如果他们加入一个组织,那么抑郁症复发的风险就会下降24%;如果加入3个组织,那么抑郁症复发的风险下降63%。

属于以及感觉自己属于社会群体是通过提升积极的社会身份进而对人们的自尊产生影响的吗?这是因为作为主要的群体成员的认同在心理上对他们至关重要吗?群体身份认同定义了自我,进而提高了自我自尊吗?近来世界各国一系列的研究都表明事实的确如此。无论是德国还是以色列的青少年,具有多重的社会身份认同(如作为学生、家庭成员、国家公民等)与个体的自尊水平成正相关(Benish-Weisman, Daniel, Schiefer, Mollering, & Knafo-Noam, 2015)。而且,是社会认同提高了自尊,而不是高自尊的人更重视他们的群体关系。

以各种各样的群体(英国学龄儿童、澳大利亚流浪汉、中国老年人)作为样本的一系列研究发现,群体关系的数量是预测被试的自我满意度的重要指标(Jetten et al., 2015)。为了检验是拥有更多的人际关系而不是重要的群成员身份能预测个体的自尊水平,研究者做了一个完整的社交网络分析(social network analysis),其中计算了学校所有成员之间的友谊关系的数量。对比个体与他人的友谊关系质量以及所属重要群体的数量在预测个体的自尊水平上的差异。所属重要群体的数量能够有效预测自尊，而人际关系的数量在预测个体自尊上没有额外的贡献。即群体关系为自我定义提供了意义和基础，进而建立了个体自尊。

很多大学生确实非常认同和珍视他们的校运动队、性别群体以及国家。Jetten等人（2015）研究发现美国大学生对这些群体的认同度越高，个人自尊水平越高。如图4-13所示，没有对任何群体有高度认同感与更低的自尊水平相关，而对这些群体的高度认同感越多自尊水平越高。在更大的社会网络中定义自己，以这些珍视的群体定义自我，能够为自我作为一个有价值的人的良好感觉提供基础。

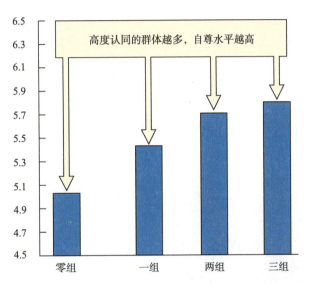

高度认同的社会群体（如性别、校运动队、国籍）越多的美国大学生，自我报告的自尊水平越高。

图 4-13　高度认同的群体越多，个体自尊越高

4.3.3　自我的变迁：过去与未来的自我

人们有时会思考自己随时间推移的发展与变化。有关**自传体记忆**（autobiographical memory）的研究显示，当我们拿过去和现在对比时，我们会认为自己是在不断进步的，而且对自己感觉良好（Wilson & Ross, 2001）。我们的过去如何承载我们的现在？Ross和Wilson（2003）对此做了一系列研究，要求被试描述"过去的自己"：较远的过去的某个时期的自我或较近的某个时期的自我。结果发现，他们对那个离现在比较远的自我会做出更多的批判。研究者认为人们通过对遥远过去的自我进行贬损，可以感觉到自己真的成长了（现在有进步了）。相应地，那些认为自己的失败离现在很近的人不如那些认为自己的失败离现在很远的人对自己的看法积极。与这种自我保护观点相一致，当人们被要求写下两个难忘的人生经历时，其中一个是他们应该被责备的经历，另一个是他们值得被称颂的经历，人们总是倾向于描述一件较近发生的值得称颂的经历，而对于该受谴责的经历的描述往往是很久以前发生的事情（Escobedo & Adolphs, 2010）。

换个角度思考自我比较，思考**可能的自我**（possible selves）会产生什么情绪后果呢？想象一下可能的积极自我，会导致你马上放弃现在所享受的但是不能给你带来进步甚至会妨碍你进步的生活（Markus & Nurius, 1986）。这样，你会马上放弃当前的享乐，努力去实现你所想要的那个可能的自我。

想想获得一个有价值的未来自我或新的身份可

能需要些什么。你可能不得不放弃几年快乐的时光以获得大学学位，完成了校园学习后还需要长期的实习才能成为一名医生；或者夜以继日地在法学院学习以通过司法考试，才能成为一名律师。Lockwood 和 Kunda（1999）发现，那些被模仿或喜欢的行为**榜样**（role models）能够鼓舞我们为成为那样的人而进行长期大量的投资，当然前提是我们能够想象自己有成为那种人的潜在可能性。父母对我们未来可能的学术自我的支持，也能够帮助我们相信自己能够实现它（Zhu, Tse, Cheung, & Oyserman, 2014）。对未来可能自我的想象的研究发现，当人们想象出一个崭新的、有进步的自我时，这个自我可能促使人们努力学习、戒烟以及上亲子班。虽然我们可能会有暂时的痛苦，但是却能换来一个期望中的未来自我。图 4-14 展示了当获得大学毕业生这个新身份时所体验到的快乐。

实现一些可能的自我也许很艰难，但这非常值得努力！

图 4-14　你快庆祝你的新大学毕业生自我了吗

人们也会考虑如何避免消极的、可怕的未来可能自我，如当我们在做新年规划时，也会考虑避免消极的可能。Polivy 和 Herman（2000）指出，对自我改变的憧憬能够带来自我控制感和乐观态度，然而我们普遍不能按计划实现，反复的失败会带来苦恼。当人们渴望自我改变但是又觉得无能为力时，他们可能尝试通过干扰自己以减轻这种不舒服的自我意识状态，可能是用普通的方式，如沉迷于小说，或者以更具伤害性的方式，如酗酒（Baumeister, 1991）。

4.3.4　为什么自我控制难以实现

人们经常想通过戒烟、节食或更有效地学习来改变自己，但是他们可能会发现坚持这样一个长期的目标很困难。人们往往会屈服于一个即时的奖励，进而打破他们先前的承诺。换言之，我们无法用某种有意义的方式控制自己。

我们看待自己的方式如何影响我们成功地不去做一些自己更喜欢的事情，而去做自己没那么喜欢但是有助于实现重要目标的事情，即需要**自我控制**（self-control）的事情？在短期的结果可能令人即时满意的情况下，维持我们的决心与坚持长期的目标是多么艰难？一些研究者认为控制自己的行为是有代价的，这种代价使得后续的自我控制越加困难。Vohs 和 Heatherton（2000）认为我们控制自己的能力是有限的，如果在一些不重要的任务中我们使用了我们的控制资源，那么在重要任务中我们就更难以控制自己。与那些不需要控制自己的人相比，那些一开始就被要求在某些方面上（如不要想某个特定的主题、同时执行两项任务，或控制他们的情绪表达）控制自己的人在后续的自我控制任务中表现更差。

Vohs 和 Heatherton 针对慢性节食者（为实现减重目标而长期节食的人）的研究发现，这些人在抵制了一盘糖果的诱惑后，他们的自我控制能力在第二个冰淇淋任务中下降了。即与在第一个任务中不需要控制的个体相比，那些在第一个任务中抵制了糖果诱惑的个体在后续任务中吃了更多的冰淇淋。因此，控制我们自己不仅难以成功，即便成功了，它也会损害我们后续控制自己的能力。这意味着我们在进行自我控制时必须在合适的项目中进行选择，就像购物一样，我们必须控制在预算以内，我们做出的每个选择都会减少我们后续自我控制的能力（Vohs et al., 2014）。

在某种程度上，自我控制是一种有限的资源。**自我消耗**（ego depletion）指的就是执行自我控制之后，个体自我控制能力下降的现象。许多需要自我调节的领域都可能出现自我消耗。元分析发现，自我消耗（先前任务中自我控制导致的）会对各种各样的结果产生影响（Hagger, Wood, Stiff, & Chatzisarantis, 2010）。先前的自我控制对后续的自我控制产生的负面影响包括更大的主观疲劳、觉得更难以实现自我控制，以及更低的血糖水平。当初始的自我控制时间较短、被试接受过自我调节训练，或者初始与后续的自我控制任务之间有休息间隔时，自我消耗就可能不会影响后续的自我控制表现。自我控制也可以通过抽象地思考我们的目标得以提升（Fujita & Han, 2009）。即我们必须提醒自己我们的整体目标与计划（如想要减重）而不是我们正在做的事情的细节（如不吃这个巧克力蛋糕）。总之，我们控制自己的能力，即避免做我们不想做的事情或专注于我们想做的事情的能力，是可以通过练习得以提升的，但是许多因素会阻碍这种能力的发展！

要点 Key Points

- 根据**社会认同理论**，我们对自己的看法是时刻随着我们在**"个体与社会认同连续体"**中所处的位置变化的。如果站在个体认同的那一端，我们主要将自己看作一个独立的个体。而在社会认同那一端，我们则把自己看作某一特定群体中的一员。自我概念的**突出点**随着社交情境的变化而变化。当个体自我凸显时，我们的行为更多的是基于**群体内比较**，即与同一群体内的其他成员相互比较。而当社会自我凸显时，我们的行为则反映的是一种**群体间比较**。我们都有多重的社会身份，每种社会身份认同对行为的影响同样取决于激活该身份的特定情境。

- 我们所处的情境对于身份的凸显有着调节作用。**自我构念**中的性别差异在我们的性别群体身份比较凸显的时候表现得最显著，而如果有另一个更凸显的身份出现，那么性别特征就可能完全消失。举个例子，一项对五个国家的被试进行调查的研究发现，不同性别对自我不安全感的差异，只有在个体与异性进行比较时才会发生，而如果是同性之间进行比较，这种差异就不存在了。

- 几个影响我们自我凸显进而影响行为的因素：1）情境与自我的某个方面特别相关；2）情境凸显某一方面与其他方面的差异；3）某一方面对我们比较重要；4）别人对待我们的方式和他们的措辞。

- 当我们做出购物决策时不同的自我方面凸显，我们可能会后悔或者不满意我们最初的选择。

- 当意识到自己被排斥时，很多时候我们都会选择故意凸显那个被排斥的身份从而使自己区别于那些排斥自己的人。如果想建立一个"非主流"的自我观，我们可以为自己塑造一种不同于主流的同龄人的特征。

- 通过成为群体的一员获得归属感对于个体的身心健康至关重要。**社交网络分析**表明对于学生的幸福感至关重要的是他们所属的重要群体的数量而非朋友的数量。

- **自传体记忆**研究发现，我们看待不同时间点的自己的方式受我们保护自己的动机影响，以至于我们看到的消极自我比积极自我更遥远。**可能自我**或那些我们可能获得的属性，都可以使我们放弃眼前的奖励以实现理想的未来自我。**榜样**同样可以激励我们坚持向长远的目标前进，但前提是我们能看到这个自我实现的可能性。

- 群体为我们提供了意义以及自我定义的基础。有关未来可能自我的形象可以引导我们改变现状，从而实现更理想的自我。**自我控制**是一种有限的资源，而**自我消耗**则指的是自我调节后自我控制越发困难的现象。当我们专注于我们的抽象目标而非当前事物的细节时，自我控制最有可能实现。

4.4 社会比较：我们如何评估自己

我们是怎样评价自己在某些领域是好还是差的？我们有哪些好的和坏的特质？我们是不是讨人喜欢？社会心理学家相信，任何人性的比较都是基于一定标准的（Kahneman & Miller, 1986）。所以，我们对自己的评价取决于我们所选择的比较标准。举个简单的例子，如果你拿自己解决一个智力问题的能力跟一个小孩子相比，你肯定会对你自己的能力感觉良好。这种拿自己和一个不如自己的人比较的情况，叫作**向下社会比较**（downward social comparison）。但是如果你拿同样的问题和一个智力专家去比较，你的感觉可能就不那么良好了。这种对自我形象造成威胁的比较叫作**向上社会比较**（upward social comparison）。显然，只有选择正确的比较标准，才能对自己做出积极的评价。

你可能会想，我们为什么非得跟人去比较呢？Festinger（1954）在他的**社会比较理论**（social comparison theory）中提出，我们会拿自己跟别人做比较是因为很多领域与属性都没有客观的衡量标准供我们参考，因此他人就成了我们自我评价所依赖的参考信息。我们是出色还是平庸呢？迷人还是不迷人呢？我们不能通过照镜子或者内省得到答案，但我们或许可以通过将自己与他人相比较得到这些问题或许多其他问题的有用信息。事实上，对自己在某个领域的不确定性是导致人们进行社会比较以及评估自己的行为是否符合社会文化规范的主要因素之一（Wood, 1989; van den Bos, 2009）。

那我们会拿自己跟谁进行比较，或者说我们怎么决定自己比较的标准呢？这就由我们进行比较的动机来决定了。我们是想要对自己做一次正确的评估还是仅仅只想让自己感觉好一点呢？一般来说，人们的主要意图是想对自己产生一些积极的看法，而并非要追求一个客观的评价或者是证实自己持有的某种信念（Sedikides & Gregg, 2003）。但是假设目前我们真的是想要对自己进行正确的评估，那该怎么办？Festinger（1954）提出，如果我们和一个跟我们相似的人做比较，就能得到最准确的评估结果。但相似性的条件是什么？是要包括年龄、性别、国籍、职业、年级以及其他所有种种吗？一般来说，这种相似性主要是基于大的社会范畴来分的，比如性别、种族、年龄或者在某个特定领域的经历等（Goethals & Darley, 1977; Wood, 1989）。

通常，当我们和一个与自己同属一社会范畴的人进行比较时，会对自己产生较多的积极看法，而和一个不同社会范畴的人相比则不会（尤其当对方所属社会范畴优于我们时）。这在一定程度上是由于人们会对不同群体的人在同一领域里有不同的期望（比如小孩和成人，男人和女人）。如果在某个特定领域，人们对我所在的群体在这个领域没有什么太高的期望，我就会很容易觉得自己还不错。比如，一个女人会自我安慰说她自己的薪水"对一个女人来说已经很不错了"，虽然这薪水要是跟平均薪金比较高的男人比起来就算不得什么了（Reskin & Padavic, 1994; Vasquez, 2001）。即当我们进行群体内比较时，通常会较少做出消极的自我判断（Biernat, Eidelman, & Fuegen, 2002）。实际上，这种群体内的比较是有自我保护的作用的，可以使一个弱势群体成员免受与其他优势群体成员的比较之痛（Crocker & Major, 1989; Major, 1994）。

有研究者认为人类的"首要动机"就是想对自己产生积极的看法（Baumeister, 1998）。大部分人都有一种积极的自我认知。我们如何获得这种积极自我认知就取决于我们在与他人比较时将自己划入哪一个范畴（Wood & Wilson, 2003）。这种自我归类影响了比较的意义，从而也影响了比较对我们所产生的影响。接下来要谈到的两个关于自我的有影响力的观点——**自我评价维护模型**（self-evaluation maintenance model）和**社会认同理论**（social identity theory），都是建立在Festinger（1954）的社会比较理论之上，描述了不同社会情境下的社会比较结果。

自我评价维护（Tesser, 1988）适用于我们把自己划分为独立个体，与另一个个体进行比较的情况。而社会认同理论（Tajfel & Turner, 1986）则适用于我们把自己归类为某个群体的成员（比如作为一个女人），而相比较的对方也是这个群体的一员的情况。这两种情况下和同一个人进行比较，会产生两种不同的结果。比如，如果和我们同性别的某个人表现很差劲，我们会因为自己也属于这个群体而感到尴尬。但是如果我们作为独立个体与这个人进行个体间的比较，则会很让人欣慰了。

我们先来谈谈个体间比较的情况。当和你进行比较的个体在一个你很重视的领域表现比你突出时，你会有意地远离他，从而远离这种比较带来的痛苦。毕竟，他是在你重视的方面比你强。相反，要是这个人在这方面比你差，你倒会愿意与他相处，因为这种比较对你来说是积极的，他衬托出了你的优秀。这种对于比你表现好或差的人远离或接近的心理动作，展示了当我们的个体身份凸显时，我们是如何维护积极的自我评价的。

所以，这是不是就意味着我们永远不会喜欢那些比我们优秀的人呢？显然不是，这取决于我们如何将自己和他人进行归类。根据社会认同理论，我们对自己所在的群体是抱以积极看法的，尤其当我们特别看重这个群体身份时。而那些同属于这个群体的优秀的人会给这个群体带来积极影响。所以当我们以社会认同的水平知觉自己时，比如说在一个球队里，一个好的队员会增强我们队的实力，提高而不是损害我们的群体身份认同。

因此对一个比你优秀的人，你可能喜欢也可能不喜欢。这要看你是把他当作一个个体，还是和你同一群体的成员。你若把他当成个体，他的优异表现会对你产生消极的暗示，而若把他当成你的群体成员，则会在拿自己的群体和别人的群体做对比时产生积极的影响。

为了检验这个结论，Schmitt, Silvia 和 Branscombe（2000）找来一批认为创造性对自己很重要的被试，这样他们就会很注重自己在这方面的表现。对一个表现比自己更好或表现与自己同样的人的态度取决于你是将自己置于个体层面还是社会认同层面进行比较。如图 4-15 所示，当被试认为自己的表现是与对方进行个体间的比较时，他们会倾向于喜欢那些表现比自己差的人，而不喜欢那些表现比自己好从而对自己的良好形象造成威胁的人。但是当被试认识到自己是作为一个群体成员与另一个群体（男性和女性）进行比较时，相对于那些和自己表现差不多的人来说，他们对那些在自己群体中表现突出的人会做出较高的评价。何以如此呢？因为这个人的突出表现会给自己所在的群体增光啊。因此，在不同社会情境下我们对自己的不同归类，极大地影响了我们在进行向上或向下社会比较时所做出的自我评价。

自我服务偏差与盲目乐观

我们总是在追求一种积极的自我概念，还会使用各种技巧来使自己感觉良好。大多数人身上都表现出一种**高于均数效应**（above average effect），就是认为自己在所有方面都应该是属于中上水平的（Alicke, Vredenburg, Hiatt, & Govorun, 2001; Klar, 2002）。即使人们知道在客观上自己的某些特质确实很低也会表现出自我提升。比如，那些被判了暴力和盗窃罪的犯人仍然觉得自己在道德、善待他人、慷慨、诚实守信方面是高于社区的平均水平的（Sedikides, Meek, Alicke, & Taylor, 2014）。随后的其他研究也证实，无论是在特质方面还是能力方面，人们都有倾向于认为自己比他人更强的动机，且这种动机的强度能够预测跨时间自尊水平的提升（Zuckerman & O'Loughlin, 2006）。

其实，即使有人向我们直接提出了与我们一般积极看待自己的观点相违背的负面反馈，我们也会

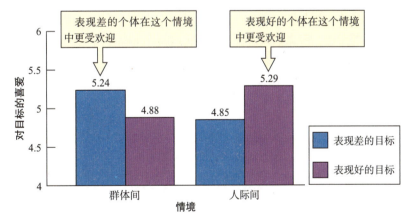

研究表明这种喜欢取决于所处的情境，要看所处的是使个体自我受到威胁的人际情境，还是使社会自我遭受威胁的群体间情境。如图所示，表现更差的他人在人际情境中最受欢迎，而表现更好的他人在群体间情境最受欢迎。

图 4-15　我们有多喜欢表现比自己好或差的人

很快地忘记这些信息，而强调那些支持积极自我观的信息（Sanitioso & Wlodarski, 2004）。同样，如果有人指出我们该对某件负面事件负责时，我们也会对此进行强烈的反驳（Greenwald, 2002）。

与此相对的是，当有人要将一件好事归功于我们时，我们倒是很容易欣然接受。这一点不仅体现在个人成就上，在群体成就上也一样。比如球迷会觉得是他们的在场和欢呼造就了球队的胜利（Wann & Branscombe, 1993）。总体而言，我们持有一种不符合现实的乐观态度，而这对我们的身心健康有着重要的意义。Taylor 和 Brown（1988）的一篇经典文献中记载了人们持有的许多种积极错觉。当然，这并不是精神病理学里面所描绘的那种过分的自以为是。"盲目乐观"，总是认为自己比别人成功的概率要大一些。当然这不可能是真的，不可能我们所有人都比我们的同伴更成功，毕竟我们不是生活在 Garrison Keillor 的 "乌比冈湖"，所以我们不可能都"高于平均水平"。

Sorrentino 和他的同事（2005）指出这种乐观主义并不仅限于北美人，日本人也同样。举个例子，在 2006 年的调查研究中，50% 的高中生认为自己将会获得研究生学位，这个数字远远高于实际获得研究生学位的人数（Twenge & Campbell, 2008）。再举个更普通的例子，Taylor（1989）指出，人们的每日待办事项清单就是盲目乐观的"活生生的例子"。那些写下来的事情，我们通常连一半都做不到（这简直是我的真实写照）。可是我们却还是日复一日地做着这些毫不现实的计划，并期望着能做完清单上所有事项。

Taylor 和 Brown（1988）描述了积极错觉与满足感、自信和自我控制感之间的联系。与那些更加现实的人相比，那些相信他们能及时完成所有待办事项的人具有更高的自我效能感（Bandura, 1977）和更高的动机。因此，高动机和持久力就与这种盲目乐观主义相联系，从而带来较好的表现以及较高的满足感。

你当然也会想这种盲目乐观，难道就没有什么负面影响吗？如果事情没有按预期发展，那么糟糕的决策必然带来不好的结果。尽管你可以想出许多这种盲目乐观是有害的或不明智的理由，但是研究已经表明，就整体而言，盲目乐观一般是适应性的（Armor & Taylor, 2002）。

要点 Key Points

- 社会比较是我们进行自我评价的重要手段。**向下社会比较**是指我们拿自己跟那些能力比自己差的人做比较的情况。这种比较是对自我的一种奉承。
- 相对地，**向上社会比较**是指相比的对方是在某个领域比自己突出的人。**社会比较理论**认为人们经常与自己在某方面相似的人比较，如性别、种族、年龄或者在某个特定领域的经历。
- 当我们作为个体跟比我们优秀的人比较时，会觉得对方对我们造成了威胁，但是当我们自己和优秀的人是属于同一群体的成员时，就会对他有更积极的看法。
- 社会比较理论从**自我评价维护模型**（self-evaluation maintenance model）和**社会认同理论**（social identity theory）两个角度讨论了向上和向下社会比较带来的一系列结果。当我们将自己归类于个体时，会有意地选择远离那些比自己优秀的人；当我们将自己归类于某个群体，就会选择远离那些比自己表现差的人。
- 自己与他人相比时，大多数人都持有一种盲目乐观主义态度，表现出一种**高于均数效应**。即我们认为自己在很多方面都比大多数人优秀。这种积极错觉与许多适应性结果相关。

4.5 自尊：对自己的态度

自尊（self-esteem），社会心理学家通常将它定义为人们对于自己的总体看法。你对自己抱有怎样的看法，积极还是消极？你对自己的看法是相对稳定的，还是会随情境发生改变的？研究表明美国高中生的自尊水平随着时间的推移逐渐升高（Twenge & Campbell, 2008）。相对于20世纪70年代的学生，2006年的高中生更喜欢自己。

但是，是所有人的自尊水平都发生了变化吗？大学生的自尊水平呢？对大学生大学四年的追踪研究发现，几乎所有的学生在大一期间自尊水平出现了下降（Chung et al., 2014）。大一期间的自尊水平下降，随之而来的是自尊水平的持续增加直到毕业。这种增长受到课业表现的影响：那些在大学中成绩好的人比成绩差的人，随时间的推移，自尊增长更多。此外，学生们都能准确地评估自己的自尊水平在大学期间是否发生了变化以及变化的方向。因此，虽然自尊通常被认为是一种稳定的特质，也被作为一种稳定特质进行测量，但是它确实能够随着我们对生活事件的应对而发生变化。

4.5.1 自尊的测量

最普遍的自尊测量方法是使用Rosenberg（1965）的十题量表进行自我评估。如图4-16，量表中的题目表述都十分直白。在这个量表中，人们需要评估对自己的外显态度。由于大多数人都能猜出这些题目的意图，所以也难怪这个量表的得分与单个题目"我有很高的自尊"的反应有很高的相关（Robins, Hendin, & Trzesniewski, 2001）。还有一些针对特定领域的自尊的测量，如学术、个人关系、外表和体育运动，这些是通过相关领域内的一些表现指标的得分进行测量的（Swann, Chang-Schneider, & McClarty, 2007）。

如图4-17所示，人们的自尊往往受到生活事件的影响。当我们思考自己的成就时，自尊会提升，而对失败的关注则会伤害自尊（Sedikides, Wildschut, Arndt, & Routledge, 2008）。比如，当人们受到"不能达到某种理想"的暗示时，自尊感就会下降（Eisenstadt & Leippe, 1994）。一个自尊感本来就低的人若是受到消极的反馈，他的自尊会进一步降低（DeHart & Pelham, 2007）。当一个人被他人驱逐、排斥或漠视，也会导致心理伤痛以及自尊下降（DeWall et al., 2010; Williams, 2001）。

> 1. 我觉得我是一个有价值的人，至少在平均水平上。
> 2. 我觉得我有许多优点。
> 3. 总而言之，我倾向于认为我是一个失败者。*
> 4. 我能和大多数人做得一样好。
> 5. 我觉得我没有什么值得骄傲的。*
> 6. 我对自己持积极的态度。
> 7. 总的来说，我对自己很满意。
> 8. 我希望我能更尊重自己。*
> 9. 我有时觉得自己很没用。*
> 10. 有时我觉得自己一点都不好。

带星号的题目是反向计分的，总分越高的人自尊感越高。

图4-16　自尊的测量：Rosenberg自尊量表

近来一些研究团队在尝试用更微妙敏锐的方式对自尊进行测量（Greenwald & Farnham, 2000）。基于外显测量题目得到的自尊分数，如Rosenberg量表，可能会受到自我表现偏差的影响。此外，被试对题目的反应还可能受到道德规范的影响，比如，人们可能会报告更高水平的自尊，因为他们认为这才是"正常"的且其他人也是这样的。为了避免这些规范且有意识的策略的影响，研究者开发了一系列测量内隐自尊的方法，即通过评估自我概念与积极或消极概念之间的联结测量自尊。测量**内隐自尊**（implicit self-esteem）最常见的方法是内隐联想测试（Greenwald & Nosek, 2008; Ranganath, Smith, & Nosek, 2008）。内隐自尊与外显自尊这两种测量之间往往不相关，这与这两种自尊是两种不同的过程的假设相一致。一个重要的问题是内隐自尊是否与外

一个人的自尊，或者说是一个人对自己的态度，会在正负之间变化。图片中的人物分别表现出对自己非常消极和非常积极两种态度。

图4-17　自尊：对自我的态度

显自尊一样随着情境的变化而变化。为探究这个问题，Dijksterhuis（2004）用经典条件反射程序的逻辑测量是否在无意识的情况下也能提高个体的内隐自尊。在经过自我（"我"）和积极词汇（"好""聪明""热情"）反复成对阈下呈现后（用快速呈现的方式使被试无法有意识地辨认出）的被试内隐自尊水平显著高于控制组（没有经过这种自我-积极词配对呈现的被试）。而在这之后，实验者对他们的智商进行消极反馈时，这种内隐条件作用使得他们免于遭受自尊感的损伤。这一结果与使用外显测量所做的研究（如用 Rosenberg 量表）的结果是一致的，外显研究的结果也是自尊感强的人在得到消极反馈后没那么容易有受威胁感。而这个内隐的训练过程相当于为被试建立了一个类似的内隐的对外在威胁的保护机制。

与这些自尊的内隐影响分析一致，DeHart，Pelham 和 Tennen（2006）的一项针对年轻人的调查发现，父母注重培养的年轻人的内隐自尊感要比很少受到父母培养的年轻人要高。相反，那些在青少年时期受到父母过分保护的年轻人比那些受到父母信任的年轻人有更低的内隐自尊感。这些基于我们与父母的相处经历的内隐信息，可能就是形成自我与积极特质或自我与消极特质之间的内隐联系的基础。

美国文化多鼓励人们积极看待自己。当你面临一个巨大的挑战时，你是否会遵循诺曼·文森特·皮尔（Norman Vincent Peale）在他的著作《积极思考的力量》（*The Power of Positive Thinking*, 1952; 见图 4-18）中的建议？这个建议很简单："告诉你自己你可以做任何事，你将会做到""告诉你自己你是伟大的，你将会是伟大的"。谁真的实践了这个建议？真的有效吗？

为探究这些问题，Wood，Perunovic 和 Lee（2009）首先简单询问了大学生他们什么时候以及多常使用这种积极的自我对话（如"我将会赢""我将会战胜病魔"）。只有 3% 的被试表示他们"从不"做这些积极自我对话，而 8% 的被试表示他们"几乎天天"都这样做，大多数人的频率居于两者之间。与预期结果相一致，被试表示自己最有可能在进行一项挑战前进行积极的自我对话（如考试前或展示前）。Wood 等人（2009）认为对于高自尊的人来说这种自我对话是对他们已有的积极自我观点的肯定。但对于低自尊的人来说，积极的自我谈话可能仅仅是提醒了他们，他们可能是无法估量的。研究者让高自尊与低自尊的人将"我是一个可爱的人"等句子进行顺序排列。完成任务后，被试需要评估自己的幸福感水平。对于低自尊的人，这种操作并不起作用，他们对自己的满意度仍然低于高自尊的人。因此，积极的自我谈话可能并不如以往认为的有用，至少对于那些最需要它的人来说是如此。

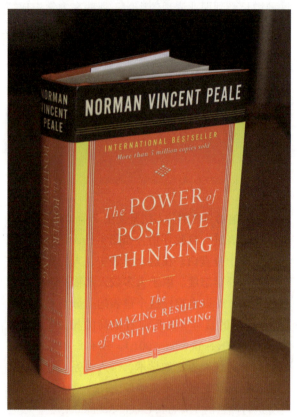

这是诺曼·文森特·皮尔的著作，已经畅销了超过 50 年，但这种积极自我对话的效果可能比原先认为的要复杂得多。

图 4-18　经典建议：通过积极思考，你可以做成任何事情

4.5.2　移民如何影响自尊

每年都有数百万的学生离开他们的家乡或国家去其他地方上大学。你可能就是其中一个。这种举动是如何影响心理幸福感（包括自尊）的呢？一项关于美国学生的幸福感研究发现，虽然最初国际生的幸福感水平低于美国本国学生，但是在 6 个月内两组学生的幸福感都有所提升（Hechanova-Alampay,

Beehr, Christiansen, & Van Horn, 2002）。提升幸福感的因素主要有两个，自我效能感和社会支持的提升。自我效能感指的是一种自己能够完成事情的感觉。社会支持则指的是与家人以及新环境中的同伴的积极互动。其他研究发现，国际学生的自尊提高到一定程度，他们就形成了一个与其他有相同移民经历的个体共享的新少数民族身份——"国际学生"（Schmitt, Spears, & Branscombe, 2002）。形成这个新的身份对于这些国际学生的幸福感特别重要，因为他们在抵达美国后就觉得自己因为是"外国人"而遭受歧视。

当学生搬去一个对他们的种族而言是一个多数或少数族群的地方时，他们的自尊是否会受到影响？近来一个关于从加利福尼亚搬到夏威夷的亚裔与欧裔美国学生的研究解答了这个问题（Xu, Farver, & Pauker, 2015）。在他们的家乡加利福尼亚，欧裔美国人是多数群体，而亚裔美国人则是少数群体，但是在夏威夷则相反，亚裔美国人是多数群体，而欧裔美国人反而是少数群体。那么这两个族群的自尊如何受到这个族群数量变化的影响呢？欧裔美国人的自尊在搬到他们是少数群体的夏威夷一年后下降，这表明从多数群体到少数群体的变化可能会挑战他们对自己的看法。与此相反，对于亚裔美国人，虽然他们的种族身份由于从一个少数群体搬到多数群体的地方而不再那么凸显，但是他们的自尊却没有发生变化。

人们有时从一个国家移民到另一个国家不仅仅是为了读几年书，而是为了成为这个新国家的公民，永久居住。实际上，在过去几年里，来自叙利亚和其他中东地区、北非地区的人大量移民到欧洲。如图 4-19 所示，大人和小孩通过勇敢的海洋冒险旅程到达安全地区。由于很多人都经历过创伤，毫无疑问要提升他们的幸福感需要花费大量的时间。但是，对于那些不是由于逃难而是自由选择才移民到其他国家的人，移民对他们的幸福感影响是什么呢？尽管每年都有数百万的人移民到另一个国家，鲜有研究探讨这些移民者的自尊水平在移民前后的变化。一个关于从俄罗斯到芬兰的移民研究发现，这些移民者在移民前到移民后的 3 年之间，自尊水平出现了下降（Lonnqvist, Leikas, Mahonen, & Jasinskaja-Lahti, 2015）。与前面提到的学生移民研究一样，这些移民者在有较高的社会支持与自我效能感时，也能拥有更高的自尊。这个研究表明环境的改变能够影响我们的自尊，即便这些改变是我们自己选择的。

研究表明即使是自由选择的移民也会损害幸福感。然而，目前的危机以及大量的叙利亚、其他中东地区的移民还带有相当大的创伤经历。

图 4-19　挣扎中幸存的叙利亚难民：人道主义危机

4.5.3　男性和女性在自尊水平上存在差异吗

你认为男性和女性哪一个的平均自尊水平更高或更低呢？大多数人可能猜男性的自尊比女性的自尊整体要高些。为什么会这样呢？在某种程度上，自尊受到了重要他人是如何看待、对待我们的影响（Mead, 1934），因此我们可能预期，与男性相比，女性总体自尊水平较低。因为女性在历史上常处于较低的社会阶层，经常是被歧视的对象，而这些都会对她们的自尊产生负面影响。女孩和妇女的自尊可能反映了她们在更大的社会范围内被贬低的地位，很多人认为她们的自尊不能达到社会标准。

在一个横跨 14 个国家的研究中，Williams 和 Best（1990）评估了男性和女性的自我概念。在印度和马来西亚等这些要求女性居家做家庭主妇的国家，女性有十分消极的自我概念。而在像英国和芬兰这些女性在劳动力市场上很活跃且男女社会地位差异也较小的国家，男性女性对自己有同样的好评。这项研究表明，当女性被排除在重要的生活领域之外时，她们的自我概念就会比男人差。一项对美国职业女性的追踪研究发现，当女性从事的职业是一个性别歧视很严重的职业时，她们的身心健康水平会随着时间的推移不断下降（Pavalko, Mossakowski, & Hamilton, 2003）。这种由一个具有歧视性的工作环境所导致的对女性的伤害，可以通过与工作前的健康状况相比较观察到。

一项元分析研究对比了在美国和加拿大收集的从1982～1992年的226个男女性的整体自尊测量样本，同样发现男性拥有比女性更高的自尊水平（Major, Barr, Zubek, & Babey, 1999）。虽然总体上这种男女差异并不大，但正如Prentice和Miller（1992）所指出的，这种细微的差异已经十分可观了。正是因为每个性别群体内的自尊水平存在显著性差异，所以检测国家内部以及国家之间显著的群体自尊水平差异非常值得关注。与前面Major等人所做的跨国研究一致，在职员阶层观察到的男女自尊差异较小，而在中低层人群中则是最大的。同时，社会地位比较高的女性比那种经常感到地位低下的女性较少有自尊的缺失。实际上，近来的追踪研究发现，在工作年限内的自尊性别差异，从65岁开始逐渐缩小，在老年时会逐渐收敛（Orth, Trzesniewski, & Robins, 2010）。

所以，这种认为特定社会歧视会导致群体自尊降低的常识是否正确呢？相关研究已经对性别歧视现象给出了一个肯定的答案。同样地，对于很多其他被贬低的群体而言，感知到的歧视会对他们各种健康指标产生显著的负面影响（Pascoe & Smart Richman, 2009）。而自尊损伤的程度取决于个体主观体验到的本群体遭受到的歧视和贬低的程度（Hansen & Sassenberg, 2006）。在专题栏目"研究告诉我们：歧视知觉与自尊"，我们会发现歧视对自尊、其他身心健康指标的影响取决于目标群体是什么。所有被贬低的群体遭受到的伤害不是完全相同的。

研究告诉我们　　歧视知觉与自尊

知觉到自己是被歧视的对象的情感后果是什么？很多研究已经探讨过这个问题，包括评估了全世界各种各样的群体关系的相关研究，以及对同一负面结果的不同因果推断的实验研究。

为什么我们会认为被歧视会对一个人的幸福感产生负面影响？第一，歧视经常被认为是一种在重要的生活领域被排斥的形式（如好的工作、更好的住房）。第二，歧视在更广的社会范围内传达的是一种贬低以及不尊重，而我们都知道包容和感知到有价值是人类发展的重要条件。第三，在控制感上感知到歧视的威胁会产生一种无力感，这种无力感会使你觉得在生活中你将不会有跟他人一样获得成功的机会。基于这些原因，当歧视时时刻刻、无处不在时，自尊和幸福感将会大损。当然，相对于优势群体，这更可能发生在弱势群体身上，所以歧视知觉对弱势群体的伤害远大于优势群体。

一项综合了数百个研究、涉及144 246人的元分析研究发现，歧视知觉对所有的心理健康指标都有消极影响，包括自尊（Schmitt, Branscombe, Postmes, & Garcia, 2014）。如你所料，相对于优势群体，这种负面影响对于弱势群体更显著。对许多不同类型的弱势群体的研究发现，相对其他群体，歧视知觉对某些弱势群体的自尊消极影响更大。你能猜出种族主义、性别主义、性取向、身体疾病或残疾、心理疾病、HIV感染者、体重，这几种歧视类型中哪种歧视对自尊的影响更消极吗？表4-2展示了各个研究中歧视知觉与自尊、其他的心理困扰指标之间的关系的标准化效应量（样本量加权后的一种相关）。

这里显示的是各种研究综合后的标准化效应量。

表4-2　歧视知觉与心理幸福感的关系

歧视类型	自尊	心理困扰
种族主义	-.13	-.25
性别主义	-.09	-.22
性取向	-.17	-.29
身体疾病/残疾	-.54	-.39
心理疾病	-.31	-.29
体重	-.21	-.38
HIV感染	-.24	-.34
其他（年龄、失业）	-.21	-.30

对于所有这些群体，歧视知觉对自尊和其他心理困扰指标的消极影响都是显著的。这意味着这些群体的成员知觉到的歧视越多，他们的幸福感就越低。然而，如你所看到的，对某些群体而言，这种关系比其他群体强得多。

这里显示的歧视知觉对幸福感的损害可能部分反映了歧视体验的消极影响而非对歧视所造成的后果的知觉。为区分歧视客观遭遇的影响与歧视遭遇的主观解释的影响，实验控制每个被试所遭遇的真实歧视体验一致，然后让人们对同一遭遇有不同的解读，进而得以研究由歧视所引起的负面后果的知觉的因果效应。有两种实验已经尝试过解决这个问题，你将会看到他们得到了截然不同的结果。接下来，我们来看看他们是如何做的以及我们能从他们身上学到什么。

假设你从另一个人那里获得了你面试表现的负面反馈或一些不满意的待遇。你可能对这种不利的结果做出好几种不同类型的归因。对这个问题的研究可以通过改变这个情境的不同方面使歧视貌似合理，因为面试官对你的种族歧视或你本身能力不足，面试不通过也就理所当然。这些归因（被歧视或个人不足）都不是对自尊特别重要。因为两者反映的都是你的一些稳定的、难以改变的特性（你的群体身份和能力）。针对这单一结果，一项综合了 54 个样本的元分析研究发现，将负面结果归因于歧视与个人不足并没有对整体产生负面影响（Schmitt et al., 2014）。

然而，另一种实验却发现了不同的结果。在这些研究中，消极的结果也总是发生，但他们操纵的是歧视知觉的普遍性。即如果一个人对你不好，就像许多其他你遇到的面试官一样（如他们都是性别歧视的人），那么这种歧视可能就是普遍性的，但如果这个面试官是唯一个性别歧视的人，那么这种对你所属群体的歧视就是相对罕见的。这些研究发现，当歧视是普遍的的时候，对负面结果的歧视归因会对各种各样的幸福感指标产生负面影响。这表明当你的身份是没有价值的时候，你可以预期更多这样的负面结果，这也就是它会显著损害幸福感的原因。心理幸福感是否会受损主要取决于你是否预期未来也会遭受歧视性待遇。这种对负面结果的解读更可能发生在弱势群体上而非优势群体上，这也就是前者的幸福感损害程度大于后者的原因。

👆 要点 Key Points

- **自尊**是我们对自己的总体看法。自尊的测量通常是由一些外显的题目来直接测量个体知觉到的自尊水平。其他一些比较内隐的测量方式则是通过将个体的自我与一些积极或消极事物联结来测量，包括特质。人们可能没意识到自己的**内隐自尊**。
- 自尊主要来源是生活经历，而具体某一方面的自尊则取决于我们在这方面的表现如何。即使是内隐自尊也会随环境的改变而改变。
- 人们经常进行积极的自我对话，尤其是在准备迎接挑战的时候。研究发现，对低自尊的人而言，这种积极的自我谈话并不能有效改善他们对自己的看法。
- 无论是去其他地方上大学还是移民到另一个国家，迁移最初都会对自尊产生负面影响。然而，随着时间的推移，自尊可能会提升，尤其是当个体获得社会支持与自我效能感的时候。
- 自尊水平存在性别差异，这种差异不大但是信度很高。那些不鼓励女性参与公众生活的国家的女性比男性的自尊水平要低，同时她们的自尊水平也比那些职业女性参与较普遍的国家的女性自尊水平低。在工作中经常遭遇性别歧视的美国女性比不经常遭受性别歧视的美国女性自尊水平低。
- 元分析表明，歧视知觉对弱势群体自尊的负面影响大于优势群体。实验发现，知觉到对自己所在群体的歧视是普遍而非罕见的是歧视对个体产生负面影响的原因。

4.6 当自己成为偏见的对象

一个人得不到自己想要的东西总是件不好的事。但是在这种情况下，你如何进行归因，极大地说明了你对自己的态度以及你将使用何种方法应对。正如前面的章节中你所了解到的，归因说明了事件对个人的意义。因此，对于消极后果的一些归因方式也可能带来极大的心理伤害以及伤害个体自尊（Weiner, 1985）。现在，我们要讨论隐瞒或不隐瞒一个人的身份对于自尊的影响，及反过来讨论一下当自己成为偏见的对象时，个体的行为反应。

4.6.1 隐瞒身份：如何损害幸福感

我们拥有的一些身份可能使我们日常总是遭受消极待遇。举个例子，男女同性恋者经常由于他们的性取向而遭受暴力，那些患有身心障碍的人与肥胖的人都可能被公开羞辱，而HIV感染者或其他慢性疾病患者（如脑外伤）也经常遭遇就业歧视或其他歧视。对于有些身份，人们可能会尝试通过隐瞒或不透露"他们是谁"来避免这种歧视待遇（Pachankis, 2007）。但选择不透露或不得不反复决定是否透露，可能也会成为一种巨大的负担（Quinn & Chaudoir, 2009）。此外，虽然通过这种策略可以避免个人歧视，但是对自己所在群体的社会贬低的知觉却不能因此避免。在某种程度上，损害幸福感的正是这种更广泛的知觉，拥有可以隐瞒的污名身份的个体反而比拥有不易隐瞒的污名身份的个体自尊更低且心理压力更大。一项关于隐瞒污名身份的影响的元分析研究发现，比起不能隐瞒的身份（如性别和种族），能够隐瞒的污名身份对幸福感的消极影响更大（Schmitt et al., 2014）。事实上，在一个关于感染HIV男同性恋的研究中就揭示了长期隐瞒性取向的消极影响。这些隐瞒性取向的男性，与跟他们拥有相同的生理状态但没有隐瞒性取向的男性相比，他们往往更易感染其他疾病，死得更早（Cole, Kemeny, Taylor, & Visscher, 1996）。成功的隐瞒以避免歧视也可能产生相应的代价，因无法与自己相似的人交往而孤独，进而有害个人健康与幸福。

假设你要与一个人互动，你知道他不喜欢你的专业而且他实际上更喜欢与另一个专业的人互动。如果你被引导在与这个人的互动中隐瞒自己的专业，你是否觉得这可能不是"真实的自己"，与透露自己的身份相比是否感觉"不真实"？这正是Newheiser和Barreto为了探究隐瞒个人真实身份的后果所设置的情境。如图4-20所示，该实验中隐瞒污名身份的被试确实担心他们无法做自己，也比那些不隐瞒身份的被试感觉更不真诚。此外，在与他人的真实互动后，不知道被试实际情况的观察者能够知觉到隐瞒自己身份的个体更少地表露自己，在整个互动中也不如透露自己真实身份的个体积极。这说明隐瞒一个污名身份可能真的会提升我们不属于这个群体的感觉，进而使我们陷入尴尬的社会互动中。

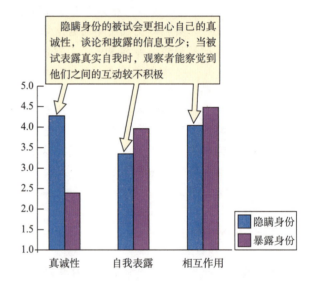

与那些没有被引导隐瞒自己身份的被试相比，那些隐瞒污名身份的被试更担心自己的真诚性。在被试与另一人的互动中，观察者能够察觉到隐瞒自己身份的人更少地表露自己，在整个互动中的印象也不如透露自己"真实"身份的人积极。

图4-20 隐瞒你是谁，还是做真实的你？

4.6.2 克服刻板印象威胁的影响

意识到自己成为偏见的对象不仅会损害人们的心理幸福感，还会干扰人们获取新技能的能力。一些研究发现，当人们害怕别人发现自己的污名身份时，这种恐惧会对人们的学习能力与任务表现产生负面影响（Frable, Blackstone, & Scherbaum, 1990; Lord & Saenz, 1985; Schmader, 2010）。

这些由污名化自我所引起的表现缺陷能够避免吗？研究表明这个问题的关键在于人们在其他方面肯定自己的程度。Martens，Johns，Greenberg 和 Schimel（2006）研究发现，如果有人先肯定那些被提醒污名身份的人最看重的其他属性，也许是艺术方面的才能或者其他成就，就能消除污名身份所引起的认知损伤。在某种程度上，一个消极的刻板印象之所以可以导致个人表现不佳，是因为这个消极的刻板印象定义了个人的全部价值，那么重新肯定个体的价值就能保护其表现不受损。强调污名化群体中重要模范的成就，是另一个克服刻板印象对表现的消极影响的重要方法。为检验奥巴马当选美国总统对非裔美国人的口语测试表现是否有积极影响，Marx，Ko 和 Friedman（2009）在给一群随机选取的美国人展示了这些成就后，立即给他们进行一个困难的口语测试。在奥巴马接受民主党提名前，白种人与非裔美国人在该测试的表现存在差异，非裔美国人得分低于白种人。在展示了这个群体内名人的成就后，非裔美国人在困难的口语测试中的成绩提高了。事实上，在奥巴马选举后，这个测试表现就不存在种族差异了。因此，如图 4-21 所示，突出污名化群体内他人的成就能够有效地抵御表现损伤。

刻板印象威胁（stereotype threat）是一种特定社会身份威胁，主要发生在以下两种情况，一是当人们认为别人会对自己的社会身份抱有某种成见时，二是人们无心地表现出验证消极刻板印象的行为时（Logel et al., 2009; Steele, 1997; Steele, Spencer, & Aronson, 2002）。如果人们很重视自己在某个方面的能力（比如数学），而别人认为他所在的群体（比如女性）是不擅长于此的，这时候刻板印象威胁就发生了。那些对刻板印象特别敏感的人，只要在某一方面感受到即使是微妙的刻板印象，他在那一方面的表现也可能被削弱。考虑 Logel 等人（2009）研究中的工科女学生的经历。当这些女性与性别歧视的人接触时，她们在随后的数学考试中的表现将会受损，虽然她们在英语考试中的表现并没有受到影响。与有性别歧视的人互动使她们的女性身份凸显，当她们试图消除这种性别刻板印象威胁时，她们无意中就验证了女性数学能力差这个刻板印象。

刻板印象威胁是很难避免的。你只要对即将进行数学考试的女性说男性在这方面比较有天赋（Spencer, Steele, & Quinn, 1999），或者对即将进行一项难度较大的口语考试的黑人提示他的种族身份（Steele & Aronson, 1995），他们在接下来的考试中表现就会被削弱。因为这种对女性在数学上表现差的固有成见，导致女性在和男性同时进行较难的数学考试时会表现差，而当她们只是和其他女性一起考试时，他们的表现则会相对好一些（Inzlicht & Ben-Zeev, 2000）。

想想那些上过很多数学课、将数学作为她们自我概念中一个重要方面的女性的窘境。如果她们也看重她们作为女性的身份呢？当她们接触到在数学能力上存在可靠的性别差异，男性比女性更强这类信息时，这些女性更可能遭遇威胁。那么在不放弃数学领域或她们所在群体的情况下，她们该如何设法应对这种威胁？Pronin，Steele 和 Ross（2004）发现，那些数学认同高的女性会在性别刻板印象与数学成就无法调和的方面（如离开工作带孩子、爱调情）疏离自己的女性身份，而在与数学成就无关的方面（如有共情能力、追求时尚）则不会如此。只有在刻板印象威胁的条件下才会减少认同，这说明这是一个用来缓解威胁体验的主动过程。

凸显内群体著名成员的成就能够提高非裔美国人（随机样本）的口语测试成绩。

图 4-21　刻板印象挑战：共享污名身份的他人成就能够提高个体的测试表现

个体在这种刻板印象威胁下的表现变差是怎么产生的呢？有学者解释说是因为当女性和非裔美国人意识到自己的身份可能会导致较差的成绩时，内心会产生焦虑（Osborne, 2001），而这种焦虑干扰了他们相关的行为表现。但是有些研究表明在有这种刻板印象威胁情况下并没有发现被试自我报告的焦虑增加了（Aronson et al., 1999）。这可能是这些群体成员并不愿意承认自己会在面对优势群体时产生焦虑感，或者是焦虑产生了，但他们自己却没有意识到进而也就没法准确报告。

一项非言语的焦虑测量证明了焦虑对刻板印象威胁发生的关键作用。Bosson，Haymovitz和Pinel（2004）随机抽取了同性恋者和非同性恋者两组被试，他们的任务是照顾幼儿园里的小孩。结果发现，当同性恋者的同性恋身份被提醒时（叫他们在表格上填自己的性取向，而在刻板印象中，同性恋者对儿童来说是危险的），他们在照顾小孩这方面的表现比没有被提醒时要差。而那些非同性恋者则在两种情况下没有什么区别，因为他们的性取向与照顾小孩之间没有什么不良刻板印象。

是不是焦虑的产生导致了男同性恋者照顾孩子的表现下降呢？通过标准自陈焦虑测量获得的答案是否定的。Bosson，Haymovitz和Pinel（2004）发现在这两种情况下被试报告了相同的焦虑程度。但是，非言语焦虑测量的结果却不同，他们发现互动中多种不安的行为表现都受性取向和刻板印象威胁影响。那些被提醒了性取向的男同性恋者在非言语行为上比那些没有经历刻板印象威胁的男同性恋者表现出更明显的焦虑。也就是说虽然他们说自己没有感到焦虑，但是事实上他们的行为却透露了他们内心的不安。与没有经历刻板印象威胁的男同性恋者相比，他们更多地回避眼神接触以及其他不安的行为表现。这种非言语的焦虑干扰了他们对小孩子的照顾。而对于那些非同性恋者，对于他们性取向的提示反而减少了他们的焦虑。

是不是只有文化从整体上否定的那个群体，也就是所谓的社会弱势群体才会受到刻板印象威胁的影响？并非如此。刻板印象威胁也发生在男生身上，虽然他们在整个文化中并非被贬低的群体，但也存在认为他们情感不够丰富的偏见（Leyens, Désert, Croizet, & Darcis, 2000）。当男性被提醒他们存在情感缺陷时，他们在与此相关的任务中成绩就下降。Stone，Lynch，Sjomeling和Darley（1999）在一项备受关注的实验中阐述了相似的结论。他们发现，当白人认为此次任务考察的是"天生的运动能力"时，他们在田径任务上表现比非裔美国人差。相反，面对同一项任务，当白人认为考察的是"体育知识"时，他们的表现就好了，因为在这一点上他们被认为是要比非裔美国人优秀的。同样，虽然没有人认为白人数学不好，但是当他们面对被认为数学能力很强的亚洲人时，他们就表现出了数学能力的缺乏（Aronson et al., 1999）。因此，面对在社会刻板印象中比自己强的对手时也会导致表现的下降，即使该人群体本来是占优势地位的。虽然我们将会在第6章讨论刻板印象对目标的影响的相关问题，本章节我们回顾的研究说明了群体身份的重要性，它影响着自我威胁的体验程度以及这种威胁如何轻易地干扰我们的表现。

要点 Key Points

- 人们拥有的一些身份可能会使他们受到消极待遇，这促使他们尝试"隐瞒"自己的身份。隐瞒一个污名身份可能能够帮助人们避免某些形式的歧视，但是对自己所在群体的社会贬低的知觉却不能因此避免。能够隐瞒的污名身份比无法隐瞒的污名身份对幸福感的消极影响更大。
- 隐瞒一个你预期不会被喜欢的身份可能会使你觉得不真诚，社会互动也不那么积极。
- 对应验他人对自己所在群体的消极刻板印象的恐惧会损害个体的表现。而肯定自我的其他方面属性或所在污名群体内榜样的成就能够提升个体的表现。
- **刻板印象威胁**发生在有能力的人所重视的领域。刻板印象威胁的影响既发生在向来被否定的群体中（非裔美国人、女性），同样也发生在优势群体中（白人、男性），主要是在当他们认为自己在某个重要的领域会比对方差的情况下。
- 刻板印象威胁的影响是很难控制的，而且很容易被诱导。仅仅是在他们很敏感的领域进行某些测试前要求群体成员说出他们的群体身份就足够削弱他们接下来的表现。
- 当人们遭遇刻板印象威胁时，他们可以选择远离自己所在群体的消极刻板印象部分。
- 焦虑似乎是刻板印象发生的内在机制。然而，这一点只在非言语测量中体现出来，而在自陈焦虑测量实验中无法得到证明。

总结与回顾

有时候亲密他人能比我们自己更好地预测我们的行为。这是因为行为的观察者与发出者所关注的行为特征不同。有时，人们在 Facebook 上发布的关于自己的信息会比真实的自己更积极一些。当人们被问到他们的自我描述是否存在偏差时，他们最初对自己的描述越积极，他们知觉到偏差的可能性也越大。

当我们面对的观众很多时，我们如何向他们展示自己也会随之变化。在某些场合，我们可能采用**自我抬高策略**（self-promotion），向他人展示我们最好的一面。而在其他场合，我们可能以引导他人采纳我们的自我概念的方式展示自己。即我们可能采用**自我验证策略**（self-verification），即使是让他人认可我们自我的消极面。我们还可能向他人表示尊重、**自我贬低**（self-depreciate）等**讨好**（ingratiation）策略来展示一个好的自己。

获取自我知识主要有两种方法，内省和从他人的角度看待自己。内省是很棘手的，因为我们通常无法意识到影响我们行为决策的情绪因素，或到底是什么因素真正给我们带来快乐之类的。我们也可能很难预测我们未来的感受如何，因为我们忽略了重点事件以外的其他事件因素。当我们以观察者的视角看待自己的时候，我们就能像观察者一样以一种更特质性的以及更少情境反应性的方式看待自己。

我们对自己的看法因我们处在**个体和社会认同连续体**（personal-versus-social identity continuum）的不同位置而时刻不同。在个体认同水平，我们将自己看作与其他个体不同的个体，此时我们的自我是基于**群体内比较**（intragroup comparison）的。而当我们处于社会认同的水平，我们的自我概念是基于群体成员特性的，从而通过**群体间比较**（intergroup comparison）获取。

自我定义随情境变化，而这些情境对于我们的行为具有预测性。我们的自我概念还依赖于他人对我们的期待以及我们认为他人会怎样对待我们。随着时间的推移，美国人越来越倾向于以个体主义的特质来定义自己。情境是否强调我们的行为身份，决定了我们是否表现出性别差异来。在不同时候，自我的哪些方面比较具有影响力取决于：情境、属性的独特性、身份的重要性以及别人怎么提到我们。

做出决策与体验或消费时，自我凸显的方面可能是不同的。当我们做出决策时的自我与体验时的自我不一致时，对于决策的不满意以及后悔程度就更高。当他人因为我们的某种身份而排斥我们时，人们通常会通过更加强调自己的这种特质来反抗他人。现今，那些给自己的身体穿环以及文身的人实际上是以这种方式来表达自己与"主流"的不同。

除了目前自我，其他的**可能自我**（possible selves）会驱使我们努力进行自我改变。榜样可以代表我们未来可能达到的自我。当人们将现在的自我与过去的自我进行比较时，他们总是贬低更久远的那个自我，这种**自传体记忆**（autobiographical memory）给我们带来对现在自我的良好感觉。糟糕可怕的自我可能会使我们戒掉某些行为（比如吸烟），而渴望获得好的自我则使我们努力工作去实现他们。

自我控制对于舍弃眼前利益而追求更多的长远利益十分重要。自我构建的方式影响我们抗拒诱惑的能力。自我控制可能也是一种会暂时用完的资源，即**自我损耗**（ego depletion）。自我损耗使得自我管理越发困难。起初的自我控制力度过大，如果没有休息间隔或缺乏自我管理训练，都会导致后续更难以实现自我控制。

我们的自我感觉既可以直接测量，也可以通过比较内隐和间接方式获得。外显**自尊**（self-esteem）与内隐自尊都会受生活事件的影响。积极的自我谈话（思考"我是一个可爱的人"）对于低自尊的人而言不一定有好处。

社会比较是我们自我判断至关重要的方式。个体水平的**向上社会比较**（upward social comparisons）是很痛苦的，而**向下社会比较**（downward social comparisons）则带来安慰。而在社会认同水平上，这种情况是相反的。我们不喜欢那些表现差的群内成员，反而喜欢那些表现比我们好的群内成员，因为他们能让我们所在群体看起来更优秀。

大多数人都存在自我服务的偏差，比如**高于均数效应**（above average effect）就是我们通常认为自己比大部分人要好。我们对于自己固有一种积极错觉和对自己避免负性结果的能力有一种不切实际的乐观。美国人对自己的积极预期不断在攀升。然而，这种不切实际的乐观却是有益于心理健康的。

当我们从一个地区或国家迁移到另一个地区或国家时，我们的心理幸福感往往受到影响。在迁移的最初，留学生的自尊会下降，但是随着自我效能感与社会支持的增加，自尊水平随之上升。就平均水平而言，女性的自尊低于男性的自尊。这在那些不允许女性参与劳动市场的国家，以及美国那些在性别歧视频繁的场所工作的中产阶级、下层阶级女性中尤为突出。

知觉到自己成为被歧视的对象是有一定的情感代价的。元分析表明，歧视知觉对弱势群体的自尊的负面影响大于优势群体。实验发现，知觉到对自己所在群体的歧视是普遍而非罕见的是歧视对个体产生负面影响的原因。

人们可能试图通过隐瞒一些被社会贬低的身份来避免遭受偏见待遇。相对于拥有不可隐瞒的污名身份的个体的自尊，那些拥有可隐瞒污名身份的个体的自尊水平更低。隐瞒一个重要的身份会使个体觉得不真诚，更少地表露自己以致社会活动不积极。

刻板印象威胁（stereotype threat）效应发生在那些历来受到歧视的群体中，仅仅提到他们的这种群体身份就会使他们担心自己的表现会验证这种消极的预期。当优势群体害怕与另一个更优秀的群体比较的负性结果时，刻板印象威胁也会发生。这种对表现水平的削弱只存在于有刻板印象的方面。防止刻板印象所引起的表现下降的方法有：1）在其他领域肯定自我；2）暴露所在刻板印象群体内的模范；3）远离与消极刻板印象相关的领域。焦虑在刻板印象威胁所引起的行为表现受损中起着一定的作用，至少在非言语水平上。当与一个任务表现预期更好的群体比较时，任何群体成员的表现都可能受挫。刻板印象威胁的研究揭示了我们的群体身份对自我概念以及在我们重视的任务表现上的影响。

第 5 章

态度：对社会世界的评估与反馈

章节概览

- 态度的形成：态度是如何发展的

  经典条件作用：联结学习
  工具性条件作用：奖励"正确"看法
  观察学习：学习他人

- 研究告诉我们：社会模型和饮食
- 态度何时以及为什么会影响行为

  态度与行为之间的情境因素
  态度的强度
  态度的极端性：既得权益的角色
  态度的确定性：清晰度与正确性的重要性
  个人经历的作用

- 态度如何引导行为

  源于理性思考的态度
  态度与自发行为反应

- 说服的学问：态度是如何被改变的

  说服：传播者、信息和受众
  说服的认知过程

- 抗拒说服

  反作用力：对个人自由的保护
  预警：已预知说服意图
  对说服的选择性回避
  主动捍卫我们的态度：与对立态度进行驳斥
  抗拒说服的个体差异
  自我损耗会削弱说服抗拒

- 认知失调：认知失调是什么以及我们如何管理认知失调

  失调与态度改变：诱导服从的影响
  解决认知失调的多种策略
  失调何时可以作为利于行为改变的有效工具

- 研究告诉我们：文化和态度加工

你如何看待气候变化？这些信念是如何形成的？是否有一些观点尤其可靠，因为它们出自专家之口，所以可能比其他人对我们更有影响力？根据政府间气候变化专门委员会的调查（2014），人类行为导致碳排放量的上升，并且已达到了前所未有的水平。因此，全球气候变暖正处于上升趋势，可以预想，极端气候事件的发生也将会增加（比如，干旱、海平面上升、森林火灾、酷暑期）。

当几乎所有的气候科学家（98%）都认为气候变化正在发生，并且是由人类行为导致的同时，公众对于这件事所持有的确定性却小得多。这种"信念差距"仅仅因为公众没有得到足够多的信息？又或者存在哪些心理因素能够预测人们如何感知这种复杂的环境问题？Pew 研究中心的报告显示，截至 2014 年 8 月，50% 的美国人认为，人类活动正在导致地球变暖。不同年龄阶段的人们对于这个看法的支持情况差别较大：65 岁以上的人只有 31% 表示同意，而 18～29 岁的人有 60% 表示同意。对于气候变化的态度在不同教育水平的人之中也存在差异：高中学历的人中有 44% 表示同意，而受过大学教育的人中有 60% 表示同意。除了年龄和受教育程度，个人利益以及态度的强度也是人们形成关于气候变化的态度的一个重要因素。比如说，住在海岸线附近的人们相对于受气候变化直接影响较小的人们来说，更加关心气候变化以及海平面上升的预期高度（Milfont, Evans, Sibley, Ries, & Cunningham, 2014）。同样的，经历过非正常气候的人们，不管是严寒还是酷暑，也会更加关注气候变化问题（Milfont, Evans, Sibley, Ries, & Cunningham, 2014）。

你对于气候变化以及人们应该采取什么样的行动来缓和或者适应气候变化的观点，是受科学家的影响更多，还是受政治家或者其所属政党的影响更多？让我们来看一下，关于气候变化的态度，美国不同政党有何差异。一个关于美国成年人的调查显示，不同党派的人关于气候变化的观点存在本质差别。71% 的民主党派人士（以及自由偏民主党派）认为正是人类行为导致了气候变化，而只有 27% 的共和党（以及自由偏共和党派）同意这个观点（Pew Research Center, 2015）。正因为对身份的认同（"我们是谁"）塑造了我们关于这个世界的信仰，因此要不要采取行动对抗气候变化或其他集体性危机的意愿很容易在不同党派中有所不同。

有没有另外一种可能，正是由于气候变化的后果过于严重、令人恐慌，所以导致许多人不愿正视这件事？美国前总统奥巴马曾说（《纽约时报》，2014），气候变化是美国和这个星球所面临的最严重且长期的挑战之一，气候变化已是不容置疑的事实。重点是要找到一个平衡点，让人们意识到这个问题的紧急性，同时认识到其并非不可解决。过度的恐惧会不会非但不能说服人们接受"气候变化正在发生"这个事实，反而导致逃避态度呢？一些气候变化带来的可能后果（如图 5-1 所示）是否过于吓人而使得人们直接忽视这些信息呢？

关于气候变化的看法是否依赖于人们经历过异常气候事件，或是感到将要受到影响的可能性比较大（比如，因为住在海边所以会担心海平面上升）？我们对于这一问题的看法是否还受到我们所属重要群体的规范的影响？

图 5-1　关于气候变化的态度是如何形成的

这一章我们将会探索态度形成的因素，然后回答一些关键问题：态度是否仅仅是理性思考的产物？别人如何影响我们的态度，当我们试图抵抗他人的影响时会有怎样的结果？当人们面对明显的说服意图时会有怎样的反应？这是一个涉及几个不同过程的复杂问题。比如，什么时候人们会仔细审视眼前的信息，会受传播者可靠性的影响吗，什么时候会受到其他因素的影响（图5-2就是针对这个问题的有趣呈现）。我们还将探讨另一个重要的问题，人们在什么时候，会以怎样的方式试图说服自己，为什么行为能够引导我们改变态度？在探究这些问题的过程中，我们还会讨论是否所有态度都平等无差，还是其中某些态度会跟行为之间有更强的联系。最后，我们将探讨态度引导行为的过程。

社会心理学家用"**态度**"（attitude）这个术语来指人们对于世界各方各面的评价（e.g., Albarracin, Johnson, & Zanna, 2005; Olson & Kendrick, 2008），比如对待气候变化、某个物件、特定的某个人或者整个社会群体。这些评价有些是正面的，有些是负面的；有些态度很稳定，难以改变，而有些却很不稳定，因情境而发生变化（Schwarz & Bohner, 2001）；有些态度我们对此非常确定，而有些却很模糊难定（Tormala & Rucker, 2007）。

对于枪支控制、堕胎、同性婚姻，你的态度是否坚定？还是你对于自己所处的立场有些不确定？大麻合法化目前正在被各州的立法机关提上议程，公众对于这件事的态度在近几十年来也发生了不小的变化。那么，你对于大麻合法化的态度又如何？它是否和气候变化一样，与态度持有者的年龄、受教育水平、政治观念以及是否使用大麻有关（见图5-3）？他人对这件事的态度是否会对你产生影响？一致性，即他人态度多大程度上与本人态度一致，对于态度有怎样的影响？当与我们观念一致的人表现出对于某种态度的坚定认同时，我们也会倾向于与他们保持一致，并且同样表现出对于态度的确定性（Clarkson, Tormala, Rucker, & Dugan, 2013）。

关于态度的研究是社会心理学领域的重点，因为态度影响到生活的几乎每个方面。即便我们不一定对某个特定事件持有强烈的态度，相关的价值观也会影响到态度的形成。让我们来讨论另一个社会热点事件：人类胚胎干细胞的使用，公众的态度又是怎么样的？研究结果表明，对于此类新鲜事件的态度受到人们长期价值观的影响，比如宗教信仰能够预测人们对于干细胞使用的态度，而非公众所掌握的科学知识的程度（Ho, Brossard, & Scheufele, 2008）。回顾第2章，人们对于刺激的评价，即将刺激看作是积极的或是消极的，是人们尝试理解世界的第一步。对于刺激所做出的评价性反应，和非评价性反应会引起不同的脑波活动（Crites & Cacioppo, 1996）。也就是说，快速评价和仔细考量，大脑的运作是不同的。

图 5-2　气候变化的提出增加了很多人的恐惧

2014年美国的民意调查显示，在"气候变化是不是由人类引起的"这件事上存在明显的政治分歧。民主党有更多的人持肯定意见。如图所示，科学家报告说气候变化正在发生，但由于公众整体表现得并不那么关心，政客们在公开表达对于这种可能性的支持时也格外谨慎。

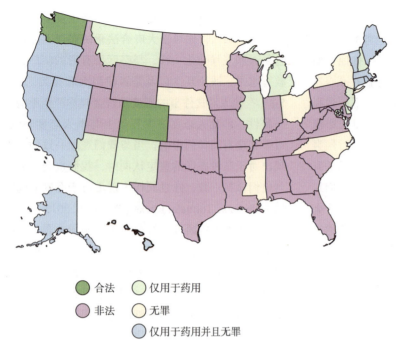

○ 合法　○ 仅用于药用
○ 非法　○ 无罪
　　　　○ 仅用于药用并且无罪

自2014年起，美国23个州将大麻的医用和娱乐消费合法化。什么因素可能影响人们对于大麻的态度呢？

图 5-3　对大麻的态度：是否支持合法化

我们的态度既包括可以被意识到与表达出来的**外显态度**（explicit attitude），也包括不可控制或者根本不能被意识到的**内隐态度**（implicit attitude）。我们以种族态度为例，就可以看到这两者之间的区别。很多没有种族歧视或者自认为是种族平等论者的个体报告他们对非裔美国人持有积极的外显态度，然而他们经常会对非裔美国人表现出无意识的消极反应，这就是内隐态度，因为对于在美国长大的个体来说，他们基本上很难避免形成这种负面的种族联想（Fazio & Olson, 2003）。这种内隐态度有时会对结果产生重要影响，比如当被告是黑人时，陪审团所做出的决策（Goff, Eberhardt, Williams, & Jackson, 2008）。

通过人们报告他们对某些事物外显的想法和感受，社会心理学家可以了解他们在这些事物上的态度。然而，我们还需要其他途径来帮助我们了解人们的内隐态度。用来测量内隐态度的一个方法是内隐联想测验（IAT; Greenwald, McGhee & Schwarz, 1998）。内隐联想测验的依据是我们用正面或者负面的描述性词汇与某些事物进行联系的容易程度。如果某个个体对某个社会群体（如"加拿大人"）与某些评价性的词汇（如"有礼貌的"）形成了一种紧密的联结，那么他会在这两者的组合上做出很快的反应，而对于这个社会群体与另一个未形成联结的词汇（如"粗鲁"）组合时，则反应慢一些。不同的反应速度反映了人们对于不同社会对象的不同态度。薪水的性别差异直到今天依旧存在。其中的部分原因是否是人们无意识地将金钱的属性与男性而非女性联系起来？Williams, Paluck 和 Spencer-Rodgers (2010) 利用内隐联结测试进行研究发现：男性相关的词（例如，男人、儿子、丈夫）被自动地与财富相关的词（例如，富裕、现金、薪水）联系起来，即当这两类词配对出现时，人们的反应时更快。当财富相关的词与女性相关的词（例如，母亲、阿姨、女儿）配对时，反应速度较慢。如果你想知道内隐态度的测试是如何完成的，可以访问网站 http://implicit.harvard.edu/implicit，这个网站提供了对很多群体的内隐联想测验，你可以通过参加测验来了解你对这些群体的内隐态度。

然而，在进行测验之前需要注意的是：尽管一些研究者把 IAT 视为"了解内心想法"的一个重要方法，但对于 IAT 测验的批评却始终存在，一些观点认为 IAT 评价的只是社会群体和不同形容词之间的一种很普通的联结，而事实上个体可能并不认可这种联结。也就是说，一个人可能确实充分意识到对某个特殊的社会群体存在普遍的负面态度，但是他本人可能并未持有这种负面态度。Arkes 和 Tetlock（2004）曾经提出假设，因为广为人知的美国黑人领袖 Jesse Jackson 了解对非裔美国人普遍存在的负面态度，他可能会在 IAT 测验中失败！也就是说，这个测验可能表示 Jesse Jackson 对他自己的团体持有负面态度。这暗示了类似的内隐测验很大程度上测量的是个体对文化的熟悉程度而不是他的真实态度，IAT 分数的意义依然存在争议（Gawronski, LeBel, & Peters, 2007）。更重要的一点，最近的研究显示 IAT 结果很容易造假（Fiedler, Messner, & Bluemke, 2006），人们对于自己的测试结果是有意识的，并且在预测 IAT 反应时惊人地准确（Hahn, Judd, Hirsh, & Blair, 2014）。然而总的来说，问题虽然存在，关于外显和内隐态度的大量研究还是很清晰地说明了人们的外显态度和内隐态度对于我们所处世界的评价，内隐态度测试相比于外显态度测试能够更好地预测某些行为（Greenwald, Poehlman, 8Uhlmann, & Banaji, 2009）。

社会心理学家重视态度的另外一个原因是态度通常会影响我们的行为，尤其当这种态度强烈并且容易形成的时候（Ajzen, 2001; Bizer, Tormala, Rucker, & Petty, 2006; Fazio, 2000）。你对明星持什么态度？比如 Lindsay Lohan，Britney Spear 和 Paris Hilton？如果你对他们态度是积极的，那你可能很喜欢在社交软件，比如 Twitter、Facebook、Instagram 上关注他们的动态（如图5-4）。还有，你喜欢看真人秀类的电视节目吗？如果喜欢，那我们就可以比较保险地预测你会倾向于选择收看《与卡戴珊姐妹同行》（Keeping up with the Kardashians）、《好声音》（The Voice）、《与明星同舞》（Dancing with the Stars）、《致命捕捞》（Deadliest Catch）或者《鸭子王朝》（Duck Dynasty）这类的节目。如果你喜欢看戏剧，那么你可能会收看《美少女的谎言》（Pretty Little Liars）或者《少狼》（Teen Wolf）。

态度还会对那些重要的、能造成长期后果的行为选择产生影响，因此，了解态度如何影响决策是很重要的。假设你收到一封来自学生医疗服务办公室的邮件，提醒你在秋天的时候去接种流感疫苗以预防流感。什么因素会影响你去做这件事？因为人们对于未来后果重视程度的不同，可能会影响到"接种疫苗"这个信息的加工，从而影响到决策。Morison、Cozzolino 和 Orbell（2010）提出如图5-5所示模型，该模型认为考虑决策后果会引导人们产生对于信息的积极思考，比如考虑接种疫苗的好处与风险，这些想法能够预测人们对于疫苗的态度。

当人们对于某个特定的名人抱有积极态度的时候（从左到右：Sadie Robertson, Janel Parrish, and Tyler Posey），他们更愿意在生活中听到关于这些名人的报道，关注他们在 Twitter 和 Facebook 上的动态，关注他们的信息。

图 5-4　对于名人的态度可预测反映生活兴趣的行为

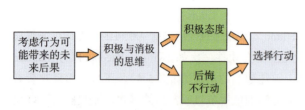

在阅读了关于疫苗的好处与风险的信息后，那些关注将来可能发生的后果的人报告了对于疫苗更加积极的态度，并且可以预测他们对于疫苗的态度，以及没有注射疫苗的后悔程度，进而预测同意接种疫苗的决策。

图 5-5　影响态度和医疗决策的因素

为了检验这个模型，研究者首先评估了家长考虑决策引起的未来后果的倾向，然后给他们提供平衡顺序后的两方面信息，比如让他们的女儿接种人类乳突淋瘤病毒（引发女性子宫颈癌）的疫苗的好处和风险。在阅读了有关病毒和疫苗的信息之后，家长们将他们的想法写下来，这些想法之后将被编码为消极的或是积极的。用这种方法可以测量出家长们对于疫苗的态度和预期——如果他们的女儿在将来因为没有接种疫苗而患病导致的遗憾。最后测量父母是否同意让女儿接种疫苗。结果支持了研究者提出的模型：对于行为可能导致未来的后果考虑更多的父母，对疫苗的积极想法（相对于消极想法而言）会更多，因此同意接种疫苗的态度也会更加积极，不作为的预期后悔程度也更深。这些都会促使父母做出让女儿接种疫苗的选择。因此，有时候人们态度的形成是基于对信息的详细考虑，一旦态度形成，即可在重要领域（例如医疗决策）预测人们的行为。本章我们首先将探讨影响态度形成的众多因素。然后深入探讨之前所提的问题：态度在什么情况下影响行为？另外很重要的是，它们什么时候不会影响行为？其次要讨论的是态度的改变，即说服的过程。再次是态度通常拒不改变的原因。最后我们将谈到，在一些特殊情境下，行为会反过来塑造我们的态度。这个过程称为认知失调。它对于态度改变以及社会行为其他方面的影响都具有非同一般的深刻含义。

5.1　态度的形成：态度是如何发展的

你对以下事物抱什么看法？人们身体上的文身、美剧《权利的游戏》和《实习医生格蕾》、寿司、警察、丰田汽车、涂鸦、猫还有乡村音乐？大多数人对我们所处文化的方方面面都持有自己的态度。但是我们这些观点是怎么产生的？是亲身经历的结果、受他人观点的影响而产生，还是受到媒体的影响？这些态度是坚定而不随时间改变的，还是可能会随着所处环境的变化而改变？现实中，我们的很多观点都是通过观察他人的行为或者与他人进行互动而得到的，我们将这个过程称为**社会学习**（social learning）。换句话说，我们的很多观点都是通过与他人的互动，或仅是观察他人的行为习得的。这种学习方式发生于不同的过程中，后文将对这些过程进行概述。

5.1.1　经典条件作用：联结学习

心理学中存在一种基本原理，当一个刺激（无条件刺激）能够引起一种积极的响应，而这个刺激（无条件刺激）有规律地出现在第二个刺激（条件刺激）之前，前者就会变成后者出现的信号。广告商和其他希望对某些群体进行说服的机构精于此道，他们正是利用了这个原理来引导人们对他们的产品产生正面态度。一开始，你需要了解你的潜在客户群对哪些事物已经持有正面的态度（看看哪些事物可以拿来做无条件刺激）。如果你正在推广一种新啤酒，而你的目标客户群是年轻男性，那么你有充分的理由假定年轻漂亮的女人将会引起他们的响应。接下来，你的产品（啤酒商标的形式，这个是中性刺激或者条件刺激）需要不断重复地与漂亮女性的图片配对出现。不久之后，你的目标客户群就会对你的啤酒产生积极的态度。当然，对于其他的目标客户，与之相匹配的非条件刺激与啤酒标志配对出现，可以达到同样的效果。如图 5-6 所展示，百威和其他厂商正是利用了这一原理来影响产品的销售并从中获益的。

经典条件作用通过两条路径影响态度：直接路径和间接路径（Sweldens, van Osselaer, & Janiszewski, 2010）。更普遍有效且经典的方法就是直接路径（the direct route），在百威啤酒的广告中得以体现。也就是说，积极刺激（例如，不同的漂亮女郎的形象）与产品进行反复配对，目的是将客户对于女人的正面积极的感觉直接转移到产品上。将特定的某个名人形象与产品做配对,并且目标客户已经是这个名人的支持者时,两者的记忆联结也可以建立起来。间接路径的思想就是:通过反复将某个特定的明星与产品配对出现,之后无论客户何时想起这个名人,产品也会同时出现在脑海中。现在想一想篮球巨星迈克尔·乔丹,你是不是能够更快地想到耐克这个品牌?间接条件作用加工如果有效,需要人们意识到记忆联结正在形成,但人们对于非条件刺激(即特定的那个名人)的积极印象并不是必需的(Stahl, Unkelbach, &Corneille, 2009)。

最初人们可能对这个产品及其包装的态度是中性的,但是经过这个产品标志与漂亮女郎这个非条件刺激的反复配对,作为目标受众的青年男性就会在看到啤酒标志时产生积极的态度。

图 5-6　态度的经典条件作用——直接路径

经典条件作用对于塑造人们的态度有重要作用,即便有时我们没有意识到刺激存在,它依然可以发挥作用。比如,在一项实验中(Walsh & Kiviniemi, 2014),给学生看苹果和香蕉的图片,并且同时在非常短的时间内呈现引起积极或消极感觉的其他图片,由于呈现时间非常短,被试并不会意识到这些图片的存在。当被试受到引发积极感觉的图片阈下刺激时(比如,动物幼崽),相比于接受消极图片刺激(比如,垃圾车)和中性图片刺激(比如,篮子)的被试,更有可能选择水果作为一种零食。由于呈现时间非常短,被试甚至没有意识到他们接受了第二组图片的刺激,但是这组图片确实显著影响到了被试对于水果的选择,这种选择并非被试意识到水果的营养价值之后做出的有意识的改变。水果和积极形象的反复配对让被试产生了一种情感上的联系,从而影响到被试接下来的行为选择。这些发现告诉我们**阈下条件作用**(subliminal conditioning)也能够影响态度,也就是说在我们没有意识到其中所涉及的刺激时,经典条件作用就产生了。

的确,**简单暴露**(mere exposure),也就是之前看过某一事物,但是由于呈现时间太短而想不起来曾经看过它,也能够导致态度的形成(Bornstein & D'Agostino, 1992)。这是阈下刺激的一种情况,阿尔茨海默症的早期患者不能记住刺激物,但是他们却能在简单暴露中形成新的态度(Winograd, Goldstein, Monarch, Peluso, & Goldman, 1999)。即便我们能够记住看过的信息,重复接触也会产生一种熟悉感,从而让人们形成更加积极的态度。Moons, Mackie 和 Garcia-Marques(2009)称这种现象为真相的错觉效应(illusion of truth effect)。他们的研究表明更多的积极态度在暴露于强或弱观点之后形成,在这个过程中,很少细节信息会被加工。这些证据充分表明,就算人们仅仅是反复听到广告信息,对于态度形成都是可能产生影响的。但我们要知道,当人们怀有动机并且能够充分加工信息的时候,这种效应是可以被克服的。

不管这是不是我们所希望的,态度一旦形成就会对行为产生影响。比如在经典条件作用下,孩子形成了对某些族群或者宗教团体的负面态度,接着他又在具有跨文化特点的环境中学习,而这里是不支持那种负面态度的(例如,这些态度被视为是不好的或者是不可接受的)。Falomir-Pichastor, Munoz-Rojas, Invernizzi 和 Mugny(2004)在瑞典进行的一项研究表明(如图5-7所示),即使班级有反对歧视这样的准则,孩子们也只有在感受到来自那个群体的威胁较低的时候,才会减弱这种偏见。如果感到来自那个群体的威胁比较大,那么即便班级规则是不允许歧视的,孩子们也还是会保持这种偏见态度。只有当威胁解除,改变负面态度的尝试才会奏效。

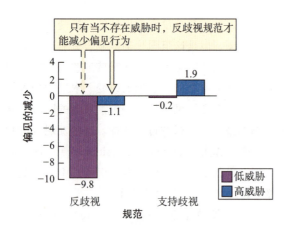

在这个研究中,一种反歧视的社会规范只有在人们没有感受到威胁的情况下,才能够有效地降低他们对群体内成员的偏爱。排除威胁感影响,如果呈现一种支持歧视的社会规范,人们会通过偏袒群体内成员表现出这种歧视。

图 5-7 感受到威胁会导致对外国人的偏见行为,即便社会规范是反歧视的

5.1.2 工具性条件作用:奖励"正确"看法

当我们被问及自己对于大麻的态度时,大多数的人都会立刻想到"这是错误的行为!"这是因为大多数的小孩在表达"对它说'不'"这种观点的时候,会得到父母不断的褒奖。因此,个体就学到了在他们认同的人当中,什么样的看法被认为是"正确"的并且会被接受。这与美国民主党和共和党派人士对于气候变化态度存在的巨大鸿沟是一致的。

得到正面结果(比如表扬)的态度会被加强,也更可能会被重复,而得到负面结果(比如惩罚)的态度会被削弱或减少。因此,另一个从他人那里学到态度的方式是**工具性条件作用**(instrumental conditioning),这是我们的态度和行为与奖励、惩罚相联结的一个过程。有时候这种条件性过程是很微妙的,这种奖励是一种心理上的接受。父母通过笑容、称赞或者拥抱来奖励小孩说出"正确"的观点。正是通过这种形式的条件作用,大多数的小孩在进入青春期,也就是在同伴的影响变得特别重要之前,会在政治、宗教和社会方面上有和父母及其他家庭成员类似的观点(Oskamp & Schultz, 2005)。

当我们处于一个新的环境,在这个环境中,我们之前的态度可能被支持或者不被支持的时候,会发生什么呢?大学生活的一部分就是离开家庭和高中的朋友们,进入一个新的**社交网络**(social networks),这个社交网络由定期与我们互动的个体组成(Eaton, Majka, & Visser, 2008)。这个新的社交网络(比如,联谊会或兄弟会)中的个体可能跟我们在一些重要的社会事件上持有相同的态度,又或者他们分别对于该事件持有不同的态度。那么,当进入一个新的社交网络时,我们是否会为了获得重要的人的奖赏和同意而形成新的态度呢?

为了探讨这个问题,Levitan 和 Visser(2009)测量了芝加哥大学的学生们刚入学时的政治态度,并在接下来的两个月时间里确定这些学生新建立的社交网络,以及他们跟这个社交网络中的每一个成员的亲密程度。这些信息可以帮助研究者确定新朋友对于这些学生政治态度的影响。当社交网络成员表现出的对平权运动的态度更加多元化的时候,这些学生的态度在两个月的时间里改变更大。研究结果表明,加入新的社交网络是相当有影响力的,尤其是当我们遇到之前没有接触过的强有力的观点的时候(Levitan & Visser, 2008)。迎合他人的渴望,通过持有相似态度来得到奖赏,都是态度形成和改变的强有力的动机。

人们能够意识到,在不同的群体里,表达对于某种特定态度的支持会给他们带来奖赏(或惩罚)。有时候人们并不一定会改变态度,而是对一个听众表达某个话题的一种观点,而对另一个听众表达另一种观点。实际上,对这两种观点潜在不兼容的听众本身可能就不属于同一个团体(比如,你的父母和你在学校的朋友)。如图 5-8 所示,在不同的社交网络表达不同态度的时候,我们是不太可能被发现的。

社会心理学家在评估人们如何根据听众来调整自己的态度时用到一种方法,就是看他们根据要表达态度的对象不同,态度会发生怎样的改变。例如,当某个人有想加入某个兄弟会或是姐妹会的意图时,他表达出来的对其他的兄弟会或是姐妹会的态度就会因听众不一样而发生变化(Noel, Wann, & Branscombe, 1995)。当他确信自己的态度立场会被组织内的成员(往往是组织内能够决定他人能否加入组织的人)所知道时,他就会表达出对其他的兄弟会或是姐妹会的贬低,以此来证明自己加入组织的决心;当他知道自己的态度将不会被组织内的成员所

知晓时，他们就不会表达出这种态度立场。所以说，我们态度的表达取决于我们在过去受到的以及我们期望在将来受到的奖赏。

人们经常会根据听众不同来调整自己的态度。当和社交网络中的不同人互动时，或交流背景和对象改变时，人们的态度也会转变。

图 5-8　对不同的人表达不同的态度

5.1.3　观察学习：学习他人

有时候态度的习得或表达并不能够带来直接的回报，即态度形成的第三种途径——**观察学习**（observational learning）。观察学习是指个体只是通过观察他人就能够习得行为和态度（Bandura, 1997）。例如，人们通过接触到广告，看到"跟我们一样的人"对不同对象表达出来的积极或者消极的态度，来形成对于很多话题和对象的态度。

为什么我们喜欢采取别人的态度和模仿他人的行为呢？一种答案是**社会比较**（social comparison）机制在起作用。社会比较机制是指：人们存在一种通过与他人进行比较来决定自己对社会现实的看法是否正确的倾向（Festinger, 1954）。也就是说，如果我们的看法与其他人的看法有很大的一致性，我们就会认为我们的观点和态度是正确的。总之，我们会认为，如果他人有同样的看法，那这一看法肯定是正确的。还有一个问题：我们是均等地从不同人身上习得态度呢？还是会因我们与被观察者的关系不同而不同呢？

人们经常为了与**参照群体**（reference groups，人

们所珍视和认同的群体）保持看法上的一致性而调整自己的态度。例如，Terry 和 Hogg（1996）研究发现：人们是否对涂防晒霜持积极的态度取决于他对提倡这一做法的群体的认同度。因为与所珍视的人进行社会比较，我们习得了新的态度。社会比较的这种效应会在我们形成对新的、没有接触过的社会团体的态度中产生怎样的影响呢？想象一下，如果你听到一个你非常喜欢和尊敬的人表达出对某一个团体的负性态度，这会影响你对这个团体的态度吗？你可能会回答"当然不会"，然而，研究发现却与你的回答相反。听到与我们很相近的人表达出对某一个群体的负性看法，很有可能会导致你也形成同样的态度，甚至有时候我们根本就没有见过这个群体中的任何一员（e.g., Maio, Esses, & Bell, 1994; Terry, Hogg, & Duck, 1999）。在这种情况下，我们的态度是由我们希望与所喜欢的人保持一致的愿望而形成的。现在，你再想想，如果你听到的是一个你不喜欢的、与你也不相似的人表达出对这个群体的消极态度，你的态度会怎样呢？在这种情况下，你可能确实不会采纳这个人的态度立场。人们不会因与自己不同类的人在看法、态度上的不一致而感到困扰；事实上，人们原本就预期与自己不同类的人有不同的态度。不同的是，如果你与自己相似的人在重要的态度上有差异，你就很有可能感觉不舒服，因为这些人在你的预期中应该跟你是一样的（Turner, 1991）。

我们的态度受他人影响的大小取决于我们对这些人的认同程度，而且，我们也预期：如果认同某一些人，我们自己的态度立场将会受到他们的影响。例如，某一学生团体创作并宣传有关性安全和艾滋病预防的信息，那些认同这一团体的人就会相信自己会受到这些信息的影响，而那些对这一团体认同比较低的个体就可能预期自己不会受到这些信息的影响（Duck, Hogg, & Terry, 1999）。所以，如果我们认同某一团体，就会预期自己会受到这些组织的影响，也就更有可能接受这一团体所提倡的态度。

我们现在来看看这一过程是如何起作用的。假设有人让你评价你从未用过的新产品，那些与认同相关的信息将会怎样影响你的态度呢？为了回答这一问题，Fleming 和 Petty（2000）做了一个研究。

他们首先选择两组男女学生被试,一组被试对自己的性别有较高的认同,另一组被试的性别认同感则比较低。然后向他们介绍一种新的点心,他们或者被告知"这是女性最喜欢的点心",或者是"这是男性最喜欢的点心"。我们从图5-9中可以看出,对于有较高的性别认同的人,当他得到的信息是自己的同性别人群喜欢这一点心时,他们对这一点心就有更积极的态度。相反,对于那些性别认同较低的男、女性来说,他们在得到这两种信息后,对产品的态度就没有差异。这些研究结果表明,我们形成的态度确实受到我们对群体的认同程度以及我们对这些群体成员所持态度的看法的影响。

更多关于模型在我们对食物的态度上的惊人作用,吃什么和我们应该吃多少,请参阅专题"研究告诉我们:社会模型和进食"。

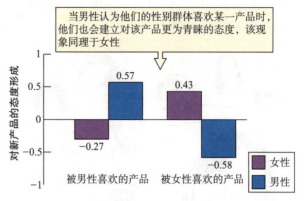

对于性别高度认同的群体,无论男女,当想到其他同性会喜欢某种新产品时,他们对于该产品就会形成更积极的态度。

图5-9 对自身性别高度认同的群体的态度形成

研究告诉我们

社会模型和饮食

吃什么、什么时候吃、吃多少都会受到他人的深刻影响。不仅当他人在场时我们会吃东西(比如,家庭晚餐),而且我们在生命早期已经知道了什么食物是可以接受的,什么食物被认为是恶心的(比如,虫子、狗肉、蛇和蟑螂)。事实上,我们可能由于新获得的政治信仰而对一些之前吃过的事物产生消极态度(比如,变成素食主义者之后拒绝吃肉。)

社会规范对我们的信仰产生影响,不仅在于我们应该吃什么,还在于我们应该吃多少。肥胖和减重都与我们所属的社交网络有关(Pachucki, Jacques, & Christakis, 2011)。事实上,在一些操纵食物摄入规范的研究中,操纵与被试同一群体的人认为高热量(或低热量)摄入是规范性的。结果表明,被试后来的选择和实际的食物摄入量都受到了影响(Robinson, Thomas, Aveyard, & Higgs, 2014)。当和他人一起吃饭的时候,我们会倾向于模仿他人的饮食行为,这是非常明显的社会模仿效应。这种模仿被认为是一种逢迎,或者说是想要被他人接受的愿望。

Robinson, Tobias, Shaw, Freeman和Higgs(2011)的研究证实了社会接受的需求在匹配他人的饮食行为中的作用。首先,研究者让一半的被试感受到社会性的接受,此时他们与另一个人的饮食行为匹配的需求很低,另一半的被试作为控制组,社会接受被剥夺。之后要求被试与主试的助手玩四个"猜字游戏",助手们在游戏过程中吃了一定数量的爆米花。结果如预期,社会接受感被剥夺(即控制组)的被试更倾向于与助手的进食行为保持一致。这表明不管我们生理上的饥饿状态是怎样的,当我们想要更靠近他人以及被他人所接受的需求产生时,进食行为的社会模仿也会发生。

一项结合了69个研究的元分析测量了社会模仿对于人们进食的影响,研究控制了无关变量,包括被试的体重、性别、进食状态,等等。结果发现,不管吃的食物类型是哪一种(比如,饼干、水果或蔬菜),都存在很强的社会模仿效应,人们进食的量会与他人匹配(Cruwys, Bevelander, & Hermans, 2015)。如图5-10所示,下次你跟朋友一起吃晚餐时,记住模仿效应对于进食态度的影响也许是有帮助的。当他人被分类为"像自己的人"时,社会模仿效应更有可能发生。如果朋友们点了一份甜品,我们也会跟着点,即便意识信念告诉我们不应该这么做!

关于食物以及进食量的态度会受到他人的影响,特别是我们觉得与之相似的人,因为我们强烈地以他们传达的看似共同的规范为指导。

图 5-10 模仿他人的饮食

要点 Key Points

- **态度**是关于社会各个方面的评价,态度可以让我们的看法多元化;
- 态度可以是**外显**的,即有意识的,很容易可以表现出来的。或者是**内隐**的,即不可控制或者没有意识的。内隐联结测验通常用来测量人们对于某个群体或者对象的态度是积极还是消极的。
- 态度可以通过**社会学习**的方式从他人那里获得。态度的学习可以涉及经典条件作用、工具性条件作用或者观察学习。对于新主题的态度可以被我们所归属的群体塑造和评价(即**参照群体**)。
- 即使在无意识情况下,态度也可以通过经典条件作用获得,通过**阈下条件作用**和**简单暴露**即可。
- 态度可以通过**工具性条件作用**获得,对特定观点进行奖励或惩罚。当人们进入一个新的由持有不同态度的个体组成的**社交网络**时,态度可以发生转换。
- 因为我们通过与他人的比较来决定我们关于社会现实的观点是否正确,所以我们经常受到他人态度的影响。通过**社会比较**,我们倾向于采用那些与我们相似的人的态度。
- 当我们认同一个群体时,我们期望被那些指向群体的信息所影响。当我们不认同这个群体时,我们则不希望受到这类信息的影响。对于食物以及进食量的态度反映了人们对于同一类人的社会模仿。

5.2 态度何时以及为什么会影响行为

到目前为止,我们已经探讨了态度是如何形成的。但有另一个重要问题尚未解决:态度能否预测行为?这个问题早在 70 多年以前就已经被 LaPiere(1934)所做的一个经典研究解决了。

研究主要想了解当人们对某个群体持有消极态度时,他们是否也会产生相应的行为。研究过程中,LaPiere 带着一对中国夫妇在全美进行一趟旅行。在整个旅行途中,他们在 184 个餐馆用过餐,下榻过 66 个宾馆和汽车旅馆。而其中大多数时候,他们都受到了亲切周到的服务。只有一次被拒绝服务。LaPiere 报告说其实大多数时候,他们都得到了中上水平的服务。

旅行结束 6 个月后,LaPiere 给所有他们用过餐或下榻过的企业发去信件询问,看他们是否会为中国访客提供服务。惊人的是,在 128 个对信件进行回复的企业中,92% 的餐馆和 91% 的宾馆都说"不为中国客人提供服务"。

因而，LaPiere的结果说明在态度和行为之间通常是存在着一条鸿沟的。一个人可能说他对某一事物有这样那样的观点态度，可当真正面对那个对象时，他的行为表现很可能与他的态度大相径庭。这是否意味着态度无法预测行为？未必如此。为了理解为什么态度不能够直接地预测行为，我们需要认识到可能对歧视行为产生影响的规范非常多样。因此，即便是存在很强的偏见的人，也会因为情境压力太大而无法总是表现出这种偏见来。同样，那些认为自己没有任何偏见的人，也有可能在某些情况下，表现出对别人的群体身份的歧视。现在就让我们一起来看一看社会情境如何影响态度与行为之间的联系。

5.2.1 态度与行为之间的情境因素

你可能也有过在态度和行为之间产生冲突的情况，这是因为社会情境可以直接影响态度-行为的关系。比如，当你的一个朋友向你展示他引以为傲的文身时，你会怎么说？如果你认为文身并不好看，你会实话实说吗？也许会吧。但其实更多的时候，即便你的态度是消极的，你也会为了避免伤害朋友的感情而说你喜欢这个文身。显然我们从这些例子中可以明白，我们的选择不一定代表我们的真实想法，社会情境因素会限制态度决定行为的程度。就像这个例子阐述的一样，根据行为是否会产生社会后果，态度和行为之间的联系可能有所不同。相反，与你对你朋友的文身的态度-行为不一致不同的是，你的态度在你是否会选择文身上将会有很高的预测性。

基于社会情境在决定态度与行为关系中的重要作用，近期的研究主要关注决定态度-行为一致的因素以及态度如何对行为产生影响。几个因素决定了态度和行为相呼应的程度，其中情境的几个方面影响态度决定行为的程度。同时，态度本身的特点也很重要。比如，你对你的态度有多确定？越是清晰与确定的态度对行为的影响越大（Tormala & Petty, 2004）。事实上，当人们认为他们的态度在一段时间内能保持稳定时，他们对这些态度会表现得更加确定，并且更可能体现在行为上（Petrocelli, Clarkson, Tormala, & Hendrix, 2010）。众所周知，年纪大的人相比于年轻人，对于自己持有的态度更加肯定。近期的研究表明，其中一部分原因是：年纪大的人更加重视"保持坚定"或是在某些态度立场上保持绝对，出于这个原因，他们更倾向于表现出态度-行为的一致性（Eaton, Visser, Krosnick, & Anand, 2009）。

你有没有过怕把对某件事的真实态度表达出来会导致别人对你产生某种看法的担忧呢？一项由Miller，Monin和Prentice（2009）等人所做的研究，就给普林斯顿大学学生设置了这样一种两难状况。这些学生对于酗酒的个人态度都是相对消极的，但是他们相信所有其他人的态度都比自己要积极一些，这是**多数无知**（pluralistic ignorance）的一个范例，即我们总是错误地觉得别人与自己有着不一样的态度。当这些学生被随机地分配在两个由其他斯坦福学生组成的群体中，其中一组对于酒精的态度比被试本人更积极，另一组则是更消极。当向其他斯坦福学生表达他们对于酒精的态度和选择酒精政策作为讨论话题时，这些学生表现有所不同。当同组讨论的其他学生对于酒精的态度比被试本人更加积极的时候，他们在表达校园饮酒的态度时感到更加舒服，并且更有可能选择这个话题来进行讨论。但如果他们发现其他人对饮酒的态度比本人更加消极时，他们就不会这么做了。这种在校园规范的引导下想要表达态度的模式，在学生对自己所处群体高度认同时尤其强烈。

5.2.2 态度的强度

先让我们思考一下这个故事所阐述的情形：一个大公司长达几十年向公众销售一种危险产品，却只在内部分享有关这种产品的上瘾性知识以及对这种上瘾的处理办法。而一个公司主管为此一直遭受着良心上的不安与自责。最终，这位职员向媒体披露了这些情况。接下来的调查查出了这位揭发人，而他也被上级起诉了（这件诉讼案后来放弃了）。

你可能知道这里提到的人和公司，因为这件事情后来被拍成了电影《惊爆内幕》。Jeffrey Wigand就是这个揭发烟草公司不良行径和他的前任雇主Brown & Williamson的人。为什么人们会采取如此强硬的冒险行为呢（如告发自己的老板）？答案很明确：因为人们坚信企业应该以诚信为本，尤其当他们可能对公众造成潜在危险的时候。像这一种基于道德信念的态度可以激发人们强烈的情感并且能够很好地预测行为（Mullen & Skitka, 2006）。换句话说，态度是否能够预测一种持久不变的和可能存在很高代价的行为，决定于这种态度的强度。我们来看看为什么态度的强度会有这种效果。

强度包含着一种态度的极端性（即情感反应有多强），对它的确定程度（你知道这种态度是什么，并认为持有这种态度是正确的）以及它与个体经验的相关程度。这三个因素决定了态度的易得性（在不同情境下，态度进入脑海的容易程度），也决定了态度最终在什么程度上影响行为（Fazio, Ledbetter, & Towles-Schwen, 2000）。如图 5-11 所示，最近的研究表明这些因素相互关联同时又各自在态度影响行为的过程中发挥作用（Petty & Krosnick, 1995）。现在我们来深入讨论一下这些重要因素。

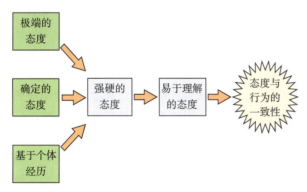

那些极端、确定和基于个体切身经历的态度倾向为比较强硬的态度。越强硬的态度与行为越相关，也会比微弱的态度导致更好的态度 – 行为一致性。

图 5-11　态度强度如何影响态度 – 行为一致性

5.2.3　态度的极端性：既得权益的角色

首先我们讨论态度的极端性，也就是一个人对某一事物的态度在某一方向上的程度（Visser, Bizer, & Krosnick, 2006）。一个重要的决定因素是社会心理学家提出的既得权益，即某一态度对个体的相关重要性。就是说对象或事物可能对个体产生十分关键的影响。许多研究表明，既得权益越大，态度对行为的影响力就越大（Crano, 1995; Visser, Krosnick

& Simmons, 2003）。比如，如果电话调查一个大学的学生是否愿意参加一个将法定饮酒年龄从 18 岁提高到 21 岁的活动，他们的反应就会与他们将受这个政策影响的程度相关（Sivacek & Crano, 1982）。那些会受到这个新条例影响的人，也就是 18～21 岁的学生的反应要比其他人强烈的多。因此我们可以预测，这些利益受到威胁的人更有可能参与集会反对这个政策变动。结果也正是这样，47% 的既得权益较高的人表示愿意参加这个活动，而只有 12% 的既得权益较低的人表示愿意参加。

这些拥有既得权益的人不仅在行动上如此，他们也会努力在态度上积极维护自己的立场。比如，Haugtvedt 和 Wegener（1994）发现，当要求被试考虑是否要建立一个核工厂时，如果这个工厂要建在自己住所附近（高个体相关），比这个工厂要建在较远的地方时（低个体相关），他们会提出更多辩驳这个计划的观点。因此，以既得权益为基础的态度会进行更加详尽的思考，因而也就更加拒绝改变，也更能指导行为。

研究结果表明，既得利益在即时情境下特别容易对判断和行为产生影响，而抽象利益则更容易影响遥远未来的判断和行为（Hunt, Kim, Borgida, & Chaiken, 2010）。这些研究者所解决的问题正是 Frank（2004）的书《堪萨斯怎么啦》中所阐释的，这些问题长期困扰对投票感兴趣的人。也就是说，人们什么时候基于自己的经济利益投票，什么时候"明显违背他们的经济利益"，是基于以价值为基础的建议投票？

为了测试既得利益什么时候对人们的行为发挥最大作用，什么时候扮演并不那么重要的角色，研究让学生的物质利益和平等主义价值观形成对立。研究被试是一群美国白人学生，研究者向他们展示学校的提议，让其中一组学生相信这些提议很快会在他们的学校颁布，而另一组则是在很久的未来才颁布。提议包括为了筹集资金重新招募那些被削减的少数民族学生，学费将上涨 10%。即刻颁布条件组的被试对提示表示反对，尤其当他们本身的经济压力很重时。他们的表现与个人经济利益保持了一致。相反，另一组的被试赞成这个提议，因为他们是平等主义支持者。这项研究表明，当政策具有即时影响时，既得物质利益确实会影响态度和投票。但是当影响发生在较远的未来时，人们会根据自己的价值观来投票。

5.2.4 态度的确定性：清晰度与正确性的重要性

研究发现了态度确定性的两个重要部分：一个是**态度清晰度**（attitude clarity），即很清楚自己的态度是什么；还有一个是**态度正确性**（attitude correctness），就是认为某个态度是否合理有效。Petrocelli，Tormala 和 Rucker（2007）的一项近期研究区分了影响这两个部分的一些因素。

为了完成这个任务，Petrocelli 等人（2007）首先确认被试对某件事情持有消极态度：要求学生时刻佩戴身份证。然后进行知觉的态度一致性处理，告诉一半的学生说大部分其他的学生（89%）同意他们的观点。然后告诉另一半学生说大部分人不同意他们的观点（只有 11% 的人同意）。结果表明，两组表现出了相近的态度清晰度，但是在正确性的知觉上，第一组（89% 的人同意的那组）比另一组（11% 同意的那组）要高。所以，如果知道别人跟我们持有同样的态度，这就对我们的态度进行了确认，从而增加它的确定性。

清晰度，态度确定性的另一个组成成分，即对自己的态度不会心存疑虑。你表达自己的态度次数越多，你就越清楚，也就更加确定。这种态度复述使我们主观地觉得自己很清楚我们对某件事物的态度，从而导致一种确定性。Petrocelli 等人（2007）在一项研究中要求被试表达一次或者多次他们对于枪支控制的态度，结果发现这两组之间表现出确定性的差异。表达的次数越多，确定性越大。

如果清晰度和正确性都不同会怎样呢？回到之前那个佩戴身份证的例子，Petrocelli 等人（2007）首先对学生进行了消极态度的正确性（与他人态度一致性）与清晰度（表达次数）两方面的处理，然后再给他们提供一条支持佩戴身份证的信息对他们进行说服，即佩戴身份证对他们安全的保障。结果发现，态度清晰度低的组比清晰度高的组态度改变较多，而态度正确性较低的组比正确性较高的组态度改变较多。也就是说，这两个因素越高，他们对说服的抗拒也就越强，且两个因素都是独立作用的。

态度的清晰度与正确性的影响还与社会情境相关。态度清晰度在私人情境下比公众情境下更能预测行为。而正确性则在公众情境下的作用要强大一些。同时，当一个人在自己的态度受到攻击的时候对这种攻击进行了成功的反驳，那么他就会更加确信这种态度。因为他在对错误观点的反驳过程中为态度的正确性找到了论据。在态度－行为一致性这一模式中，态度越清晰和正确，它对于公共和私人行为的预测力就越强。

5.2.5 个人经历的作用

态度与行为之间的关系取决于这种态度最初是怎么形成的。来源于对一个事物的直接经验的态度肯定比从间接经验中形成的态度要强烈一些。这是因为当你面对一个事物的时候，亲身经历过的事情总是更容易浮现在脑海里（Tormala, Petty, & Brinol, 2002）。同样，切身的经历也总是更有说服力，它更让人坚信不疑（Wegener, Petty, Smoak, & Fabrigar, 2004）。想想如果一种情况是你朋友跟你说某个牌子的车很烂，另一种情况是你自己有过关于这个牌子的车的不快经历，当你下次再看到那个车型时，可能你根本不会想起你朋友说过的话，可是你应该不会记不起你自己的那次经历。所以说，你对某个事物的态度会受个人经历的强烈影响，而从你的这种态度中就完全可以想象你将怎么做了。

个人经历是参与某件事的一个途径，参与程度高、价值观存在联系的个体更有可能依照他们自己的态度行事（Blankenship & Wegener, 2008）。比如说，当要求学生们思考一个新奇问题，是否允许一个虚拟的国家塔什干州加入欧盟时，当考虑到对他们而言重要的价值（比如自由）时，相比于不重要的价值（比如统一），他们会对信息做出更多考虑。这种思考导致了强烈态度的形成，态度反过来指导行为，即便这种态度可能受到攻击。总之，研究证明态度对我们的行为产生影响（Eagly & Chaiken, 1993; Petty & Krosnick, 1995），然而，这二者之间联系的紧密程度受到许多因素的影响。第一，现实形势不允许我们公然表达自己的态度;第二是态度强度,这个事物是否具有既得利益决定了我们是否将态度转换为行为;第三,那些清晰而又得到证实的态度比那些内心不太确定的态度更有可能影响行为;第四,对你的态度对象有亲身经历的事情更能决定你的行为。需要铭记的原则是具有可行性的态度会指导行为。以极端性、确定性和个人经历为基础的强烈的态度能预测与其一致的行为。

要点 Key Points

- 对于一个群体、议题或者事物的态度并不总能预测行为。现实情况存在着许多阻碍我们表达真实自己的限制。考虑别人对自己的看法会影响我们态度-行为的一致性,尤其当我们考虑的是我们比较认同的人。
- 人们通常存在一种多元认知的错误——**多数无知**,总是认为别人与我们存有不同的态度。这对于我们在公众场合对于自我态度的表达产生了一定的限制。
- 强硬态度就是我们牢记的并且致力于论证它们的那些态度。因此,在我们需要做出某种行为的时候,它们就更容易对我们产生影响。
- 态度强度包含了几个因素:极端性、确定性和个体经验强度。极端、确定(包括**态度清晰度**和知觉到的**态度正确性**)和以个体经验为基础的态度更容易对行为产生指导作用。

5.3 态度如何引导行为

态度是如何引导行为的?自然,这里面肯定存在多个机制。我们首先讨论建立在理性思考上的态度对行为的影响,然后是态度对于无意识行为的影响。

5.3.1 源于理性思考的态度

很多时候,我们都会选择三思而后行。**理性行为理论**(theory of reasoned action)对这个过程进行了深入的考察,并逐渐发展出后来由 Icek Ajzen 和 Martin Fishbein 在 1980 年最先提出的**计划行为理论**(theory of planned behavior)。这个理论认为导致特定行为的决策是理性思考的结果。在决定做还是不做之前,人们需要经历一个对多种行为可能性进行考虑、对结果进行评估的过程。而这个决定往往归根于行为意向,行为意向决定了人们是否会在特定情境下将自己的态度表现出来(Ajzen, 1987)。实际上,意向在很多行为领域(比如使用避孕套和参与日常锻炼)都与行为存在一定程度的相关(Albarracin, Johnson, Fishbein, & Muellerleile, 2001)。

最近的研究表示,当人们形成了一个何时怎样将一个意向付诸行动的计划时,这种意向-行为之间的联结就会更加紧密(Barz et al., 2014; Frye & Lord, 2009)。假使你现在有到学校健身房锻炼的意向,如果你做一个计划,安排好你将怎样将想法付诸行为,首先调好闹钟,然后准备运动服等,这样你做到这件事的可能性就会大很多了。我自己就有这种情况。在我想着每星期拿三个早晨来跑步之后,我就和我的邻居协商好,答应我们一起来实行这个计划。这么做确实是一个很有效的**执行方案**(implementation plan)。这样我就不会总在想今天要不要去,不会因为天冷下雨,或者别的原因难下决定,因为我已经答应了我的邻居,而她会做好准备等着我的。Gollwitzer(1999)提出,这种执行方案之所以行之有效是因为它包含了对一个人行为的委派控制。在这个例子里,这种控制权被委派给了我的闹钟和邻居。前一个不起作用的时候,后一个就会来按门铃了。

但是我们决定改变行为的某些方面的意向是怎么形成的呢?根据这个计划行为理论,意向是由两个方面的因素决定的。一是对行为的态度,即对行为结果的评估是消极还是积极的。二是主观规范,即对这种行为是否会被人们认可的考虑。后来还增加了第三个因素:对行为控制的认知,即对自己是否有能力做到这个行为的评估(Ajzen, 1991)。我们举一个具体的例子来解释一下这三个因素。

设想一名青少年男孩考虑加入 Facebook 这个圈

子，他是否会付诸行动？这个答案首先取决于他的意图，而他的意图则被他对Facebook的态度强烈影响着。同时，他是否加入的决定也会基于他对规范的感知和他认为的他能执行这个决定的程度。如果该青少年认为成为Facebook的成员不会导致成瘾，且还能使他显得更善于交际（即他对该行为有积极的态度），同时他还认为他看重的人对Facebook的态度也是支持的（主观规范），以及他能切实做到加入Facebook（他懂得如何接入Facebook，上传照片，以及懂得如何控制个人隐私的泄露程度），那么他执行该行动的意图便会十分强烈。另一方面，如果他认为加入Facebook有危险性，因为会导致个人信息的泄露，且加入它未必能增加与同伴的交流，或者说他的朋友对加入Facebook持反对意见，则会导致他加入的意图相对较弱。当他制订了一个何时及如何加入的计划时，他的意图更可能转化为行为（比如，星期五的时候，我学得很累了，我就登录Facebook并加入这个社交圈）。当然，尽管是最好的意图也会遭情境因素挫败（比如，星期五出现了他必须加入的紧急事件），然而，一般而言，意图是对行为的良好预测指标。

在许多环境下，合乎逻辑的行动及有计划的行为想法均能成功地成为行为的预测标准。事实上，研究表明，这些理论对于不同行为的预测很有效果，如前线士兵的行为（Ajzen & Fishbein，2005）以及个体是否会在酒后驾驶（MacDonald, Zanna, & Fong, 1995）。

5.3.2 态度与自发行为反应

我们通常能比较准确地预测在那种有足够多的思考时间的情况下，我们会针对具体情况做出怎样的行为反应。然而事实上，许多情况下我们根本就来不及思考。比如你在高速公路上驾驶的时候突然有一辆车从前面横插过来，这时你的反应主要是下意识的，而并不是有反应意向的。根据**态度－行为过程模型**（attitude-to-behavior process model；Fazio & Roskos-Ewoldsen，1994），它的过程是这样的：事件激活态度，态度一被激活则影响我们对态度对象的看法。同时，我们对于这个情境下应该怎么做的

相关知识也被激活（我们的各种社会规范知识）。于是，态度与相关储存知识帮助我们对当前事件进行定义。而这种知觉反过来又影响了我们的行为。我们用一个实例来说明一下。

试想你在高速公路上驾车的时候有人插入你的车道（见图5-12）。这时你对于制造这种危险而无礼事件者的态度以及关于在这种情况下你应该怎么反应的知识就被激活了。结果是，你认为这是不符合规范的行为。这将影响你对这个事件的定义与反应。你可能会想"他以为他是谁啊？太不像话了！"或者你会替他着想："嘿，这个人肯定有什么急事，要么就是还没学到要在超车之前打信号灯。"不管是哪一种理解，总之是会影响你接下来的行为。许多研究都支持这点，认为态度通过影响我们对情境的理解从而影响行为。

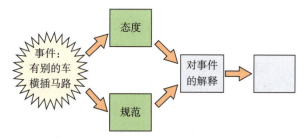

根据态度到行为过程的观点，事件会自动引发我们的态度和在特定情境下应该如何表现的这种合理的规范。在图中的情况下，路上有别的车横插马路触发了我们对于这种非典型行为的态度与相关知识。因此，态度是塑造外在行为的重要因素。

图5-12　无意识态度到行为的过程影响

简单而言，态度至少通过两种机制对我们的行为产生影响，这种影响在完全不同的情境下发生作用。在我们有足够的时间进行思考的情形下，我们会仔细权衡，做出最好的选择。但是在日常生活中，我们通常没有机会进行仔细的思考。这时候有意识的认知活动是很少的，而态度就自动地塑造了我们对事物的认识，从而影响我们接下来的行为反应（Bargh & Chartrand，2000；Dovidio, Brigham, Johnson, & Gaertner，1996）。当一种行为被反复实行后，就会形成一种习惯，从而当同样的事情再次发生的时候，这个人的反应就比较自动化了（Wood, Quinn, & Kashy，2002）。

要点 Key Points

- 有几个因素影响着态度与行为之间关系的强度。有些与态度被激活的情境有关，有些与态度本身的特点有关。
- **执行方案**（即将我们的意愿转变为行为的具体行动）是非常有效的，因为此时对于行为的控制转移给了情境。
- 根据**理性行为理论**和**计划行为理论**，态度通过两种机制影响行为。当我们对态度进行深思熟虑，从态度、规范和对行为的控制感中透出的意图就能准确地预测行为。
- **态度行为过程模型**：在没有意识参与的情况下，态度会自动激活，通过塑造我们对情境的感知从而影响行为。

5.4 说服的学问：态度是如何被改变的

最近几天内，你有多少次被人尝试着说服去改变你对某些人或事的态度？如果你停下来仔细想想，你就不得不对答案感到惊讶了。因为我们几乎每天都受着各种各样说服尝试的轰炸。从图 5-13 我们便可见一斑。户外广告牌、电视广告、杂志广告以及电脑上的弹出广告，甚至我们的朋友也总在试着改变我们的态度。要是列一个"潜在说服者"的单子的话，那肯定是永无止境了。这种**说服**（persuasion），也就是试图通过各种信息来改变我们的态度的过程，要怎么样才能成功呢？而导致成功或失败的因素又主要有哪些呢？经过几十年的努力，社会心理学家对认知过程在说服中的作用有了十分深入的了解（e.g., Petty et al., 2003; Wegener & Carlston, 2005）。

我们每天都承受着各种信息的轰炸，它们都旨在改变我们的态度或者行为。很明显，如果它们完全没有效果，广告商就不会花那么多钱去争取这些向我们进行推销的机会。

图 5-13 说服：日常生活的一部分

5.4.1 说服：传播者、信息和受众

早期对说服的研究主要着眼于：某信息源将某信息引导至特定个体或群体（受众）。第二次世界大战后，Hovland, Janis 和 Kelley（1953）对说服的研究也主要关注这三个因素"谁对谁说了什么，产生了什么影响"。这些研究有许多重要的发现，下面是得到反复验证的一些内容：

- 那些可靠的人更有说服力，因为他们了解自己在说什么，或者他们本身就是这方面的专家。在一个著名的实验中，Hovland 和 Weiss（1951）邀请被试阅读不同内容的资料（比如核潜艇、未来的电影院，记住这是在 20 世纪 50 年代的时候），这些资料被赋予了不同的可信度。比如说，对于原子潜艇，一个高度可信的来源是著名的科学家罗伯特·奥本海默，而低可信度来源是苏联报纸"普拉夫达"（注意这里信息来源自组内成员，但可信度低的信息来源于组外成员）。被试在实验前一个星期被要求谈对于这些问题的看法，同时在实验后马上再次表达看法。那些被告知他们读的材料来源是群体内可靠的人时，他们在态度上的改变远远大于那些认为是非同群体的不可靠信息源的被试。实际上，我们总是对于那些和我们属于同一个群体的人表现出更多的信任，也更容易受到他们的影响，而对那些不是同一群体的人则更容易产生分歧（Turner, 1991）。
- 然而，传播者也可能由于失去他们的信誉同时丧失他们的说服力。如果你知道某个劝你采取

某种立场的人是有个人目的的（经济的或其他的），他的可信度就会降低。相反，当传播者的观点是与其自身利益相悖的，他的可信度就会极高（Eagly, Chaiken, & Wood, 1981）。
- 具有某方面魅力的人（比如外表）比那些没有吸引力的人更具有说服力（Hovland & Weiss, 1951）。这就是在广告里总是会出现漂亮模特的一个原因。广告经常通过这种方式暗示，如果我们使用他们的产品，我们也会变成那样有魅力的人。另一个方面就是通过喜好度来增加他们的魅力（Eagly & Chaiken, 1993）。我们喜欢的人对我们总是更有说服力。所以各种产品都会找像泰格·伍兹这样的球星和菲姬（Fergie）、碧昂丝这样的歌星、演员和模特等去做形象代言人。我们本来就很喜欢他们，当然就更容易被他们说服了（见图5-14）。

研究表明，我们更容易被我们认为有吸引力的人说服。事实上，像碧昂丝（图中所示）这样的艺人被选为众多产品的代言人，这些产品既包含与外表魅力相关的也包含与外表无关的。

图5-14 吸引力在说服中的作用：同一个人能说服我们购买不同类型的产品吗

- 如果沟通者是我们已经认识的人，比如说是我们社交网络中的成员，那么他们的话也更加有说服力。包括建议和一般产品信息在内的意见以非正式的口口相传的形式传播，被称为口碑营销（Katz & Lazarsfeld, 1955）。如果你曾经向某人推荐一个很好的餐厅、电影或者其他，那么你就是在进行口碑营销。认识并且已经有好感的人对我们尤其具有影响力，因为他们是可靠的，和我们有着相同的爱好。
- 在所谓的eWOM（电子口碑）中，Facebook、Twitter和其他互联网论坛已经成为实现口碑通信的传输手段。当在Facebook上跟踪对话或只浏览你的每日"新闻Feed"时，你的朋友"喜欢"某个特定产品的信息随时可以被利用。营销人员知道这些来自朋友的"建议"会具有很强的说服力。Cheung、Luo、Sia和Chen（2009）的研究发现，网络环境中的可信度是一个重要隐患，因此来自"朋友"的推荐评级在确定消费者是否会被说服而实施购买行动时尤其重要。正如哈里斯和丹尼斯（2011）所指出的，Facebook在全球拥有5亿的会员，平均每个用户有130个"朋友"。人们在Facebook上花的时间比其他网站加起来都要多，越来越多的商业交易和零售决策在网站上发生。
- 那些一看就是设计好要说服我们的信息通常没有那些目的性不明显的信息容易成功（Walster & Festinger, 1962）。一项对已有研究的元分析结果显示，有关说服的预警会很明显地降低受众被说服的可能性（Benoit, 1998）。因此，只要意识到别人是在向你推销，他对你的说服力就会被削弱。
- 另一个引起研究者极大兴趣的方面是：那些带有情感色彩的信息是否具有说服力。比如**恐怖诉求**（fear appeals），它们是通过唤起受众的恐惧情感去进行宣传的。当信息对受众来说过于可怕时，他们通常会表现出防御性，会为自己辩护或否认它对自己的可行性（Liberman & Chaiken, 1992; Taylor & Shepperd, 1998）。事实上，在神经科学方面也有证据表明，当人们暴露于高度威胁健康的与自身相关的信息时，事件相关脑电位显示人们会分散他们的注意力（Kessels, Ruiter, Wouters, & Jansma, 2014）。

然而，如图5-15所示，一些可怕的令人恐惧的广告试图吓唬人们，如果他们不改变行为将会发生什么后果。尽管基于恐惧的信息被长期使用，一项检测恐惧在说服中的作用的元分析发现，它们通常不能有效地改变人们的行为（de Hoog, Stroebe, & de Wit, 2007）。

很多信息利用一些令人恐惧的形象来"吓人"以达到改变态度和行为的目的，包括上图所示的旨在让人们戒烟或以环保方式采取行动以减轻气候变化的各种警告。

图5-15　利用恐惧让改变发生

是不是在合适的水平上诱导越多的恐惧，效果就越好呢？研究证明确实是这样的。但是在这种恐怖诉求的情况下，需要同时给予受众行为改变的建议才能有效（Petty, 1995）。如果人们不知道应该怎么做，或者根本就不相信自己能够做到这种避免消极后果的行为，那么恐怖诉求就没有什么效力了，只会导致抵抗性的反应。

研究发现（Broemer, 2004）有关的健康建议如果是用积极的语言（怎么做会带来健康）表达会比用消极的语言（某种行为会带来的一些消极后果）更有说服力。比如，一条有关健康的建议可以用积极的方式说"这么做你就会获得健康"，也可以用消极的方式说"如果你不这么做的话就会缩短寿命"。因此，同一条信息既可以通过积极的方式劝诫你采取某种行为从而带来好处，也可以通过消极的方式说如果你不采取某种行为的话会给你带来一些不良的后果。而事实上，当他们所说的是有关健康的一些十分严重的隐患时，用积极的方式表达往往是更有效的。想象一下如果你在劝一个低收入的少数民族女性去做人类免疫缺陷病毒（艾滋病病毒）测验（Apanovitch, McCarthy, & Salovey, 2003），语言的表达方式以及对可能产生的后果的考虑会给这种劝说带来什么影响。结果显示，说明做测验会带来好处（如，你可以安心或者说你就不用担心会把病毒传染给别人了）比说明不测验会带来坏处（如，你就会总是担心或者会不知不觉地把病毒传染给别人），那些认为自己不太可能感染艾滋病病毒的女性（而非那些认为自己很可能感染的女性）更容易被说服去做测验（而且她们确实去做了）。也就是说，积极的表达方式对那些受某种健康威胁比较严重的人群，尤其是那些认为自己不存在得病风险的人来说是很有说服力的。

关于说服的早期研究主要着眼于影响说服力的一些因素。然而，它们并没有解释说服产生的机制。比如为什么那些可靠的、有魅力的传播者更能说服我们？为什么积极的信息（而不是消极的或者恐怖诉求）更能促使我们改变自己的行为？最近几年里，社会心理学家也意识到了这一点，开始研究说服的认知过程，即人们在听到那些说服信息的时候大脑会有什么反应。接下来我们就来谈谈这些内容。

5.4.2　说服的认知过程

面对说服信息你会怎样？比如说你看到电视广告，或者在上网的时候突然弹出一条广告？你可能会说"我会想一想它说的内容"。那倒也没错。但是正如我们在第2章说到的，我们对我们的认知资源是能省就省的。所以，我们常常想避免这些这种广告信息（多亏了DVD等，我们才可以偶尔逃避一下这些广告）。当我们在处理一条信息时，最核心的问题，也是使我们理解这条说服信息的关键，就是"我们怎么处理这条信息中所包含的信息"。大量的研究显示，我们处理说服信息的方式主要有两种。

系统化处理和启发式处理

我们对说服可以采取的第一种处理方法是**系**

统化处理（systematic processing），或者叫**中央路径**（central route），在这个过程中，我们会对信息内容及其含义进行仔细的思考。这个过程需要我们投入一些努力并占用很多的信息处理资源。第二种方法是**启发式处理**（heuristic processing），也叫**边缘路径**（peripheral route），它采取的是心理捷径的简单规则，比如相信只要是专家说的就是对的，或者说"只要是让我感觉好的，我就喜欢"。这种方式几乎是一种自动的反应，无须费劲。它主要发生在那种能够自动唤起心理捷径的一些场景（比如漂亮模特会唤起"漂亮的总是好的，是值得听从的"的启发）。

我们分别会在什么时候产生这两种截然不同的思考模式？当代的说服理论，如**推敲可能性模型**（elaboration-likelihood model, ELM；e.g., Petty & Cacioppo, 1986; Petty, Wheeler, & Tormala, 2003）和**启发系统模型**（heuristic-systematic model；e.g., Chaiken, Liberman, & Eagly, 1989; Eagly & Chaiken, 1998）为我们提供了答案。当我们处理说服信息的动机和能力都很高时，我们会投入最大的努力，这时进行的是系统化的处理。这种情况通常发生在我们对事物有较多的了解，又有足够的时间进行谨慎思考的时候，或者事情本身对我们具有重要意义而我们认为很有必要对它有个正确的看法（Maheswaran & Chaiken, 1991; Petty & Cacioppo, 1986）。

相反，如果我们不能对事物做仔细的思考（我们必须很快做决定或者没有相关的知识），或者我们要做这种认知工作的动机并不强（那件事对我们不重要或对我们的潜在影响很小），我们就会采取那种更轻松的方式。广告人、政治家、推销员以及其他的一些尝试改变我们的态度行为的人也更喜欢我们用这种方式来思考，因为接下来我们会谈到，当我们用这种启发式处理模型进行思考时比我们深思熟虑的情况下更容易被说服。那些大量的具有说服力的语言根本就派不上用场。由推敲可能性模型（ELM）提出的两条有关说服的路径可见图5-16。

当我们摄入药物比如咖啡因时，对说服有什么样的影响？当人们关注信息并且对信息进行系统加工的时候，说服的中央路径开始生效。考虑到咖啡因摄入应该提高人们系统地处理消息的能力，如果人们有机会专注于有说服力的消息而不分心，他们应该在服用咖啡因后更大程度被说服。相反，当人们高度分心时，系统处理信息受到干扰（如果咖啡因通过中心路线起作用），应该减少他们被说服的程度。

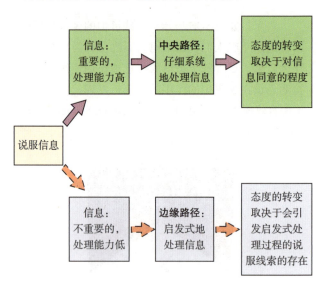

根据推敲可能性模型，说服可能通过两种途径发生。首先，我们可能在对说服信息进行仔细系统的处理之后被说服（中央路径），或者我们可能用启发式的方式对信息进行处理或者直接走思维捷径被说服（边缘路径）。系统处理方式发生在当信息对我们至关重要并且我们有足够的资源对其进行细致思考时，而启发式思维则更多的是在信息对我们并不重要或者我们没有足够的认知资源或时间进行仔细思考的情况下。

图5-16　推敲可能性模型（ELM模型）：说服的一个认知理论

研究结果表明：在低注意力分散条件下，服用咖啡因的人与服用安慰剂的人相比，更容易接受消息（他们被说服产生与原来观点不同的看法）。相反，当人们分心时，系统地处理消息变得不可能时，摄入咖啡因和没有摄入咖啡因的人的态度没有差别（Martin, Hamilton, McKimmie, Terry, & Martin, 2007）。当人们不分心时，咖啡因能够更大程度使他们被说服。因此，如图5-17所示，请做好仔细考虑你在接下来的"咖啡因修复"时所面临的信息！

这两条截然不同的路径（系统和中央路径）为我们提供了理解说服过程的重要方式，它解决了我们的许多困惑与疑问。比如，如果我们对说服的信息本身不感兴趣或者它对我们并不重要，我们就根本没有机会关注它所包含的那些强有力的论据。而如果信息与我们关系密切，我们就会引导出信息本身存在的那些有说服力的论据。知道这是为什么吗？

根据 ELM 和启发系统模型这些现代理论，当相关性小时，我们倾向于使用启发式模型进行信息处理，因此有关它的论据对我们也就没有什么意义了。而当信息与我们切身相关时，我们就会对信息进行系统的处理，在这种模型下，它本身的论据强度就显得尤为重要了（e.g., petty & Cacioppo, 1986）。

类似地，系统与启发加工的区别有助于解释为什么当人们分心时更容易被说服。在这种情况下，处理说服性信息的能力有限，因此人们采用启发式的思维模式。如果消息包含将引起启发式加工的提示（例如，具有吸引力或看似专家的传播者），则说服可能发生，因为人们响应于这些提示而不是所提出的论据。总之，现代认知方法似乎确实提供了理解说服各方面的关键。

人们在摄入咖啡因后更容易被说服吗？是的，跟信息加工的程度有关。

图 5-17　饮用含咖啡因的饮料使人更容易被说服

要点 Key Points

- **说服**是指试图通过信息改变态度。早期关于说服的研究主要关注信息源（如传播者的可信度、吸引力）、信息（如恐怖诉求、单边或双边论据呈现）和受众（如我们的朋友）。
- 看起来可信的、有吸引力的、我们喜欢的，以及提供似乎不是为了说服我们的信息的人，都是最有说服力的。
- **恐怖诉求**（即引起恐惧的信息）如果过于恐怖的话不会有效。积极的框架消息通常是更有效的说服方式。
- 现代理论包括**推敲可能性模型（ELM）**和**启发式－系统化模型**。以这些模型为基础的研究关注认知过程在说服中的作用。
- 我们通过两种不同方式处理说服信息：一种是**系统处理**，即仔细思考信息内容。另一种是**启发式处理**，即走思维捷径（如专家说的就是对的）。
- 论据强度只在系统化处理的情况下才影响说服，而外围线索，如传播者的吸引力以及他是不是专家，只在启发式处理过程中影响说服结果。
- 咖啡因类的物质会对说服产生影响，因为它们对信息的系统加工有影响。

5.5　抗拒说服

前面我们说过，我们经常会被别人说服改变自己的态度和行为，有时是经过系统的思考后，有时是因为被一些不重要的因素影响而改变。但是为什么有时候说服又是那么费劲？这包含几个方面的因素，这些因素使得我们对于一些依据十足的劝说也具有很大的抵抗力。

5.5.1　反作用力：对个人自由的保护

很少会有人喜欢别人来安排自己的生活。然而仔细想想，这却正是那些广告商以及其他类似的潜在说服者所做的工作。你可能也有过这样的经历，有人会不断地强迫你改变对一些事情的看法。这时候，你的自由就受到威胁了。于是，你就开始恼火甚至心怀愤恨。这时候的结果就是：你不但极力抗拒别人的说服，反而可能采取一种与对方想要你采取的完全对立的态度。这种行为被社会心理学家称为**反作用力**（reactance），是当因为别人想要我们去做某件事情从而对我们的自由造成威胁时我们采取的一种消极反应（Brehm，1966）。研究表明，这种情况下我们确实是会做出一些与对方想要的完全对立的举动。事实上，当我们感觉到这种反作用力时，那些十分强势的论证反而会比那些中等的或是弱势的论证更能增加我们的反抗，带来与说服者预想的完全相反的效果（Fuegen & Brehm，2004）。

反作用力的存在帮助我们解释了硬性推销式的说服总是导致失败的原因。当个体感觉到这些尝试对自己的自由（或者是自己作为一个独立个体的形象）是一种威胁时，他们就会产生很强的反抗心理。这个过程被最近的一个大学生研究所证明，指导老师用强硬或者非强硬的语言向学生们提出了额外的任务（Ball & Goodboy，2014）。结果表明，在强硬语言条件下，学生表现出更大的异议和对教师的挑战行为，这反映了学生感受到了威胁并且尝试捍卫自由。

5.5.2 预警：已预知说服意图

我们完全清楚，电视上铺天盖地的广告都是为了说服我们去消费而量身定做的。同样，我们在听政治演讲时也清楚地知道演讲者的目的不过是为了说服我们投他一票。那么我们对于说服意图的预知是不是更有利于我们对说服行为进行反抗？研究表明这种**预警**（forewarning）确实是很有帮助的（e.g., Cialdini & Petty, 1979; Johnson, 1994）。如果我们预先知道一个演讲、一条录音信息或者书面信息的目的是为了改变我们的一些态度行为，比我们不知道的时候，更难对我们产生影响。为什么会这样？因为预警对我们与说服有关的一些重要的认知过程产生了影响。

首先，预警给我们提供了积攒反面论据的机会从而减少说服信息对我们的冲击。另外，预警为我们对相关的事实与信息进行思考从而与说服信息进行辩驳提供了时间。Wood 和 Quinn（2003）发现预警会导致抵抗的增加，而预先就知道有某种说服信息会出现也是很容易将态度导向反抗的那一面的。这种预警成了一种面对这些说服信息的武装。但是如果在信息发出预警的时候你没有注意到，这是不是会影响到你的抵抗反应呢？研究表明如果我们没有注意到的话，这种预警就失去了作用，我们对信息的抵抗力就跟接收到没有预警的信息是一样的。

然而也存在另一种情况。预警可能导致我们去迎合某条说服信息的建议，不过这种影响是相对暂时的，因为人们这么做仅仅是为了证明自己并不是那么好骗的（Quinn & Wood，2004）。这种情况下，因为人们在真正的说服信息传播之前就已经决定接受了，所以他可以告诉自己说，自己完全没有受到它的影响！我们之所以确信存在这种效应，是因为在当人们知道对他们进行说服的这个人会是个专家或者那是一条具有强大的说服力的信息时，出现这种情况的可能性会增加。因此当他们确信自己会被说服的时候，他们就会在说服工作发生之前就用这种"预先信服"的态度做好了准备。在这种情况下，其他原本应该起作用的干扰信息基本上阻止不了这种态度的改变。在这种预警情况下，人们使用的是简单的启发式处理方法（比如，如果我不相信那个专家说的话，我就会显得很无知），他们在接收到说服信息之前就已经改变态度了。

5.5.3 对说服的选择性回避

我们抗拒说服的另一种方式是**选择性回避**（selective avoidance），它促使我们回避那些挑战我们已有态度的信息。看电视就是一个典型的可以用来解释自主回避作用机制的例子。我们并不是坐在电视面前被动地接受媒体所散布的所有信息。相反，我们换台、避开广告、挑选自己喜爱的节目或者干脆回避与我们观点相反的信息。反过来也是一样，当我们遇到支持我们观点的信息时，我们就会特别关注。这种忽视相反态度而对一致态度做出积极反应的倾向，就是社会心理学家所谓的选择性暴露。我们能够对信息进行选择性注意有助于我们在相当长的时间内能够保持态度完整一致。

5.5.4 主动捍卫我们的态度：与对立态度进行驳斥

我们会通过忽视或者屏蔽与我们态度不一致的信息来拒绝说服，但是除了这种消极的方式，我们还有更积极的策略来对态度进行保卫，那就是与相反的态度进行辩论（e.g., Eagly, Chen, Chaiken, & Shaw-Barnes, 1999）。这样会使得我们对反面观点印象更加深刻，但也会降低它对我们态度的影响。

Eagly, Kulesa, Brannon, Shaw和Hutson-Comeaux（2000）在一项研究中将学生分为两组，一组是主张堕胎合法，另一组则反对堕胎。然后将这些学生置于说服性的信息环境中，这些信息分为与他们的态度一致和与他们的态度相反两种。听完这些信息后，要求学生陈述他们对于堕胎的态度、这种态度的强度，同时回忆他们所接受到的信息（测量记忆）。另外，他们还需陈述在听完信息后的想法，从而了解他们在多大程度上对反面的态度进行反驳。

不出所料，结果显示学生对于一致态度和相反态度同样印象深刻，然而他们报告他们对于相反态度的思考更为系统化，同时也会进行更多与它对立的思考。这说明他们对于反面观点是进行了反驳的。相反，对于一致性的态度他们会有更多支持性的想法。可见，我们在拒绝被说服时不仅仅是忽略不一致的信息，而且还很认真地加工相反的态度从而进行积极的反驳。总之，我们会坚决捍卫我们的态度不被改变。换句话说，越是把我们的态度暴露于反面态度之前，越会使得我们更加坚信我们自己的态度，从而更加抗拒他人的说服尝试。

5.5.5 抗拒说服的个体差异

每个人对于说服的抗拒程度都是不同的（Brinol, Rucker, Tormala, & Petty, 2004）。有的人可能是被激发参与到辩论中，因此，他们会有这样的想法："如果有人挑战我的信念，我乐于与他们辩论""我很愿意与那些和我持相反观点的人进行辩论"。然而，有的人可能是由于他们在遇到相反的信息时，想坚定自己的信念。他们会有这样的想法："若别人与我持不同的观点，我会在心里列出那些支持我观点的因素""当有人提出挑战我想法的观点时，我倾向于思考为什么我的想法是合适的"。为了测量这两种抗拒说服的方法能否预测个体在说服情境下的态度改变情况，Brinol等人（2004）测试了被试的自我信念，然后给他们看一个"布朗百货公司"的广告。研究者发现，两种抗拒说服的方法确实能预测个体对于广告信息的抗拒，并且当个体遇到与自己态度相反的信息时，他们所持的观点也可以通过自己更偏好的方式来预测，无论是通过辩驳他人的观点还是坚定自己原有的观点。因此，在一定程度上，我们知道如何处理针对我们的说服信息，也懂得如何有效使用恰当的策略。

5.5.6 自我损耗会削弱说服抗拒

正如之前所述，我们可以通过与说服信息进行辩驳或者有意识地考虑为什么自己原有的态度要优于说服信息来抵抗说服。然而有一些因素会使得这些策略变得难以奏效，因为这些因素削弱了我们**自我管理**（self-regulation）的能力，从而削弱了我们抗拒说服的能力。在一定程度上，我们自我管理的能力是有限的（例如运用意志力控制自身思考的能力），这些有限资源预先的消耗可能会使得我们易于被说服。例如，当我们累了，或者是在之前的任务中自我管理失败，或者在一种别的什么**自我损耗**（ego depletion）的状态时，我们就很容易默然接受相反态度的信息，轻易地改变自己的态度。

为了测试这种可能性，Wheeler, Brinol和Hermann（2007）给不同的被试一个困难的或者简单的任务，困难的任务是为了消耗被试自我管理资源，然后，给予被试虚弱或强力的关于是否支持毕业考试的信息，这个课题是所有的被试原本都强烈反对的。自我损耗是否使人们更容易被说服？正如图5-18所示，答案是非常肯定的。对于没有自我损耗的被试，虚弱的说服是没有说服力的，而当被试经历过自我损耗后，虚弱的说服和强力的说服其说服力是同样有效的。在没有经历自我损耗的被试中，强力的说服方式要远远强于虚弱的说服方式。

检验对于被试对说服信息的感受，证实了没有经历自我损耗的被试更容易赞同强力的说服信息。而对于经历自我损耗的被试，强力的说服方式和虚弱的说服方式说服力是一样的。

最近的研究也证实，那些抵制有说服力信息的人随后较少发挥自我控制的能力（Burkley, 2008; Vohs et al., 2008; Wang, Novemsky, Dhar, & Baumeister, 2010）。因此，不仅先前的抵抗消耗了自我控制，还将导致更大的被说服的可能性，当我们的资源被耗尽时，可能会发现更难以抵制说服者的弱信息。此外，当人们试图说服别人时，他们更有可能在控制能力耗尽时表现得不诚实（Mead, Baumeister, Gino, Schweitzer, & Ariely, 2009）。这项研究表明，我们需要特别注意处于最疲倦状态的说服者，因为他们可能被强烈地诱导着以大量歪曲事实的方式来达到目的。

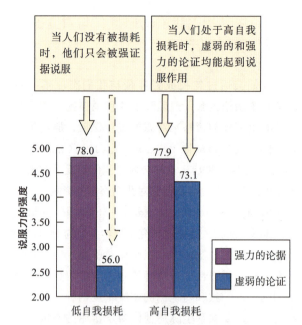

当我们没有被损耗时，我们能够对虚弱的和强力的论据进行区分，并且只被强证据说服。而当我们处于自我损耗状态，我们就不能对他们进行区分，从而两者对我们能起到同样的效果。

图 5-18　自我损耗会导致微弱的信息也具有很强的说服力

要点 Key Points

- 很多因素都会促进我们抗拒说服，其中一个因素是**反作用力**，即对于其他人限制我们个人自由的说服进行消极反应，这会造成总体上对于信息内容的抗拒。
- **预警**和**选择性回避**也可能增强对说服的抗拒，前者是指人们事先知道有人试图改变我们的态度，后者是一种回避与我们态度相反的信息的倾向。
- 另外，当我们知道说服信息与我们已有的观点相反时，我们会积极与其进行辩驳，这是促进抗拒说服的重要方式。
- 在抗拒说服中存在个体差异，这些差异包括在面对相反态度时，有意地辩驳说服信息和坚定自己原有的态度。
- 由于在其他的任务中使用意志力所导致的自我损耗会削弱我们的**自我管理能力**和对说服的抗拒。当我们经历**自我损耗**时，微弱和强烈的说服方式同样具有说服力。

5.6　认知失调：认知失调是什么以及我们如何管理认知失调

当我们讨论态度和行为是否相关或者在多大程度上相关时，我们就不难发现，我们内心所想的（对事物或事件积极或消极反应）和我们的外在表现往往存在很大的差异。比如，我的一个邻居最近买了一辆大的 SUV，而我对这类大型的汽车很没有好感，因为它耗能大、污染严重并且在开车时容易影响视野，但是当邻居询问我对她新车的喜好时，我犹豫了一下，然后尽我最大的热情说："挺漂亮，不错。"她是一个很好的邻居，每次我不在时还会帮我照看猫，所以我不想伤害她。但是在我说出这些话的时候我确实感到不舒服。为什么呢？因为在这种情境下，我意识到我的行为不符合我的态度（如从本质上讲我是在撒谎），这是一种不舒服的状态。社会心理学家将我的这种消极反应称为**认知失调**（cognitive dissonance），这是当我们意识到我们所持有的多种态度之间或者我们的态度和行为之间存在不一致时而产生的一种不舒服的状态。你会发现，当我们不能证明与态度不一致的行为有其合理之处时，结果可能导致我们的态度改变。

很多人每天都在经历认知失调。任何时候你意识到所说的并非自己认同的（为了礼貌违心地表扬一些事情），决定放弃某个很有吸引力的选择，或者发觉你花费大量时间或金钱的事情结果并没有预期的好，你就可能经历认知失调。在所有的这些情境中，你的态度和你的行为之间会产生差异，这些差异会使我们感到不舒服。研究已经揭示与失调相关的不适体现在大脑左前部区域的激活（Harmon-Jones, Harmon-Jones, Fearn, Sigelman, & Johnson, 2008）。近期研究中最重要的发现是，认知失调有时会使我们改变态度，促使其与我们的外显行为一致，这种情况在没有外在的强大压力下也会发生。

5.6.1 失调与态度改变：诱导服从的影响

有很多原因导致我们产生与态度不一致的行为，然而有些情况会比另一些情况突出一些。在哪种情况下我们的态度会比较容易改变呢？是在态度-行为不一致有适当理由的情况下，还是在找不到什么合理解释的情况下呢？其实我们已经讨论过，如果我们找不到合适的理由来解释这种态度-行为不一致，我们的认知失调就会表现得比较强烈。

对于认知失调理论第一次检验的结果产生了社会心理学里的一篇经典文献（Festinger & Carlsmith, 1959）。实验中要求被试做一系列极其乏味的任务，任务结束后，实验者提出一个出乎意料的要求：他告诉被试因为其中一个实验助手没有来，因此需要他帮忙顶替一下接待下一批被试，告诉他们他刚才所做的那个任务是很有意思的。费斯廷格跟一半的被试说他们在对等候的被试说谎之后得会到20美元的奖赏，而对另一半被试说会得到1美元。在被试帮忙撒了这个谎之后，要求被试报告自己对这个无聊任务的态度（评价这个任务有意思的程度）。

结果是那些得到20美元的被试比得到1美元的被试认为这个任务更没意思。真奇怪，如果你因为对这个任务说了好话而且获得了更大的奖赏，你不是应该对它有更积极的态度吗？完全不是！要明白为什么，我们来看一下在这种情境下是什么心理力量在起作用：大部分的人都不认为他们自己是个爱说谎的人，但是在实验中，他们确实被诱导以至于不得不对同龄人说谎。而且，即便他们是被诱导的，他们还是因为两种不协调认知之间的冲突而觉得不舒服。当你因此而获得了20美元奖赏的时候，你就为自己的行为找到了开脱的借口，当然1美元就不够了。因此，如果不给你的行为足够的理由，就像实验中1美元组的情况一样，你对于减少认知失调的需要就越强。此时，1美元根本不足以让你觉得自己的行为是合理的。

那么，1美元组的人通过什么方法来降低他们更高的认知失调感呢？很简单，他们改变导致认知失调的一种认知。在例子中，因为你不能改变你说谎的事实，从而你就可能把那个任务"变得"更加有意思，而你所说的就不是一个谎言了。于是就有了1美元组会报告这个任务更加有意思这个结果。

如图5-19所示，认知失调理论认为给我们越少的理由去支持与态度不一致的行为，我们之后就越容易改变态度。因为如果有足够的理由或者积极回报去支持我们的这种行为，我们的认知失调就会降低，也就不会改变态度了。社会心理学家把这种现象称为**以少致多效应**（less-leads-to-more effect），也就是说对一种行为的支持越少，导致的态度改变就越大。这在许多研究中都得到了验证（Harmon-Jones, 2000; Leippe & Eisenstadt, 1994）。因为这种情况很常见，因此通过提供足够少的理由去做某种与态度不一致的行为，从而来改变态度十分行之有效。确实，只要给我们足够的金钱或者其他的回报，我们就像有了足够的理由去做某件事，也很难改变我们的态度了。同时，微小的回报也只有在我们认为自己应该对行为的选择及其后果负责时才会导致较大的态度改变。比如，如果是别人指派我们去做某件事，我们可能就不会觉得该为此承担责任，可能也不会因为它与我们的态度相背而产生认知失调。

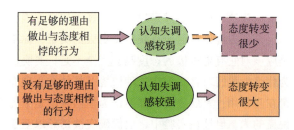

如果我们有足够的理由做出某种与态度相悖的行为，我们就会产生较小的认知失调感，也就不会改变态度。而如果没有足够的理由来支撑我们的行为，我们就会有较大的认知失调感，也就更有可能改变态度。结果就是，在与态度不一致的行为发生之后，越少的正当理由导致越大的认知失调，从而带来更多的态度改变。

图 5-19　为什么在态度–行为不一致中，小的诱导反而会导致更多的态度改变

5.6.2　解决认知失调的多种策略

正如我们说过的，失调理论开始于一种合理的观点：我们会由于态度和行为的不一致而不舒服。但是改变态度是解决认知失调的唯一办法吗？不是的，我们也可以改变行为，让其与态度吻合。比如说，在我们买了一些不环保的东西之后，为了不改变"绿色环保"的态度同时减轻失调，我们可以在未来只买有机产品。另一种管理失调的方法就是：通过证明这种不一致是无关紧要的来解决认知失调。换句话说，在一些无关痛痒的事情上，事情得到了平凡化，也就是说态度和行为本身都并不重要，因此态度和行为的不一致也就无所谓（Simon, Greenberg, & Brehm, 1995）。

所有的这些策略都可以作为解决认知失调的直接方法，他们都关注态度–行为差异带来的失调。Steele 和其他研究者（Steele & Lui, 1983; Steele, 1988）发现减少认知失调可以通过其他间接的方式，也就是在保留行为和态度之间差异的同时可以免受认知失调带来的消极情感。这种情况通常发生在态度–行为的差异与个体的重要态度或自我信念相关的时候（这时，平凡化行不通了）。这种情况下，我们可能不会去追求态度与行为之间的平衡，而是在保留这种差异的情况下让自己也免于难受（Steele, Spencer, & Lynch, 1993）。

而且，如果我们的自我受到认知失调的威胁时，我们会致力于**自我肯定**（self-affirmation），重建对自己的积极评价（e.g., Elliot & Devine, 1994; Tesser, Martin; & Cornell; 1996）。这可以通过积极的自我归因来实现，也就是关注自己积极的方面。比如我在不喜欢邻居那辆 SUV 的情况下说了违心的话，我就可以说我是个体贴的人。对于积极方面的关注可以减少态度与行为之间不一致而产生的不快。然而，无论是用直接的还是间接的方式，我们总是在用各种策略来减少这种认知失调，来消除态度–行为不一致带来的不快感。

5.6.3　失调何时可以作为利于行为改变的有效工具

- 不系安全带的人更容易死于交通事故。
- 吸烟的人更容易得肺癌和心脏病。
- 发生无防护性行为的人比进行安全性行为的人更容易染上危险疾病，包括艾滋病。

大部分的人都认为这是对的，并且我们通常也都支持使用安全带、戒烟和进行安全性行为（Carey, Morrison-Beedy, & Johnson, 1997）。然而虽然人们的态度是积极的，可通常却并没有转换成外显的行为。有些人还是不系安全带，还是吸烟和进行无防护性行为。要解决这些社会问题，关键不在于态度，而在于行为的调整。失调理论是不是可以用来促进行为的良性转变呢？大量证据对此做出了肯定的答复（Batson, Kobrynowicz, Dinnerstein, Kampf, & Wilson, 1997; Gibbons, Eggleston, & Benthin, 1997），尤其是针对与**虚伪**（hypocrisy）相关的情感的研究。虚伪指的是一方面对外宣称某种态度；另一方面又做出了某种与此相悖的行为的情况。当这种虚伪的感觉特别强烈时，就只有通过改变行为才能消除认知失调。这种通过改变行为来削弱认知失调的预期也在几个研究中得到了验证。

Stone, Wiegand, Cooper, 和 Aronson（1997）要求被试准备一份宣传使用安全套（安全性行为）以防止艾滋病传播的视频。然后要被试思考他们过去没有使用避孕套的原因（个人原因），或者是人们不使用避孕套的原因（普遍性的原因）。研究者预期在个人原因组会引起最大的认知失调，因为他们被迫去面对自己的虚伪行为。接下来，研究者给所有的被

试提供了两种降低认知失调的方式，一种是直接的，也就是购买降价的避孕套；另一种是间接的，即给一个帮助流浪者的项目捐款（见图 5-20）。结果表明，关注个人原因组的成员大部分都选择了购买避孕套，也就是选择了行为的直接改变，而关注社会普遍原因组的成员则大部分选择了捐助流浪者这种间接地降低认知失调的方式，没有改变行为。

需要铭记的原则：态度与行为的不一致会导致我们进行自我说服，除非我们认为这种不一致行为是合理的。这些发现说明将我们的虚伪行为公之于世确实是改变我们行为的有效方法。然而要使效应最大化，这个过程有几个要素是必不可少的：人们必须要公开阐述过自己对于合理行为的态度（如使用避孕套、系安全带），必须被诱导去回想自己过去的失误行为，必须要给他们提供直接的解决认知失调的方案（即一个改变行为的方法）。一旦这些条件满足了，认知失调就可以带来行为的良性转变。要了解更多关于文化如何缓和失调和其他态度加工，请参阅专题"研究告诉我们：文化和态度加工"。

当我们面对自己的虚伪，许多人会通过直接的方式（改变自己的行为）来降低认知失调。而如果只是要我们思考人们比较普遍的某种与态度不一致的行为，许多人则会通过间接的方式（例如捐钱给慈善机构）去解决这种失调。这么做让他们的自我感觉更良好，即便他们的行为并没有改变。

图 5-20　通过间接方式减少认知

研究告诉我们　　文化和态度加工

在人们预期自己的行为与当前社会规范保持一致这件事上，有着显著的文化差异，这种趋势被称为文化的"**紧张与松弛**（tightness versus looseness）"（Gelfand et al., 2011）。像美国文化这种相对松弛的，因为较少强调自我调节和情境约束，个人态度是行为的相当好的指南。相反，像印度和巴基斯坦这样相对紧张的文化，个人态度和行为之间的联系会弱一些，行为更常受到个人义务和社会规范的约束。

关于态度的新理论表明，现有的方法，例如本章中描述的那些，反映了西方哲学观点，将态度概念化为"个人偏好"，不符合其他文化背景下的研究结果，这些结果认为规范及恰当性对于预测行为至关重要（Riemer, Shavitt, Koo, & Markus, 2014）。比如说，在日本，人们的个人态度不是他们购买"绿色产品"的很好的预测因子，但在美国却是。在非西方背景中，人们的选择从根本上由社会背景和他人的期望所塑造。因此，提供他人所做的选择（即他们购买"绿色产品"）在非西方背景下将是最有效的。

基于 Riemer 等人（2014 年）关于态度和行为的跨文化研究，以下摘要说明了西方与非西方文化背景之间的差异。

- 关于个人态度和行为是否一致以及是否应该保持一致的信念，是会随着时间改变的。
- 当态度和行为不一致时，人们会感受到认知失调。
- 在非西方文化背景下，有强烈和清晰的态度并不是那么重要。
- 在非西方文化背景下，受到他人期待而做出选择被认为是"正确的"，但对于西方人来说却是个人控制的阻碍。

- 在西方文化背景下，成功的说服性的广告通常强调个人的独特性，但在非西方背景下则更多强调符合社会地位的表现。
- 不同文化背景下，态度表达稳定或可变的程度不同。
- 因不考虑自身的行动对他人造成的后果而"以自己的方式做事"的人，会被认为是好的、正常的，或不成熟和不明智的。

正如摘要所说，在西方与非西方背景下进行仔细研究时会发现，许多态度过程确实不同。因此，我们如何尝试改变态度（特别是全球性的问题，例如气候变化），以及本章开头讨论的我们该如何去做，我们可能需要在西方和非西方环境中采用不同的方法。

要点 Key Points

- **认知失调**是当我们意识到态度与行为之间存在差异时的一种唤醒状态。经历认知失调会导致消极情感和态度改变。
- 认知失调发生在我们并没有受到外界的诱导要去说或者做某件事的情况下。
- 如果我们找不到足够的理由来支持我们与态度不一致的行为，我们就会倾向于改变态度。而强硬理由（或者是大的回报）导致较少的态度改变：这种现象被称为**以少致多效应**。
- 认知失调可以被直接减弱（比如改变态度），也可以通过间接的方式来削弱，比如在某些方面进行**自我肯定**。
- 通过**虚伪**情感来引起失调情绪是改变行为的有效工具。首先诱导个体宣称自己的某种态度或者行为，然后指出他们曾经在这方面所做出的不一致的行为，就可能有效地导致他们改变自己的行为。
- 文化在**松弛和紧张**程度上有所不同。在紧张文化中，人们更倾向于与重要的社会规范保持一致。

总结与回顾

态度（attitudes）是对社会各个方面的一种评估。通常，态度是**外显的**（explicit），可以测量，可以报告。然而态度也可能是**内隐的**（implicit），因而就没法外显地报告或控制。态度通过**社会学习**（social learning）从他人那里习得。这些学习包括**经典条件学习**（classical conditioning）、**工具条件学习**（instrumental conditioning）和**观察学习**（observational learning）。事实上，态度可以通过**潜意识条件**（subliminal conditioning）和**简单暴露**（mere exposure）形成，根本无需对刺激有外显的意识。

态度也是在**社会比较**（social comparison）的基础上形成的，我们存在一种与他人进行比较从而观察自己的观点是否正确的倾向。根据我们对于群体的认同程度，我们会选择接受那些我们想跟他们一样的人的观点。当进入一个新的态度多元化的**社交网络**（social networks）时，为了融入，人们会快速地转换自己的态度。

几个因素影响着态度与行为之间的联系。

怕别人对我们产生看法等这些情境限制可能使我们没法公开表达自己的态度。人们总是错误地以为他人必然会有与我们不同的态度，这种**多数无知**（pluralistic ignorance）导致我们往往限制自己公开表达态度的意愿。态度的几个方面也在调节着态度-行为的关系。其中包括与态度强度相关的几个因素：态度的极端性、我们对所持态度的确定性以及我们是否有相关的切身经历。这些因素使态度更容易让我们对自己的行为进行指导。

有两个机制对行为产生影响。根据**理性行为理论**（theory of reasoned action）和**计划行为理论**（theory of planned behavior），如果我们对态度进行过深思熟虑，从态度中产生的意图就能够十分准确地预测行为。根据**态度-行为过程模型**（attitude-to-behavior process model），在那些没有经过有意思考的下意识行为情境下，态度通过塑造我们对情境的知觉与诠释来影响行为。

说服（persuasion）是指试图通过信息改变态度的努力。早期关于说服的研究主要关注信息源（如传播者的可信度、吸引力）、信息（如恐怖诉求、单边或双边辩论呈现）和受众（如年轻或年长）。近期的研究关注认知过程在说服中的作用。这些研究表明我们通过两种不同方式处理说服信息：一种是**系统处理**（systematic processing），即仔细思考信息内容；另一种是**启发式处理**（heuristic processing），即走思维捷径（如专家说的就是对的）。最近的研究表明，咖啡因可以促进人们对信息进行系统思考的能力从而在一定程度上促进其被说服的程度。

几个因素影响人们抗拒说服的能力。一个是**反作用力**（reactance），就是对他人试图减少或限制我们的自由的一种消极反应。一旦我们产生了这种反作用力，我们就会故意朝着与别人的建议相反的方向去做。这就是为什么强硬推销会适得其反。**预警**（forewarning）是指对于某人想改变我们态度的意图的知晓。预警会增强对说服的反作用力。它给了我们一个对即将到来的说服信息进行思考辩驳的机会，因而能够在它呈现的时候进行抵抗。但是在注意力被分散的情况下，预警的保护作用就消失了。这时我们没有了能量去对信息进行预先辩驳。

我们还可以通过**选择性逃避**（selective avoidance）坚持我们原有的观点，这是一种对与我们原有观点相悖的信息进行忽视的倾向。同样，我们会对支持我们原有观点的信息进行特别的关注，我们总是通过选择性暴露的方式积极地搜索与我们原有观点一致的信息。

在面对与我们观点相悖的信息时，我们会积极地对它进行辩驳。对反面观点的反驳性思考越多，我们抗拒说服的能力就越强。我们在一定程度上对说服尝试进行了防御。我们抵抗说服的方式也有差异。有些人使用辩驳对方观点的方式，而另一些人则用肯定自己原有观点的方式。

我们抗拒说服的能力取决于我们的心理状态，即我们是否有**自我损耗**（ego-depleted）。如果我们处于自我损耗的状态时，那我们就难以进行**自我管理**（self-regulating），从而削弱我们抗拒说服的能力。最近的研究表明，当处于自我损耗的状态时，我们都不能对于说服力强或弱的信息进行区分，他们对我们具有同样的说服作用。而如果我们没有处于自我损耗状态，我们只能被具有强大说服力的信息所说服。

认知失调（cognitive dissonance）是当我们意识到态度与行为之间不一致时发生的一种不舒服状态。近期的发现表明认知失调导致消极情感。费斯廷格和Carlsmith（1959）的经典研究冲破了当时风行的激进行为主义的限制，揭示了认知失调会带来改变。与行为主义观点不一致的是，认知失调理论认为，较强硬的理由（或者更多的回报）会导致较少的态度改变，而较少的回报（因为他们没有对我们的不一致行为提供足够的支持）反而会导致较多的态度改变。这就是**以少致多效应**（less-leads-to-more effect）。

认知失调通常发生在有硬性依从的情况下，也就是我们在外界因素的诱导下说出或做出某些与我们态度不一致的言行。在这种情况下，如果没有足够的理由支撑我们的这种与态度相悖的行为，我们的态度就最有可能被改变。除此之外，常用的处理认知失调的方法有合理化、平凡化或者总结态度与行为的某种不一致是无所谓的。另外，还有间接处理认知失调的策略。那就是将我们的注意力用于肯定我们自身其他的积极方面，从而在不改变我们态度的情况下，认知失调也削弱了。通过诱导一种**虚伪情感**（hypocrisy）导致的认知失调会带来行为的改变。

西方与非西方文化背景相比，许多态度过程存在差异。因为在人们预期自己的行为与当前社会规范保持一致的程度方面，存在显著的文化差异，这种趋势被称为文化的**紧张与松弛**（tightness versus looseness），行为由个人态度或社会规范驱动的趋势也不同。

第 6 章

刻板印象、偏见和歧视

章节概览

- 不同群体的成员如何知觉不公平
- 研究告诉我们：我们的信念中关于不公平的偏见
- 刻板印象的本质和起源

    刻板印象：对社会群体的看法
    当不同群体的成员被同等评价时，就不存在刻板印象吗
    我们会成为刻板印象的受害者而对此无所察觉吗？
    来自个案的研究
    人们为何会形成和拥有刻板印象

- 偏见：对社会群体的情感

    偏见的起因：多元视角

- 研究告诉我们：存在性威胁对偏见的作用
- 歧视：偏见的行为表现

    现代种族主义：致命而隐蔽

- 为什么说偏见可以避免：克服偏见的技巧

    学会不去厌恶
    接触的潜在好处
    重新分类：改变边界
    减少偏见的内疚效应
    我们是否可以对刻板印象和归因偏差说"不"
    社会影响是减少偏见的方法之一

2014年8月9日，走在街上的 Michael Brown 和他的朋友，被密苏里州弗格森的警察 Darren Wilson 拦了下来。尽管目击者对于接下来发生的事情所提供的证词有所不同，但 18 岁手无寸铁的黑人 Brown 与 28 岁的白人警察 Wilson 因发生口角，最终死于六次致命的枪击。Brown 死后，市民聚集在弗格森警察局外，对这次枪击事件提出抗议。他们举着如图6-1所示的牌子，写着"黑人的命也是命"以及"住手，别射击"等口号。接下来一系列抗议活动在弗格森及美国不同城市蔓延开来，得到媒体的巨大关注，种族关系和警方手段占据了新闻头条，并成为公众讨论的热点。

正如这幅图片所示，非裔美国人将密苏里州弗格森事件，特别是事件中警察的处理方式理解为种族歧视的反映。事件发生后的地方民意调查显示，大多数（80%）的非裔美国人认为枪击事件提升了种族问题的重要性，然而许多（47%）美国白人却认为这类种族问题得到的关注超过了其实际意义。

图6-1　非裔美国人和美国白人是否对这场惨剧有不同的认识

为什么弗格森和其他城市的居民对于Michael Brown的死亡表现出巨大的悲愤？为什么那么多人感到他们与抗议者联系在一起，并通过Facebook和Twitter等媒体渠道支持抗议者的行动呢？任何生命的陨落都是一场悲剧，是什么使得这起事件如此重要以至于聚集了数百人持续地表达他们的愤怒和悲伤？在尝试回答这些问题前，我们先回到抗议活动本身。

在弗格森抗议活动期间，抗议者和警察的行为成了热点问题。部分人认为抗议者在利用Michael Brown的死作为掠夺和破坏当地商业的借口，其他人则辩称这是一次和19世纪60年代争取民事权利的集会运动相似的和平运动，目的只是为了改变警察对待黑人市民的方式。事实上，包括当地市议员Antonio French和美国参议员Claire McCaskill在内的许多杰出市民，都通过参加抗议活动表达了他们的支持态度。

与这种和平抗议的观念相比，警察的反应表明了他们对形势的不同看法。弗格森的警察们采取了军事手段以应对抗议活动，如图6-2所示，他们认为抗议者对当地商业和市民安全造成了威胁。为了镇压抗议活动，弗格森警察局利用催泪瓦斯、橡皮子弹、烟雾手榴弹以及重型武器企图控制和驱散抗议者。参议员McCaskill本人报告称，她仅仅是和一群年轻的弗格森抗议者安静地坐在一起，就被持催泪弹的警察作为攻击目标了。市议员Antonio French讲述了他因为参加抗议活动而被拽出自己的车子，戴上手铐以及被拘禁一整晚的过程。两位政治家都承认他们仅仅是众多被警察当作暴力叛乱者来对待的两件案例而已。同时，警方在抗议活动期间以非法参与集会的理由逮捕记者以及没收他们的摄像设备的情况也被记录下来。

作为对肆意破坏和掠夺行为的应对措施，军事武装的警察对抗议者的控制引发了对种族问题广泛的舆论分裂，整体而言，美籍黑人认为警察的反应过火了，然而只有少数的美籍白人持有相同的看法。

图6-2　警察正努力瓦解密苏里州弗格森的抗议活动

弗格森的警察行动受到来自地方和国际组织高度的严密审查，许多市民、政客、警察以及人权拥护者对弗格森警方的做法表示谴责，认为他们将抗议活动视作不正当行为而扩大了冲突，并且他们对抗议者人权的侵犯行为导致了更严重的暴力行为。公众对这个事件和其暗含的种族关系问题在观点上存在明显分化。根据一则无党派组织所做的民意调查，70%的美籍黑人认为警察对待不同种族群体的方式是不公平的，然而仅有25%的美国白人同意上述评价。为什么美籍黑人和白人对于Michael Brown被射杀事件以及警方对接下来的抗议活动的反应，在理解上会如此不同？为什么两个群体对同一件事情会有如此截然不同的看法？在本章我们将通过社会心理学研究，来思考我们所属的群体如何塑造我们对包括种族、性别、民族及其他社会类别问题的理解和对待方式，来帮助我们找到问题的答案。

每个人时不时都会面对**偏见**（discrimination），基于对某群体成员的消极情绪反应或者厌恶感。这种偏见经验的产生可能来自于我们本身就是偏见的对象，或者我们目睹其他人对另外群体成员的偏见行为，如我们公开讨论的非裔美国人的例子，又或者我们会发现偏见产生于我们自身，我们意识到自己在对待某些群体时并不像对待我们所属群体内成员时那般正面。正如你将在本章所见的，社会心理学家通过测量并参考多种群体，认为可以从认知和情感过程中找到偏见的根源。

偏见可能会被其持有者（以及有时候甚至是受害者）觉知为合法的、合理的（Crandall, Eshleman, & O'Brien, 2002; Effron & Knowles, 2015; Jetten, Schmitt, Branscombe, Garza, & Mewse, 2011）或者会被视为是完全不合法的，是个体应该努力消除的东西（Maddux, Barden, Brewer, & Petty, 2005, Monteith, Ashburn-Nardo, Voils, & Czopp, 2002）。再者，偏见和歧视性对待可以是公开的或者是相对隐蔽的（Barreto & Ellemers, 2015）。实际上，所有形式的**歧视**（基于对不同群体成员的不同对待方式）并不会被其持有者察觉到，同样也不会得到其歧视对象的回应。

在这个章节，我们以思考自身群体身份如何影响我们对于社会事件的认知开始。正如你在开头看到的，就警察做出的处理种族问题的行为，特别是射杀黑人青年这类问题，美国白人和黑人会做出不同的反应。社会心理学领域的研究已经证实存在一个比较好的理由可以解释这个现象。利用元分析总结过去42个实验的平均结果，结果表明在实验室的速度"射击"测试中，大体上美籍白人在射击未携带武器的黑人目标时要快过射击白人目标。

同样的，当我们对**刻板印象**（stereotyping，对一个社会群体成员有概括固定的看法）的性质进行调查并思考它是如何与歧视相联系时，我们需要处理好感知者在所处群体身份的作用。在关于刻板印象的部分，我们将会着重关注性别刻板印象，在某种程度上因为其在我们生活中的作用是显而易见的，我们均与性别关系利益相关。尽管在很多社会中女性和男性之间有高度的人际接触，但在一些民族和宗教群体中并非如此（Jackman, 1994）。性别歧视仍持续影响着相当大的一部分人，尤其是在职场领域。后面我们将会通过考察偏见的根源和本质，思考为何偏见在任何时代、任何社会都普遍存在。最后我们将会探讨改变刻板印象以及减少偏见的各种策略。

6.1 不同群体的成员如何知觉不公平

对偏见的知觉依赖于我们究竟是来自偏见的目标群体还是偏见的持有群体。不同群体对偏见的严重程度和合法性的评估明显不同，同时，他们在降低这种偏见所取得的进步程度上也有不同的看法。例如，白种人和非裔美国人对工资方面体现出来的其实和种族不平等明显有不同的感受（Miron, Warner, & Branscombe, 2011）。再者，在许多日常事情中白种人要比非裔美国人更少感受到种族歧视（Johnson, Simmons, Trawalter, Ferguson, & Reed, 2003）。同样的情况出现在了不同社会地位的群体中，高地位群体对其地位感知状态优于低地位群体（Exline & Lobel, 1999）。在对社会平等已经取得的进步程度的感知方面，全国性的调查结果显示白种人认为社会公平取得了很大进步，而更多非裔美国人认为只有很小的进步。难道是因为一个群体的知觉是正确的，而另一个群体是错误的？我们如何解释这种主观上的不同知觉以及对于同样事件和结果的不同评价？

对于这些差异的解释需要考虑到不同群体如何看待潜在的变动因素。根据Kahneman和Tversky的前景理论（他们因此获得了2002年的诺贝尔经济学奖），人们是**风险厌恶**（risk averse）者：相对于等价的收益来说，我们更看重损失。比如说，损失一美元给我们带来的消极感觉要比赢得一美元带来的积极感觉更大。

社会变化有可能带来更大程度上的种族平等，那么风险厌恶如何影响这种社会变化带来的进步呢？让我们设想一下，对于白种人来说，因为他们在历史上有特权地位，所以从白人群体的角度出发，社会在公平性中的进步被视为潜在权力的损失，因而白种人会消极回应为了公平所做的任何额外的变化，会认为社会已经变化了很多。相反，我们认为，对于非裔美国人来说，相对于他们历史上的不利地位来说，他们更可能将公平看作是潜在利益，所以社会朝向更公平发展对他们来说是积极的。然而，假如损失相比收益可以唤起的情绪更为强烈，那么增加公平时白种人的消极反应应该比非裔美国人的积极反应要更强烈。近来的研究表明，高度认同种族群体身份的白种人在面对种族特权的可能损失时，的确带有消极反应（Branscombe, Schmitt, & Schiffhauer, 2007）。

事实上，即便粗略地浏览一下图 6-3 所示的一些种族主义者的网站，也可以发现，这些带有仇恨情绪的群体始终在使用诸如"白人正在失去他们的地盘"之类的言语，来表达他们对现有种族关系的看法。当然，这一点很像纳粹以及其他反犹太群体（在网上也很容易发现这些人）看待德国人和现在的基督教徒的损失（也就是犹太教人的收益）时所持有的看法。确实，大量的证据表明带有仇恨情绪的群体认为少数派获得太多政治权利，由此带来的不满导致他们的犯罪率持续上升（Dancygier & Green, 2010）。

尽管带有仇恨情绪的群体并非典型的美国白人，或许这种社会变化（种族公平）倾向的最后损失与收益的结果总和为零，其中"我们正遭受损失"在解释少数族裔和多数族裔所知觉到的差异中起了一定作用。为了验证这种解释，Eibach 和 Keegan（2006）让白种人和少数族裔被试制作一张图表，来描绘了从 1960 年至今的美国大学生种族成分的变化，这一图表有三种不同形式：在"少数种族获益和白种人损失"形式中，要求被试统计白种人的人数下降的百分比和少数族裔人数增加的百分比；在另一个"白种人损失"的形式中，学生只需要简单统计一下白种人下降的百分比；而在"少数种族获益"的形式中，他们只需统计少数族裔增加的百分比。

相对于只考虑"少数种族获益"的情形，在白人的损失成为焦点的两种情形中，白人被试更多地认为大学生种族成分的变化总和为零。这种判断对种族公平的进步有什么影响呢？关注于白种人受损的两种情形下，对公平的判断存在种族群体差异，这与全民调查结果一致。与少数种族相比，白种人被试能够察觉到在少数族裔公平方面更大的进步。然而当仅仅考虑少数种族的获益情况时，白种人察觉到更少的公平上的进步；在这种情况下，白种人与少数种族的察觉是一致的。因此，对于这些事件的公众知觉上的种族分歧似乎部分来源于白种人对于社会变化的构建，这种社会变化包含了其地位的丧失和对他们自身群体造成的负面结果。

还有一点值得考虑，即是否可以用白种人特权的损失或少数族裔获益这一认知框架来解释在是否支持社会变化的政策上存在的种族分歧（Crosby, 2004）。近来的研究证明了通过关注自身群体可能遭受的损失，白种人认为采取平权措施会给他们的求职和升职的机会带来负面影响，因此无论它可能

那些带有仇恨情绪的群体声称他们正在失去地位，同时声称那些目标群体通过非法手段来获益并且意图要削弱他们的地位，以此煽动人们关注自己。在他们看来仇恨情绪是保护自身群体的正当手段。

图 6-3　网上的那些带有仇恨情绪的群体声称自己的群体正在失去地位

会给少数种族带来什么影响，他们都反对平权措施（Lowery, Unzueta, Goff, & Knowles, 2006）。相似地，在南非白人中，是否支持南非黑人的平权措施取决于他们知觉到的该措施可能对他们的高地位工作和获得好的住房所带来的威胁程度（Durrheim et al., 2009）。

奥巴马当选美国总统是否为解决种族平等问题（如平权运动）提供了一定的政治支持，促进了其进步，从而改变了种族间的动态关系？奥巴马当选美国总统无疑是1954年最高法院做出布朗诉教育委员会案裁决（认定在学校等公共机构中实行种族隔离为非法行为）以来美国种族关系显著变化的一个引人注目的例子。然而，正如图6-4所示，研究显示相比于选举前，选举后的美国白人普遍认为进一步的种族进步没那么有必要，他们也表现出对提高公平性的社会政策更低的支持态度（Kaiser, Drury, Spalding, Cheryan, & O'Brien, 2009）。正如我们在本章后面将要讨论的内容，"象征性"（数值上很罕见）的少数民族或者女性处在显眼的位置这一现象会让主流群体认为重大改变已经发生，并认为推进进一步的社会变革是不必要的。其他一些令人惊讶的发现则涉及人们为什么会无视巨大的不公平的存在，请参阅专题"研究告诉我们：我们的信念中关于不公平的偏见"。

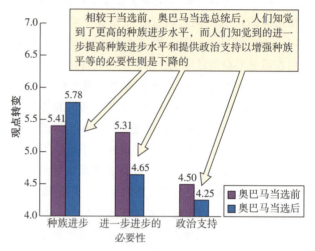

讽刺的是，作为第一个非裔美国总统，奥巴马的当选减少了美籍白人认知到的进一步促进种族平等和提供相应政治支持的必要性。

图6-4 对于种族进步和其未来的进步需要的看法受到奥巴马当选美国总统的影响

研究告诉我们

我们的信念中关于不公平的偏见

你会如何回答"美国存在多大的财富分配不均"这类问题？是太少、太多还是正好合适？考虑到诸如"占领华尔街"这类运动在世界各地的发生，看起来美国存在的以及正在壮大的贫富悬殊问题是过于严重的。这类存在（并且正在发展）的不公问题可能根源于多元的社会弊端，其中就包含了与不公紧密相关的人们日渐降低的心理幸福感（详情参见Wilkinson和Pickett于2010年发表的文章）。事实上，不断提高的不公现象是与人们对种族多样性的容忍度降低（Corneo & Neher, 2014）和对少数民族越发强烈的歧视（Andersen & Fetner, 2008）相关联的。

正如"占领华尔街运动"的人宣称的，不公平现象大量存在于美国及其他国家中并在不断增长。然而，调查表明大量人严重低估了不公平现象的程度。

图6-5 究竟存在多大程度的不公平现象

当社会心理学家向一个由美国人组成的代表性样本提出关于贫富悬殊的两个问题时（Norton & Ariely, 2011），他们发现"存在多大的贫富差距"这一问题被明显低估了，而且，多数被试就贫富差距应该多大的回答甚至还低于他们对贫富差距的错误估计！也就是说，当问及美国最富有的前20%的人占有全美多大的财富比例时，参与者估计为国家财富总值的59%，而实际上，前20%的人占有了美国84%的财富。当问及这20%的人理应占有美国多少的财富时，参与者认为应该仅仅占32%（接近于瑞典的真实情况，一个相比于美国社会有着更低不公现象的国家）。相似的对于贫富差距的低估现象同样存在于澳大利亚，一个相对于美国而言不公现象不那么严重的国家（Norton, Neal, Govan, Ariely, & Hollang, 2014）。在这些国家中，尽管人们对于生活在一个更公平的社会的政治倾向并没有太大差异（比如，民主对共和），然而人们在政治上的意识形态的区别则导致了他们对导致贫穷的原因存在不同的信念（Guimond & da la Sablonniere, 2015）。

那么如何解释这种广泛存在的人们对于不公现象的错误认知呢？以及，如果人们正确认识到目前存在着多大的贫富悬殊问题，是否会有更多的人寻求改变以及支持相关的能带来改变的政策呢？

首先，关于存在多大贫富差距的错误认知这个问题，在富裕的国家中存在大量广泛流传的看法，从而维持了他们认为目前的差异实际上是正好的观点。正如Dorling（2015）所述，人们赞同一些批判性的信念，包括"歧视是正常"的这样的观点，对于那些不属于"我们"的人来说是不值得的。这个信念让我们共同地保持了对不同群体成员间显著的无意识不公偏见，并以财富继承的方式在代际间传递。另一个广泛流传的信念是，以牺牲他人为代价的个人利益的追求（贪婪是好的）是为了更高的效率（创造增长），这导致了对不公现象的"合理化"，尤其当将其与"因为这个现象一直存在（尽管是与近代历史相关的），所以这样的'自然'社会安排是不能被改变的"这样的观点相结合时，会更大程度加剧对不公现象的"合理化"。

不幸的是，存在其他机制帮助掩饰了有多少不公现象和偏见的存在及它们是如何维持的。因为我们生活在相对隔离的环境中（比如，社区、学校和职业），人们基于与我们相似的家人、朋友、同事和邻居的经验来判断世界本质，因此我们可能无法正确感知到实际存在着多少不公现象。也就是说，通过与我们同样富裕或者同样贫穷的人相比较，我们将无法看到实际存在的实质性区别。如果巨大的财富差距无法被感知，人们便不会支持对财富的重新分配。

最近的一项由Dawtry, Sutton和Sible开展的研究邀请了来自美国和新西兰的城市居民（2015年），实验步骤如下，参与者首先被要求估计他们会面对面接触的社交友人的家庭年收入，然后完成对自己整个国家的家庭年收入的估计，之后阐明他们认为这种收入分配的公平程度及满意程度。最后，参与者需要表明他们是否支持通过向富人征税及提高穷人福利收益的方式进行财富的再分配（也就是降低不公平）。且不论参与者的政治倾向，他们对国家收入分配的感知很大程度上反映了他们本身和他们的社交圈子的家庭年收入情况。那些自身和社交朋友都更富裕的人，认为国家其他人的情况也是如此（他们并没有看到不公平现象）。他们认为整个国家的人都是富裕的，出于这样的结果，他们就像一个集团，他们认为经济现状是公平的并反对财富的再分配。由此可知，对贫富差距的错误认知是基于人们的社会生活环境的，因为我们错误地以为其他人的经历和我们的社交圈子里的人是相似的。

要点 Key Points

- **偏见**：对某一群体成员的消极情绪反应。**刻板印象**：关于特定群体的特定印象或看法。**歧视**：基于对人的多种分类范畴（如年龄、种族、婚姻状况、性别、宗教信仰和性取向等）而做出的区别对待方式。
- 基于群体成员身份的所有形式的差别待遇被感知的方式和回应的方式均是不同的。人们对于警方处理问题方式的合法与否的认知存在着巨大的"种族鸿沟"。美籍黑人报告认为警察没有用公正的方式对待种族群体，但是几乎没有美籍白人同意这个观点。
- 前景理论同意如下观点，人们倾向于**规避风险**，相较于潜在的同样的收益，他们更倾向于看重可能的损失。
- 当改变被视为潜在的损失，那些本身得到优待的人相比于未将改变视为损失的人更倾向于对更大的改变持有消极看法，并主张目前为了公平而实施的改变已经足够大了。
- 不同的社会群体对于"公平"的价值看法不一致。当公平被视为是对于白人的损失时，他们察觉到更多进步的发生，并表现出对进一步的积极行动较低的支持态度。占支配地位的群体感知到对他们经济福利的威胁会降低他们对促进公平的积极行动的支持率。
- 奥巴马当选美国总统这件事在过去数十年是不可想象的，而他的当选让美籍白人认为已经实现了巨大的种族关系进步，同时，为了创造更高的种族平等而实施的政策被认为更加没有必要。
- 人们实质上低估了存在的不公平现象的程度，但他们仍认为应该实现更高的平等。广泛流传的看法（如歧视是正常的，贪婪是好的）导致不公平现象持续存在。同样的，人们以自己的社交圈子的经历感知整个国家的情况亦会助长不公平现象的发生。

6.2 刻板印象的本质和起源

在日常交谈中，刻板印象、偏见和歧视这三个术语经常是可以互换的。然而社会心理学家通常根据态度的构成因素的不同将这些术语加以区分。正如我们在第 5 章所提到的一样，我们可以将**刻板印象**（stereotypes）看成对个社会群体的态度的认知成分——特别地，某一特定群体有何特征。偏见是带有情感的那部分，即我们对于特定群体的感觉。歧视则是关于行为的组成因素，或是对于特定的社会群体所采取的不同行为。

根据这种区分方法，负面的刻板印象将会导致一般意义上的敌意，继而会导致有意图地对抗目标群体的成员。然而，实际上敌意可能仅仅是对特定群体的偏见的几种情绪之一。正如本章提到的一些近期的研究，现在可以问问自己，这也是研究者越发关注的问题："测量刻板印象、偏见和歧视的这些流行方法真的捕捉到了这些我们感兴趣的现象了吗？"（Adams, Biernat, Branscombe, Crandall, & Wrightsman, 2008）。这些问题和发现的态度取向是无法解释或处理的吗？对社会群体的刻板印象总是消极的吗？例如，我们是否会因刻板印象而对我们所处群体有负面看法？偏见是否总是以排斥和敌意的方式反映？是否存在"仁慈的偏见"？歧视能否在不存在任何有意识意图的情况下发生？这些将会是我们在本章讨论的所有问题。

6.2.1 刻板印象：对社会群体的看法

对群体的刻板印象就是我们认为群体成员如何或怎样的一种信念和预期。刻板印象不仅仅包含一些特质，外表、活动偏好和行为都是刻板化预期的一般组成部分（Deaux & LaFrance, 1998; Zhang, Schmader, & Forbes, 2009）。用来区分这些群体是正面或负面的特征，可能准确也可能不准确，可能被那些被刻板化的群体成员接受，也可能拒绝。

性别刻板印象（gender stereotypes）：关于女性和男性特征的信念，包括积极和消极的特征，如

表6-1所示。对每种性别的刻板印象典型地反映了另一种性别的对立面。比如说，关于女性刻板印象的积极方面，她们被认为是善良的、有教养的和体贴的。而在消极特征方面，她们则被认为是有依赖性的、软弱的，并且太过情绪化。因此我们所收集的关于女性特征的描述表明她们很有亲和力但胜任力不足（Fiske, Cuddy, Glick, & Xu, 2002）。事实上，在这两个维度上对女性的认知正如我们对于其他类似群体（如老年人）的看法一样，我们认为他们的地位相对较低并且不会产生威胁（Eagly, 1987; Stewart, Vassar, Sanchez, & David, 2000）。

表6-1 与女性和男性相关的普遍刻板印象特征

正如下面关于刻板化特征的列表所示，女性被认为是"和善和亲切的"，而男性则被更多地认为是"有能力的和独立的"。

女性特征	男性特征
亲切的	能干的
情绪化的	稳重的
和善的/有礼貌的	粗暴的/粗俗的
敏感的	自信的
下属	领导者
柔弱的	强壮的
友好的	有学识的
时髦的	打破常规的
优雅的	攻击性的

资料来源：Deaux & Kite, 1993; Eagly & Mladinic, 1994.

男性也被认为具有积极或消极的典型特征（比如，他们被认为是果断的、自信的、善于社交的，但同时也被认为是具有挑衅性的、感觉迟钝的、傲慢的），这样的描述体现了他们虽然被认为有高能力但却在社会公共特征中表现很低。当然，这也反映了男性有相对较高的社会地位（如"富有的人"在这两个维度上有相似的感知；Cikara & Fiske, 2009）。有趣的是，由于对女性刻板印象中亲和力的极力强调，人们通常对女性的整体感觉更积极，这也是Eagly和Mladinic（1994）所发现的"女性是奇妙的"效应。

尽管女性更加受人喜爱，但是她们面临一个基本问题：相比男性，她们拥有的特征可能不适合高地位的职务。女性的特征使她们看起来更适合承担支持性的角色而非领导性的角色（Eagly & Sczesny, 2009）。尽管女性参与劳动力的程度已经有了巨大改变，从1900的仅20%到2005年的59%（U.S. Census Bureau, 2007），在美国和其他国家，大部分女性劳动力与她们能力相同的占主导地位的男性相比，在职场中仍处于更低的职位，得到更少的薪酬（Tomaskovic-Devey et al., 2006）。

1. 刻板印象和"玻璃天花板"

虽然在开拓新市场和其他形式的革新等方面，性别多样化对于高层管理有明显的组织益处（Ellemers, 2014），女性在职场中仍没有足够的代表性。在美国仅有16%的公司员工为女性，且在《财富》500强公司的CEO中女性仅占了1%（Catalyst, 2009; U.S. Bureau of Labor Statistics, 2006）。而在其他职业中，则可以看到更大的进步。尽管政治权力机构仍由男性主导，但女性在寻求公务职位上仍创下了历史纪录（美国女性和政治中心，2010）。在高级司法官员任职方面，除鲁斯·巴德·金斯伯格外，随着2009年索尼娅·索托马约尔和2010年艾琳娜·卡根的任职，如今美国最高法院处于女性代表的高峰时期，有着33%的女性官员。在科学研究和健康医疗领域，女性的比例也有所提高，然而性别工资差距仍是巨大的（Shen, 2013）。

且不论女性在这些重要机构所获得的，在职场中，女性正逐步进入中层管理人员中，但她们却很少出现在更高的阶层中。这种让女性感到难以前进的情况可以由**玻璃天花板效应**（glass ceiling）解释，这是阻止女性群体在职场中进入职场最高阶层的最后障碍。一些研究已经证实了存在"提到管理者就想到男性"的偏见使得这种玻璃天花板效应得以维持（Brückmuller & Branscombe, 2010; Schein, 2001）。因为一个管理者的典型特征相当大程度上与男性的典型特征相吻合，却很少与女性的典型特征重合，这就导致了人们认为女性不适合担任组织的领导职位（Eagly & Sczesny, 2009; Heilman, 2001）。正如图6-6的漫画中所表现的一样，对于非强势群体成员的人来说，当进入到强势群体所属的领域时，仿佛有置身世外的感觉。

所以这仅仅是一个被知觉为"领导的材料"的问题吗？不一定。即使女性突破了玻璃天花板效应，她们的待遇也会比男性低（Heilman & Okimoto, 2007; Stroh, Langlands, & Simpson, 2004）。比如当女性作为领导者时，她们可能会受到下属更低的评价，即使她们有着和男性领导者相似的表现（Eagly, Makhijani, & Klonsky, 1992; Lyness & Heilman, 2006）。事实上，相比在存在性别刻板印象的职场中工作的女性来说，在具有竞争性的、以男性为主导的职场中取得成功的女性更可能经历过性别歧视（Ellemers, 2014; Rederdorff, Martinot, & Branscombe, 2004），当她们的领导风格是以任务导向或是带有权力主义色彩时她们更有可能被给予负面评价（Eagly & Karau, 2002）。

换句话说，当女性违背了亲和力和养育性的刻板印象的预期，而是按照领导者的典型特征行动时，她们更有可能被抵制，尤其是在男性占主导地位的领域中（Bowles, 2013; Glick & Rudman, 2010）。女性对职场中的刻板印象预期的背离似乎使一些男性受到了威胁，尤其是那些具有性骚扰倾向的男性（Maass, Cadinu, & Galdi, 2013）。事实上，女性和男性似乎都察觉到了背离性别刻板印象预期将带来的后果。出于对由背离刻板印象而将遭受到的社会性惩罚的害怕，当被告知他们在异性领域的典型知识竞赛中表现优异时，参与者会倾向于就他们在那项测试中表现出色撒谎并隐瞒他们的成功（Rudman & Fairchild, 2004）。这项结果表明向性别刻板印象挑战需要巨大的勇气！

2. 性别刻板印象和"玻璃悬崖"问题

那么什么情况下女性更有可能获得更高的职场地位，即打破玻璃天花板呢？Michelle Ryan 和 Alex Haslam 提出了一个有趣的理论，认为危机时刻可能是女性进步的黄金时期。大量的个例表明女性往往在情况变坏的时候登上领导位置。以下是一些例子：2008年，林恩·拉韦蒂·埃尔森哈根在太阳石油公司的股份掉了52%后，被任命为 CEO；凯特·斯旺在书店公司 W. H. smith 的股价大跌亟待大量裁员的时候成了 CEO；以及不得不提政治领域领导者约翰娜·西于尔扎多蒂，她在冰岛的经济崩溃时被任命为总理。为了查明这些例子仅仅是巧合还是确实反映了现实情况，通过一系列的有趣的研究后，

正如这幅漫画所显示的，女性（龙）在以男性为主导的领域（骑士占主导）的存在代表了一个好的开始，但仍然很难说这代表了一种亲切、受欢迎的氛围。

图 6-6 针对管理上的性别平等所作出的进步

资料来源：The New Yorker, 1983.

Ryan 和 Haslam 于 2005 年和 2007 年提供证据证明了女性确实在危机出现之时更容易被接受成为有价值的领导人。危机时期的领导位置充满不确定因素，且有更大的风险而容易导致失败，这个时期被称为**"玻璃悬崖效应"**（glass cliff effect）。

在有档案记录的 Ryan 和 Haslam 的第一次研究中，他们分析了大量伦敦证券交易所的公司，在有新成员加入董事会前评估他们的表现。他们发现（2005）那些在数月内有着低迷股市经历的公司表现出更高的可能性接纳女性进入董事层。而那些在任命董事新成员前表现良好的公司则不太可能这么做。

为了确定"糟糕的企业业绩历史"是否是女性被任命为高层职位的原因。在采用了不同领域被试（如学生，管理人员）的系列实验中，研究者发现在同等条件下，女性在职位存在风险的情况下被任命的可能性显著高于男性，男性则更多的在职位无风险的情况下被任命（Ryan, Haslam, Hersby, Kulich, & Wilson-Kovacs, 2009）。表 6-2 提供了对该情景调查结果和收获的总结。这些发现表明当男性在企业中多年的刻板领导属性不再适用，甚至导致企业出现下滑趋势时，女性所具有的公共刻板属性则被认为可能适用于领导层（Bruckmüller & Branscombe, 2010; Bruckmüller, Ryan, Rink, & Haslam, 2014）。

表 6-2　女性是否在危急条件下最可能被任命为领导职位

研究表明女性更容易被选任于有风险性的领导职位，而男性则更易在该职位有良好前途易于成功时被任命。

正如该表格显示，研究表明，一直以来女性相比男性更可能被任命于风险性领导职位，而男性则更易在该职位有良好前途易于成功时被任命。

面临"玻璃悬崖"效应的女性所具有的条件：实验中向被试提供关于两种同样合格的候选者的信息，而他们在以下情况下更愿意选择女性作为领导者：

- 处于危机时刻而非运营平稳的组织。
- 当公司财务处于下降轨道而非上升时期时对于财务总监的任命。
- 当法律案件被视为面临败诉风险而非很大机会胜诉时对于律师的任命。
- 当音乐节名气逐渐下降而非名气上升时对于总监的任命。
- 当政治选举被认为难以获胜而非胜率较大时对候选人的选择。
- 当连锁超市正处于亏损状态并被迫关闭部分店面而非盈利且能开分店时对于 CEO 的任命。

资料来源：基于对 Ryan, Haslam, Hersby, Kulich 和 Wilson-Kovacs 于 2009 年的研究的总结。

3. 让象征式女性处于高地位的结果

一些女性成功打破商业或政治中的玻璃天花板效应（如图 6-7 的例子），她们的成功是否使得我们用歧视来解释其他女性没有取得成功变得不那么可信？可以说是，也可以说不是。当她们用成功证明了性别不再成为障碍时，人们可能会推测女性在高层职位的相对缺少是不是意味着她们缺乏成功的必要能力或动机。所以，少数女性的成功可能隐藏了女性在整体上仍然面临着诸多的不利因素这一本质。因此少数成功女性可能会引导那些没有取得类似成功的女性将其结果归咎于自己（Castilla & Benard, 2010; Schmitt, Ellemers, & Branscombe, 2003）。

一些实验室实验将其确定为**象征式行为**（tokenism），即在这种情境下，只有少数先前被敷衍了事的恩惠排除在外的群体能被认可，这是一种阻止处于劣势地位的群体集体反抗的非常有效的策略。比如，允许小部分（如 2%）劣势地位的群体成员进入较高地位的群体，从而阻止了处于劣势地位的群体成员的集体性反抗，并引导这些群体的成员去认可只有通过个人努力才能克服障碍（Lalonde & Silverman, 1994; Wright, Taylor, & Moghaddam, 1990）。

对于男性或者女性观察者而言，见到这些恩惠会对他们产生什么影响？是否会导致普通女性和男性自满于女性作为群体已经突破了这些障碍，因而导致现状难以改变？过去的研究探索了在组织中暴露于表征的后果（Danaher & Branscombe, 2010）。在一项实验中，女大学生首先被告知美国的大学是由管理委员会负责管理的，而她们学校的管理委员会的成员在过去十年比较稳定，基本没有变动，接着她们会得到一张写有十个虚拟名字的委员会名单。开放组的情况是，名单中有五个女性名字；象征组的情况是，仅有一个女性名字；封闭组的情况则是没有女性名字，即十名委员会成员均为男性。紧接着要求被试想象管理委员会有一个席位空出来了，且她们获得了这个开放的席位。从这个角度看，被试被要求表明他们对于该组织成员身份的认同度，并

2016 年美国总统竞选者希拉里·克林顿，以及其他女性领导者包括美联储主席珍妮特·耶伦，可能会让普通女性和男性认为群体成员身份已经不再是妨碍前进的重要因素了。

图 6-7　可见的高地位女性的存在是否会导致我们认为性别歧视已不再存在

完成一份量表以评估她们对精英管理制度的看法（如每个人拥有同等的成功的机会）。

相比在封闭的条件下，女性在开放和象征的条件下报告了对精英管理制度更高的信任。相似地，相比在封闭的条件下，女性在开放和象征的条件下报告了对该组织更高的认同感。这些结果表明，当不同性别的代表数量一样时，象征性情况会在同等程度上鼓励女性维持她可以得到提升的信念，并激励她们继续效忠于组织，而实质上在组织内她们还是没有被充分代表。在一个系列实验中，要求男性及女性被试想象他们是一个机构的员工。机构的雇用结果在开放条件下包括 50% 的女性，在象征条件下包括 10% 的女性，而在几乎封闭条件下仅包括 2% 的女性。女性被试认为开放条件更公平，男性被试则认为封闭条件更公平。而象征性条件则均被双方认为是同等公平的。因此，在实践中，女性在组织中的象征性形象会让人误认为是公平的代表，从而维持现状。

这种象征式行为也会带来其他负面的结果，尤其是当你把被选上的人的绩效表现和幸福考虑在内时。首先，被雇用的人作为他们群体的象征性代表会被组织的其他成员负面看待。（Fuegen & Biernat, 2002; Yoder & Berendsen, 2001）。在某种意义上，这种代表是被边缘化的，被她的同事所厌恶那些通过这种平权措施而被雇用的申请者会被大家认为缺乏能力（Heilman, Block, & Lucas, 1992）。其次，当意识到这种象征意义时人们对其角色的自信程度会降低。当 Brown, Charnsangavej, Keough, Newman 以及 Rentfrow（2000）告诉一些女性，她们被选择作为群体的领导是因为她们的职位要求一定的女性比例后，这些女性在工作中的表现就更差；而那些被引导相信选择她们是基于她们的能力和性别的人来说，就不会出现这一情况。

研究表明象征式行为无论以何种形式出现，至少可以产生两种不好的效应。首先，它使持有偏见者摆脱质疑，他们用象征式行为来表明即使对方处于劣势，也存在公平的机制，同时也表现了他们的心胸开阔。其次，当这种象征式行为被受偏见者知觉时，他们的自尊和自信将受损，当然，这些人中也包括少数的象征代表。

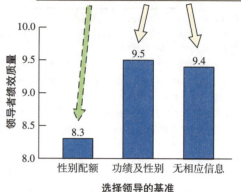

相比于告诉她们被选中的原因是因为她们的资历或者不告诉她们任何关于自己被选为领导者的信息，当女性得知被选中是因为性别配额（即该职位需要一定比例的女性）时，她们的领导才能就会降低。

图 6-8　认为你当选领导是基于性别配额会降低你的表现

4. 对把歧视说出口的人的回应

那么当这些"象征式行为"的人或是受歧视待遇的其他人抱怨他们所遭受的待遇时会怎样呢？对不公平境况的抱怨可以产生一种有用的功效：让人们关注这些不公平的情况并做出改变（Kowalski, 1996）。但抱怨的人也可能是在试图逃避个人责任。所以当我们是旁观者时会对这些抱怨产生疑问。

在一项研究中（Kaiser & Miller, 2001）面对非裔美国学生论文得到差评的情况，实验者告诉一组被试这名学生认为他的差评是种族歧视造成的（抱怨组），告诉另一组被试这名学生对自己的成绩负责（承担责任组）。不管研究中的白种人是否将成绩和歧视相联系，和承担责任条件相比，在抱怨条件下他们对学生产生更多负面的评价。因此，即使我们作为旁观者时认为一个人糟糕的分数并非是他自身的问题，但是我们也不会赞成他把这种结果归于歧视（哪怕是很正确的）而非个人责任。

此外，Garcia, Horstman, Reser, Amo, Redersdorff, 和 Branscombe（2005）证明，如果抱怨只会让外部群体认为他们爱发牢骚，那么抱怨者的内部成员也不会赞成这种抱怨行为。只有当抱怨者的内部成员认为存在严重的歧视现象，并且认为抱怨是合理行为且确实能改善整个群体的情况时，他们才会支持群体内成员抱怨受到的歧视性待遇（Garcia, Schmitt, Branscombe & Ellemwes, 2010）。

可能现实中的业务经理会出于对自身所处机构的公平的忧虑而响应那些声称遭受过种族歧视的人。为了评估这项可能性，Kaiser等人在2013年随机分配若干白种人业务经理到实验组和控制组，要求实验组的人思考他们公司是如何增加内部多样性的，而控制组的人则需要回答他们公司是如何维持现状的可持续性的。这些经理随即参与完成了有关种族歧视的详细文档记录，他们需要想象文档中的情况是发生在自己公司的。相比一开始想象公司在持续性上的努力，一开始想象公司在多样性上努力的被试认为歧视申诉更为不合法，更不需要关注。更重要的是，他们同时报告了更不愿意支持雇员提出歧视索赔。这项研究表明处于多样化结构的机构能够创造出"公平的幻觉"。讽刺的是，这将会破坏多数人群体成员对确实存在的对少数族群的歧视的敏感性，最终导致他们对提出歧视申诉的少数族群更消极的回应。

6.2.2 当不同群体的成员被同等评价时，就不存在刻板印象吗

大多数人会很快给出一个明确的答案，"当然是这样了"，然而我们错了。Biernat（2012）关于**转换标准**（shifting standards）的研究表明，尽管对来自不同群体的成员有相同的评价，然而刻板印象可能依然会存在并影响着这些评价。另外，对不同群体成员有相同的评价并不一定会使评估者对不同的群体采取相同的行为。

这是如何产生的呢？当我们用不同的标准来形容事物时，仍然可以用相同的语言来表达。例如，我可以说"我有一只大猫和一辆小车"，但这并不意味着我的大猫在大小程度上接近小车！当我用"大"来形容猫和"小"来形容汽车时，我用了不同的参照物（猫的大是针对其他猫而言的，汽车的小也是针对其他汽车而言的），因此它指代的是不同的意思。猫和汽车两类东西的尺寸是用不同标准来衡量的。

同样，在评判人时我们也有可能用不同的标准。我们可能用相同的语言来形容两个不同的篮球选手，而实际上他们的表现却完全不同。就如图6-9所示的两名篮球选手而言，我可能会认为那名十岁的篮球选手"好"，但是这种"好"和当我提到我最喜欢的NBA篮球选手的"好"的内涵是不同的。十岁的篮球选手的"好"是相对于其他儿童球员而言的。而NBA球员的"好"是相对于其他专业球员而言的。诸如"好–坏"、"大–小"这些用语实际上是不可靠的语言表达方式，这样就掩盖了我们实际上是用不同的心理表征来作为对比的标准的（如刻板印象）。但是有时候无论我们对比的是何物，我们用

我们可能会同时给左图的年轻选手和右图的NBA选手6分的评估（在一个"1"到"6"分的主观刻度中）。但是给左图男孩的6分可能会被解释为对他能持续投中球篮能力的较低的期望，然而对专业选手的6分则会被解释为对他高投中率的期望（投篮命中率作为适用于任何人的客观刻度）。

图6-9　不同的人得到相同的评分是否有着相同的意义

的标准是一样的。也就是说，当评定一个篮球选手时，我可能会用在一个赛季中的罚球比例来作为标准，这样的标准无论是对十岁篮球选手还是 NBA 篮球选手而言都是一样的。这些标准被认为是**客观刻度**（objective scales），因为无论适用的对象是谁，它的含义是不变的。那种根据适用对象的变化而产生不同含义的标准被称为**主观刻度**（subjective scales）。这种主观刻度的意义转换很方便，因而它适用于刻板印象效应，甚至当对两个不同的对象采用相同的评定时也是如此。

下面让我们来看看当一个人对女性和男性进行评价，并决定谁更有可能被任命为管理者时，结果将会如何。假定评估者认为男性比女性更胜任商业管理者的职位。尽管在商业成功的可能性上，女性和男性申请者会得到相似的好评；但是，对男性和女性的好评可能意味着不同的东西。当需要评定男女申请者每年盈利的潜在能力时，男性在这种客观测量中就更有可能比女性得分高。如果利用主观刻度可能会掩盖刻板化的评定，而使用客观刻度就能揭露出来。大量实验表明，在主观刻度中相同的分数并不意味着在客观刻度中也是相等的，也不代表刻板印象不存在。事实上，人们越是使用基于不同人而变化的标准，他们越是对非裔求职者表现出歧视性行为（Biernat, Collins, Katzarska-Miller, & Thompson, 2009）。

6.2.3 我们会成为刻板印象的受害者而对此无所察觉吗？来自个案的研究

当我们对自己和他人有刻板印象时我们自己总会察觉到吗？或者在一些情况下我们可能会无意识地赞同普遍存在的偏见吗，即使这些偏见甚至可能会伤害到我们？DeIPaulo（2006）在其研究中举了这样一个有趣的例子——**单身主义**（singlism）：指向那些单身的人的负面刻板印象和歧视。在一项有一千多名大学生参与的研究中，DeIPaulo 和 Morris（2006）测量了这些大学生认为单身和已婚的人有哪些特征。正如表 6-3 所示的，这些主要由单身的人组成的大学生常常对单身的评价相当不好，与他们对已成婚的人的评价截然不同。在无意识中用来描述已婚群体和单身群体的词语差异也是很大的：50% 的情况下，已婚人被认为是友善的、慷慨的、有爱心的；而单身人仅仅有 2% 被描述为有这些特征。而且，当已婚的人被描述成有 40 多岁，而未婚的人是 25 岁时，这一差异变得更大。事实上，选择单身的人相比选择不单身的人，他们被认为是更孤独的、不热衷于社交的且更为悲惨的（Slonim, Gur-Yaish, & Katz, 2015）。

表 6-3 对单身族和已婚人群的刻板印象特征

正如表中表示，对单身族的刻板印象大多采用负面的语言，而对那些已婚人群却更多地采用正面的特征来描述。

单身族的特征	已婚人群的特征
不成熟的	成熟的
不安全的	稳定的
自我中心的	亲切的
不幸福的	幸福的
可憎的	诚实的
孤单的	深情的
独立的	给予的

资料来源：Depaulo & Morris, 2006.

尽管目前单身人士占美国成年人的 40% 以上（U.S. Census Bureau, 2007），然而对单身族的歧视证据充足（DePaulo & Morris, 2006）。当让大学生被试指出他们更愿意把自己的房子出租给谁时，相对于单身男性（12%）或单身女性（18%）来说，大多数大学生都选择了已婚夫妇（70%）。在美国伴随婚姻而来的也有各种各样的合法特权：配偶雇员健康福利奖助金、车险折扣、俱乐部会员资格、旅行，还有税收和社会安全保障。那么，为什么这些不公平没有被指责或遭到抗议？一种可能的解释是单身族没有注意到已经遭受了歧视。当问及单身族是否会成为受歧视的群体时，DeIPaulo 和 Morris 报告了只有 4% 的单身认为会这样。当他们被直接问到单身是否被污名化时，只有 30% 的单身人士认为确实如此。与此相反，几乎所有其他被污名化的群体成员，包括在种族、体重，还有性取向方面有过这种遭遇的人，都承认他们受过歧视。

因而，缺乏对他们所面临的负面刻板印象和歧视的认知看来似乎可以在一定程度上解释为何单身

相对于在右图中我们把他们视为一对夫妻时，我们认为左边两幅图中的单身人士似乎表现得更加以自我为中心，更加难相处。来自 Depaulo（2006）的研究表明了这一事实。

图 6-10　单身或者是已婚如何影响我们对这些人的感觉？

族会不知晓他们遭受的歧视。是否也可能存在这种情况，人们（甚至包括受害者）会感到这种歧视是有正当理由的，因而区别对待某些特定群体也是无可指责的？当 Morris, Sinclair, 以及 DePaulo（2007）问道：一个拒绝将房子租给各类人士（非裔美国人、女人、同性恋者或者肥胖者）的房东是否存在刻板印象或者歧视时，参与者认为是存在的，但当被拒绝者变成单身人士时，他们否定了这个观点。这个例子说明了无论在单身者还是已婚者眼中，相比其他任何形式的歧视，针对单身者的歧视都显得更为合理。在下面的内容中我们将会讨论偏见的问题，我们似乎认为自己对一些群体的偏见是正当的（尽管这些群体的成员大多不会认可这些偏见）。

DePaulo 和 Morris（2006）认为对于单身族的负面刻板印象和歧视会帮助保护和美化婚姻，这也是婚姻为何会如此普遍地被多数人认可的重要原因。单身族的存在挑战了人们已经存在的观念体系，即和自己的心灵伴侣结婚对是否能拥有有价值的生活具有决定意义。而通过贬低那些挑战这种观念的人们，我们更加相信那些充满活力的文化传统。想一想图 6-10 中所显示的：人们的婚姻状况是如何影响我们对其为人的推论的。

6.2.4　人们为何会形成和拥有刻板印象

刻板印象通常起**图式**（schemas）的作用，正如我们在第 2 章所提到的，图式是指我们组织、解释和回忆信息的认知框架。故而，根据群体成员身份对他人进行分类对于在许多情况下只愿意花费较少认知努力的人而言是十分有效的。所以，我们有刻板印象的一个重要原因是能保存认知空间以应对其他任务（Bodenhausen, 1993; Macrae, Milne, & Bodenhausen, 1994）。根据这个观点，我们在回应他人时依赖于刻板印象是因为这样做很简单。

那么当人们能被分类为不同类型的人群时，我们通常会使用哪种刻板印象？如图 6-11 所示，我们最可能会刻板地将她归于女性、非裔美国人还是服务员？种族及性别均是人们常用的分类方式，但当提供了餐厅环境及我们作为客人与她的互动后，研究表明人们最可能根据她的职业对她产生刻板印象（Yzerbyt & Demoulin, 2010）。事实上，正如你将在本章所见的，刻板印象可以帮助达到一些动机性的

尽管种族和性别是容易被使用的基本分类标准，但是当提供环境因素时，我们更可能察觉到这个人的职业角色。

图 6-11　哪种刻板印象最可能应用于预测这个人的行为？

目的；它除了提供给我们一种预测他人行为的功能之外，还能帮助我们积极地对待自身的群体身份。现在，让我们来看看从认知吝啬鬼的角度阐述刻板印象的使用。

1. 刻板印象：它们是如何运作的

想象以下群体：枪支持有者、墨西哥裔美国人、教授、美国士兵、无家可归者、俄罗斯人以及养狗爱好者。假设你需要列出上述每一类人的最显著特征，你可能会发现这并不是一个艰巨的任务。多数人能够很容易地为每个群体的特点列一个清单，而且，甚至他们很有可能为自己没有过什么接触的群体也列出特征清单。刻板印象告诉我们属于某个群体的人有什么样的典型特征，一旦这些特征被激活，它们就会自动存储在记忆中（Bodenhausen & Hugenberg, 2009）。这一事实解释了为什么即使你可能和这些群体并没有太多的直接接触的经历，仍然能轻松建立起这类列表。

刻板印象如同一种理论一样，引导着我们的注意并对我们所加工的社会信息施加强有力的影响（Yzerbyt, Rocher, & Schradron, 1997）。与激活的刻板印象相关的信息经常会被更快地加工和记忆（Krieglmeyer & Sherman, 2012, Macrae, Bodenhausen, Milne, & Ford, 1997）。类似地，刻板印象也引导我们关注那些与刻板印象相关的特殊信息。通常情况下，信息与我们的刻板印象保持一致。

当我们遇见刻板印象群体中的成员，但此人看起来似乎并不符合我们的刻板印象时（比如，一个很聪明并且有教养的人却来自一个较低职业地位的群体），我们并不一定会改变对这个群体中典型成员的刻板印象。我们会将这样的人划入一个特别范畴中或**子类型**（subtype）中，其中包括了那些并没有确定模式或者刻板印象的人（Richards & Hewstone, 2001; Queller & Smith, 2002）。这种子类型化是为了保证对群体的刻板印象能够保持完整（Park, Wolsko, & Judd, 2001）。在无法确定对象是来自群体的非典型成员时，刻板印象不会被改变。

2. 刻板印象会发生改变吗

如果刻板印象是自动激活的，而且我们即使在面对与刻板印象不相符的信息时，也通过一定的方式维持刻板印象，那么就产生了一个问题：刻板印象究竟会不会发生改变？许多理论家提出只要存在于自身群体和被刻板印象化了的群体之间的关系的本质是稳定的，那么刻板印象也不会发生改变（e.g., Eagly, 1987; Oakes, Haslam, & Turner, 1994; Pettigrew, 1981; Tajfel, 1981）。这是因为我们所建构的刻板印象反映了我们如何看待不同群体成员的实际行为表现，只有当群体关系改变时刻板印象才会改变（我们所观察到的行为也会随之改变）。

在一次有趣的证明过程中，Dasgupta 和 Asgari（2004）分别在女性学生的大学第一年和第二年评估了她们的性别刻板印象。实验中的女学生要么在学校的第二年继续和行为不符合传统的女教师接触，或者在第二年到男女混合的学校并大幅减少了和女教师的接触。结果正如预期，在女子学院学习的学生对性别刻板印象的支持度相对于在男女混合学校学习的学生显著降低了。而刻板印象改变的程度则可由学生在课堂情境中接触到的女教师的数量预测。

👆 要点 Key Points

- **刻板印象**，是一种认为一个群体的成员会有共同特征的观念。偏见是我们对某一特定群体的情绪的组成部分。**歧视**是对不同群体成员的不同行为反应。
- **性别刻板印象**，这是一种认为女性和男性拥有不同特征的观念，它在女性和男性得到不同的待遇上扮演着重要角色，类似于**图式**。女性被认为亲和力较高但能力较低，而男性在这些特征上与女性相反。
- **玻璃天花板效应**的存在使女性比男性在职场中遭遇了更多的障碍，结果导致她们很难进入高层职位。女性尤其可能在职场中受到"提到管理者就想到男性"的偏见的影响。
- 与刻板印象期望背离的女性，尤其是违反了温暖维度的刻板印象的女性，更可能遭受敌意和蔑视。挑战性别刻板印象对于女性和男

- 性来说都是困难的。
- 女性更可能在危机发生的情况下被任命为领导者，这样的位置更加危险，并且存在更高的失败风险，这种现象被称为**玻璃悬崖效应**。当男性的刻板属性导致了组织走下坡路时，女性的假定刻板属性便会被认为是适合作为新的领导者的。
- **象征式行为**是指来自特定群体中的少数成员被雇用和接受，它有两种效应：它维持了这样的理念，即并非体系自身存在歧视；同时，它影响了其他人对象征式个体产生不利的看法，并会损害那些相信她们被任命为领导并非是由于她们价值的人的绩效。处于象征式行为的环境会维持人们对于公平的知觉及他们对精英管理社会的信念。
- 把结果归因于遭受歧视似乎更容易给处于不利地位的群体成员带来心理上的伤痛。尽管是出于不同的理由，公开表达遭受到歧视很有可能导致群体内和群体外成员做出消极反应。
- 即使是用同一个**主观刻度**来评估，刻板印象还是会影响行为。当使用**客观刻度**测量（也就是不会发生**转换标准**），反应的意义是恒定的时候，可以观察到刻板印象的效应。
- **单身主义**，也就是对单身者存在直接的负面刻板印象和歧视，在单身族和已婚者身上都找到了这种效应。单身主义歧视的存在可能是因为被歧视的对象并不知晓歧视的存在，或是他们认为这一歧视是合法的。
- 刻板印象使我们更关注那些与此相一致的信息，并且用各种方式去分析那些不一致的信息，用以维持我们原有的刻板印象。当个体的行为与刻板印象存在显著差异时，我们有可能通过**子类型化**将个体划入特殊的一类中，以证实我们固有的认知准则，维持我们的刻板印象。
- 刻板印象会随着群体间关系的改变而发生改变。那些与处于非传统角色的女性接触的人表现出更少的性别刻板印象。

6.3 偏见：对社会群体的情感

所谓**偏见**（prejudice），传统上被认为是对某社会群体的情绪的组成部分，是指仅仅由于某人属于某个团体就遭遇到负面回应的情形。Gordon Allport 在他 1954 年出的书《偏见的本质》中将偏见定义为对某个群体广泛的厌恶。在这层意义上，偏见不是针对个人的，而是针对个人所隶属的整个群体的。换言之，当我们对某个群体存在偏见时，我们就会预先对它的成员产生负性评价。歧视是指对所厌恶群体的成员表现出的一种缺乏友好的或负面的行为（Pettigrew, 2007）。**偏见**是否以歧视的形式表现将取决于知觉到的规范或者此种行为被接受的程度（Crandall et al., 2002; Jetten, Spears, & Manstead, 1997）。事实上，正如我们在本章的最后部分将看到的，改变对待特定群体的规范就足以改变偏见的表达。

研究表明，在针对特定团体的偏见测量中，得分高的人和得分低的人在加工这个团体的信息时确实存在差异。比如，相对于与偏见目标无关的信息，与偏见目标有关的信息会被更多地关注或更仔细地加工（Hugenberg & Bodenhausen, 2003）。事实上，对特定群体存在高偏见的人更急于确认某个个体是否属于那个群体（当信息不明确时）。因为他们认为那个群体拥有一些**本质**（essence），通常是生物学特征，根据这些特征可以将那个群体和其他群体区分开来，并将之作为区别对待的理由（Yzerbyt, Corneille & Estrada, 2001）。坚持根据人们所属群体对其进行分类，导致人们对该群体的感觉显得合理，最终演变为歧视（Talaska, Fiske, & Chaiken, 2008）。

作为一种态度，偏见是指怀有偏见的人在面对或者仅仅想到他们厌恶的群体时所体验到的一种消极情绪（Brewer, & Brown, 1998）。然而，一些理论家认为并非所有的偏见都是相同的，至少它们并不是基于同一种消极情绪。根据这一观点，我们绝不能把偏见看作是一种一般意义上的负面情绪反应。相反，我们需要根据针对不同群体的不同情感，包括恐惧、生气、妒忌、内疚或厌恶等来区分偏见（Glick, 2002; Mackie & Smith, 2002），如图 6-12 所示，即使针对不同群体的偏见水平（总体来说是对于该群体的消极情绪）在总体上是相近的，但其中最主要的情绪反应却是不同的。例如，对美国印第安人的主要情绪反应是同情，而对同性恋的主要情绪反应却是厌恶（Cottrell & Neuberg, 2005）。

对不同群体的偏见引起的主要情感反应不同，歧视行为也可能有所不同。例如，当我们的主要反应是生气时，我们可能试图直接伤害非本群体的成员（Mackie, Devos, & Smith, 2000）。相反，对于以同情或内疚为基础的偏见，由于他们的困境唤醒了悲痛，会导致我们逃避这些群体外的成员（Miron Branscombe, & Schmitt, 2006）。从这个角度来看，减少偏见就需要针对作为偏见基础的群体之间的情感进行努力。例如，如果偏见的基础是焦虑和恐惧，当二者减少时，歧视也会随之减少（Miller, Smith, & Mackie, 2004）。

研究发现通过诱导消极情绪可以直接引发偏见（DeSteno, Dasgupta, Bartlett, & Cajdric, 2004）。在两个实验中，研究者都发现在体验过生气而非悲伤或中性的情绪后，被试会对群体外的成员产生更消极的态度。实验中，被试首先被分配到**最小群体**（minimal groups）中；然后被告知一些虚假信息：依据实验要求会将他们划入不同的社会群体。分组确定之后，他们需要完成一项诱导情绪的书写任务（比如，详细地描述在什么时候曾经经历了生气、悲伤或中性色彩的情绪）。最后，他们被要求对同一群体的成员（比如，佩戴相同颜色腕带的人）或群体外成员（比如，佩戴不同颜色腕带的人）进行评价。

如图 6-13 所示，将群体内和群体外成员分别与积极或消极评价词相联系，被试的反应时会由于体验到的消极情绪不同而不同。当生气时，被试更迅速地将消极评价与群体外成员相联系以及将积极评价与群体内成员相联系，然而却需要花费相当多的时间去学会将群体外成员与积极评价相联系或者将

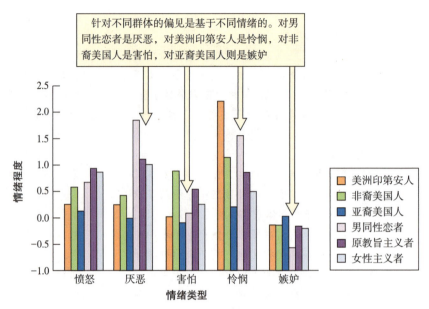

图 6-12 不同的社会群体激发不同的情绪反应

群体内成员与消极评价相联系。相反，当体验悲伤或其他中性情绪时，将群体内和群体外成员与积极或消极评价相联系的反应时上并不存在差异。这表明即使生气这种**偶然情绪**（incidental feelings）也会引发对于群体外成员的偏见，尽管引发的因素（本实验中指书写任务）与另外的群体毫无关系。

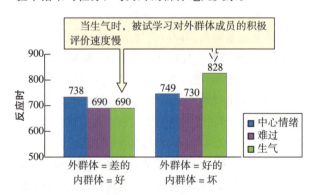

当生气时，相对于群体内的成员来说，我们需要花费更长的时间将积极评价与群体外的成员相联系。同样，我们也需要花费更长的时间将消极评价与自己的群体相联系，然而将群体外成员与消极评价相联系的速度却更快。只有在进行评价配对任务之前，生气而非悲伤或其他中性情绪被诱导出来时，联系发生的时间才会有差异。

图 6-13 偏见产生的一种方式

可以发现，这种**内隐联想**（implicit associations），即群体成员身份和评价之间的联系，可以作为群体

内外分类的结果被自动触发。对于内隐刻板印象，很重要的一点是：尽管它影响了我们对他人的评价和判断，以及和他们的互动，但我们却没有意识到它在起作用。让我们来看看在一个简单的电子游戏中白人被试是如何进行决策的：是否要射击携带或没有携带武器的非裔美国人或者白人（Correll, Urland, & Ito, 2006）。总体看来，被试在决定射击带武器的非裔美国人时比射击带武器的白人快，在决定不射击未带武器的白人时要快于未带武器的非裔美国人。事实上，那些对于非裔美国人和暴力之间有较强内隐联想的人更可能展现出这种决策偏见。在饮酒之后，这种自发的偏见效应更加难以抑制（Bartholow, Dickter, & Sestir, 2006）。

在讨论偏见的多种公开表达方式之前，我们首先要提出一些重要的问题：什么样的动机会影响偏见被感知的程度？人们从偏见中能够得到什么样的心理收益？

6.3.1 偏见的起因：多元视角

我们可以从几个角度来回答这个问题：偏见从何而来？它何以持续存在？最普通的答案通常将焦点集中在**威胁**（threat）上，这种对自己所属群体的威胁可能是具体的，也可以是象征性的（Esses, Jackson, & Bennett-AbuAyyash, 2010）。首先，我们会意识到其他群体对自己的自尊和群体利益的威胁将很有可能导致偏见。其次，我们讨论对于珍稀资源的竞争如何加剧偏见。在本节的最后，我们将了解仅仅把我们和他人归入不同的群体是否就足以产生偏见。来自186个不同社团的跨文化研究清楚地表明了我们对于本群体越忠诚，对于外群体的偏见就会越大（Cohen, Montoya, & Insko, 2006）。因此，对于本群体的情感和对于外群体的情感是相关的。

1. 对自尊的威胁

如果不了解威胁以及它如何影响人，那么你自然就不能理解偏见是如何发生的。我们都想积极地看待本群体（Tajfel & Turner, 1986），实际上，这是指相对于其他的群体，我们对本群体的态度更积极。当一个事件威胁到了本群体的价值时，我们可能会通过诋毁威胁的来源来进行报复。同时，意识到我们所属的群体受到威胁，会使我们更加认同自己的身份。将回忆"9·11"的恐怖袭击作为威胁事件，一些研究发现人们对于美国的认同增强了（Landau et al., 2004）。

偏见发生的条件是什么？威胁我们群体身份的事件包含了死亡的气息，抑或仅仅暗示我们的群体没有想象的那么好？为了检验这个观点，研究者选择了对自己美国公民身份的认可程度存在差异的美国大学生做被试，并让他们观看了来自电影《洛奇4》的时长为6分钟的两个视频剪辑中的一个（Branscome & Wann, 1994）。一个剪辑中，Rocky（由Sylvester Stallone 扮演的一个美国拳击手）在比赛中打败了 Ivan（一个由 Dolph Lundgren 扮演的俄罗斯选手）。这个剪辑中没有带任何威胁因素，因为它支持美国人是胜者的观点。另一个剪辑中，Rocky 输给了 Ivan。这一内容是带有威胁色彩的，尤其是对于那些高度认同他们美国公民身份的人，因为它损害了基于群体成员身份的自尊。问题是：这样一个在实验室进行的对于认同感的较小的威胁是否会导致偏见呢？答案是肯定的；那些高度认同自己作为美国公民并且看到 Rocky 失败了的人对俄罗斯人表现出了更多的偏见，并且主张俄罗斯人不得进入美国。事实上，被试越是消极地评价俄罗斯人，他们基于群体成员身份的自尊就越增强。

这个研究表明对外群体的偏见会提高本群体的形象，尤其是在本群体受到威胁时。通过贬低其他群体，我们可以确立本群体的相对价值，而当存在威胁时这种偏见可能表现得最激烈。感知到威胁对群体偏见的重要作用已经在各种各样的群体环境下得到体现：美籍白人对美籍黑人的偏见（Stephan et al., 2002）；对各种移民群体的偏见（Esses, Jackson, Nolan, & Armstrong, 1999; Stephan, Renfro, Esses, Stephan, & Martin 2005）；天主教徒和新教徒对北爱尔兰自治区的偏见（Tausch, Hewstone, Kenworthy, & Cairns, 2007）；以及男性针对他们认为的进入了传统男性领域的女性的偏见和妨碍行为（Netchaeva, Kouchaki, & Sheppard, 2015; Rudman & Fairchild, 2004）。图6-14中，许多实验证明了图中所示的每个过程。

当自尊受到威胁时，人们更有可能诋毁那些具有威胁性的群体。事实上，这样做可以增强或者恢复受威胁的自尊。通过这种机制，群体得以维护他们的优势地位。

图 6-14　偏见在有利于维护群体利益时会持续存在

总而言之，优势群体在知觉到对本群体形象和利益的威胁时，会表现出对外部群体最为强烈的偏见。基于感知到威胁在维持和提高偏见中所起的重要作用，研究者处理了如何减少威胁的问题，简单地提醒十分重视自身内部群体身份的人们（无论是民主党人士抑或是共和党人士），和其他群体成员分享更为包容性的身份（即美国公民），可以降低对威胁的感知和偏见情绪（Riek, Mania, Gaertner, McDonald, & Lamoreaux, 2010）。这种技巧被称为"再范畴化"，在接下来对减少偏见过程的讨论中将会再次提及。

2. 偏见的来源之一：资源竞争

令人悲伤的事实是，人们最想得到的东西，好工作、美好的家庭，总是供不应求。通常情况下，这些都是**零和结果**（zero-sum outcomes）；一个群体得到，则意味着另一个群体无法得到。想想以色列人和巴勒斯坦人的冲突，这场冲突从1948年以色列建立一直持续至今。双方都想控制耶路撒冷。这种包含在**现实冲突理论**（realistic conflict theory）中的领土争端，也是偏见的主要原因之一（Bobo, 1983）。这个理论进一步指出，随着冲突升级，各自群体中的成员将会以更加消极的方式对待彼此。他们可能会将彼此视为敌人，认为自己的群体拥有正义，在自己和对手之间划下清楚的界限，在极端的情况下，他们甚至不把对方当作人类来对待（Bar-Tal, 2003）。

如你所见，尽管竞争会加强冲突，但它并不是导致冲突的最基本原因。一项由Sherif, Harvey, White, Hood和Sherif（1961）主持的针对有着良好适应力的中学男孩的经典研究，揭示了群体间的偏见是如何发展起来的。当男孩们到达名叫Robber's Cave的营地后，他们在毫不知情的状况下被随机分配到两个不同的团队中，并住在两个完全分离的小木屋中，且他们对另一个团队的存在毫不知情。最初，两个小木屋的男孩各自进行各种有趣的活动，如徒步旅行、游泳以及其他活动。男孩们迅速发展出了对自己所在团队的归属感。他们给自己的团队命名（Rattlers & Eagles），并在衣服上缝上团队的标记。在研究的第二个阶段，两个团队被集中起来，开展一系列的竞争活动。他们被告知赢的一方将会获得一份奖品和各种奖赏，因为男孩们都很想要这份奖赏，所以他们展开了激烈的竞争。

伴随着男孩们竞争的展开，群体之间的关系越来越紧张了。起初只是局限在口头谩骂，但很快就升级为直接的行动了。例如Rattlers队侵入Eagles队的小屋，翻倒他们的床，造成了严重的破坏。两个团队愈发对对方不满，而对自身团队则是赞美有加。简言之，强烈的偏见产生了。

在最后一个阶段，研究者排除了竞争行为，但仅这个举动并未降低双方的敌意。当情况改变，两个团队发现需要通过合作才能达到**上位目标**（superordinate goals）时（两个团队都想达到这一目标，但任何一个团队都不可能单独完成），发生了戏剧性的变化。这些男孩通过合作修复了供水系统（被研究者悄悄破坏的），用他们共同的基金去租赁影碟，还修好了一辆坏了的货车，这样他们就可以去镇上了。团队之间的紧张逐渐缓和，许多跨团队的友谊也开始建立起来。

尽管Sherif的研究表明一些因素可以挑动和平息团队间的冲突，但它并没有表明竞争对于偏见的形成是否是必要的。事实上，研究者注意到，在引入竞争之前，只是知道另一个团队的存在，就足以让两个团队的男孩相互谩骂了。也许只需要成为团队中的一员并认同它，就足以产生偏见了。这是Tajfel和Truner（1986）在他们的社会认同理论中进一步发展出来的观点，也是我们下面要讲的内容。

3. 社会分类的作用：我们－他们分类的效应

种族灭绝怎么会发生？这是一个困扰Henri Tajfel一生的问题，部分原因在于他是纳粹大屠杀下的犹太幸存者。有人认为，群体间的暴力行为是非理性的。不同于这些人，Tajfel（1982）认为这其中包含了重要的认知过程。他认为冲突、个人的敌意、自私，或者竞争并不是改变群体行为的必然因素。或许，如同Sherif研究中的男孩一般，人们只要被划分为不同的群体,对群体内的忠诚和群体外的歧视就已经开始了。事实上,Tajfel 在执着于寻找无偏见的基本条件的过程中,发现了产生偏见的最基本条件。

Tajfel,Billing,Bundy 和 Flament(1971)创造了一个研究群体间行为的范式,根据一些细微的区别将被试划入不同的群体。他让被试观看一组图片,如图 6-15 所示。这些图片出自画家保罗·克利和康定斯基之手。在所有情形下,被试被随机分配到一个群体中。但实验者会告诉被试,分组的依据是他们对保罗·克利和康定斯基的绘画的偏好程度。每个群体都是通过这样的方式创建的,这些群体内部的成员没有共同目标,没有共同的经历,没有交流,没有领导者,根本不像一个真正的团体。

被试的任务是给其他两个被试分配分数或钱,这两个被试分别来自群体内部和群体外部。通常来说,被试会分给本群体成员更多。另外,让被试在下面两个分配方案上进行选择:一是给自己的群体的量在绝对值上较大,但与外群体的差距不大;二是给自己群体的量不大,但与外群体的差距较大。被试往往会选择方案二,因为这样做会使得分配给群体外成员的数量较少。这表明被试更在意本群体和外群体之间的差距,而不仅仅是本群体的绝对利益。这些实验结果让人感到震惊。因为它表明了人们仅仅因为一些毫不足道甚至琐屑的特点被归入不同的群体,就足以令其在对待"我们"(群体内成员)和"他们"(群体外成员)时产生不同的知觉和行为。

一旦我们身处的世界被划分为我们和他们,它就会对我们的情感产生重要的影响。我们会看重代表身份的差异(Oakes et al., 1994)。属于"我们"的人受到赞许,而属于"他们"的人则被消极对待。事实上,尽管偏见是不合理的,但仍有很多人认为有些群体就应该不受欢迎(Crandall et al., 2002)。例如,让大学生对 105 个社会群体的偏见进行评估,评估这些偏见在多大程度上是合理、合法的,他们很轻易就能够完成这项任务。表 6-4 是他们明确给出的偏见可以被接受的前十个群体以及最不可接受的十个群体。

表 6-4　对哪些人表现偏见是可行的,哪些是不行的

表格左侧显示了大学生所认为的对其表现偏见可以被接受并且合理的前 10 个群体。右侧则显示了对那些群体表现偏见被认为不可接受并且不合理的前 10 名。你认为除了中西部以外,对居住在美国其他地区的人们来说,表格中列出的项目会有差异吗?对那些来自不同种族的人来说,又会怎样呢?

合理的偏见	不合理的偏见
强奸犯	盲人
虐童者	家庭主妇
恋童者	聋哑人
殴打妻子的人	有精神问题的人

左图展示了画家保罗·克利的作品,右图展示了画家康定斯基的作品。通过告知被试他们拥有共同的偏好创造出一个"最小"的分类群体。

图 6-15　社会分类:群体内和群体外

（续）

合理的偏见	不合理的偏见
恐怖分子	居家男人
种族歧视者	农民
三K党成员	男护理员
醉酒驾驶者	图书管理员
纳粹党成员	保龄球俱乐部成员
喝酒的怀孕女性	养狗人

资料来源：Based on data provided by Crandall, Eshleman, and O'Brien (2002).

社会分类到底是如何导致偏见的？**社会认同理论**（social identity theory）认为：一是我们寻求对于所属群体的积极情感；二是我们的自尊部分来源于我们的群体身份（Tajfel & Turner, 1986）。因为认同我们群体的人更可能对我们的群体表现出偏爱，对外群体表现出相应的偏见，所以对自己的群体的重视程度能够有效预测偏见。那么，是否那些极端重视自己群体的人（认为自己与团队融为一体），会愿意为了群体利益及安全参与一些极端行为呢？

近期由 Swann, Jetten, Gómez, Whitehouse, Bastian (2012) 主持的研究已经确切地解决了这个问题。研究者首先评估了研究对象的**身份融合**（identity fusion）程度（个体认为自我与群体的重叠程度）。研究的理念是那些认为自己与群体融合的个体会将个人能动性与群体紧密结合，并认为群体的命运就是自身的命运。所以，当得到一个保护群体的机会时，相较于没有把自己与群体紧密结合的人，他们会更倾向于保护群体。在一系列研究中，融合及非融合学生被问及在一个道德两难问题中会如何反应，这个道德两难问题被称为"电车难题"。实验要求参与者想象一辆失控的电车即将要撞死他们群体的5名成员，除非参与者从一座桥上跳到电车轨道上，从而改变电车的轨迹。参与者面临的选择是：要么让电车撞死那5名内部成员，要么牺牲自己去拯救那5名内部成员（他们对于参与者而言是陌生人）。正如你在图6-16所看到的，将自己与西班牙融合的参与者中，有75%选择了牺牲自己拯救另外5名西班牙人，而在没有把自己与西班牙融合的参与者中仅仅24%的人选择了这么做。

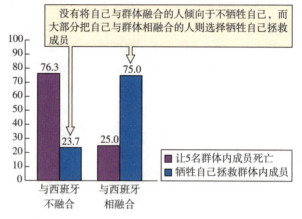

将自己与群体融合的人认为自己与群体是高度重叠的。相比于不认为自己与国家（西班牙）群体相融合的人，认为自己与国家（西班牙）群体相融合的人中有更高比例的人愿意牺牲自己生命去拯救群体内成员。

图 6-16　身份融合：愿意为了自己的群体而死

当一个人将自己的身份与群体相融合时，他们会愿意承担极端形式的自我牺牲以保护自己所属的群体。这项研究解释了个体对他人的情绪反应以及极端行为是如何受人们与其所在群体的关系（相融合或是不相融合）影响的，同时解释了我们是如何将处于危险中的人分类的（即属于"我们"还是"他们"）。而另一个视角是关于对外部群体的偏见是如何起源于我们的关注的，在这个例子中，**存在性威胁**（existential threat）起源于意识到我们的死亡命运的焦虑。详情请参阅专题"研究告诉我们：存在性威胁对偏见的作用"。

研究告诉我们　　存在性威胁对偏见的作用

美国及其他地方普遍存在对无神论者的偏见。事实上，这种偏见相对于其他任何群体（包括穆斯林、少数族群和同性恋者）的偏见都要明确且更易被接受（Franks & Scherr, 2014）。美国基督教徒更可能表示他们不会在公职投票中选无神论者，他们认为无神论者是不可靠的，并表现出对这个群体的恐惧和厌恶情感。为什么不相信上帝会引起如此强烈的偏见呢？对于被广泛接受的群体内价值观，无神论者可能代表着一种威胁，因此他们会被视为对现存社会秩序所提供的意义的威胁。

人们的存在性焦虑（在意识到自身的死亡命运时有所增强）是如何影响他们对无神论者的偏见的？这种偏见是否会在我们自身的死亡命运被凸显时变得特别强烈呢？是否会促使我们思考存在的意义？根据**恐惧管理理论**（terror management theory），意识到死亡的威胁会引起存在性恐惧，而这种恐惧可以在坚持主流文化的世界观下被削减。最近的研究已经回答了这个问题（Cook, Cohen, & Solomon, 2015）。考虑到无神论者的存在是出于他们的世界观认为神的存在是值得怀疑的，他们可能经常被认为是一种存在性威胁。为了检验这个直截了当的想法，研究者将大学生随机分为两组，一组想象自己的死亡（死亡命运凸显的情况），控制组则想象一个痛苦的事件。一段时间后，参与者被问及他们对无神论者（不相信有神的存在的人）或者贵格会教徒（拥护一个小的基督教组织的人）的看法，他们愿意和这两个群体保持多大的距离以及他们会多大程度上信任这两个群体的人。

正如你在图 6-17 所看到的，总体而言，参与者对无神论者的反应比对贵格会教徒要消极。但是，对无神论者最为消极的反应是由参与者自己的死亡命运凸显而引起的。在社会距离和不信任研究中也得到了同样的结果。当死亡被凸显时，相比于控制组成员，参与者更倾向于与无神论者保持距离且对他们更不信任。随后的研究也证明了，类似于死亡命运凸显的情况，参与者在想到无神论时更容易想到死亡。

这项研究表明，对于存在性的关注会引起我们对某些群体的偏见，这类群体会对我们用以保护自身免受死亡恐惧威胁的世界观造成威胁。事实上，仅仅是无神论者的存在便会引发人们对于死亡命运的关注了。

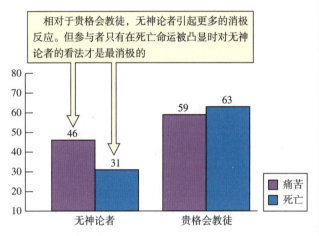

对无神论者的反应普遍比较消极。无论如何，当我们对自身死亡命运的关注被激活时，我们感知到的温度额定值是非常低的。

图 6-17 意识到自身的死亡命运会影响我们对无神论者的看法

要点 Key Points

- **歧视**指针对不喜欢的群体成员（被认为其**本质**不如其他群体）的不当对待方式或消极行为。是否表现出歧视取决于人们是否感觉这么做是符合规范且可接受的。
- 研究表明偏见可能反映了对不同外群体的基本情绪反应，包括了恐惧、生气、内疚、同情和厌恶。不同的行为可能依赖于偏见的情绪基础。甚至是由群体外的其他因素导致的**偶然情绪**也会引发偏见。
- **内隐联想**指在群体成员和评估间建立联系，会导致个人自动地将他人分类为内部群体和外部群体。
- 贬低外群体可以维护我们的自尊，因此偏见持续存在。对我们自己群体的利益构成**威胁**会引发偏见，群体之间对资源的竞争会加剧冲突。而当群体之间需要通过合作来达到更高目标时，冲突就会减少。
- Robber 的洞穴研究中，夏令营中曾陷入冲突的两组男孩说明了**上位目标**可以转变**零和结果**。将只有一组男孩能得到渴望的结果转变

- 根据**社会认同理论**，偏见来源于我们的一种划分倾向，即我们总是倾向于将所处的世界划分为我们和他们，并且看待我们比看待他们更积极。该结论在群体是以**最小**的或者不重要的基础建立起来时亦适用。
- 人们可能会觉得对一些群体的偏见是合理的，但对另一些群体的偏见却是高度不合理的。
- 将自身与群体融合的人会更可能表示他们愿意为了群体内成员而牺牲自己。个体对他人的情绪反应和极端行为会受到其与所在群体的关系的影响（**身份融合**），同时受个体如何将他人进行分类（"我们"还是"他们"）的影响。
- **恐惧管理理论**认为意识到自身的死亡命运会引起**存在性威胁**，而通过坚持自身文化的世界观可以减轻这种威胁感。因为无神论者代表着一种存在性威胁，当我们自身的死亡命运被凸显时最容易对他们产生消极的反应。

6.4 歧视：偏见的行为表现

正如我们在第 5 章中所提到的，态度并不总会在公开的行为中表现出来，偏见也不例外。多数情况下，人们并不会直接表现出他们对于其他各类群体的消极态度。法律、社会压力、担心报复等因素都会阻止人们将偏见付诸实践。正因为如此，最近几年中一些公然的**歧视**（discrimination）行为（基于种族、民族和性别的针对目标对象的消极行为）在美国和许多国家都已经减少了（Devine et al., 2001; Swim & Campbell, 2001）。诸如限制其他群体成员坐公交车或电影院的特定位置，阻碍他们进入公立学校或邻近地区，这些在过去看来很普通的行为，如今在许多国家基本上已经看不见了。然而，这并不意味着偏见的极端表现方式已经完全消失了。相反，基于种族、民族或其他偏见的仇视性犯罪仍然在发生。尽管存在这种极端例子，一般而言，偏见更多的是以更加隐蔽的行为方式表现出来。接下来，我们讨论这些隐蔽和伪装的歧视。

6.4.1 现代种族主义：致命而隐蔽

曾经，人们可以毫无顾忌地公开表达自己的种族观念（Sears, 2008）。如今，北美没有人敢公开表达出他们反对非裔美国人的情绪。这是否意味着种族歧视消失了，或者在逐渐衰退？尽管看起来很合理，但许多社会心理学家相信那些具有明显优越感的"老式种族主义"并未死去，而是被更加隐蔽的形式所取代，社会心理学家称之为**现代种族主义**（modern racism；McConahay, 1986; Swim, Aikan, Hall & Hunter, 1995）。

这种种族主义是什么样子的？在公共场所，它是隐蔽的偏见，当此种表达安全时，比如，和一帮持相同观点的朋友在一起，这种固执的存在就会表达它自己。事实上，同伴的偏见态度是其中一种对个人所持有的偏见态度的最佳预测（Poteat & Spanierman, 2010）。也可能将它归因于其他非偏见的来源，为潜在的偏见行为找到合理的理由。它还包含了通过假装无视肤色和拒绝承认种族存在来表明自己非种族主义者的行为。

关于最后一种策略有个有趣的研究（Norton, Sommers, Apfelbaum, Pura, & Ariely, 2006），研究者让那些担心可能会表现得像种族主义者的白人被试向白人或非裔美国人描述另外一些个体。当他们的搭档是非裔美国人时，这些被试不愿意使用种族这样一个描述用语，甚至当被描述者有着明显特征时也是如此（如一群白人中唯一的非裔美国人）。相反，他们的搭档是白人时，描述同样的人，由于特征明显，他们会倾向于用他们所属的种族进行描述。恰恰因为许多人想隐藏他们的种族态度，不管这种态度是来自自己还是他人，他们并且没有注意到这么做恰恰表现了一种种族歧视，这致使社会心理学家发展出了一些隐蔽的方法来研究这种态度。让我们来看看这些态度是怎样被探测到的。

1. 测量内隐种族态度：寻找一个真诚的渠道

测量偏见的最直接的方法就是直接去问问人们对各个种族、族群的看法。但许多人并不愿意承认他们带有偏见，因此评估他们真实想法的替代性方法就逐步发展起来。正如我们在第5章所讨论的，最近几年，社会心理学家已经认识到许多人持有的态度都是**内隐的**（implicit），也就是说，这些态度是存在着并影响着人们的一些行为方式的，但持有这种态度的人自己可能并没有意识到这一点。事实上，某些情况下，他们可能会极力地否认自己持有这样的观点而且宣称他们对肤色不敏感（Dovidio & Gaertner, 1999; Greenwald & Banaji, 1995）。我们如何才能测量到这种隐蔽的偏见形式呢？研究者开发出了一些不同的方法（Kawakami & Dovidio, 2001），但多数基于**启动效应**（priming），即通过呈现特定的刺激或事件，来启动记忆中的信息，使之更容易进入意识或更有效地影响当前的行为。

利用启动效应来研究内隐的或自动激活的种族态度的技术中，有一种被称为**真诚渠道**（bona fide pipeline；Banaji & Hardin, 1996; Towles-Schwen & Fazio, 2001）。在这个实验程序中，被试观看各种形容词，然后用按按钮的方式表明这些词属于褒义词还是贬义词。在呈现每个形容词之前，先给被试短暂地呈现一些来自不同种族群体（非裔美国人、白人、亚裔美国人和西班牙裔美国人）的面孔。有理由认为对贬义词的反应速度将揭示内隐的种族态度。相反，在用同样的少数族群的面孔进行启动后，被试会对那些褒义词反应更慢，因为褒义词与启动刺激所引发的消极态度不一致。

结果发现，人们确实存在内隐的种族态度。在看到种族群体的成员时，这种态度就被自动激活，进而影响了重要的行为，例如，与他人有关的决定，在与他人交往时友善的程度（Fazio & Hilden, 2001; Towles-Schwen & Fazio, 2001）。值得注意的一点是：尽管在公共场合中明显的种族歧视和性别歧视已经在减少，但是自发的偏见仍然存在，变得更隐蔽，且持续影响着人们的行为。

2. 持有偏见的人如何维持"无偏见"的自我形象

尽管有证据显示种族不平等现象仍在持续中，而且普遍存在着隐藏和内隐的偏见，许多美国白人仍认为他们是没有偏见的（Feagin & Vera, 1995; Saucier, 2002）。那么，在强有力的证据下（Dovidio et al., 2010），怀有偏见的人是如何感知到自己是不持偏见的呢？

近期的研究表明，怀有偏见的人是通过与极端偏执的人进行社会性比较后认为自己与这类原型并不相符的（O'Brien et al., 2010）。在一系列研究中，研究者让参与者接触反映极端偏执意义的文字或图像，例如图6-18显示的情况。在所有的案例中，相比于接触到在种族问题上表现中立的材料的参与者，接触到偏执启动的参与者在评估自身时更倾向于认为自己是没有偏见的。事实上，当出现可能暴露他们偏见的可能性时，相比未受到这种暴露威胁的人，参与者表现出对偏执的种族主义材料更强烈的兴趣。

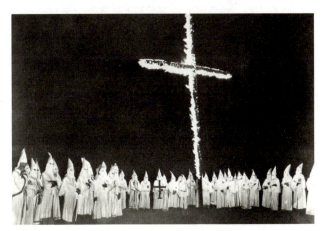

相对于没有接触到极端图像的控制组，接触到极端图像甚至仅仅是这类群体的标签（如KKK）会增强美籍白人学生知觉自己不怀偏见的程度。这是因为种族主义者群体建立了一种极端的对照情况，而大学生是不符合这种对照的。

图6-18 极端种族主义代表会帮助人们维持他们并不带有偏见的观点

3. 当面对我们所属群体对其他群体的所作所为时

人们偏向于认为自己所属群体是美好且有道德的。近些年来，随着美国士兵在阿布格莱布监狱及别处虐待和拷问穆斯林羁留者的照片的发布，研究开始关注当我们看见自己的同胞做出这样的行为时，会有什么反应？我们会认为这种有危害的行为是酷刑还是合理的？在一个美国成年人的代表性样本中，

Crandall、Eidelman、Skitka，及 Morgan（2009）描述了将对被羁留者的酷刑视为一种现状，并被使用超过 40 年，或者是其同胞过去未使用过的新的现象。他们发现，相比于作为一种新的现象，当酷刑被描述为长期存在的情况时会被知觉为更合理。同时，相比于其他群体曾经实施酷刑的行为，自身群体承认用同样方式实施酷刑会让人们认为酷刑具有更高的道德意义（Tarrant, Branscombe, Warner, & Weston, 2012）。

我们在了解到本群体成员的这种带有伤害性和偏见的行为后，为了逃避**集体罪恶感**（collective guilt）带给我们的厌恶情绪，集体罪恶感是指面对来自本群体的不道德行为时，我们所体验到的一种情绪（Branscombe & Miron, 2004）。当群体的责任不能被否认时，我们就会去指责那些受害者，认为他们罪有应得；对受害者的诋毁帮助这些作恶者减轻了他们面对自己的恶行时内心的罪恶感（Bandura, 1990）。在最极端的情况下，受害者完全不被当人看待，因而施害方认为他们不配享受人道待遇，也就使得任何针对他们的伤害行为都被认为是合理的（Bar-Tal, 2003）。正如 Aquino、Reed、Thau 和 Freeman（2006）在他们的研究中指出的，通过对受害者的去人类化可以使群体的行为获得一个正义的理由：报复敌人的邪恶。**道德脱离**（moral disengagement，即不再认为犯下伤害前必须获得许可）让士兵虐待囚犯的行为变得可取，特别是在这类行为被认为可以保护我们自身群体时（Bandura, 1999）。

也有其他方式可以帮助人们应对群体的伤害行为，比如动机性遗忘。Sahdra 和 Ross（2007）的研究表明人们对于自己群体的伤害性行为的记忆与自己群体受到其他群体伤害的记忆并不是对等的。在研究中，他们让一些定居在加拿大的印度教教徒和锡克教教徒回忆印度教和锡克教在印度所做的事情。双方均曾将对方群体中无辜的以及未武装的成员作为暴力实施的对象。然而，要求他们回忆自 1980 年起的三起事件时（这一时期群体暴力冲突严重），相对于本群体成员受到暴力伤害的情况而言，回忆起本群体成员实施暴力的情形更少。

那些对自己群体有更高认同感的被试，回忆起本群体作为迫害者的事件更少。由于存在宗教冲突的这两个群体的成员对自己的记忆进行了"裁剪"，从而使得那些本群体伤害其他群体的事件比本群体被伤害的事件更难被想起。因此，即便是存在对其他群体的伤害，我们也会有意地使用各种心理策略帮助我们维护本群体的良好形象（Sharvit, Brambilla, Babush, & Colucci, 2015）。

要点 Key Points

- 公然的种族歧视已经减少了，但是诸如现代种族歧视这类隐藏的形式仍存留。
- 那些带有现代高种族偏见的人可能会隐藏自己的偏见，**真诚渠道**的提出是基于人们并未意识到自己存在偏见的假设，但是这种偏见可以通过**内隐测量**的方式揭露。用**启动**或者将带有消极态度的个体分类出来会发现他们对消极词汇的反应速度更快。
- 人们可以通过和极端偏执的人作比较来维持自己不带偏见的观点。
- 当所属群体对他人的偏见行为事例摆在我们面前时，我们会认为有害行为是长期存在的现象、受伤害的人不值得被关心或者这么做是为了服务群体内目标，并以此为由降低自身体会到的**集体罪恶感**。证据显示，对于同胞对其他群体的伤害性行为，人们会采取动机性遗忘。这种**道德脱离**也包括证明自己群体的伤害性行为是合理的以及对受害者的去人类化。

6.5 为什么说偏见可以避免：克服偏见的技巧

在大多数时候偏见似乎在我们生活的某些形式下也变得司空见惯了（Sidanius & Pratto, 1999），那么这是否意味着偏见不可避免呢？我们将通过这一节来解释，偏见似乎有某些特定的性质（例如在竞争或者当其他人被分类为外部群体时，偏见会增强）。然而在适当的时候，针对某个群体的偏见却是可以减少的。接下来我们将会讨论一些用来减少偏见的技巧，这些技巧是社会心理学家在减少偏见的尝试中所发展出来的。

6.5.1 学会不去厌恶

从**社会学习观点**（social learning view）的角度来看，儿童会对不同社会群体持有负面态度是因为重要他人在他们面前表露出这样的负面态度，儿童还会因为采纳了这些观点而得到直接的奖励（通过爱、褒奖和赞成等形式）。白人参与者的父母越是持有偏见，参与者本身与少数民族群体的积极互动就越少，他们越是会对非裔美国人差别对待（Towles-Schwen & Fazio, 2001）。事实上，孩子的种族态度和父母的种族态度之间的关联强度取决于孩子对其父母的认同程度。有些孩子很关注如何让父母为自己感到骄傲，父母的影响会在他们身上得到最大程度的体现。在一个以四年级和五年级孩子为样本的研究中，研究者发现只有在孩子对父母有高度认同感的情况下，父母和孩子的种族态度才会存在正相关（Sinclair, Dunn, & Lowery, 2005）。

然而我们的种族态度处于不断地被社会化的过程中，它并不只是局限在童年时期。有些机构支持多样性或鼓励人们对某些特定的外群体持有偏见，这些态度和偏见通常来说不是那么明显，那么参加这些机构会给人们带来什么样的影响呢？针对这一问题，Guimond（2000）对加拿大的军事工作人员做了一些调查。通过调查，Guimond发现母语为英语的加拿大人对某些特定的外群体（比如法裔加拿大人、移民以及一般平民）明显持有更多的偏见，此外通过参加为期四年的军官培训课程他们提高了自己，这使得他们对自身的群体和外群体之间的经济差距进行了内化的合理辩护。除此之外，调查还发现他们对军队和向往加入的部门或团体（例如加拿大部队军官）认同度越高，他们持有的偏见随着时间而不断增强的可能性就越大，这样看来那些用来塑造价值观差异或偏见的机构可能会对认同他们的成人具有重要的影响。

6.5.2 接触的潜在好处

通过增加不同群体之间的接触程度可以减少种族偏见吗？这种想法我们称之为**接触假说**（contact hypothesis），我们有足够的理由去预测这种策略的有效性（Pettigrew, 1981; 1997）。随着来自不同群体的人的接触增多，群体之间对彼此相似性的认可会不断增强，这可以改变人们所属的范畴。正如前面所提到的那样，我们对于那些属于"我们"范畴之内的人比那些属于"他们"范畴的人有着更加积极的反应。同其他群体接触不断增多或者仅仅通过知道群体内的其他成员和外群体的成员有接触，就可以给我们带来这样的信息，即我们群体的规则并非如一些人起初所认为的那么"反外群体"。跨群体友谊的存在表明来自外群体的成员并不一定会讨厌我们内群体的成员，这种认知也可以帮助我们减少群体内的焦虑。

例如，试想一下来自北爱尔兰的天主教徒和新教徒所遇到的情况。他们居住在被严重种族隔离的区域，而且这两个群体成员之间的接触经常被给予负性评价。但是，社会心理学家（Paolini, Hewstone, Cairns & Voci, 2004）发现来自这两个宗教群体成员之间的直接接触和间接接触（通过了解群体内成员和来自群体外成员所建立的友谊关系）可以降低他们在未来面对外群体成员时可能产生的焦虑，从而减少他们的偏见。

其他研究同样也表明了在欧洲的一些群体中，积极接触被认为是重要的，它反映了群体之间合作的增加，并且可以改变群体的规则以促使人们对群体公平性更加认可，从而减少偏见（Van Dick et al., 2004）。而且，这种跨群体的友谊带来的有利之处在于它会很容易扩散到其他并没有过这种接触的人身上，对于这些人来说，仅仅让他们知道这些就已经足够了。

在一系列涉及和男同性恋发展友谊的异性恋者的研究中，Vonofakou，Hewstone 和 Voci（2007）发现了这些人和同性恋朋友之间感知到的亲密程度以及这个男同性恋朋友在群体中的典型程度可以预测出对男同性恋这一整体较少的偏见。这种感知到的亲密程度可以减轻与同性恋接触所产生的焦虑感，对这些朋友典型性的感知可以确保这些朋友不会被划入子类型中。这是一般性接触和刻板印象改变的最佳情况。

6.5.3　重新分类：改变边界

回忆一下你的高中生活，想象一下你们学校的足球队和附近镇上的一个学校正在进行一场重要的比赛。在这种情况下，你当然会把你自己的学校当成我们的，把对方的学校看成他们的。想象一下这个学校的足球队赢了你们学校的足球队，然后去和来自另外一个州的足球队在一场全国性的比赛中进行竞争。现在你将会如何看待他们呢？这些情况下，你很有可能将另外一个队（你们所输的那个队）看成是"我们"，毕竟，他们现在所代表的是你们所在的州。当然，如果来自你们州之外的另一个州队正在和来自其他国家的篮球队进行比赛，你们可能会把他们看成是属于"我们"的，这是相对于外国队而言的。

诸如此类的情形中，我们在不断转换我们和他们之间的边界，这在日常生活中是很常见的，因此有人提出了一个有趣的问题：这种被社会心理学家称为**再分类化**（recategorization）的现象可以用来减少偏见吗？**内群体共同身份模型**（common in-group identity model）表明这种再分类化可以用来减少偏见（Gaertner, Rust, Dovidio, Bachman, & Anastasio, 1994; Riek et al., 2010）。对于那些来自不同社会群体的人来说，当他们把自己看成是属于一个社会群体的成员时，他们对彼此的态度就会变得积极。所以，尽管我们和他们的群体差别会带来偏见，但是当"他们"变成"我们"这一类时，偏见就会随之消除了。

那么我们如何去说服那些来自不同社会群体的人将他们自己看成是一个群体的成员呢？正如 Sherif 等人（1961）的研究中，他们观察了 Robber's Cave 夏令营的男孩，发现当原本来自不同群体的成员向着共同的目标或是更高的目标一起合作时，他们开始视自己为一个社会群体。随之而来，他们对原先那个外群体的敌意似乎会逐渐消失。无论是来自实验室还是其他研究，这种结果都得到了证实（Gaertner, Mann, Murrell & Dovidio, 1989; Gaertner, Mann, Dovidio, Murrell, & Potmare, 1990）。研究表明当再分类化被成功诱导时，它是一种十分有用的技巧，可以用来减少人们对那些原先被划分为不同群体的成员的偏见。

转为一个范围更广的类别，这种做法可以减少对外群体的负性情绪，而这种做法的效果在那些负性情绪存在已久的群体中也有所体现，即使一个群体对另一个群体有暴虐行为。试着想一下在发生大屠杀之后，如今的犹太人对德国人的感觉如何？尽管这种冲突很久之前已经终止了，这个受伤的群体依然将德国人看成是与自身隔离的不同群体，即使他们已经不是生活在纳粹对犹太人实施暴行的那个时代。在一个关于再分类化假设的严格检验中，主试引导美国犹太人去想象犹太人和德国人是互相分离的群体，或者将他们看成是来自同一范畴的一个群体的成员，以及最有可能被内化成自己群体的成员，即他们都属于人类（Wohl & Branscombe, 2005）。在这个操作中，主试要求犹太人被试指出他们在多大程度上可以原谅德国人过去所犯下的罪行。相对于两个群体被包括在同一个社会范畴中（他们都属于人类），在德国人和犹太人被认为是相互分离的群体情况下，被试表现出对德国人更少的原谅。涵盖那些属于同一范畴的外群体的成员对减少偏见有很重要的影响，同时对与这类外群体成员进行社会交往的意愿也有重要影响，这其中甚至也包括了那些曾经被他们认为是敌对一方的成员。

6.5.4　减少偏见的内疚效应

当我们在一些情形中表现出偏见时，可能会导致内疚的感觉，因为它违背了我们自身的一些标准（Monteith, Devine, & Zuwerink, 1993; Plant & Devine,

1998）。但是当我们来自这样一个群体，这个群体的成员可能对另一个群体有歧视，即使我们本人没有表现出偏见的行为，那我们也会感到内疚吗？有相当多的研究表明，当人们面对因为自身群体对其他群体持有的偏见所产生的不利影响时，他们会感到群体内其他成员的偏见行为所带来的**集体罪恶感**（collective guilt）（Branscombe, 2004）。那么这种集体罪恶感是否可以作为一种减少种族歧视的方法呢？

在一系列研究中，Powell、Branscombe和Schmitt（2005）发现有证据表明集体罪恶感可以用来减少种族歧视。首先，这些研究者认为两个群体之间的差异，既可以由一个群体所感受到的优势所构成，也可以由另一个群体所感受到的劣势所构成。其中一种条件下，要求白人被试写下因为是白人种族所带来的所有有利因素，而在另外一种条件下，要求写下非裔美国人因为黑人种族所遭受到的所有的不利因素。这简单地反映了种族的不公平是如何构成的。正如研究者所预期的那样，相对于非裔美国人的劣势条件，白种人优势条件下明显导致被试产生了更多的集体罪恶感。此外，正如图6-19中所显示的，在白种人优势条件下，被试所体验到的集体罪恶感越强烈，随之而来的种族歧视就越少，而因黑人种族所遭受的不利因素则没有这个效应。这个研究表明了当群体成为种族不公平性这个问题的受惠者时，对这种不公平性的反省可以作为减少种族歧视的一种有效手段。事实上，当知觉到不公平起源于白种人的优势能与寻求社会改变的效用感相结合时，感知到集体罪恶感可以带来反种族歧视的行为（Stewart, Latu, Branscombe, & Denney, 2010）。

6.5.5 我们是否可以对刻板印象及归隐偏差说"不"

本章整章都在指出，将个体作为某一群体的成员是几种形式的偏见产生和持续存在的关键因素。正如我们之前所做的讨论，我们通过将特定的特征（如敌对的或危险的等负性特征）与种族或民族群体相联系来形成某种刻板印象；一旦这种自动化的联结形成，这些群体成员就成为启动我们的种族或民族刻板印象的因素，这种启动是自动被激活的。那么对某个特定群体的刻板印象，我们能够积极打破并对它说"不"吗？Kawakami和其他研究者（2000）提出人们能够学会不去依赖既有的刻板印象。

为了验证这一结论，研究者展开了一系列的研究。研究中研究者先是对被试的刻板印象联结进行评估，然后把被试分成两组。其中一组被试处于保持刻板印象的条件下，该条件下主试向被试展示一个白种人的图片和一个关于白种人刻板印象的单词（例如，有野心的或正直的），或者向被试展现一张非裔美国人的图片和非裔美国人的刻板印象的单词（例如，运动的或贫穷的），要求被试对其反应"是"；对那些和刻板印象不符合的配对，要求被试对其反应"否"（例如，一个单词符合白种人的刻板印象，却与一张非裔美国人的图片配对）。另外一组被试处于反向刻板印象的条件下，该条件下主试向被试呈现一个白种人的图片和对其刻板印象的单词，或是非裔美国人的照片和一个与此刻板印象相一致的单词，要求被试对其反应"否"。另一方面，要求被试对那些和刻板印象不一致的那一对反应"是"。换句话说，在反向刻板印象条件下，被试要练习否定自己内隐的种族刻板印象。两组被试需要对这些程序进行几百次的重复操作。

结果是显而易见的。对刻板印象的依赖可以通过重复对刻板印象的联结说"不"这样的操作程序而减少。在进行这种反刻板印象的训练之前，被试

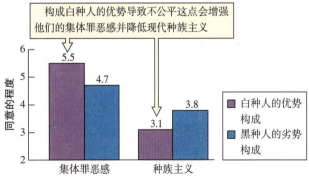

在群体之间存在的不公平性可以被认为反映了一个群体的优势或者另一个群体的劣势。白种人所认为的由于自身种族的优势而带来的不公平性会导致他们集体罪恶感的增加，这种集体罪恶感转而会带来更少的种族歧视。少许的集体罪恶感可能会带来社会效益。

图6-19 集体罪恶感可以减少种族歧视

在看过关于白种人刻板印象的单词后对白种人的面孔反应速度要比对非裔美国人面孔的反应快；当看过有关非裔美国人的刻板印象的单词后，被试对他们的面孔反应速度要比对白种人面孔的反应快，然而，在经过这种用来设计减弱内在刻板印象的否定训练后，这些差异都消失了。尽管我们并不知道这种减少刻板印象的激活是如何影响和群体成员之间的实际交流的，但经过这样的训练之后，人们或许可以学会对种族刻板印象和民族刻板印象说"不"。而这正是这种训练所鼓励的。

同样的训练是否可以以消除刻板化态度为目的，用在那些对外群体存在消极行为的人身上从而减少他们的刻板印象呢？正如我们在第3章所讨论的，人们表现出基本归因错误，当我们看到外部群体的消极行为时会将其归因于他们的内部质量，而当我们看到外部群体的积极行为时会将其归因于情境（也就是说，是外部的）。由Stewart，Latu，Kawakami和Myers（2010）进行的一项研究表明相对于中立性试验，重复地将黑种人脸的消极行为归因于外部因素可以有效减少内隐的种族刻板印象。而在接下来的归因训练中，参与者对黑种人和白种人在消极态度的反应速度上并无差异。

6.5.6 社会影响是减少偏见的方法之一

有证据表明，本群体成员喜欢被歧视群体成员的信息有时可以用来减弱我们的负性反应（Pettgrew，1997；Wright，Aron，McLaughlin-Volpe & Ropp，1997）。相反地，当这种刻板印象的观念受到我们自身群体的支持，并且成员关系在群体中处于很重要的地位，那么相对于我们对外群体的个人观念而言，群体内成员的观念对偏见的预测性更强（Haslam & Wilson, 2000; Poteat & Spanierman, 2010）。这表明了我们广泛认可的这种存在于自身群体的刻板印象在偏见的表现中发挥着至关重要的作用。

Stangor，Sechrist和Jost（2001）的研究表明了社会影响的过程可以减少偏见。研究者先是要求白人学生估计那些拥有各种不同的刻板印象特征的非裔美国人的比例。在完成这些评估之后，主试向被试提供信息，告知他们来自他们学校的其他学生不同意他们的评估结果。在一种条件下（良好反馈条件），被试了解到其他学生对非裔美国人持有更积极的观点（例如，与自身相比，其他学生对非裔美国人的正面特征的估计程度更高，而对负面特征的估计程度更低）。在另外一种条件下（非良好反馈条件下），被试了解到其他学生对非裔美国人持有更消极的观点（比如，其他学生对非裔美国人的负面特征有一个较高的估计而对正面特征有一个较低的估计）。在了解了这些信息之后，主试让被试重新估计具有正面特征和负面特征的非裔美国人的比例。结果表明，被试的种族态度的确受到了社会影响力的影响。在非良好反馈条件下，被试对非裔美国人的负面刻板印象得到了更多的支持，而在良好反馈条件下对这种负面刻板印象得到的支持有所减少。

这些结果共同表明了种族态度并非存在于社会真空中；相反，个人所持有的这种态度不仅仅会受自身早期经验的影响，他们自身的观点与群体内其他成员观点的接近程度也会影响个人的种族态度。而这个寓意是显而易见的：如果我们认为自己的偏见态度和同一群体的大多数人的态度不一致的话，尤其当这些人是我们所钦佩或尊敬的人时，我们可能会改变自己的态度，减少自己的偏见。

要点 Key Points

- 社会心理学家认为刻板印象和偏见并非不可避免，许多用于减少这种态度的技巧都已经被成功使用。
- 根据**社会学习理论**，孩子可以从父母那里学会偏见，特别是当孩子对父母有强烈的认同感时。参与支持偏见的组织以及同伴中有偏见支持者都会维持人们的偏见态度。
- 根据**接触假说**，使原本相互隔离的群体相互接触，也是减少偏见的一种技巧。尤其是当外群体的成员是来自他们群体的典型成员时，这种接触显得更为重要，它可以带来跨群体的友谊，而通过这种和外群体成员的互动可以帮助减少焦虑。

- **内群体共同身份模型**表明了通过**再分类化**也可以减少偏见，即通过转换"我们"和"他们"这两个不同群体类别的边界，包括原来属于外群体的成员加入"我们"的类别中，可以减少偏见。甚至对长期处于敌对状态的群体使用"人类"这个最大的范畴时，这种情形也是适用的。

- 减少偏见的情绪技巧也是有效的。对那些拥有平等主义标准的人来说，当人们违背了这种信念并且表现出个人偏见时，人们就会感到内疚。我们也会因为对外群体的偏见而感到**集体罪恶感**，通过把这种不公平性作为群体内优势带来的一种结果，可能会带来集体罪恶感，进而减少种族偏见。当人们认为自己有能力带来改变时，会增加国家内反种族歧视行为。

- 要达到减少偏见的反应，也可以通过训练个人对与特定的社会群体相联结的刻板印象说"不"，或者训练个人将外群体的消极行为归因于外部情境而实现。

- 社会影响对偏见的维持和减少发挥着重要作用。我们希望持有这样的观念，即我们作为群体成员是规范的，我们可以通过发现我们群体其他成员的观点来预测我们的偏见。通过向个人提供证据来表明群体的其他成员比他们持有更少的偏见，也可以减少他们的偏见。

总结与回顾

歧视可以建立在很多不同类别的群体成员身份基础上，从那些短暂的基于最小标准的到长期的群体成员身份，比如婚姻状况、性别、宗教、性取向以及年龄。建立在各种类别的群体成员身份基础上的歧视并不是以相同的方式被感知和反应的；一些形式的歧视被认为是合法的，但另一些形式的歧视却是不合法的。

来自不同群体的成员感知到的歧视以及群体之间的关系可能会有很大不同。当要求对种族群体的既有关系进行评估时，相对于非裔美国人，白种人更多地看到了种族之间的平等的进步。研究发现部分原因是对这种变化的感知对白种人来说是一种潜在的损失，而对非裔美国人来说却是一种获益的增长。由于我们是**风险厌恶者**（risk averse），相对于潜在的收益，潜在的损失可能会给我们带来更大的心理影响。

性别刻板印象（gender stereotypes）是对于男性和女性拥有不同特征的一种观念。女性被刻板地认为在亲切维度上较高而在胜任力维度上较低，然而男性却被认为拥有相反的特征组合。**玻璃天花板效应**（glass ceiling）指的是当有资格的女性在追求高层次职位的过程中，设置不适当的困难以阻碍其晋升。当男性遭受威胁并且女性表现得与刻板印象不一致时，女性更有可能受到妨害。刻板印象引导我们去关注那些与她们相一致的信息，而去分析不一致的信息以维持我们的刻板印象。当存在危机或者有更大的失败可能性时，女性被任命为领导者的可能性更高，这种现象被称为**玻璃悬崖效应**（glass cliff effect）。

象征式行为（tokenism）是指某个群体中只有少数成员被接受的情形。它会产生两种效应：其一，维持系统是非歧视性的理念（信任精英管理社会的理念）；其二，它伤害了那些被接受者的自尊，破坏了别人对他们的印象。对于那些公开抱怨被歧视的弱势群体成员而言，它会导致来自群体内外的双重负性评价。

即使不使用**主观刻度**（subjective scale）对男性和女性进行评估，刻板印象也可以影响行为。当使用**客观刻度**（objective scale）的方法来对男性和女性进行评估时，在这种情况下不能使用**转换标准**（shifting standards），而且反应的意义也是不变的，相对于男性来说，女性可能得到更差的结果。

单身主义（singlism）是针对那些单身的人的一种负面的刻板印象和歧视。那些单身的人和已婚的人都存在这种偏见，这种偏见的产生可能是因为人们认为这种偏见是合理的或者他们自身并没有意识到这种偏见。

刻板印象（stereotypes）是很难改变的。但是当群体间的关系发生变化时，刻板印象随之改变。那些长期接触与传统角色定位不符的女性教员的女性表现出对性别刻板印象更低的认同感。

偏见（prejudice）可以看作是对一个社会群体成员的态度（通常是负面的）。它是被自动激发的，实质上它既可以是内隐的，也可以是外显的。偏见可能更多地反映了对不同的外群体的特殊的潜在的情绪反应，如恐惧、生气、内疚、厌恶，等等。

根据**社会认同理论**（social identity theory），偏见源自我们划分世界的倾向。我们倾向于将这个世界划分为我们和他们，相对于外群体而言我们更喜爱认同我们自身所处的群体。偏见之所以持续存在，是因为我们可以通过贬低其他群体从而保护自己的自尊。对自身群体利益的**威胁**（threat）可以激发我们的偏见，而我们对群体之间资源竞争的感知可以使冲突升级。根据**恐惧管理理论**（terror management theory），对无神论者的偏见反映了我们自身的存在性焦虑，所以当我们的死亡命运被凸显时，对无神论者的偏见会变得尤其高。

尽管明显的**歧视**（discrimination）无疑已经减少了，它却以更隐蔽的形式存在，比如**现代种族歧视**（modern racism）的存在。**真诚渠道法**（bona fide pipeline）通过内隐测量的方法来评估我们自身可能意识不到的偏见。人们通过与持有极端偏执态度的人相比较以维持自身不带偏见的自我形象。

当我们面对本群体成员的偏见行为时，我们在某种程度上感受到**集体罪恶感**（collective guilt），在这种情况下，我们并没有使用策略减轻集体责任或者认为群体的伤害行为是合理的。另外，我们也可能选择有意地遗忘，这种情况下，回忆起群体的伤害行为比回忆起群体的受伤害行为更难。

社会心理学家认为偏见可以通过几种技巧来减少，一种技巧是通过来自不同群体的人们的**直接接触**（direct contact）。尤其是当外群体的成员是来自他们群体的典型成员时，这种接触显得更为重要，它可以带来跨群体的友谊，而通过这种和外群体成员的互动也可以减少偏见。只是仅仅知道我们自身群体的成员和一个外群体的成员建立友谊，也足以减少偏见。

内群体共同认同模型（common ingroup identity model）表明了通过再分类化也可以减少偏见，即通过转换"我们"和"他们"这两个不同群体类别的边界，其中也包括原来属于外群体的成员加入"我们"的类别中，可以减少偏见。这种情形甚至包括了当我们使用"人类"这个最大的范畴时，对长期存在的敌对群体也是适用的。

要达到减少偏见的反应，也可以通过训练个人对和特定的社会群体相联结的刻板印象说"不"，以及训练他们将外群体的消极行为归因于外部情境。情绪也可以用来激发他人减少偏见，当群体内的成员更多去关注存在的种族不公平的起因时，我们所感到的集体罪恶感也会带来种族歧视的减少。对来自我群体的其他成员持有的观念的看法也可以帮助我们去预测偏见。当我们知道自己群体其他成员比我们自己所持有的偏见更少时，它可以被用来有效减少偏见。

第 7 章

喜欢、爱和其他的亲密关系

章节概览

- 人际吸引的内在决定因素：需要和情绪的作用

    归属对人类生存的重要性：归属感的需要
    情感的角色：我们的心情会影响我们喜欢一个人吗

- 吸引力的外部因素：接近、熟悉感和外表美的影响

    接近的力量："天造地设"的接触
    外表美：它在人际吸引中的角色

- 研究告诉我们：伴侣外表间的戏剧化差距：爱真的是盲目的吗

- 以社会互动为基础的喜爱的根源

    相似性：物以类聚
    互相喜欢和讨厌：喜欢那些喜欢我们的人
    社会技能：喜欢那些善于与人交往的人

    人格与喜欢：为什么拥有某些特质的人会比其他人更有吸引力
    我们对另一方的期待？性别差异以及关系在不同阶段的改变

- 亲密关系：社会生活的基础

    浪漫关系和爱的谜团

- 研究告诉我们：破坏爱的两个因素：嫉妒和背弃

    我们希望另一半身上拥有什么
    和家庭成员的关系：我们第一个，也是持续时间最长久的亲密关系
    友谊：建立在家庭之外的关系

人们在他们受欢迎的程度上具有明显的差异。有的人几乎人见人爱；有的人则相反，人们不喜欢他们并且试图避免和他们接触。让我们来举个例子，比如有个叫大卫的研究生。

大卫很有魅力，有一个吸引他人的外表。女人喜欢他，男人也喜欢他，学生和全体教员都喜欢他，实际上每一个他遇见的人都会折服在他的"魅力"之下。人们喜欢他，因此很愿意帮助他。所以，毕业对于大卫来说是一件很轻松的事儿。他几乎在每一个学术任务上都表现得很成功，并且在学生那里的教学评价也很积极。实际上，每一个教员都认为他是他们很多年来遇到的最好的学生。爱情也很容易降临在他身上，因为他的魅力，女人们几乎排起了长队等着和他约会。

为什么大卫如此招人喜欢呢？很多综合因素很关键。首先，他拥有非常好的社交技能。举个例子，每一个和他交流的人都会留下他对他们和他们在做的事情很感兴趣的印象。他通过巧妙地把注意力集中于他和其他人的共同点上，并且表达出对他人的强烈喜欢来做到这一点。大卫还拥有一个令人愉悦的外表，尽管他并不是特别好看。简单来说，人们喜欢和他待在一起。

遗憾的是，迷人的大卫也有黑暗的一面。真相慢慢浮出水面：他在利用一位真心喜欢他的学生；在他忙于展现魅力的时候，是她几乎帮他做了所有的工作。同样的，大卫的学术指导老师，那个把他看作自己义子的人，也尽一切努力去提升大卫的事业，其中包括为大卫写了真诚又积极的推荐信给他未来的雇主。正是在这样的帮助下，以及他自己在面试过程中的"潇洒"表现，大卫斩获了很多聘用书，并最终选择了当中最具吸引力的一份工作。

然而之后一些奇怪的事情发生了。在例行的资格审查中，他的雇主发现大卫竟然没有拿到博士学位！怎么回事呢？原来大卫厌烦排队等着填写最后的几张表格，又劝说不了前面的人让他插队，他就这样离开了。由于缺少学位证明，他被解雇了。但是又一次因为他的迷人，他被允许一年内完成这些必要的手续，然后他依然可以继续他的工作。但是，尽管最终大卫拿到了他的学位，他还是在一年后离开了大家的视野。他去了哪里成了一个未解之谜。但是每一个知道他的人都很肯定，无论他去哪里，无论他做些什么，他都会利用他强烈的个人魅力给他自己带来好处。

这个故事告诉我们，我们不仅仅在和他人互动交往，我们更是在和他人建立关系。其中一些关系不重要而且时间短暂，比如和服务生或者售货员之间的关系。但另外一些则在我们的生活中扮演了很重要的角色，并且会持续几年甚至几十年，就像图7-1中所示。但有一点需要提醒，和别人的关系不是简单地分为两个类别，短期不重要的和长期重要的。相反，所有关系都是在这些维度中不断变化的。例如，和实验室搭档的关系可能是短期的，但这对我们来说也非常重要。

在本章，我们将会关注那些相对持续得久且重要的关系；我们将会考察喜欢、爱和其他亲密关系。这三种关系在之前有关大卫的故事里全部都有涉及。我们从考察喜欢的基础和它的影响开始。在大卫的例子中，因为他太招人喜欢了，很多人会经常不嫌麻烦地为他做事。社会心理学家通常用"人际吸引"（interpersonal attraction），为什么人们喜欢或不喜欢

在我们的生活中，我们和他人建立了很多的关系。有一些是暂时且相对不重要的，例如与饭店服务员的短期关系，另一些关系则会持续几年甚至几十年，并且在我们的生活中扮演着重要的角色。

图7-1 和他人的关系：从短期且不重要的到长期且重要的

对方，来表示喜欢。但是这个概念不能和"外表吸引力"相混淆，那只是喜欢他人的一个因素而已。为了避免混淆，我们将在本章中使用"喜欢"（liking）而不是"人际吸引"。

接着我们会探讨爱并且解释它的意义、出现和影响。爱这种强烈的情感包括几种不同的形式，比如浪漫的爱，父母对孩子的爱以及一对在一起几十年的老夫妻之间的爱。爱可以让人们为对方牺牲。还记得那个爱着大卫的女大学生吗，她愿意为他做事，尽管她的这些行为对她个人没有半点好处。

最后，我们将关注其他朋友间和家人间的亲密关系。还记得大卫和他的指导老师之间的关系吗？他喜欢大卫以至于尽最大努力去提升大卫的事业。这当然也属于重要的关系，只不过这个关系比教授想象的要短暂得多。

7.1　人际吸引的内在决定因素：需要和情绪的作用

大多数人在思考喜欢或者不喜欢他人的时候，他们倾向于关注与个人有关的因素：他们在某些重要的方面与自己是相似还是不相似的？我们认为他们是否具有外表吸引力？与他们相处时是愉快有趣的还是让人很恼火的？你很快就会看到，这些因素在吸引力方面的确扮演了很重要的角色。然而，我们喜欢或不喜欢他人的感觉其实也来自于内部原因，我们最基本的需要、动机和情绪。我们从这些引发人际吸引的根源开始说起。

7.1.1　归属对人类生存的重要性：归属感的需要

生活中绝大多数时候我们都在和他人互动，这种对他人的依赖性（比如与他人交往）是有神经生物学基础的（Rowe, 1996）。事实上，正如口渴是我们生理健康的一种需求一样，**归属需要**（need for affiliation）和被他人接受的愿望也是获得心灵幸福的一种基本需要（Baumeister & Leary, 1995; Koole, Greenberg, & Pyszczynski, 2006）。从进化的角度来看，这具有很重要的意义。进行社会性交往和为获取食物而进行的合作是我们祖先得以躲避危险的巨大优势。因此，渴望与他人交往似乎便成为我们这个物种的基本特征。举个例子，刚出生的婴儿就可以明显表现出一种寻求人际交往的动机和能力。相对于其他刺激来说，他们对面孔表现出了更多偏好（Mondloch et al., 1999）。

1. 归属需求中的个体差异

尽管对他人的归属需求是普遍存在的，但人们的需求大小是很不一样的。无论是在遗传上还是经验上，这些差异构成了一个相对稳定的特征（或性格）。基本上，我们倾向于寻找一些比较理想的社会交往，某些时候我们喜欢独处，而某些时候我们喜欢处于社交中（O'Connor & Rosenblood, 1996）。

当人的这种归属需求没有得到满足时，个体会作何反应呢？比如，当人们忽略你时，你是什么样的感受？大多数的人都会感到很不开心，就像图 7-2 中表现的那样。被他人"丢下"会让人们感到受伤，这会让人们感觉他们失去了控制感，并且会因为缺乏归属感而感到既伤心又生气（Buckley, Winkel, & Leary, 2004）。而且，这种社会排斥会使人们对人际交往的信息更加敏感（Gardner, Pickett & Brewer,

几乎每个人都有对他人的归属需求，与他人建立关系并且保持联系。如果这些需求没有得到满足，那些被排斥的人可能会拥有强烈的失落感。

图 7-2　归属感的需要不是总能够得到满足的

2000），实际上这也会导致认知功能的运行更加低效（Baumeister, Twenge & Nuss, 2002）。

2. 存在不需要他人的人吗

社会心理学家数十年的研究发现，人类对归属的需求是十分强烈并且普遍的。(e.g., Baumeister & Twenge, 2003; Koole, Greenberg, & Pyszczynski, 2006）。然而，一些人声称极少或几乎没有在情感上依恋他人，事实上，这些人只是倾向于避免与他人建立亲密关系（e.g., Collins & Feeney, 2000）。难道同人类通常所具备的依恋他人的这种强烈需求准则相比，这些人真的是例外吗？这样的人总是强烈地声称自己没有这种需求，所以这是一个很难回答的问题。但是，社会心理学家研究发现，即使是那些自称对归属感没有需求的人，在一定程度上仍然是存在一些需求的（e.g., Carvallo & Gabriel, 2006）。的确，他们可能相对于大多数人来说对于人类的情感联系会更少，但他们在被他人接纳的时候也会表现出更高的自尊和更好的心情。

简单来说，所有的人类，即使那些声称例外的人，对归属都有强烈的需求，都希望与他人产生联系。实际上，归属感的需要是社会生活很基础的一面。即使有些人用一种看似冷漠的假面具来掩盖这种需求，这种对归属的需求依然会存在。个体之间的差异体现在需要或者说依恋类型的水平上、我们构建情感纽带以及调节亲密关系中的情绪的方式。（更多有关具体的依恋类型和它们在社会关系中的影响的细节将会在本章的后面部分介绍。）

吉拉斯（Gillath）和同事的研究（e.g., Gillath et al., 2005, 2006）发现，依恋类型在我们看待他人和与他人之间的关系中存在很大的影响。反过来，这些影响也会影响我们的行为中一些很重要的方面，例如寻求他人支持的倾向或体现在自我表露中，揭露我们内心深处的想法和感觉。依恋类型的个体差异甚至可以在脑功能水平上进行测量。例如，人们越害怕遭到他人拒绝和抛弃（依恋焦虑），在大脑中与情绪相关的脑区活动就越强烈。这些大脑活动在他们想到关系中消极的事情时就会产生，例如冲突、分手或者伴侣的死亡（Gillath et al., 2005）。总的来说，依恋类型在我们与他人的关系，以及这些关系之下的认知和神经过程中扮演着很重要的角色。

3. 情境对归属需求的影响

尽管人们对他人的归属需求存在差异，但外部的事件是可以暂时地增加或减少这种需求的。例如，当人们意识到死亡的时候，一种常见的反应是会更愿意同他人在一起（Wisman & Koole, 2003）。同样的，在很令人震惊的大事件发生之后如自然灾害，很多人会感到更加愿意和他人建立联系，为了获得帮助和安抚并且减少消极的情绪（Benjamin, 1998; Byrne, 1991）。

Schachter（1959）是最早对人们面对困境时团结在一起的这种行为做出解释的人。他的早期研究表明，那些在实验中受到电击的被试更愿意与他人一起面对这种不愉快，而不愿意独自承担。而在控制组中，即那些不会经历电击的人，他们更愿意独自一人，或对是否与他人在一起并不介意。从这项研究中可以得出的结论是"痛苦时，我们并不介意是谁陪在身边，只希望能有人陪伴就好"（Schachter, 1959, p.24）。

为什么来自现实生活的威胁和实验室操作所带来的焦虑会激发合群的需求呢？为什么感到恐惧和焦虑的人希望与其他同样感到恐惧和焦虑的人交流呢？一种解释是因为这种联系提供了一种社会比较的机会。人们想同其他人，甚至是陌生人，一起交流正在发生的事，比较他们对此的认识，以及帮助做出决定。也就是说，这些情景引导我们寻求"认知上的清晰"，以此了解发生了什么；引导我们寻求"情绪上的清晰"，从而更好地理解我们现在的情感（Gump & Kulik, 1997; Kulik, Mahler, & Moore, 1996）。换句话说，这种包含着交谈和拥抱的人际接触，可能是带来安慰的真正源泉。

7.1.2 情感角色：我们的心情会影响我们喜欢一个人吗

就像我们在其他章节中看到的那样，积极和消极的情感（心情和情绪）很复杂：它们在强度（效价）和觉醒程度（由低到高）上存在差别，在其他维度上也可能存在差别。无论积极和消极的情感多么复杂，总有一个基本原则存在：积极情感通常会引起对他人的积极评价，也就是所谓的喜欢；消极情感通常会导致消极评价，也就是讨厌（Byrne, 1997; Dovidio, Gaertner, Isen & Lowrance, 1995）。这些影响以两种方式产生：直接和间接。

当某人说了或者做了某些让你感觉很好或很不好的事情时，情绪会直接对吸引力产生影响。很常见的一种现象是，你喜欢那些让你感觉良好的人，讨厌那些让你感觉不好的人（Ben-Porath, 2002; Reich, Zautra, & Potter, 2001）。比起情绪的直接影响，一些情绪的联结性影响可能更令人意想不到。当一个人的情绪状态被一些人或事情唤起时，而某一个人恰好同时出现，那么就会产生这一效应。尽管你是否喜欢一个人和情绪无关，然而人在感觉很好时总是倾向于积极地评价对方；在感觉不好时倾向于消极评价对方。例如，相比于在得到一个很低的分数后遇到一个人，你会倾向于更喜欢那个在你得到一个很高的分数之后遇到的人。

这种对人产生喜爱的情绪联结（或称为间接）影响已经得到许多实验的证实，涉及情绪依赖于不同的外部因素。有如下的例子：阈下呈现引起人愉快或不愉快情绪反应的图片，如小猫和蛇（Krosnick et al., 1992）；让大学生去知觉背景音乐是愉快还是不愉快的，如摇滚乐和古典爵士乐（May & Hamilton, 1980）；还有一些研究在实验开始前让被试报告他们的情绪状态是积极还是消极的（Berry & Hansen, 1996）。

为什么这些由我们的情绪导致的间接影响对我们喜欢或不喜欢他人有如此大的影响呢？我们在第5章中讨论的经典条件作用具有重要的影响。当一种中性刺激（e.g., 一个我们第一次遇见的人）和一种积极刺激（让我们感觉很好的东西）进行配对时，相对于中性刺激与消极刺激（让我们感觉不好的东西）配对来说，与积极刺激配对的中性刺激会受到更积极的评价，即使人们并没有意识到这种配对现象的发生

（Olson & Fazio, 2001）。我们甚至还会否认这些刺激对我们喜欢或不喜欢这个陌生人的影响。

广告和其他想要影响我们的东西似乎对这个经典条件过程很了解。他们试图让他们想要影响的人产生积极的感觉和情绪。然后，他们把这些情绪和他们想要推荐的产品或是政治候选人联系起来。他们的目的就是通过与积极的感觉联系起来，让我们对他们"卖"的任何东西（或人）产生喜爱之情。这个可以通过在广告中使用很受欢迎的模特来推销产品，或者把产品和快乐的时光或经历联系在一起来实现（见图7-3）。政治候选人通过把他们与欢乐的庆典联系在一起来运用这一原则。例如，他们通常会在政治集会中安排真正坚定的支持者，这样他们看起来就像是被支持的人群所包围。

诸如此类的做法通过影响我们的情绪，从而影响我们的行为，但是这些做法真的有效吗？研究表明它们确实有效（e.g., Pentony, 1995）。被候选人的竞选词、产品或预销售的物品所激发出的这种情绪状态，的确可以影响我们的喜好，从而影响我们外显的行为（我们的投票、我们的购买决策）。记住这一点，下一次当你被迫去接受某种信息时，这些信息的设计明显是用来引起你的积极或消极体验的，你就会明白他们最终的目标是说服或影响你，而不仅仅是让你感觉良好而已。

很多广告为了增加人们对它们推销的产品的喜爱程度，常常把一个产品与积极的感觉联系在一起。这在很多例子中都有应用，例如向人们展示那些当他们使用这些产品或者在这些产品出现时非常开心和愉悦的画面。

图7-3　与积极情感相关联的产品，广告中运用的关键技术

要点 Key Points

- 人际吸引涉及我们对他人的评价，即我们对他人形成的积极和消极的态度。
- **归属需求**和与他人进行交往的动机是人与生俱来的。这种需求的强度会随着个体和情境的不同而有差异，但即使是那些声称没有这种需求的人也被证明他们是具有这种需求的。
- 积极和消极的情感状态会通过直接和间接两种方式影响人际间的吸引。直接影响是指情绪情感就是由某人引发的。间接影响是指当情绪本身来源于别处，而某人恰好在当时出现，那么我们对某人的情绪就会受到先前情绪的影响。
- 情绪的间接（联结）效应在商业和政治广告中，常常会被那些懂得将相关联的产品和候选人与能够影响我们购买和选举决策的积极情感联系在一起的人利用。

7.2 吸引力的外部因素：接近、熟悉感和外表美的影响

是否两个人的接触是由他们所处的物理环境中那些偶发因素所致？例如，两个被分配到教室里相邻座位的学生比那些分配到相隔了几排座位的学生更有可能产生互动。一旦因物理上的**接近**（proximity）而产生接触时，其他的因素将会扮演重要的角色。其中之一就是外表，他人的**外表吸引力**（physical attractiveness）。另外一个就是这两个人发现他们在多大程度上具有相似性。

7.2.1 接近的力量："天造地设"的接触

我们的地球上现在居住着超过80亿人，但是一生中你只可能和其中很小一部分人接触。如果没有这些接触，你显然不能获得或者拥有某种准则来决定你喜欢或是不喜欢哪个人。在某种程度上，接近是在产生吸引的感觉之前被需要的。实际上，这在过去是正确无疑的，但是如今社会网络和其他电子媒体使得人们可以不需要面对面就和他人接触，并且产生喜欢或不喜欢的感觉。当然最终还是需要物理上的接近来建立亲近的关系以超越"虚拟的世界"。但有些人认为这是不对的，他们认为在社交网络上建立的友谊和直接的个人接触而建立的友谊是一样真实和强烈的。尽管物理上的接触可能不再是人际吸引的必要条件，了解一下有关"接近"在喜欢他人中所起作用的经典研究还是很有必要的。

1. 为何接近性会产生影响？重复接触是关键

想象一下，来学校的第一天你坐在一间教室里。你并没有看到认识的人。指导员有一张按字母顺序登记的学生就座名录。起初，整间教室里充满了陌生人。当你被分配入座时，你可能会注意到那个坐在你左边和右边的人，但你们可能并不会交谈。一直到第二天或是第三天，当你遇到了你邻近座位的人，你会认出他们，并且会对他们打招呼，说："嗨。"在接下来的几周里，你们可能会谈论关于班级或校园里发生的事情。如果你在其他地方看到了他们中的某人，你们会认出对方，并且你们很有可能增加互动。毕竟，见到熟人的这种感觉总是好的。

美国和欧洲的大量早期研究揭示出如果学生被安排坐在相邻的座位上，他们就更有可能变得相互熟知（Byrne, 1961a; Maisonneuve, Palmade, & Fourment, 1952; Segal, 1974）。除了教室里的接近外，一项贯穿20世纪的调查表明那些生活或工作中接触比较多的人们可能会变得熟知，建立友谊，甚至结婚（Bossard, 1932; Festinger, Schachter, & Back, 1950）。

为什么接近会影响我们对某些东西（个人、物或者其他）的吸引力呢？答案就在**重复曝光效应**（repeated exposure effect）中（Zajonc, 1965）。很显然，当我们和某个新的刺激接触得越频繁，例如一个新的人、一个新的想法或者一个新的产品，我们就会越喜爱它。这个效应是阈下的，我们可能意识不到它，但是它很强烈而且普遍存在。研究发现它几乎在所有的事情上，包括人、地点、言语和事物

都会发生。而且，这个效应在生命的早期就存在了。婴儿会对他们之前见过的人的照片展现出微笑，但他们并不会对第一次出现的照片表现出微笑（Brooks-Gunn & Lewis, 1981）。总的来说，我们对某件事情越熟悉我们就会越喜欢它，因为我们已经和它一遍又一遍地接触过了。

一项在教室里进行的研究给这种效应提供了清晰的证据（Moreland & Beach, 1992）。在一次大学课堂上，一位女助教在一学期中上了15次课，第二个助教上了10次，第三个助教是5次，第四个助教根本没有参加这个课程。这些助教都没有和课堂中的其他成员发生互动。在学期结束时，实验者向学生展示了四个助教的幻灯片，并要求他们标记出自己对这些助教的喜好程度。结果显示，助教参与课程的次数越多，她就越受欢迎。这一实验和其他许多实验都证明了：重复曝光对吸引力有积极影响。

Zajonc（2001）的研究显示了当我们遇到某个陌生的或不熟悉的人和事情时，我们通常会带有少许的不太舒服的感觉。然而通过不断地接触，负面的情绪会减少，正面的情绪会增加。Reis, Maniaci, Caprariello, Eastwick和Finkel（2011）的研究表明，熟悉感的增加的确会引发积极的回应。该研究中，人们会相互配对并讨论一些问题："有什么事情是你一直想要去做但是可能永远不会去做的""有什么关于你自己但会让别人感到很惊讶的事情？"相互配对的人会讨论其中的2个、4个或6个主题，然后他们需要对搭档的吸引力进行评分。就像研究者预测的那样，讨论的话题数量越多评分就会越高。

在一个跟踪研究中（Reis et al., 2011），学生们参与了一个和陌生人聊天的非结构网络研究。他们参与这个聊天（通常每次会持续10～15分钟）2次、4次、6次或者8次。就像之前研究得出的结论一样，参与者和陌生人接触得越多，他们对搭档吸引力的评分就会越高。为什么会产生这种效应呢？Reis等（2011）有了额外的发现。基于被试的反馈，他们发现随着与搭档的接触增加，他们感觉到自己的搭档更加负责任，并且能够更加了解他们。结果，他们在与自己的搭档接触时就会感到更加舒适。因此，频繁地与他人接触会增加对他/她的熟悉感。反过来，熟悉感也会引发对他人的积极反应（见图7-4）。

但是，在等式"增加的联系＝更喜欢"中也存在一个例外。显然，当对某个人最初的反应是消极时，重复的接触会导致对方的吸引力降低而不是增加。谁愿意和他们讨厌的人待在一块儿呢？而且重复的接触会增强这种消极的反应（Swap, 1977）。除了这个以外，我们和其他人接触得越多，我们就会越喜欢他们。

研究发现，我们和另一个人接触得越多我们就会越喜欢对方，原因在于我们会感觉到对方更加负责任，从而在与对方相处时感到更加舒适。

图7-4 和另一个人接触次数的增加会增强对对方的喜爱程度

2. 社交媒体在接近和重复曝光中的作用

在社交媒体中，我们与他人建立关系时可以不需要直接和对方见面（或者有物理上的接触）。从某种意义上来说，现代技术已经转变了接近和频繁接触的作用，至少在那些包含物理维度上的接近是这样的。为了更加了解社交媒体在接近和吸引力上起到的作用，让我们来看看一些有关使用Facebook的积极和消极影响的研究。

某些研究发现，频繁地使用Facebook对很多使用者来说可能会导致轻微的抑郁。例如Kross等（2013）发现人们花在Facebook上的时间越多，他们的主观幸福感（人们主观上认为自己的生活有多幸福）就会越低。另一方面，直接的（线下）社交有积极的影响：它发生得越是频繁个人的主观幸福感就会越高。在最近一项研究综述中，Blease（2015）总结到那些拥有很多Facebook好友，并会花很多的时间阅读朋友的更新、朋友最近炫耀的成果或者积极经历的人，最容易感到轻微的抑郁。Blease（2015）还发现Facebook导致抑郁的根源是它提供了一个机会让人们和自己的同伴对比。人们拥有和自己比较的朋友的数量越多，而且这些朋友越喜欢展现自己，这种比较就越会让他们感到伤心。因此要记住的是，尽管社交媒体可以帮助人们建立友谊，它同样也会对使用者有消极的影响。

Manago, Taylor 和 Greenfield（2012）的其他研究表明，使用 Facebook 中向社交网络中的人公开自己的情感状态的更新功能，可以增加人们的满意度和社会支持感。在该项研究中，大学生被要求完成一个有关他们关系的网络调查。在回答问题的过程中，他们被要求以某种方式抽取自己 Facebook 中的聊天记录并且需要查看聊天文件。结果显示，使用 Facebook 可以通过与他人分享兴趣爱好来增加熟人的数量，并扩大使用者的社交网络圈。在较小程度上，使用 Facebook 还可以增加使用者拥有亲密关系朋友的数量，甚至可以增进与陌生人之间的友谊。

Facebook 的巨大社交网络，反过来，也会让该项研究的参与者预计到他们自己的公开动态更新会被更多的 Facebook 上的朋友关注。这些动态的更新是用来分享情感上的想法和感觉的，它是一个可以增加与他人的亲密感的重要因素。Manago 和他的同事们（2012）研究发现，使用者的社交网络越大，他们的生活满意度就越高，社会支持感也会越高。这些发现表明社交媒体例如 Facebook，通过帮助个体满足他们对归属感的基本需求，并且建立与他人之间的关系，在高速发展的信息时代扮演着很重要的角色。因此，总的来说社交媒体对人们既有积极的影响也有消极的影响。

7.2.2 外表美：它在人际吸引中的角色

"一见钟情""被电了一下"——不同的文化有不同的表达，但是他们指的都是这样一个事实：有时候仅仅凭借第一次遇见某个人的感觉，便对这个人的吸引力有重要的判断。尽管总有名言告诫我们避免"以貌取人"，但是外表却是最初吸引人的一个强有力的决定因素（e.g., Vogel, Kutzner, Fiedler, & Freytag, 2010）。这些效果有多强呢？它们为什么会发生呢？什么是外表吸引力？我们是否应该相信"美的就是好的"（有吸引力的人拥有很多除了外表美以外其他让人向往的特征）呢？如果我们处在一段关系中，我们对对方的感觉是正确无误的吗？或者我们是否会认为对方比他人更具有吸引力呢？这些问题我们即将讨论研究一下。

1. 美丽只是表面的，但我们却对它高度关注

你可能听说过"美丽只是表面的"，是告诫我们要避免太过于注重外貌。但现有的证据表明，即使我们想但我们也无法真的听从这个建议，因为外表的美是决定我们是否喜欢他人的一个重要因素（Collins & Zebrowitz, 1995; Perlini & Hansen, 2001）。无论是在实验中还是在现实世界里，外表都决定了很多人际间的评价。例如，有吸引力的被告比没有吸引力的被告被法官和陪审团判处有罪处罚的比率更低（Downs & Lyons, 1991）。而且，有吸引力的人被认为更加健康、更智慧并且更值得信赖。他们还被认为拥有更多让人渴望得到的社交特点，例如友善、大方和温暖（Lemay, Clark, & Greenberg, 2010）。人们甚至对漂亮的婴儿给予了比不太漂亮的婴儿更多积极的反应（Karraker & Stern, 1990）。正如我们接下来要看到的，外表在配偶选择中发挥着重要的作用。

2. "美的就是好的"效应

为什么有吸引力的人通常会被认为比那些没什么吸引力的人拥有更多让人渴望的特点（例如智慧，健康，友善和大方）呢？由 Dion, Berscheid 和 Walster（1972）的研究发现的其中一个原因是刻板印象（stereotyping）——假定该社会群体均共享该特质。大多数人都会对那些长得很好看的人有一个积极的刻板印象——外表吸引力刻板印象。这个解释在很多研究中都得到了证明（Snyder, Tanke, & Berscheid, 1997; Langlois et al., 2000），而且是目前最广为接受的解释。这个解释告诉我们，如果我们拥有对外表具有吸引力的人喜爱的刻板印象的话，这个认知框架将会强烈地塑造我们对那些人的感觉和想法。

另一个有关"美的就是好的"这句话的解释是由 Lemay, Clark 和 Greenberg（2010）提出的。他们认为这包含 3 个步骤。首先，我们想要和有吸引力的人建立关系。第二，这个想法让我们把他们看作是人际交往上积极回应的人，更加友善、外向和社交温暖。换句话来说，我们将自己想要和这些人建立关系的想法投射到他们身上，正是因为这个投射产生了对他们积极的感觉。

为了验证这个理论，Lemay 和他的同事们做了一些研究。其中一个是参与者首先会观看在外表吸引力评分上很高或者很低的人（在 10 分制的评分上大于等于 8.5 或者小于等于 5.0）。然后，他们需要对他们在多大程度上想要和这些有吸引力和无吸引力的人建立关系，以及对这些人在多大程度上想要与其他人建立关系（即他们的归属感）进行评分。最后，参与者还需要对这些人的社交特质进行评分，他们看起来友善、大方、外向、让人感到温暖等方面。

他们假设那些有吸引力的人会比没有吸引力的人被认为需要更强的归属感，而且在不同的社交特质评分中也会得到更好的分数。更重要的是，他们假设这些效应还会被参与者想要和这些人建立关系的水平中介。这项研究为这个想法提供了证据，研究结果表明，正是人们想要与那些具有吸引力的人建立关系的投射，导致他认为这些陌生人是更加受人喜爱的（见图 7-5）。

有关外表美丽的人社交也会更好，会更加友善、外向等的想法到底有多大的准确性呢？尽管这种观念被广泛地接受，但其中大部分观点被证明是错误的（Feingold, 1992; Kenealy, Gleeson, Frude, & Shaw, 1991）。例如，不诚实的人像 swindlers 也可能很漂亮（而且通常都是）。而许多看起来不像电影明星的人，如比尔·盖茨或者巴菲特也非常聪明、有趣、亲切又慷慨。

有时候"美的就是好的"效应是正确的。例如，吸引力是和受欢迎程度、良好的人际沟通技巧，以及高度的自尊心相联系的（Diener, Wolsic, & Fujita, 1995; Johnstone, Frame, & Bouman, 1992）。这个原因可能是，有吸引力的人，本身就生活在被他人良好对待的环境中（Zebrowitz, Collins, & Dutta, 1998）。而且，这些有吸引力的人通常能够意识到自己是漂亮或英俊的（Marcus & Miller, 2003）。他们可能会利用这些特点，比如劝说或者影响他人（Vogel, Kutzner, Fiedler, & Freytag, 2010），就像图 7-6 说明的那样。但是人们利用他们的外表吸引力做好

事还是坏事就和吸引力本身是没有关系的。因此，我们倾向于把外表吸引力高的人评判为积极的，在其他方面是不太牢靠的。

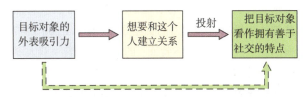

我们倾向于把那些外表看上去美的人看作是拥有很多让人渴望的特点（例如友善、大方和温暖）。这是因为，我们自己想要和这些人建立关系的想法让我们对他们投射了相似的感觉。结果我们会倾向于把他们看作更加积极，即使这和外表美似乎没有什么直接的关系。

图 7-5 "美的就是好的"效应：它为什么会发生？

3. 是什么让一个人在外表上具有吸引力

研究者认为在外表吸引力方面一定存在一些潜在的基础，因为在文化内和跨文化之间评判吸引力具有惊人的一致性（Cunningham, Roberts, Wu, Barbee 和 Druen, 1995; Fink & Penton-voak, 2002; Marcus & Miller, 2003）。尽管判断某个人是否具有吸引力具有普遍的一致性，但仍然很难去识别决定这些判断的具体线索。为了发现这些因素，社会心理学家使用

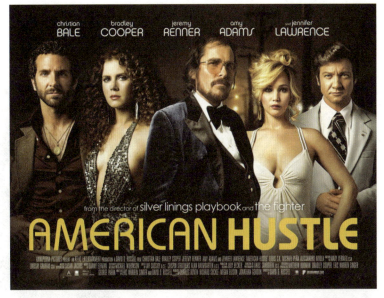

这张图展示的是《美国骗局》中的明星，这部影片讲述的是人们欺诈他人的故事。悉尼·普罗瑟（由艾米·亚当斯扮演）是其中的一个角色，她利用她的美貌谋取利益。就像是现实生活中那些长得很漂亮的人一样，这可以帮助她从那些认为美的就是好的人的手上获得好处。

图 7-6 美丽的人不一定是好人

了两种完全不同的方法。

一种方法是去识别一群被认为具有吸引力的个体，然后确定他们的共同之处。Cunningham（1986）要求男性大学生对年轻女性的照片进行评价。将那些被认为最具有吸引力的女性分成两组，正如图7-7所示。一些具有"儿童特征"的女性都长着一双大眼睛、小巧的鼻子和下巴。像梅格·瑞恩和艾米·亚当斯这样的女性被归到了这一类，并且被认为是"可爱"的（Johnston & Oliver-Rodriguez, 1997）。另一类具有吸引力的女性则具有成熟的特征，她们都有着突出的颧骨，高挑的眉毛，大大的瞳孔和深深的微笑，安吉丽娜·朱莉和金·卡戴珊就是这样的例子。在时尚模特身上时常出现这两种面孔类型，他们通常是白种人、非裔美国人和亚裔美国人（Ashmore, Solomon, & Longo, 1996）。尽管证据更少，但是这个规律在男性身上似乎具有同样的结论。长得很好看可以看起来很"可爱"或"像男孩子"，也可以是很成熟和有男人味的。

第二种方法是由Langlois和Roggman（1990）提出，他们先选出几张面孔照片，接着利用计算机将这些面孔合成一张人脸。每张照片中的图像都被分割成许多微小的正方形，每个正方形都被转化成代表一个特定形状的数字。然后这些数字将会被平均化，最终再将这些数字转化合成一张人脸。

你可能会想，通过平均化创造出来的面孔是否在吸引力上也会趋于一般。然而结果却是，这些合成的面孔被认为比那些原始个体照片更具有吸引力（Langlois, Roggman, & Musselman, 1994; Rhodes & Tremewan, 1996）。除此之外，被平均化的面孔越多，结果合成出的面孔越漂亮。正如图7-8所示，当你合成了多达32张面孔图片时，"你最终将会得到一张非常漂亮的面孔"（Judith Langlois引自Lemley, 2000, p.47）。

为什么合成面孔会有特殊的吸引力呢？可能是因为合成面孔中有许多地方同我们在认知中形成的对男女面孔的图式一样或相近。也就是说，我们基于自己对许多不同形象的经验形成了一些图式，而一个合成的面孔比起任何特定的面孔来说都更接近那种图式。如果这个分析是正确的，那么其他类型的合成图像也应该构成很大的吸引力。从某种意义上来说，我们是基于自己的经验来创造我们自己的合成面孔的。这就可以用来解释为什么我们每个人都具有属于我们自己的对吸引力的判断。每个人对其他面孔的接触都是独一无二的，然而有些时候，一对处于恋爱关系中的两个人可能拥有完全不同的外表，以至于我们会好奇为什么他们会互相吸引。请参阅专题"研究告诉我们：伴侣外表间的戏剧化差距：爱真的是盲目的吗？"

 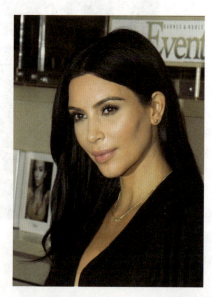

外在吸引力的研究证实了两种类型的女性最具有吸引力：一种是可爱型的，即有孩童般的特征，大眼睛、小巧的鼻子和下巴，比如梅格·瑞恩。另一种则具有成熟的外表，即突出的颧骨、高挑的眉毛、大大的瞳孔和深深的微笑，比如金·卡戴珊。

图7-7　两种类型的魅力女性：可爱或成熟

两张面孔

四张面孔

八张面孔

十六张面孔

三十二张面孔

当使用计算机对几个不同的面孔图像进行合成时，会形成一张合成的面孔，这种平均化后的面孔比起那些单一个体的面孔更具吸引力。随着平均化的面孔数量的增加，合成面孔的吸引力也在增加。

图 7-8　平均化多个面孔会产生一张更有吸引力的脸

4. 红色真的是性感而且吸引人的

当考古学家打开埃及被封存了数千年的坟墓时，他们总是可以找到化妆品。在这些化妆品中有口红和红胭脂。实际上，在很多远古的文化和现代文化中，至少对于女人来说红色是与增长的吸引力直接相关的（见图7-9）。这种观念在文学中也得到了证明，例如纳撒尼尔·霍桑经典的故事——《红字》。在世界上，这个颜色还和著名的"红灯区"有关。

有趣的是，除了我们这个物种之外，很多雌性灵长类动物在排卵期还会将红色显示在他们的生殖器、胸脯或者脸上，为的是让他们看起来最性感，至少从繁衍角度来看是这样的。这些发现让社会心理学家提出可能红色具有特殊的意义，而且能够增加女人对男人的吸引力。在某种意义上，美丽不仅仅来自于脸和身材还包括很多其他的东西，例如外部环境的影响因素。

有关红色可以增加女性吸引力的研究证据由Elliot和Niesta（2008）报道过。这些社会心理学家进行了一些让男性和女性被试看站在红色背景或者另外一种不同颜色的背景（白、灰或绿）下的陌生人的研究，这些陌生人都穿着红色或者蓝色的T恤。研究参与者需要为照片中的人的吸引力和性吸引力进行评分。结果发现当女性陌生人的背景是红色的时候，男性被试对其评分要远远高于同样一个人背景是白色时的图片。然而，对于女性参与者来说，背景或者T恤的颜色在对男性陌生人的吸引力知觉中没有显著差异。所以，Elliot和Niesta（2008）的实验说明，红色代表浪漫并且在爱的语言中有着特殊意义，或者说至少在女性对于男性的吸引力上是这样的。

很多过去和现代的文化都接受这样的观点：女人嘴唇、脸颊，也有可能在衣服上有红色能够增加他们的外表吸引力。现代社会心理学家的研究表明在一定程度上这个观点是可信的。

图 7-9　红色会增加女性的外表吸引力吗

| 研究告诉我们 | **伴侣外表间的戏剧化差距：爱真的是盲目的吗** |

你从自己的经验中可能已经知道了，人们自己眼中与他人眼中对外表吸引力的判断可能很不一样。因此，有些伴侣可能看起来会完全不对等。例如，一个很高的女人选择了一个很矮的男人，或者一个年轻人选择了一位年老很多的伴侣，又或者人们选择了来自很不一样背景的人作为伴侣。你

是否曾看过一部叫作《我盛大的希腊婚礼》的电影？电影中，两个来自完全不同民族的人相爱，并且在两个家族尝试理解与解决他们差异时发生了一连串搞笑的事情。

这样的情景通常会让我们去思考一个问题"她到底看上了她伴侣的什么？"为什么那些人会和这么不搭的人结合？（例子见图7-10）这只是简单地反映了个体偏好的差距吗？或者说是因为伴侣强烈的吸引力导致他们把那个人看作是比其他人更加美丽的呢？研究表明这个答案是很复杂的。

Solomom和Vazire（2014）的研究报告表明，伴侣间的确会把对方看作比其他人更有吸引力。然而，他们至少在一定程度上是能够意识到这个倾向的。Solomon和Vazire在他们论文的标题中表达出了这种现象的本质，"你对我来说……太美了"。因此，不搭的伴侣建立关系的原因似乎至少部分是被他们强烈的吸引力变得"盲目"了，但是他们仍然能够认识到这种差异，并且把这个认为是不重要的。

当一对伴侣是两个在外貌上差异很大的人时，那可能是因为他们认为对方比别人看到的更有魅力。另一半可能会因为对方强烈的吸引力而变得部分"盲目"，但是他们仍然可以看到这些差异，并且认为这些并不重要。

图7-10 为什么伴侣会和看起来完全不搭的人建立关系

5. 外表的其他方面和行为对吸引力的影响

第一次遇到某人时，我们通常能够迅速判断我们对对方的反应是积极的还是消极的。除了外表上的美，还有哪些因素会影响这些呢？其中之一就是体形。尽管这种刻板印象通常都是令人迷惑的甚至是完全错误的，很多人倾向于把圆的体形看作是很容易相处的，拥有让人轻松的人格并且缺乏个人原则。而一个结实有肌肉的体形被认为象征着具有很大的活力，很健康。而瘦骨嶙峋的体形可能表明聪明和让人惧怕的性格特点（Gardner & Tockerman, 1994）。

另一个会影响外表吸引力的因素是这个人是否过度肥胖。现在很多国家的过度肥胖人口在逐渐增加，这被认为是很消极的现象。但是需要注明的一点是，在有一些文化中，过度肥胖却被认为是很有吸引力的，例如非洲国家。在毛里塔尼亚，年轻的女人为了增加吸引力而被鼓励多吃来增加体重的。在美国，有一些团体，例如国家肥胖认同推广协会（NAAFA）将消除尺码歧视作为他们的目标（见图7-11）。然而，在大多数的社会中，过度肥胖是

肥胖在美国以及很多其他国家都越来越普遍。因为大多数人（并非全部）都认为过度肥胖是不具有吸引力的，肥胖的人有时会遭到歧视。然而，有一些组织，例如NAAFA试图与这种不好的行为做对抗。

图7-11 体重VS吸引力：推广尺码接纳

和吸引力相违背的，而且它还会（从约会到事业等）对人们的生活产生很多消极的影响（e.g., Crandall & Martinez, 1996）。

要点 Key Points

- 两个人之间最初的接触通常是建立在时空**接近**基础上的，也就是，他们接近彼此的物理距离。空间上的接近转而会带来重复的接触，而这会引发积极的情感进而增加吸引力（**重复曝光效应**）。
- 社交网络能够让人们不直接接触他人就建立起最初对对方的感受。社交媒体的使用会导致积极和消极的结果。一方面，过度地与他人比较可能会因为我们认为其他人比自己更加成功而损害自己的幸福感。另一方面，一个巨大的社会网络可以得到更多的社会支持，尤其是在存在与情绪相关的想法和感觉得到分享的时候。
- 对他人的吸引力受到外显特征的影响很大，尤其是他们**外表吸引力**。研究还对"爱是盲目的"提供了证明：处于恋爱关系的伴侣倾向于把对方视为更具有吸引力的人。
- 我们总是认为"美的就是好的"，这很明显是因为我们都想要和有吸引力的人建立关系。结果，我们可能就会对他们投射出积极的人际交往特征。
- 就像很多文化中相信的那样，红色的确被认为是"性感的"，并且可以提升女性的吸引力。
- 除了吸引力外，许多其他可见特征也会影响最初的人际间评价，这包括体形、体重和其他一些表面特征。

7.3 以社交互动为基础的喜爱的根源

尽管归属需要、接近、重复接触和外表这些因素在人际吸引上能够发挥重要的作用，但这些并不能说明整个问题。一些影响吸引力的重要因素只有在我们和他人交往时才会出现，我们通过和他人交流从而获得更多关于他们的信息。这其中，有两个因素是最具影响力的：我们与他人的相似度和他们喜欢我们的程度。而且，我们将会验证那些与社交技能、人格特质和性别差异有关的喜爱的根源。

7.3.1 相似性：物以类聚

早在两千多年前，这一现象已经为人们所观察和探讨，亚里士多德（330BC/1932）认为，相似性是重要关系建立的基础。直到弗兰西斯·高尔顿爵士（1870/1952）通过获取已婚夫妻的相关数据证明了配偶在许多方面具有相似性时，相似性假设（similarity hypothesis）才得到支持。他的发现表明配偶的确在很多方面是相似的。在20世纪前半叶，另外一些研究也发现：朋友和配偶之间有更多的相似性成分（Hunt, 1935）。这种正性的联系可能意味着是互相喜欢导致了两人的相似，也可能是相反的。

在一项被认为是真正"经典"的社会心理学研究中，Newcomb（1956）发现相似的态度可以预测学生之间的喜欢程度。在研究中，他推测，在人们认识之前，测量他们的态度倾向，会发现越是态度相同的人，彼此喜欢的程度就越深。这就可以推断出相似性引发了相互吸引。为了验证这一假设，他研究了转学生，这些学生在来到同一所大学前从未见过面。在他们入学之前Newcomb通过发送邮件的方式测量了学生对于一些问题的态度，类似于家庭、信仰、公共事务、种族关系等。然后在学生入学后每周对他们彼此的喜欢程度进行评估。

结果表明，最初越是相似的学生，到学期末时他们就越喜欢对方。这项研究强有力地证明是相似性导致了吸引，而不是因为吸引才导致相似。Newcomb的最初发现在后来的许多研究中都得到了证实（Byrne, 1961b; Schachter, 1951），所以正如亚里士多德和其他人所推测的那样，研究结果倾向于证明相似性假设：两个人越是相似，他们就会越喜欢对方。

这样的结论看起来很有道理，但是对于这种观点"相异吸引"又如何呢？我们难道不会发现那些和我们自己很不一样的人也很具有吸引力吗？就像我们之前提到过的，有相关的信息显示这是有可能的。在关于这一主题的早期研究中，对于相反的人际间吸引通常被称为互补性（complementarities）——结合个体差异，帮助各个部分一起更好地工作（即完善对方）。例如，支配性强的个体通常会被顺从的人吸引，健谈的人通常会被沉默的人吸引，虐待狂会被受虐待者吸引，等等。这种互补的性格特征会被对方强化（即对关系双方都有好处），因而为建立一种关系提供了良好的基础。

然而关于这种说法的直接检验并没有支持互补性是造成吸引力的一个决定性因素，甚至是在支配性和服从性方面也如此（Palmer & Byrne, 1970）。就态度、价值观、人格特征、坏习惯、智力、收入水平来说，甚至是在一些小的偏好方面，如在电影院中是走右手通道还是左手通道，研究都发现相似性才是带来吸引的因素（Byrne, 1971）。因此总的来说，几乎没有证据表明相异可以相互吸引。当然，这个普遍规律也会存在特例，但是来自相似性的吸引力似乎要比相异性强烈很多。

一个类似的特例就是在男女交往过程中，当一个人表现出支配性行为，而另一个人以顺从作为反应方式（Markey, Funder, & Ozer, 2003; Sadler & Woody, 2003）。相对于两个人相互模仿（即也是支配性的），这种特定的互补会带来更强烈的相互吸引（Tiedens & Fragale, 2003）。在其他各种形式的交往中（例如，一个言语上比较内向并且与他人交往中反应迟钝的人与一个善于表达和批判的人进行交往），这种对立的风格不仅不会带来吸引，甚至会完全不相容，从而可能带来拒绝和回避（Swann, Rentfrow, & Gosling, 2003）。总之，多种证据一致表明：相似性而非互补性（对立性）在各种情境和关系中似乎是产生吸引的基础。

1. 相似性－相异性：对于吸引的一致预测者

基于在本章前面讨论过的影响，很容易看出相似性倾向于唤起积极的感觉，相异性则倾向于唤起消极的感觉，即**相似性－相异性效应**（similarity-dissimilarity effect）。很多早期研究这种效应的工作都是关注**态度相似性**（attitude similarity），即两个人拥有相似的想法或感觉的程度。但这一术语其实不仅仅包括态度的相似性，还包括信念、价值观和兴趣的相似性。

最初关于这一主题的实验室研究包括两步：首先，是对被试的态度进行评估；其次，让这些被试接触持有这种态度、价值观和兴趣的陌生人，并对陌生人进行评价（Byrne, 1961b）。结果一致表明，被试对那些与自己相似的陌生人的喜欢程度远远胜过不相似的人。我们不仅是喜欢与我们相似的人，而且比起那些不相似的人，我们在评判这些人时会认为他们更聪明，更有见识，更有道德感，适应性也更好。

大量的研究都显示出人们会以一种让人惊讶的精确方式对相似性－相异性做出反应。吸引是由双方的**相似比例**（proportion of similarity）所决定的。也就是说，用两个人所交流的话题的总体数量除以他们表达的相似观点的话题数量，结果放入一个简单的公式里，可以预测双方的吸引程度（Byrne & Nelson, 1965）。当相似的比例越高时，喜欢的可能性就越大。没人确切地知道态度是如何被加工出来的，但人们似乎会自动使用某种认知上的加法和除法，巧妙地得出积极或消极的情感体验。

态度相似性对吸引的影响是很大的，无论人们表达自己观点的话题数量有多少，无论话题有多重要或琐碎，它都会产生效果。无论男女，无论年龄、教育或文化上的差异，它都会产生这种效果（Byrne, 1971）。吸引力的一般水平和态度相似性影响的比例可能会随着性格因素而变化，但态度相似性的比例产生的效应是保持不变的（Kwan, 1998; Monteil & Michinov, 2000; Singh & Teoh, 1999）。

除了态度和价值观，研究者也调查过很多其他类型的相似性－相异性条件，在每种情况中人们都更喜欢与自己相似的人。这些情况包含吸食大麻（Eisenman, 1985）、宗教倾向、自我概念（Klohnen & Luo, 2003），成为一个"早起的人"和"晚睡的人"（Watts, 1982），发现同样有趣的笑话（Cann, Calhoun, & Banks, 1997）等。这项研究中最有趣的一部分就是外表吸引力的相似性效应，因此让我们进一步了解一下这项研究。

2. 我们在注重外表吸引力的同时还会追求相似性吗

设想一下你拥有一个神奇的能力可以让每个人都爱上你，那么你会选择哪种人作为你的伴侣？你会选择一个外表上同样极富吸引力的人吗？很多人都说他们会这样做，但是如果他们停顿了一会儿，他们可能就会发现这样的人对于其他人来说也会是极富吸引力的。这就很可能会造成危机：这个人一开始的时候可能会爱你，但是他极有可能会因为其他人而离开你，因为他的选择会有很多。总的来说，你可能不会长时间成为"第一位"。

正是因为这些潜在的问题，我们会倾向于选择那些和我们在外表吸引力方面相似的人作为自己的伴侣，即使我们可能更喜欢那些长得更好看的人（这被认为是**配对假说**，matching hypothesis）。这个观点是被 Berscheid, Dion, Walster 和 Walster（1971）首先证明出来的。他们发现那些长得很相似的人相比于长得很不一样的人更可能会持续约会。但是还有一些研究支持这样的观点：人们不总是选择和他们外表上相配的人，他们有时会试图去争取那些最具有吸引力的伴侣（e.g., Kalick & Hamilton, 1986）。

在更近的研究中，van Straaten, Holland, Finkenauer, Hollenstein 和 Engeis（2010）的研究强烈支持配对假说。这些研究者让男女陌生人在一项与学生生活中的偏好有关的研究中简短地交谈。在用录像带接触中，观察者需要对两个参与者的吸引力评分，而且观察者还需要对每个人想要在另一个人身上留下好印象的程度打分。最后，每一个参与者还需要为与对应的陌生人约会的兴趣进行评分。

如果配对假说是正确的，那么我们就可以预测参与者将会在具有相似外表吸引力的人身上投入更多的精力来加深他们的印象。结果对男性而言这个预测得到了证实：他们会在具有相似外表吸引力的人身上投入更多的精力来加深他们的印象。这个结果即使在男人很想和非常有吸引力的参与者约会时也会发生。（记住，根据配对假说，我们会更喜欢很有吸引力的伴侣，但仍然会专注于获得那些与自身吸引力水平相符的人的关注。）然而，对于女人来说，同样的模式是不存在的（见图 7-12）。这一点儿也不奇怪，因为相比于男人来说，女人通常更不愿意表达对一个潜在伴侣的兴趣。因此，女人不会想方设法地给对方留下深刻的印象，无论他们与自己是否相似。

总的来说，这些发现表明即使我们可能做过拥有一个非常具有吸引力的伴侣的白日梦，但我们还是会专注于获得那些与自身吸引力相符的人的注意。这样可能无法让我们实现自己的幻想，但是却可以为我们提供建立相互喜欢的关系的基础，并且更可能成功。

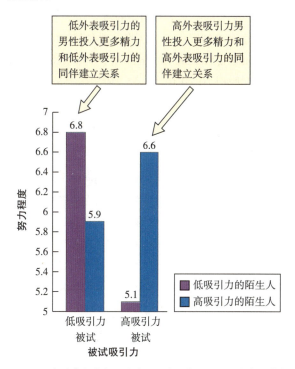

该研究的参与者与一个异性陌生人交流。男人会在具有相似外表吸引力的人身上投入更多的精力来加深他们的印象。然而，对于女人来说，同样的模式是不存在的。她们更不愿意想方设法地给对方留下深刻的印象，无论他们与自己是否相似（图中仅呈现男性的数据）。

图 7-12　配对假说的证据

3. 微小的相似性也会产生吸引力吗

你认为你会因为和某个人拥有相同的名字的首字母而更喜欢他吗？那在毛衣上拥有相同的数字呢？你会觉得他比没有相同数字的人更具有吸引力吗？在你笑之前，考虑一下接下来的可能性：我们对于自己积极的感觉，可能会增加对那些拥有相似的微小特征（例如我们的名字）的人的好感度。这种效应叫作**内隐自我中心**（implicit egotism），意思就是对于和我们自己东西有关的积极感觉，是会增加对那些拥有同样东西（如我们的名字，我们家地址的数字或者任何其他的东西）的人的吸引力的。

Pelham, Carvallo 和 Jones（2005）的研究为内隐自我为中心效应提供了证据。他们调查了从1823—1965年一些地区的婚姻记录。如果只是偶然发生的话，那些和另一半在姓氏上的第一个字母是一样的人的概率估计是6.55%。但实际的概率更高：7.51%。在不同明显的微小相似性上，这种模式都会体现（如他们的毛衣上有相同的数字），甚至这样的相似性也会增加吸引力。这些发现和其他的研究发现（Montoya, Horton, & Kirchner, 2008）低估了这些相似性对吸引力的作用。这个效应实际上是很强的，甚至是在我们没有太注意的时候都很强。

4. 为什么我们会喜欢和我们相似但讨厌和我们不同的人呢

用稍微不同的方式问一个同样的问题，为什么相似性会引发积极情感而相异性却会引发消极情感呢？一种古老的解释是**平衡理论**（balance theory），它由 Newcomb（1961）和 Heider（1958）首先提出。这个理论认为人们天生地会把自己的喜好与厌恶以对称的形式组织起来（Hummert, Crockett, & Kemper, 1990）。

当两个人互相喜欢并且发现他们在某些特殊的方面具有相似性时，这就会建立起一种平衡状态，平衡便会产生一种情绪上的快乐。当两个人互相喜欢但发现他们在某些方面不具有相似性时，结果就会导致不平衡。不平衡会引发一种情绪上的不愉快，它会引发个体努力寻找平衡，或者是使其中一个人改变从而创造出相似性，或者忽视这种不相似性，或者就是决定不喜欢对方，个体会通过这些方式来努力重建平衡。无论什么时候，当两个人不喜欢对方时，他们的关系中就包含着一种不平衡。这并不会有特别的愉快或不愉快，因为每个人对他人的相似或相异并不是特别在意。

平衡理论的这些解释是正确的，但它并不能解释，为什么相似性这么重要。为什么当一些人和你在音乐爱好、对上帝的信仰或其他方面不同时，你会在意呢？费斯廷格（Festinger, 1954）提出了**社会比较理论**（social comparison theory）可作为对这个问题的一种解释。简单地说，你将自己的态度和观点与他人进行比较，因为你评判自己是否准确与正常的唯一标准就是看看别人是否认同你。这虽然不是一个最佳方式，但却是我们最常使用的一种方式。比如说，设想一下你是唯一一个相信全球变暖发生得太快了，以至于明年大海将会淹没很多的海岸线的人。当然你的看法可能是不正确的。

没有人会愿意认为自己是错的，所以我们需要求助他人来获得共识，即他人认同我们观点的证据。当你知道某些人持有和你相同的态度和观点时，这种感受会很好，因为这种信息至少表明了你的判断是正确的，而且和现实是相关的。与你相左的观点则暗含了对立，它会带来负性感受，除非这种相左观点来自群体外的成员，对于这些人我们本来就期待他们有不同的观点（Haslam, 2004）。

7.3.2 互相喜欢和讨厌：喜欢那些喜欢我们的人

每个人（至少几乎每个人）都希望被人喜欢。我们不仅喜欢被人积极地评价，甚至当这种评价不准确或者即使它只是一种伪善的阿谀时，我们也喜欢这样。对于旁观者来说，虚伪的奉承不能有真实的部分存在，但对于被讨好的人来说，它更可能被认为是描述准确的，即使这种描述并不完全诚恳（Gordon, 1996; Vonk, 1998, 2002）。只有讨好太过明显时才会失效。

研究发现有力地证明了其他人对我们喜欢的程度依赖于我们对他们喜欢的程度（Condon & Crano, 1988）。所以，总体来看，互惠的原则适用于社会生活的许多方面，当然对吸引也是起作用的。一般而言，我们倾向于喜欢那些喜欢我们的人，而不喜欢那些不喜欢我们的人（e.g., Condon & Crano, 1988）。

7.3.3 社会技能：喜欢那些善于与人交往的人

你还记得大卫吗？那个在本章一开始的时候介

绍的毕业生。他非常受人喜爱，每一个和他接触过的人都很喜欢他，并且希望和他有更多的接触。大卫拥有很高的被社会心理学家称作可以帮助人们高效地与他人交流的综合素质（**即社交技能**，social skills）。反过来，这也会增加人们对他们的喜爱（Rubin, Bukowski, & Laursen, 2011）。

社交技能在一个广泛的设定中有很重要的"加倍"作用，从政策和法律的制定到建立浪漫关系。例如，在法庭上，拥有高社交技能的被告要比低社交技能的被告更容易被宣告无罪（或者说如果他们被判刑的话也会被判处更少的刑罚）。拥有高社交技能的人无论在哪里工作通常都会得到更多的升迁和更高的晋升。同样的，拥有高社交技能的医生在病人中也会更加受欢迎，也会更容易让病人听取他们的建议（见图7-13）。当然，拥有高社交技能的人在浪漫关系中会获得更大的成功。他们会吸引更多的同伴并且会有更大的选择空间（e.g., Kotsou, Nelis, Gregoire, & Mikolajczak, 2011）。

那么，准确地说，这些都是有价值的社会技能吗？下面是有关于社会心理学家主要研究的社会技能，以及组织心理学家常常在工作环境中研究的社会技能的简短回顾（e.g., Ferris et al., 2007）。

- 社会机敏（社会知觉）：准确地知觉和理解他人（他们的特征、感觉和倾向）的能力。在这个维度上高分数的人可以意识到人际交往中的微妙之处，这能够帮助他们与他人建立积极有效的关系。
- 人际影响：使用多样的技巧来改变他人态度或者行为的能力。例如，像是"得寸进尺"策略（从一个小的要求开始逐渐增加到大的要求）这样的劝说方法。
- 社会适应性：适应大范围的社会情境以及和大范围的人有效交际的能力。
- 表达能力：以一种他人能够很容易知觉到的方式表达出自己的情感。

诚然，大卫（那个毕业生）在这些技能上的水平是很高的。他能够准确地"读懂"他人，很快地了解对方主要的特质。大卫在影响他人方面做得很好，他用了一些技巧来让人们都喜欢他。他也很具有适应性，是一个社交变色龙，他可以在任何情境下调整他的个人风格。简单来说，大卫对其他人来说很具有人际吸引力。

在大卫的例子中他利用了他的社会技能得到个人的好处。然而，社会技能并不是用来操控或者从他人那里得到好处的。例如，一个拥有高社会技巧的教授可能更能够鼓动学生来听课以获取更多的知识。然而，无论社会技能是如何被使用的，它们在喜欢他人中都扮演着重要的角色。

7.3.4 人格与喜欢：为什么拥有某些特质的人会比其他人更有吸引力

当我们与他人交流时，特别是和不认识的人，我们可以通过观察他们的特征以作为交际的开端。

社会技能是由很多帮助人们有效地与他人交际的素质组合而成的，这些技能对人们有很多好的影响。例如，拥有一个好的"临床礼节"的医生通常会很受人爱戴，因此也容易在让病人听从他们的建议方面取得成功。

图7-13　社会技能：人际喜欢的重要根源

就像你学习到的那样，第一印象可以很快地建立，这些印象可以从很准确的范围到很不准确的范围。一个有关性格的主要理论叫作"大五"，意味着存在五种主要的性格：开放性——想象力很强，寻求新的观点和新的经历；尽职性——很有组织感，整洁，很准时，对截止时间和会议时间很看重；宜人性——以信任和合作的态度接近他人；外倾性——非常外向，善于表达，温暖和有精力；还有情绪的稳定性——人们在不同时间上心情不会有大的变化（e.g., Barrick & Mount, 1991）。有趣的是，有些特征会立刻表现得很明显，只需要几分钟（e.g., Zhao & Seibert, 2006）。人们在宜人性和外倾性上得分高的人会更招人喜欢，他们在他人眼中会有更高的社交吸引力（Zhao & Seibert, 2006）。另一个人们不太喜欢的人格是自恋（e.g., Morf & Rhodewalt, 2011）。高自恋倾向的人对自己的看法会过度膨胀，会拥有不合适的、极端高的自尊。拥有高自恋水平的人主要关注他们自己，而忽视别人的需要和感觉。他们就像是希腊神话故事里面的一个角色——水仙，他因为太迷恋自己在湖水中的倒影而沉入水中去追求自己。总的来说，自恋狂总是认为他们更好而且应该得到他人的爱慕。当人们持续和自恋狂交流的时候，这些行为会让他们变得讨人厌。令人感到惊讶的是，自恋狂往往一开始会很受人喜爱。为什么呢？根据早期的研究，Back, Schmukle和Egloff（2011）研究了自恋狂一开始容易受人喜欢的原因，发现是他们看起来迷人，外向，更加开放，甚至更加能干。在一项研究中，研究者让一群学生一个一个走上前来自我介绍。然后，学生需要对其他人的自恋程度评分，并且表示出自己有多么想要去认识其他人。简单来说，研究者测量了受喜爱程度以及潜在的受欢迎度。结果显示，学生在自恋水平上得分越高，他们在受喜爱和受欢迎程度上的得分也会越高。

更多的证据通过分析每一个学生自我介绍时的录像得到。这些分析表明，有一些不同的因素会导致自恋狂相比于其他孩子的评分会更高。自恋水平得分高的孩子会展示出迷人的面部表情、幽默感以及自我肯定，而这些都会受人喜欢。因此总的来说，自恋狂一开始的确会看起来更加的受人喜欢，但是在之后，他们消极的行为表现会打破平衡而转向不

招人喜欢（见图7-14）。

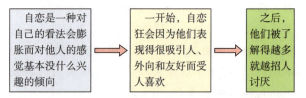

拥有高自恋水平的人对自己的看法会膨胀，会有不合适的极高自尊。一开始，他们看起来很迷人并且受到他人喜欢，之后当他们真实的性格被发现之后，他们就会很招人讨厌。

图7-14　自恋：从最初的受人喜欢到后来的招人讨厌

7.3.5　我们对另一方的期待？性别差异以及关系在不同阶段的改变

本章的讨论到目前为止，已经谈到了很多导致个人喜欢或讨厌对方的因素。现在，请思考另一个相关的问题：人们对他人有何期望？换句话说，想象一下你可以设计出一个和你有特殊关系的完美的人，浪漫的恋人，工作中的伙伴，或者就是一起运动的人等。你能想全你最希望这个人所具有的全部特征吗？这个问题已经被社会心理学家提出来了。研究表明，"我们期望自己的理想伴侣拥有什么？"这个问题可能是十分普遍的。我们希望他人拥有的特质取决于我们的性别以及与他们关系所处的阶段。也就是说，我们一开始和他人结识时希望他们拥有的特质可能会在建立了一个真正的关系之后改变，或者在那段关系存在了数月，数年甚至是数十年之后改变。在这一节中，我们将主要考虑在浪漫关系中的性别差异，因为这是众多研究中主要关注的问题。

虽然很多研究提出了这一问题，但也许最具有启示意义的是由Cottrell，Neuberg和Li（2007）所进行的研究。研究者开始让在校大学生"想象出一个理想的人"，并对31个积极的特征进行评估，看这些特征对他们理想的人的重要程度。这些特征包括了可信度、合作性、愉悦性（友善，人际温暖）、外向性（直率的，好交际的）、情绪稳定性、身体健康和外表吸引力。结果明确表明：可信度和合作性被认为是最重要的特征，接下来是愉悦性和外向性。这些最初的发现表明，的确有很多人希望其他人拥有一些特征。然而，他们并没有提出另一个问题：这些特征会随着某种关系的变化而改变吗？换句话

说，我们对朋友、同事、爱人或雇员所要求的特征会不同吗？

为了寻找答案，研究者要求大学生想象一下来自不同群体以及和他们有不同关系的理想成员：工作项目团队的成员、期末考试学习小组成员、高尔夫球队队员、妇女联谊会会员、兄弟会会员、亲密的朋友和同事。针对每项任务或关系，他们将75种不同特征按对这个理想中的人的重要程度进行评估。结果如表7-1所示。首先，在这七种关系中，可信度和合作性被视作最重要的特征，其次是愉悦性和外向性。正如你能预料到的，其他特征重要与否，是依照关系类型决定的。比如，聪明在项目队和学习小组中被认为很重要，但在兄弟会和妇女联谊队中却不太重要。类似地，幽默在亲密朋友中被认为非常重要，但在项目队和学习小组中却不那么重要。

表 7-1　我们对他人有何期望？这依赖于情境

正如这里所显示的一样，一些特征（可信度、合作性和愉悦性）在多种关系（项目团队、职员、朋友等）的理想人选中都被视为重要的特征。然而，其他特征的重要性会随着关系的不同而发生改变。比如，在妇女联谊会中吸引力被认为很重要，但在项目团队和学习小组中并非如此。（对各种特征的较高评价都用黑体字表示，这些表明了被试认为其非常重要。）

特征	项目团队	学习小组	高尔夫球队	妇女联谊会	兄弟会	亲密朋友	职员
可信度	7.35	6.87	7.74	7.45	7.33	7.68	7.78
合作性	6.39	5.93	5.70	6.51	6.29	6.79	6.28
愉悦	6.36	5.65	5.38	6.99	6.50	7.14	6.76
吸引力	2.84	2.68	3.17	6.36	5.24	4.73	3.74
智力	7.67	7.74	5.52	6.04	5.97	6.51	7.39
幽默	5.17	4.48	5.02	6.61	6.92	7.53	5.49
财富	3.43	2.17	3.70	4.82	4.92	3.94	4.45

资料来源：Cottrell et al., 2006.

总体来说，以上结果说明了两点。首先，有一些特征（可信赖度、合作性、愉悦性和外向性）在我们评价他人时是非常重要的，无论我们与之建立的是何种关系。第二，我们对其他特征的评价会有区别，也就是说其重要程度如何，依赖于我们同其他人建立的关系类型。

那么性别之间是否存在差异呢？男人和女人对未来的伴侣期待的特征是相同的吗？大家普遍认为，男人会比女人更加关注外表上的吸引力，因此，男人的理想伴侣应该是很吸引人的，他们会尽可能寻找最具有吸引力的对象。女人对外表上的吸引力也很感兴趣，但相比于其他特征，他们把这个因素看得不那么重要。

女人更看重那些能够建立稳定关系的特征，例如另一半未来的收入。尽管经济支持可能和浪漫无关，社会生物理论（研究我们的基因在社会行为中的作用）表明，女人倾向于寻找那些有潜力抚养他们和他们的孩子的男性，至少对于长期伴侣是这样的。这个观点在亲代投资理论（Bjorklund & Kipp, 1996）中得到了印证。该理论认为那些在繁殖中投资和风险最大的一方（通常是女性）将会在择偶中更为谨慎。即使到了现代，女人也会在培育孩子中承担比男人更多的责任。尽管女性在逐渐实现经济独立，但最近的一项数百人参与的有关理想伴侣的性别差异的自我报告研究表明，男女在经济支持方面还是存在一些性别差异的，尽管很小。（Eastwick, Luchies, Finkel, & Hunt, 2014）。

另一个在我们的理想伴侣概念中的重要因素是关系的阶段。在一段关系建立之前，外表吸引力可能会成为伴侣的选择因素。然而随着关系的进一步发展，外表吸引力会随之下降。伴侣双方逐渐了解对方，也会考虑更多其他的因素（例如智力和稳定性）。然而，之后外表吸引力又会轻微地增加，这是为什么呢？这是因为他们开始怀有如果他们寻求一段新的关系是否会更好的想法。当然这只是单纯的猜测，但是我们在本章接下来的部分会发现，嫉妒和背弃会是一个很重要的因素。

总的来说，我们在与他人建立的关系中渴望对方拥有的特征会因为不同的因素而不同，例如关系的种类、我们的性别以及所处关系的阶段。有关证据表明，"我们期望自己的理想伴侣拥有什么"这个问题的答案是"那要看情况"。

要点 Key Points

- 决定一个人对另一个人产生吸引的因素包括了态度、信念、价值观和兴趣的相似点。
- 尽管对立性相吸（互补性）的观点一直广为流行，但在现实生活中它很少发生。
- **相似性-相异性效应**：人们在面对一个和他们相似的人的时候表现是积极的，而面对一个相异的人的时候表现是消极的。两个人拥有相似的想法或感觉的程度叫作**态度相似性**。**相似性的比例**越大，双方产生的吸引就会越大。
- 有很多的研究支持**配对假说**，我们倾向于去选择和我们的外表吸引力在同一水平的人作为伴侣，尽管我们可能会更喜欢更有吸引力的人。
- 即使是看起来很微小的相似性，例如名字的首字母相同或者在毛衣上有同样的数字都会增加我们对他人的吸引力，这被称作**内隐自我中心理论**。
- **平衡理论**解释了我们为什么会喜欢和我们相似的人，但是不喜欢和我们不同的人。平衡（就像增加认同）会导致一个积极的情绪状态。不平衡（就像增加了不认同感）则会导致消极的状态和想要重建平衡的期望。缺乏平衡（不像增加认同感也不像增加不认同感）则会导致冷漠。
- 当客观的"量尺"不存在的时候，人们通过和他人比较自己的态度和信仰来作为自我评估的手段。也就是说，他们会进行**社会比较**。我们会向他人寻求认同感来证明他们和我们拥有同样的观点。
- 其他影响我们喜欢他人的因素有他们的**社交技能**，他们有多喜欢我们以及他们某些方面的性格，例如**自恋**。我们可能一开始的时候会因为他们的外向而喜欢那些自恋的人，但是当我们更加了解他们的时候，喜欢通常都会转化成不喜欢了。
- 在性格的"大五"（开放性、尽职性、宜人性、外倾性和情绪稳定性）中，那些在宜人性和外倾性上得分很高的人会更加具有社交吸引力。
- 我们希望其他人拥有的特征在不同的关系、关系的不同阶段以及不同的性别中都会存在差异。

7.4 亲密关系：社会生活的基础

在某种意义上，人际吸引是很多关系开始的第一步。如果我们可以选择，我们会想要和我们喜欢的人发展友谊、爱情或者其他长期的关系。当然，在其他方面，关系不是自愿成为这样的。我们的家庭成员（我们的父母、兄弟姐妹、爷爷奶奶以及其他亲戚），无论喜欢与否，我们从出生开始一直到整个人生结束都与他们建立着长期的关系。当然还有其他与工作、事业或者教育相关的人之间建立的关系。大多数人都有同事和老板，有一些人很喜欢而有一些则唯恐避之不及。无论这些关系的建立是自愿的还是因为出生或者外部因素（工作的地点），它们都在我们的生命中扮演着重要的角色。

社会心理学家很明白这些关系在我们生活中扮演着重要角色，并且逐渐关注这些关系的基础问题。它们为什么以及是怎样建立的？它们是如何发展的？它们拥有什么样的功能？它们为什么以及是如何在不愉快或个人灾难性（像离婚、关系冲突或者身体暴力）事件中结束的？这个章节将会对社会心理学家就这些问题的研究结果提供一个概述（e.g., Arriaga, Reed, Goodfriend, & Agnew, 2006）。我们将会从解释浪漫伴侣之间的亲密关系开始。接着，我们会讨论在我们生活中扮演着重要角色的其他关系——家庭和亲密的友谊。

7.4.1 浪漫关系和爱的谜团

"我爱你"，这可能是一个人可以对另一个人说出的最浪漫、最富有感情的话了。**爱（love）**不仅仅是吸引，它往往意味着更强烈更持久的关系。但是爱的准确定义究竟是什么呢？一个普遍的观点认为，爱是情感、认知和行为的结合，在亲密关系中扮演着重要的角色。就像是公平和忠诚，我们相信当我们遇见它的时候我们一定能够认出它来。但我们总是觉得爱很难定义，而且对于不同的人来说可能不同，在不同关系中也可能不同。

从某种意义上来看，爱是很神秘的。社会心理学家花了很长的时间想要解决爱这个谜团，他们在研究中提出了很多问题：爱是什么？它的起源在哪里？它在浪漫关系中扮演着什么样的角色呢？它是如何发展的？爱是日久生情还是一见钟情，抑或两个都是？尽管这些问题都很复杂，一些严谨的研究还是为这些问题提供了部分解答。但是你要做好心理准备哦，因为这些严谨的研究结果得出的结论有时候会和诗人、哲学家或者著名的歌星给出的答案不一致。我们将会从爱的本质，起源和构成要素讲起，然后关注爱在浪漫关系中扮演的角色。

1. 爱的本质

爱情是歌曲、电影和日常生活中最流行的主题之一。很多人会认为它在我们的生活和个人幸福感中扮演着重要的角色。许多来自不同文化的人都认为爱情是一种比较常见的人类体验，1993 年的民意测验发现几乎 3/4 的北美人都承认自己现在正在"恋爱"中。在某种程度上，爱情似乎可以作为生气、悲伤、快乐和恐惧的来源（Shaver, Morgan, & Wu, 1996）。也许拥有爱情对你来说是件好事。社会心理学家研究发现恋爱会让人的自我效能感和自尊心得到提升，并在心理健康和幸福感中扮演着重要的角色。

有趣的是，直到 20 世纪 70 年代社会心理学家才尝试系统地研究爱情，有一个研究者开发出一种测量爱情的方法（Rubin, 1970），其他人（Berscheid & Hatfield, 1974）也提出了爱情的心理学理论。从那时起，爱情就成为一个研究的主要兴趣点。至少，在某种程度上我们知道什么不是爱。爱情在定义上要比亲密的友谊更进一步，但它和仅对一个人产生浪漫的感觉或性兴趣又有所不同。随着文化的变化，特定的细节也会随之变化（Beall & Sternberg, 1995），但我们有理由相信我们称之为爱的东西是一个普遍的基本现象（Hatfield & Rapson, 1993）。

2. 爱的起源

没有人确切地知道这个答案。爱情可能仅仅是我们所体验到的一种愉悦的幻想，就像圣诞老人和仙女。另一种解释认为这可能同我们的祖先有关。为了生存，成功繁殖对于早期的人们来说很重要，正是因为他们的数量太少了，这个问题十分的严峻。Buss（1994）表示如果异性双方产生性爱吸引，并且他们愿意花时间去生育和保护自己的子女，那么这种成功的可能性更大。本质上来说，爱的两个关键因素就是性欲和人们之间的承诺，无论在何种情境下它们使得爱对于我们物种的生存十分重要（Rensberger, 1993）。

3. 爱的构成要素

由斯滕伯格（1986）提出的**爱情三元论**（triangular model of love）对于理解爱的不同组成要素来说是一个重要的框架（如图 7-15）。这一构想认为每种爱情关系都由三种基本成分组成，对于不同的夫妻这三种成分的表现程度有所不同（Aron & Westbay, 1996）。一种成分是**亲密**（intimacy），即两个人感觉到的亲密度和将两人结合在一起的强度。那些具有高亲密度的伴侣会很关心双方的福利和幸福，他们会珍重、喜欢、依赖和理解对方。

第二种成分是**激情**（passion），这是建立在浪漫关系、外表吸引力和性（与伴侣的性动机和性兴奋）的基础上的。第三种成分是**承诺**（decision/commitment），它代表着认知性因素，比如你喜欢某人，并且想要和他在一起，同时你做出了一个希望维持长久关系的承诺。当这三方的力量是均衡的时候，就会形成斯滕伯格所称**完满的爱**（consummate love），即理想的一种形式，但却很难达到或维持。

4. 同伴的爱

在斯滕伯格的模型中，同伴的爱是亲密加承诺，这种类型的爱是基于非常亲近的关系而建立的，这两个人有很多的共同点，在乎对方的幸福感，并且会表达互相的爱意和尊重（Caspi & Herbener, 1990）。Hatfield（1988）把这种爱描述成"对那些在生活中与我们紧紧缠绕的人的喜爱"。尽管同伴的爱可能相比于富有高水平激情的关系没有那么地让人兴奋，但是它却是一段长期而稳固的关系的基础，例如持

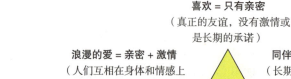

斯滕伯格认为爱情有三个基本成分：亲密、激情和承诺。就一对夫妻来说，爱情可以建立在这三个基础中的任何一个之上，可以建立在任何两个的结合基础之上，或在所有三个基础之上。这些不同的可能性产生了7种关系类型，包括理想中的爱（完满的爱），这种爱情包含三种彼此力量均衡的基本成分。

图 7-15　斯滕伯格的爱情三元论

续数年的婚姻。

5. 在浪漫关系中激情之爱的作用

在1989年，Aron和他的同伴指出许多人会坠入爱河，但似乎并没有人会"坠入友谊"之中。坠入爱河通常是一种对他人瞬间的、无法抗拒的、奔腾澎湃的、可吞噬一切的积极反应，这种反应似乎超过了你的控制，就如同无法预测的事件。这种情绪化的，并且通常不太现实的反应就叫作**激情之爱**（passionate love）。很多好莱坞的电影都会反映出激情之爱。例如，在经典电影《教父》中，当Michael Corleone第一次见到Apollonia Vitelli时，就像他的同伴描述的那样，他就像是"被雷电击中了"一般（见图7-16）。

性吸引力是激情之爱的一个重要组成因素吗？Meyers和Berscheid（1997）指出了性吸引力是爱上另一个人的必要但不充分条件。也就是说，即使没有爱情你也可以是有性吸引力的，但如果缺乏性吸引力你不可能会坠入爱河（Regan, 2000）。调查表明大学生很认同这一点（Regan, 1998）。对许多人来说，爱情使性更容易被接受，使性活动更具浪漫性（Baumeister, 2005）。这也是相比处于发情期的动物交配，人们为何更容易接受两个"做爱"的人的原因。

很多人都说他们体验过一见钟情，第一次见到某个人就无法抗拒地被他吸引。这种经历在《教父》这部电影中表现得十分明显，在Michael Corleone（由Al Pacino扮演）和他未来的妻子Apollonia Vitelli（由Simonetta Stefanelli扮演）第一次见到对方的时候。

图 7-16　一见钟情

除了性之外，激情之爱也包含着强烈的情绪唤醒，渴望身体上的接近，以及一种希望别人如你爱他一样强烈地爱你这样的体验。爱和被爱都是积极的体验，但同时也伴随着担忧，比如担心某些事情的发生会导致这种关系的结束。Hatfield 和 Sprecher（1986）发展了激情之爱的量表来测量各种因素，这些条目比如"对我而言，是最佳的恋爱伴侣"以及"如果离开了我，我就会感觉到深深的绝望"。

尽管一些事情听起来好像只会发生在电影里，但是许多人都表示体验过对陌生人的一见钟情（Averill & Boothroyd, 1977）。通常来说，那些首先陷入爱情中的人，他们的感情并没有从对方身上得到回报；这被称为**无私的爱**（unrequited love）。这种方式的爱情在那些具有矛盾依恋风格的人身上最为普遍（Aron, Aron & Allen, 1998）。在一项调查研究中，大约60%的被试都说他们在过去两年中经历过这样的爱情（Bringle & Winnick, 1992）。

有两个社会心理学家研究爱很多年了。根据 Hatfield 和 Walster（1981）的研究，激情之爱需要具备三个因素。第一，你必须对激情之爱有一个基本的概念，并且相信它的存在（Sternberg, 1996）。第二，一个合适的爱情对象必须存在。"合适"意味着那些外表具有吸引力的对象并没有结婚或者有归属，尽管这在不同的文化中以及同种文化的不同群体中可能会不同。第三，个体必须处于一种心理上的唤醒状态（性激情，恐惧，焦虑或其他任何东西），这可以被解释为恋爱情绪（Dutton & Aron, 1974; Istvan, Griffitt, & Weidner, 1983）。这些加在一起就可以组成激情的爱了。

爱情并不总是"玫瑰"，它很可能被两个重要的因素威胁甚至是破坏——嫉妒和背弃。请参阅专题，"研究告诉我们：破坏爱的两个因素——嫉妒和背弃"。

研究告诉我们　　破坏爱的两个因素——嫉妒和背弃

嫉妒总被认为是"绿色眼睛的怪兽"。嫉妒就是总是担心另一半或者其他我们很关注的人可能或已经喜欢上了其他的人，这种感觉让人很是困扰。Chan，Tong，Tan 和 Koh（2013）的研究发现，嫉妒的确是一个消极的体验。参与者一开始被要求想象一个他们感到嫉妒的场景，然后他们需要品尝两种不同的食物。然后，被试需要想象一个爱的场景，并品尝同样的食物。结果发现，嫉妒场景下的食物要比爱的场景下的产品更苦。实际上，当他们想象爱的时候，他们已经把食物看作是甜的了。

嫉妒在很多场景下都可能会发生，当一段被珍视的关系被对手威胁时（e.g., DeSteno 2004）。当关系中的一方对对手很感兴趣时，嫉妒就会对这段浪漫关系具有十分强烈和危险的影响（Harris, 2003）。数据显示，在女性被杀案中嫉妒占有很大的比例，她们很有可能会被嫉妒的现任或前任伴侣杀害（U.S. Department of Justice, 2003）。

为什么嫉妒会发生呢？持续的证据表明，我们会嫉妒是因为预期和实际的社会拒绝威胁到了我们的自尊。然而，这种自尊的威胁在男人和女人身上是存在差异的。有些证据表明，男人更会因为伴侣对他人的性吸引而产生嫉妒，女性则更会因为伴侣对他人的情感吸引而产生嫉妒（e.g., Buss, Larsen, Westen, & Semmelroth, 1992）。无论如何，当嫉妒很强烈时，都会导致爱的减少甚至完全消失。

另一个会导致嫉妒产生并且对关系有毁灭性影响的是背弃：其中一个人与他人建立亲密关系而产生的背叛（即欺骗）。背弃是导致离婚最常见的原因（Previti & Amato, 2003）。它还会因为持续的抑郁而对生理和心理的健康产生消极的影响（Gordon, Baucom, & Snyder, 2004）。

尽管背弃不受性别、文化以及社会经济水平的限制。可是当它发生在很有权利的人身上时，总是能够引起广泛的关注（见图7-17），例如政客、军事领导人和高层级的主管们。这就引发了一个有趣的问题：背弃和权力之间是否存在联系呢？也就是说，有权力的人相比于没有权力的人是否更可能会背弃伴侣呢？Lammers，Stoker，Jordan，Pollman 和 Stapel（2011）的研究表明的确是这样的。

当总统比尔·克林顿与一个白宫的实习生莫妮卡·莱温斯基的暧昧关系被揭露时，群众的反应十分消极。部分原因是人们认为克林顿利用了他在白宫的威望来建立这段关系。在一项长期的调查研究中，国会控告克林顿总统对联邦陪审团们撒谎并且妨碍了公平公正。尽管克林顿总统最终没有因为这个指控判刑，整个国家（无疑包括他的家庭）因为他的私情陷入了混乱之中。

图 7-17　背弃可能导致毁灭的结果

在他们的研究中，Lammers 等人（2011）询问了 1500 多人一个有关他们是否有可能会背弃伴侣的调查问卷，如果他们已经有过背弃的行为，他们需要填写发生的次数。被试还需要填写他们在工作中处于的地位，最后还需要完成测量他们对自己的吸引力，吸引另一半的能力，与现在伴侣的亲密程度以及背弃可能发生的概率的一系列问卷。

结果显示，一个人拥有的权力越大，他们就越可能背弃，这对于实际发生和预期发生的背弃都是一样的，而且这些结果还和他们的自信心是密切相关的。换句话说，高权力让人们拥有更大的自信，进而促成了背弃行为的发生。尽管权力的确会有很多的好处，但在一份承诺的关系中维持住爱却不是其中之一。

背弃的代价可能是巨大的。Lehmiller（2009）的研究证据表明，那些拥有秘密情人的人通常会感觉压力很大，因为他们需要向他们的另一半隐藏这种关系。很显然，他们与另一半的亲密感会逐渐减少。就像 Lehmiller 写道的（2009, p.1465）："为了完善关系，用来维持一个秘密情人的代价远比因此获得的神秘和刺激感要多得多。"

7.4.2　我们希望另一半身上拥有什么

就像早先描述的那样，外表吸引力和年轻是人们寻找未来伴侣的最重要的特质。进化心理学家大概了解原因，他们认为这些特质都是和生育潜力有关的。年轻有吸引力的人往往要比年老缺乏吸引力的人更健康，因此无论是男人还是女人都希望另一半拥有这些特质。总体来看这是事实，但现存的证据表面即使是现在，这些特征也对男性更有价值。换句话说，女性的外表吸引力和年轻对于男性的偏好要比男性的外表吸引力和年轻对于女性的偏好更加重要（Scutt, Manning, Whitehouse, Leinster, & Massey, 1997）。但实际情况要比这个复杂得多，我们接下来就将探讨这个问题。

想象一下你理想的伴侣将会是什么样的。你会不考虑你的目标和社会环境而想要唯一的品质吗？可能不会的。例如，Eagly, Eastwick 和 Johannesen-Schmidt（2009）推测，如果人们计划在外面寻求事业，那么他们可能希望寻找一个可以照顾家里的人做伴侣。同样，如果人们想要成为一个家庭工作者，那么他们可能希望另一半会是一个补贴家用的人。换句话说，人们预期的社会角色将会在他们寻求另一半中扮演着重要的角色。Eagly 和他的同事认为，尽管性别差异可能仍然存在，社会角色仍然要比性别更加重要。

为了研究这个假设，他们让男女被试想象一下在他们结婚并且拥有孩子的未来，他们会成为主要的补贴家用的人或者是首要的照顾家庭的人。接着，被试需要表明他们不同的伴侣品质对他们的重要程度，从无关到不可或缺。有一些特质是和一个好的供给者相关（抱负心、勤勉），而另一些则是和一个好的家庭工作者相关（希望有一个孩子和家庭，好的厨师和家庭维护者）。

结果表明人们想要扮演的角色的确会影响他们希望另一半拥有的品质。无论是男人还是女人，当参与者想要成为一个供给者的时候，他们在未来伴侣的品质评分中给了家庭技能更高的分数，而当他们想要成为一个家庭工作者时，他们则在未来伴侣的品质评分中给了供给者技能更高的分数（见图7-18）。换句话说，他们寻找的是能够分担关键任务或责任的伴侣。而且，还是有一些性别差异存在的。无论他们被期待扮演怎样的角色，女性总是比男性会勾选更多的供给者技能。而且，女性希望伴侣比他们年长，而男性则倾向于选择更年轻的伴侣。

7.4.3 和家庭成员的关系：我们第一个，也是持续时间最长久的亲密关系

在20世纪五六十年代，电视节目会展示"完美"家庭，至少和那个时候的定义是一样的。这样的家庭有一个妈妈、一个爸爸和孩子们，所有人都互相喜欢，即使存在一些小矛盾仍然相处得很好。而且，其他的家庭成员，祖父母、叔叔、阿姨和表兄弟姐妹都互相分享家庭经验，并且无偿地为他们的亲朋好友提供支持和建议。

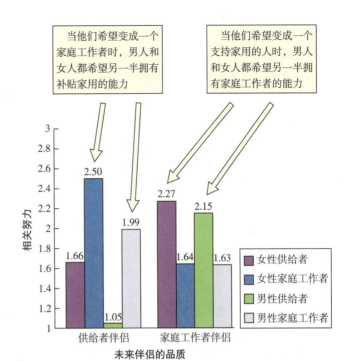

对于男人和女人都是，他们期待另一半拥有的特质里面会因为他们被期待扮演的角色的不同而不同，主要供给者还是主要家庭工作者。当参与者想要成为一个供给者时，他们在未来伴侣的品质评分中给了家庭技能更高的分数，而当他们想要成为一个家庭工作者时，他们则在未来伴侣的品质评分中给了供给者技能更高的分数。因此，预期的未来角色会强烈地影响我们对未来另一半的期待。

图7-18 未来的角色和对另一半的偏好

然而，就像电视节目"摩登家庭"（见图7-19）表现的那样，家庭结构已经发生了很大的改变。但是，有一个因素很明确：与家庭成员之间的关系仍然很重要。他们会随着我们的成熟而发生变化，但是他们一直都是我们社会存在的基础。

在20世纪五六十年代，很多著名的电视节目都会展示那些看起来完美的家庭：智慧、敏感的父母和可爱、尊重他人的孩子。而今的电视节目则倾向于反映更多的现实，就像你所知道的，真实的家庭不会完全是这些理想的画面。

图7-19 电视上扮演的家庭："理想" VS "现实生活"

1. 与父母的关系

父母与孩子间的互动是非常基础也非常重要的，因为这是人与他人接触的最初阶段。当我们来到这个世界准备与他人交往时（Dissanayake, 2000），因为人与人的不同和家庭与家庭的区别，每个人的交流特征会有所不同。这些细节似乎对我们日后的人际交往具有重要的暗示意义。

社会心理学家通过研究父母与孩子之间早期的关系，来探究儿童时期发生的事情是如何塑造我们一生的社会关系的。例如，Bowlby（1969, 1973）在关于母婴关系的研究上提出了这样一个概念——**依恋风格**（attachment style），即个体在人际关系中的安全感程度。他假设了婴儿在早期与成人的互动中有两种基本的态度。第一种是对于自己的态度，我们称之为自尊。这种行为以及看护者的情绪反应给婴儿提供了这样一种信息，即他或她是一个有价值的、重要的、被人喜爱的个体；或者是另一个极端，他或她是没有价值的、不重要的、不被人喜爱的。第二种婴儿获得的基本态度是从其他人身上来的，它包括了一般的期望和信念。这种态度被称为**人际信任**（interpersonal trust）。它建立在看护者的可信任程度、可依赖性以及是否可靠的基础上。研究发现在获得语言技巧以前我们就发展起来了这种基本的对自己和他人的态度。

在这两种基本态度的基础上，婴儿、儿童、青少年和成年人在与他人交往过程中大体可以被归为四类。以自尊为一个维度，人际间信任为另一个维度，那么人们可能会在两个维度上都得分比较高，或者都比较低，或者在其中一个维度上高，另一个低。这就会产生出四种依恋风格。这四种形成对比的依恋类型描述如下：

- 一个具有**安全型依恋风格**（secure attachment style）的人在自尊和信任上的得分都比较高。安全型的个体在生活中能很好地形成持久的、稳固的、令人满意的关系（Shaver & Brennan, 1992）。
- 在自尊和人际间的信赖上都比较低的人就属于**恐惧-回避型依恋风格**（fearful-avoidant attachment style）。恐惧-回避型的个体不会与他人建立亲密的关系，或是形成令人不愉悦的关系（Mikulincer, 1998; Tidwell, Reis, & Shaver, 1996）。
- 消极的自我形象同高人际信赖相结合时就会产生一种**焦虑型依恋风格**（preoccupied attachment style）。这些个体想要与人建立亲密关系（有时是极度地想），他们也乐意与人建立关系。虽然他们对人有依附感，最终却认为自己会被拒绝，因为他们认为自己没有价值（Lopez et al., 1997; Whiffen, Aube, Thompson, & Campbell, 2000）。
- 最后，那些带有**回避型依恋风格**（dismissing attachment style）的人具有很强的自尊心，但有很低的人际信赖感。这种结合会导致他们产生这样的信念，即相信一个人值得拥有良好的人际关系；却对他人怀有最坏的期望，所以他们害怕真诚的亲密。这些人通常认为他们不会真正需要或想要同他人建立亲密关系（Onishi, Gjerde, & Block, 2001）。

这些对比的依恋风格可以强烈地塑造个体与他人之间的关系。例如，安全型的人更有可能拥有积极的长期关系，而恐惧-回避型的人总是会避免这样的关系，或者有了也会失败，总之很糟糕。

尽管依恋类型是在生活的早期建立的，但并不是一成不变的。它们可以因为生活经历而发生改变。例如，拥有安全型依恋类型的人可能在经历了一段痛苦的关系破裂后会减少（至少会暂时减少）他的自尊感和安全感。然而，依恋类型一般来说是具有跨时程的稳定性的（Klohnen & Bera, 1998），也正是因为这样，它对于生活中很多的事件都有很大的影响。例如，非安全型的青少年在学校的表现往往比安全型的青少年要差，人际关系差因而总是会被看成"外来者"。这种人在关系中发生冲突时会感到更大的压力（Previti & Amato, 2003）。最糟糕的可能是那些拥有非安全依恋类型的人（特别是害怕-回避型）更可能会选择自杀（Orbach, 2007）。

2. 与其他家庭成员之间的关系

除了母亲和父亲（或其他最初的看护者），其他家庭成员也会和婴儿或年幼的儿童进行交流。例如，外祖父母、阿姨、叔叔对孩子的发展和之后的社会行为也有重要的影响（Lin & Harwook, 2003; Maio, Fincham, & Lycett, 2000）。因为这些人在人格特征上会不同，儿童就会受到这些不同的影响（Clark, Kochanska, & Ready, 2000）。比如，一个孤僻的不能信赖他人的母亲所带来的消极影响可以被一个直率的、可依赖的外祖父部分弥补。当年轻人正在发展他们对信任、情感、自我价值、竞争力和幽默等方面的态度时，每次交流都可能起到潜在的重要作用（O'Leary, 1995）。当一个年轻人和一个年长者玩游戏时，年轻人在其中学到的不仅是游戏规则本身，还包含了如何在社会中与人交流，如何遵循规则，如何表现得诚实或欺诈，如何处理不同意见等。所有这些都会影响儿童和成年人与同龄人的交流方式（Lindsey, Mize, & Pettit, 1997）。

3. 兄弟姐妹之间的关系

兄弟姐妹之间的关系有助于我们学习人际间的交往行为（Dunn, 1992）。研究发现在小学生中，那些没有兄弟姐妹的人相比于有兄弟姐妹的人会不那么受同学欢迎，容易具有攻击性或被具有攻击性的人欺负，这可能是因为与兄弟姐妹的交往给人提供了一种更有用的人际交往经验（Kitzmann, Cohen, & Lockwood, 2002）。

与兄弟姐妹间的关系，并不像与父母的关系，孩子之间的关系更多包含了喜欢、敌意以及竞争等（Boer, Westenberg, McHale, Updegraff, & Stocker, 1997）。我们很熟悉兄弟姐妹在争吵中这样的表达方式"妈妈总是最爱你"或"他们总是为你做的比为我做的要多"，然而很少有父母承认他们有偏袒。我们中的大多数（或者从对他人的观察得来）都经历过兄弟姐妹间竞争的这些事。总是会听到大人们抱怨兄弟姐妹之间竞争的事情。然而，根据Boer和他的助手（1997）的研究，多数兄弟姐妹可以很好地相处。这个结论肯定是存在特例的，但通常来说兄弟姐妹之间的竞争比他们分享的记忆以及他们之间的互相喜爱要小得多（见图 7-20）。

7.4.4 友谊：建立在家庭之外的关系

在童年早期，我们大多数人都和那些拥有共同兴趣的同伴建立了松散的关系。正如前面所述的，他们通常建立在时空接近性上。例如，我们可能在同一个学校的同一个教室，住在同一个社区或者是父母友谊的产物。这种关系通常会因为相互的兴趣和积极的体验而持续下来，这种关系有时候还会成为更加强烈的社会纽带。

1. 亲密友谊

很多童年时的友谊会容易消逝。然而有时，在童年早期发展起来的关系可能会逐渐演变成一种亲密友谊（close friendship）。这样的友谊可能会持续数十年甚至一生。这样的友谊有几种独有的特征。比如，当和很多人在一起交流时，许多人倾向于表现出抬高自我的行为（比如吹牛），但当他们和自己的朋友交流时就会表现得谦虚（Tice et al., 1995）。朋友之间很少互相撒谎，除非这种谎言是用来增强相互的友谊的（DePaulo & Kashy, 1998）。朋友之间会喊对方"我们"而不是"她和我"或者"他和我"（Fitzsimmons & Kay, 2004）。

这种关系一旦建立起来，它就会使两个人投

在很多家庭中，兄弟姐妹之间都是相处得很好的（就像这里展示的那样）。但在有些时候，竞争却是很强烈的。例如，Olivia de Havilland 和她的姐姐 Joan Fontaine 在过去是两个非常有名的女演员，但她们之间的竞争很激烈，甚至为了同一个奥斯卡奖而互相竞争。

图 7-20　兄弟姐妹之间的竞争

入更多的时间在一起。在各种情况下互相交流、自我吐露以及互相提供情感上的支持（Laurenceau, Barrett, & Pietromonaco, 1998; Matsushima & Shiomi, 2002）。一个密友可以因为他或她的慷慨、敏感和诚实而受到重视。这样的人可以让你放松，并且让你做回自己（Urbanski, 1992）。但友谊中也存在文化上的差异，例如日本大学生认为最好的朋友应该是能够相互让步、为人随和、不吹嘘、体贴，也不轻易发怒的人（Maeda & Ritchie, 2003）。美国学生对朋友的描述也比较类似，但他们也会珍视那些表达自然并且活跃的朋友。

2. 性别和友谊

男性和女性在与朋友之间的关系上是否存在差异呢？答案是存在的，尽管这种差异很小。女性更喜欢强调亲密，希望与他们的朋友分享和讨论情感以及经历，而且希望能够从他们那里得到支持。相反，男性则倾向于建立在活动之上的友谊，如运动、一起完成一个项目、分享爱好（Fredrickson, 1995）。例如，如果一个男性在打棒球的时候摔倒了，并且伤到了他的膝盖，他的男性朋友可能会大喊"快从地上爬起来，你让比赛都停了"。相反，他的女性朋友很可能会跑过来看看他是否需要帮助。

3. 相似性是友谊的基础吗

在之前，我们说明了相似性在人际吸引中扮演着重要的角色。人们越是相似他们就越会互相喜欢，无论在什么方面（态度、人格、兴趣和价值观）都成立。那么它也会是友谊的基础吗？为了寻找答案，Selfhout, Denissen, Branje 和 Meeus（2009）调查了相互熟识并且建立了友谊的一群人。这些参与者都是一所欧洲大学的大一学生。在取向环节中，他们需要完成一项有关人格方面的问卷（"大五"量表：外倾性, 宜人性, 开放性, 尽职性和情绪稳定性）。在这些定义中，他们需要为自己和他们最近见到的学生打分。然后，他们需要在接下来的几个月时间内，每个月回答一份相似的问卷。这为参与者之间实际的相似性和预期相似性（他们认为他们有多么相似）都提供了信息。而且，他们还需要为自己的同伴打分。最后，参与者还需要为他们正在发展的友谊提供信息，即他们与该研究中其他被试之间的关系。

关键的问题是，实际相似性和预期相似性哪个会更好地预测友谊的建立呢？尽管之前有很多的研究表明实际相似性是很重要的因素，但其他的研究则表示要确定实际相似性需要的时间太长，而且通常是不准确的。而预期相似性可以立刻得到，并且在一段关系的开始上有重要的影响。结果为可变的预测提供了支持。实际上，实际相似性没有预测出谁可以成为朋友，相反，预期相似性却能够很好地预测。在友谊的建立方面，对于刚刚熟识的人来说，知觉要比实际情况更加重要。

要点 Key Points

- 从一个普遍的观点来看，**爱**是情感、认知和行为的结合，在亲密关系中扮演着重要的角色。尽管爱很难定义，但大多数人都同意，它不仅仅是性吸引。
- 我们的祖先繁衍成功得益于这些因素，它们包括了男女之间的性吸引和配偶之间以及父母与子女之间的联结。
- 斯滕伯格的**爱情三元论**包含三种形式的爱：**激情**（外表吸引和性兴奋）、**亲密**（情感上的接近）和**承诺**（认知上对爱的决定以及对一段关系的承诺）。当这三角形的三个角都很强并且相互平衡的时候，就会得到**完满的爱**。
- **激情之爱**，是一种对另一个人突然的，无法抗拒的情绪反应，同样也是一种爱的类型。**同伴的爱**则表示一种非常近的关系，它包含关心，互相的喜欢和尊重。**无私的爱**是一个人所感觉到的另一个人对他不求回报的爱。
- 嫉妒是一种很强烈的情感，研究表明它往往会因为自尊受到威胁而产生，而威胁往往在我们害怕我们爱的人会抛弃自己而寻求对方时增加。一个强烈产生嫉妒的因素是对另一方的背弃，无论是想象的还是真实的。秘密

- 关系可能很诱人，但是它的代价也是很高的。
- 我们想要另一半拥有的特征，受性别偏好及我们对于自己和对方预期扮演的角色的影响。
- 人们之间的关系最初是在家庭内部建立起来的，我们通过和照顾者之间的互动形成一种**依恋风格**（它是在这种关系背景之下体验到的安全程度）。依恋类型的两个主要构成因素是**自尊和人际信任**。
- 在家庭中建立起来的依恋关系会影响其他关系的本质，例如浪漫关系和友谊。依恋类型在生活中扮演着很重要的角色。四种主要的依恋类型是**安全型**（在自尊和人际信任上得分都很高），**恐惧-回避型**（在自尊和人际信任上得分都很低），**焦虑型**（低自尊和高的人际信任），和**回避型**（高自尊和低的人际信任）
- 除了我们的父母，与我们的兄弟姐妹以及其他的亲戚（祖父母，叔叔阿姨，表兄弟姐妹）之间的关系，对于信任、喜爱、自我价值、竞争和幽默感等态度的发展也很重要。
- 家庭之外的友谊通常在儿童时期或青少年个体时期就开始了，它最初是建立在空间上的接近和父母之间的友谊上的。随着个体不断成熟，这种吸引可以通过一些方式形成亲密友谊。这些方式包括更长时间的相处、在许多不同情境中的互动、提供相互支持以及进行自我表露，等等。
- 一些与性别相关的差异在友谊的建构中也会存在。女性更强调亲密（分享情感和经历），而男性则倾向于在活动中建立友谊（运动或者在同一个项目中工作）。
- 尽管实际相似性在人际吸引中很重要，但是研究发现，预期相似性在人们关系建立早期的时候扮演着比实际相似性更重要的角色。

总结和回顾

人与人之间的吸引力会涉及我们对他人的评价，即我们对他们形成的积极和消极的态度。**归属需求**（need for affiliation）和人们想与他人进行交往的动机是与生俱来的。这种需求的强度会随着个体和情景的不同而产生差异，但即使那些声称没有这种需求的人也被证明是具有这种需求的。积极和消极的情感状态会直接和间接影响人们之间的吸引。直接的影响在另一个人唤醒他人积极情绪的时候产生，而间接的影响则是发生在当来自其他事情的情绪产生时另一个人恰好出现。情绪间接的影响被广告商和政客应用，将相关联的产品与可以影响我们购买和选举决策的积极感觉联系起来。

两个人之间的最初接触通常是建立在**接近**（proximity）基础上的，也就是，他们缩短彼此之间的物理距离。接近性也会带来**重复曝光**（repeated exposure effect），同时常常会带来熟悉感并且增加吸引力。社交网络让人们能够不需要物理上的接近就可以相互交流并且建立最初的喜欢或讨厌的感觉。但是使用社交媒体既有积极的影响，同时也有消极的影响。

对他人的吸引力通常会受到他们外显特征，特别是**外表吸引力**（physical attractiveness）的强烈影响。研究也支持"爱是盲目的"的观点，即浪漫关系中的伴侣会倾向于把对方看得比别人更具有吸引力。除了外表吸引力，其他影响人际评估的可观察因素还包括形体、体重甚至是红色。因为我们总是认为"美的就是好的"，我们可能会把自己认为具有吸引力的人看作具有积极人际特质的人。

另一个决定他人对我们的吸引力的因素就是对方的想法和感觉与我们的相似度（**态度相似性**，attitude similarity），包括我们的信仰、价值观、兴趣，甚至是那些微小到拥有同样的名字首字母。**相似性-相异性效应**（similarity–dissimilarity effect）就是说人们会对与自己具有相似性特征的人表现出积极的态度，而对相异的人表现消极的态度，这对于吸引力的预测具有稳定的效果。而且，**相似比例**（proportion of similarity）越大，吸引力就越强。还有证据支持**配对假说**（matching hypothesis），即尽管我们可能会更加喜欢那些更具有吸引力的人，但我们还是倾向于选择与我们的外表吸引力相似的人作为伴侣。

一些理论的观点，例如**平衡理论**（balance theory）和**社会比较理论**（social comparison theory）为相似性对吸引力的强烈影响提供了解释。其他影响我们喜欢或讨厌他人的程度包括**社交技能**（social skills），他们有多喜欢我们以及某些性格特征，例如**自恋**（narcissism）。在"大五"人格的观点中，在宜人性和外倾性得分高的人会被人认为更具有人际吸引力。然而，我们期待他人拥有的品质会随着关系的种类，关系所处的阶段以及性别而发生变化。

爱（love）是情感、认知和行为的结合，在亲密关系中扮演着重要的角色。我们的祖先繁衍成功因这些因素得以增强，它们包括了男女之间的性吸引和配偶之间以及父母与子女之间的联结。斯腾伯格的**爱情三元论**（triangular model of love）包含三种形式的爱：**激情**（passion）、**亲密**（intimacy）和**承诺**（decision/commitment）。当这个三角形的三个角都很强并且相互平衡的时候，就会得到**完满的爱**（consummate love）。另一种爱的形式是**同伴的爱**（companionate love），它是建立在友谊、互相吸引、共享的兴趣、尊敬和关心对方幸福的基础上的。

在浪漫吸引中，人们可能还会体验到一种对另一个人的情感回应，那就是**激情之爱**（passionate love）。然而，如果这个爱是不实际的就可能会转变成**无私的爱**（unrequited love）。即一个人所感觉到的另一个人对他不求回报的爱。我们想要另一半拥有的特征受性别偏好及我们对于自己和对方预期扮演的角色的影响。破坏浪漫关系的两个因素是嫉妒和背弃。嫉妒是一种很强烈的情感，它往往会在自尊受到威胁时产生，而威胁往往在我们害怕我们爱的人会抛弃自己而寻求对手时增加。研究表明权力很大的人，例如政治家或者高管更有可能出现不忠的行为。

人们之间的关系最初是在家庭内部建立起来的，即以自尊和**人际信任**（interpersonal trust）为基础的**依恋风格**。这些**依恋风格**（attachment style；**安全型**，secure；**恐惧–回避型**，fearful-avoidant；**焦虑型**，preoccupied；**回避型**，dismissing）会影响人与人之间的关系，并且在生活中有重要的作用。除了我们的父母，与我们的兄弟姐妹以及其他的亲戚（祖父母、叔叔阿姨、表兄弟姐妹）之间的关系对于与信任、喜爱、自我价值、竞争和幽默感等态度的发展也很重要。

家庭之外的友谊通常是在儿童时期或青少年时期就开始了，它最初建立在空间的接近上和父母之间的友谊上。一些与性别相关的差异在友谊的建构中也会存在。相似性也扮演着重要的角色，研究发现，预期相似性在人们关系建立的早期扮演着比实际相似性更重要的角色。随着时间的推移，建立一个包含在不同情境下的交流，互相提供社会支持以及积极自我表露的**亲密友谊**（close friendships）是非常有可能的。

第 8 章

社会影响：改变他人的行为

章节概览

- 从众：群体和规则对行为的影响
- 研究告诉我们：我们有多么从众

    社会压力——不可抗拒的力量

    社会规则的产生

    影响从众的因素

    从众的社会根源：为什么我们经常选择"附和"

    从众的消极作用

    对从众的反抗：为什么我们有时候选择"不附和"

    少数派的影响：多数派是不是总是占上风

- 依从：有求必应

    依从的基本原则

    基于友谊和喜爱的技巧

    基于承诺或者一致性的技巧

    基于互惠的技巧

    基于稀缺的技巧

- 研究告诉我们：运用稀缺性获得依从

    依从技巧真的有用吗

- 对权威的服从：如果命令你去伤害一个无辜的陌生人，你会这么做吗

    实验室里的服从

    破坏性服从：为何发生

    破坏性服从：拒绝它的影响

- 无意识社会影响：他人如何改变我们的行为，即使他们并非有意

    情绪感染

    象征性社会影响

    模范作用：从观察中学习

说实话：你是否曾经在开车时发短信呢？数据显示大多数人（特别是年轻司机）做过这事儿。当你一边开车一边发短信时，你是否认为这是安全的，或者说你可以同时处理这两件事而没有任何风险。如果你真的认为在开车时发信息是安全的，那么请你慎重了：因为有证据显示这并不安全。例如，在美国接近25%的交通意外是由于开车时发短信（或其他分心行为）导致的，有超过30万人因此受伤，而且大部分伤势严重。要知道开车时发短信所导致的交通意外是醉酒驾驶的6倍。当我们意识到这个问题的严重性时，许多公共服务组织便开展活动来增强人们对开车发短信这一行为危险性的意识，有些活动成绩斐然：不仅增强了人们对该问题的意识，而且支持州政府颁布条文禁止开车发短信。因此在那些州开车发短信所导致的交通意外数量急剧减少。通过广告来强调开车发短信是危险的，这种方式不仅有创意还很有说服力，如图8-1。

最近这些年，很多活动增强了人们（特别是年轻人）对开车发短信的危险性的意识。这幅图就是一个很好的说明。

图8-1 开车时发短信——如果你想要这么年轻就去世

接下来，有一个不一样的故事。2008年，伯尼·麦道夫，一个可能是现阶段最大的骗子被联邦局拘捕。你有可能听说过他，因为他欺骗了成千上万的人，甚至包括很多大型慈善机构，涉及金额超过650亿。他所设下的骗局是引诱投资者将资金投入到某家公司以获得高利息。例如，相比政府每年2%的收益率，他们承诺给投资者每年15%的利息。接下来，在第一年这些投资者的确会收到这些利润，但这并不是这个人经营这个投资项目所获得的收益，而是将后面新来的投资者的钱回馈给较早的投资者。简而言之，最初参与的投资者会有收益，但是之后的投资者，特别是临近骗局结束的投资者，当骗局被揭穿的时候，他们会失去一切。不过，你可能会好奇，伯尼·麦道夫如何获得成千上万人的信任，让他们去投资他的假公司，特别是其中一部分人对金融领域相当有经验。答案很复杂，但事实上他运用了让人们对投资感到了绝望的方法。例如，他让每一个投资者认为他只是帮大家一个忙，即使拿走他们的钱，并且他强调他不会再收取更多的钱。同时，他靠着那些已获取较大收益的投资者告诉他们的家人和朋友有这个机会，这便让想要分一杯羹的人越来越多。最后的结果和所有的庞氏骗局一样：最终，没有从新的投资者中集到足够的钱分给之前的投资者，所有的利益结构链都崩塌了。伯尼·麦道夫被定多项罪行并判入狱多年，但是他并不后悔自己所做的事情，反而抱怨那些投资者太愚蠢而掉入他的骗局之中。

为什么我们一开始要讲述两个毫无关联的故事？很简单，想让你关注具有重要作用的**社会影响**（social influence）——受到一个或多个个体的影响，使其他人在态度、信念、观点和行为上发生了改变（Cialdini, 2000, 2006）。在本章中，我们将会发现社会影响有非常大的作用，它往往可以成功地直接改变人的某个行为。我们前面讨论的例子也让我们注意到另一个重要的点：社会影响本身并没有好坏之分，但是它可以让一个人只为自己自私的目标而操纵他人（就像伯尼·麦道夫），或者产生积极的效果，就像那些宣传不要开车发短信的活动一样。无论社会影响的目标是什么，它的途径总是有很多种，从获取目标人群信任并让他们做你认为对的事情，到劝服他人答应自己的个人要求。不论定什么目标还是用什么方法，社会影响总是涉及一个或多个个体的影响，使其他人发生一些改变。如何通过劝说改变他人的态度在第5章中已经详细讲述过了，所以本章我们将会关注的是改变他人行为的社会影响。

接下来我们会全面并具体地了解社会心理学家提出的三种主要的社会影响。首先是**从众**

(conformity)现象,即个体通过改变自己的态度或行为以遵守现存的社会规范,这些行为准则可以很正式,像限速、游戏规则,也可以非正式,如"不要在电梯里盯着别人"的**规范**(norms)。

其次是**依从**(compliance)现象——尝试通过直接的要求来改变他人的行为。有很多让目标人群说"是"的方法,我们研究了其中的一些(Cialdini, 2006; Sparrowe, & Kraimer, 2006)。最后一种社会影响的形式是**服从**(obedience),即个体要求他人按自己的要求做事。

我们考察社会影响中最有趣的一种形式,这种形式发生在其他人不在场,或者并不直接影响我们行为的情况下(e.g., Fitzsimons & Bargh, 2003)。我们把这些影响定义为**无意识的社会影响**(unintentional social influence),还会描述几种其他不同形式的社会影响。

8.1 从众:群体和规则对行为的影响

- 在考试中,一位同学的手机响了,他会怎么做?
- 在你驾车途中,你看见一辆救护车在你后方并往你的方向驶来,你会怎么做?
- 超市里,一个新的结账台开放了,在旁边等着结账的一排人中,谁会第一个去新的结账台?

在上述的这些情景中,人们也许会采取不同的行为方式,但你还是有可能预测到他们会怎么做。手机响的同学可能会马上关掉手机。当你看见救护车驶来,你会往右靠边甚至停下来直到它完全通过。结账台的问题更棘手一点,按理来说,排在队伍前面的人应该成为新结账台的第一个,但是实际情况并不如此,排在队伍后面的人往往成了新队伍中的第一个。在规范越明确的情景下,人们越会表现出更多的从众行为,也更清楚哪些行为是"合适"的。

在很多情况中我们都能很自信地预测出别人(包括我们自己)的行为,这一事实表明:从众有着强大且普遍的影响力,因为我们倾向于按别人的期望行事。从众,换句话说,是情景中的压力使得我们的行为符合规范,这些规范指导我们该做什么,不该做什么。这些规范也就是我们常说的**社会规范**(social norms),它们对我们的行为产生了重要的影响。你对于结账台情境下的行为预测不那么确定是因为在那种情境下的社会规则并不明确,即人们并不确定是位于队伍前面的人,还是排在后面的人应该第一个去新的结账台。

在某些情况下,社会规范被表述得十分明确和具体。例如:政府通过制定宪法和法律实现其职能,棒球和其他体育比赛有具体的规则,公共场所的指示牌(高速路边、公园里、飞机场里)也在一定程度上规范着人们的行为(限速60;禁止停车;禁止踩踏草地)。在另一些情况下,社会规范是内隐的,以一种非正式化的形式存在。例如,我们都认同这样的观点,"不要在公众场合大声打电话以免打扰他人"和"工作面试的时候,好好表现"。不管这些社会规范是外显的还是内隐的,正式的或是非正式的,可以肯定的一点是:大多数时候,人们都会遵从社会规范。例如,不论一个人的政治信仰是什么,当他们国家的国歌在运动场或其他公共聚会上奏响的时候,他们都会起身站立。同样,在(某些国家)餐厅用餐后,人们都会在离开时留下小费。事实上,这种社会规范是如此强而有力,因此不管人们受到怎样的服务,他们都会留下15美分的小费(Azar, 2007)。

乍一看,这种从众行为的倾向,告诉我们在不同场合如何表现来迎合社会或其他群体的期望,是令人不快的。毕竟,它限制了个人的自由。但事实上,从众行为有着坚实的基础:没有了从众行为,我们很快就会发现自己会面临社会混乱。试想一下,如果人们都不遵从"排队等候"的规则,那么在电影院外、运动场或者超市结算台会发生怎样的情景?在一些国家,这条规则并不存在,取而代之的是"排到队伍前面",这让那些习惯于排队的人们愤愤不平。如果大家都不遵守交通规则,对于行人和驾驶员来说,这会带来多大的危险?在一些国家,规则缺乏或者被普遍忽视。可以说,一旦人们的行为不受规则束缚,他们的行为将会变得不可预测,甚至会很危险(见图8-2)。

图 8-2 从众：为什么它通常是有益的

当那些指导人们如何行动的规范不存在或被人们忽视的时候，混乱就会产生。交通规则被轻视的国家为我们提供了一个清晰的例证，这表明了为什么有时候从众是十分有帮助的。

另一个人们确定的原因，很简单，就是去假定别人看上去是好人，推测他是一个好公民，并且不论在什么时候什么场景都会尊重这些规则。不过，说实话：你有多确信？你有经常按你觉得应该做的那么做吗？或者说你曾经无视过这些规则而按自己的意愿做吗？不论你的回答是什么，请你阅读接下来的内容，了解社会心理学家所发现的这类问题。

虽然从众行为在许多社会环境中都存在，但是直到 20 世纪 50 年代，从众行为作为一种社会过程才开始受到人们的关注。那个时候，阿希（Asch, 1951）在他关于印象形成的研究中，做了一系列关于从众的研究，发现了很多戏剧性的结果。

8.1.1 社会压力——不可抗拒的力量

假设在一场重要的数学考试前，你发现之前一次数学作业的答案和你一个朋友的答案不一样，而这个题目将会出现在接下来的数学考试中。你会怎么办？也许你并不怎么担心。那再试想一下如果你知道第二个朋友的答案也与你不同，而且更糟的是，他的答案和第一个朋友一致，你现在会有什么感受？你的焦虑程度大大地提高了。接着你发现第三个人的答案也和前两人的一致，这时你发现你有大

麻烦了。你会接受哪个答案？自己的，还是其他三人的？

我们的生活总是充满着这样的两难困境，当我们发现自己的决定、行为、结论与其他人不同的时候，我们会怎么做？阿希（1951; 1955）的研究为我们理解自己的行为提供了重要参照。

阿希为被试创造了一个具有强制性的情景，被试的任务是回答一系列知觉性问题，如图 8-3 所示。被试需要回答三条线段中，哪一条和标准线段一样长。还有另外一些人（通常有 6～8 个）也参与到实验中，但真正的被试并不知道这些人其实是实验者的助手。这些情景被称为批判性实验（18 个问题中选取 12 个）参与者（实验助手）给予明显的错误答案：他们一致地选择和明显错误的线段。此外，他们都是在真正的被试回答之前就给出了答案。因此，在这些批判性实验中，阿希的被试面临着一个典型的两难情景，他们是该跟随其他人的观点还是坚持自己的观点？这个判断看上去很简单，但是其他人的观点确实和自己完全不同，这会让被试感到困惑。实验结果发现：阿希的大多数被试都选择了从众。根据一系列不同的研究发现，被试中 76% 的人至少有一次选择了服从群体的错误答案。总的来说，实验组 37% 的被试都同意了错误的答案。相反，控制组的被试在面对同样问题时，只有 5% 的被试选择了错误答案。

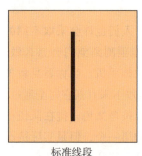

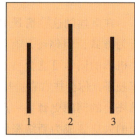

标准线段　　　　　　　比较线段

图 8-3 阿希的线段判断实验

阿希实验中的被试要回答一个判断问题，例如：他们需要判断比较线段（1、2 或者 3）中的哪一条和标准线段的长度是一样的。为了研究从众行为，要求被试在听完其他人的答案之后，大声地报告出自己的判断。而其他被试都是阿希的助手。在某些情况下，这些助手都给出了错误答案。这会让被试感受到来自从众行为的强大压力。

当然，从众行为存在着很大的个体差异。有

25%的被试从来都不会屈从于群体压力（我们之后就会讨论这类人）。另一方面，一些被试则一直顺从于大多数人的意见，甚至当阿希问他们的时候，一些被试会回答说，"我是错误的，他们是对的"，他们对自己的判断很没有信心。而另外一些被试会认为是其他人产生了错觉，或者是因为他们仅仅屈从了第一个人的回答，然而当轮到被试自己回答时，他们仍然服从了大多数人的答案。他们知道其他人的答案是错误的（或者至少是可能错误的），但是他们仍然不会在公众场合反对其他人。

在进一步的研究中，阿希（1956）让其中一个同伴（助手）不支持其他人的选择，通过这种破坏群体一致性的方式来研究这一行为对于从众的影响。在一个实验中，这个同伴给出正确的答案，成为真正被试的支持者；在另一个实验中，这个同伴选择了既不同于其他人，也不同于真正被试的答案；在第三个实验中，这个同伴选择了比大多数人更离谱的答案。也就是说，在后面的两个实验中，这个同伴既不同意大多数人的答案，也不同意真正被试的答案。最后的结果表明：从众行为在三种实验条件下都减少了。让人惊讶的是，当持异议者选择了比大多数人都更离谱的答案时，个体的从众行为减少得更多。总体来说，这些研究说明了群体一致性是从众行为产生的关键，一旦它被破坏了，不管破坏的程度如何，抵制群体压力会变得更容易。

关于阿希的研究，还有一个方面值得注意。在他后来的研究中，他重复了实验的基本过程，但是做了一个重要的改变：即不要求被试大声地说出自己的答案，而是把自己的答案写在一张纸上（请参阅专题"研究告诉我们：我们有多么从众"）。正如你预想的，从众行为明显减少了，因为被试不用展现出他们与其他人不同。这个结果区别了公开从众（按我们周围人说的或者做的那样去说、去做）和私下接纳（有同别人一样的感觉和想法）的差异。由此看来，我们服从社会规则并不是意味着我们改变了自己观点（Maas & Clark, 1984）。公开从众和私下接纳的区别是很重要的，在本书中，我们将从这些方面进行探讨。

研究告诉我们　　我们有多么从众

对于我们大部分人来说，从众具有消极的印象：其他人可能会从众，但是我们不认为自己会这么做。我们是独立的灵魂，只要我们想我们就可以忽视规范。那这个真的对吗？尽管美国人的价值观中具有强烈的独立感（Markus & Kitayama, 1991），社会心理学家收集的证据显示，我们认为的自己往往比真实中的自己更独立。

事实上，从众是社会生活中的一部分。我们试图和自己的朋友穿同一风格的衣服，听同一类型的音乐，看一样的电影、图书，甚至浏览一样的网页。这是为什么呢？因为我们在与他人相似的时候会比与他人不一致的时候感到更适宜。所以，即使背离我们的信念，我们仍然会比我们想象的同意得更多。换一句话说，我们认为自己比其他人突出，这可能是自我提升的错觉。大量经典实验为该结论提供了有利的证据，我们将会回顾其中的一部分。在这些研究中，人们在其他人的行为影响下（和隐形规范的形成）往往遵守这一原则，即使他们不想这么做。

Pronin, Berger, 和Molouki（2007）的实验证据表明，人们认为自己承受的从众压力小于其他人。他们认为人们会低估社会影响对自己行为的改变，因为当他们尝试去理解这些行为时，他们更愿意关注内部想法而不是外在行为。正如第3章所说的旁观者差异，我们往往更了解自己的想法和感受，所以当我们估计从众压力对自己和他人的影响时，我们会得出这更容易影响别人的行为的结论。因此，我们"知道"我们选择穿这些流行的服饰是因为喜欢它们而不是别人都这样穿。然而，当我们对他人做同样的判断时，我们断定他们只是盲目追随时尚而不是自己真正喜欢。普罗宁和他的同事把这一现象称作**内省错觉**，从众往往无意识地出现，我们的内省机制难以察觉。

为了验证这一结论，他们做了很多研究。其中一个是让被试阅读一系列学习生活的建议，并且了解哪些是之前学生们支持的和哪些是不支持的。然后，让被试对每一个建议进行选择，是支持还是不支持。这样便提供了一种他们对前面人选择的从众性的测量方式。被试还需要给出他们对这些建议的支持程度，对自己行为的影响程度和对其他学生（之前告知答案的那些学生）的影响程度。陌生人对前面人选择的同意数量和学生给出的一致，所以他们表现出相同程度的从众。但是当他们给出自己和他人从众程度的时候，结果很显然：被试认为别人受到的影响大于自己（见图 8-4）。总之，他们认为自己比别人更容易受到每条建议内容的影响而不是那些学生的选择。

简而言之，我们在很多情景下表现出从众并且是因为好的原因，但是我们往往会低估别人行为对自己的影响。我们必须说明这是对的，特别是在个人主义文化中，如美国，在这样的文化里，人们倾向与认为自己是一生中最特别的人。但是在集体主义社会中，如日本，从众没有什么消极的影响，因此人们会更愿意承认他们从众，因为他们认为这是正确的事情。

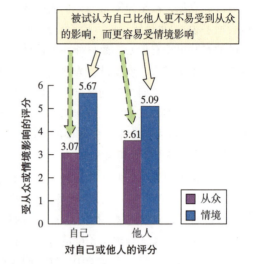

被试报告自己比另一个人（陌生人）更不易受到他人判断的影响。事实上，他们和陌生人的从众程度是一致的，他们对那些被设计成从众的不同问题的评分是一样的。而且，尽管这些客观事实的存在，他们仍然认为其他人表现出了更多的从众行为。

图 8-4　我们认为别人更容易受从众影响的错觉

8.1.2　社会规则的产生

另一位社会心理学的奠基人谢里夫（Muzafer Sherif, 1937）也为我们提供了社会影响中关于私下接纳的明确例证。在谢里夫感兴趣的问题中，有两个问题是最重要的：1）在社会群体中，规则是怎样形成的？2）一旦这些规则形成了，它们会对行为产生多大的影响？为了弄清楚这些问题，他利用了一个有趣的现象．在完全黑暗的房间里呈现一个单一的、静止的光点，而大多数人都会感知到光点在移动。这是因为在黑暗的房间里，没有提供关于物体距离和位置的线索。这种被感知的移动就是似动现象（autokinetic phenomenon）。

谢里夫（1937）意识到他可以利用这个现象来研究社会规则的形成。因为不同的个体，感知到光点移动的距离是不同的。因此当把被试聚在一起，让他们报告关于光点的移动时，他们之间会相互影响，最后达成一个统一的共识，这个共识在一定意义上，就构成了社会规则。当同样的被试接下来被单独安排到一个房间时，他们报告的光点移动距离仍然与群体所定的规则的结果一致。由此我们可以清楚地看到，社会影响在持续发生作用。这个结果反映出实验中被试真的接受了群体规则，这是一种私下接纳或者信奉的行为，毕竟当他们不再处于群体中时，他们仍然顺从了这个群体规则。

谢里夫的研究同样解释了社会规则在很多情景下产生的原因，特别是在模棱两可的情景中。原因之一是我们强烈希望能做正确的事，即以适当的方式行事，而社会规则能帮助我们达到这个目标。正如我们强调的，这是社会影响的关键。另一个原因是我们希望被别人接受和喜欢。这两个因素联合起来保证了社会影响能产生强大的作用力，并使它对我们的行为产生重要的影响。

谢里夫的研究对社会心理学的大量研究起到了促进作用，因为许多研究者都在试图研究从众行为的本质特点来确定它的影响因素和它的局限性（e.g., Crutchfield, 1995; Deutsch & Gerard, 1955）。这些研究至今仍在继续，并且它也在不断帮助我们理解是哪些因素影响了社会规范这一重要概念（e.g., Baron, Vandello, & Brunsman, 1996; Bond & Smith, 1996; Lonnqvist, Leikas, Paunonen, et al., 2006）。

8.1.3 影响从众的因素

阿希的研究证明了从众是压力所致，但并不是在所有情境中，从众的程度都一样。这是为什么呢？换句话说，到底是什么因素决定了个体屈服群体或者抗拒群体的程度呢？研究发现许多因素都对从众行为产生了作用，这里我们将讨论其中一些更为重要的因素。

1. 群体凝聚力和从众：被我们所喜欢的人影响

特定情况中不管我们附和的是什么规则，我们都有着从众的倾向。而影响我们从众倾向的很重要的一个因素就是：**凝聚力**（cohesiveness），即我们被一个群体吸引，并想成为这个群体一员的程度（e.g., Turner, 1991）。一个群体越具有凝聚力，我们就越容易服从这个群体的规则。这一点并不奇怪，我们越想成为一个群体中的一员，越想被其他成员所接受，我们就越会避免导致我们之间差异的一些事情。所以，有名的兄弟会和姐妹会往往会在那些急切想成为高级俱乐部的成员中选取从众水平高的。同样，表现出和其他成员一致的行为是让他们接受我们的一个好方法。因此，简而言之，我们越喜欢其他人，越想成为他们群体的一员，我们就越倾向于从众（Crandall, 1988; Latané & L'Herrou, 1996; Noel et al., 1995）。换句话说，凝聚力和想要被别人接受的愿望是强化我们选择从众的因素（见图8-5）。

2. 群体的规模和从众：为什么人数越多，社会压力越大

另一个影响从众行为的因素是群体的规模。阿希（1956）和其他早期的研究者（e.g., Gerard, Wilhelmy, & Conolley, 1968）发现从众率会随着群体人数的增加而上升，但是这种趋势的上限是3个或4个人，一旦人数超出了3个或4个，从众率就会保持不变甚至下降。相反，近来的研究发现当群体人数在8个或者更多的时候，从众行为会随着群体人数的增多而增加（e.g., Bond & Smith, 1996）。也就是说，群体规模越大，即行为方式相同的人越多，我们就会越倾向于从众，即表现出与其他人一致的行为。

3. 群体的地位和从众

在很多情景下，群体成员会因地位不同，而产生不同程度的从众，造成这些差异的重要原因之一是资历：资历深的人感到的从众压力较少。群体

我们越被一个我们加入的或想要加入的团体吸引，我们越愿意服从该团体的规范，特别是当我们不确定自己是否会被这个团体接纳时。因此，那些想要加入兄弟会和姐妹会的人更倾向于表现出高水平的从众。

图8-5　凝聚力：从众压力的放大

中资历浅的成员，相反，更容易感到压力而选择附和，毕竟他们的地位无法保证，而提升他们地位的方法之一便是服从那些建立规范和条例的人。研究者已经找到该影响的证据（e.g., Jetten, Hornsey, & Adarves-Yorno, 2006），他们发现，大四学生在从众测量中认为自己从众水平比大二、大三学生更低（如我更容易被其他学生影响）。而且，大四学生（高地位的人）认为别人比自己更容易顺从。同样，他们在社会心理学教授身上也发现相似的结果：那些年轻一点的教授（做教授只做了几年）表示他们比年长一点的教授更可能从众。这些研究虽然显示在很多情景下，压力导致从众，但是高地位的人会被排除在外，其他人必须从众，而他们不需要。

4. 描述性和强制性社会规范：规范是怎样影响行为的

社会规范，正如我们已经看到的，本质上可以分为正式和非正式两种，就如那些印刷在大型标志上的规则和一些例如"不要把购物车放在超市外停车场内"的标语。但这些差异不是区别规范的唯一方式，另外一种重要分类是**描述性规范**（descriptive norms）和**强制性规范**（injunctive norms；e.g., Cialdini, Kallgren, & Reno, 1991; Reno, Cialdini, & Kallgren, 1993）。描述性规范是指对一个特定情境下大多数人的行为方式的简单描述。它通过在特定情况下为我们提供有效行为或者恰当行为的信息来影响我们的行为。相反，强制性规范强调什么是应该做的，即在特定情况下，什么行为是被允许的，什么行为是不被允许的。例如，考试禁止作弊就是一个强制性规范，因为作弊行为在伦理上是不被允许的。事实上还是有一些学生违反了这个规则，但这并不意味着就改变了他们应该遵守这个规则的道德要求。

这两种社会规范对我们的行为都产生了重要影响（e.g., Brown, 1998）。那么，准确地说，这些规范什么时候更有可能被遵守呢？**规范性焦点理论**（normative focus theory）给我们提供了一种解释（e.g., Cialdini, Reno, & Kallgren, 1990），这个理论认为：只有当规范对涉及某种行为的个体比较重要时，这种规范才会影响人们的行为。换句话说，只有当人

们考虑到这些规范，并且认为这些规范与自身的行为相关时，他们才会去遵守这些强制性规范。这种观点已经得到了很多研究的证实（e.g., Reno, Cialdini, & Kallgren 1993; Kallgren, Reno, & Cialdini, 2000）。一个普遍的原则就是，规范之所以能影响我们行为，主要是因为我们重视这些规范并且认为它们与我们的行为是相关的。这也是人们有时会忽略那些清晰严重的强制性规范的原因之一。一个忽略强制性规范的例子就是拥有昂贵车辆的人停车时占据两个车位。很明显，他们违反了一辆车一个车位的强制性规范（见图 8-6）。

拥有昂贵车辆的人往往为了保护他们的车而以同时占据两个车位的方式停靠。这明显地违反了车辆需要停在两条车位线之间的强制性规范。

图 8-6 忽略强制性规范：做我们想要做的而不是我们应该做的

8.1.4 从众的社会根源：为什么我们经常选择"附和"

正如我们所见，很多因素都影响着从众的发生与从众的程度，但这并不能改变其本质：即从众是社会生活中的一个基本事实。人们在大多数时间里都服从于群体或者社会规范。这是为什么呢？为什么人们会服从而不是反抗这些社会规范呢？关于这个问题的答案涉及人类的两个重要动机：一是被他人喜欢或接受的渴望，二是希望自己是正确的渴望，这两者都是为了正确地理解这个世界（Deutsch

& Gerard, 1995; Insko, 1985）。另外认知过程的影响也会让我们在从众发生后认为这是合理的（e.g., Buehler & Griffin, 1994）。

1. 规范性社会影响：渴望被他人喜欢

我们怎样才能让其他人喜欢自己？这是社会生活中一个永恒的问题，并且很多策略都是十分有效的。一个最有效的策略就是让自己看起来和其他人一样。我们年幼的时候就知道：同意我们周围人的意见，做出与其他人一样的反应，会使得其他人喜欢我们。当我们表现出与他人一致的行为的时候，父母、老师、朋友和其他人就会对我们大加赞赏（见第5章中态度形成的讨论）。我们从众的一个重要原因是：从众可以帮助我们获得我们迫切需要的赞同和接受。这种从众的基础就是**规范性社会影响**（normative social influence），因为它涉及通过改变自己的行为来符合他人的期待。

2. 渴望正确：信息性社会影响

如果你想知道你的体重，你可以去称重器上测一下。如果你想要知道一间房间的大小，你也可以直接测量。但是你如何确定自己的政治观点或社会观点的正确性呢？或者你怎么知道哪种发型是适合自己的呢？这些问题不是通过简单的物理测试或者一些测量工具所能回答的，但是我们也想知道这类问题的正确答案。解决方法很简单：参考其他人。我们利用他人的意见和行为来指导自己的行为。这种对于他人的依赖，也是我们从众倾向的来源。其他人的行为和观点为我们构成了现实社会，我们利用这些来规范自己的行为和观点。这种从众的基础就是**信息性社会影响**（informational social influence），它是基于我们把其他人当作一种社会生活的信息来源的倾向。

研究证明正是因为我们对于正确行事的动机太强烈，因此信息性社会影响是从众的一种重要来源。然而正如你可能预料到的那样，当我们不确定什么是正确的时候，我们更容易从众，而当我们对于自己的决定有信心时，我们的从众行为会减少（e.g., Baron, Vandello, & Brunsman, 1996）。当然这也依赖于"我们是谁"和"哪些社会规则突出"。我们并不认为他人团体和内在团体一样正确（Turner, 1991）。

8.1.5 从众的消极作用

我们之前注意到从众可以有助于人们遵守社会规范。大多数时候人们都遵从社会规范，这一事实为预测社会关系带来很大帮助：我们知道自己和他人被期望如何做事，继而我们就会假设他们的确会这么做。例如驾驶员会在道路正确的一侧行驶汽车，遇红灯就停下来；人们在商店购物时会排队等候，等等。但正如我们之前提过的，从众也会有消极的一面。事实上，社会心理学家研究发现：从众的压力以及我们对于这种压力的屈服有时候会导致非常消极的影响。事实上，我们现在要讨论的可能是最戏剧性的研究——津巴多的著名实验。这个实验说明了强硬的社会规则在不同社会角色中的影响。

好人是否也会做坏事呢？答案是肯定的。从古至今有很多人，他们在大多数时候都扮演着热心的邻居、善良的父母、好心的朋友和贴心配偶的角色，对其他人表现出热心和关心。但在有些情况下，他们会放弃这些积极的品质，而表现出令人不可原谅的一些行为。对于社会心理学家来说，关键问题是：为什么？是什么原因导致好人变坏了呢？关于这点，原因很复杂。社会心理学中有一个著名的研究为我们提供了部分答案，这个实验是由菲利普·津巴多（Philip Zimbardo）和其他研究人员（Zimbardo et al., 1973）设计的。下面我们来看看它是如何操作的。

试想在一个宁静的星期天的早上，你听到有人敲门。当你去开门时，你发现来的是一些警察。他们不容分说就把你逮捕了，给你拍照，按指纹，盘问你（被试确实知道他们参与的是一项社会心理学的实验，但是这些行为对于大部分的被试来说仍然是令人吃惊的）。然后，蒙上你的眼睛，把你带去一个你完全不知道位置的监狱。一到监狱，就脱下你所有衣服，换上让人难受的监狱服和很紧的尼龙帽。你个人所有的东西都被没收了，一个特定的号码替代了你的名字。你被关在了一个仅有一些必需品的房间里。狱警则穿着统一的服装，戴着统一的太阳眼镜，手上拿着代表着他们权力的棍棒、口哨等其他物品。

作为犯人，你必须在严厉的威胁下服从一系列的规则。你必须在休息期间和熄灯之后保持安静。你只能根据其他犯人的编号来称呼他们，对于狱长只能称呼"尊敬的狱警长官"。你做任何事情，从阅读、写作到去厕所，都要征得狱警的同意。

在这样一种环境下，你会怎么办？顺从？反抗？还是生气？抑或是绝望？愤恨？但是如果你的角色是狱警，而不是犯人呢？你会尊重这些犯人还是侮辱他们？这些都是津巴多和他的同伴在斯坦福监狱实验中所要回答的问题。实验的地点就在斯坦福大学心理学大楼的地下室。所有扮演狱警和犯人的志愿者都被给予报酬。事实上，志愿者都是被随机分配为狱警或犯人的。

这个实验的主要目的是要研究这些被试是否表现得像个真的狱警或犯人，也就是说他们是否会遵从这些角色所规定的规范。这个答案是肯定的。犯人在最开始的时候会进行反抗，但是慢慢地他们就会变得低落和消沉。狱警则会变得越来越冷酷和具有虐待性。他们不断地骚扰犯人，强迫犯人相互取笑，分配犯人做困难且毫无意义的工作。他们在犯人面前失掉了人性，认为犯人的地位是卑微的，而且"低人一等"的。最后，这些被试行为上所产生的改变不得不让研究者在实验开始6天后停止实验。但是最初的计划是持续两个星期。

我们从这个发人深省的研究中学到了什么呢？菲利普·津巴多，作为实验的计划者，被看作是"监狱的监护人"。他指出这个实验发现了人类行为的关键点：在这样的情景中，人们找到了自我。这个自我并不是人们的个性特征，而是能够决定他们行为的自我。是的，人们在很多方面都存在差异，但是当把他们放在一个像这样的强权环境中时，他们行为上的差异就不复存在了。津巴多（Zimbardo，2007）认为正是这种对于环境压力的屈服（包括从众压力）才是邪恶行为产生的原因。正如他所说："我们都倾向于认为好坏之间的界限是不可渗透的，即那些做坏事的人在这条线的一边，而我们不应该越过这条线去做坏事。但是我的研究并不认同这种观点，好坏之间的界限是可以渗透的，原因是我们并不能完全证实站在好人这边的人真的是一个好人……"换句话说，在津巴多看来，当处在一个错误的环境中时，我们中的绝大多数人，甚至也包括那些被认为是好的正派的人，也可能会实施暴行。

津巴多并不完全支持个人英雄主义，虽然他认为某些人在强权情景下或者从众压力下有能力去进行反抗（我们之后提供研究来解释）。事实上，历史上有很多这样的例子，人们在最艰难的环境中进行反抗（e.g., Nelson Mandela, Haslam, & Reicher, 2012）。但是大多数的人是不具有这种能力的。情景的压力经常超过了我们的反抗能力，并且它也是符合我们的价值观的。尽管如此，之后我们会发现，很多因素可以帮助我们减小情景对我们的压力，允许我们反抗从众的压力（e.g., Galinsky, Magee, Gruenfeld, Whitson, & Lijenquist, 2008）。但需要注意的是，最近更多的研究，包括另一个著名的监狱实验（这个实验由社会心理学家和BBC研究）为我们提供了一些乐观的结果（Reicher & Haslam, 2006）。在这个研究中，志愿者同样被置于一间监狱里，他们被随机分为狱警和犯人。同样，狱警有权利支配犯人（比如他们可以把不服从的犯人关在单独的房间作为惩罚）。总的来说，这个研究虽然在很多方面和津巴多的实验相似，但存在一个重要的差异。

例如，在Reicher和Haslam所做的实验中对所有被试解释说他们成为犯人或者狱警是根据之前心理测试的结果（所有的被试在参与这个实验之前都被研究者进行了评估）。然后告诉被试：狱警可以提升犯人成为新的狱警。但在实验中，只有一个犯人被提升为了狱警。通过这种身份的转变，我们还是可以清楚地分辨出原本那些狱警仍是狱警，原本那些犯人仍然是犯人，不存在进一步的改变。3天过后，研究者告诉被试：经过仔细的观察发现，狱警和犯人之间其实并不存在差异。但是，马上让被试改变角色是不现实的，因此在接下来的实验中，被试的身份将维持不变。然而这从某种意义上来说，移除了实验之前角色分配带来的效果。

这些操作上的差异给结果带来了显著的影响。与斯坦福监狱实验不同的是，在BBC实验中的狱警和犯人都没有被动地接受他们的角色。相反，狱警并不认为他们的权利大于犯人。同样，犯人也有着相似的认同，他们会采取行动去获得与狱警相同的权利。这一次，他们成功了，监狱中采取了一种民主的体制，在这种体制下的狱警和犯人都是平等的（见图8-7）。但是，当这个民主体制失效时，两组角色都倾向于接受一种新的独裁体制，在这种体制下，犯人只能服从，对于不公也没有任何反抗。

这些结果得出了一个重要的结论：社会规范和由社会规范所产生的社会结构并不一定会导致人们接受不公平待遇。相反，个体是否顺从那些不平等的角色（或者规范）取决于个体在多大程度上认同这些角色。如果认同感低，他们就可能进行反抗从而寻求社会改变，而不是简单的让自己顺从这个不幸的命运。正如一个社会心理学家的观点（Turner, 2006），这就是社会变革发生的原因：人们决定去挑战现存的社会结构而不是接受它，就像20世纪五六十年代美国的民权运动，20世纪七八十年代的女权运动和从2010年开始直到2012年结束的阿拉伯之春。大多数的人挑战他们的现状，而结果便是社会的重大改变。

总的来说，社会规范和社会角色对于从众的影响是强大的，但是我们仍将在讨论顺从的时候再次重申，这种影响力并非不可抗拒，在某些恰当的时候，人们会去挑战已有的社会秩序和强加的规范，主动寻求社会的改变。Turner（2006, p.45）指出：社会心理学家意识到社会结构并非不可改变；相反，"未来是建立在现存的社会基础上的"。改变和稳定在社会生活中都是普遍存在的。

8.1.6 对从众的反抗：为什么我们有时候选择"不附和"

我们之前的讨论可能会让你觉得从众的压力如此之大，以至于我们几乎不可能去反抗它。但是Reicher和Haslam（2006）的BBC监狱实验说明事实并不是这样的。个人或者群体有时候确实可以抵抗从众的压力。这也确实发生在了阿希的实验中，大多数的被试并不是一直屈服于社会压力，有时候即使与大多数人的意见不同，他们还是坚持了自己的观点。如果你还需要关于反抗从众压力的例子，那环顾你的身边，你会发现当许多人都与社会规范保持一致的时候，有些人却不是。大多数人也并不是遵从所有的社会规范，他们会进行挑选，遵从一部分的规范，同时也会反抗另一些规范。例如，有一些人持有非主流政治或社会观点，即使面对强大的从众压力，他们仍然会这么做。正如这些例子说明的，从众压力并非不可反抗。有哪些因素能够解释我们有能力去反抗从众压力呢？重要的因素有很多，但是我们将只关注最近研究中提出的可以远离从众而走向独立想法和行为的那些因素。

1. 行动者-观察者效应重提：在反抗从众压力中的重要性

回顾我们在第3章讨论的行动者-观察者效应。它指出人们往往会将自己的行为归因到外部因素（如

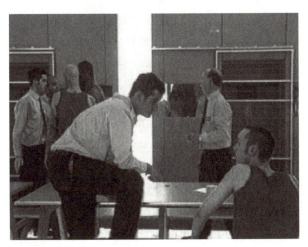

在最近的一个重复津巴多的经典斯坦福监狱实验的研究中，志愿者同样被安置在一所监狱中，扮演着狱警和犯人的角色。首先，他们表现出了与他们角色相一致的行为，但是马上，狱警拒绝服从自己角色所赋予的规范，犯人也开始为了平等的权利而抗争。

图8-7 从众有时候会导致好人做坏事，但不总是如此

我们面对的状况），但是别人的行为则会归因到个人因素，如他们的性格。这个效应和我们的从众是否相关呢？Dong，Dai 和 Wyer（2014）所做的研究说明了这个问题。研究人员提出**同步行为**（synchronous behavior）——个人将自己的行为与他人的行为匹配。例如，合唱团成员进行齐唱，同时管弦乐团的成员为其伴奏，而士兵随着音乐进行齐步走表演（见图8-8）。这样的行为源自于群体感觉的连通性，置身于此的人会配合他们所在群体的其他人。如此一来便增强了从众的倾向。

行动者-观察者效应出现如下所述：我们或是自己置身于同步行为，抑或简单地观察别人的行为。作为行动者，我们从群体成员中承受着从众的压力，但是作为观察者，我们便不会，反而可能会变得敏感，认为同步行为的出现是限制了个人自由。Dong等人（2014）之后给出了解释，观察者会体验到**抗逆心理**（reactance），感到个人自由被限制，我们应该反抗从众强大的压力而保持个性。换句话说，我们是选择服从带有同步行为要求的情景还是选择反抗压力取决于我们是参与还是观察该行为。在5项研究中，Dong和他的同事发现当行动者专注于自己想要实现的目标时，他们更可能从众（如当他们作为合唱团或是管弦乐团的一员时，他们会有良好的表现），而观察者则很少意识到这些目标，反而关注那些行动者为了和他人保持一致时放弃的行为自由。这便增强了抗逆的感觉和观察者的信念：我永远不会这么做，我要做一个人，而不是一个从众群体的成员。结果，他们在同一情景下的从众倾向便会下降。所以总的来说，观察别人的从众行为会帮助观察者反抗从众的压力。

2. 权力作为反抗从众的庇护

当我们提及政治领袖、将军和公司领导时，我们脑海中便会浮现权力这两个字。这些人往往比剩下的人享有更多的自由：他们制定规则和影响情景而不会被它们限制。这是否会使他们免受，或至少是能够反抗社会的影响呢？一些社会心理学家认为确实如此。例如，Keltner，Gruenfeld，和 Anderson（2003）提出限制性规范往往会影响想法、表达和大部分看起来不会趋于权力的行为。这里有几个原因。

最近的研究表明在一些情景下，个体承受着与他人行为保持一致的强大压力，但是观察这些行为的人却没有这样的压力。

图8-8 同步行为的反应：行动者和观察者的差异

首先，有权力的人更少依赖他人去获取社会资源。因此，他们在某一程度上很少关注他人的威胁或限制行为的结果。第二，他们很少采取别人的观点（Galinsky, Magee, Inesi & Gruenfeld, 2006），因此很少被这些观点影响。相反，他们的想法和行为会更直接地被他们内心的状态影响；换句话说，他们的特质、表现和他们的想法或行为之间可能有比其他人更密切的关系。总的来说，情景信息对有权力的人的态度、目的和行为影响很小。

Galinsky等人（2008）的研究表明拥有权力的人或主要负责人，事实上比权力低的人更少地对别人的行为和判断表现出从众。例如，在某一研究中，被试被要求设想一个他们比别人拥有更高权力的情景或是一个他们比别人拥有更低权利的情景。第三种情况是他们并不考虑权力。接着，被试需要做一个冗长沉闷的词语建构任务，一个大部分人不会感到有趣的或是享受的任务。在做这个任务之前，他们将被告知其他10个学生认为这个任务十分有趣（在基线组，他们并没有接收到这一信息）。

我们可以预测到设想自己权力比他人高情景的人比设想自己权力比他人低情景的人认为任务更不讨人喜欢，换句话说，他们对权力的感受会影响到他们受别人的判断影响的程度。相反，那些没有考虑权力的人会被他人的观点影响并认为任务更加讨人喜欢。图8-9很好地说明了这一现象。高权力组比低权力组认为任务是更无趣的。事实上，他们和那些没有启动权力感的被试的评级一样低。总的来说，权力似乎可以把拥有它的人从情景控制中解放出来，并且可以让他们相对地抵抗对大部分人产生强烈影响的从众压力。事实上，我们有时候羡慕那些可以忽视规范的有权力的人，并认为独立的行为是他们应有权力的有力证明。

> 启动被试想象自己权力高于其他人，比想象自己权力低于其他人或者没有进行想象表现出更少的从众行为

冗长任务评分

高权力	低权利	没有权利	基线
8.6	9.7	9.7	8.6

实验条件

设想权力高于他人的被试比设想权利低于他人或是基线组的被试更少地受到其他学生给出的冗长任务判断的影响基线组。

图8-9 权力减少从众行为

3. 保持个性的欲望——拒绝从众

大部分人认为自己比其他人更少从众，如Pronin和他同事所做实验（2007）展现的一样。在某种意义上，这并不奇怪，因为我们都坚信我们拥有独特的个性（Snyder & Fromkin, 1980）。是的，大部分的时候我们可能穿着、说话和行为与他人相似，但是在有些方面上，我们仍然希望保持个性。这种欲望是否是反抗从众压力的因素之一呢？社会心理学家Imhoff和Erb（2009）找到了验证该设想的证据。他们认为在人们感到难以保持个性的时候，人们会增强该种需求，他们会积极地反抗从众压力来重新获得保持个性的感觉。

为了验证这一预测，被试被要求完成一份测量重要特质的问卷。他们或是被提供这些特质的平均水平或是没有任何反馈。第一组被试，需要面对个性受到威胁的状况，因此他们会被激发反抗从众压力的动机。从众指标是通过他们支持大多数人观点（临近的湖泊是假期旅游景点的好选择）的程度来测量的。在实验前，一半的被试中有大部分的人认可这一湖泊是假期很好的旅游景点，而剩下的人并不这么认为。那现在被试又会如何做呢？如果增强他们保持个性的动机使从众降低的话，那些被告知他们在重要特质上只是平均水平的被试比没有任何反馈的被试更不容易支持大多数观点。图8-10支持了这一预测。当他们感受到保持个性受到威胁时，他们会表现得不从众，他们拒绝认可大部分其他人的观点。

实验结果表明为了反抗从众压力，人们有时会做出强调他们个性的行为。

图8-10 保持个性，一种反抗从众压力的方式

4. 拒绝从众的有利方面

想象你现在走入一家昂贵精致的商店，你会怎么穿着？大部分人会认为他们应该穿的得体，因为这才符合进入这家店的形象。但是你如果穿着随意，穿着牛仔裤和运动鞋进入会发生什么？店员是

否会忽略你或者对你态度恶劣？还是他们会认为你随意的穿着是一种高地位的象征，你十分成功或是有名，所以你不需要遵守那些为别人而设定的规范。Bellezza, Gino 和 Keinan（2014）做的实验预测第二种结果可能会发生，穿着随意的人可能会比那些遵守规范的人更受人尊敬。

为了检验这一假设，他们做了几项研究。其中一个研究要求品牌店售货员（e.g., Armani, Burberry, Christian Dior）设想一位穿着随意、一身运动装的顾客和一位穿着较为得体优雅的顾客，并分别评价两者的社会地位。正如实验者预测的那样，那些穿着随意的人会比穿着得体优雅的人更容易被认为拥有高社会地位。在另一项研究中，要求学生评价一位穿着随意、只是穿着T恤的教授和一位穿着正式、穿着西装打着领带的教授的社会地位。正如期望的一样，学生认为穿着随意的教授社会地位更高。在第三个研究中，他们要求学生评价一位真实授课的教授，分别穿着教授般正式服饰和穿着随意时的社会地位。穿着随意时的教授再一次获得高社会地位认可。他们用图8-11来解释这些结果：拒绝从众的个体似乎拥有高自治权，他们按自己想的做，而那些从众的个体则自治权较低，这一看法也使拒绝从众者被认为有更高的社会地位。

总的来说，很多因素会影响反抗从众，所以这绝不是一个巧合；也并不总是源于莎士比亚所说的"忠于自己"。正如从众源于很多不同的原因和动机，均不是相互独立的。因此，从众大部分情况下是安全的、便利的并且是一种社会生活有用的途径，它仍然有很大的空间留给独立和个性。

一系列的实验发现，当人们拒绝从众时，他们往往被认为有高社会地位。原因是拒绝从众的个体会被认为有高自治权，允许他们在大部分情景中按自己选择做出相应行为。

图8-11 拒绝从众有时候表明高社会地位

8.1.7 少数派的影响：多数派是不是总是占上风

我们之前提到个体会反抗群体压力。单独的异议者或少数派也会坚持己见，拒绝从众。在这种情境下就不仅仅是反抗这么简单了。另外，在很多情况下，有这么一群人，他们是群体中的小部分，但他们会扭转群体中多数人的观点或行为，而不是接受社会影响。历史也为我们提供了很多这种例子，像伽利略、巴斯德、弗洛伊德等科学巨匠，他们的理论一开始面临着大多数人的反对，但是经过时间验证，这些伟大的人克服了压力，最终人们接受了他们的理论。

环境学家也为我们提供了更多少数派影响多数派的例子。最初，这些少数的环保主义者被视为秉持奇怪观点的激进分子。但是他们逐渐转变了多数人的观点，直到今天他们的观点已被人们普遍接受。例如，燃烧矿石燃料（如汽油）造成污染现象已经越来越严峻，而有关混合能源汽车的积极观点越来越普遍（一半用燃料，另一半用电力，见图8-12）。

当科学家首次提出全球变暖观点时，大部分人都持怀疑态度。逐渐地，这些持有该观点的少数人说服了其他人接受这一正确观点，从而变成了多数。

图8-12 混合型能源汽车的普遍性——关注全球变暖的结果

但是，在什么时候，少数派能成功地影响大多数人呢？研究发现这种情况最容易发生在某些特定的情况下（Moscovici, 1985）。首先，少数派的成员必须在意见上保持一致。如果他们踌躇不定，或者意见不统一，他们的影响力就会减弱。其次，他们的观点要避免看上去是死板或教条的（Mugny,

1975）。少数派不要对于同一观点进行反复陈述，而应该表现出一定的灵活性。最后，在一般社会背景下，少数派起着很重要的作用。如果少数派的观点和当前社会潮流是相一致的（如在一个提倡节约的时代下提出节约的观点），那么这种观点对于多数派的影响要明显大于与当前潮流不协调的观点。当然，即使以上提出的条件都具备，少数派仍然面临着艰难的战斗。但是历史和研究结果（e.g., Haslam, Reicher, Kenworthy, & Miller, 2001）都指出少数派在有些时候还是占有优势的。例如，在美国独立战争的最初时期，只有一小部分人想要从英国人手中夺取独立政权，但是这种少数派的要求逐渐盛行起来，并最终建立了一个在几个世纪以来都被视为典范的新国家。

要点 Key Points

- **社会影响**是指人们对于其他人的态度、信念、观点和行为所产生的改变，这在社会生活中十分普遍。
- 多数人的行为普遍和社会规范一致，换句话说，人们有着很强的**从众**倾向性，但人们却低估他们从众的程度。
- 阿希是第一个对从众行为进行系统研究的人，他的经典实验证明很多人会屈从于一个意见统一的群体的社会压力。很多因素决定了从众行为是否会发生和发生的程度，其中包括了**凝聚力**（群体对于个体的吸引程度、群体的规模）和社会规范的类型（**描述性规范**还是**强制性规范**）。
- 当规范显著并和我们相关时，它们会影响我们的行为。
- 有两个潜在的动机影响着我们的从众倾向：想要被其他人喜欢的愿望和想要正确行事的愿望。两种明确的社会影响类型反映了两种动机，一个是**规范性社会影响**，一个是**信息性社会影响**。
- 有一些因素促进人们拒绝从众，拒绝支持大部分人的想法，包括群体中的社会地位、权力和保持个性的欲望。
- 社会影响的效果是强大和普遍的，特别是当我们不确定决定的正确性的时候，这种影响力会扩大。
- 当我们处于**同步行为**时，与他人保持协调，我们会承受从众的压力。但是当我们作为观察者时，我们反而对限制更加敏感，同步性行为会限制个人自由，并且让我们选择**抗逆**，反抗强大的从众压力。
- 从众压力常常会产生消极影响，使好人表现出伤害他人的行为。津巴多的监狱实验很好地说明了这一现象。BBC的监狱实验则揭露了该现象表现的程度取决于人们是否认同他们扮演的角色；如果没有，他们将更少从众。
- 在有些条件下，少数派也能让多数派改变他们的态度和行为。当少数人意见一致且不死板时，这更有可能发生。

8.2 依从：有求必应

假设你需要其他人为你做一些事情，你会采取什么方法让其他人同意你的要求呢？思考一下你很快会发现，你有很多策略来赢取他人的**依从**（compliance），从而让其他人答应你的要求。到底有什么技巧呢？哪些效果更好呢？这些就是我们将要考虑的问题。在开始讨论之前，我们首先要介绍一个基本框架来理解这些策略，以及理解为什么它们能起作用。

8.2.1 依从的基本原则

几年前，著名的社会心理学家罗伯特·西奥迪尼（Robert Cialdini）认为研究依从最好的方法是研究那些被他称之为"依从专家"的人，这些人依靠自身的能力，成功地让他人认同自己。这些人是谁呢？他们包括推销员、广告人、政治说客、筹款人、政客、骗子以及谈判专家等。西奥迪尼研究这些人的方法很简单：他隐藏自己的真实身份，同时参与到各种各样需要说服他人的工作中。也就是说，他参与了广告工作、直销（上门）、筹款还有其他与依从有关的工作。根据这些一手的信息，他发现虽然让人依从的技巧有很多，但它们在一定程度上都依据了六种基本原则（Cialdini, 1994, 2008）。

- 友谊或者喜爱：总的说来，我们更容易答应来自朋友或者喜欢的人的要求，而不是那些陌生人或者不喜欢的人的要求。
- 承诺或一致性：一旦我们承认了某种观点或行为，我们会更容易答应与承诺相一致的行为要求，而不是那些不一致的要求。
- 稀缺：一般来说，我们重视并试图获得那些稀缺的或者难以得到的结果或者事物。因此，我们更容易接受那些关注稀缺性的要求，而不是与稀缺性无关的事物。
- 互惠：我们更容易依从那些曾经给予过我们帮助的人，而不是那些没有给予过帮助的人。即我们感到有义务去回报他人。
- 社会认可：我们更愿意依从那些与我们相似的人的行为。我们想要自己的行为是正确的，而正确的方法就是和其他人有一样的行动和思考方式。
- 权威：一般而言，我们会答应那些拥有合法权利的人，或者看上去很权威的人的要求。

Cialdini（2008）认为这些基本的原则是那些专家和我们经常使用技巧去赢得他人依从的基础。现在我们来看一下基于这些基础的依从技巧，当然也会适当增加其他原则的介绍。

8.2.2 基于友谊和喜爱的技巧

在第 3 章讨论印象管理的时候，我们就已经讨论过通过利用他人对我们的喜爱来提高依从的方法，这些方法是为了给别人留下好印象。同时，印象管理策略也可以成为我们逢迎他人的手段：让他人喜欢我，这样他们会更愿意接受我们的请求（Jones, 1964; Liden & Mitchell, 1988）。

哪种逢迎技术最有效？通过对这一领域研究的回顾（Gordon, 1996），我们认为奉承，这种赞扬别人的方式是最好的方法之一。另一种方法就是自我推销，即告诉其他人我们过去的成就和优点，如"我是个有条理的人"或者"我是个很好相处的人"（Bolino & Turnley, 1999）。还有一种改善自我形象的方法就是为目标人物提供一些积极的非言语线索和一些小支持（Gordon, 1996; Wayne & Liden, 1995）。由于我们在第 3 章详细讨论过这些技巧，在这里就不再重复了。最后只想说，用来进行印象管理的策略也可以成功提高他人的依从行为。

另外一种让他人更喜欢我们，从而提高他们认同我们概率的方法就是巧合的相似性，提示别人注意我们与他们之间细微的令人惊讶的相似之处。在最近的一些研究中，Burger 和他的同事（Burger, Messian, Patel, del Pardo, & Anderson, 2004）发现当被试与陌生人同名或者同一天生日的时候，他们会更容易答应陌生人提出的小请求（给慈善机构捐款）。显然，他们之间的这种相似之处增加了被试对这个陌生人的喜爱程度和情感接纳，从而使被试更容易接受这个人的要求。

8.2.3 基于承诺或者一致性的技巧

当你去本地商场的美食广场时，有没有碰到过一些人向你提供免费食物的情况？他们为什么要这样做？答案很简单：他们知道一旦你接受了这些小小的、免费的礼物，你就会更愿意在他们代言的餐厅里消费。这是"得寸进尺"策略的基本思想。基本上，这种策略会先诱使目标人同意一个小的要求（"接受免费的样品"），然后提出一个更大的要求，而这个大的要求才是他们真正的目的。很多研究都证明了这种策略是有效的，它成功诱发了人们的依从行为（e.g., Beaman, Cole, Preston, et al., 1983; Freedman & Fraser, 1966）。因为**"得寸进尺"策略**（foot-in-the-door technique）是基于一致性原理的：一旦答应了一个小的请求，我们会更容易接受随之而来的大请求。因为拒绝这个大请求的行为与我们先前接受小请求的行为是不一致的。例如，我曾经有个朋友，他的邻居有一个小孩。有一天，那个邻居询问我朋友是否可以让他的孩子在我朋友家待一段时间，因为他需要去附近的一家商店购买一些晚餐食材，我朋友同意。但是接下来，他邻居的要求越来越多："因为他需要看医生，可以帮他带一下这个女孩一个小时吗？"最后要求变得非常大（可以让我朋友帮他带小女孩一天吗）。我朋友必须拒绝，但是当他答应他邻居小要求的时候这就变得很难拒绝，这就是"得寸进尺"策略造成的。

"得寸进尺"策略不是唯一一种基于一致性或承诺原则的技巧。还有一种策略叫"**低球手法**"（lowball procedure）。这种策略通常被汽车推销员所用。他们一开始为顾客提供很好的协议条款。在顾客接受这个协议之后，由于发生了一些变故，例如，销售主管拒绝了先前的协议。这使得推销员不得不变更这个协议。而变更后的协议对于消费者就不再那么有利了。对于消费者而言，完全理性的反应肯定是掉头离开，不买了。但是很多时候，消费者会同意这些改变并接受这种安排（Cialdini, Cacioppo, Basssett, & Miller, 1978）。在这样的例子中，最开始的承诺很难让个体拒绝，即使之后这种承诺改变了，人们也不会拒绝（见图 8-13）。

Burger 和 Cornelius（2003）的研究为"低球手法"中最初承诺的重要性提供了一个清晰的证据。这些研究者给住在学校宿舍的学生打电话，问他们是否愿意捐 5 美元给为贫困学生设立的奖学金基金。在"低球手法"的条件下，研究者首先告诉被试：捐款的人可以得到本地一家果汁店提供的免费冰沙券。如果其已经同意捐助，研究者则告诉被试冰沙券刚刚用完，不能给他们了。接着再询问被试是否仍然同意捐助。在另一个条件下（阻碍条件），研究者也提出捐助者可以得到一张冰沙优惠券，但在被试首次回答之前，就告诉其已经没有冰沙优惠券了。换句话说，这种条件也类似于"低球"条件，只是被试没有进行首次的承诺。在第三个条件下（控制组），只询问被试是否愿意捐助，而不提供冰沙优惠券的相关信息。结果显示，"低球"条件下的被试相对其他两组被试而言，答应捐助的人更多。

这些结果说明"低球手法"策略的应用的确是基于承诺原则的。只有当被试做出了首次公开承诺，即他们接受了最初的要求，这种策略才会起作用。因为当他们做出了最初的承诺之后，他们感到不得不坚持下去，即使后来导致他们做出承诺的条件改变了。的确，这是一个获得依从的技巧，微妙但是很有影响力。

另一个基于一致性或承诺原则的技巧被称为**引诱效应**（the lure effect）（Gueguen, Joule, & Marchand, 2011）。在该策略中，首先让目标人群同意做某事且该事情对他有一定的吸引力。例如，只要完成一份简短的问卷便可以得到丰厚的补助，可能 10 分钟给予 10 美元。然后，一旦同意，他们便被告知不再需要完成这份简短的问卷，而需要完成一项枯燥的任务——复制字母从一页到另一页。完全理智的反应肯定是拒绝：因为要求发生了变化。但是事实上，绝大多数的参与者会选择继续。某种意义上说，这就像是"诱购"，这与"低球手法"十分相似，因为一旦同意做一件享受的事情时，人们往往会认为这是一种承诺，哪怕是完成一件他们并不享受的事情。

8.2.4　基于互惠的技巧

互惠是社会生活中的一个基本原则，我们通

在"低球"条件下，目标人群往往会同意看似很好的交易，然后一旦他们决定做了，寻求依从的人便将此交易修改得没有之前那么有吸引力。但是，大部分做出首次承诺的人仍然会同意修改后的交易。汽车推销员经常使用这一技巧，使得顾客支付得更多。

图 8-13　低球策略在生活中的应用

常都是"以彼之道还施彼身"。如果别人帮助了我们，那么我们认为自己也应该去帮助他们。这不仅被认为是一种公平的体现，也被看作是获得他人依从的基本技巧之一。在这些技巧中，有个与"得寸进尺"相反的策略，它不是先提一个小的要求，再提出一个大的要求，而是从一个大的要求开始，在这个大的要求被拒绝之后，再转向一个较小的要求。这个策略就是**"以退为进"策略**（door-in-the-face technique），许多实验都验证了这个策略的有效性。例如，在 Cialdini 和其同事（1975）进行的一个著名实验中，研究者在街上拦住大学生，提出一个很高的要求：询问同学是否愿意在接下来的两年里每周花两个小时的时间义务做罪犯少年的指导老师。你可以猜到，没有一个学生答应这个要求。随即研究者降低了自己的要求，询问同一个学生是否愿意花两个小时带领一组少年犯去动物园。这一次有 50% 的被试答应了这个要求。而在控制组中，当研究者直接向被试提出这个较小的要求时，只有不到 17% 的被试同意这个要求。

实验结果发现互惠技巧在网络情境中仍然适用。Guéguen（2003）建立了一个帮助战争地区儿童的网页。联系超过 3600 人并邀请他们浏览网页，实际上只有 1607 人这么做了。然后，他们收到一个更大的要求（"以退为进"的情景）：询问是否愿意在接下来的 6 个月中每周利用 2～3 小时来提高对该问题的关注度？相对的控制组只是简单地被要求浏览可以帮助儿童并捐赠的网页。和预期一样，很少人会接受大的要求，仅仅只有 2 人。关键的问题是那些收到浏览网页要求并拒绝的人是否会有捐赠这一行为呢？如图 8-14 所示，实验组比控制组更有可能浏览捐赠网页并点击捐赠链接。所以，互惠技巧显然在网络空间和人际交往中都适用。

还有一种获得依从的策略是**"不只是这些"策略**（that's-not-all technique）。这种方法是在目标人回答是否接受最初要求之前，就给目标人提供额外的好处来提升他们接受要求的动机（例如，打折、额外赠送礼物等）。比如，各种产品的电视广告总会为消费者提供额外的刺激物，以此来吸引消费者拿起电话订购。多项研究结果证实了"不只是这些"的策略确实是有效果的（Burger, 1996）。该技巧成功的原因之一是互惠的作用，这种方法下的额外优惠被看作一种让步和妥协，人们会认为自己也应该做出相应的妥协，这样导致的结果就是：人们更容易接受这些要求了。

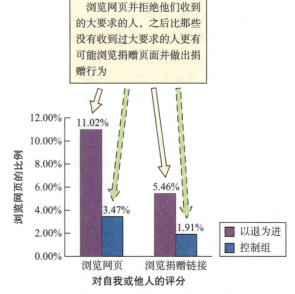

那些浏览帮助战争地区儿童网页并拒绝他们收到的大要求的人，之后比那些没有收到过大要求的人更有可能浏览捐赠页面并做出捐赠行为

图 8-14 "以退为进"技巧的网络应用

8.2.5 基于稀缺的技巧

大部分人都遇到过"清仓促销"或"季度促销的最后一天"的情况。这些有用吗？这个答案是肯定的，因为他们基于生活中的普遍规律：事物越稀缺，越难获得，或是在"清仓促销"中出现，它就越容易售罄。商家宣称会在某一天结束的促销方式往往更有效果，这一效应被称作**最后期限策略**（deadline technique）。

这些基于稀缺的依从技巧在其他情景是否也适用呢？在接下来"研究告诉我们：运用稀缺技巧获得依从"的部分会给出一些答案。在下一部分我们会讨论获得依从的技巧如何在生活中很好地运用。

> **研究告诉我们**
>
> ## 运用稀缺性获得依从
>
> 你从自身的经历中便可知道在很多情景下这些获得依从的技巧都可以成功。例如，在让别人帮助你或在劝服你购买某项物品时。但是这些技巧还可以运用到其他情景中，其中有一个你可能没有想过的就是帮助你得到你想要的工作。这可能包括奉承，对面试官或公司高层做出积极的评价。然后稀缺技巧在此情景中也可很好地发挥作用。就如在面试中，你提到你正考虑很多不同的工作并且其中有一个已经向你发出邀请。通过这一方式，你暗示面试官其他公司认为你是一个有吸引力的候选人。除此之外，你还需强调你很快便会做出决定。这一信息会给面试官一定的压力并更愿意录取你，因为你很快将难以获得。研究结果表明这一基于稀缺的技巧确实有作用。
>
> 获得依从的稀缺性原则还可以运用到一个非常不同的情景：恋爱。那这些技巧在社会生活如此重要的部分中也能发挥作用吗？他们发现了一个有效的策略**"欲擒故纵"**（playing hard to get）。这一技巧使一个人表现出很难追求的同时可能暗示着目标对象有很多竞争对手（e.g., Walster, Walster, Piliavin, & Schmidt, 1973）。虽然"欲擒故纵"的策略并不是所有时候都起作用（有时候它会让潜在伴侣感到失望而不是感到激动），有时候它十分有效，是另一个基于使他人相信他们想要得到的事物是十分稀缺和难以获得的技巧。

8.2.6 依从技巧真的有用吗

总的来说，获得依从有多种不同的技巧，这些技巧可以让其他人按照我们的意愿行动。很多证据显示它们普遍有用。但令人感到惊讶的是，Flynn 和 Lake（2008）的研究结果表明我们在低估依从技巧的效果。研究人员要求被试估计他人同意自己要求的可能性，例如让他们借用目标人物的手机或是给他们所代表的慈善机构捐赠。总的来说，提出要求的人往往会低估他人对自己要求的依从——达到了50%。换句话来说，他们认为需要询问至少2倍的人，才会有人帮助他们。

为什么我们会低估他人同意自己要求的成功率呢？Flynn 和 Lake（2008）认为这是因为提出要求的人会关注对方同意后造成的影响——时间和造成的不舒适感，而对方却关注拒绝后造成的影响。拒绝他人要求特别是要求相对小时，拒绝者往往会带有消极想法：他们会被认为自私、冷漠甚至是粗鲁的。这些考虑使他们打消了拒绝的念头，而寻求依从的人却试图忽略这些（见图8-15 针对此的总结）。简单地说，获得依从比我们最初想象的更加复杂，但是它也可能比我们想象的更容易。

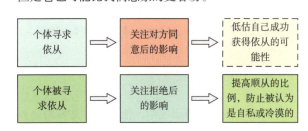

研究结果发现人们试图低估他们获得成功获得依从的可能性。这可能是因为当提出某个要求，我们关注的是对方同意后的影响。相反，我们想要影响的人却关注拒绝后的影响，例如可能会被认为自私或冷漠。

图8-15 我们为什么会低估获得依从的可能性

👆 要点 Key Points

- 个体运用技巧去获得其他人的**依从**，即让其他人答应自己的要求。很多技巧的应用都基于社会心理学的基本原则。

- 三种被广泛运用的策略："**得寸进尺**""**低球手法**"和"**引诱效应**"都基于承诺或者一致性原则。而"**以退为进**"和"**不只是这些**"是基于互惠原则的。
- "欲擒故纵"和"最后期限"策略是基于稀缺性原则，即稀缺性的或者难以获得的就是有价值的。获得依从的稀缺技巧可以帮助人们找到工作。
- 提出要求的人试图低估别人同意的可能性，可能是因为他们忽略了目标人群认为的拒绝后的影响。

8.3 对权威的服从：如果命令你去伤害一个无辜的陌生人，你会这么做吗

你是否被一些权威人物，例如老师、老板或者父母，要求去做一些你不愿意做的事情？如果有的话，那你已经很熟悉另一种类型的社会影响了——**服从**（obedience），即指一个人要求另一个或一群人按某种特定的方式行动。服从不如从众或顺从那么常见，因为即使人们拥有权力，他们也更偏向于以一种不太明显的方式对他人产生影响，他们是通过请求而非直接命令的方式来影响他人（e.g., Yukl & Falbe, 1991）。但是服从还是较常见于学校或者军事基地中的。服从于权威人物的现象也很常见，这些人通常有强化他们命令的有效手段。更出人意料的是那些没有权力的人也可以诱发他人的高度服从。斯坦利·米尔格拉姆（Stanley Milgram）在他一系列著名的研究中得到有关服从效应的清晰证据，尽管这些研究颇具争议性（Milgram, 1963, 1965a, 1974）。

8.3.1 实验室里的服从

在米尔格拉姆的研究中，他探究的是人们是否会服从一个没有多大权力的陌生人要求他们去伤害一个完全无辜的人的命令。米尔格拉姆的这一兴趣来源自一些悲剧事件，在这些事件中那些看似正常、奉公守法的人却服从了类似的命令。例如，第二次世界大战期间，德国士兵经常会奉命折磨、残害那些手无寸铁的人。众所周知，纳粹建立了高效的死亡集中营来根除犹太人、吉卜赛人和其他一些在他们看来是低等的或者对他们有威胁的种族。

为了深刻理解这些事件的本质，米尔格拉姆设计了一个巧妙但令人不安的实验场景。实验者告诉所有来参加实验的被试（全部为男性）这个实验的目的是研究惩罚对学习效果的影响。被试两人一组，一名被试作为学习者，他需要完成一个关于记忆的任务（当听到一对词组中的第一个词时，被试需要说出与之配对的第二个词。被试之前会对这对词进行记忆）。另一名被试作为老师，需要把这些词组读给学习者听，当学习者出现错误的时候（没有回答出第二个词），他们需要电击这些学习者作为惩罚。这些电击通过图 8-16 中所示的设备进行传送。正如你所见，这个设备包括了 30 个带有编号的开关，从 15 伏特（第一个开关）到 450 伏特（最后一个开关）。

图中的两个人，一个是真正的被试，一个是实

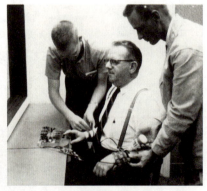

左侧图片展示的是米尔格拉姆在他著名的破坏性服从实验中所用的仪器。右侧图片展示的是实验者（右前）和被试（后侧）将电击板装到学习者（中间）的手腕上的情景。

图 8-16 实验室里的服从

验助手，他们通过抽签的方式来决定扮演的角色。但你一定能猜到，这种抽签是事先设计好的，所以真正的被试都是担任老师的角色。学习者每犯一次错误，老师就被告知要对其实施一次电击。更为关键的是学习者每犯一次错误，老师就需要增加电击的强度。这意味着如果学习者犯错越多，他们接受的电击强度就越强。这里需要强调的是：这些信息其实是虚假的，实验助手（学习者）在整个实验中没有受到任何电击。唯一一次真正的电击只是来源于按钮三的微弱电流，这只是为了让被试相信实验的真实性。

在实验中，学习者（按照预先安排的要求）故意犯错，因此被试很快就发现自己面临着一个困境：他们是否要继续惩罚对方来施行更强的电击，还是干脆拒绝这种要求？如果他们犹豫了，实验者就会对他们施加压力，让他们继续增加电击："请继续""实验需要你继续完成""你有必要继续这个实验"和"你没有其他选择，你必须要继续"。

因为这些被试都是自愿的，并且在实验之前已经支付过被试费，所以你可能觉得大多数人都会拒绝实验者的要求。但实际上，65%的被试表现出了完全的服从，他们完成了整个电击过程。虽然也有很多被试提出抗议并要求实验结束，但是当实验者要求他们继续完成实验时，大多数人还是服从了实验者的要求。即使，当学习者甚至因为受不了电击而敲打墙壁以示抗议（在300伏特的水平时），之后也不再做出反应，好像已经被电晕了的时候。实验者告诉被试，学习者没有回答问题，即作为一次回答错误来对待。似乎，很多被试认为他们正对一个毫无知觉的人施加电击。

在进一步的研究中，米尔格拉姆（1965b，1974）发现，即使在他们认为这种服从可能会降低的条件下，他们仍然得到了类似的结果。当把这个实验从原先的耶鲁大学校园移到近郊的办公大楼时，被试的服从水平并没有改变。大部分人仍旧服从要求，即使是同伴在抱怨电击并祈求怜悯时。最令人诧异的是，很多人（约30%）仍会服从研究者的命令，他们抓住受害人的手并将其强制放在电击板上。这些令人不安的结果不单单局限于一种文化背景下，不同国家都报告出了类似的结果（例如约旦、德国和澳大利亚）；儿童和成人的实验结果也类似（e.g., Kilham & Mann, 1974; Shanab & Yanya, 1977）。可以说米尔格拉姆的发现在很多方面都具有警示作用。

心理学家和公众发现米尔格拉姆的研究是非常令人不安的。他的研究似乎表明大多数人在权威人物的要求下，即使不情愿，也会去做出伤害无辜陌生人的行为。从某种意义上说，它呼应了津巴多所做的著名的监狱实验和很多近期研究的结果（Zimbardo, 2007）。

现在你可能会试图总结："在1960年，人们或许会服从一个穿着实验服的人。但是现在的人已经更加富有经验，他们肯定不会这么做，他们会拒绝继续实验的。"这是一个安慰人的想法，但事实上，一位社会心理学家（Burger, 2009）最近重复了米尔格拉姆的实验。为保护被试受到米尔格拉姆实验中的极端压力的危害，他做了适当的改变。例如，他对被试进行筛查，确保他们没有疾病使其无法承受加剧的压力。除此之外，如果在电压达到150伏特后仍选择继续的话，主试会停止实验来避免被试承受之后更大的压力。Burger之所以这么做是因为几乎所有在150伏特后选择继续实验的被试往往会持续实验到最后。同时，男女性均参与该实验，而米尔格拉姆的实验只针对男性。

实验结果是什么呢？和米尔格拉姆45年前所做实验的结果几乎是一致的。见图8-17，绝大部分的被试（男性中占66.7%，女性中占72.7%）在电压达到150伏特后选择继续，即使学习者抱怨并表示他想要停止实验。在米尔格拉姆的实验中，可供比较的数据略微高一些。除此之外，当实验者的助手示范拒绝服从时，这并没有增加被试停止的意愿：54.5%的男性和68.4%的女性继续实验即使看到了另一个人拒绝服从。

所以实验结果告诉我们什么呢？在某一情景中，如米尔格拉姆所创造的实验环境，服从的压力非常难以反抗，大部分的人会选择屈服即使这意味着伤害一个从未伤害过他的人。这些压力具体是什么呢？服从趋势背后的影响因素又是什么呢？之后我们会有所讨论。

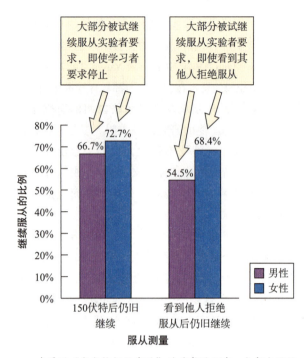

图 8-17 服从：一种强大的社会影响形式

在最近"米尔格拉姆实验"的重复验证中，大部分男性和女性会服从实验者电击无辜的人的要求。即使在对方要求停止，甚至看见另一个人拒绝服从时，他们仍然选择继续实验。

社会心理学家确定了几个因素，这些结合在一起便能使大部分的人难以反抗那些特定情境下的压力（Burger, 2014）。首先，在很多情境下，权威人物的存在减轻了服从者行为的责任。"我只是服从命令"是很多人在服从了残酷命令后的辩解。在生活情境下，这种责任的转移是内隐的，掌权者（如军官或者警务人员）被认为是要对发生的事情负有责任的。这就像发生在伊拉克阿布格莱布监狱中的虐囚事件一样，当美国士兵（无论男女）被录下他们虐待囚犯的录像后，他们的辩解是"我只是服从命令，我是被命令这么做的，而好的士兵都是服从命令的"。在米尔格拉姆的实验中，这种责任的转移是外显的。被试在实验一开始就被告知他们是不需要为学习者的健康负责的。从这一点上看，人们的服从行为就不那么令人惊讶了，毕竟，他们摆脱了责任。

其次，权威人物总带有标明身份地位的标记或者象征。他们会穿着特别的制服或者佩戴徽章，有着特别的头衔等。这些标记提醒人们存在一个社会规则：服从权威。这种规则非常有影响力，当人们面对它时，大多数人会选择服从。毕竟，我们不想做错事，服从权威人物的命令通常能够帮助我们避免这些错误。在米尔格拉姆的实验中，实验者穿着一件白色大袍，这就向被试暗示了他们是博士或者是权威人物。因此人们会服从实验者的命令也就不奇怪了（Bushman, 1988; Darley, 1995）。

再次服从的原因发生在这样的情景下，即权威人物的要求在逐步升级，若不是这样，这些要求则有可能被拒绝。首先命令者提出相对温和的要求，如仅仅是拘捕他人，而随后会提出一些更危险或者令人讨厌的要求（Staub, 1989）。例如警察局或者军队里的人员最初可能只是被命令去询问或威胁潜在的受害者。随后这些要求会逐渐升级，直至要求这些人员去毒打、折磨甚至杀害那些手无寸铁的公民。从某种意义上说，权威人物用的是"得寸进尺"技巧，从小的要求开始，然后提出更大的要求。同样，在米尔格拉姆实验中的被试最开始也是被要求对受害者施以微弱的电击，随着实验的进行，这个惩罚的强度逐渐增加到会对人造成伤害的水平。

最终，这些破坏性服从事件的发展都非常迅猛：示威变成骚乱，逮捕变成大规模的殴打和谋杀等，

8.3.2 破坏性服从：为何发生

正如我们先前提到的，米尔格拉姆的研究之所以如此令人不安的原因之一是它与现实有关，这些现实涉及对无辜受害者的残暴行为，就像纳粹谋杀了成千上万的犹太人和其他民族的人，1994年卢旺达的胡图政府发动的种族灭绝运动在3个月内杀害了近80万西图人，以及20世纪早期，土耳其部队对上百万亚美尼亚人的大屠杀。这里我们再次提出这个疑问：为什么这些破坏性的服从会发生？因为这些悲剧和米尔格拉姆实验中的参与者都是普通人，所以我们需要思考他们是否坚定地相信他们所做的事情，某个任务或目标的重要性。Haslam, Reicher 和 Birney（2014）在最近的研究中表明，被试对科学进取心这一目标的认同程度将预测他们继续进行电击的程度。这个解释可能可以应用于实验室中的被试，那大部分实验室外处于悲剧中的人又该如何解释呢？坚定相信一个强大的目标真的可以使人们自愿屈服于社会影响中的这种形式吗？

这些过程都转变得很突然。这些事件的节奏之快让被试没时间去反应和进行系统的思考。人们被要求去服从，这个过程几乎是全自动的。这些现象也在米尔格拉姆的研究中有所体现：在进入实验室的短短几分钟内，被试就面临着要给学习者施加强电击的要求，这个快节奏也会提高服从性。

总体来说，米尔格拉姆实验中产生的高水平的服从并不难理解。社会心理学家不管是从米尔格拉姆实验中还是那些真实情景中所分析出来的这些因素结合起来产生的作用，让人们难以拒绝其他人的要求（如图8-18）。而这所导致的结果对于那些无辜的、没有反击之力的受害者来说是个灾难。

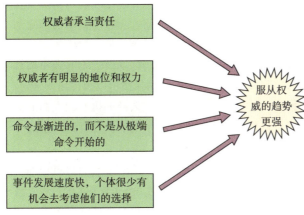

如图所示，这些因素结合起来让人们很容易服从权威的要求，即使这些要求涉及伤害他人，或者违背自己道德标准。

图 8-18　服从权威：发生的原因

8.3.3　破坏性服从：拒绝它的影响

既然我们已经讨论了影响服从权威的因素，现在我们就提出另一个相关问题：怎么拒绝这种类型的社会影响呢？以下的几个策略也许会有帮助。

第一，当人们接到权威人物的命令时，提醒他们（是服从命令者本人，而非当权者）需要为所产生的后果负责。在这种情况下，服从倾向会呈现剧烈下降的趋势（e.g., Hamilton, 1978; Kilham & Mann, 1974）。

第二，可以给个体提供一个清晰的指示，即在某些情况下，对于破坏性要求的完全服从是不合适的。一个高效的方法就是给被试举个不服从的例子，即人们拒绝服从权威人物的要求。研究结果表明这些例子可以在很大程度上减少绝对服从（e.g., Rochat & Modigliani, 1995），即使 Burger（2009）提出这并不总是有用的。

第三，个体会发现，当他们质疑这些权威人物的专业技能和动机时，他们会更容易拒绝来自这些权威人物的影响。因为对权威人物动机的认同是决定人们服从的关键因素（Haslam, Reicher, & Birney, 2014）。他们的动机究竟对社会是有益的，还是只为一己之私？独裁者通常宣称他们那些残忍的要求是关心他们的臣民和为了臣民的利益着想的，但是如果大多数人都在一定程度上质疑这些动机，那么这些独裁者的权力就会被破坏，甚至最终可能会消失。

第四，对盲目服从权威所带来的后果的了解也有助于我们拒绝服从。一些研究发现（e.g., Sherman, 1980），当人们知道社会心理学的相关研究结果时，他们能意识到这些结果的重要性（Richard, Bond, & Stokes-Zoota, 2001），而这些新的知识就会引起他们行为上的改变。对于破坏性服从而言，了解这一过程能够增加人们对于这类服从的拒绝行为。在一定程度上，米尔格拉姆实验中那些令人不安的结果也有它的积极价值。

在权威人物面前，服从的压力是很强大的，但这并非不可抗拒。在恰当的条件下，他们的要求会遇到困境或阻力。在生活中其他方面，拒绝服从确实是一个选择。当然，决定拒绝权威人物的要求也是一件危险的事情：这些权威人物通常掌控着大多数的武器、军队和警察。历史上充满了很多类似的事例，在这些例子中那些英勇的人反抗权威人物的权力和根深蒂固的制度，尽管他们长期受到打击，但最终他们还是取得了胜利（Turner, 2006）。从这些例子中，我们可以看到：权力并不是永恒的，胜利总是属于那些为了自由和民主而战的人，而不属于那些希望控制其他人生活的人。

要点 Key Points

- **服从**是一种社会影响形式，指一个人命令另一个人或更多的人做某件事，而这些人也确实这么做了。从某种意义上说，这是一种最直接的社会影响形式。
- 米尔格拉姆的研究表明：当权威人物的权力并不强大时，人们也会服从他的命令，即使这些命令是要求他们去伤害另一个无辜的陌生人。人们对权威人物和他们目的的认同程度可以预测人们服从的程度。现实生活中的很多暴行都体现了破坏性服从。它由很多因素引起，包括把责任转移到权威人士身上，权威人物的外在标志提醒人们"服从权威"这一社会规范，逐渐升级的要求（与"得寸进尺"策略类似），还有事件进展的快节奏。
- 一些因素可以帮助减少破坏性服从的发生率，它包括提醒人们他们需要分担服从命令后所造成的后果，提醒服从者有些时候服从是不合适的，号召服从者质疑权威人物的动机，以及告知人们一些社会心理学关于这一领域的研究成果。

8.4 无意识社会影响：他人如何改变我们的行为，即使他们并非有意

虽然从众、依从和服从都是社会影响的直接形式，但它们有一个共同特点：每个都涉及一个或多个人有意识影响他人的思想和行为。即使是从众看似与依从和服从有所区别，它仍然包含影响他人的目的：例如某一群体甚至整个社会都希望它的成员可以遵守规范，甚至会施加压力（微妙的或直接的）来使他们遵守规范。但是，是否所有的社会影响都是有目的？人们有时是否可以在无意识的情况下影响他人呢？研究结果表明这种**无意识社会影响**（unintentional social influence）非常普遍。接下来我们讨论一些常见的形式。

8.4.1 情绪感染

试想一下，你的一个好朋友突然走进房间，热情洋溢，开心地笑着，你询问她为什么如此开心，但是在她回答之前，你是否想到你会受到她积极情绪的感染，开始觉得自己情绪也有所提升，你也开始变得开心了呢？你可能确实有如此的经历，因为我们很容易受到他人情绪的影响。你是否曾经在看到电影中的人物表现悲伤时哭泣，或者在看到电影中人物表现幸福时感受到快乐，你可以从直接的经历中体会到这类反应。

社会心理学家将这一效应（某个情绪从一个人传到另一个人）称为社会感染，是另一种最基本的社会影响形式。事实上，情绪显然可以被传递或感染，但是为什么会这样呢？是什么样的机制让人们的情绪可以影响他人，即使这个人并没有尝试产生这一效应？

有关这一话题最初的研究（e.g., Hatfield, Cacioppo, & Rapson, 1994）强调一个非常基本的过程：当我们观察到他人的情绪时，我们尝试从身体上表现出匹配他人的情绪反应。如果对方开心，我们开始微笑；如果对方伤心，我们可能愁眉。这一效应自动地出现，结果就是我们会感受到其他人的感觉。当然，这在一定程度上是正确的，但这并没有解释另一个有趣而且很重要的事实：有时候我们观察到他人的情绪但并没有体验到他们的感受，反而经历十分不同的情绪。例如，如果你看到刚刚打败你们学校队伍的球队表现得很快乐，你可能反而会感到失望或甚至对他们开心的反应表示愤怒。德语中有一个具体的词语来描述该反应，幸灾乐祸（Schadenfreude），意思是因别人的不幸或失望而开心。你是否有这样的经历呢？除非你是完全的圣徒，否则你很可能会体验到这种感觉。当其他人完胜我们时，我们会被希望成为一个"好的失败者"，然而有些时候建议你表现得礼貌要比真的做到要容易得多。

事实上有时候我们和他人有相同的情绪而有时候又完全不同，这并不是简单的自动模仿。认知方

面也要包含其中。我们不仅仅注意到他人的情绪，同时也进行解释。Parkinson 和 Simons（2009）认为有时候我们将别人的感受解释为我们也应该有这样的感受的信息来源。比如，如果他人在做决定时表现得十分焦虑或兴奋，我们会认为这一决定十分重要并会感觉到相似的情绪。这和我们观察他人感受并自动感觉到同一感受的直接影响是不同的。研究人员从一个日记研究中得到了支持这一假设的证据，被试需报告当他生活中重要的人（如搭档和配偶）做重大决定时自己的感受。结果表明他人的感受生成了自动情绪反应并影响着个体对情景的评价。

另外，其他研究（Epstude & Mussweiler, 2009）表明与他人情绪的相似性对我们自己的感受有很重要的决定作用。如果我们认为自己与他人相似，然后通过社会比较，我们会尝试感受他人的情绪。如果我们认为自己与他人不同，我们可能会感受到与他人完全相反的情绪。

为了检验这一预测，研究人员进行了实验，要求被试首先启动相似性或不同性（通过对一些图片选择是否与自己相同来启动）。然后，被试将听一段与自己同一性别的演员朗读文章的录音，演员可能表现得略微开心或略微伤心。最后，被试将给自己的情绪打分。结果显示被试如果启动相似性，那么他会认为演员和自己相似，并报告感受到开心的演员比伤心的演员更为快乐；反之如果启动不同性，则有相反的结论。这一发现完全验证了之前的预测。

总的来说，我们的感受和情绪经常会受到他人的影响，而且这一现象往往在他人并没有打算如此影响我们时出现。**情绪感染**（emotional contagion）是一种非常基础和普遍的社会影响，在社会生活中起到重要的作用。最近的研究表明，我们大脑中有一神经机制起着强调他人情绪对我们影响的作用。这一机制中包含镜像神经元，一类在我们观察他人行为和情绪表达并进行模仿时大量激活的神经元。我们将会在第 9 章进行详细讨论。

8.4.2　象征性社会影响

你是否遇到过这种情境，在你打算做一件事前问自己："我的父母、朋友或其他重要的人对此有什么感受？如果我这么做他们会有什么反应？"在这种情境中，仅仅是关注他人反应的想法便对我们的行为和态度有着强大的影响。社会心理学家称其为**象征性社会影响**（symbolic social influence），而且往往在他人并未尝试影响我们时发生。当然，当其他人面对我们时，他们可能试图对我们产生影响，但是当他们并不在现场时，这时是我们关于他人的心理表征——他们的所需、所好、我们彼此间的关系，以及他们会如何评价我们或我们当前的行为在影响着我们。例如，在一些早期研究中，Baldwin, Carrell 和 Lopez（1990）发现，当给研究生呈现他们系主任面孔的阈下刺激时，他们会更加消极地评价自己的研究想法。也就是说，虽然主任的面孔图像呈现时间很短，研究生没有意识到自己看到的图片内容，但是主任的负性面部表情还是对学生的自我评价产生了重大影响。

我们关于其他人的心理表征是如何影响我们的行为和思维的呢？这里涉及两个机制，并且这两者与我们的目标有关。首先是他人在我们头脑中出现的程度（即使我们没有意识到他们的出现），这会激发我们头脑中的关系图式，即与我们有关系的人和这些关系本身的心理表征。当这些关系图式被激活后，同样，与这些关系相连的目标也会被激活。例如，如果我们想到一个朋友，那么应该相互帮助的目标可能就被激活了；如果我们想到的是父母，那么希望他们感到骄傲的这一目标可能就被激活了。这些目标反过来又影响我们的行动、思想和对他人的评价。例如，一旦"帮助他人"的目标被激活，我们会表现出更多乐于助人的行为。如果是"保持良好身材"的目标被激活，那么我们会拒绝一些美味甜点的诱惑。

其次，关于他人的心理表征也可能会激发与这个人相关的目标，即他人想要我们达到的目标。这会影响到我们完成各项任务时的表现和为实现这些目标所做的承诺（e.g., Shah, 2003）。例如，当想到父亲时，因为知道他希望我们能在学业上有好的表现，那么我们关于这个目标的动机可能会加强，我们会更加努力学习以达成这个目标。尤其是当我们能近距离感觉到父亲的时候，这个动机会更加强烈。换句话说，我们头脑中关于他人心理表征的程度，包括与他人关系的特点、关系中的目标，或者其他人想要我们达到的目标，而这些都可以被激活，并且这些概念和知识结构反过来又会影响我们的行为。

许多研究都发现了这样的影响，但是Fitzsimons和Bargh（2003）的研究是其中最具有启发性的。在这个研究中，研究者和在机场的旅客进行了交谈，让他们尝试去回想一个好朋友或工作伙伴，然后写下这个朋友（或伙伴）的名字的缩写，同时回答关于这个朋友（或伙伴）的一系列问题（如描述一下他的外貌，你们认识多长时间，他或她的年龄，等等）。最后研究者询问被试是否愿意帮助研究者完成一份长问卷。实验假设：那些想到朋友的被试会更愿意帮助研究者，因为想到朋友可以激活被试"帮助他人"的目标，就像对朋友那样。结果确实是这样，想起朋友的被试，比想起工作伙伴的被试更愿意提供帮助。请注意，这里不是要求被试去帮助朋友，而是帮助研究者这个陌生人。但是我们仍然可以看到，对于朋友的想象影响了人们的行为。

这些结果的发现，以及日益增多的研究报告（Shah, 2003）都认为：只要其他人在我们心理表征中出现了，那么即使他们没有真实地呈现在我们面前或者没有试图想要影响我们，我们仍然会受到他们的影响。

8.4.3　模范作用：从观察中学习

每当水管工或电工来我家维修时，我总会跟着他，观察他如何做并询问他是否可以告诉我维修方法。我这么做的原因很简单，希望能从那些在某一领域擅长的人身上学习一些东西。正因为这样，我现在可以自己维修很多之前不能够修理的东西。这一社会影响称之为模范作用或观察学习，通过观察他人进行学习然后做他人所做的事情（见图8-19）。另一种形式是模仿，不太好的是没有人愿意因为模仿他人而被指责，但是模仿给予了模范作用和观察学习所有的好处。

模范作用是一个很普遍的过程，儿童从他们的父母和老师身上学习，个人尝试拥有各种技巧，水管修理、演奏乐器，甚至如何进行科学实验，从那些已经学会的人身上学习。模范作用也在很多我们不知所措的情境（没有清晰规定怎样做才合适的情境）中出现。在这样的情境中，我们把他人的行为作为我们应该如何做的指导。这类影响非常强大：研究结果表明人们会将自己的行为和关于他人想法表达的行为进行匹配。我们在第10章会讨论人们暴露在他人攻击行为情景下，例如观看暴力游戏或电影，会增加自身的攻击行为。大量有关这一类话题的研究（e.g., Anderson et al., 2010）均表明暴力游戏不仅会使周边的人有外显的侵略性，也会使玩游戏的人有施加暴力的想法。简单地说，模范作用的影响是有利还是有害的，取决于观察的个体。

每当电工、水管工或其他专业人员来我家时，我总会跟着他们，通过观察他们如何维修进行学习。如图所示，我正在进行观察学习。

图8-19　观察学习的行为

要点 Key Points

- 他人可以对我们产生影响即使他们并不打算这么做，即通过**无意识社会影响**。

- 这些影响有不同的形式。一种是**情绪感染**，我们的情绪经常受到他人的影响即使他们并

- 没有试图影响我们。
- 另一个称为**象征性社会影响**，即使当一个人不在我们面前时，他也可以通过我们关于他的心理表征和我们之间的关系来影响我们的行为和思想。
- 第三种无意识社会影响的形式是模范作用，我们可以通过观察他人来学习，或者在我们不确定应该如何做的时候把他们当作行为的模范。

总结与回顾

社会影响（social influence）是指人们对他人多方面的影响，体现在行为、态度或者信仰上，是生活中不可缺少的一部分。大多数人都表现出强烈的**从众**（conformity）倾向，他们在大多数时候都会服从社会规范。阿希是第一个系统研究从众行为的人，他的经典实验表明大多数的人都会服从来自一个匿名群体的社会压力。很多因素决定了从众是否发生，或者多大程度。包括了**凝聚力**（cohesiveness），群体对于一个个体的吸引力、群体规模和情境下社会规范的类型——描述型或强制型。当规范与我们有关时，他们会在很大程度上影响着我们的行为。两种重要的动机影响着我们的从众倾向：想要被其他人喜欢的愿望和想要正确的愿望。这两种动机反映了两种截然不同的社会影响类型，规范性社会影响和信息性社会影响。

情绪感染往往发生在一个或多个人被他人的情绪影响的时候。这些感染是导致相似还是不同的情绪反应取决于我们认同程度的高低。

有一些因素鼓励拒绝服从，拒绝盲目追随群体，这些社会影响的力量强大且普遍，特别是当我们对于自己的决策不确定，或者不知什么是正确的时候，它们的影响会更大。这种影响在高地位、强权力和保持个性的欲望下被削弱。反抗从众压力可以带来很多益处，例如，他们会被认为比那些从众的人地位更高。从众的压力是十分巨大的，会导致好人做坏事，这在斯坦福监狱实验的研究中得到了很好的说明。

个体会运用很多技巧去获得其他人的**依从**（compliance），让目标人物去做我们希望他们做的事情。很多技巧背后的原则对于社会心理学家来说都是耳熟能详的。两个用得最多的技巧，"**得寸进尺**"（foot-in-the-door technique）和"**低球手法**"（lowball procedure）基于承诺或者一致性的原则；相反，"**以退为进**"（door-in-the-face）和"**不只是这样**"（that's-not-all techniques）基于互惠的原则；"**欲擒故纵**"（Playing hard to get）和"**最后期限**"（deadline technique）基于稀缺性原则，那些稀缺的或者很难得到的事物就是有价值的。

服从（obedience）是一种社会影响形式，它是指一个人命令另一个人或更多的人做某事，而这些人也确实这么做了。在某种意义上，它是一种最直接的社会影响。米尔格拉姆的研究表明大多数的人会去服从来自一个权力相对较小的权威人士的命令，即使这个命令要求他们去伤害另一个人。最近有关该研究的重复实验得到了非常相似的结论。现实生活中的很多暴行都体现了破坏性服从，它是由很多因素引起的。包括把责任转移到权威人士身上，权威人物的外在标志提醒着人们"服从权威"这一社会规范，逐渐升级的要求（与"得寸进尺"策略类似），还有事件进展的快节奏。

一些因素可以帮助减少破坏性服从的发生率，包括：提醒人们他们需要分担服从命令所造成的后果；提醒他们，有些时候服从是不合适的；号召他们去质疑权威人物的动机，还有告知他们一些社会心理学关于这一领域的研究成果。

另外某些人可以影响我们，即使他们并不打算这样做。这类**无意识社会影响**（unintentional social influence）有多种形式。一种是情绪感染，我们的情绪经常受到他人的影响即使他们并没有试图产生这样的效果。另一个称为**象征性社会影响**（symbolic social influence），即使当一个人不在我们面前时，我们对他们的看法也会影响我们的行为和思想。

无意识社会影响的第三种形式是模范作用，我们从对他人的观察中学习，或者在不清楚如何表现时，利用这些观察来指导自己的行为。

第 9 章

亲社会行为：帮助他人

章节概览

- **亲社会行为的动机**

  共情 – 利他主义：助人为乐

  缓解消极状态：助人行为能降低不愉快的感受

  共情喜悦：帮助他人使人感到愉快

  竞争 – 利他主义：为什么好人最先获得成就

  血缘选择理论

  防御性帮助：减少外群体对内群体的威胁

- **应对突发事件：旁观者会帮忙吗**

  危急情况下，旁观还是出手

  法不责众？有时的确是，但并非总这样

  决定人们是否提供帮助的关键步骤

- **提高或阻碍助人行为的因素**

  有利于亲社会行为的因素

- **研究告诉我们：爱的传递，帮助他人是因为曾得到帮助**

  减少助人行为的因素

- **研究告诉我们：人们如何回应帮助**

- **众筹：一种新的亲社会行为**

  情绪与亲社会行为：心境、情感升华与助人

  性别和亲社会行为：存在性别差异吗

- **最后的思考：亲社会行为和攻击行为是对立的吗**

在一个阳光明媚的日子，爱荷华州的 Chris Ihle 刚吃完午餐。他刚刚停下他的摩托车，突然注意到有一辆汽车停在铁路道口的轨道上。而此刻，一列火车正在以很快的速度接近！他跑向那辆车，并向里面的两个人大喊，"快出来"，但司机和他的乘客都没有任何回答。经过快速思考，Chris 试图从后面推这辆车，但车纹丝不动，他又跑到前面，试图从前面推。这一次，车终于移动了，他使劲把它推离轨道，而此刻火车离他们只有几英寸！他冒着生命危险，帮助了两个素不相识的陌生人，84岁的马里昂和他的78岁的妻子，并成功地将他们从死亡中拯救了出来。

全球范围内，超过30亿人用火炉来烹饪餐点和为屋子供暖，这些炉子对于使用它们的人乃至整个地球的人们来说，都是很危险的。它们十分低效，需要燃烧大量的燃料才能产生少量的热量。它们还排放危险的烟雾、煤烟和许多其他污染物。虽然你可能认为这些污染的数量很小，但请注意，有超过十亿的人正在使用这些产生污染的火炉！这些火炉所产生的污染已经超过了大气中温室气体的12%，此外，由于火炉往往在很小的空间中使用，它们所排放的污染对使用者也有很大的伤害。更糟糕的是，每年有数千名儿童被这些热炉烧伤。显然，这是一个重大的社会和环境问题，但是我们能做什么呢？一些工程师自发地创立了一家公司，名为Aprovecho，在西班牙语的意思是"最高效利用"。他们的目标是建立一个更好、更安全、更高效的厨房炉灶，并以多数人能够承受的价格为人们提供这种产品，这种价格不会为公司或其创始人带来任何利润，但有助于解决数以亿计人的吃饭问题。最近，这项工作得到了清洁炉灶全球联盟的推动，他们目标一致，并且不求任何利润。他们开发的炉子如图9-1所示，现在，已超过一亿人受益于这些产品。

乍一看，这些故事可能看似完全不相关。但实际上，它们都涉及一个基本主题：社会心理学家所描述的**亲社会行为**（prosocial behavior），个体在无法得到即时受益的情况下帮助他人。Chris的英雄行为使得车里的老夫妇免于受伤。同样，科学家为数亿人提供更安全、更高效的炉灶也造福着整个地球。可见，亲社会行为有许多不同的形式，实施对象可以是几个人，也可以是许多人。

从某种意义上说，亲社会行为本身具有一定神秘色彩：人们为什么甘愿付出甚至牺牲自己的安全、安逸和时间来帮助那些不能给你回报（至少没有立即或平等地给予回报）的人呢？正如社会心理学家所发现的那样，这种行为背后有许多动机，并且有众多因素增加或减少了它发生的可能性。

亲社会行为不仅能帮助到一个或少数几个人，也能够帮助成千上万的人。一个典型的例子是开发更节能、更安全的炉灶，科学家正在无偿地投入其中。他们正在实行亲社会行为。

图9-1　亲社会行为能够帮助成千上万的人

在本章中，我们将研究亲社会行为的许多方面。首先，我们要考虑这种行为的动机。然后考虑人们在紧急情况下的助人情况（比如汽车停在铁轨上的情况），这类情况往往更能揭露人们亲社会行为的本质。此外，我们还会探讨外部情境因素与个体人格因素在亲社会行为中的影响。最后我们还将关注一个特别有趣的问题：接受帮助的人如何回应？是感激，还是尴尬，或者对这种援助感到不满？

9.1　亲社会行为的动机

为什么人们会帮助他人？在本节，我们将会看到，很多因素都影响着一个人是否以及在多大程度上会参与到亲社会行为当中来。情境因素是很重要的，同时很多个人因素（如性格）也很有影响力。这里，我们将关注一个基本问题：为什么人会表现出亲社会行为？对于这个问题已有多个不同的解释，我们现在开始简要描述这几种截然不同的观点。

9.1.1 共情-利他主义：助人为乐

有一些社会心理学家用共情来解释亲社会行为。**共情**（empathy）指能够体会到他人的情绪状态、同情他人、以他人的视角看待问题（e.g., Eisenberg et al., 1999; Hodges, Kiel, Kramer, Veach, & Villaneuva, 2010）。持这种观点的人认为：如果我们能够对他人产生共情，能够体会到他人陷于某种困境中的消极情绪，并且有"助人为乐"的观念，我们就有可能提供帮助，希望他人摆脱困境。这种帮助他人的行为既是无私的，因为它没有牵扯到外部因素；又是自私的，因为这种行为对帮助者是有益的，因为它让人自我感觉良好。基于以上的基本观察，Batson, Duncan, Ackerman, Buckley 和 Birch 提出了**共情-利他主义假设**（empathy-altruism hypothesis）。他们认为至少有某些亲社会行为只是受到渴望帮助在困境中的他人这一动机驱使。这种助人动机是很强的，以至于有些人情愿冒着令人不快、危险，甚至生命危险去帮助别人。恻隐之心一起，其他考虑因素就不再成为问题了（Goetz, Keltner, & Simon-Thomas, 2010）。

事实上，研究结果表明，共情包括三个不同的基本维度：情感维度（情感共鸣，涉及分享他人的感觉和情绪），认知维度（共情准确性，涉及正确地感知他人的思想和感觉）和共情关怀（涉及对他人幸福与否的关心）（e.g., Gleason, Jensen-Campbell, & Ickes, 2009）。这种区分是重要的，因为这三个维度似乎与亲社会行为的不同方面有关，并具有不同的长期影响。例如，共情准确性就在社会适应方面发挥了关键作用，影响着我们与他人和谐相处的程度。

在一项有关共情心理的权威研究中，Gleason 及其同事（2009）认为青少年的共情准确性越好，也就是说，他们生活中的"日常读心"技能越好（能够更准确地了解他人的想法和感受），他们的社会适应能力就越好：他们将拥有更多的朋友，更受朋友的喜爱，友谊的质量更好，也更不容易成为受他人欺凌或社会排斥的对象。研究者认为，共情准确性将有助于青少年对他人做出适当的反应，这反过来也会更好地促进同伴之间的关系，使青少年的心理状态得到更好的调整（见图 9-2）。在该项实验研究中，

研究者让参与实验的志愿者观看一段视频，并在某个时刻暂停视频，要求参与者猜测视频中的人正在思考的内容或此刻的感受，并请他们写在一张纸上，通过比较他们的答案与视频中的人实际所报告的想法和感觉的异同，对参与者的共情准确性能力进行评估。

结果表明，学生的共情准确性越高，他们的社会适应能力越强。简而言之，高水平的共情准确性（清楚地了解他人的感觉和想法）有助于提高个体与他人和谐相处的能力。当然，也存在另一种可能，个体与其他人和谐相处的愉快经验可能会使他们更善解人意，反过来增强了他们的共情准确性。我们提到这种可能性不是因为我们认为它更准确，而主要是提醒你，建立因果关系往往并非易事，即使在像这样权威的研究中也是如此。

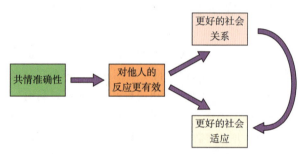

近日研究表明，共情准确性，即准确理解他人情感与思维的能力（也称为日常读心能力），在社会适应中扮演着重要的角色。与低共情准确性的青少年相比，拥有更高共情准确性的青少年会交到更多的朋友，拥有更高的同伴接受度，以及受到更少的欺凌。

图 9-2 共情准确性：社会适应的一个重要方面

镜像神经元：同情和帮助他人的生物基础

在有关同情心理在亲社会行为作用的研究中，有一个有趣的问题：我们对他人的共情是否在某种程度上拥有相应的神经基础，以至于往往能够自发产生？对于这一问题，多年研究的结果发现，我们的大脑中的确存在专门负责共情功能的区域，这一功能让我们得以感受到他人的感受。这个系统被称为镜像神经元。镜像神经元在共情中的作用已经被几个不同的研究所支持（Baird, Scheffer, & Wilson, 2011）。首先，研究调查了个体自我报告的共情体验能力与被定义为运动神经元的脑区活动的关系。结果表明（Pfeifer, Iacoboni, Mazziotta, & Dapretto,

2007），个体所报告的经历同情的能力越高，这些脑部区域中的神经活动越活跃，尤其是当个体观察到他人正在经历疼痛的时候。

还有一些研究关注了自闭症谱系障碍，这是一种心理疾病，表现为在社会交往和复杂社会情境的社会互动的能力上具有一定缺陷，患有这种障碍的人的共情能力有所降低。尽管研究结果不尽相同，但总体而言，研究者认为，患有这种障碍的个体表现出更低的镜像神经元活跃性，这意味着该神经系统是共情发生的神经基础。另外有研究发现（Montgomery, Seeherman, & Haxby, 2009），当个体观察他人的情绪表达时，镜像神经元是活跃的，但是当他们观察非情绪表达的面部表情时，如咀嚼、打喷嚏，镜像神经元是不活跃的。这意味着运动神经元能优化他人情绪体验，从而产生共情。

最后，研究者发现共情训练，即令个体体验对他人的同情或共情的训练，能够增加镜像神经元区域的活动（Weng et al., 2013）。总之，在我们的大脑中似乎确实存在共情的神经基础，也就是说，分享他人的痛苦与喜悦是人类与生俱来的能力。

在结束对共情及其影响的讨论之前，我们应该补充，Zaki（2014）在检验过现有研究成果之后，总结出能够激励共情心理产生的几个因素：积极情感、与他人交往的欲望和社会赞许性（在某一特定情境下，通过做正确的或是被认可的事情向他人展现"这个人看起来不错"的意愿）。然而，共情也可能被其他因素所阻碍，例如他人的痛苦（可能看起来太痛苦而不忍看下去），以及体验共情的代价。总之，对他人的共情并非完全是自动的反应，它在某些情况下比其他情况更容易发生。

9.1.2 缓解消极状态：助人行为能降低不愉快的感受

助人行为的另一种解释与共情正好相反，即人们不是因真正关心他人的幸福而提供帮助，而是因为这些行动能减轻我们自己负性的、不愉快的情绪。也就是说，我们助人是为了消除自身的不良感受。得知或者看到他人正受到伤害会使我们感到痛苦，为了减轻这种痛苦，我们有可能提供帮助。

对亲社会行为的这种解释源于**消极状态释放模型**（negative-state relief model；Cialdini, Baumann, & Kenrick, 1981）。研究表明，不管旁观者的消极情绪是否由突发事件引发（也有可能由与突发事件无关的事件引发），这种模型都可以产生作用。也就是说，你可能是因考试成绩差而感到沮丧，也可能是因为看到一个受伤的陌生人而感到沮丧。在这两种情形下，你都可能参与到亲社会行为中，而你的目的主要是为了改善自己的心情（Dietrich & Berkowitz, 1997; Fultz, Schaller, & Cialdini, 1988）。在这样的情境中，沮丧导致了亲社会行为，共情并不是一个必要的成分（Cialdini et al., 1987）。

9.1.3 共情喜悦：帮助他人使人感到愉快

当你为一个熟人或是陌生人提供帮助时，你会有什么样的感受呢？如果你和大多数人一样，那么你应该会觉得心情有所提升，情绪也变得积极。例如，当我在杂货店购物时，如果我的购物车中有满满一车的商品，而排在我身后的人手中只拿着两三样东西，我往往会对他说："你先结账吧。"此时他们总是微笑着对我说声谢谢，而我的心情也会突然开心起来。这种情况表现了亲社会行为的另一种理论基础，也就是**共情喜悦假设**（empathic joy hypothesis；Smith, Keating, & Stotland, 1989）。该假设认为，助人者喜欢受助者接受帮助时的积极反应而热衷于向他人施以援手。比如，你可以想象一下，当你送给他人礼物时，他人回以微笑并表现出积极愉悦的情绪，你的感受如何呢？这就是共情喜悦的一种。这个理论隐含的意思是，对于提供帮助的人来说，知道他的行为将会对受害者产生积极的影响是非常关键的。这就引发了一个争议，如果助人行为是完全由共情引发的，那么共情行为效果的反馈就变得不重要了，因为共情观点隐含了这样一层意思：我们只是"因为做好事而做好事"，并不考虑其结果。真是这么回事吗？答案是否定的，助人行为并不能保证共情喜悦的产生。为了验证这一预测，Smith, Keating 和 Stotland（1989）做了一个实验。在实验中，实验者让被试观看一段录像，在这段录像里，一个女学生说她因为感到孤独和悲伤而可能退学。这位学生被描绘成与被试很相似（高共情）或者不相似（低共情）两种情况。在看完录像后，要求被试给这位女学生提供一些建议。有些被试被告知，他们将会收到有关他们提供的建议的效果反馈（也就是这位女生是否采取了他的建议）；另一些被试则被告知，他们不会知道这位学生最终将如何去做。实验发现，共情并不足以引发亲社会行为，只有当被试有高共情水平并收到反馈信息时，助人才会发生。

在136个不同国家进行的一项研究为助人回报的重要性提供了令人印象深刻的证据。在最初的研究中（Aknin et al., 2013），研究者对来自世界各国的20万人进行了问卷调查，请他们回答在过去一个月中，他们是否有向慈善机构捐款的经历，并完成一个简短的主观幸福感问卷（测量他们对生活的满意程度）。研究人员预测这两个变量之间将存在正相关，即帮助他人使世界各地的捐赠者产生积极的情感。这种相关强度是变化的，说明这些研究发现所反映的是变化性关系（functional relationship，存在于各个国家但程度有差异），而非稳定性关系（accessible relationship，存在于各个国家且程度无差异）。换句话说，帮助他人和感受到积极情绪之间的联系在世界各地均存在，但在某些文化中，它们的联系的强度比其他文化更强。在另一项研究中，Aknin等（2013）针对来自加拿大、乌干达和印度且贫富差异很大的志愿者进行了调查，要求他们回忆一个他们为自己或他人花钱的例子。在回忆之后，他们被要求进行一个幸福感测验。结果表明，被试报告，与给自己花钱相比，给另一个人花钱令他们感到更快乐，在三个国家中皆是如此。简而言之，这些研究发现支持了个人参与亲社会行为的一个原因是这样做使他们感到快乐这一假设（见图9-3）。

9.1.4 竞争–利他主义：为什么好人最先获得成就

迄今为止描述的三个理论模型表明，情感因素是进行亲社会行为的一个关键因素。所有三种模型都基于这样的假设：人们进行助人行为，要么是因为他们想减少他人的负面情绪，要么是因为这样做有助于他们感觉更好（主体行为能够抵消人们的负面情绪或感觉）。而**竞争–利他主义**（competitive altruism）则进一步带来了亲社会行为的另一个视角。这种观点认为，人们帮助他人的一个重要原因是，这样做提高了他们自己的地位和声誉，不仅抵消了从事亲社会行为的成本，还能带来巨大的好处。

为什么帮助别人可以提升身份？通常来说，帮助别人是有代价的，帮助他人是在向其他人暗示，具有助人行为的个体具有理想的个人品质，他们往往是一个群体或社会所希望拥有的人。对于从事亲社会行动的人来说，他们也能够获得巨大的收益。高社会地位能够带来许多优势，从事亲社会行为的个体也很有可能由于他们的仁慈与体贴的行为得到声望上的回报。例如，你可能知道，许多向大学捐赠大量资金的人在访问母校时会被视为巨星级的大

研究结果表示：在世界范围内，有亲社会行为的个体均会报告更高的幸福感。助人的积极效应似乎在不同的文化环境下是同样的。

图 9-3　帮助他人的喜悦是普遍存在于世界各国的

人物，有些人甚至可能在大学校园里拥有以其名字命名的整栋建筑。研究结果证实，许多亲社会行为，尤其是公众认可的行为，背后隐藏的动机是提高社会地位（e.g., Flynn, Reagans, Amanatullah, & Ames, 2006）。所以，总的来说，竞争利他主义似乎是帮助他人的一个重要动机。

行为中的竞争利他主义：根据竞争利他主义，人们有时候从事亲社会行为是因为他们能够从中获得巨大的地位收益。这种收益在许多大学校园中随处可见，你会发现很多建筑物都是以捐献者的名字命名的。T. Boone Pickens（图片正中的人）是美国俄克拉何马州立大学的毕业生，最近，他捐献了一亿美元给母校。但是请注意：我们并不是指获得地位收益是他唯一或主要的捐献目的，事实上，我们确信这主要出自他对母校的热爱与个人的仁义。

图 9-4 为什么校友会给予大学巨大的回报

9.1.5 血缘选择理论

血缘选择理论（kin selection theory；Cialdini, Brown, Lewis, Luce, & Neuberg, 1997; Pinker, 1998）为我们理解亲社会行为提供了另外一种视角。从进化论的角度来看，一切生物（包括人类）最主要的目标就是把我们的基因传给下一代。这种观点得到了很多研究的支持。这些研究发现，总体来说，相比于没有关系的人，人们更愿意帮助那些在血缘上与自己比较紧密的人（e.g., Neyer & Lang, 2003）。例如，在 Burnstein, Crandall, Kitayama（1994）所做的一系列研究中，主试询问被试在紧急事件中他更愿意帮助哪些人。结果正如预期：被试更愿意帮助那些关系很近的亲属，而不是血缘关系疏远的亲戚或是没有血缘关系的人。另外，与血缘选择理论一致的是，他们更愿意帮助年轻的亲属，因为相比于老年人，这些人还有很多机会进行生育。例如，让被试在刚好处于生育年龄的年轻女性和已过生育年龄的妇女之间进行选择，被试会选择帮助那些年轻的个体。

从以上可以看出，有充足的证据支持血缘选择理论。但是，也许你已经意识到了一个基本问题：我们并不是只帮助在血缘上有关系的人，我们也帮助那些与自己没有亲属关系的人。我们为什么要那样做呢？根据血缘选择理论的解释，这些行为是无效的，并不是人的适应性行为，因为这些行为对我们把基因传给下一代这一目标没有什么帮助。而有一个可能的答案是，这是一种互惠利他行为，互惠利他理论（reciprocal altruism theory）认为我们愿意帮助那些血缘上与我们无关的人是因为帮助往往具有互惠性：如果我们帮助了他人，他人也会帮助我们，最终大家都会从中得到益处，大家能够生存下去的概率也就变大了（Korsgaard, Meglino, Lester, & Jeong, 2010）。

9.1.6 防御性帮助：减少外群体对内群体的威胁

正如我们在讨论偏见（第 6 章）时所看到的，人们经常将社会世界分为两类：内群体和外群体。此外，他们通常认为自己的群体与其他群体是不同的，自己的群体总是在某些方面优于其他群体。然而，有时候，外群体的成功会威胁到内群体所谓的优越性。这会是帮助的动机吗？最近的研究表明，这正是帮助的动机，因为消除外群体构成的威胁的一种方式是帮助他们，特别是使外群体的人看起来似乎依赖于这种帮助而显得无能或不足时（Stürmer & Snyder, 2010），这种帮助更为有效。换句话说，有时人们帮助别人，特别是不属于他们内群体的人，是一种化解威胁的手段。这种助人行为被称为**防御性助人**（defensive helping），因为他们的主要目标并不是提供帮助，而是以微妙的方式"镇压"外群体，从而减少其对内群体的威胁。在这种条件下，助人并不是源于共情或由受助者的感激引发的积极情感，而是源于一种更加自私的动机：保护内群体的独特与地位。

Nadler、Harpaz-Gorodeisky 和 Ben-David（2009）的实验证明了这些影响。他们告诉一所学校的学生，另一所学校的学生在认知能力测试上的得分比自己的学校得分要高得多（这对自己团体的优越性构成了高度威胁）。而第三个学校的学生得分与他们的学校一样（这是对自己团体的优越性的低威胁）。当有机会帮助这两所学校的学生时，参与者对高威胁学校提供了更多帮助，这或许是降低竞争对手威胁的一种方式。

这些发现强调了帮助他人可能源于许多不同的动机。与社会行为的许多形式一样，亲社会行为的复杂性不仅表现在其所采取的形式和影响因素方面是复杂的，还体现在行为产生的基本动机上。然而，不论此类行为的真实原因究竟是什么，助人行为显然是社会生活中相对普遍但十分重要的一部分，无论对于帮助者还是受助者而言，都是有益的。

要点 Key Points

- 亲社会行为可能源于不同的基本动机。**共情－利他主义假设**认为，我们帮助有需要的人是因为我们对他们的共情关怀。
- **共情**实际上包括三个不同的组成部分，情绪共情、共情准确性和共情关怀，这三个组成部分都可以作为帮助他人的基础。
- **消极状态释放模型**认为，人们帮助他人是为了释放他们的负面情绪，缓解情绪不适。
- **共情喜悦假设**认为，助人行为源于受助者在接受帮助（例如礼物）时所表现的积极反应，这反过来能够引发帮助者的积极感受。
- 最近的证据表明，世界各地的人在进行亲社会行为时，都会体验到积极的感受（影响）。
- **竞争－利他主义理论**认为，我们将帮助他人作为增加自己的地位和声誉的手段。
- **血缘选择理论**认为，我们更多地帮助与我们有近血缘关系的人，是因为这增加了我们将自己的基因遗传给后代的可能性。
- 助人行为的另一个动机是减少外群体对内群体造成的威胁，这被称为**防御性助人**。

9.2 应对突发事件：旁观者会帮忙吗

当发生突发事件时，人们经常冲上前去提供帮助，我在这章开头所描述的几个事件都属于这一情况。但是我们也会经常听到或看到这样的情境：突发事件发生时，目击者只是站在旁边观看，直到受害者受到伤害甚至死亡。有什么理由可以解释这种行为？让我们来看看社会心理学家在这一重要问题上有什么发现。

9.2.1 危急情况下，旁观还是出手

考虑一下这样的情形。假设你正在结冰的街道上行走，突然不小心滑倒了。你因此膝盖受了伤，再加上滑溜溜的冰面，你根本无法站起来。现在想象这一事故分别发生在下面两种情形中：1）这一街区人迹罕至，只有一个人看到了这一事故；2）这一街区人潮涌动，有12个人看到了这一事故的发生。常识告诉我们，旁观者越多，我们就越有可能得到帮助。在第一种情形中，你只能依靠一个人而这个人可能帮你，也可能不帮你。在第二种情形中，因为有12个目击者，所以从数量上看，你得到帮助的机会更大，这其中至少有一个人（有可能更多）会表现出亲社会行为。数量上的保证有效吗？在突发事件中有越多的目击者，受害者就越有可能得到帮助吗？这一看法显得非常合理，但是社会心理学家的研究却发现这很有可能是错误的，甚至是犯了严重错误。

两位社会心理学家 Darley 和 Latané 通过对一个非常有名的纽约谋杀案进行了长期仔细的思考后，

给出了解释。在这起案件中，一位年轻女子（Kitty Genovese）受到一名男子的攻击，很多人都能听到女子的尖叫，而且只要透过公寓的窗口就可以看到外面到底发生了什么事情。攻击者对受害者进行了持续数分钟的攻击，甚至在离开一会儿后，又返回来继续进行攻击。在这期间没有任何一个人打电话报警。当这一起悲剧谋杀案被媒体报道后，人们纷纷推测现在的人已经变得越来越自私和冷漠了。然而，Darley 和 Latané 提出了一个更为主要的问题：常识告诉我们在突发事件中（例如这一谋杀案），目击者越多，受害者就越有可能得到帮助。但是，为何在这起谋杀案中 Kitty Genovese 却没有得到帮助呢？在探索这一现象的过程中，Darley 和 Latané 提出了几种可能的解释并进行了验证，这些研究也成了社会心理学中的经典案例。

9.2.2 法不责众？有时的确是，但并非总这样

Darley 和 Latané（1968）对为何没人帮助 Kitty Genovese（甚至连报警也没有）进行了探究并提出了多种可能的解释。其中一种解释非常简洁直观：没有人提供帮助很可能是因为所有的目击者都认为其他人会帮忙。也就是说，所有那些听到或看到事件发生的人都认为自己没有必要提供帮助，因为其他人会处理这件事。Darley 和 Latané 把这一现象称为**责任分散**（diffusion of responsibility）。根据这一原则，目击者越多，受害者就越不可能得到帮助。毕竟，潜在帮助者越多，分摊到个体身上的责任感就会越少；相反，帮助者越少，个人感受到的责任就越大。需要补充的是，如果需要帮助的人是旁观者内群体的一员，则他们更有可能提供帮助（Levine, Prosser, Evans, & Reicher, 2005）。

为了验证这一推理，他们设计了一个精巧的实验。在实验中，一名男生遇到了紧急事件（当然是虚假的）。他忽然浑身抽搐，喉咙也被呛住，明显需要帮助。被试间可以通过对讲机进行联系。被试被分为三组：一组被试相信自己是唯一知晓这一突发事件的人；一组被试知道自己是三个旁观者之一；第三组被试则知道自己是五个旁观者之一。助人行为通过两种方式进行测量：1）在每一组中，被试尝试进行帮助的比例；2）紧急事件中的男生等候帮助的时间长短。

实验结果证明 Darley 和 Latané 用责任分散原则进行的预测是正确的。有越多的旁观者被试在场，出现亲社会反应（帮助受害者）的比例就越低，并且受害者要等待更久的时间才能得到帮助。将这一实验结果应用到我们之前提到的滑倒在结冰街面的事故中，当只有一个人能够帮助你时反而比有 12 个人能帮助你时，你获得帮助的可能性更大。

经过多年的研究，研究者发现了更多在紧急情况下影响人们进行亲社会行为的因素。例如，Kunstman 与 Plant（2009）认为受助者与帮助者的人种有重要的影响，黑人受助者更难得到白人旁观者的帮助，特别是当该旁观者有种族歧视（对特定种族的负性情绪反应）的时候。我们将在下一节继续讨论人们不提供帮助的原因，但是请注意：潜在旁观者与需要救助者的群体关系对是否提供帮助而言，有着重要的影响。总之，旁观者效应是陌生人之间帮助行为的一项关键发现，也是我们凭常识无法预料的情况。

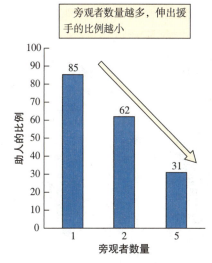

紧急事件下，目击者的数量越多，他们越不可能向受害者伸出援手。这说明了责任分散的强大抑制作用。

图 9-5　责任分散与紧急救助

9.2.3 决定人们是否提供帮助的关键步骤

亲社会行为研究最开始的关注点是旁观者的人

数,之后扩展到了其他方面。Latané 和 Darley(1970)认为人们实施亲社会行为的可能性是由目击者看到紧急情况时所做的一系列快速决策决定的。的确,在许多紧急情境中,人们必须对是否对他人进行救助进行快速决策,否则延误的决策可能导致更坏的结果(可以回想 Chris Ihle 在一瞬间就决定帮助车内的老夫妇将车子推离铁轨避免悲剧发生的例子)。

我们可以舒服地坐在椅子上,很快地分析出旁观者应该做什么。Genovese 受攻击事件中的目击者应该立即报警,甚至也许是直接向攻击者喊叫几声或几个人联合起来去阻止攻击行为。而有的人的确这样做了。2001 年 9 月 11 日这一天,在一架被劫持的飞机上,乘客们显然联合起来做出了反应,并且最终阻止了恐怖分子企图撞击美国首都的计划(见图 9-6)。他们为什么这样做?或许,正如 Levine 和他的同事(2005)所假设的那样,由于这些人可以互相看见彼此并直接联系。相反,若旁观者不能直接联系,那么他们同 Darley 与 Latané 实验中的被试一样,不会提供帮助,这似乎是其行为的基本原因。

利用类似的方式,Darley 和 Latané(1968)进行了一个实验室实验,在这个实验中,身处小卧室里的学生本来应该冲出房间去帮助一位明显需要急救的同伴,但是他们没有这样做。为什么呢?一种解答是当我们遇到突发状况时,我们经常会感觉情况比较复杂,很难进行解释。在行动前,我们得搞清楚到底发生了什么事情,对此我们应该怎么做。这要求进行一系列的决策,在每一个决策的每一个步骤中都有许多因素告诉人们也许不需进行帮助。下面就来看看相关的决策步骤和在每个步骤中的影响因素。

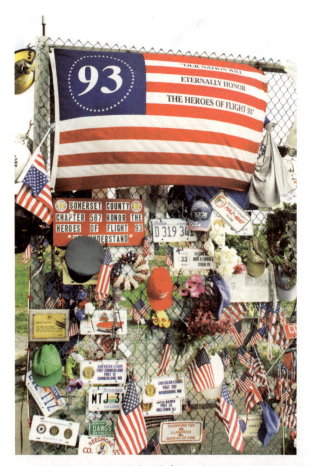

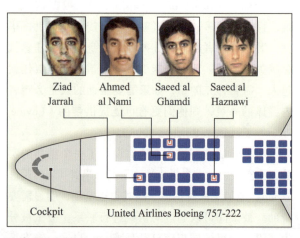

美联航 93 航班的乘客在紧急事件下采取行动:他们制服了试图劫持飞机并撞击华盛顿国会大厦的劫机者。尽管如此,该航班仍坠毁于宾夕法尼亚郊区,机上人员全体遇难。所有在机上采取行动的乘客均被全世界尊为英雄。

图 9-6 旁观者对紧急事件做出反应:美联航 93 航班

1. 是否注意到一些不寻常的事件正在发生

紧急事件当然是那些出乎意料的事件，我们很难预测到它将发生或是计划怎样应对。当我们听到窗外传来尖叫声时，看到一个学生正在咳嗽并且已不能说话时，或是看到同一架飞机上的乘客手里正拿着炸药包时，（当时的）我们一般是在做其他事情或正在想其他的事情。如果我们睡着了，正沉思，或者正在聚精会神地关注其他事情，就有可能因此忽视这些突发的事件。美联航93航班的乘客们看见劫机者手上的武器，并且听到机长通知飞机已被劫持的消息后，他们用自己的手机查询到其他的恐怖袭击（如世贸大厦案），因而知道了将会发生十分可怕的事情，促使他们采取行动。

2. 正确地把某一事件解释为突发事件

即使注意到了事件的发生，我们也只是得到了有限而不全面的信息，不知道究竟发生了什么事情。大部分时间里，吸引我们注意的事件往往并不是紧急事件，不需要立即行动。当潜在的帮助者不能完全确信正在发生的事情时，他们倾向于抑制行为并等待进一步的信息。毕竟，对貌似是，结果却不是的紧急行为采取行动，会陷入十分尴尬的境地。Genovese被杀害的那天早上的情形很有可能就是这样的：虽然楼里的人可以听到尖叫声，也知道一男一女很可能在争吵，但是他们并不清楚地知道发生了什么。有可能是一个女孩与她的男友在大声地争吵，或是一对夫妻在打闹。相比于一个陌生人正在把一个女人刺死的情况，前两种情况出现的可能性更高。当面对模棱两可的信息，既可以解释为严重的事情，也可以解释为微不足道的事情时，大部分人倾向于接受使人感到轻松舒服的解释，而这种解释又使得他们认为没必要做出行动（Wilson & Petruska，1984）。

所以，责任分散理论并非是很多目击者的存在会抑制助人行为这一现象的唯一解释，另一种解释就是：错误地解释情境而导致的不合理行动会使助人者陷入尴尬的境地。在众多陌生人面前犯这么严重的错误可能会使陌生人认为助人者的过激反应非常愚蠢。因此，人们在不确定发生了什么的情况下，倾向于什么也不做。

这种处在一群陌生人中的个体倾向于什么都不做的现象就是众所周知的**"众人致误现象"**（pluralistic ignorance）。也就是说，每个旁观者都需要其他人提示，但是却没有人知道究竟发生了什么。如果他人不做出反应，自己也就不大可能做出反应。Latané和Darley（1968）的研究提供了一个非常令人印象深刻的解释。实验者让学生独自或是和另外两个学生待在房间里填问卷。几分钟后，实验者通过通风口悄悄地把烟吹进房间里。当被试独自一个人时，大部分人（75%）在烟雾出现时会停下手头的工作，离开房间去汇报这一问题。然而，当有三个人在这个房间里时，只有38%的人对烟雾做出了反应。即使烟雾变得非常浓，以致很难看清事物时，还是有62%的人选择继续完成问卷，而没有对浓烟做出任何的反应。可以看出，有他人在场时毫无疑问会抑制个人的反应。似乎人们宁愿冒生命危险也不愿自己成为一个傻子。

由朋友组成的群体比由陌生人组成的群体产生的这种抑制效应会小得多，因为朋友之间更有可能交流正在发生的事情（Rutkowski，Gruder，& Romer，1983）。在小镇上这种抑制效应也会小很多，因为大家都彼此认识；而在城市里就不一样了，因为城市中彼此基本上都是陌生人（Levine，Prosser，Evans，& Reicher，2005）。同我们预期相符的是：酒精能够降低对别人反馈的焦虑和减少对做错事的担心。所以，那些喝了一些酒的人更倾向于帮助他人（Steele，1988），而另一个研究发现这是违反直觉的。

3. 决定是否由你来提供帮助

在很多情况下，该由谁来提供帮助是比较明确的。消防员必须扑灭熊熊燃烧的房子，警察要对车祸负起责任，医务人员必须治疗伤病者。在一些责任不明晰的情况下，人们倾向于认为那些担任领导角色的人必须负责，例如，跟孩子们在一起的成人，跟学生在一起的教授。我们前面也已经提到，当只有一个旁观者时，他必须负起责任，因为没有替代者。

4. 根据你的能力决定是否提供帮助

即使旁观者完成了第三步的决策，认为自己有责任进行帮助，亲社会行为还是不会发生，除非他知道该怎样进行帮助。有些突发事件很简单，几乎每个人都有能力提供帮助。如看到某人滑倒在冰面上，大部分的旁观者都会过去搀扶起那个人。而另一方面，如果你看到某人把车停在路边，打开车盖仔细地检查车出了什么故障，你可能就不知道如何提供直接的帮助了，除非你知道一些汽车知识，懂得汽车是如何运作的。否则你可能最多只是打电话寻求帮助。

分旁观者能够提供帮助。例如，只有游泳高手能够救助溺水的人。在医疗突发事件下，护士能比历史学教授提供更多帮助（Cramer, McMaster, Bartell, & Dragma, 1988）。

5. 最终决定是否提供帮助

即使一个旁观者已经通过了前面的四道决策关卡，助人行为仍然可能不会发生，除非他最终决定帮助他人。最后这一步能否通过通常受制于对潜在的消极后果的担忧（这些担忧通常是很现实的）。实际上，人们好像在做一道"认知代数题"，他们在助人的积极后果与消极后果之间权衡（Fritzsche, Finkelstein, & Penner, 2000）。在我们之后的讨论中，你也会注意到，助人行为主要的奖励是来自助人者自己的情绪和信念。但是，潜在的损失是多方面的。例如，如果你去干预Kitty Genovese攻击事件，你自己就有可能被刺伤。在帮助滑倒者时，你自己也有可能跌倒在冰面上。一个人请求帮助也许只是他实施抢劫或更严重的犯罪的一个伎俩（Byrne, 2001）。

从事特定工作的人，如紧急医疗工作者，肩负着在紧急情况下救助他人的责任，例如大型事故后的救助。

图 9-7　助人与健康安全责任

当紧急事件要求特定技能时，通常仅有一部

总而言之，在紧急事件中决定是否进行帮助不是一个简单的、一下子完成的决策过程。它要经历几个决策步骤，只有这些步骤都通过了，实际的助人行为才会出现（图9-8总结了这五个步骤）。

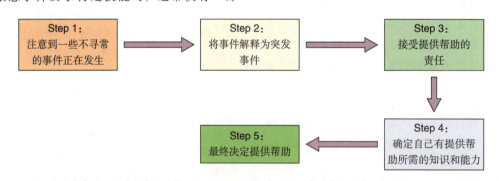

如图所示，是否向紧急事件下的受害者提供帮助取决于以下五个步骤，只有满足这些步骤或决定，助人行为才会发生。

图 9-8　紧急事件的助人五步骤

要点 Key Points

- 紧急事件中，当某些人需要帮助时，旁观者可能会，也可能不会表现出亲社会行为，他们的反应有可能是英勇的，也有可能是冷漠的。导致这一现象的部分原因在于**责任分散**，突发事件中有越多的旁观者在场，当中的每一个人反而越不可能提供帮助，同时助人行为出现的延迟时间也越长（即旁观者效应）。该效应在陌生人助人行为中是显著的，但是在内群体助人行为中更弱。**众人致误现象**能够阻碍陌生旁观者付出行动，他们每一个人都在等待他人提供线索再决定下一步的行为。

- 面对紧急事件，旁观者是否提供帮助取决于在5个关键步骤中所做的决策。

第一，旁观者必须注意并且知道一些不寻常的事件正在发生。

第二，旁观者需要准确地将情境解释为紧急事件。

第三，旁观者必须决定承担起提供帮助的责任。

第四，旁观者要有知识和技巧来辅助帮助行为。

第五，旁观者要最终决定采取帮助行动。

9.3 提高或阻碍助人行为的因素

之前也提到过，社会心理学家对亲社会行为的兴趣始于这样一个问题，即在紧急事件中，旁观者为什么有时候提供帮助，而有些时候却什么也不做呢？对于这一问题，我们已经考虑过了一个很重要的因素：在场的旁观者数量。但是很显然，人们从事亲社会行为的场所不仅仅局限于紧急事件。在这里，我们将要探究在不同场景下影响亲社会行为的其他几个方面的因素，这些因素或许是外部因素（如亲社会行为发生的场景），也或许是内部因素（如潜在旁观者的个人特征与情绪）。

9.3.1 有利于亲社会行为的因素

是不是所有需要帮助的人都能得到帮助呢？还是一些人比其他人更有可能得到帮助？如果确实是这样，那又是为什么呢？实验研究为这些问题提供了一些有趣的视角。

1. 帮助那些与你相似的人

很明显，大多数人都更有可能帮助家庭成员和朋友，因而我们现在讨论的大部分研究均着眼于向陌生人提供帮助。但当考虑到陌生人时，情况就变得不一样了。假设你察觉到一个紧急情况，而受害者是一个陌生人。如果这个人在年龄、国籍或其他因素方面与你相似，你是否更有可能帮助他？那如果这个人与你差异很大，如年龄更大或是非内群体人士，与前一种人相比，你是否会更可能帮助他呢？一项严谨的研究为我们提供了答案：与不相似的人相比，我们确实更有可能帮助与我们相似的人（Hayden, Jackson, & Guydish, 1984; Shaw, Borough, & Fink, 1994）。研究结果（Hodges & colleagues, 2010）表明，部分答案可能涉及这样一个事实，即与他人的相似性增加了我们对他们的共情关怀，也增加了我们对其经历的理解。换言之，与那些不相似的人相比，我们更容易与我们自己相似的人产生共情，因为我们可以把自己放在他们的位置上，并想象他们经历着什么。

2. 亲社会模范：榜样的力量

我们知道，在紧急事件中，那些无动于衷的旁观者将会抑制其他人的帮助倾向。但是，同理，一个乐于助人的旁观者将会起到强大的社会榜样作用，结果会引导其他的旁观者也投入到助人行为中。有实验证实了模范的力量。实验中，一位年轻女子（实验助手）的车胎漏气了，她的车刚好停在路边。如果司机在行驶途中看到有人帮助另一个汽车出了问题的女子，那么他们更有可能停下来帮助这位女子（Bryan & Test, 1967）。甚至于助人模范象征物的出现也能够增加亲社会行为。你是否在参观博物馆时在其门口看到过捐款箱呢？通常博物馆会放一些钱在箱子里（包括一些大面额的捐赠，10美元或20美元），以增加捐赠。这种策略是很有效的，许多经过的人会想，"其他人都捐赠了，或许我也应该捐赠一些"，随后便掏出钱包进行捐赠了（见图9-9）。

当人们看见其他人在从事亲社会行为时，他们的助人行为倾向将会增加，这就是我们在第7章所描述的榜样效应的积极影响。

图9-9 亲社会行为是会传染的

3. 玩亲社会电子游戏

不是只有活生生的从事亲社会行为的社会模范才能够增加我们的助人倾向，虚拟模范也有着相同的作用。这个论述已被暴露在电子游戏中的亲社会行为影响所证实。正如我们将在第10章所见，许多电子游戏在本质上是暴力性的，但是也有一些游戏涉及亲社会行为：游戏中的角色互相帮助、彼此支持。玩这类游戏能够增加类似的亲社会行为吗？几个理论（Bushman & Anderson, 2002; Gentile & Gentile, 2008）认为，这种情况背后确实存在一些重要的原因。玩亲社会电子游戏可能会引发亲社会思维和模式，即帮助他人的相关认知框架。随着时间的推移，持续曝光于这类游戏能够促进亲社会态度的形成，产生亲社会情感（如，与帮助他人相联系的积极情感），以及产生其他促进亲社会行为的持续性的变化。

这种效应不仅存在，而且强度高、持续性长，越来越多的研究体现了这一点。例如，在Greitmeyer与Osswald（2010）的一系列研究中，被试玩亲社会电子游戏（如Lemmings）、暴力性电子游戏（如Lamers）或中性电子游戏（如Tetris）。随后，他们被置于自发助人的情境中：实验人员将一捧铅笔撒在地上。正如预期的那样，更高比例的亲社会电子游戏被试（57%）帮助实验人员捡起铅笔，而更低比例的中性电子游戏被试（33%）与暴力电子游戏被试（28%）提供帮助。

在一项后续研究中，被试要么玩亲社会电子游戏，要么玩中性电子游戏，并且同样被置于有机会帮助别人的情境中，在该情境中，男助手会骚扰女实验者，被试选择是否介入帮助。结果再一次出现更高比例的玩亲社会电子游戏被试（56%）介入，而玩中性电子游戏的被试只有22%介入帮助。最后，为了查明关于玩亲社会电子游戏增加助人行为的隐藏机制，研究者进行了另一个研究：被试需要说明他们玩电子游戏的时候在想什么。正如预测的那样，与玩中性电子游戏的被试相比，玩亲社会游戏的被试报告了更多关于帮助他人的想法。因此，与理论模型一致，玩亲社会电子游戏能够通过影响被试的思维而影响实际助人行为。

已有其他的一些研究提供了类似的证据（e.g., Gentile et al., 2009），其中一个纵向研究发现，玩亲社会电子游戏的时长与人们几个月后的助人行为是相关的。正如我们所预料的，玩亲社会游戏的时间越长，几个月后，被试则更有可能报告参与到"帮助一个有麻烦的人"这类行为中。这些研究发现证明，玩亲社会电子游戏不仅仅只有短期效应，而且能够产生长期的持续效应。

总之，对我们而言，经常以对玩游戏的人有负面影响而遭指责的电子游戏似乎是中性的。根据其内容，他们可能导致有害的、侵略性行为（见第10章），也可能促进有利的、亲社会的行为。显然，对于生活的社会方面至关重要的是游戏的本质，而非游戏本身。

4. 减少自我关注的情感

你曾经在某个地方感受到敬畏的感觉吗？例如，当你身处大峡谷里时？看着尼亚加拉大瀑布时？在这种情况下，我们体验到的敬畏感常常让我们意识到我们是多么渺小，甚至是微不足道。这样的感觉也发生在我们身处黄石国家公园和红杉森林时，那里面的树木生长了几个世纪，拥有雄伟的外观。这样的感觉与亲社会行为有什么关系吗？几个社会心理学家（Piff, Dietze, Feinberg, Stancato, & Keltner, 2015）推理道：当我们感受到敬畏感时，我们对自我的关注和忧虑在敬畏感下显得非常渺小，从而增加了我们帮助别人的倾向。过去的研究间接证明了这种影响。例如，Campbell, Bonacci, Shelton, Exline 和 Bushman（2004）发现，那些感受到自我重要性降低的人更有可能做出捐献的行为，在与他人的关系中更少表现出自私一面。

在那些直接关注敬畏对亲社会行为的影响的研究中，Piff, Dietze, Feinberg, Stancato 和 Keltner（2015）进行了其中一项，参与者被带到巨树的丛林中，或附近的高层建筑物上（见图9-10），要求他们注视巨树或高楼一分钟。实验者预期，那些看着令人震撼的巨树的被试会体验到敬畏，但那些看着高大而普通的建筑的被试则不会。两组被试均目击了一个小事故：实验者撒落了大量的笔。如果敬畏感能够增加亲社会行为，那些看到树木的人应该比看着建筑物的人更多地帮助实验者（即帮助实验者捡起更多的笔）。事实正是如此。所以，由于敬畏感把我们的注意力从我们自己本身和我们对自己的关注中转移了，从而增加了人们从事亲社会行为的倾向。

5. 社会阶层：拥有更少的人付出的更多吗

乍看起来，似乎有理由认为，人们拥有的资源越多，例如，所能支配的钱越多，他们就越慷慨，也就是说他们更有可能从事亲社会行为。然而，我们有理由认为，事实往往相反：人们拥有的资源越少，他们反而越慷慨。这可能是因为社会经济阶层较低的人（即财富较少、教育程度较低的人）经常更依赖他人（他们需要依赖他人生存）。此外，较低社会经济地位的人常常报告说，他们对自身的生活和发生在自己身上的事情的控制感较低，这反过来又导致他们与面临同样情况的其他人形成了更强的联系。相反，社会经济地位较高，拥有较多资源的人往往体验到更强的控制感，因此与面临同样情况的其他人联系的需求较低。

为了检验与高社会经济地位的人相比，低社会经济地位的人实际上会表现出更多亲社会行为的假设，Piff, Kraus, Cote, Cheng 和 Keltner（2010）进行了几项研究。在其中一项研究中，被试被要求进行所谓的"独裁者游戏"，即一个人被告知他们可以在自己和一个合作伙伴之间分配10个点数，合作伙伴既可以接受这个分配也可以拒绝它，但不能改变分配。亲社会行为则通过被试分配给合作伙伴的点数测量。被试还通过指出自己在社会阶层10阶梯上所处的位置，进行自我感知的社会阶层的测量，该测量阶梯从底部的低收入、低受教育程度与底层职业逐渐升高，到顶层的高收入、高受教育水平与高层职业。正如研究者所预测的那样，结果表明，被试感知到的自身的社会经济地位越低，他们分配给合作伙伴的点数越多。

当个人感受到敬畏感，比如，当注视着红杉森林时，他们会倾向于减少对自己本身的关注度。因此，反过来增加了他们帮助那些需要协助的人的倾向。

图9-10　敬畏感的体验：它对亲社会行为的影响

在后续研究中，Piff等人（2010）发现，这些结果部分源于人们对他人的共情差异：社会经济地位较低的个人比社会经济地位较高的个人表现出对他人更大的同情心。换而言之，相信帮助那些需要帮助的人和照顾那些容易受到伤害的人是很重要的，因此社会经济地位和善良之间存在着负向的相关关系（见图9-11）。我们将在下一节讨论增加亲社会行为的另一个令人惊讶的因素。

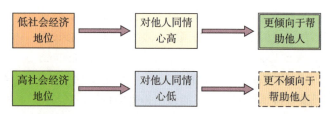

研究发现社会经济地位与亲社会行为之间存在负向关系。与高社会经济地位及高收入的人相比，低社会经济地位及低收入的人更可能帮助他人。这种差异存在的原因是低社会经济地位的人更有同情心。

图 9-11　穷人比富人更愿意提供帮助吗

研究告诉我们　　爱的传递，帮助他人是因为曾得到帮助

几年前，我驱车前往一座收费1美元的大桥，当我正准备从钱包中掏出一美元付费时，收费员却出乎意料地说道："您不必付钱了，前一位司机已经为您付了。"我非常惊讶：为什么一个完全陌生的人会为我付费呢？我从来没有遇到过这样的事，但是现在，我意识到这种行为并不在少数：这是人们"传递爱"的行为方式。近来，社会心理学家开始关注这类亲社会行为，某人在接受了他人的帮助后，选择帮助其他人而不是回报帮助他的人。社会心理学家发现了关于这类不寻常的亲社会行为的许多有意思的事实（Gray, Ward, & Norton, 2014）。

Jung，Nelson，Gneezy与Gneezy（2014）等研究者进行了一系列特别有趣的研究，他们在不同情境下对"传递爱"的行为进行研究。其中一个情境是他们与博物馆进行合作，参观者被随机分配到两种条件下：一是意愿支付条件，即参观者可以支付任意他们想支付的金额；二是"传递爱"条件，即参观者被告知今天是意愿支付日，但是已经有其他参观者为他们支付过费用了。"传递爱"组的参观者也被告知如果他们愿意的话，可以为后面的参观者支付费用。这个研究的关键问题在于：在接受过陌生人的帮助后，受助者是否会付出更多？换句话说，作为陌生人亲社会行为的接受者，他们是否会为该入场费付出更多的钱（请牢记，今天是意愿支付日）。结果很显然，意愿支付条件下没有受到陌生人帮助的组人均支付入场费为2.19美元，而传递爱条件下受到陌生人帮助的组人均支付入场费为3.07美元，"传递爱"效应确实发生了（见图9-12）。

Jung与他的同事在一个完全不同的环境中（咖啡屋）重复了该研究。在此情境下，顾客被告知他们可以凭意愿支付咖啡费用，但是已经有其他人为他们支付过了，同时，他们也被告知他们可以为其他人支付费用。结果再一次显示，受到陌生人帮助的人会支付

当陌生人向另一个人提供意想不到的帮助时，受助者常常会传递这样的亲社会行为，向非帮助者的陌生人提供帮助。

图 9-12　传递爱：帮助他人是因为曾得到帮助

更多的费用。

为什么这种效应会发生呢?被陌生人帮助的人又为什么更愿意去帮助其他陌生人呢?一种可能是人们感受到以类似的亲社会方式行事的压力,还有一种可能是受到陌生人的帮助会引导人们想到或者高估他人的慷慨。不论如何解释,"传递爱"效应说明了许多因素都会影响我们从事亲社会行为的倾向,有些因素甚至是出乎我们意料的。

9.3.2 减少助人行为的因素

在许多情况下,帮助他人的行为是应该发生的并且会产生巨大的价值,然而实际上并没有发生。这引出了一个重要的问题:为什么他们选择不帮助他人,特别是在他们有资源或能力这样做的情况下?答案涉及以下几个减少亲社会行为因素。

1. 社会排斥:被"忽视"所造成的伤害可能会减少助人意愿

正如我们前面提到的,亲社会行为更可能发生在与我们自己相似的人身上,而非不相似的人。这表明亲社会行为在一定程度上取决于群体感,即认为自己属于或适应于其他成员都与自己相似的群体的想法。那么,如果我们被排除在这个群体之外,或者认为我们不再属于这个群体,会发生什么呢?社会心理学家称这种现象为**社会排斥**(social exclusion),并且发现社会排斥会对被排斥者造成几种不利的影响:破坏自尊,导致他们感到被孤立,生活满意度降低(见图9-13)。此外,近期的研究证据表明,社会排斥降低了被排斥者帮助他人的趋势。这种情况发生的理由有几个:共情情感减少(特别是对排斥者),将排斥者看作有害并具有攻击性的倾向,试图伤害排斥者的倾向(Schonert-Reichl, 1999),以及强烈的负性情感。总之,这些感知与情绪可能会减少帮助他人的倾向。

为了测试这种可能性,Twenge, Baumeister, DeWall, Ciarocco和Bartels(2007)进行了一项研究。参与者被告知,通过人格测试的答案分析,他们可能在未来几年与他人发展出许多有益关系,而其他人被告知,他们很可能在未来的生活中单独一人。第三组,即控制组,被告知他们可能在未来几年发生事故。三个组都获得了参加实验研究的报酬,然后有机会将全部或部分捐赠给学生应急基金。研究者预测,那些被告知可能在未来的生活中被排斥在外的被试会更少地进行捐赠行为,而事实恰恰如此。换言之,即使排斥还未发生,当个体感觉到未来会被其他人排斥,他们在当下也会选择更少地帮助他人。因此,我们的基本观点是,当人们感觉到处于一个群体之外时,不要指望他们向群体内的其他人提供帮助,在某种意义上,他们与潜在的受助者之间毫无关联。

2. 黑暗:匿名的感觉减少帮助他人的趋势

黑暗常与去抑制的行为相关,在黑暗的"掩盖"下,人们经常参与他们不愿在光天化日下进行的行为。为什么呢?原因之一是他们觉得这是匿名的,

研究结果表示,当人们被想要加入的群体排斥时,他们助人的倾向会降低。这可能有以下几个原因:被排斥的人的同情心更低,他们倾向于认为那些拒绝他们的人是有害的和好斗的。

图9-13 被排斥的痛苦

亦即其他人不能看到他们或评价他们的行为。如果亲社会行为的发生是因为它可以被他人观察到，并且被认为可能赢得别人的赞同的话，那么黑暗则应该会减少或消除这种动机。换句话说，人们在黑暗中，或是认为自己能够匿名的条件下，不太可能帮助他人或参与其他形式的亲社会行为。

社会心理学对所谓的去个体化（鼓励冲动行为的自我意识降低状态，参见第11章对该研究的讨论）的经典研究表明，当人们感到处于匿名状态时，他们可能进行不会在其他条件下进行的行为。然而，这可能不仅仅是匿名的感觉在起作用：当人们处于某个群体时，他们更可能服从群体规范，并随从大流（Postmes & Spears, 1998），所以这可能是这种情况发生的一个重要因素。但是黑暗本身是否会鼓励这种匿名感和忽视社会规范的意愿呢（见图9-14）？Zhong，Bohns和Gino（2010）的研究证据表明它确实可以。

研究结果显示，增加匿名性（包括黑暗）的情境能够促进有害行为的发生，包括欺诈、抢劫甚至伤害他人。当然，这些行为与亲社会行为是相悖的。

图9-14 黑暗与匿名是否能够减少亲社会行为，或者增加攻击性

在这个巧妙的研究中，研究者将参与者置于一个略微昏暗的房间里，或者置于一个充足光照的房间中，并要求他们在数字矩阵中找到相加等于10的两个数字。他们被告知，如果他们表现很好，他们可以获得额外的10美元。每位被试记录自己的分数，但他们不知道的是，这些分数将和实际分数进行比较。Zhong和他的同事们预测，在黑暗房间的被试更可能夸大他们的分数（即不诚实），事实确实如此。50%处于暗室的被试夸大了他们的表现，而只有24.4%处于明亮房间的被试这样做。暗室被试的表现本身与在明室被试的表现并没有差异，所以似乎黑暗确实降低了他们遵守反对这种行为（即反对不诚实或欺骗）的社会规范的倾向。

虽然Zhong和他的同事没有收集关于亲社会行为的数据，但他们的研究结果确实表明，黑暗可能增强忽视各种社会规范的倾向。当中一种社会规范规定：我们应该帮助需要帮助的其他人。所以，黑暗和它产生的匿名性可能导致个人失去帮助他人的动机。当室内照明没有变化时，被试戴上或不戴上黑色太阳镜的实验也获得了类似的结果，戴上黑色太阳镜也可能会给他们匿名的感觉。在这项研究中，戴黑色太阳镜的人更有可能以自私的方式行事，夺取更多的东西来奖励自己，并减少合作伙伴的分配比例。

3. 看重时间的经济价值会减少亲社会行为

正如我们在本章中看到的，众多因素以各种方式影响着助人倾向。当然，情感因素（同情、当前情绪、敬畏感）发挥着作用，认知因素（我们感知他人情感的准确性，从而了解他们的需求）也很重要。另一个认知因素可能是出于帮助他人的经济成本考虑：帮助他人的时间不能用于其他活动，包括产生收入的活动。当我们这样思考助人行为时（例如，志愿服务有时间经济成本），我们将更少地参与亲社会行为。

DeVoe和Pfeffer（2010）两位研究者最近提出，当人们考虑到自己时间的经济价值时，他们更不可能自愿帮助他人。事实上，某些行业会训练他们的成员以这种方式思考，医生根据他们所执行的疗程对患者进行收费，律师和其他专业人员（例如会计师）会根据他们的服务时间来计费。事实上，许多律师根据他们花费在案子上的时间计费，每6分钟为一计费点。这是否使他们不太可能参与亲社会行为？DeVoe和Pfeffer的研究结果证明确实如此。

在这项研究中，三年级的法律学生（他们还没有根据服务时间进行收费），被要求填写一份关于他们

愿意为关心的组织提供志愿服务时长的问卷。5个月后，他们毕业了并得到了一份工作，又完成了同样的调查。正如研究人员所预测的，结果表明，已执业的律师选择了比他们学生时期更短的志愿服务时长。事实上，当他们已成为按时计费的执业律师后，他们又被问道愿意花多长时间进行有意义的志愿活动。结果表明，在按时间计费的情况下，那些关注时间与时间用途的人预计花费更少的时间在志愿服务上。这些发现已经在其他研究中得到证实，所以，我们越将时间与经济价值相挂钩，越不可能花费时间伸出援手（LeBoeuf, Shafir, & Bayuk, 2005）。似乎，当时间精确到每分钟价值多少钱时，人们的仁慈便丝毫不剩了。但是，如果我们是这种仁慈的受益者，又会如何呢？我们总是会有积极的反应吗？请参阅专题"研究告诉我们：人们如何回应帮助"。

研究告诉我们　　人们如何回应帮助

在本章中，我们含蓄地假设亲社会行为是好的，为什么不是呢？帮助需要帮助的人、展现自己的慷慨都是很积极的行为啊。因此，我们关注促进或阻碍亲社会行为的因素。但是，那些受助者会怎样想呢？他们总是做出积极的反应吗？你可能会不假思索地说："当然啦！"但是，再仔细想想：你是否曾收到过你根本不想要的礼物，但仍然要装出很喜欢的样子呢（见图9-15）？或者，是否有人在你完全不需要帮助时伸出援手，让你觉得对方不信任你的能力？如果答案为是，你应该已经明白亲社会行为并不总是会产生积极的效应，事实上，它们有时候确实会产生消极的效应。

虽然亲社会行为的受助者常常表现出感激及其他积极反应，但有时候如图中所示，他们不会！

图9-15　受助者总是对亲社会行为做出积极反应吗

许多研究为这一推论提供了证据。首先，研究发现，接受帮助可能会损害我们的自尊。正如前文提到的，当我们不认为我们需要帮助但是依然有人帮忙，甚至强迫我们接受帮助时，我们的反应是非常消极的（DePaulo Brown, Ishii, & Fisher, 1981）。该效应的一个明显例子是：家长向孩子提供帮助，但孩子却大声抗议说，"我宁愿自己做！"

对亲社会行为产生消极反应的另一个原因是：受助者感到帮助者在传达一种优越感："我帮助你是因为我懂得或是拥有得更多。"幸运的是，当受助者感到帮助者是真心实意地为他们着想时，消极效应会减少。

但是现在，我们转换一下思路：假设你向他人提供了帮助，并且他也接受了你的帮助，你会期望什么呢？人们常常会期望获得感激。如果你没有获得感激，往后的你会更可能还是更不可能帮助这个人呢？显然是更不可能的，毕竟，受助者说一句"谢谢"是应该的。相反，如果受助者表达了感谢，你的助人意愿就会提高。

是什么让感激的表达增加了亲社会行为？Grant与Gino（2010）的研究给出了答案。他们推论，当帮助者被受助者感谢时，帮助者的自我价值感（他们觉得受到重视和感激的程度）得到提升。为了检验这个想法，他们进行了一个研究，要求被试为另一个学生编辑一封求职信，然后，他们与他们以为自己帮助的人（实际上是实验助手）会面，并进行了简短的交谈，这些受助者可能感谢他们，也可能不感谢他们。这些被试的助人意愿将通过他们为之前的受助者写第二封信时花费的时间测量。结果与预想相同，收到感谢的被试花费的时间比没有收到感谢的被试花费时间更长。

总之，似乎人们对被帮助既有积极反应，又有消极反应，人们对于提供帮助的反应也一样。所以，无论如何，帮助那些有需要的人，但是注意，这种行为是有利有弊的。

要点 Key Points

- 与不相似的人相比，我们更有可能帮助那些与我们相似的人。这导致我们更少帮助群体之外的人。
- 接触亲社会榜样能够增加助人行为，玩亲社会电子游戏也能够增加助人行为。
- 亲社会电子游戏通过引发亲社会思维，建立助人相关的认知框架以增加随后的助人行为。
- 与社会经济地位较低的人相比，社会经济地位较高的人更不可能帮助他人。
- 当一个陌生人以"传递爱"的方式帮助我们，我们更有可能以帮助其他人作为回报。
- 有几个因素可能阻碍助人行为：经历**社会排斥**或非归属感知，匿名感知（黑暗掩盖），以及对时间赋予经济价值。
- 接受他人帮助的人并不总是做出积极反应，因为接受帮助会损害他们的自尊心。
- 受助者的感激表达能够增加亲社会行为，因为这提高了帮助者的自我价值感。

9.4 众筹：一种新的亲社会行为

假设一个陌生人靠近并要求你捐赠资金，以便她能够开展新生意。因为是捐款，所以你既不会拥有生意的一部分，也永远不能得到还款。在你回答"没门"之前，再考虑一下。近年来，许多互联网网站都是凭此而建立的，即帮助企业家获得他们开始新业务所需的资金，其中包括 Kickstarter、Fundraiser 和 GoFundMe 等网站。一般而言，这些网站提供企业家的简短视频，描述他们的产品或服务，并请求观看视频的人捐款，帮助他们开展生意。

这种方法有多成功呢？你一定无法置信！例如，一个名为 Space Combat 的电子游戏项目收到了来自捐献者的超过 6500 万美元的资金。当然，大部分资金请求项目数额会小很多，大概在 5000～10 000 美元之间。这些项目有的失败了，有的成功了。这就是**众筹**（crowdfunding），即企业家使用捐赠而来的钱建立并运营自己的公司的过程。因为贡献者几乎没有什么回报（也许会以 T 恤或其他很小的"奖励"作为回报），这显然是亲社会行为的一种形式，近年来，这种亲社会行为大幅增长。

众筹网站会仔细甄别创业者提交的项目，包括确保资金真正用于他们所描述的目标的保障措施。整体效果是非常积极的：企业家获得他们开展事业的资金，你也许知道，这常常能够提供就业机会，促进经济增长。很明显，这是一种亲社会行为，不仅有利于企业家，而且也有利于他们的社会团体。为什么人们会捐献资金？有人认为他们这样做是因为他们认为这是好的产品或服务，只是想帮助创业者实现这种产品或服务。无论他们的理由如何，众筹就这样存在着。

9.4.1 情绪与亲社会行为：心境、情感升华与助人

假设你想要请他人帮忙，你会在什么时候提出请求呢？是在他心情很好的时候，还是在他悲伤或是愤怒的时候呢？答案很显然：大部分人都知道别人（包括他们自己）在心情好的时候更可能参与亲社会行为。然而，研究表明，情绪状态对亲社会行为

的影响可能比大家想象的要复杂得多。

1. 积极情绪与亲社会行为

研究者已经进行了许多巧妙的研究以探索好心情和助人行为之间的潜在联系。大体而言，这些研究表明，当人们的好心情被一些最近的经历所激发时，比如刚看完喜剧（Wilson, 1981），在公用电话的硬币投币口处得到意外之财（Isen & Levin, 1972），在一个阳光明媚的日子里外出游玩（Cunningham, 1979），或者收到一份意外的礼物（Isen, 1970），这些时候他们更有可能帮助一个陌生人。甚至空气中令人愉快的芳香气味也能增加人们的亲社会行为（Baron, 1990; Baron & Thomley, 1994）。百货商场深谙其道，因此经常在空气中注入宜人的气味，希望能够增加顾客的购买量。

然而，在某些特定的情况下，好心情会降低从事亲社会行为的可能性（Isen, 1984）。这是因为好心情可能会让我们把许多情况，特别是紧急事件，误认为并不是很严重。即使紧急事件是显然存在的，如果这种帮助很困难或者令人不愉快，相较于中立心情的人，好心情的人提供帮助的可能性更低（Rosenhan, Salovey, & Hargis, 1981）。

2. 消极情绪与亲社会行为

如果积极情绪增加了助人行为，那么消极情绪会减少助人行为吗？一些研究发现支持了这一观点（Amato, 1986）。然而，与积极的情绪影响一样，在特定条件下，消极的情绪也会对助人行为产生正面的作用。例如，如果助人行为能够产生积极的感受，处在糟糕心情当中的人会比处在中性甚至是积极情绪中的人更愿意帮助他人。因为他们想让自己高兴起来，而帮助他人恰好可以达到这一目的（Cialdini, Kenrick, & Bauman, 1982）。这一发现与我们前面谈到过的负性状态释放模型是一致的。如果消极情绪不是那么强烈，而紧急事件的表现也很明显；同时助人的行为是有趣的，可以带来满足感。那么，消极情绪的积极作用就有可能发生（Cunningham et al., 1990）。

3. 兴奋与帮助他人

当我们看到另一个人从事某种有益或有帮助的行为时，这可能会强烈影响我们的情绪。特别是，它可以唤起我们的兴奋感，使我们对人性产生乐观、积极与振奋的情感。它是否也增加了我们从事亲社会行为的倾向呢？近来有研究为其提供了证据。Schnall, Roper 和 Fessler（2010）进行了一系列研究，在研究中，被试被分为三组，分别观看展现他人的亲社会行为的视频、中性视频（关于海洋）或滑稽喜剧视频（欢笑条件）。正如我们前文提到的，积极情感常常会增加助人的可能性，因而采用欢笑条件作为控制看见他人进行亲社会行为的组仅仅增加了积极情感效应的可能性。

在观看这些视频之后，被试有一个进行亲社会行为的机会。例如，在其中一个研究中，他们被问及他们是否会帮助实验者完成一份无聊的问卷，亲社会行为将通过其花费的时间进行测量。根据预测，观看诱发兴奋感视频的被试会自愿花费更多的时间，图 9-16 展现了该实验的研究结果。事实上，观看这种视频的被试自愿花费的时间大约是其他两种情况下被试的两倍。而欢笑条件（观看滑稽喜剧视频）并没有增加助人行为，意味着兴奋感唤起增加助人行为确实不仅仅是积极情感的作用。这类研究的伦理问题是很清晰的，研究结果也恰好与玩亲社会电子游戏相契合。通过接触参与亲社会行为的个体，可以提高人们从事亲社会行为的倾向。简而言之，善良是可以"传染"的，能够通过目击他人的善举而得到鼓舞。

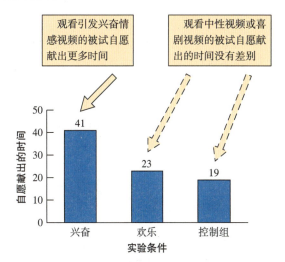

与观看中性视频或喜剧视频的被试相比，观看引发兴奋情感（被鼓舞的情感）视频的被试们会进行更多的亲社会行为。

图 9-16　兴奋感的高度与助人

9.4.2 性别和亲社会行为：存在性别差异吗

假设你想要某人帮助你处理一个令人痛苦的情况，该情况导致你体验到非常强烈的消极情绪。你会向女人寻求帮助还是男人？在另一个情况中，假设你正在寻找一个愿意帮助陌生人的人，但这样做会使其面临相当大的危险，例如，从一个焚烧的建筑物或海洋中救出某人，你认为谁更有可能提供帮助，男人还是女人？在第一个情况中，许多人会回答"女人"，而第二个则会回答"男人"。事实上，这表明我们并不认为女性和男性在参与亲社会行为的整体意愿上存在差异，相反，这种差异只有在特定情况下才会出现。

大量的研究（e.g., Eagly, 2009）为这一观点提供了支持：在某些情况下，女人比男人更有帮助，在其他情况下，男性比女性有帮助。这些差异与性别角色或性别刻板印象一致，人们普遍认为，女人更友好、无私和关心他人，而男人则更倾向于掌控、自信、竞争和支配。总之，这些性别刻板印象表明，女人比男人更加社交化，她们与他人联系、建立亲密的关系。相反，人们认为男性更具掌控性，他们倾向于不建立亲密关系，而是与集体，即相对大的群体建立联系。例如，女性常与她们的朋友建立亲密关系，互相给予情感支持，而男性虽然也会建立友谊，但他们更关注活动联系，即与他们打网球或高尔夫球、谈论投资的人。

这些差异的含义是，当受助者是与她们有关系的人，而非陌生人时，女性更可能从事亲社会行为，而男性帮助朋友或陌生人的可能性则是相同的。例如，研究结果表明，男性比女性更有可能获得英雄主义式奖励，因为他们冒着自己的生命危险帮助他人。事实上，获得类似奖励的90%以上是男性。相反，妇女更有可能因帮助社区组织机构，即那些侧重于帮助需要援助的特定个人的组织，而获得奖励。

那么，女性与男性谁更倾向于从事亲社会行为？答案是：这是个错误的问题。我们应该问："在什么情况下，女性与男性存在助人行为的差异？"

要点 Key Points

- 接受帮助后，受助者并不总是产生积极的反应。事实上，在某些情况下，他们更容易对帮助者产生怨恨和多余的义务心理。
- 决定受助者如何对帮助进行反应的一个重要因素是助人行为的动机。如果助人行为来自内部动机（例如，真实的助人意愿），可能会引发积极的情绪和反应。相反，如果助人行为源于外部动机（即助人者觉得有义务提供帮助），受助者的反应往往比较消极。
- 助人者也会产生类似的反应：当受助者表示感激时，他们将更积极帮助他人。
- 众筹是一种亲社会行为的新形式，它允许个人为企业家提供资金捐助，帮助他们创办新公司。而捐助者不会获得任何回报。
- 女性和男性在整体亲社会行为上没有差异，但是当女性和受助人是相熟关系而非陌生人时，她们更有可能进行亲社会行动，而男性帮助朋友或陌生人的可能性则是相同的。

9.5 最后的思考：亲社会行为和攻击行为是对立的吗

帮助和伤害，乍看之下，他们是截然相反的。紧急救援受害者，捐款给慈善团体，志愿救助遭墨西哥湾石油泄漏危害的野生动物，为迷路的人指引方向，类似的数不清的助人行为在很多方面和攻击性行为都是完全相反的。社会心理学将攻击性行为定义为以某种方式有意地伤害其他人（见第10章）。但是二者真的是完全相反的吗？如果你随机访问100个人，给他们画一条线，让他们把助人行为和攻击行为摆放在线上，几乎所有人都会将这些行为分置于线的两端。

但是令人吃惊的是，社会心理学家苦苦思索了好多年后发现，二者在很多方面并不是对立的。事实上，二者重叠的部分比你想象的要多。首先，我们来考虑一下二者的动机。你可能简单地认为，助人是为了使受助者得到好处，而攻击是为了伤害受害者。但是再仔细地思考一下：正如我们在本章中看到的，有时候人们助人的主要目的不是为了帮助受助者，而是为了巩固自己的地位，承担相应的责任，或是赢得好名声。简言之，他们并不是一定要使受助者受益。当然，助人的动机确实存在，只是多数情况下，它并不是主要的动机。

现在再来考虑攻击性行为：它总是为了要伤害受害者吗？也许吧，但考虑一下这种情况：一位体育教练对一位运动员的训练不满意，对他发火，命令他绕场跑十圈并且罚他晚上在房间里关禁闭，不准参加聚会以及和朋友在一起。这些看上去带有攻击性的行为（至少在这名运动员的眼里）是为了伤害运动员吗？根本不是。教练是为了帮助运动员进步，至少是让他们变得更积极。还可以举出很多类似的例子，通过这些例子我们想说的是：亲社会行为和攻击性行为的动机是有重叠部分的，并不能轻易被分开。从这方面讲，它们当然不是相反的两极。

再考虑一下包含亲社会性与攻击性的具体行为。你可能认为亲社会行为与攻击行为是完全对立的，亲社会行为是在帮助接受者，而攻击性行为是在伤害他们，因此二者包含不同种类的行为。或许吧。但想象这样的情景：一个青年女性将一根尖的针扎进另一个人的肉里，这个人疼得直叫。她的行为是具有攻击性的吗？或许是，或许不是。她或许正在给"受害者"文身，她被要求这么做，并且已经付过钱了。因此，当这些行为看上去具有攻击性的时候，它们可能确实和伤害一点关系都没有。并不是所有的攻击性行为和亲社会行为都以这种方式重合，但有些确实是。这表明这两种社会行为并不是完全相反的。

现在，再考虑一下两种行为的结果：从定义上看，攻击造成了伤害，助人产生了益处，但情况依然不总是这样的。例如，有人拿着尖刀切开了另一个人的身体。这是攻击性行为吗？对于皮肤而言，可能是的。但做这件事的人可能是一名技术高超的大夫，他正在挽救一条生命。短期的结果可能是伤害（受害者大量流血），但长期结果确实是对人有益的。因为病人的健康得以恢复。相反，亲社会行为在短期内似乎是有益的，长期来看却有可能是有害的。我们不需要的帮助瓦解了我们的自尊和自信，因此短期的受益变成了长期的伤害。

最后，我们来看一些最近的研究发现（e.g., Hawley, Card, & Little, 2007）：攻击性行为和亲社会行为有时候会被同一个人用来赢得声誉和地位。有些研究表明，当人们将攻击性行为和亲社会行为联系在一起时，表现出攻击性的个体比单单发出预警的个体更具吸引力。这样的人是粗暴武断的，但也拥有使他们展现魅力和助人一面的社会技能；他们知道在什么时候隐藏粗暴的一面。Hawley和其他人将其形容为"朋友的吸引力"（具有攻击性但是拥有技能使自己达到重要目标的个体的诉求），并且他们发现将粗暴和亲社会的行为组合在一起的魅力个人并不在少数。

正如你看到的，助人和攻击问题远比它第一眼看起来的复杂得多。他们背后的动机、行为本身以及行为的结果都很复杂并且重合之处多得让人难以想象。这不是最令人惊讶的，因为所有的社会行为都是复杂的；通常而言，它起源于许多不同的动机，有各种不同的形式，产生了许多不同的结果。因此，确实，助人和伤害在某些方面是不同的。但是，并不像常识所理解的那样不同。

总结与回顾

亲社会行为（prosocial behavior）的基础可能是由几种不同的动机构成的。**共情-利他主义假设**（empathy-altruism hypothesis）认为，在共情的驱使下，我们帮助那些有需要的人，是因为我们的共情关怀。**共情**（empathy）实际上包括三个相互区别的组成部分，情绪共情、共情准确性、共情关怀，这三个组成部分可以作为助人的基础。**消极状态释放模型**（negative-state relief model）认为人们帮助他人是为了释放自己的消极情绪。**共情喜悦假设**（empathic joy hypothesis）认为助人源于当受助者获得帮助时（如得到礼物）的积极反应，这种积极反应亦会引发助人者的积极情绪。

近来的研究证据表明，世界各地的人们在进行亲社会行为的时候均会感受到正向的情感（或影响）。**竞争 – 利他主义**认为，我们帮助他人是为了提高我们的地位与声望，继而从中获益。**血缘选择理论**（kin selection theory）认为，我们会帮助那些与我们有血缘关系的人们，因为这样可以提高我们把基因传给下一代的可能性。助人行为的另一个动机是为了减少外群体对内群体的威胁，也就是**防御性助人**（defensive helping）。

当紧急事件发生，有人需要帮助时，旁观者可能会，也有可能不会表现出亲社会行为，他们的反应可能是冷漠旁观（什么也不做），亦可能是英勇挺身。其中部分原因在于**责任分散**（diffusion of responsibility），目击紧急事件的旁观者越多，提供帮助的可能性就越小，延迟帮助的时间就越长（旁观者效应）。陌生人之间的助人行为确实如此，但是对于从属于同一群体的人们而言，其助人行为的旁观者效应则大大减弱。身处于陌生人群体中的个体抑制自己行动倾向的原因在于**众人致误现象**（pluralistic ignorance），即旁观者都依赖他人提供适当行为的线索，而无人作为。

我们更愿意帮助与自己相似的人，而不愿帮助那些与自己差异很大的人。因而，我们更不可能帮助那些处于自己群体之外的人。长期接触亲社会榜样、进行亲社会电子游戏能够增加助人行为。亲社会电子游戏通过引发亲社会思维、建立助人相关的认知框架以增加亲社会行为。

共情是亲社会行为的重要决定因素，其更多地发生在内群体，更少地发生在外群体。几种因素会抑制助人倾向，包括**社会排斥**（social exclusion），黑暗环境以及用经济价值衡量时间。

接受他人帮助的人并不总是表现出积极的反应，这部分由于接受帮助损害了他们的自尊。决定受助者如何对帮助进行反应的一个重要因素是隐匿在助人行为背后的动机。如果助人行为是出于内在动机（如真实的助人意愿），则会引发受助者的积极情感与反应。相反，如果助人行为是出于外在动机（如助人者仅仅认为自己有义务伸出援手），受助者的反应往往不太积极。类似的效应也发生在助人者间：当受助者表现出感激时，助人者的反应更积极。

众筹（crowdfunding）是一种社会行为的新形式，它允许个体向企业家捐款，帮助他们建立新公司，但捐献者不会收到任何回报。对于亲社会行为，男性与女性在整体上并没有差异，但是当涉及的人从属于其个人的关系网时，女性更可能进行亲社会行为，而男性在帮助陌生人与帮助朋友的可能性上是一样的。助人与亲社会行为存在很多差异，却拥有着一些共同的隐藏动机。

第 10 章

攻击：本质、原因和控制

章节概览

- **攻击理论：寻找暴力的根源**
  - 生物因素的作用：我们是否生来暴力
  - 驱力理论：伤害他人的动机
  - 关于攻击的现代理论

- **人类攻击的决定因素：社会、文化、个人和情境**
  - 攻击的基本来源：挫折与挑衅

- **研究告诉我们：情绪在攻击中所起的作用**
  - 导致攻击的社会因素
  - 为什么有的人比其他人更具攻击性
  - 性别与攻击：男性比女性更加具有攻击性吗
  - 决定攻击的情境因素：高温、酒精和枪支持有

- **教室和工作场所中的攻击**
  - 什么是霸凌行为
  - 网络霸凌：电子手段下的伤害行为
  - 霸凌行为能减少吗

- **研究告诉我们：工作场所中的攻击**

- **攻击的预防与控制：一些有效的技巧**
  - 惩罚：报复还是威慑
  - 自我调节：抑制攻击的内在机制
  - 宣泄：释放被压抑的情感真的有帮助吗
  - 从思维入手减少攻击：无攻击的想法

在有记载的人类历史里，蓄意伤害他人（**攻击，aggression**）一直是人类社会行为的一部分。人类的暴行可以从"二战"期间德国纳粹对犹太人的屠杀，一直追溯到古代大规模战争。大量事例表明，

群体间的暴力一旦发生往往会长期存在，我们或许可以从情感距离的角度来看待这个问题。然而，处理与应对生活中的攻击事件对大部分人而言仍十分困难。细想下文中关于攻击及其潜在影响的例子，这些直接或间接的例子都是存在于我们的日常生活中的。

- 美国新泽西州罗格斯大学有一位名为Dharun Ravi的大学生，他在宿舍里装了摄像头，将他的室友Tyler Clementi（一名同性恋者）与其他男性的亲密行为拍摄下来，甚至邀请他的朋友一同观看视频。了解到事情之后，Tyler Clementi于2010年9月22日从一座桥上跳下自杀身亡。Ravi并未对Tyler Clementi的死亡负直接责任，他被宣判犯下侵犯个人隐私及歧视恐吓的罪行被监禁30天。
- 2012年10月14日，在美国康涅狄格州的纽镇，20岁的Adam Lanza在桑迪胡克小学实施枪击暴行，在杀害了20名小孩及6名成年人后，他自己也饮弹自杀了。
- 2013年4月15日，19岁的Dzhokhar Tsarnaev和他26岁的哥哥Tamerlan在波士顿马拉松赛的终点线附近布下两颗炸弹，致3人死亡，超过260人受伤。随后，哥哥在枪战中被警察击毙，弟弟则被判死刑。
- 2015年6月17日，21岁的Dylann Roof来到位于美国南卡罗来纳州查尔斯顿的伊曼纽尔非洲卫理公会主教派教会，一开始他被接待坐在椅子上。经过大约一小时后，他突然起身向现场学习圣经的人射击，致9人死亡，死亡者年龄从26～87岁不等，其中一名幸存者是一位女孩，她奶奶让她装亡得以逃过一劫。Roof被逮捕并被州级及联邦法院同时控告，很有可能被判死刑。
- 2015年11月13日，至少7名ISIL（又名ISIS或者伊斯兰国家）组织的成员在巴黎的6个不同地方同时进行了恐怖袭击，超过100人被杀害，300多人被自杀式爆炸所伤。更有甚者，在这次袭击前，ISIL成员在黎巴嫩、突尼斯、伊拉克、叙利亚及其他中东国家实施了令人难以置信的暴力行为，并在社交媒体上播放他们执行死刑的视频。

令人悲伤的是，这些事件在讲述一个令人不安的事实：攻击在生活中实在是太稀松平常了。正如图10-1所示，这些事例提醒我们，攻击行为是由个人独立执行，或者是由来自或大或小的群体的成员施行的。近些年来，美国枪击案几乎每天都发生，在这些事例中，施害者的主要目的可以归结为伤害尽可能多的人，而他们的动机则可能来源于其他方面。隐藏在攻击背后的目的可能是思想上，也可能是政治上的诉求。例如，2015年11月27日，被指控在科罗拉多州的科泉市犯下枪击案的Robert Lewis Dear，在被逮捕时表达了他反对堕胎行为的观点。在另一个案件中，政治目的似乎尤为重要，检察官认为Dylann Roof案的策划者目的是激发种族间的紧

蓄意的伤害行为可以是某个体针对另一个体实施的，或者是某个体针对一群人的重大犯罪，又或者是一个群体的成员对另一个群体的攻击。在所有攻击案例中，人们都付出了惨重的代价。

图10-1　攻击：个体攻击与群体攻击

张关系。执法官员表示 Roof 公然表明他对黑色人种的仇视，因而司法部门将 Roof 的行为分类为仇恨犯罪。相似地，ISIL 的成员不仅是为了伤害无辜百姓，他们也在向其他人灌输恐惧。确实，恐怖主义者的日常活动就包括向他们无法直接伤害到的人群创造"恐惧的气氛"，这不仅让居住在 ISIL 控制区域的人们因为害怕而不敢抵制他们，那些远离这些区域的人们也能感到这种恐惧并受其影响。还有其他许多枪击案例也是如此，犯案的动机可能是对感知到的轻蔑或是与其他人冲突的一种报复，而被攻击者仅仅只是恰好位于攻击地点附近而已。

当然，大部分的攻击并不像我们前文所描述的那么极端。事实上，攻击可以很微妙，如在他人讲话时表现出的明显厌烦，或者是在某社会情境中有意地忽视一个人，比如在派对上给他个"热脸贴冷屁股"。然而，无论攻击以什么样的形式呈现，正如图 10-2 所示，它都会破坏甚至毁灭我们的生活。考虑到攻击的广泛性及其代价，就不难理解社会心理学家为什么寻求深入了解攻击发生的原因了。研究的最终目标都是开发出减少不同情境下攻击发生的技术（e.g., Bushman et al., 2016; Baumeister, 2005）。在本章节中，我们会对目前关于攻击的知识进行总结，这些知识是社会心理学家在过去这些年通过严谨的研究而得到的。

无论是那些大规模攻击中的直接受害者、他们的爱人，或者仅仅是目睹了大屠杀的人，这些事件带来的苦难都可能是强烈而长远的。

图 10-2 攻击具有毁灭性

首先，我们将阐述几种有关攻击的理论，它们在解释攻击的本质和来源上都截然不同。然后，我们将考察导致人类攻击行为的几个重要因素。这些因素包括：基本社会因素，包括现实鲜活的以及媒体上出现的其他人的言行（Fischer & Greitemeyer, 2006）。其他可能的因素也会被考虑入内，如个性特征，这些特质使得特定人群更具有爆发攻击的倾向。以及情境因素，如高温、酒精刺激以及持有枪支等外部环境方面。同时也会考察生物或基因因素，同样也关注性别是否会影响攻击发生的可能性以及攻击的形式。在考察完这些因素后，我们将把注意力转移到普遍却令人不解的一种攻击形式上，因为它在孩子们和青少年间常常出现，这就是霸凌（bullying）。最后，我们将阐述多种用以防止和控制攻击的技术。

10.1 攻击理论：寻找暴力的根源

本章节开头描述的无缘无故攻击他人的例子，引出了一个很基本的问题：为什么人类要以如此恐怖的形式攻击他人？社会心理学家对这类问题进行了调查并提出了众多解释，在这里我们将探究几种有影响力的解释，并以出现在近期社会心理学研究中的结论为结点。需要注意的是，引起暴力行为的原因往往不是单一的，而是多种因素共同作用的结果（Bushman et al., 2016）。

10.1.1 生物因素的作用：我们是否生来暴力

最古老或许也是最著名的解释认为，从人的本质上看，人的暴力是与生俱来的。这一理论最有名的支持者是弗洛伊德，他认为攻击是从所有人都有的"死的本能"上衍生出来。根据弗洛伊德的理论，该本能最开始是针对自己的，但是很快就会转变方向，朝向他人。诺贝尔奖获得者洛伦兹也持相近的观点（Lorenz, 1966; 1974），他认为攻击来源于遗传的斗争本能，这一本能使得强壮的雄性能够拥有异性并把他们的基因传给下一代。

直到最近几十年，大部分的社会心理学家才摒弃这一看法。他们拒绝认为是基因编排好了人类的攻击行为，因为：1）人类攻击他人的方式有很多，从忽视他人到当面的暴力行为，这么庞大的一系列行为怎么可能都由基因所决定？2）人类攻击行为的频率在不同的社会中往往也不相同，在一些社会经常发生，在另一些社会却很鲜见。的确，身处不同文化环境的人对攻击的态度是不同的。来自于个人主义文化（如美国）的人相比来自集体主义文化（如中国、土耳其或者加纳）的人倾向于更支持攻击（Forbes, Collinsworth, Zhao, Kohlman, & LeClaire, 2011; Gunsoy, Cross, Uskul, Adams, & Gercek; Swing, 2015）。既然攻击存在较大的文化差异，以及不同文化在面临同样的冲突情境时表现出的不同反应，社会心理学家不禁再一次发问：攻击怎么可能单是由基因因素决定的呢？

随着心理学中进化论观点的发展，人们正在重新考虑生物因素所起的潜在作用。虽然大部分的社会心理学家继续拒绝接受人类的攻击行为在很大程度上是源于内部因素（如基因），但一部分人已经接受基因可能在人类攻击行为中发挥了一定作用的观点。比如接下来的推理过程就是从进化论的角度进行的（详见第 1 章中对这一理论的讨论）。在古代（甚至在一定程度上现在也存在），正在寻找心仪配偶的雄性发现与其他雄性的竞争是必不可少的，而通过成功的攻击行为来消灭竞争对手是一种有效的方式。而且通过这种行为能够更成功地保护配偶并把基因传给下一代，所以这就使影响攻击行为的基因得以发展。相反，雄性对异性的攻击倾向就弱很多。因为雌性可能会拒绝对她们发动攻击甚至在公共场合发动攻击的雄性（致使他们自身和配偶陷入不必要的危险中），这就导致雄性对异性的攻击倾向受到抑制。总而言之，雄性间有更多的攻击行为，而对雌性的攻击行为就较少。与雄性不同的是，虽然雌性对他人的攻击行为频率相比于雄性要少得多，但是雌性对雄性和雌性有同等程度的攻击行为。

一些研究结果与上文的推理是一致的。比如，雄性对其他雄性比对雌性有更强烈的攻击倾向（尽管家庭暴力是典型的雄性针对雌性的犯罪）。与此相反，同样的差异在雌性间不存在或更弱（e.g., Hilton, Harris, & Rice, 2000），在这一章的后面部分我们将会提到，尽管表达攻击的方式在性别上有明显不同，然而攻击上的性别差异并不如大部分人认为的那么明显（Hawley, Card, & Little, 2007）。

睾丸素（雄性激素）在攻击中起着什么样的作用？Flinn, Ponzi 和 Muehlenbein 测量了一个足球运动员群体的睾丸素含量。发现当他们与陌生人的比赛胜利后，激素的水平随之上升，但是当他们输了比赛或者是与来自内群体的伙伴比赛时，激素水平没有上升。这个结果表明男性不仅会通过战胜他人以接近心仪的伴侣，也会在赢得比赛时雄性激素水平上升，这反过来提升了他们得到伴侣的动机。另外，研究表明当男性的交配动机被激活时（通过阅读一篇关于遇到十分有魅力的女性的故事），他们确实对其他男性表现出更高的攻击性，这个现象与男性会赶走潜在竞争对手的目的相一致（Griskevicius et al., 2009）。然而，为了防止失去潜在的伴侣（女性通常认为在公共场合实施攻击的男性更恐怖而非更具吸引力），这种情况更可能发生在只有男性在场的情况下，当有女性在场时，他们并不会变得更具攻击性。

另一个关于男性为什么会对竞争对手更具攻击性的原因是，如果他们成功驱赶了这些对手，不仅他们的雄性激素会上升，他们还有可能会获得地位，从而提高自身对部分女性的吸引力。这也许是为什么从某种程度上而言，无论是在体育、生意或是任何其他环境中作为赢家的男性，会热切地通过开豪车、买豪宅或者是买私人飞机等外部标签来唤起他人对他们成功的注意。他们通过这样的行动向大家宣告：“我赢了！我打败了我的竞争对手！”他们可能认为这样的方式能获得对女性的巨大吸引力（见图10-3）。当然，正如我们在第 7 章所看到的，吸引力远比这些更复杂。但是这种想法部分说明了获得地位对吸引力的帮助，也存在一定的证据支持。

Hygen 等（2015）开展的研究提供了基因在攻击中起作用更为直接的证据。他们研究了挪威的数百名孩子，发现一种与大脑中产生的化学物质有关的基因，基因表征的不同也会导致明显的攻击性差异。相对于携带另一种基因的孩子，携带这种基因的孩子被他们老师认为更具有攻击性。然而，这个结论仅仅在孩子们面临着巨大压力（如虐待或者重病）时才成立。当不存在这样的压力时，携带促进攻击性基因的孩子的攻击性反而会减弱。研究者们从生存的角度解释了这个结果，他们首先假设存在两个具有适应性的群体：第一个群体的人能更好地应对变化的环境，而第二个群体的人则在相对稳定的环境下表现更佳。最终的结论是，基因因素确实会在人类攻击行为上起一定的作用，但是它的影响是复杂的，从根本上而言依赖于环境因素。

通过打败竞争对手，男性获得地位，从而提高了他们的吸引力，帮助他们获得有魅力的伴侣。

图 10-3　打败对手——男性获得更高的地位

10.1.2　驱力理论：伤害他人的动机

当社会心理学家拒绝接受由弗洛伊德和洛伦兹提出的攻击本能论观点时，他们提出了另一种理论来解释攻击行为：攻击主要由外部因素引起的伤害他人的驱力引发。这种解释在几种不同的**驱力理论**（drive theories）中都有阐述（e.g., Berkowitz, 1989; Feshbach, 1984）。这些理论提出外部情境（特别是挫折）激活了伤害他人的强烈动机。正如图 10-4 所示的，攻击性动机被激发会导致明显的攻击行为。这里讨论的数种因素（如他人的挑衅），甚至于房间内摆放有武器（Anderson, 1998）都可能是攻击性驱力的来源。

到目前为止，这些理论中最为人知晓的是**挫折－攻击假说**（frustration-aggression hypothesis; Dollard, Doob, Miller, Mowerer, & Sears, 1939），而我们将用大篇幅来讨论它的细节。根据这一理论，挫折（任何阻碍我们实现目标的事物）导致了以伤害他人为首要目标的动机激活，这一伤害行为首先针对的是个体感知到的挫折来源（Berkowitz, 1989）。此外，这个理论认为挫折是最主要的（甚至是唯一的）导致攻击的原因。虽然社会心理学家已经发现这个结论是错误的，但是在心理学学术圈之外，它仍然被广为认可，你可能有时候会听朋友提到它说，"他是如此沮丧，以致后来发飙了"或是"她非常有挫败感，所以她就发泄到了室友身上"，在这一章我们会解释为什么这些说法往往是错误的。

攻击的驱力理论认为，攻击行为由驱力从内部推动去伤害他人。而这些驱力来源于外部事件，如挫折。这一理论已经不再被大多数的社会心理学家所认可，但是其中有一个观点，挫折－攻击假说，仍然影响着当下的研究和很多人关于攻击原因的信念。

图 10-4　攻击的驱力理论：伤害他人的动机

10.1.3　关于攻击的现代理论

与之前的观点不同，现代的攻击理论（e.g., Anderson & Bushman, 2002b; Berkowitz, 1993; Zillmann, 1994）并不关注于把某一个因素（本能、驱力，或者是挫折）看作是攻击的首要原因，而是汲取心理学各个领域的最新进展，深入分析在当前的攻击行为中发挥作用的各个因素。社会学习理论（e.g., Bandura, 1997）就是这样的一种理论，它认为：人类在处理事情上并非生来就有一系列的攻击反应，更为可信的是，就像需要通过一定的方法途径来习得其他复杂的社会行为一样，攻击也要通过一定的途径来掌握。这些途径包括直接经验以及观察他人的行为，如社会榜样，现实生活中，那些表现出攻击性的人或是影视中的角色，甚至是游戏中的角色（e.g., Anderson et al., 2010; Bushman & Anderson, 2002）。所以根据自己以往的经验和所处的文化，个体可以学到：1）伤害他人的众多方法；2）哪些人或群体是合理的攻击目标；3）哪些报复行为从当事人的角度看是正当的；4）在什么情境或背景中，攻击是被允许的，甚至是被赞成的。总而言之，社会学习的观点认为在某种情境下，个体是否会表现出攻击行为取决于很多因素，它包括：个体过去的经验，过去或当前攻击行为后的收获，个体关于攻击行为适当性和潜在影响的态度和价值观。

在构建社会学习理论的同时，一个更新的框架——**攻击的综合模型**（general aggression model, GAM; Anderson & Bushman, 2002）为人类攻击行为的产生提供了一个更加完善的解释。根据这一理论，可能导致攻击行为的众多事件可以归两类：1）与当前情境相关的因素（情境因素）；2）与个体相关的因素（个体因素）。归入到第一种类的变量包括：挫折、来自他人的挑衅（如侮辱）、他人的攻击行为（攻击性榜样，包括现实中和媒体中的人），以及任何导致个体感觉不舒服的事情，从令人不舒服的高温到生理上的疼痛，甚至可能是他人无礼的对待方式。归入到第二类（人群中的个体差异）的变量包括：使个体具有攻击倾向的特质（如易怒）、对暴力的态度和信念（如认为暴力是可以接受的、合理的）、易把他人的行为感知为敌意的倾向，以及掌握特定的攻击技能（如知道如何去打斗或是如何使用各种武器）。

根据 GAM 理论，这些情境和个体变量会在三个基本过程中产生影响，从而引发出蓄意的攻击行为。这三个过程分别是：唤醒，它可以提高生理上的唤醒和兴奋；情感状态，它可以激发敌意的情感并显示出来（愤怒的面部表情）；认知，它促使个体产生敌对思维或者把与攻击有关的信念和态度存入脑中。个体会对当前的情境和限制因素（如警察的存在或是目标人物具有多大的威胁性）进行评估，根据这一评估，他有可能采取经过深思熟虑的行为，如抑制愤怒，也有可能采取冲动的行为，这就可能导致故意的攻击（图 10-5 是这一理论的总览）。

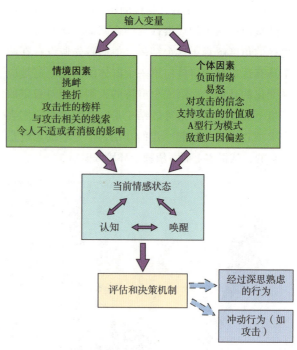

正如这幅图所展示的，攻击的综合模型（GAM）认为人类的攻击有很多原因。输入变量有情境和个体因素变量，这些变量影响个人当前的认知、情感和唤醒状态，而这些内部的状态加上其他一些因素（如评估和决策机制）决定了人是否表现出攻击行为，以及表现出怎样的攻击行为。

图 10-5　GAM：现代人类攻击理论

Bushman 和 Anderson（e.g., 2002）扩展了这一理论，并用它来解释为何直接暴露在高攻击水平下的个体会变得更加具有攻击性，攻击水平可以是由他人的行为或是由影视作品中的人物或游戏所引发。反复暴露在那些刺激下，会强化与攻击有关的知识结构——与攻击相关的信念、态度、图式和脚本。而当这些有关攻击的知识结构得到强化以后，它们就更有可能被情境和个体变量激活，从而启动了攻击行为。

毋庸置疑，GAM 理论比攻击的早期理论更加复杂，如著名的挫折–攻击假说（Dollard et al., 1939）。另外，因为这一理论反映的是各个领域的最近成果，加深了关于人类的思维对其行为有重要决定作用的认识，所以它比早期理论更有可能对人类攻击行为的本质提供一个正确的解释。当然，这本来就是科学进步的应有之义。它确实为我们提供了有价值的依据，以帮助我们理解导致攻击的各种因素（Bushman et al., 2016）。

要点 Key Points

- **攻击**是指故意将伤害施加于他人。研究表明攻击有各种来源，包括生理因素与环境压力源的相互作用，以及对地位的追求。
- **攻击的驱动理论**认为攻击主要是由外部因素引起的伤害他人的驱力所引发，**挫折－攻击假说**是这一理论最有名的代表。
- 攻击的现代理论，如**攻击的综合模型**（GAM）认为：学习、各种诱发的输入变量、个体的差异、情感状态，特别是认知过程在攻击中起了重要作用。

10.2 人类攻击的决定因素：社会、文化、个人和情境

Ray Rice 是巴尔的摩乌鸦队曾经的跑卫，在当地深受尊敬。事实上，他参与了许多有益于巴尔的摩的积极活动，如主导了一个反霸凌运动，这个运动成效很好，它迫使马里兰州政府出台了新的法律，将反复霸凌定义为严重的犯罪。然而，在2014年的3月，他被拍摄到将自己失去知觉的未婚妻拖出电梯的画面。从他未婚妻的伤以及录像内容似乎可以看出是他将他的未婚妻敲晕的。这起可怕的事件发生在他们均喝酒了的情况下，争吵随后升级为肢体冲突，他的未婚妻 Janay Palmer（这起事件后嫁给了 Rice）为他辩护称，这是他第一次伤害她，而且他们之间的关系一直很好。一开始，Rice 被禁赛了，但是在他同意接受由法院监督的心理咨询服务后，他又复赛了。然而，许多观察者都曾提及，众所周知的是家庭暴力很少仅仅发生一次，这种现象常常持续数月甚至数年，是许多亲密关系中令人恐惧的一面。

但是男性并非是这种暴力的唯一犯罪者。2014年6月，两届奥运会金牌得主 Hope Solo 以攻击她同父异母的妹妹和侄子的罪名被逮捕。虽然一开始，她打伤了两个人，但随后，她两米高、127千克的侄子进行了反抗，他用扫帚打了 Solo 的头，导致她脑震荡。据说当警察到场时，Solo 正在辱骂和恐吓他们，他们只能用手铐控制住她以避免她伤害警务人员。尽管如此，Solo 却声称她是这起家庭暴力的受害者，然而法院并未改变对这起看似复杂的案件的判决。

为什么会发生这类攻击呢？人们为什么会攻击那些可能是他们最爱的人呢？社会心理学家提出是许多因素的共同作用导致了这些令人不安的事件，如来自受害者的挑衅（其他受害者仅是刚好在场）、摄入酒精，甚至于类似于高温这样的环境条件。家庭暴力源于众多因素的事实与现代暴力理论观点是相一致的（Anderson & Bushman, 2002; DeWall, Twenge, Gitter, & Baumeister, 2009）。攻击行为受社会、文化、个人和情境等多方因素的影响，由于这些因素不仅在家庭暴力中起作用，也影响着许多其他形式的暴力。我们将研究其中最重要的一种，即增加人们采取伤害他人行为的可能性的情境。

10.2.1 攻击的基本来源：挫折与挑衅

就像其他的社会行为模式一样，攻击也是对我们周围所发生事情的反应，换句话说，是对他人所说和所为的反应。在这里，我们将讨论攻击发生的几种方式。

1. 挫折：没能得到所要的（或是所期待的）有可能导致攻击

设想一下，你让20个你认识的人各自说出一个导致攻击的最重要因素，结果会怎样？他们很有可能回答是"挫折"。如果你叫他们定义挫折，很多人会这样说："就是在某种情境下，我想得到或期望得到某样东西，但却受到某人或某事的阻碍而没有得到所产生的一种感受"。这种把挫折看作是攻击产生的重要原因的想法，至少部分来源于著名的**挫折－攻击假说**（frustration-aggression hypothesis; Dollard et al., 1939），这一理论我们在讨论攻击的驱力理论

时已经提到过。在挫折-攻击假说最初的形式中，它做出了两个很彻底的断言：1）挫折总是导致某种形式的攻击；2）攻击总是来源于挫折。像这样自信大胆的陈述非常具有吸引力。然而，这并不代表它就是正确的。事实上，现有的证据已经证明了挫折-攻击假说的两部分都过于强调挫折作为攻击的决定因素的重要性。当个体遭受挫折时，并不总是以攻击行为作为反应；相反，他们会出现众多不同的反应，可能是悲伤、失望或抑制，也可能通过直接尝试克服挫折的来源来对抗挫折。总之，攻击肯定不是个体面对挫折的自动反应。

此外，我们也可以很清楚地知道，并不是所有的攻击都来源于挫折。人们进行攻击的原因有很多种，攻击可以是对很多不同因素的反应。例如，Adam Lanza 在杀了他母亲后，又在暴怒情况下在桑迪胡克小学进行射杀，那么他是否受到了某种形式的挫折？桑迪胡克小学的师生们是导致这种挫折感的原因吗？很可能不是的。正如这些事件显示的，除了挫折，许多其他因素都能影响攻击。

因此，几乎没有社会心理学家还会接受挫折是攻击的唯一或是最重要的原因的观点。相反，大部分人都认为挫折只是众多有可能导致攻击的因素之一。我们要补充的是，在某些特定情形下，特别是在不合理或是不公正的情形中，挫折在诱发攻击上起到强大的决定作用（e.g., Folger & Baron, 1996）。例如，如果一个学生认为他在一次考试中应该得到一个好成绩，但是结果却很差，而且无法解释这一原因，他就会得出结论：自己受到了不公平的对待，他的公平需求受到了阻挠。所以，这就有可能出现这样的结果：他产生了敌意性的想法，体会到强烈的愤怒，对感知到的挫折来源（本例中的老师），采取报复行动。但是，如果他觉得是因为自己没有好好学习才会得这么低的分数，他可能会在对高分的目标和期望上感到挫败感，但是不会对老师采取攻击行为。

2. 直接挑衅：当攻击（甚至是取笑）酿成攻击

世界上的几大宗教大体都同意这样的观点：当别人激怒我们的时候，我们应该"转过脸去"。也就是说，在我们被他人烦扰或是激怒的时候应该尽量忽视这些行为。然而，事实上，研究发现这些观点是易说不易做的，他人身体和言语上的**挑衅**（provocation）是最可能使人产生攻击行为的原因。当我们承受着他人某种形式的攻击行为（不公正的评价、讽刺的言语或是身体上的攻击）时，我们倾向于进行报复，把受到的攻击如数还给对方，有时甚至还得更多，特别是在确信对方旨在伤害我们的时候。

什么样的挑衅会产生最大的推动力来引发攻击行为呢？已有的证据表明贬低他人，当着对方的面表达出傲慢和蔑视，是非常大的推动力（Harris, 1993）。尖锐而不公正的评论，特别是针对人不对事的评论是一种强有力的挑衅形式。当我们面对这些评论时，大部分人觉得想要抑制愤怒是很困难的，所以就会立即或在之后采取报复行动（Baron & Richardson, 1994）。对另外一种挑衅很多人也会做出恼怒的反应，这种挑衅就是**取笑**（teasing），这种挑衅性的言语会引起大家对个体缺陷和瑕疵的注意，其实，这些言语只是一种开玩笑的说法（e.g., Kowalski, 2001）。取笑可以是温和的、幽默的评价（如"嘿，你今天的头发梳的可不怎么样"），也可以是取个幽默的绰号，还可以是非玩笑式的意在伤害对方的言论。研究发现个体越是把取笑归因为对方是具有敌意动机的，想要使自己难堪或激怒自己时，他就越有可能做出攻击反应（Campos, Keltner, Beck, Gonzaga, & John, 2007）。当一个人挑衅他人时，可能引发很糟糕的效应，即遭受挑衅的人回以同样的挑衅，双方的矛盾激化，一方的攻击导致另一方攻击。这种情况的结果往往从口头挑衅迅速上升为肢体攻击，最终导致一方受伤甚至两败俱伤。

研究亦表明，当他人的行为威胁到我们的地位或是社会形象时，这些行为将成为引发攻击的重要导火线。如在一项由 Griskevicius 等（2009）主导的研究中，研究者要求参与者（男女大学生）描述他们最近一次针对他人的直接攻击行为的主要原因，其中提及因为他们对自身的地位和名声认同遭受威胁的人占了很大比例（48.3% 的男生及 45.3% 的女生）。总而言之，他人的行为，尤其是被我们认为是对我们有敌意，意图伤害我们的行为是导致攻击行为的强有力的因素。

情绪是否也是导致攻击的重要导火线？你的第一反应很可能是，"那当然了！人们在感到生气的时候才会攻击他人，而不是在开心或者放松的时候。"但是事实上，正如我们将在**"研究告诉我们：情绪在攻击中所起的作用"**中解释的，情况比这要复杂得多了。

研究告诉我们　　情绪在攻击中所起的作用

认为强烈的情绪能够导致多种攻击的观点是有道理的，也似乎是显而易见的。例如，当我们生气时，一种可能的反应便是通过攻击他人（特别是导致我们生气的人）直接表达出来。但是并非所有的攻击都包含了强烈的情绪感受。比如，当一个人对某个人怀恨在心，有时他们会先等待相当长的一段时间，直到恰当的时机出现，即可以最小的代价达到最大的伤害目的时，他们才会采取行动。一句古语就表达了这层意思：君子报仇，十年不晚。这句话表明如果我们要复仇的话，最好在情绪不那么强烈后再行动，因为当我们冷静时，才能计划更有效的策略让此人偿还代价。这里举出一个例子，雇佣刺客（负责刺杀特殊人群的专业杀手），他们是专门受雇于实施这类任务的，对于他们而言，这类任务可以轻松完成。通常来说，就像许多电影所阐释的，他们并不认识刺杀对象，对他们并没有愤怒情绪，但杀害这些人是他们的工作，而最有效率的方式便是不让情绪成为妨碍工作的"包袱"（详情见图10-6）。

尽管像愤怒这样的情绪在众多攻击事例中都起着重要的作用，但是有时候则不然。例如，受雇刺杀他人的刺客常在毫无情绪的情况下杀害他人。事实上对于他们而言，这仅仅是他们的工作，尽管这工作很残忍。

图10-6　有时攻击的发生并不伴随着强烈的情绪

存在另一种影响着"攻击常包含强烈情绪"这种想法的复杂因素。情绪专家通常认为此处包括两种基本维度：一个积极-消极维度（开心到悲伤），以及另一个激活维度（高或低）。这就提出了一个关于情绪作用的问题：与攻击行为无直接关联的高唤醒是否会促进攻击的产生？换句话说，如果我们因某事件感到兴奋，这种唤醒是否会蔓延到另一种情况，加剧我们的反应（包括愤怒）呢？假设你正驾车去飞机场赶一班飞机。在路上，由于另一个人超车，差点让你发生了交通事故。你吓出了一身冷汗，心怦怦直跳，血压升到了顶峰。你在心里暗想：好在没发生事故。现在你来到了飞机场，停好车，急匆匆赶往候机室。当要通过安检门的时候，你前面的一个老人弄得警报器嗡嗡作响，她感到很是迷惑，安检员示意她把鞋子脱下，她也没能够明白过来。你被她的这种迟钝惹怒了，事实上，你已经开始发火了并低声抱怨道："这种人为什么不好好待在家里？因为她我可能要错过航班了！"你甚至希望把她推开然后冲过去赶上自己那班飞机。

现在我们来看一个核心的问题：你是否认为最近差点发生的交通事故对你之后忽然的愤怒涌动产生了作用呢？去机场路上的被超车事件引起了你的情绪唤醒，而这一唤醒是否会转移到机场内发生的那一幕上呢？越来越多的证据表明，它会（Zillmann, 1988；1994）！在某些情形下，唤醒水平的提高，不管它来源于哪里，会提高个体对挑衅、挫折或者其他因素做出攻击的反应。事实上，在很多实验中，被试参加的竞争性的游戏（Christy, Gelfand, & Hartmann, 1971）、练习（Zillmann, 1979），甚至某些类型的音乐（Rogers & Ketcher，1979）都可以成为唤醒水平提高的来源，而这将会提高被试之后的攻击水平。为什么会出现这种情况呢？激发转移理论提供了一个非常有趣的解释（Zillmann, 1988, 1994）。

该理论认为因为心理上的唤醒很有可能消散得很慢，所以当人们从这一情境步入下一情境时，这些唤醒可能还有部分保留着、持续着。具体到机场事例中，就是你在差点发生车祸的情境中所经历的唤醒在你通过机场安全门时仍然部分保留着。这时，你又遇到了一件烦人的小事，而这一唤醒就会加剧你对此烦恼的情绪反应。于是很有可能出现这样的结果：你变得非常愤怒而不是轻微的烦躁。而这种情况常在当事人没有意识到残余唤醒的存在时发生（Zillmann, 1994）。

激发转移理论还认为这种效应在以下的情形中也很有可能发生：当事人虽然认知到了剩余的唤醒，但却把这一唤醒归因于当前情境下的事件（Taylor, Helgeson, Reed, & Skokan, 1991）。例如，在机场发生的事件中，如果你感受到了唤醒水平的提高，却把它归因于老人的行为而不是差点使你发生交通事故的超车司机，你的愤怒就会增强。总而言之，情绪与攻击之间的关系比我们基于常识所理解的要复杂得多。

10.2.2 导致攻击的社会因素

社会排斥，被他人排斥或者拒绝，是其中一种我们最想回避的令人烦忧的经历。排斥不仅仅说明我们无法从他人的社会交往中受益，也反映了我们自身消极的形象。毕竟，如果其他人不希望与我们接触，这似乎说明了我们身上有更多不好的特质。有攻击性的人常因自身的攻击性被其他人排斥或拒绝，然而遭到他人的拒绝是否会增强我们攻击他人的可能性呢？这么做可能帮我"扳平比分"，且研究表明社会拒绝是引起攻击的强力导火线（Leary, Twenge, & Quinlivan, 2006）。遭到拒绝或者排斥会增加当事人对排斥者的攻击行为，而反过来，这样又会导致更强烈的排斥，形成恶性循环。

那么，确切地说，这种情况为什么会发生呢？是否是由遭到排斥而导致的情感抑郁对拒绝源的猛烈攻击？尽管这个解释听起来很合理，然而致力于探索伴随遭受排斥产生的情感抑郁是否导致攻击的研究并不支持这一观点。消极情绪并不会调解排斥对攻击的影响。另一个可能性是被排斥会启动一种敌对认知心态，这种心态会激活我们脑中的某种认知结构，将他人或中立或模糊的态度感知为敌对的，并认为在社会互动中实施暴力是正常且适当的反应（如 GAM 所反映的情况。Anderson & Bushman, 2002; Tremblay & Belchevski, 2004）。进化论也认为敌对认知心态或偏差是随着排斥而出现。在过去，人们需要彼此，并通过与他人合作才能生存下去。因此，遭到群体的排斥是一件非常严重且具威胁性的事情。这说明了他人的排斥会被理解为非常敌对的行为。

为了检验这个推论，并揭示敌对认知偏差是否是社会排斥影响攻击的基础。DeWall 等人（2009）主持了一系列的研究。在其中一个研究中，部分参与者了解到他们的搭档在一次实验中主动拒绝与他们合作，而其他参与者获悉他们的搭档是因为其他不可控因素（如有其他任务）而无法与他们合作。为了查明拒绝是否引起敌对认知偏差，两组人均被要求完成词语补充（词语片段既可以被补充为攻击性的词语，也可以被补充为不具攻击性的词语。如，"r…pe"可以是"rape"（强奸）也可以是"ripe"（搜查），预测认为被拒绝的人更可能将词语补充为攻击性的，而事实上结果确实如此。

在一个追踪研究中，参与者需完成一个人格测验，并被告知他们的得分表明他们是会孤独一生（也就是说，他们会遭受他人的排斥）还是能和别人建立亲密关系。之后，他们会阅读一个故事，故事中一个人做出了模糊的行为。然后，他们要判断那个人的行为与几个与敌意相关联的形容词的吻合程度

（如愤怒的、敌对的、令人厌恶的、不友好的）。研究预测那些被告知在将来会遭受排斥的人会形成敌对认知偏差，并将陌生人的模糊行为判定为带敌意的。而这个预测再次与结果相吻合。最后，为了确定这个敌对偏差是否会增强攻击，两组参与者被赋予了攻击故事中人的机会，他们被告知这个人正在寻求一个研究助理的职位，他很需要这个职位。参与者被要求评估这个人成为助理的合适程度，而消极的评估无疑会导致这个人失去这个职位。研究预测认为，相比于那些被告知将来会拥有丰富人际关系的人，那些被告知将来会遭受社会排斥的人给这个人的评分要更低。再一次，研究结果与预测相一致。在一个相似的研究中，笔者发现这个效应在参与者评估的对象并非导致他们遭受社会排斥的人时亦会出现。

总的来说，这个研究的结果表明社会排斥确实是通过敌对认知心态或者偏差的产生而运作的（见图10-7）。简而言之，他人的拒绝确实是导致攻击的重要驱力，而其之所以有这样的影响，是因为它让我们将他人的行为理解为带敌对动机的且具有伤害性的。的确，拒绝会伤害我们并导致情绪抑郁。然而实际上是认知的影响而非情绪本身导致了人们遭受排斥时的高攻击性，而且这种攻击性不仅仅针对排斥我们的人，也会对其他人表现出来。

研究结果表明当个体被他人拒绝或者被排斥时，他们经常将他人意义模糊的行为感知为带敌意的，从而导致对排斥源甚至其他无关者的攻击行为。

图10-7　遭受拒绝或排斥会激起攻击

1. 媒体暴力：电影、电视和电子游戏可能带来的伤害

你最近看的电影是什么？里面是否包含攻击和暴力的成分？这些节目里的角色击打、枪击或者尝试去伤害他人的频率有多高？例如，几年前的一个成功典型《阿凡达》。确实，它在很多方面都激动人心，但是它也包含了大量的暴力内容。事实上，银幕上相当大比例的作品都属于这个范畴。而且对近期电影、电视剧和其他媒体内容的系统调查表明，大众传媒所提供的受人欢迎的节目中暴力行为是很频繁的（Bushman & Anderson, 2002；Reiss & Roth, 1993; Waters, Block, Friday, & Gordon, 1993）。

社会心理学家已经对上述问题进行了数十年的研究：这些镜头的暴露是否会提高儿童或成人的攻击性？事实上，数百个研究已经对这一可能性进行了验证，而结果非常清楚：如果在一个国家中，暴力内容广为公民所见，那么暴露于这些材料下确实可能会造成暴力水平的提高（e.g., Anderson et al., 2003; Bushman & Anderson, 2009; Paik & Comstock, 1994）。事实上，在总结相关研究发现的基础上（Anderson, Bushman, Donnerstein, Hummer, & Warburton, 2015），这一领域的带头专家在美国参议院举办的媒体与暴力听证会上提供了证据，并就这一问题进行了如下总结。

1）这一领域的研究证明观看含有暴力内容的电视、电影，玩暴力的电子游戏和听暴力音乐的个体表现出攻击行为的可能性显著提高。

2）以上效应在性质上可以是短期的，也可以是长期的。

3）这些效应非常重要，就像很多医疗效应对医生的重要性（如阿司匹林对心脏病的效应）。

换句话说，通过数百个运用严谨的科学方法调查媒体暴力影响的研究（研究中调查对象达到成百上千个），研究者得出结论，这些效应具有真实性、持续性和重要性。这些效应对于维护社会和每年数百万暴力行为的受害者的安全和福祉有很重要的指导作用。目前得知了媒体暴力与家庭暴力、抢劫、帮派活动、群体枪击事件间存在联系。正如下文所示，很多其他不同类型的研究都支持了这些结论。

例如，在短期的实验室研究中，那些观看暴力电影和电视节目的儿童和成年人比起那些观看其他内容节目的人表现出了更多的攻击行为（e.g., Bushman & Huesmann, 2001）。这是班杜拉和其他一些研究者在20世纪60年代早期提出的一个问题。在这一时期，社会心理学还是一门新兴的快速发展的学科。为了解决这个疑问，班杜拉团队的研究成员设计了一种十分巧妙的方法。在研究中，他们并

没有使用真正的电视节目，而是在实验室里构建了自己的电视节目。在节目中，一个成年人向一个大的充气小丑（一个像娃娃的出气玩偶Bobo Doll）实施攻击。例如，坐在玩偶上，不断猛击它的鼻子，用一个玩具槌子击打玩偶的头部。研究者让托儿所里的学龄前儿童观看这些节目，这些儿童可以看到上面的"暴力节目"或者"非暴力节目"（成人在节目中没有对玩偶实施攻击性行为）。

在观看完两个节目中的任意一个以后，研究人员将儿童置于一个充满玩具的房间，其中有一些玩具正是暴力节目中成人攻击玩偶时所使用的。随后，研究人员告诉这些儿童，他们可以在这个房间里自由玩耍20分钟，而研究人员则认真观察他们在此期间的行为，看这些儿童是否会表现出与"暴力节目"中类似的攻击性行为。研究结果十分清楚：那些观看了成人攻击性行为的儿童表现出了很强的模仿攻击性行为的倾向（见图10-8）。与此相反，那些观看了无攻击性行为节目（成人只是安静地坐在房间里，没有对玩偶实施攻击性行为）的儿童并没有表现出相似的行为倾向。由此，班杜拉和他的同事认为儿童可以通过他们看到的节目学会一些新的攻击性行为，并且这些儿童还会认为攻击性行为是一种可以为社会和他人所接受的行为方式。

其他关于传媒暴力的研究所用的是纵向研究方法，在这一方法中需要对被试进行长达数年的研究（e.g., Anderson & Bushman, 2002b; Huesmann & Eron, 1984; 1986）。而这些研究所得出的结论也很明确：当被试还是小孩时，看越多的暴力电视或电影，其在少年期和成年后表现出来的攻击水平就越高。如，他们因为暴力犯罪而被捕的可能性会更高。这些发现在许多国家都被印证了，比如澳大利亚、芬兰、以色列、波兰和南非（Botha, 1990），因此这些效应是跨文化的。另外，这些效应不仅局限在电视节目和电影上，暴力的新闻节目、歌词和流行音乐（e.g., Anderson, Carnagey, & Eubanks, 2003）或是暴力的电子游戏（Anderson, 2004; Anderson & Bushman, 2002）都会产生这些效应。

而最后的媒体源，暴力电子游戏，成了研究的热门话题。因为这些游戏非常受欢迎，并且全球有数百万人在玩（每天花上几小时）。大量的研究都

在这项著名的研究中，儿童观看一个"电视节目"，节目中的成年示范者在攻击一个充气娃娃（玩具）或者是安静地坐在那里。随后，当研究者向儿童提供一个与这些玩具玩耍的机会时，发现儿童会模仿攻击性示范者的（攻击性）行为。这些发现表明，媒体中的暴力行为可能会导致观看者表现出类似的攻击性行为。

图10-8 班杜拉的"Bobo Doll"实验：电视暴力效应的早期证据

在寻求证据确定玩这类游戏是否会产生类似于看暴力电影或者电视表演的效应,而结果均非常一致且令人担忧。举例来说,一项元分析检验了一切关于攻击性电子游戏的影响的可用研究(Anderson et al., 2010),从这些研究的结果中发现玩这些游戏会普遍提高攻击性认知(与伤害他人相关联的想法)、攻击性情感(感到对他人的敌意、愤怒和有报复心理)以及随之而来的攻击行为。除此之外,玩暴力电子游戏会降低对他人的同情心以及从事亲社会行为的倾向。这种效应既发生在东方国家(如亚洲人)也发生在西方国家(欧洲、北美洲),并且会形成长期效应,相当长时间地增加人们的攻击性认知、情感和行为。这类效应既出现在短期实验室研究中,也在追踪同一群人的数月或数年的长期纵向研究中被发现。在回顾了这些广泛的证据后,Anderson 等人(2010, p.171)提出了以下几点令人不安的结论:"电子游戏本质并不是好的也不是坏的,关键在于人们学习游戏的什么内容。"当游戏中的攻击性成分被学习时,将会产生大量的不良社会影响。

人们也关心另外一个关于暴力电子游戏的影响的问题:为什么那么多人喜欢玩这些游戏?起初的设想认为是游戏中的暴力成分让它这么受欢迎的。人们发现暴力是令人兴奋而享受的(特别是在电子游戏这种安全的环境下),所以他们购买并进行这类游戏。这个观点十分令人信服以至于它一直被广泛接受,并用以解释暴力电子游戏的大量普及(见图10-9)。但真的是这样的吗?由 Przybylski, Ryan 和 Rigby(2009)主持的研究表明事实并非如此。他们用认知评价理论(Ryan & Deci, 2000, 2007)解释这个现象,并不是游戏中的暴力成分让游戏本身这么吸引人,而是在游戏过程中感受到的自主权和自我能力使其颇具吸引力。换句话说,人们享受玩这类暴力电子游戏是因为这些游戏让玩家感受到控制全局的感觉,即可以独立地行动,以及通过让玩家运用技能提供了让他们体验自身能力的机会。

为了检验这项推论,研究者邀请了来自一个讨论电子游戏的网络论坛的成员,并测试了他们在玩不同游戏时感受到的自身能力和控制感(如我在游戏中体验到了强烈的自由感、游戏给了我有趣的选择和机会)。除此之外,他们会评估对游戏的享受程度,对游戏的专注度,以及对游戏续集的兴趣度(如"我会购买游戏的续集")。最后,包含在游戏中的暴力成分会被三位评估者编码,1代表的游戏不含暴力成分(如俄罗斯方块),2代表包含抽象化的暴力成分(如超级玛丽),3代表有客观暴力成分(如文明),4代表包含虚幻暴力(如星际火狐),5代表含有现实暴力的游戏(如战神2)。

研究表明,相比广泛流传的信念,人们玩暴力电子游戏不是真的因为游戏中的暴力内容。人们玩这类游戏实际上是因为他们享受掌握控制权的感觉和游戏提供的能力体验。

图10-9 人们为什么要玩暴力电子游戏

结果表明对游戏的满意程度需要自主权和能力体现,而这两者与游戏的乐趣、玩游戏的专注度和对后续的兴趣度相关,但与游戏的暴力内容不相关。由此可见这类游戏之所以普及度这么高的根本原因并不是其含有暴力内容,而是其他的一些因素。在数个追踪研究中,同样的实验者猜测那些更具攻击性的人相比低攻击性的人,会更加倾向于享受暴力游戏,且更加全神贯注。在这些研究中,参与者玩暴力的或者非暴力游戏中的一个,然后评估他们自身将来是否还想玩这个游戏。那些更具攻击性的人相比低攻击性的人确实更偏爱暴力游戏，而低攻击性的人则更喜欢非暴力的游戏。然而，关键在于，当游戏满足参与者的控制感和能力体现这两个变量时，存在于高攻击性和低攻击性的人之间的差异消失了。这同样说明了即使对于高攻击性的人而言，也不是游戏中的暴力成分让游戏变得更具吸引力。

总而言之，由 Przybylski 及其同事在 2009 年主持的研究表明，尽管高攻击性的人确实会被暴力电子游戏吸引，但一般而言，并不是游戏中的暴力成分让游戏更受欢迎，而是游戏提供给玩家的控制感和能力感。这说明那些能同样提供控制感和能力感的游戏，即使不含暴力内容，也同样可以很受欢迎。所以，只要电子游戏的制造商肯做尝试，玩家可能在不受暴力游戏的消极影响的同时享受游戏的乐趣。

2. 传媒暴力效应：神经系统科学的证据说明它们为什么会发生

另一个因素也很有可能发挥着很重要的作用，即对暴力的去敏感化。也就是说，因为观看大量的包含暴力内容的电视节目、电影和电子游戏，个体对暴力及其结果就不那么敏感了（Anderson, et al., 2015）。研究发现上述效应确实存在，而且这一效应会提高观看传媒暴力的个体的攻击性（e.g., Funk, Bechtoldt-Baldacci, Pasold, et al., 2004）。对于这种去敏感化，给人印象最深刻的证据也许是来自于用社会神经科学方法进行的研究。

我们之前描述过的 Bartholow, Bushman 和 Sestir 于 2006 所共同进行的研究，该研究就是利用这种方法的一个很好的例子。在这一实验中，被试先报告自己过去玩暴力和非暴力电子游戏的程度，然后让被试参加一个带有竞争性的反应时任务。在任务中，如果对方（虚构的人，不存在）输了，被试就可以决定给对方令人不愉快的爆炸声的强度。在玩这个竞争性游戏之前，被试先看一组中性图片（如一个男的骑自行车）和一组暴力图片（如一个人用枪指着另外一个人的头部）。当他们在看图片的时候，脑部活动被记录下来。对这些脑部活动进行分析后发现，这些活动在之前的研究中发现过，而这些研究同时还确定了输入性情绪被加工和分类的时间窗口。（也就是为大家所知的 P300，一种事件相关电位

的潜伏期，即当对某些特定类型的信息进行加工时所发生的脑部活动的变化）。按照推测，如果个体因为过去经常玩暴力电子游戏而导致他们对暴力图片去敏感化，那么当他们看暴力图片时，他的 P300 活动就会减小。事实上，这也就是实验中发生的事情：与那些报告过去主要玩非暴力的游戏的个体相比，报告过去经常玩暴力游戏的个体表现出更小的 P300 反应。这一发现说明了暴露于传媒暴力的个体确实会发生去习惯化（去敏感化）的效应。其他的一些发现又证明了去敏感化的程度可以预测个体对他人表现出攻击的可能性。

总之，我们可以看出，观看电影、电视或是电子游戏的暴力内容会提高个体对他人进行攻击的倾向，而这一倾向可以通过几个途径实现。其一，就像我们之前所看到的，反复暴露于暴力材料下会降低个体对此类事件的情感反应，也就是他把这些都感知为平常无奇的事情。其二，它强化了与攻击有关的信念、期望和认知过程。换句话说，因为反复暴露在暴力电影、电视节目或是电子游戏之中，个体就会发展出强有力的与攻击相关的知识结构，而这一结构可以反映并将这些信念、期望、图式和脚本组合在一起。当这些知识结构被不同事件激活后，人们就会表现出攻击性，因为在他们的意识中这些做法就是他们所学到的。

无论潜在的机制有多么精妙，就这一话题 40 多年来的研究足以证明：过多地接触传媒暴力对我们的社会具有危害性。那么为什么今天的电视上、电影里和电子游戏中还是有如此多的暴力内容？答案是因为暴力有卖点。同时，广告商深信"把钱投到能够发挥作用的地方"才是正道（Bushman, 1998）。总而言之，这是经济收益优于一切的又一个例子。我们知道该如何来对待传媒暴力：如果目标是减少暴力，我们应该降低传媒中的暴力呈现。但是只要人们仍然愿意付钱去看暴力的电视剧、电影或是买含暴力内容的电子游戏，这一目标就不可能实现。

10.2.3 为什么有的人比其他人更具攻击性

数年前，我与一个出了名的行为具攻击性的人在同一个部门工作。尽管外显的攻击行为在学术环

境中是很少见的，但是这个异常有才能且精力充沛的人仍然不时地"爆炸"。他当时身处权威位置，所以他常常可以"逍遥法外"，他经常对别人发脾气、吼叫，特别是对那些没能控制住自己脾气也吼回去的人。他为什么那么有攻击性呢？尽管有可能是一些因素导致的，但关于人格因素对攻击的作用的研究提供了貌似可信的答案。我们接下来将回顾一些人格特质，拥有这些特质的人似乎更可能会攻击他人。

1. 敌对归因偏差

正如我们在前文所述，当个体感受到他人的敌意时，他们通常以攻击性的方式回击。而研究结果表明这是由攻击性认知导致的。比如说，他们会想着，"如果他们对我有敌意，那我得先出手。"但是人们感知他人是否存有敌意倾向的差异很大。其中一个极端的人会将所有人都感知为充满敌意的，而另一个极端的人则几乎不会认为他人有敌意。大部分的人是处于中间位置的：我们在识别出他人带有敌意方面也差别很大，大部分处于中间，仅有少数人对他人的敌意行为有很高或者很低的预期。研究发现确实存在这样的差异，并将这种差异包含在了敌对归因偏差中（Wu, Zhang, Chiu, Kwan, & He, 2014; Zhou, Yan, Che, & Meier, 2015）。带有较高这种偏差的人倾向于将他人甚至仅是无辜的行为理解为是他们充满敌意的证据。换言之，对于这些人而言，他们面对的所有人都在某种程度上"想要除掉他们"。所以很显然，这种形式的偏差是人格特质中导致攻击的重要因素。

2. 自恋：为什么自我膨胀常常导致攻击

古希腊神话故事 Narcissus 讲述了一个英俊的男人爱上了自己的故事，他认为自己是完美的。神 Nemesis 决定惩罚他，于是 Nemesis 引导他来到了一个水池边，让他看到了自己的倒影。他发现自己的倒影如此美丽，最后为了能够触摸到水中的自己，他掉到了水中，溺水而亡。

Narcissus 被用来指那些对自己的评价过于正面（且常常是不客观的）的人，我们从这个名字中延伸出了 narcissism（即自恋）。有趣的是，高度自恋的人对别人竟敢质疑他们对自己形象的吹嘘带有攻击反应。在这类例子中，他们经历着术语称为"**自恋性暴怒**"（narcissistic rage）的过程，他们会感受到威胁，并报复这些怀疑者。

研究揭示自恋存在两个明显部分：1）在术语中被称为"自大狂"，指炫耀及展现傲慢的倾向；2）脆弱性，指倾向于表现得尖刻、爱抱怨及自我防御。近期的研究提出仅仅是其第二个成分使其与攻击相关联（Krizan & Johar, 2015）。只有那些有着高脆弱性的人才会在其他人对他们的自我膨胀形象提出疑问时表现出愤怒。Krizan 和 Johar（2005）在一系列的研究中得到了支持这一预测的结果。在其中一个研究中，他们测量了参与者自恋成分中的自大狂成分和脆弱性成分，以及他们在与他人发生冲突时，采取直接或间接的攻击方式回应其他人的倾向（即攻击除了与他们发生冲突外的其他人）。正如预测的，仅那些带有脆弱性自恋的人表示会实施攻击。

另一个实验是与食物偏好相关的。参与者被告知他们的搭档可以决定是让他们品尝有点苦味的液体（茶），还是很苦且令人反胃的液体（苦瓜汁），他们之后被告知他们的搭档选择让他们品尝并评价苦瓜汁。之后，他们可以选择让他们的搭档品尝温和的或者很辣的辣椒酱。他们预测那些有着高脆弱性自恋的人相比低脆弱性自恋的人会更可能选择让搭档品尝很辣的辣椒酱，而结果也支持了这个假设。换句话说，当他们被别人激怒时，高脆弱性自恋的人感到有强烈的惩罚他人的需要，因为他人激怒了他们，而且未将他们的优越性记在心里（见图10-10）。因此要小心那些自我膨胀的人，他们在自我受到威胁时可能变得很危险。

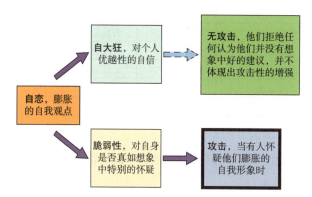

研究表明自恋（自我膨胀及不客观的自我评价）实际上存在两种形式：自大狂及脆弱性。当他们的自我膨胀受到他人的威胁时，如别人不接受自恋者的自我膨胀形象时，脆弱性则与攻击相关

图 10-10　自恋和攻击：只适用于那些比较脆弱的人

10.2.4 性别与攻击：男性比女性更加具有攻击性吗

人们通常会假设男性比女性更具攻击性，暴力犯罪统计数据也为这个观点提供了丰富的支持证据。比如，从表10-1显示的加拿大受害者统计数据（见 Vaillancourt, 2010）可见，相对于女性，男性更可能成为各类暴力事件中的犯罪者和受害者。社会心理学家实施的研究也证实了这一普遍模式。例如，几乎所有的大规模枪击案都是男性犯案，以及在各种形式的青少年暴力事件中，很大比例均为男性实施，这些暴力事件影响着男性青少年的身心健康（Bushman et al., 2016）。

表10-1　男性比女性更具对身体的攻击性

如表所示，来自加拿大（一个相对较少发生暴力事件的国家）的近期数据表明，相比女性，男性更可能卷入暴力犯罪事件中。相似的性别差异也存在于许多其他国家中，如美国（被认为是发达国家中最容易发生暴力事件的）。

加拿大每十万居民中成为犯罪事件受害者的性别人数			
犯罪事件	女性受害者	男性受害者	结果
严重伤害	119	233	男性成为受害者的可能性是女性的两倍
绑票	22	7	女性是男性的3.1倍
谋杀&谋杀未遂	2	7	男性是女性的3.5倍
抢劫	62	114	男性是女性的1.8倍
性侵犯	68	6	女性是男性的11.3倍
更严重的犯罪	273	367	男性是女性的1.3倍
普通伤害	576	484	女性是男性的1.2倍
恐吓	156	184	男性是女性的1.2倍
刑事骚扰	135	51	女性是男性的2.6倍
不太严重的犯罪	867	719	女性是男性的1.2倍
其他攻击	16	62	男性是女性的3.9倍
其他个人犯罪	1	2	男性是女性的2倍

然而，一个元分析研究显示，在攻击中显现出来的性别差异往往比上述数字要复杂得多（Eagly & Steffen, 1986）。比如说，相比女性，男性更可能参与到会造成生理伤害的攻击中。并且，这种差异具有跨文化的特性（Archer, 2004）。因此，在世界范围内，男性比女性更可能进行生理性攻击，并且强度也更大。

另一个需要考虑的点是，在受到他人直接挑衅时，我们的攻击回应方式。研究表明，遭到他人强烈的挑衅时，男性和女性都同样会以某种攻击性的方式予以回应。然而，当没有受到挑衅时，男性比女性会更倾向于采取攻击的回应方式（Bettencourt & Miller, 1996）。这个现象表明，从攻击回应的方面看来，男性比女性更为"脾气火爆"。

人们可以实施的另一种攻击方式是言语攻击。总体而言，除了男性会更倾向于使用极端形式的攻击语言外（比如咒骂），男性和女性在这种攻击形式上并没有显著差异。或许两性间的攻击差异中最有趣的部分是间接攻击，即以伤害他人为目的，但不直接表现出伤害意味的行为。比如，这类行为包括散播关于某人的负面谣言、故意忘记邀请他们参与某些社交活动，甚至于破坏他们的财产。在所有的这些案例中，对当事人的伤害是在他们不在场时进行的。现有证据表明，相比男性，女性更可能实施这类间接攻击，但是这种差异仅在青春期后出现（Archer, 2004）。对这类现象的其中一种解释认为低地位的人对直接攻击存有顾虑，所以相对于高地位的人，他们更倾向于采取间接的攻击方式。这个解释与女性更多地采取间接攻击的情况相吻合。因为这类间接攻击相比身体攻击和言语攻击包含了更多计划和策略，也可能更为微妙，它里面包含了大量的学问，所以一般人都会较晚实施间接攻击行为。

总而言之，在对身体的攻击方面，男性和女性确实存在很大的差异，但是这些差异并非统一的。相反，差异的程度取决于攻击成本、攻击类型以及年龄。一些证据（将来会有更多这类证据）显示文化因素也起着作用，比如说，在男权文化中，男性与女性的攻击差异更大。总之，常识中关于两性攻击差异的观念基本适用于生理性攻击，但是却忽略了诸如攻击形式的不同、发生的时机、外部因素的影响等实际情况。也就是说，男性与女性的攻击在地点、时间和方式上均有不同。

10.2.5 决定攻击的情境因素：高温、酒精和枪支持有

攻击通常受到社会因素和个体特质的强烈影响，

也会受到相关的情境因素影响。这里，我们将讨论可能影响攻击的众多情境因素中的三个：令人难受的高温、酒精和持有枪支。

1. 愤怒的热度：温度与攻击

火冒三丈、火爆脾气、怒气冲天……这样的词语隐喻了温度（或者是其他任何令人不舒服的东西）和人类的攻击之间的某种联系。事实上，很多人报告说在闷热潮湿的天气里，他们经常特别容易脾气暴躁和发怒（见图10-11）。气候和人的攻击行为之间真的有联系吗？社会心理学家对这一问题已经进行了30多年的研究。在这一期间，无论是研究方法还是所得到的结果都变得越来越精细。

人们普遍认为当人燥热不舒服时，他们的攻击性会提高。研究结果表明这个观点是正确的。"漫长炎夏"效应确实存在。

图10-11　漫长而闷热的夏天与暴力

最早对这一主题的研究是一些实验室研究。在这些实验中，实验室的温度受到控制，也就是温度作为自变量系统性地进行变化。例如，被试有可能被安排进舒适愉悦的条件（温度控制在21～22℃之间），或者处在很不舒服的高温条件下（温度在34～36℃之间），之后为这些人创造出能够攻击他人的条件。事实上，他们只是认为自己可以伤害某一个人，出于伦理上的考虑，实验者有必要保证伤害不会真的发生。结果非常出人意料：不论是否被挑衅，高温都降低了人的攻击性。对于这一发现最

初的解释是：高温造成了极大的身体上的不适，被试关注于逃避高温，这就造成了他们攻击行为的减少（Baron & Richardson, 1994）。

上面的解释似乎是合理的，在高温中，人们会变得昏昏欲睡，并且趋向于关注如何减少自己的不舒适感，而不是想如何去报复他人。然而，这些早期的研究有一些很严重的缺陷，使得这一解释的可信度降低。例如，在实验中，被试只是暴露在高温下几分钟，而在现实生活中，人们在高温下待的时间可要长得多。所以，在接下来的实验中研究者应用了一些其他的方法（e.g., Anderson, 1989; Anderson & Anderson, 1996; Bell, 1992）。研究者调查了长期的温度记录和警察局里各类攻击犯罪记录，判断这类的犯罪会不会随着温度的升高而增加。

下面是一个由Anderson, Bushman和Groom（1997）所设计的精细研究。这些研究者收集了美国55个城市超过45年（1950～1995年）的年度平均温度记录。同时，他们还得到了以下三种犯罪的犯罪率信息：暴力犯罪（严重的袭击、杀人）、财产犯罪（抢劫、偷车）和另一种经常被认为在本质上有很强的攻击性的犯罪：强奸。然后，他们对数据进行分析，看温度与这些犯罪之间是否有关系。总体上说，温度高的年份确实出现了更高的暴力犯罪率，但是它并没有引发更高的财产犯罪率和强奸率。在排除了其他会影响攻击性犯罪的因素（如贫穷、人口的年龄分布）后，这一结论依然成立。这一发现和其他相关研究发现（e.g., Anderson, Anderson, & Deuser, 1996）都表明温度确实与攻击有关。

这个研究做得非常精细，但是，它不能够完全解决一个核心的问题：温度和攻击之间的这种关系存在什么限制吗？换言之，随着温度无限制地上升，攻击是否也会无限地增加？还是仅仅到一个温度点，超过了这一个温度点，随着温度的上升攻击性反而降低？正如你能回忆起的，这个结论是从关于温度与攻击这个主题最早的实验室研究中得出的。

Cohn和Rotton（Cohn & Rotton, 1997; Rotton & Cohn, 2000）对这一问题进行了谨慎的研究。这两个研究者推论：如果人们在感觉非常不舒服时（如温度异常高的时候），确实会设法降低这种不舒服。因此温度和攻击的关系将是晚上比中午更强。为什么

呢？因为在晚上温度已经落到峰值以下。换言之，一个有良好条理的分析将揭示出白天温度和攻击之间是曲线关系，而在晚上则是直线关系。而这一结论也正是他们所得到的。

总而言之，研究说明温度和攻击确实具有这样的关系：当人感觉到热时，他们变得易怒，更加有可能对他人进行攻击。然而，这种关系是有一定限度的，因为有以下事实的存在：当人长期处在高温中后，他们会感觉到非常不舒服，他们会变得昏昏欲睡并且关注于减少自己的不舒服，而不想攻击他人。除了这种极端的情况，"愤怒的热量"这种用语也表明，当温度上升时，人们可能更加容易发火，以致造成严重的社会后果。如今，全球气候变暖，我们比过去会更加频繁地面对户外令人不舒服的高温，在这种背景下，我们确实应该仔细思考以上结论的寓意。

2. 酒精和攻击：一种潜在的危险混合物

很多人都认为人们喝酒以后会变得更有攻击性。酒吧和夜店经常发生的暴力事件也为这种想法提供了证据。酒精确实时常出现在这些场所，然而，其他的因素也许应该为那些打架或更糟糕的事件负责，比如竞争中意的伴侣、拥挤，甚至是烟雾也会使人恼怒（Zillmann, Baron, & Tamborini 1981）。研究酒精和攻击之间关系的结论有些什么呢？有趣的是，结论认为酒精确实与攻击行为有着千丝万缕的联系。

一些实验发现喝了一些酒（足够让他们喝醉）的被试比没有喝酒的被试，在行为上更具攻击性，在应对挑衅时攻击的反应也更强烈（Bushman & Cooper, 1990; Gustafson, 1992）。例如，Giancola, Levinson, Corman 及 Godlaski（2009）进行了一项研究，他们让男女参与者饮用两种饮品中的一种，第一种包含了酒精（男性喝的是每千克含 1 克酒精的饮品，女性喝的是每千克含 0.9 克酒精的饮品）。第二种是不含酒精的（但这种饮品滴入了几滴酒精以保证两类饮品闻起来一样）。随后，参与者与反应更快的对手进行反应速度比赛。参与者会为对手设置电击强度，如果比赛失败，就需要接受电击惩罚。但事实上，并不存在所谓的对手，对手的回应是由实验者操纵的。在一开始，"对手"施加的电击强度比较弱（这也是参与者实际受到的电击强度）。但之后，"对手"会施加最高强度的电击。研究的核心问题是参与者会如何做出反应？正如你在图 10-12 所看到的，在带着攻击意味地给对手施加电击的比例上，男性的比例超过女性的两倍。而无论是男性还是女性，酒精都会增加他们的极端暴力行为（参与者选择给对手施加最高等级的电击）。酒精会导致攻击性的增加，这点适用于男性及女性，但这种影响对男性要更强烈。

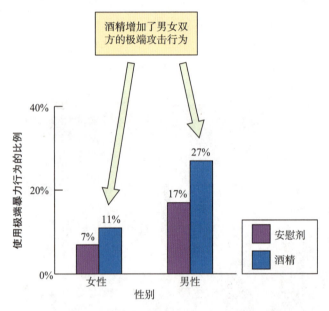

尽管在进行竞争性反应时任务中，女性的攻击性要低于男性。但是男性和女性在饮用酒精后都表现出了攻击性的上升。

图 10-12 酒精增强男女两性攻击性的证据

但是酒精为什么会产生这样的效应呢？它只是简单地消除了对冲动性和危险性行动的抑制吗？还是它使人们对挑衅更为敏感，所以他们更有可能表现得富有攻击性（e.g., Gantner & Taylor, 1992）？换言之，酒精是否使人们对挑衅的攻击反应阈限降低了？所有这些可能性都是合理的，因为它们都得到了证据上的支持。然而，最近的研究认为酒精对攻击的效应至少部分是来源于认知功能的降低，而这又会导致社会感知功能的降低。需要特别说明的是，有几个研究发现（e.g., Bartholow, Pearson, Gratton, & Fabiani, 2003）酒精会损害高级的认知功能，如对刺激和记忆的评估。而这就使得个体难以评估别人的意图（有敌意的或是没有敌意的），同时也更难评估自己的各种行为（包括攻击）会产生怎样的效应（e.g., Hoaken, Giancola, & Phil, 1998）。例如，喝了酒的人在面对他不喜欢的人所发出的积极信息时，他对这些信息的加工能力会下降。这就意味着：如果这些人对他们进行挑衅，然后道歉，他们因为喝了酒就不能仔细加工这些信息，所以忽略了道歉，从而表现出攻击行为。这一推论与酒精影响的发现相一致。比如说，酒精已经被确定会降低人们的自控力，从而限制了人们在面对挑衅时抑制攻击性的能力（Denson, DeWall, & Finkel, 2012）。

3. 枪支持有：武器是如何使暴力成为可能的

正如我们在本章节开头提及的，在美国的枪击案件中常涉及高杀伤性武器。如果 Adam Lanza 无法接触到他母亲的高杀伤性武器，他能够在桑迪胡克小学杀害那么多人吗？美国几乎每天都会发生枪击案，发生率要远高于其他发达国家，关于武器的普遍易得性（美国人是世界上最好的武装公民）会起到什么作用这一问题，一直是人们激烈讨论的焦点。基于武器的可获得性并不会导致攻击这一假设，2015 年美国国会投票否决了对攻击性武器的禁令。然而，一些谨慎的研究评估了控制枪支立法后的枪击死亡人数，得出相反的结论。2016 年，Santaella-Tenorio, Cerda, Villaveces 和 Galea 调查了 130 个（来自 10 个国家）针对限制枪支购买与使用的法律变迁的研究。他们发现，这类法律修正与更低的亲密伴侣杀人案和儿童意外死亡案相关。

社会心理学家的研究是如何处理这类关于枪支持有问题的呢？正如 Stroebe（2015）提出的，枪支持有可能通过两个途径影响杀人率。首先，武器持有能够影响人们实施犯罪行为的意愿；其次，武器持有能够将犯罪意图成功转化为犯罪行为，甚至导致杀人事件产生影响。对于第一种可能性，早期实验室研究已经表明确实存在这个效应，即武器持有会塑造人的犯罪意图。基于枪支常被视为作恶的手段以及引发攻击性思维的线索，Berkowitz 和 LePage（1967）将愤怒的参与者置于有枪支或者乒乓球拍的实验环境中，之后给参与者提供对惹他们生气的人报复的机会。研究的主要发现是，处于枪支环境的参与者相比控制组表现得更具攻击性，这个结果已经被验证过多次了。后续的研究是让男性手持枪支或玩具 15 分钟，其得出的两个重要结果与先前研究相一致（Klinesmith, Kasser, & McAndrew, 2006）。相比于手持玩具的情况，手持枪支的男性的睾丸素水平明显提高，他们对别人的攻击行为也有所增加。再者，睾丸素的上升解释了枪支持有对后续攻击数量的影响作用。尽管杀人比这些研究中测量的行为在攻击程度上要强得多，这个研究说明了当个体处于愤怒状态时，持有武器确实会导致他们做出更具攻击性的行为。

关于枪支持有的第二个问题，即其是否让人有了杀人的意图，且提高了过失杀人的可能性。答案是非常肯定的。首先，就引发杀人意图而言，毫无疑问的是，枪支是所有手段中最有效的（Zimring, 2004）。这个结论在杀人和自杀中同样适用。尽管人们会使用各种方法致人死亡（如刀子、毒药），枪支却是更迅速、有效的致死途径，包括进行人群袭击，枪支也是迅速有效的。事实上，许多严谨的研究（Stroebe, 2015）得出了与人们广泛接受的认为持有枪支能有效减少杀人案（如这是有力的正当防卫）的认识截然相反的结果，研究的证据支持了与上述认识相反的结论，即拥有枪支或者生活在有枪支的家庭中，会提高杀人及自杀的风险。

👆 要点 Key Points

- 与**挫折 – 攻击假说**观点不同的是，并非所有的攻击都源于挫折，且挫折也并不是总会引起攻击。只有在某些限制条件下，挫折才会成为引起攻击的强大诱因。
- 与此相反，他人的**挑衅**是攻击的强力诱因。挑衅最强烈的形式是表现出高人一等的傲慢，然而即使是**取笑**也会引发攻击行为。
- 当在某一情境下引发的高唤起在另一个情境中被个体无意识地理解为愤怒时，则攻击行为会增加。这就是**激发转移理论**。

- 人们发现接触媒体暴力会增加观众的攻击行为。这个现象源于若干因素，如对攻击性思维的启动和抑制攻击能力的减弱，也包括对这类暴力材料的去敏感化。
- 玩暴力电子游戏会增加人们的攻击性认知、攻击性情绪和攻击性行为。
- 人们喜欢玩暴力电子游戏并不是因为其包含的暴力内容，而是因为这类游戏满足了他们拥有能力和自主权的动机。
- 现有证据表明男性总是比女性更具攻击性，然而当性别差异由攻击类型及其他许多因素决定时，这个结论并不完全正确。
- 当他人对当事人的自我膨胀形象提出质疑时，当事人会出现**自恋性暴怒**。
- 相较于女性，男性更可能对他人进行生理攻击、实施犯罪以及成为各类暴力犯罪的受害者。然而，男性和女性在言语攻击上并无显著差异。
- 当面临强烈的挑衅时，男性和女性均会以某种攻击性的方式回应。然而，当不存在他人挑衅时，比起女性，男性更可能对他人采取攻击性行为。
- 女性比男性更可能进行间接攻击，即在非正面交锋的情况下做出伤害受害者的行为。
- 在某一温度点以下，随温度的提高，攻击行为也会增加；而超过这一点后，温度上升，攻击性反而下降。
- 无论是男性或是女性，喝酒均会提高他们的攻击性水平，可能的原因是酒精会降低个体加工信息的能力及面对挑衅时抑制攻击的自我控制能力。
- 关于武器效应的研究表明持有武器会影响实施攻击性行为的意图。手持枪支（相比手持玩具的情况）以提高男性的睾丸素水平的方式提高他们的攻击性。
- 研究同时表明拥有枪支并不能提供任何保护效应，相反，在持有枪支的家庭中生活，谋杀与自杀的风险均会提高。在不同的国家中，随着限制枪支使用的法律的出现，枪支导致的死亡事件均有所减少。

10.3　教室和工作场所中的攻击

你在学校时，是否知道有霸凌的存在？**霸凌**指部分学生频繁地对众多受害者进行欺凌，并造成受害者生活悲惨的行为。不幸的是，霸凌并不少见。近期关于这一问题的研究（Hymel & Swearer, 2015a）表明，各个年龄层与地区中均有10%～33%的儿童表示他们曾经受到过霸凌，而5%～13%的儿童则承认他们曾至少对一名儿童实行过霸凌（见图10-13）。基于这个发现，可以肯定的是，欺侮是一个值得深思的问题。因此我们将回顾有关欺侮的研究证据，包括其为什么发生、谁会成为霸凌者或者受害者、对霸凌者和受害者的影响以及如何减少霸凌现象。

10.3.1　什么是霸凌行为

在关于霸凌的研究中，霸凌常被定义为人际交往中的一种攻击行为，即一方作为霸凌者，长期故意攻击受害者。而这种行为的发生部分源于欺侮者

相当大的一部分学生表示他们曾在学校遭受过霸凌，而许多其他学生则表示他们曾霸凌过其他同学。而部分学生则表示他们既当过被霸凌的受害者，也当过霸凌者。

图 10-13　霸凌：普遍发生于校园的事件

对于他们选择的受害者而言，拥有更多的权力或者更高的地位（Hymel & Swearer, 2015b）。

几乎每个人在他们童年或者少年时期都经历过或是看到过霸凌现象，有时这种现象甚至以不同的形式持续至成年时期，例如，那些恶毒的老板，会在某种程度上欺凌自己的下属。那么，为什么会发生霸凌呢？为什么霸凌会发生在某些特定的受害者身上？这类问题以及与之相关的问题成了大量研究的焦点，而结果表明，答案是复杂的。霸凌是由若干因素引起的，包括一些使个体更可能成为欺侮者的人格特征，而这些人格因素包括对别人的痛苦麻木不仁（Muñoz, Qualter, & Padgett, 2011）、对男性特质的支持（Navarro, Yubero, Larrañaga, & Martinez, 2011）以及焦虑（（Craig, 1998））。出人意料的是，霸凌者通常有着较高的社交智力，也就是说，他们能够精确地察觉到他人的想法，并且有与他人和睦相处的能力，尽管如此，他们追求的却是伤害那些无法保护自己的人。

谁会成为受害者？研究再次提供了揭示性的证据（Hymel & Swearer, 2015b），成为霸凌受害者的人倾向于表现出不快乐和缺乏安全感，而造成这些情绪的原因通常是他们不理想的学习成绩（Konishi, Hymel, Zumbo, & Li, 2010）。而且他们更可能是孤单的、沉默寡言的以及被人排挤的，他们很少有朋友，在与同龄人沟通时会感到尴尬。因此，他们不被同龄人喜欢，受到霸凌时也不会有伸出援手的朋友。

但是霸凌不仅仅是由霸凌者和受害者的特质或者能力（或缺乏能力）引起的，其在很大程度上也受情境因素的影响，这些因素与他们的家庭、学校和群体相关联。例如，在家庭方面，缺乏父母的监督、双亲间有冲突、家庭成员参与帮派及父母的虐待均与霸凌相关（Cook, Williams, Guerra, Kim, & Sadek, 2010）。在学校方面，影响因素包括：糟糕的师生关系、缺乏老师的支持和纵容甚至默认霸凌的校园风气，均会起到一定作用（Richard, 2012）。最后，群体方面的因素也是很重要的，比如不安全的环境、群体其他成员表现出攻击性并使用暴力，以及群体对这些行为的纵容，这些因素既会激励个体进行霸凌，也会导致受害者不敢反抗。总的来说，这些因素均会增加霸凌的发生（见图 10-14）。

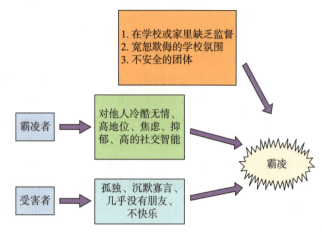

霸凌者、受害者及他们学校和所在团体环境等方面的因素均会促进霸凌行为发生。

图 10-14　许多因素鼓励了霸凌的发生

10.3.2　网络霸凌：电子手段下的伤害行为

正如攻击存在多种形式一样，这个结论也同样适用于霸凌。霸凌包括直接的生理伤害、言语嘲弄、威胁、社会排斥及散播谣言。并不奇怪的是，言语霸凌和社会排斥是最常见的两种。4～12年级的学生中有51%的人报告称他们曾经遭受过这两种形式的霸凌，而一个相对较小的比例（31%）的人则表示他们会进行身体攻击（Hymel & Swearer, 2015a）。

在某种程度上而言，近些年来出现的新的霸凌形式，**网络霸凌**（cyberbullying），成了最令人担忧的形式。网络霸凌常被定义为以伤害他人为目的，利用信息通信工具（如电子邮件、手机、即时通讯和社交媒体）实施故意的、重复的及带敌意的辱骂行为。正如近期关于网络霸凌的起因及影响的研究证据所示，网络霸凌的意图与其他霸凌形式是相似的，均是伤害无辜者，但是其权力来源却有所不同，网络霸凌者拥有更高的地位或权力。而且这种霸凌发生的频率也更高。与其他霸凌形式不同，网络霸凌的实施者认为他们是匿名的，而他们的权力主要源于他们有更多的使用通信工具的经验，也更懂得如何运用这些工具（Kowalski, Giumetti, Schroeder, & Lattanner, 2014）。

尽管存在这些差异，网络霸凌至少有着和其他霸凌形式同样的伤害性，会对受害者造成生理上、心理上及社会适应上的不良影响。除此之外，它还会导致受害者特定的行为问题，如受欢迎程度降低、学校表现变差，甚至增加他们使用危险药物的可能（Hymel & Swearer, 2015b）。由于网络欺凌可以通过从电子邮件到社交媒体等许多形式进行，这无疑是一种十分严重的霸凌形式，这也反映了一种现代社会现象，即大部分人都用形式各异的电子工具与其他人进行互动。

10.3.3 霸凌行为能减少吗

霸凌无疑是个重要的问题，比如说，正如我们在开头提及的，网络霸凌提供了新的伤害他人的环境和方式。这个现象向我们提出了一个关键的问题：怎样才能减少各式各样的霸凌行为？你大概可以猜到，很多的研究工作都进行了相应的探索，尽管这些研究结果错综复杂，还是得出了若干初步的结论（Bradshaw, 2015）。

已有一些能显著减少欺侮的频率和程度的项目成果，其核心要素包含：

- 对儿童在操场、教室和学校其他地方的行为进行严密的监督。
- 训练老师辨认霸凌的能力，并要求他们通过适当的惩戒措施预防或阻止霸凌的发生。
- 父母要采取积极的措施，包括常与孩子见面，并防止孩子接触有关霸凌及其有害影响的信息。
- 让霸凌的旁观者意识到他们有责任将情况报告给老师，且不能对霸凌行为表现出积极的回应，旁观者的赞成态度会导致霸凌者升级他们的行为，对受害者做出更大的伤害和羞辱。
- 需要包括学校在内的全方位的协助以防止霸凌的发生。主要分为若干步骤，如为霸凌者或受害者提供个人咨询服务、加强父母的参与合作，同时也需要专业咨询师的参与，他们能让霸凌者意识到自身行为的不妥当，以及这些行为会造成的伤害。
- 调整计划以适应儿童对预防方法的原始反应，当儿童的行为在较为温和的干预（如提高他们与别人有效交流的社会技能、稍微改变学校风气等）下并未发生改变时，则对他们施加更强的干预（如对他们社交技能实施更高强度的训练、父母的积极参与）。当儿童仍表现出对改变其霸凌行为的抵抗态度时，则实施最强有力的干预方式（如招募心理健康专家帮助他们减少导致霸凌行为的个人问题）。
- 为潜在的或者实际的受害者提供应对霸凌的手段，必须明确地告诉他们当遭受欺凌时要如何反应及如何寻求帮助。

目前有一种确实能大量减少校园霸凌的成功干预手段，即通过树立一些可能会引起大部分学生关注的"社会参照"，从而改善校园规范，促使他们采取反对霸凌和冲突的公开立场。由于许多学生将霸凌感知为平常的、意料之内的以及合适的，故而介入改变这种"认为什么是规范的"的感知能够有效减少霸凌行为的发生。在一次针对 56 个学校的发人深省的实验干预中，Paluck, Shepherd 和 Aronow（2016）发现相比控制组，那些鼓励将公开反对冲突的任务作为"社会参照"的学校，校园霸凌的发生率在一年内降低了 30%。这个研究阐明了社会参照的力量，它能改变规范，从而改变校园风气进而减少霸凌的发生。

尽管霸凌是主要发生在学校的一种攻击形式，但毋庸置疑的是，霸凌也一直存在于工作场所中。肆意谩骂的老板对下属进行虐待、吼叫甚至威胁的现象并不少见。员工们同样也试图在工作场所中伤害他人，特别是那些他们认为对他们不友善或者不公平的人。这些"纠正过往错误"的努力常以不同的形式出现，但在某些情况下，它们会导致严重的后果。简而言之，人们所熟知的工作场所的攻击行为（workplace aggression）是另一种重要的攻击行为，并有着非常消极的影响。那么，关于工作场所的攻击的起因、形式和影响问题，研究都告诉了我们什么呢？在**"研究告诉我们：工作场所中的攻击"** 这一部分，我们将提供关于这些问题的目前研究发现总述。

研究告诉我们：工作场所中的攻击

尽管工作场所中的攻击存在不同的表现形式，从语言辱骂到更为隐蔽的行为（如让别人的晋升机会或者珍视的计划落空）。新闻媒体中充斥着在工作场所发生暴力的例子，不幸的是，在工作场所中也会发生对他人身体上的极端暴力。其中最令人不安的大概是发生在1987年的一起事件，一位名为David Burke的美国航空公司代理售票员因盗窃被主管解雇，当他乞求被拒绝后，他决定实施报复。他搭乘了前往旧金山的飞机，并以某种方式偷运了手枪上去。在飞机起飞后不久，他拔出手枪并射击机组人员，当他射击了飞行员和副驾驶后，飞机坠毁了，导致43名无辜者（他们与David Burke的失业没有任何关系）遇难。David Burke向他的主管（这次空难的幸存者）留言写道："我是为了我的家人请求宽恕的，明白吗？既然我没有得到宽恕，那么你也将得不到。"

尽管这类恐怖暴力事件会让我们觉得工作场所很危险，但一个数十年的研究（Barclay & Aquino, 2010）表明，在绝大多数情况下，个体采取的伤害他人的形式并不那么激烈。事实上，在大部分案例中，工作场所的攻击包含了十分隐蔽的行为，如散播攻击目标的负面谣言、报告称他们打算跳槽到别的公司甚至打算泄露公司重要机密，或者说他们存在缺乏职业道德（但却并不违法）的行为。工作场所攻击的其他形式包括将目标需要用到的设备或资源擅自转移以妨碍他们完成工作、反对目标提出的工作计划，更有甚者，会破坏目标的私人财产。事实上，研究发现（Barclay & Aquino, 2010），当人们在工作场所实施对他人的攻击时，普遍遵循一个"成本效益"原则，他们希望在尽量给受害者最大伤害的同时，确保自己不被发现是施暴者（见图10-15）。

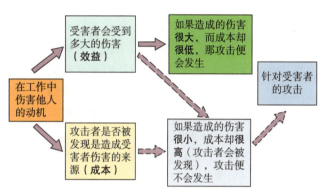

工作场所中，大部分的攻击并不包含明显的生理伤害。反而，他们会用更为隐蔽的方式，在伤害受害者的同时不让他人发现自己是施暴者。这个过程涉及"成本效益"估计：攻击者希望以最低的成本（或危险）达到（对受害者）最大的伤害。

图10-15 工作场所的攻击：攻击者的"成本效益"估计

要点 Key Points

- **霸凌**是指对某人实施反复攻击的行为，而这个人因为各种各样的原因不能保护自己不受这样的虐待。霸凌出现在很多的场所中，包括学校、工作场所。
- 很少有儿童是单纯的霸凌者或是受害者，更多的是扮演两种角色。霸凌者和受害者比没有卷入霸凌的个体表现出更低的自尊水平。
- 存在许多以减少校园霸凌为目的的技巧，目前而言，其中最成功的方案是将受欢迎的学生作为减少霸凌的榜样，这样做有助于改变学校风气，从而减少霸凌。
- **网络霸凌**指利用电子手段伤害他人的行为。
- 霸凌既发生在学校，也发生在工作场所。肆意辱骂他人的老板会霸凌他们的下属。
- 工作场所的攻击中，部分人会采取暴力的攻击形式。但是大部分情况下，其形式要更隐蔽，其目的是在不被其他人发现的前提下伤害受害者。

10.4 攻击的预防与控制：一些有效的技巧

在这一章中，我们希望你能够记住的观点是：攻击并非无法避免或无法改变。相反，因为攻击源于外在事件、认知和个性特征间的复杂交互作用，所以它是能够被预防和减少的。在头脑中有了这种乐观的态度后，我们将探讨几种方法，当它们被适当应用时，能够有效地减少人类攻击行为发生的频率和强度。

10.4.1 惩罚：报复还是威慑

于全球范围而言，**惩罚**（punishment），给人以厌恶的反馈，是降低攻击的主要手段。对那些参与攻击的人处以大量的罚金，把他们关进监狱里，甚至在一些国家这些人会因为攻击行为而遭到隔离或是身体上的惩罚（见图10-16）。在很多的案例中，这些人都要在监狱中度过一段时间，而在一些地方的极端案例中，如谋杀，当事人可能会遭到死刑的惩罚——对罪犯的合法处决。为什么各个国家要惩罚攻击行为？主要原因有两点（e.g., Darley, Carlsmith, & Robinson, 2000）。

大部分国家对攻击行为采取惩罚手段（如罚款、监禁或更严厉的惩处措施）。这些方法有用吗？关于这类问题的现有证据是错综复杂的。

图10-16　惩罚是一种对攻击有效的威慑手段吗？

首先，大家普遍接受这样一种信念：参与不合理的攻击行为的个体理应受到惩罚。他们对他人和社会造成了伤害，应弥补自己犯下的罪行。持有这种观点的人认为攻击者受到处罚的量应该与他造成的伤害相匹配（如打断别人的手无须受到永久伤害或是死刑的惩罚）。另外，量刑的大小还应考虑到减刑的因素。如伤害行为是不是有一个"好"的动机。比如，是否是自我防卫或是为了保护家人。

其次，惩罚那些表现出攻击行为的人是为了阻止他们将来再做出同样的行为。基于这样的理由进行惩罚，暗示了应该对罪行被发现的容易程度加以仔细考量和关注。如果攻击行为很不容易被发现（如采取隐蔽的、暗地里的方式来伤害他人），他们就应该被重重地惩罚，因为只有这样才能阻止当事人再次采取相同的行动（因为他人认为自己能够不被发现，所以很有可能再次行动）。同样，公开惩罚比秘密惩罚在阻止再次犯罪上更有效，特别是在那些将当众受辱视为真正负性结果的文化中。

对于某一具体的攻击行为或是其他的违法犯罪行为进行量刑，上面两种观点中的哪一种更正确呢？Carlsmith，Darley 和 Robinson（2002）的研究认为从总体上看，第一种看法占统治地位。所以在不同的背景下，大部分人都认为惩罚应该与罪行相当。

当然还有一种观点没有被提及，那就是有一些惩罚至少在一定程度上可以消除对社会有危害的人（如把他们关进监狱）。通过这种方式，也就保护了那些将来可能会受到伤害的人。这种看法有没有根据呢？事实上，统计数据显示，当人进行了某种形式的暴力犯罪后，他们很有可能再犯同样的错。如果真是这样，那么把这些人从社会中移除确实可以防止他们对其他人再做出同样的攻击行为（然而，他还有可能对其他囚犯进行攻击）。这是支持对犯有攻击罪的人判处长期徒刑的又一个理由，然而这点很少被审判者和公诉律师所提及。出人意料的是，人们在谈及惩罚的利弊时，很少提及这种将犯罪者监禁起来的理由。然而，这种方法似乎确实有对潜在的未来受害者提供了保护的益处。而令人悲伤的是，许多罪犯在被释放后会重复他们之前的犯罪行为。

关于惩罚的另一个重要问题是：惩罚有效吗？

它真的能够降低某些人伤害他人的攻击行为吗？证据显示：惩罚确实能够减少攻击行为，但是，要满足下面四个条件：1）惩罚必须是迅速的，它必须尽快地出现在攻击行为之后；2）惩罚必须是可靠的，攻击行为被惩罚的可能性要尽可能地高；3）惩罚必须是强烈的，强到足够让潜在接受者感到不快；4）惩罚必须被接受者知觉为公正的、罪有应得的。

不幸的是，很多国家的犯罪审判系统并不能满足以上条件。在大部分的社会里，对攻击行为的惩罚通常要延迟几个月甚至是几年。同样，很多罪犯逃过了被捕和定罪，所以惩罚的可行性很低。量刑本身就随着城市、州甚至是法院的不同而有很大差异。而且针对少数族群的量刑总是比对白人的更严厉。事实上，Eberhardt, Davies, Purdie-Vaughns 和Johnson（2006）发现，当某个案件的受害者是白人时，被告所具有的黑人刻板性形象越明显，他被判死刑的可能性就越高。

而且惩罚经常与罪行不一致，即量刑被认为是不公正的、不应当的。所以，在这种情况下，那些被惩罚的人就会认为这些惩罚是对自己的挑衅和攻击。我们从前面已经知道，挑衅是攻击的强有力的诱发因素。考虑到这些事实，我们对惩罚的威慑力（即使是严厉的惩罚）在阻止暴力犯罪上没有效用就不难理解了。由于法律系统的本质缺陷，有效惩罚的必要条件尚未具备。所以，我们得出结论：那些认为通过对攻击和犯罪行为进行严厉惩处就能够阻止类似行为的看法是盲目乐观的。但是，正如我们将在下文提到的，其他减少攻击行为的技术，包括几种基于社会认知原则的方法却有效得多。

10.4.2　自我调节：抑制攻击的内在机制

从进化论的观点来看，至少在某些情况下，攻击可以被视为适应性行为。比如，对有吸引力的伴侣的争夺常常是非常激烈的，而其中一种赢得这类竞争的方式便是攻击潜在的对手。所以，尤其对于男性而言，强烈的攻击倾向意味着获得利益。另一方面，在人类社会中生存需要抑制个人的攻击行为。对所有挑衅均回以攻击并不是适应性的表现，而且会严重破坏社会生活。出于这方面原因，很显然人类存在一种有效抑制愤怒情绪和攻击行为的内在机制（Baumeister, 2005）。这种机制可以用自我调节（self-regulation）或自我控制这个术语来阐述，其指代我们调节自身各种行为（包括攻击行为）的能力。

不幸的是，这种内在机制常需要各种认知过程的参与，所以这种机制在抑制攻击上有时候会失败，其中一个原因是我们并没有启用这种机制的资源或者能力。换而言之，由于我们在别的任务上消耗了太多认知资源，已经没有足够的认知能力分配给这个重要但费力的抑制程序了，攻击就会爆发。事实上，许多研究表明，自我控制就像其他资源一样会在任务的完成过程中耗尽（Baumeister & Tierney, 2011; Baumeister, Vohs, & Tice, 2007）。在这些研究中，若参与者耗尽了他们的自我控制资源（如抵制看起来很美味的甜甜圈的诱惑），他们比那些没有消耗掉自我控制资源的人表现出更多的攻击行为。

振奋人心的是，其他研究（Mauss, Evers, Wilhelm, & Gross, 2006）表明，对攻击冲动的自我控制不见得需要使用认知资源。事实上，当个体在调节自身情绪方面有积极的内隐态度时，他们可以在几乎不需要任何认知努力的情况下抑制攻击，这是因为他们运用这类情绪控制的时候有着积极的态度。再者，其中一种人们通过自我调节其行为以防止攻击发生的方式似乎是采用亲社会思维（prosocial thoughts）思考，即想着如何帮助别人、照顾别人，等等。那些越能以这种思维思考的人，在面对挑衅或者其他容易引起攻击的情境时，越不会表现出攻击性的行为方式（Meier, Robinson, & Wilkowski, 2006）。

这些有趣的研究向我们提出了一个建议，即一个潜在的但却非常有效地减少攻击的方法便是加强内在机制，从而控制攻击行为。我们都拥有这种机制，所以主要任务是加强它并确保它不会被其他认知需求所抑制。那么如何加强这种内在机制？目前存在着若干策略。例如，与那些在强烈挑衅面前仍能抑制攻击性的人接触（nonaggressive models; Baron & Richardson, 1994），进行增强内部机制的训练。除此之外，可以训练个体识别自己的认知资源已经捉襟见肘的情况，因为这种时候是不适当的攻击行为发生的高峰期。

10.4.3 宣泄：释放被压抑的情感真的有帮助吗

当我还是一个小男孩的时候，有时会乱发脾气，这时我的奶奶就会说："没关系，把火气都发出来，别憋在心里，那样会伤害你的。"从可以看出，她是**宣泄假说**（catharsis hypothesis）真正的信仰者。发泄假说是指：把怒火和敌意通过无害的方式发泄出来，那么个体采取更加危险的攻击行为的倾向就会降低（Dollard et al., 1939）。

确实如此吗？很多人都相信这是真的。例如，新闻专栏作家经常建议人们发泄出攻击性的情绪和想法（如写一封令人不快的信，但是不寄出），以减少攻击行为。这种想法促使了一种小产业的出现，他们提供玩具和游戏以帮助人们"摆脱"自己的攻击性冲动。但是社会心理学家所做的关于宣泄的系统性研究对这一建议提出了质疑：对宣泄有效性的广泛信任是不合理的。相反，那些宣泄的方式，如看、读或想象攻击性的活动，或是"参与"到攻击性的活动中（如击打沙袋）反而会提高攻击性，而不是降低攻击性（e.g., Bushman, 2001; Bushman, Baumeister, & Stack, 1999）。Anderson, Carnagey和其他一些人（2003）所做的一系列研究为这一事实提供了清晰的证据。

他们是这样推理的：如果宣泄确实有效，那么听带有暴力内容的歌会使人们把带有攻击性的想法和感受发泄出来，所以它们应该会表现出更低水平的攻击性和有更低水平的攻击观念；然而，如果宣泄是不起作用的（基于前人的研究，研究者预期它不起作用），那么听这些歌词反而会提高敌意水平和攻击性认知。为了检验这两个相反的预期，他们做了一系列研究。在实验中，先让被试听带有或不带有暴力内容的歌，然后对他们当前的感受（敌意的或友好的）和攻击性认知（如被试感知到攻击性的词与模棱两可的词的相似性有多大，模棱两可的词指既有攻击性意义也有非攻击性意义的词，如小巷（alley）、警察（police）；对于呈现在电脑屏幕上的攻击性的词和非攻击性的词，被试拼写它们的速度分别有多快）进行测量。这些研究的结果一致性很高：听了有暴力内容的歌曲后，被试的敌意感受和攻击性想法都

提高了。而且他们对攻击性词语的反应速度要比非攻击性词语更快。所以，宣泄效应确实没有出现。

为什么"释放怒火"不能够减少攻击呢？原因有好几个。第一，当人们在思考因他人的过错而给自己带来了伤害，或是想象着各种伤害别人的方式时，他们的愤怒情绪其实是在上升的。第二，看攻击性的场景，听带有攻击性歌词的歌曲，或者只是想象报复行为以及其他的攻击性活动可能会激活更加具有攻击性的想法和感受。而这些就会将真实的社会交往"染色"，使得他人那些模棱两可的行为更加有可能被感知为具有敌意的。正如我们在前面所见，关于玩暴力电子游戏的研究也证实了这点。由于敌意思维的增加，攻击也随之增加，而并不是宣泄假说所认为的会减少。

宣泄假说有没有一丝可信的东西呢？也许只有这一点：发泄愤怒情绪会使个体在情绪上感觉更好。那些击打自己的枕头、肆意扔东西或是冲别人大吼大叫（在他们听不见的情况下）的人应该能体会到这一点（见图10-17）。但是，感觉好一些（没那么生气）实际上会增强愤怒与攻击之间的联系。之后，"释放怒火"就会成为减少情绪不适的习惯手段。所以要小心，宣泄并不会减少在愤怒时进行攻击行为的倾向，

曾经进行攻击行为是否会减少后续的攻击可能？研究发现答案是不会减少。即使是参与无害的攻击行为（如向别人怒吼，而那个人是看不到也听不到这个行为的）也能让愤怒的人感到更舒服（至少当时是的）。但是这个由发泄愤怒而得到的"报酬"可能会增强愤怒和攻击之间的联系。

图10-17 宣泄——它真的有用吗

反而可能会增加这种可能。简而言之，由社会心理学家进行的系统研究表明对宣泄的常识信念（包括弗洛伊德对这种效应的观点）是不合乎情理的。

10.4.4 从思维入手减少攻击：无攻击的想法

正如我们在前面提及的，当人们被激怒时（如辱骂或者表现得很傲慢）时，他们常表现出从愤怒到攻击的螺旋式上升反应。那么如何预防或阻止这类潜在的致命性结果呢？研究认为其中一种方法是诱导出与愤怒以及攻击相对立的想法或情感（Baron & Richardson, 1994）。目前已经发现存在若干对立反应能有效减少攻击，包括某种类型的幽默、与潜在的受害者产生共鸣，甚至是轻微的性唤起。这些感觉和想法与愤怒以及想伤害他人的意图是相互矛盾的。换句话说，这些感觉让潜在的攻击者"偏离了轨道"，因此攻击发生的可能性便降低了。

你是否曾经听说过这样一句话，"在发脾气之前数十下"。这句话阐释了一种转移你的思维焦点的简单认知技巧，有时候这种短暂的转移便足够减少愤怒，也足够抑制外显攻击的发生。那么是否还存在其他通过引发与攻击对立的反应从而减少攻击的方法呢？大量的研究旨在评估这一想法（诱导出与攻击对立的想法或感觉能切实减少攻击的发生），而这些研究普遍得出了支持这一观点的结果。其中存在一个与众不同的研究（Baron, 1976），研究者的一名助手开一辆轿车，在红灯时停了下来，但是在绿灯时没能启动汽车，他们记录了助手后面的车司机向他按喇叭前的秒数，按喇叭被认为是一种轻微的攻击行为。而在红灯期间，实验者安排了另一名助手从两辆车间穿过马路。其中一种情况下，助手戴了一个小丑面具，引起人们的幽默感。另一种情况下，她的穿着比较暴露，以引起男性司机轻微的性唤起或者对她的兴趣。在第三种情况中，助手在腿上缠着布带（表示受了伤），并依靠拐杖过马路，这样是为了引起司机们对她的同情心理，而在一个控制组中，助手仅以正常的方式穿过去。

实验者认为三种情况下（同情、性唤起和幽默）均能引起司机们与攻击对立的反应。所以，相比于控制组的情况，司机们向助手按喇叭前的（忍受）时间增长了。实验结果为这个假设提供了强有力的支持证据。再加上实验室的研究结果，我们有充分的证据表明引起他人的与攻击相对立的情感，能减少他们的攻击倾向。如果你曾经尝试过将一个尖锐的话题转移到另一个毫不相关的话题上，你便使用过这个技巧。简而言之，对立反应的最基本观点可以用下文两句话来表达，将我们的思维转移到与愤怒和攻击源相反的事件上，可以有效减少攻击的发生。

慢行降急火。——*Jacqueline Schiff*

下次当你处于暴怒状态时，尝试用跳舞带走你的愤怒。——*Terri Guillemets*

因为攻击是"人类本性"的一部分，所以它就不可避免吗？显然不是。目前存在着许多可以减少攻击发生的技巧，如果使用得当，确实可以有效降低攻击发生的可能。简而言之，我们并不是基因或环境的棋子，它们并不能迫使我们进行更危险的攻击行为。

要点 Key Points

- 如果能够满足几种特定的条件，**惩罚**是降低攻击的一种有效方式。但是，这些条件很难满足。
- **宣泄假说**的大部分内容均是错误的。从事表面上看起来安全的攻击形式并不会减少后续攻击发生的可能性。
- 攻击常被内部的自我调节过程所抑制，如果这个过程需要的认知资源不足，则攻击发生的可能性便会增加。
- 有时，通过引起与愤怒对立的情感或者反应能减少外显攻击的发生。

总结和回顾

攻击（aggression）是指故意将伤害施加于他人。研究发现攻击的来源众多，而最近的证据表明，攻击来源于生物因素与情境因素的共同作用。**驱力理论**（drive theories of aggression）认为攻击主要源于由外部因素引起的伤害他人的驱力，**挫折－攻击假说**是这一理论中最有名的代表。攻击的现代理论，如**攻击的综合模型**（general aggression model，GAM）认为学习、各种诱发的输入变量、个体的差异、情感状态、特别是认知过程在攻击中起着重要的作用。

与挫折－攻击假说观点不同的是，不是所有的攻击均源于挫折。挫折并不一定导致攻击；只有在某些限制条件下，挫折才能成为导致攻击的强有力因素。相反，他人的挑衅却是攻击强有力的诱发因素。挑衅中最强烈的形式是表达出十分傲慢的态度。有时甚至温和的取笑也会引发攻击。社会排斥会导致被排斥者采取攻击行为，他们通过攻击手段来报复那些拒绝他们的人。

高唤醒会增加攻击。特别是当某一情境中产生的唤醒提高在不相关的情境中依然存在，并且诱发愤怒时，那么这一唤醒就会提高攻击。

很多的研究发现媒体暴力会提高观看者的攻击性。这其中包含了若干原因，如启动了攻击性思维、对攻击的抑制减弱，以及对这些材料的去敏感化。

玩暴力电子游戏会增强个体的攻击性认知、攻击性情绪和外显的攻击行为。它也会降低个体对他人的同情心理。个体喜欢玩这类游戏的原因并不是因为其中包含的暴力内容，而是因为这类游戏能满足个体得到控制感和能力感的需求。

现存证据表明，男性比女性更具攻击性的普遍观点并不完全正确。男性确实更可能进行生理攻击。然而，尽管男性会更倾向于使用更强烈的言语攻击，两者在这种攻击形式上并没有显著的差异性。在强烈的挑衅面前，男性与女性均会采取某种形式的攻击回应，然而，在不存在他人的挑衅时，男性相比女性更可能采取攻击行为。相比男性，女性进行间接攻击（在不正面交锋的前提下伤害受害者的行为）的可能性稍微高点。综上所述，男性和女性之间的攻击差异与他们在角色和地位上的差异相一致。

在某一温度点以下，随温度的提高，攻击行为也增加；而超过这一点后，温度上升，攻击反而下降。喝酒会同时提高男性和女性的攻击行为，因为酒会降低个体加工某些类型信息的能力以及个体的自我控制能力。持有枪支会促进伤害性的攻击（如谋杀和自杀），目前几乎没有证据支持枪支持有是防止攻击的保护因素这一观点。事实上，枪支持有往往是导致受害的危险因素。限制武器使用的立法改革能减少蓄意谋杀和过失谋杀导致的死亡率，来自各个国家的研究结果一致地支持了这个结论。

霸凌（bullying）是指对某一个体进行反复攻击的行为，而这些个体因为各种原因不能够保护自己不受这样的虐待。霸凌出现在很多的场所，包括学校、工作场所。很少有儿童是单纯的霸凌者或是受害者，更多的是同时扮演两种角色。霸凌者和被霸凌者比没有卷入霸凌的个体表现出更低的自尊水平。人们采用多元化的技术以减少或者消除霸凌的发生，比如，增强老师对学生的监督、让父母参与到行动中。让学校中受欢迎的学生成为反对霸凌的拥护者能有效改变校园风气并减少长期霸凌行为。近些年来，**网络霸凌**（cyberbullying，通过电子手段进行的霸凌，如以社交媒体的方式进行）有所增长，并对受害者造成了不良影响。

现今，有很多减少攻击的方法技术，这些方法在适当的条件下能起到很好的作用。如果能够满足几种特定的条件，惩罚是降低攻击的一种有效方式，但是，这些条件很难满足。**宣泄假说**（catharsis hypothesis）被证明是错误的，进行"无害"的攻击并不能够减少攻击。攻击可以被个体的自我调节过程所抑制，但是如果这个过程需要的认知资源被其他任务耗尽，则攻击发生的可能性就会大大增加。有时候，诱发与愤怒对立的情感或者行为能减少攻击的发生。

第 11 章

群体与个体：归属的结果

章节概览

- 群体：我们何时加入，何时离开

    群体：其主要特征

    加入群体的利与弊

- 研究告诉我们：对我们群体的异议和批评，"因为我们在乎"

- 他人在场的影响：从任务表现到身处人群中的行为

    社会促进：他人在场时的表现

    社会懈怠：让其他人来做这份工作

    身处人群中的效应

- 群体协作：合作还是冲突

    合作：为了共同目标与他人共事

    应对和解决冲突

- 群体中的公平：其特点和影响

    判断公正的基本规则：分配公平、程序公平和事务性公平

- 研究告诉我们：感到被尊重的重要性

- 群体决策：如何发生及所面临的陷阱

    群体决策的过程：群体怎样达成共识

    群体决策的缺陷

- 领导在群体中的作用

我们都是许多不同群体中的成员。其中的一些群体是正式公认的，比如你在一个国家的公民身份，以及你所属的联谊会或兄弟会，这些对成员具有特定的要求。其他一些群体则没那么正式，例如你周末一起打篮球的一群朋友，你可能是教会青年组织的一员，或者是在同一个班级、同一个教授所带领的项目里一起完成工作的同学。

在这些群体中，我们也许需要跟其他群体成员进行更有效的沟通，并以合作的方式共同创造一些想要的成果。成功的团体合作能产生强烈的成就感并加深友情，不成功的团队成员间则充满冲突并导致不好的结果。在本章中，我们将着眼于影响群体促进创造力的因素（大于"所有人单独部分加起来的总和"），以及何时它们会产生相反的效果。

人们也经常需要同其他群体的成员就自己的群体目标和产物进行交流。大量研究表明跨群体沟通（与不同文化群体或同一组织的不同工作组之间的沟通）可能会导致误解。我们知道影响群体沟通和任务表现的一个关键因素是成员感觉到他们共享共同身份的程度（Greenaway, Wright, Willingham, Reynolds, & Haslam, 2015）。当这种感觉缺乏的时候，群体表现和成员之间的关系经常会出现问题。如图11-1展现的，群体能为我们的生活带来真正的快乐，有时群体也使我们感到压力和沮丧。

许多人拥有这样一个信念，那就是群体相比于个体更容易做出灾难性的决定或"莽撞冲动的行为"。在本章中，我们将考虑研究解决这个问题：是个体还是群体更容易做出冒险（或更糟）的决定？这个问题的可能性很重要，因为如果个体会受到群体决策过程的影响，那么理解群体决策的优势和缺陷对我们在许多群体背景下如何做决策起关键作用。

群体是大多数人生活的中心，群体生活当然不能被忽视。虽然作为群体的一员有时会有消极的经历，但在其他时候它可以带来相当大的成就感。在本章中，我们试图阐明加入群体的利与弊。

首先我们来考虑一些加入群体的潜在问题。如果这是一个**凝聚的团体**（cohesive group），群体成员关系紧密，它就会很难进入，或者有一些我们想要避免的入会仪式。在加入之后，我们发现有一些群体规范我们不喜欢怎么办？当一个人是群体的新人时，他的地位往往很低，改变群体规范是相当困难的事。此外，作为一个新人，在群体里的表现会被许多正式会员评价，这会产生一些评价焦虑。

有些冲突几乎在任何一个群体中都有可能发生，并且处理这些麻烦的人际关系需要付出很多努力。出于这个原因，人们有时会问自己，他们是否要投入比回报更多的精力到群体中。实际上，有些群体确实需要大量的时间，但一些好处只能通过这种加入群体的方式获得。因此，我们将首先讨论人们为什么还愿意参加或继续待在团体里？我们是否可以克服掉这些消极结果，还是说群体完全塑造了我们？

参加团体是我们进化史中的重要组成部分吗？没人能知道所有必要的信息并一直在很多问题上独

有时作为团队的一员会感到一种归属感和成就感，但当共同身份感缺少并且组内成员互相竞争时，更容易产生冲突和不良后果。

图 11-1 团队合作：当它有效和当它无效时

自做出最好的决策,尤其在我们这个技术复杂的世界里。也许我们必须依靠其他人的集体知识和信息共享,这使得与群体的联结成为我们的生存的关键。Brewer 和 Caporael(2006)认为对于人类而言,群体成员的相互依存是生存的首要策略,群体在个人与物理栖息地之间提供了关键的缓冲区。这样的社会协作和必要的技能对于物种生存是至关重要的。有大量确切的证据表明群体的成员关系可以增强我们的健康,并作为一种资源让我们克服逆境(Jetten, Haslam, Haslam, Dingle, & Jones, 2014)。

进化的观点对我们现在对于群体的态度有什么应用价值呢?Schachter(1959)认为任何一种强烈情绪的唤起都会催生出一种与他人的反应进行比较的需要。这说明了人类生活的复杂情感是人类需要群体归属感的原因之一。实际上,在受到威胁或者不确定的情况下,人们最需要群体的支持。在这些情况下,因为获得了心理上的安全感,我们会越来越认同社会群体(Hogg, 2007)。事实上,预测人们幸福水平的最好指标就是人们与他人的联系程度(Diener & Oishi, 2005; Lyubomirsky, King, & Diener, 2005)。

所有的群体对我们都同等重要吗?我们一出生便处在一些群体中,如家庭或者种族,还有一些群体是自我选择的,如我们选择加入兄弟会、妇女联谊会等。有些群体是临时的,它们的存在是为了完成某一特别的任务,如完成某一团队项目;而另一些群体则会存在很长时间,而且也没有什么特殊目的(如成为大学生或者学生会的一员)。还有一些群体,如工作组织,加入这种群体可以得到它所提供的利益(换言之,薪酬)。除了这种物质利益之外,人们还会形成一种对他们自身而言很重要的职业身份认同,许多人也对雇用他们的公司有强烈的认同感(Ashforth, Harrison, & Corley, 2008; Haslam, 2004)。事实上,如果你问人们"你是谁",许多人会用他们的职业来回答你,"我是一个历史专业的学生""我是一个堪萨斯的学生"或者"我是一个心理学家、会计师和电脑工程师"。你在将来会像图 11-2 上的人们那样对自己的职业或组织群体感到骄傲吗?

对于另外一些群体而言,成员物质上的利益也许很少,但这些组织与我们的身份有很大的相关性(如同辈或朋友群体)。事实上,在我们生活发生转变时离开旧的朋友圈(例如从高中升入大学),会是一个很有压力的过程(Iyer, Jetten, & Tsivrikos, 2008)。因此,我们与群体有着情感联结,我们喜欢这些群体,喜欢成为其中的一员,这一情感会发展成与群体成员之间强烈的纽带。也许这就是关键:如果进化心理学是可信的,加入群体,留在群体中,至少在一定程度上是由生理基础决定的,虽然看上去好像是我们自愿加入的。

在这一章中,第一,我们要讨论群体的不同类型,我们什么时候会选择加入群体,为什么加入群体,以及哪些因素影响了我们决定退出这些群体;第二,我们要探讨最基本的群体效应——"他人在

如图所示,人们往往高度重视他们的工作小组和其成就。研究表明,认同雇用他们的公司的人,会表现出更高的承诺性和超出责任的组织公民行为。

图 11-2 你会对你的职业有强烈的认同感吗

场",正如我们所见,即使我们与他人不在一个正式群体中,他们的存在也会影响我们在很多任务中的表现和行为;第三,我们要简要考察在群体中的合作和冲突有哪些特点,为什么这些对立的情形会产生以及它们所导致的结果;第四,我们要处理群体中与公平密切相关的问题;第五,我们转向群体决策,探讨这一过程可能造成的不可预期的危险。

11.1 群体:我们何时加入,何时离开

什么是群体?当我们看到一个群体时,我们能否确定这就是一个群体?看图11-3,哪一张图表现的是一个群体?你可能确定图11-3右的人是一个群体,而图11-3左仅仅是一些人在排队。这也许是因为你对**群体**(group)的定义就如很多社会心理学家所采用的定义那样:群体中的人认为自己是整体的一个单元且和其他群体不一样(Dasgupta, Banaji, & Abelson, 1999; Haslam, 2004)。

在不同类型的群体中,群体联结的基础不同(Prentice, Miller, & Lightdale, 1994)。在**共同纽带群体**(common-bond group)中,群体成员面对面交流,群体中的个体相互联结。这种群体的例子包括:运动队的队员,朋友群体和工作群体。相反,在**共同身份群体**(common-identity group)中,成员作为一个整体的分类而联结在一起,而不是靠彼此的联

结。成员之间面对面的交流是完全不存在的。在不同国家、语言、大学、性别这些群体中,我们甚至不认识全部个体或者这个群体中的大多数人。但这些都是我们强烈认同的群体,而这些认同并不是来自于个体成员之间具体的联系。正如你将在本章所了解到的那样,所有的群体类型对于人们来说都很重要。

不同的群体在**整体性**(entitativity)上表现出很大的不同,整体性是指一个整体被认为是一个协调一致的整体的程度(Campbell, 1958)。有些团体也许仅仅是一些个体恰好在同一时间集中在了同一地点,相互之间也没有交流;而另一些团体可能是一些亲密组织的成员,如信仰同一宗教、有共同的历史、来自同一家族。如表11-1所示,当要求人们自由命名不同类型的群体时,对于高整体性和低整体性群体的区分非常一致(Lickel et al., 2000)。被认为是高整体性的群体也是那些人们认为更重要的群体。高整体性的群体也被认为是随时间流逝会一直存在的,即使有一些特定的成员会变动。相反的是,那些低整体性的群体随着时间的流逝,往往很难继续存在(Hamilton, Levine, & Thurston, 2008)。

群体被感知到的整体性(被当作独立群体的程度),是非常不一样的。如这里显示的,一些群体被视为高整体性的,其他则不是(1 = 非群体;9 = 高整体性群体)。感知的群体重要性和群体的整体性程度有高相关($r = 0.75$)。

左图表现了一群人的集合,他们只是碰巧在同一个地方出现了,一起排队买咖啡,但他们并不是一个群体。右图是一个真正的群体,成员以相互协调的方式在进行互动,他们有着共同的目标。更重要的是,他们都明白他们是群体的一部分。

图11-3 是什么让群体成了群体

表 11-1 整体性是否和群体的重要性相关

正如你所见，有些群体有着高水平的整体性，而有的群体则没有（1 = 非群体；9 = 高整体性群体）。成员感知的群体重要性和群体的整体性程度有着高相关（$r = 0.75$）。

群体类型	整体性	对自我的重要性
家庭	8.57	8.78
朋友/恋人	8.27	8.06
宗教群体	8.20	7.34
音乐群体	7.33	5.48
运动队	7.12	6.33
工作群体	6.78	5.73
种族群体	6.67	7.67
同一兴趣组	6.53	5.65
国家	5.83	5.33
班级	5.76	4.69
性别	4.25	3.00
地区	4.00	3.25
身体特征	3.50	2.50

资料来源：Lickel et al., 2000.

那是什么因素决定了我们把一个群体看成是一个整体呢？高整体性的群体具有以下几个特点：1）即使不在面对面的情境下，人们相互之间还是会进行交流（例如通过网络）；2）群体对于成员来说是很重要的；3）成员享有共同的目标；4）在一些重要的方面，成员之间相互熟悉。群体在这些特点上表现的程度越高，就越容易被其成员视为协调一致的整体，这类群体经常会对它的成员产生很大的影响。

高整体性的群体比那些低整体性的群体更容易使人产生刻板印象（Yzerbyt, Corneille, & Estrada, 2001）。人们甚至用不同的语言去描述这两类群体（Spencer-Rodgers, Hamilton, & Sherman, 2007）。具体来说，抽象的语言可以长期被用来表示高整体性的群体，它们具有与其他群体显著不同的特征；而低整体性的群体则没有多少明显的特质，成员也很少共享同一属性。也许，更让人惊奇的是，群体规模的大小与整体性无关，无论小的，或是大的群体都可能会被人们认为具有高整体性。而一些行为上的特点，如资源共享、成员互惠、认可群体权威和坚持群体规范，而非群体的结构特点才是导致高整体性的关键（Lickel, Rutchick, Hamilton, & Sherman, 2006）。

11.1.1 群体：其主要特征

在我们讨论群体效应从具体哪几个方面影响我们的行为和思想之前，我们要先考虑一下群体的几个基本特征，几乎所有群体都存在这些特征。这些特征就是地位、角色、规范和凝聚力。

1. 地位：群体中的等级

当美国的总统，或者其他任何国家领导人走进一个房间后，所有在场的人都会起立，没有人会在总统坐下之前就座。为什么呢？虽然总统和我们一样，都是一国的公民，但他们在这个群体中却占有特殊的位置。很多群体中，成员都有**地位**（status）上的差别，即在群体中的位置和等级。有时候是官方的位置，如总统；有时候这种地位并不明显，仅仅靠加入群体时间的早晚，对于那些新进的成员，老成员就会有较高的地位。人们在一个群体中通常都会对他们的地位十分敏感，因为他们的地位是和大多数的利益结果相联系，包括薪酬、受重视程度还有来自其他成员的尊重。由于这个原因，群体通常用地位来作为影响成员行为的手段，只有那些"优秀的"成员（服从群体规范的成员），才能获得好的地位。

进化心理学家特别重视在群体中地位的获得，指出在很多物种中，包括我们自身，高地位被授予了更多有利条件。特别是，相比于地位低的个体，地位高的个体可以更多地获得与生存、繁殖相关的主要资源，如食物和配偶（Buss, 1999）。但是，人们怎样才能获得较高的地位呢？物理属性，如身高，就可能会起作用，在工作领域中，个子高的男性和女性会显示出优势（Judge & Cable, 2004）。那些高个的人能够得到更多的尊重，他们被人仰视。元分析还发现个子高的人薪水更高，他们被认为有更多技能，更容易被提拔为领导者（Judge & Cable, 2004）。在美国的领导人选举中，甚至能通过身高来预测谁能赢得总统选举。然而事实上，这种评价发生在选举后，而不是选举前。在加拿大的选民调查中，落选者在落选后被认为个头矮小，而胜利者在选举之后被认为个头更高大（Higham & Carment, 1992）。事实上，所有总统的平均身高比普通人的平均身高要高得多。当女性总统当选时，这一现象可能会发生变化，但即使如此，她们的身高也比普通女性的身高要高。

与个体行为相关的因素也会影响地位的获得。那些行为规范的人，即带有群体重要特征的人，更容易被授予地位和当选为群体的领导人物（Haslam & Platow, 2001）。待在一个群体内的时间越长、资历越老越有可能获得高地位，这些一定程度上代表了群体知识与智慧（Haslam, 2004）。

一旦一个人在群体中得到了较高的地位，他的表现就会与地位低的人不同。Guinote，Judd和Brauer（2002）发现，地位高的成员的行为表现出更多的多变性。的确，对于群体的晚辈来说，服从群体规范的意识更加强烈（Jetten, Hornsey, & Adarves-Yorno, 2006）。根据地位不同的教授群体和学生群体的样本，地位高的人比地位低的人报告出的服从更少。如图11-4所示，当调查他们"有多么易受群体的影响"时，那些在专业组织中作为前辈的社会心理学家比那些刚加入组织的学者来说报告出的服从更少。地位低的群体成员可能需要确保自己被组织所接受，因此把自己描绘成愿意接受群体影响的个体，而地位高的成员则早已确认了这一点。事实上，缺乏地位的新成员如果不屈服于那些高地位的成员，会更容易成为被惩罚的对象（Levine, Moreland, & Hausmann, 2005）。毫无疑问，在很多群体中地位的差异是生活中的一个重要方面。

2. 角色：群体中的不同功能

想想一个你加入的、或者曾经加入的群体，可以是运动队、女生联谊会或兄弟会。现在思考这么一个问题：这个群体的每个人是否履行相同的职能？你的答案很可能是否定的。不同的人需要完成不同的任务，并为群体完成不同的目标。简而言之，他们扮演着不同的**角色**（roles）。有时候，角色是被分配好了的，例如，一个群体会挑选不同的人做领导者、财务主管、秘书等。有时候，个体是逐渐获得特定的角色的，即非正式的指派。不管角色是怎么获得的，在很多群体中，需要一些人作为一个好的聆听者，照顾成员的情感需要，也需要一些人专注于任务的完成。

人们内化他们社会角色的程度对人们的心理健康具有重要实践意义，内化指将这些角色与自我概念的主要方面相联系。的确，很好地扮演一个角色可以让人们感觉到他们的行为反映了他们真正的自我。在一项研究中，首先测定学生主要的自我认知，然后再被随机指派为某一特定角色去履行班级工作（Bettencourt, Molix, Talley, & Sheldon, 2006）。实验中作为"创意者"角色的行为和"唱反调"的人的行为是完全不同的。结果表明，当自己的特质与担任的角色相一致时，人们可以感觉到他们的行为反映了他们真实的自我，产生更多积极的情绪，他们在任务中比那些自我特质和角色不一致的人更能享受工作。

正如我们在第8章中提到的，一个最近的模拟监狱实验提供了为什么及何时角色分配会影响我们的行为的答案（Reicher & Haslam, 2006）。成年被试被随机分配为狱警或犯人。在研究过程中，那些担任狱警角色的被试不能认同自己的角色，这可能是因为他们在意囚犯是否喜欢自己，并且也可能是因为担心在实验后他人怎么看待自己（会对实验进行录像）。相反，犯人随着实验的进行，逐渐认同了自己的角色。角色的认同差异是否导致了行为上的差异呢？答案是肯定的。因为狱警没有认同他们的角色，

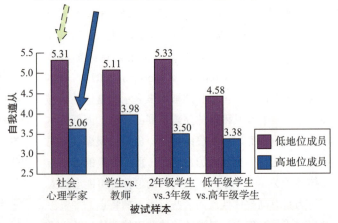

正如你所见，在各类被试样本中，那些地位高的或者资深的成员与那些刚进来或者资历浅的成员相比，表现出对于群体规范较少的遵从。高地位授予了成员自由。

图11-4 遵从与地位有关

所以他们没有能使用他们的权利，反而在最终被另一个有着高度认同感的群体制服。在研究中，狱警还表现出逐渐增强的应激反应，自我报告的倦怠和更大的皮质醇反应，这都是压力的心理表现（Haslam & Reicher, 2006）。那些担任犯人角色的人，则逐渐增强了和其他犯人一致的认同感，产生了进行反抗的规范，并在实验过程中表现出抑郁程度不断降低的情况。

所以，角色并不是自发决定行为的，当角色内在化了，它们就会影响我们如何看待自己，我们认同的是谁，以及我们如何行动。一旦人们认同了角色，规范或"大众"喜欢的行为方式，它们就会引导我们的行为，甚至我们的情绪。

3. 规范：游戏的规则

群体可以通过规范深刻影响成员的行为，这些**规范**（norms）是指那些指导我们怎么做的内隐规则。虽然我们已经在第9章讨论过规范的影响作用，在这里我们想要讨论的是不同的规范如何在不同群体中发生作用，和当我们违反这些规范时会发生什么。

你是否曾想过规范有可能会引导我们的情绪？有些时候，这些情绪是外显的**情感规则**（feeling rules），也就是对适合表达的情绪的期望（Hochschild, 1983）。例如，在图11-5中，许多雇主要求他们的员工（出纳、服务员、空乘）不管顾客有多令人讨厌或粗鲁，也要一直对顾客保持微笑。在这种情况下，展现积极情绪就变成了特定工作环境下的规范。相反，如果作为一个丧葬承办人，那么同失去亲属的家庭沟通时则需要以"诚挚的"方式展现严肃的表情以符合外在行为标准。但是社会化群体规范也许不仅仅包括情绪上应该如何表现。学习"如何成为一个好的群体成员"可能会被微妙的情感体验规范所指导。

Wilkins 在 2008 年做了一个有关福音派基督徒的有趣研究，揭示了情感规则是如何反映群体成员接纳的。她发现，最初，新的皈依者不认为他们参与教会的课程和会议的过程是愉快的。但随着时间的推移，通过与其他团体成员的互动，新的成员学会了模仿他人的情绪。一个新的情感词汇被获得了：新的成员被鼓励公开谈论他们的过往，成为基督教徒前的自我是不愉快的、焦虑的，成为基督教徒后的自我是快乐的。在这项研究中，大多数与会者最初不得不投入大量的时间来学习新信仰的做法，但在这样做之后，他们认为自己获得了"真正的基督教自我"，负面情绪是不被允许的。根据这项研究，为了保持这种新的身份并被这个团体充分接纳，感觉幸福似乎是很必要的。对于这些参与者而言，因为幸福和善良是同等重要的，所以作为一个好的团体成员对自己的生活感到幸福是必要的。

一种适用于不同文化、不同群体的规范是**集体主义**（collectivism）和**个体主义**（individualism）。在集体主义群体内，规范就是即使会损害到个人利益，也要保持群体成员的和谐。在这种群体内，不一致

有些社会团体的成员被告知或以其他方式学习他们应该表达什么情绪。这些规范可以是明确的规则：麦当劳的员工和飞机乘务员被告知他们必须永远微笑面对客户。或者，规范也可以是更加微妙的，学习成为一个"好"的小组成员意味着声称自己"比加入小组以前"更快乐

图 11-5　一些角色和群体的情感规范：快乐的需求

和冲突都是成员要避免的。相反，在个体主义群体内，规范就是要求个体从群体中脱颖而出，要与其他人不同。个体的多样性和不同的意见都是被鼓励的。因此在个体主义群体中更能看到对于规范的忽视。当然，人们对于作为某一群体成员的重视程度也是不同的。很多研究发现，当成为一个群体的成员对于个体自我的概念有着重要意义的时候（我们高度认同），我们就越容易服从群体的规范；而当我们不认同群体时，我们则会忽视规范，甚至做出相反的行为（Jetten, Spears, & Manstead, 1997; Moreland & Levine, 2001）。那么，在个体主义或者集体主义群体内，那些具有高认同感和低认同感的人会怎么对待那些背离他们群体的人呢？

这个问题在Hornsey、Jetten、McAuliffe和Hogg（2006）的一系列研究中得到了解答。首先，那些被选来参加实验的被试对他们的大学有着高或者低的认同感。作为集体主义的学生，文化规范强调个人的成功是为了群体的利益。而作为个体主义的学生，文化则强调个人的成功大于集体的目标。然后测量被试对于一个学生背离其他大多数同学的观点这一事件的态度反应。

在图11-6中，我们可以看到，在那些对于自己群体有高度认同感的被试中，当规范为个体主义时，背离者会受到喜欢；而当规范为集体主义时，背离者则不被喜欢。在那些对于自己群体有着较低认同感的被试中，规范的类型则不影响被试对背离者的评价。这个研究表明了违背群体规范是要付出"代价的"，至少在面对那些高度重视群体的个体时。

4. 凝聚力：约束的力量

考虑这么两个群体，在第一个群体中，成员之间相互喜欢，他们的目标与群体的目标高度一致，并且成员都觉得不可能再找到另一个群体来满足他们的需求。他们已经形成了群体认同感，喜欢合作完成任务。在第二个群体中，正好相反：成员之间不友好，也没有共同的目标，他们在试图寻找更能满足他们需要的其他群体。成员缺少统一的认同感，也不喜欢合作完成任务。这两组在体验与表现上存在差异的原因就是心理学家所说的**凝聚力**（cohesiveness）——将成员维持在群体内部的力量

（Ellemers, de Gilder & Haslam, 2004）。凝聚力高的群体有团结一致的意识：他们把自己看成同质的、支持性的群体成员，和群体中其他成员合作，而不是与那些群体外人员合作，他们朝着群体共同的目标努力，而不是只朝着个人目标努力，他们有着更强烈的道德感，比那些非凝聚群体表现得更好（Hogg, 2007; Mullen & Cooper, 1994）。事实上，一个集团或其他形式的竞争威胁的存在增加了各种社会团体的凝聚力（Putnam, 2000）。如图11-7所示，群体外成员在有凝聚力群体中很难被接受，他们也不适应群体规范。

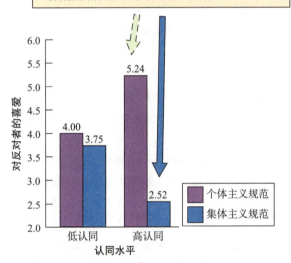

当群体规范是集体主义和避免冲突时，持异议者会受到那些对群体有着高度认同感的成员的消极评价。相反，当群体规范是个体主义时，那些高度认同感的成员会宽容持异议者的观点。群体的规范不影响那些低认同感的成员对于异议者的评价。

图11-6 对于异议者的反应：取决于群体规范

不太明显的一种影响是，感知自己的群体与其他群体的潜在不同，会让我们从情感和行动上保护我们自己团体的特殊性。研究显示，担心不能保持与英裔加拿大人不同文化的法裔加拿大人赞成将魁北克从加拿大分离（Wohl, Giguère, Branscombe, & McVicar, 2011）。同样，英裔加拿大人也害怕受到"北美联盟"的威胁，其独特的加拿大人的身份很可能由于他们的"强权邻居"（美国）而消失。美国喜欢限制在加拿大的美国媒体并预示他们可能投票给

亲近美国的候选人。如图11-8所示，你所属的群体未来可能受到的威胁可以鼓励各种小组为了创造更大的群体凝聚力而采取行动。

正如这个"经理"所指出的，只是寻找"像我们自己"的政策不会产生一个非常多样化的工作环境。

图11-7　群体中的多样性可能不总是管理得如此好

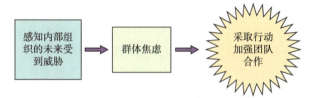

想象你所在的群体将来处于危险的境地，或和另一个国家的一个群体起冲突是什么样的。你的大学被龙卷风摧毁，或想象一次历史性的变动将消除你的群体，这些都会产生旨在保持群体凝聚力的行动。这些凝聚力维护的行动可以包括与群体内其他成员结婚，在学校只教群体内成员的孩子，或者为内部群体的政客投票等。

图11-8　感知未来的危险，会使内部产生更多的凝聚力

11.1.2　加入群体的利与弊

如果要你想想你属于多少群体，你肯定会对这个名单的长度大吃一惊，尤其是当你考虑到共同纽带（面对面）和共同身份（社会分类）群体时。一些人所属的群体比一般人多，尽管我们在本章开始时提到当一个隐士会让生活更简单，但我们大多数人还是"热爱参与"，是很多群体的成员。事实上，为了加入一些群体我们会付出很多努力。既然群体好处那么多，我们也付出了这么多的努力，那为什么我们有时会选择离开群体呢？特别是要从一些我们参加了几个月、几年，甚至几十年的群体中退出来需要承受巨大的压力。接下来就是心理学家在我们

加入群体和我们离开群体所涉及的心理过程中的一些发现。

1. 加入群体的好处，群体能为我们做的

人们有时候为了加入到一个群体中付出了很多努力：在很多群体中，成员身份只能通过接受邀请而获得，而要获得邀请则可能有点困难。让人惊讶的是，一旦人们获得批准加入，很多人都会紧跟着这个群体，在群体经历困难的时期，也一直坚持着。例如，想想那些体育球迷，当他们的球队处在一个凄惨的赛季时，甚至当球队成了被嘲笑的对象或者声誉到了非常恶劣的地步时，他们仍然保持着对于球队的忠诚。什么原因能够解释这种强烈加入社会群体的愿望呢？答案涉及很多因素。

首先，我们能从我们所归属的不同群体中获得自我知识（Tajfel & Turner, 1986）。群体中的成员能够告诉我们，我们是怎样的人，或者想要成为怎样的人。因此群体成员对于我们的自我概念是非常关键的。结果呢？我们想要加入群体，而且一旦我们属于了群体，我们发现很难去想象群体之外的生活，因为成为群体的一员可以通过自我了解的方式让我们的生活变得更加有意义。

作为群体成员还能增加我们对压力的感知控制能力，增加我们的控制感。Greenaway, Haslam, Cruwys, Branscombe, Yssldyk和Heldreth（2015）通过一系列研究揭示了这一点。首先，在对47个国家的人的统计分析中发现，认为自己是他们社区、国家和全人类的一部分的人们对自己的生活有更大程度的控制感。此外，在2012美国大选后，那些对主要的政治群体（无论是民主党还是共和党）产生认同感的人，报告了更多的感知个人控制。即使这些政治团体中的一个刚刚经历了选举失败的压力。在本科毕业论文中，遇到压力的学生也被观察到同样的效果，无论他们在这个重要的工作项目上获得的成绩如何，当学生与学生群体密切联系时，他们感受到更多的控制感。

另一个归属于群体的明显好处就是群体能帮助我们实现个人目标。一种重要的目标就是获得威信。当人们被某特定群体所接受时，如千挑万选的学校、高级的社交会所、大学生运动队，人们的自尊感就

会得到提升。这种从加入群体并得到认同，从中获得激励有多重要？正如你可能猜测的，人们越追求**自我提升**（self-enhancement），提升自己的社会形象，群体对于他们而言就越重要，人们也会产生越强烈的认同感。相反，如果自我超越的愿望越强烈，单纯为了帮助他人而做贡献，群体的地位和认同感之间的联系就越微弱。换句话说，群体的地位对于自我彰显的人来说更重要，而对于那些关注于帮助他人的人，群体地位的重要性则减弱了。

人们同样会被那些符合自己目标的群体所吸引，即使这个目标是暂时性的。假设你要去冒险尝试些新的东西，或者你想确保安全，保持谨慎，那么这些目标会如何影响你选择想要加入的群体呢？你是倾向于一个高权力的组织（有能力影响和帮助事情的完成），还是一个相对权力较低的组织呢？最近的研究发现，当群体与我们的目标定位相一致时，我们喜欢成为该群体的一员（Sassenberg, Jonas, Shah, & Brazy, 2007）。

还有一个加入群体的好处就是群体能帮助我们完成我们个人所不能完成的任务（如社会改革）。那些少数民族、妇女、同性恋等遭受排挤的人群怎样去获得平等的权利呢？受到贬低的群体应对他们的遭遇的一个方法是从弱势群体中获得支持，并认同他们的群体。由于他们遭遇了同样的委屈，人们会产生一种**政治化集体认同**（politicized collective identity），以群体的名义进行权利抗争。如图 11-9 所示，通过联合合作，那些偏见的受害者可以赢得社会影响力，并且成功地获得对于他们群体的较好的待遇（Simon & Klandermans, 2001）。

大量的研究表明，被一个群体拒绝，即使是我们最近加入的群体，也可能是一次痛苦的经历。例如，被一个小小的网络聊天团体拒绝就能立刻降低控制感和自尊，即使是在 45 分钟的延迟之后（Willianms, 2001）。事实上，神经影像学研究表明，大脑中涉及处理身体疼痛和失去了重要社会联结带来的社会痛苦的脑区部分是重叠的（Eisenberger & Lieberman, 2004; Willianms & Nida, 2011）。所以作为群体的一员无论从物质上还是精神上都能得到很多好处，而且脱离群体还会付出精神代价。

2. 被群体接受的代价

也许是因为群体的重要性和身处群体带来的好处，许多群体为个体参加群体设立了高壁垒：他们只希望一些人加入，并且坚持要求参加者具有强烈的愿望加入群体。高昂的入会费、为证明自己适合群体所付出的巨大努力、长期的试用期都是严格控制群体成员的常见方法。

社会心理学家提出了这么一个问题：艰难的入会过程会给成员的群体承诺带来什么影响和后果？是不是按照群体的要求去缴纳高昂的费用是为了从认知上来为我们之后所花费的时间和精力找理由，并且使我们不会认为加入这个群体是个错误？除此之外，是不是在获得加入许可的过程中，我们遭受的困难（尴尬、羞辱、身体上的痛苦）越多，那么一旦我们获得了批准，就会有更多的认知失调来提高我们对于群体的感知？

因为我们为了加入群体付出了沉重的物质和心理代价，所以会增加我们对群体的投入感，这一想法乍一看来很奇怪。在经典的实验中，Aronson 和

人们从加入群体中所获得的一个潜在好处就是可以促进社会改变。例如，通过联合行动，同性恋权利团体成员集体游说修改法律，允许同性婚姻。2015 年，美国最高法院同意，并使同性婚姻在全美范围内合法。

图 11-9　社会改变：人们加入群体的一个原因

Mills（1959）解释了为什么会出现这种情况。为了模仿不同的入会仪式，参加实验的学生被要求在群体成员面前阅读令人非常尴尬的材料，或者令人轻微尴尬的材料，或者不阅读材料。正如我们在第5章中所了解的，根据Festinger（1957）的认知失调理论，当人们的态度和行为不一致时，人们会觉得不舒服。当我们为了加入群体付出很多努力时，我们需要把对群体的态度转到积极的方面去证明我们的付出是正确的。因此，在经历了复杂高昂的群体入会仪式之后，当了解到群体不那么具有吸引力时，我们对于群体的承诺反而增加了。正如这些研究者所预测的那样，群体的入会过程越困难，人们之后就越会喜爱这个群体，实验中学生阅读的材料越尴尬，就会越认为这个群体具有吸引力。

3. 成员身份的代价：群体分裂的原因

在群体可以帮助我们取得目标，帮助我们提高地位，构成我们是谁的同时，还给我们带来了相应的代价。首先，群体成员身份经常会限制个人的自由。群体成员被要求按照一定的方式去行动，如果成员不这么做的话，群体可能会对成员实行制裁，甚至最终会开除成员。

同样，群体对于成员的时间、精力和资源也都有要求，而成员必须要服从这些要求，否则就要放弃其成员身份。例如一些教会，要求他们的成员捐出收入的10%给教会，希望留在这个教会的成员非遵从不可，否则就会被开除。最后，群体有时候会采纳一些成员所不赞同的观点和政策。

退出群体可能会是重大且代价沉重的一步。人们为什么会最终离开那些曾经高度重视的群体？一系列涉及政党和教会群体的研究提供了一个有趣的观点（Sani, 2005, 2009）。当个体对某群体产生认同感时，他们经常会重新建立他们自我构念的界限来涵盖其他群体成员。换句话说，对他们而言，群体的其他成员被归类为"我们"。当人们把自己与他人作为同一分类时，他们就会选择从一些不再符合"我们"定义的群体中退出来。当成员认为一些子群体已经发生改变，它们不再属于他所延伸的自我概念之内的时候，人们就会决定离开这个群体，群体就可能会分裂。这就类似于在一个拥有哲学和政治价值观的群体中，当

不同派系的**意识形态**（ideology）变得迥然不同时，成员不再认为他们是这个群体的一部分，也不能与群体的其他人员共享同一社会身份。

Sani为我们提供了英国教会成员的意识形态种类作为证据（2005; Sani & Todman, 2003）。1994年，当第一批女性被任命为神父时，数百名反对这种意识变化的神职人员决定离开教堂。（见图11-10）为什么他们觉得有这种激烈行为的必要呢？毕竟，他们大半辈子都在这个教会中任职，他们的身份已经和教会紧密地联系在了一起。

20年前，第一批女性被任命为英国教会的神父。一些群体成员对于这种意识上的改变无法容忍，就离开了教会。但另一些人认为这种对于女性牧师的承认加强了他们的群体认同感。

图11-10 群体变化：在英国教会，女性可以成为牧师

为了调查是什么原因导致成员间的这种巨变，这些研究者让100多位英国教会的神父和执事来表达对于任命女性作为神父这种新政策的看法；让他们评价这个新政策多大程度地改变了教会；他们在多大程度上认同英国教会；他们由于这个改变在情感上受到了多大程度的困扰，还有他们是否认为他

们的意见（如果他们反对这个政策的改变）应该被听取。结果表明那些离开教会的神职人员这么做是因为他们认为这个政策改变了基本教义，而导致这个教会已不再是当初他们所加入的那个组织了，也不能再代表他们的看法了。此外，他们强烈地感觉到没有人重视他们的意见，他们不得不选择退出。如图 11-11 所示，对于群体认同感的破坏引起了情感上的忧伤，继而降低了对于群体作为整体性的感知，也降低了成员对于教会的认同感。这些过程导致了**分裂**（schism），群体分裂成不同的派系以至于不能再作为一个整体存在了。对于那些被迫离开的成员，悲痛的情感经历反映了重要身份的丧失，如同丧亲之痛；因为这个政策的改变，让人们感觉到他们参加的那个最本真的群体已经不复存在了。

群体这种潜在的分裂危险不仅仅局限于宗教群体。类似的分裂也同样发生在其他群体中，如政党、社会运动，事实上，也发生在那些基于同样的信念

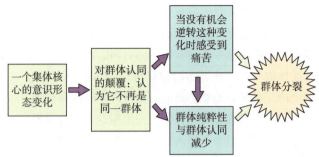

研究表明，团体分裂发生在当成员察觉到团体已经发生了巨大的改变（颠覆），它不再是同一个实体（团体）的时候；当他们得出没有人会听他们对这一变化的抗议（没有机会扭转它）时，团体分裂。

图 11-11　为什么群体有时候会分裂

和价值观的群体中（Sani, 2009）。群体的改变开始让成员觉得他们不再认同这个群体的时候，成员很可能退出，因为他们认为这个群体已经不是一开始他们加入的那个群体了。但这难道就说明群体绝不能忍受成员的批评吗？有关群体如何管理异议的更多信息，请参阅专题"**研究告诉我们：对我们群体的异议和批评，'因为我们在乎'**"。

研究告诉我们　　对我们群体的异议和批评，"因为我们在乎"

当我们认同一个群体时，我们希望以一个积极的角度看待它。但是，如果我们认为我们的团体以有害的方式行事怎么办？假设你为一个决定从事不安全的做法，并将其隐藏在公众面前的组织工作。比如通用汽车公司，该公司在 2015 年卷入了一个案件，它被指控隐瞒点火开关有缺陷的信息，最终导致 100 人死亡。在这种情况下，你唯一的选择是保持沉默，你真正重视的组织犯了这样的错误（事实上，与它一起参与），还是因为你不同意其决定而选择离开组织呢？

玛丽·巴拉（Marc Barra）在这件丑闻爆发后的几天就接任了通用汽车公司的首席执行官（见图 11-12），选择为她所喜爱的组织道歉，并在一个令人惊讶的演讲中对通用汽车员工说，公司需要改变以便公开解决问题，而不是继续通用汽车长期以来最小化和隐藏它们的策略。这样做不仅是道德的，而且她的建议对组织的长期利益也是必要的。

对自己的团体持有异议和批评是如此不寻常吗？这样做的人通常会被视为"麻烦制造者"，还是说他们因为给组织带来了规范和做法的改进所以有时值得钦佩呢？这样做的人通常会被视为"麻烦制造者"，还是说他们因为给组织带来了规范和做法的改进所以有时值得钦佩呢？为了回答这些问题，我们首先需要承认，群体批评者或异议者是有不同类型的（Jetten & Hornsey, 2014）。

有些"个人主义者"缺乏对群体规范的理解，并且可能因此而违反群体规范，或者，因为他们不够关心群体以至于不能保护群体。他们可能在公开场合对群体外部的观众批评自己的团体，这被称为"宣扬家丑"（Packer, 2014），他们可能被认为是不忠于群体的，因为他们不关心这样做的后果或者因为他们被认为能从中得到一些个人利益。（Branscombe, Wann, Noel, & Coleman, 1993; Packer & Chasteen, 2010）。

第二种形式的团体批评被称为"建设性异议"，因为它被视为反映了该团体的真正关注——目的在于激发改变以改善团体或防止对团体利益的损害。这一种类型正是玛丽·巴拉（Mary Barra）所展现的，她试图改变通用汽车的"错误"程序，这种形式也可以体现在抗议国家战争或其他行动的忠诚爱国者身上，他们担心群体的决定可能损害群体在未来的利益。

群体批评者获得的反应通常比提出同样批评的外群体成员更积极（Hornsey, Oppes, & Svensson, 2002），这被称为**群体间敏感性效应**（intergroup sensitivity effect）。这主要是由于群体成员的批评其动机被视为创造建设性的变化，外群体成员则不然。然而，受个人主义收益动机驱使，并缺乏对于内部组织声誉的关注，或者与竞争对手一起破坏内部组织的内部批评者往往得到相反的消极反应。

团体批评是否有可能改善组织程序及其最终结果？确实有证据表明，团体内的异议可以提高决策的质量，导致更多的创意和创新（De Dreu & West, 2001）。事实上，在教育环境中的不同意见，通过引发不同的思维，可以促进更高质量的学习（Butera, Darnon, & Mugny, 2011）。这意味着，被认为把群体利益放在心上的内部批评者，是可以被接受并且有效地带来改善的结果的。

玛丽·巴拉（Mary Barra）在通用汽车公司深陷知道并隐瞒其产品缺陷的丑闻后出任首席执行官，她选择批评组织沉默和掩盖的一贯做法。她希望能以此改变这种损害她高度认同的群体的行为和做法。

图11-12　群体内的批评可以导致群体的改善

要点 Key Points

- 群体是我们生活中不可或缺的一部分；进化理论家认为群体是人类所必需的。
- 有不同类型的群体：**共同纽带群体**是指个体成员之间相互连接；**共同身份群体**是指成员通过一个整体的分类而相互关联。
- **群体**是由那些自认为和被认为在某种程度上协调一致的单元的人所组成。群体被感知为一个联合整体的程度叫**整体性**。
- 群体的基本要素包括**地位**、**角色**、**规范**和**凝聚力**。
- 个体在群体中获得地位的原因有多种，包括生理特征（如身高），行为的差异等。那些群体中的模范或者长者地位更高。
- 角色对我们行为的影响往往是强大的，尤其是当我们将角色内化为我们身份的一部分时。在一些角色中对我们应该表达的情绪有明确的**情感规则**。
- 违反群体规范会影响群体其他成员对我们的评价，尤其是那些对于群体有着高度认同感的成员。规范可分为**集体主义**和**个体主义**。
- 群体的**凝聚力**水平（使人们想保持成员身份的所有因素的总和）各不相同。觉察到对自己群体的威胁，可以鼓励旨在增加群体凝聚力和团结的行动。
- 加入群体可以给予成员重要的利益，包括丰富的自我认知、推进重要目标的进展、**自我提升**，以及拥有**政治性集体身份**以实现社会变革等。
- 作为某一群体成员同样会有重要的代价，例如个人自由的丧失，以及对于时间、精力、志愿行为的高要求。
- 加入排他性强并且有威望的群体的强烈愿望

可以让个体甘愿去承受痛苦和危险的入会仪式。然后，人们为了证明他们加入这个群体的努力是值得的，他们会表现出对于这个**群体的积极态度**。
- 当人们发觉群体的**意识形态**发生重大改变，群体已不能再反映其基本价值和信念时，他们会退出这个群体。当群体分成不同的**派系**时，一些成员体验到情感上的困扰，感觉到不再认同群体，也不再把群体看作当初加入的那个有凝聚力的团体了。
- 群体内部的批评通常比外群体的批评回应更积极，这是**群体间敏感性**的影响。这是因为内部的批评被认为是积极的，可以带来建设性的改变，而外群体的批评则不然。
- 群体内批评可以帮助提高群体成果。

11.2 他人在场的影响：从任务表现到身处人群中的行为

事实上，我们的行为受我们所归属群体的影响，这并不是个奇怪的事情。毕竟，群体中已经有一些既定的规范来告诉我们作为一个成员该怎么做。也许更让我们惊讶的是，即使我们不是一个正式群体的一部分，我们也会因他人在场而受到影响。也许根据已有经验你对这种影响已经很熟悉了。例如，当你一个人在房间学习时，你也许按照你觉得舒服的姿势坐着，包括把脚放在桌子上。但是当一个陌生人进入你的房间时，所有的一切都改变了。你也许会克制你独处时的一些行为和其他方面的行为，即使进入房间的这个人你并不认识，也没有过交流（见图11-13）。因此，我们往往会单纯地受到他人物理上在场的影响。这类影响以不同形式呈现，但我们这里关注两个特别重要的类型：他人在场对于我们在不同任务中表现的影响和身处人群中的影响。

他人的存在，即使是个陌生人，也会对我们的行为产生影响。例如，我们从懒散地把脚放在家具上，转变为一个更能让社会所接受的姿势。

图 11-13 他人存在的影响

11.2.1 社会促进：他人在场时的表现

有时候，我们需要单独完成某一任务。例如，你一个人在自己的房间学习，像我现在写这一章节时，我就是一个人在办公室。但在另一些情况下，我们做自己的事情时，其他人也在场，例如，你也许在一个网吧或者你的宿舍学习，而你的室友在睡觉或者也在学习。另外还有一些例子，我们和其他人组成一个项目小组合作完成任务。在不同的情境下，他人的存在会对我们的行为产生什么样的影响呢？让我们来看看一些研究的结果。

设想一下你是一名舞者，你正在准备你的第一次表演。你每天单独训练几个小时，并且持续了几个月。最后，重要的一天到了，你走上舞台发现，台下那么多观众在等着欣赏你的舞蹈，你会怎么做？大多数人都会回忆起在他人面前表演的那种紧张感。我现在仍然记得我第一次在班级中的演讲。很多研究证明了他人的存在确实会影响我们的表现。

50年前，Zajonc，Heingartner和Herman（1969）做了一个有趣的实验。他们让蟑螂走迷宫。这对于社会心理学家来说就够奇怪的了，但是这些研究者还增加了一个古怪扭曲的蟑螂迷宫：他们在离迷宫足够近的地方建造了一个塑料盒以便那些蟑螂观众能够看到蟑螂被试爬迷宫。通过这种设计，那些在迷宫中的蟑螂也知道它们在被关注着，它们意识到了蟑螂观众的存在。

结果证明，那些被其他蟑螂关注的蟑螂比那些没有观众的蟑螂在迷宫中跑得更快。Zajonc和其他的研究者热衷于将这个社会现象叫作**社会促进**（social facilitation），也就是他人的存在对于我们表现的影响。虽然，作为社会心理学家，我们主要研究的是人类的行为，而不是蟑螂，但是为什么Zajonc和其他研究者会设计出这么一个动物实验呢？

Zajonc（1965）认为他人存在只会促进已经学会了的反应，而会抑制那些较少练习或者是那些新的反应。为什么呢？他指出他人的存在提高的是我们身体上的唤醒（让我们的身体更有能量），因此，优势反应就会得到促进。这表示当我们被唤醒时，我们对于已知和练习过的东西能更好地集中注意。但是当我们在处理新问题、复杂问题时，身体上的唤醒反而会带来一些麻烦，这就是**社会促进的驱力理论**（drive theory of social facilitation）。如图11-14所示，它关注的是唤醒或驱力对行为的影响。对于任务当人们有熟练的技能时（即人们的大多数表现是正确的），他人的存在能促进人们的表现。而人们操作非熟练技能时，例如，当我们还在学习技能的时候（即人们大多数的表现不一定正确），他人的存在则会对其表现产生干扰。

另外一些研究者认为，人们的表现受到他人存在干扰是因为人们对于表现评价的担忧。这种**评价忧虑**（evaluation apprehension）的观点是由Cottrell，Wack，Sekerak和Rittle（1968）提出的。事实上，他们的实验发现当观众的眼睛被蒙住或者表现出对于被试的表现没有兴趣时，社会促进效应就不会发生，这一发现也支持了他们的观点。但是Zajonc（1965）认为潜在的评价忧虑并不是社会促进发生的必要条件，这就是他为什么要进行蟑螂实验的原因。因为我们假设蟑螂不会去评价行走迷宫中的蟑螂的能力，因此对于一部分物种而言，社会促进不涉及评估忧虑。

观众的存在能否转移我们的注意力

有些观点认为其他人的存在，观众或者是合

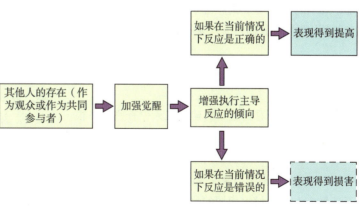

根据这一理论，其他人的存在，不论是观众还是合作者，都会增强唤醒水平，从而加强了对于优势反应的倾向。如果这些反应是正确的，那么表现就得到强化，如果是错误的，表现力就被削弱。

图11-14 社会促进的驱力理论

作者，会转移我们的注意力。这会导致我们认知超载（e.g., Baron, 1986）。因为表演者要把他们的注意分成任务和观众两部分，这种增加的认知负荷限制了人们的注意力，人们关注于基本线索或刺激的同时会忽略一些非基本的信息。一些研究结果支持了这种观点，如**分心-冲突理论**（distraction-conflict theory）。那么表演者在有观众时所增加的唤醒水平，和其缩小的注意力焦点，哪一个更重要呢？

Huguet, Galvaing, Monteil和Dumas（1999）为了解决这个问题，提出了任何分心物都会影响表演者的观点，其他人的存在增加了唤醒水平，但这也许是因为同时注意观众和任务的认知需求，而非他人物理存在的结果。所以他人的存在可以通过缩小注意焦点来影响我们的任务表现。Hetherington, Anderson, Norton和Newson用这些观点来理解他人存在对于人们进食的影响。在不同分心条件下测量男性被试的食物摄入。和朋友一起吃饭或者边看电视边吃饭可以增加食量，因为朋友和电视都是分心物，这样可以导致人们对于食物的注意力更集中，从而促进表现（如摄入更多的食物）。相反，在陌生人面前吃东西则较少分心，因此没有增加注意力在食物方面，也不会有食物摄入的增加。这种认知观点的优点就在于它解释了人们在什么时候，为什么受到他人存在的影响，这种他人的存在因为分心作用不同而有差异。同样，动物（甚至是蟑螂）也会经历注意任务和注意观众两种冲突倾向。需要注意的是，观众的存在对于我们任务表现的影响差异取决于任务的类型和我们多大程度上关注观众。

11.2.2 社会懈怠：让其他人来做这份工作

你也许曾经看到过一群建筑工人中有些人在很努力地工作，而另一些人则站在一旁什么都不做。当面临大任务时，例如要抬起一根电线杆，一群人中每个人都要付出努力来完成这个任务，问题是：是不是每个人都会付出相同的努力？也许不是。一些人会尽全力，一些人只会使出相对适中的力气，而还有一些人则可能只是抓着电线杆，假装是在抬着，而事实上他们并没有付出任何努力（见图11-15）。

当几个人一起工作来完成这样的任务时，他们很可能不会付出相同的努力。一些人会努力工作，另一些人会做得更少，也许有几个人什么都不做，只是假装在努力工作！

图11-15 每个人都在承担他们的工作吗

这种现象常在**叠加性任务**（additive tasks）情境中出现，叠加性任务即每个成员的贡献被组合到一个单一团体成果中的任务。在这种类型的工作中，一些人会认真工作，而另一些人则会游手好闲，减少工作量。社会心理学家把这种现象称为**社会懈怠**（social loafing），指当人们在一个群体中工作时，他们的动机水平和努力程度比他们单独完成工作时要低（Karau & Williams, 1993）。

社会懈怠在很多任务情境下都会发生。例如，Latané, Williams和Harkins（1979）告诉男同学在一个特定时刻尽可能地用力鼓掌，研究者让他们认为研究的目的是了解人们在社会情境下会制造出多大的噪声。为了让被试避免受到其他被试噪声的影响，被试都戴上耳机，耳机中的音量都维持在同一水平。并且他们也看不到其他的被试，而只是被告知有多少人会一起参与实验。他们分别在两人组、四人组、六人组中进行这个实验。结果表明，随着群体人数的增多，虽然总的噪声量会提高，但是每个被试所制造的噪声量减小了。换句话说，随着群体人数的增多，每个被试付出的努力程度减少了。

这种现象并不局限于这种简单和看似无意义的情境中，相反，它发生在生活的各个方面，从认知领域到体力任务（Weldon & Mustari, 1988; Williams & Karau, 1991）。每个曾经在餐厅打过工的人都知道，社会懈怠发生你的小费就惨了。随着人数的增多，人们给小费的比例就会相应减少，这就是为什么在 6 个或更多人的派对上，餐厅会规定小费最低标准的原因。

如果去问在学校里是否会发生社会懈怠，可能学生会说"这问题真傻"。Englehart（2006）认为社会性懈怠可以解释学生的参与性，在大规模班级中，教师分不清楚哪些学生参与性高，因此学生对于老师来说都是匿名的，他们也会无所顾忌地懈怠。但是大规模班级的学生如果处在高度竞争的环境中，他们也会具有参与性。更进一步的研究发现，如果主题和学生的日常生活有关，是学生所关注的问题，那么他们的兴趣也会削弱在大班级中的懈怠倾向。通常，社会懈怠很少发生在小规模的班级中。

Price，Harrison 和 Gavin（2006）通过 3 个月的研究确定了影响学生在团队或者项目合作中社会懈怠的心理因素。在他们的研究中，两个主要的因素影响了社会懈怠。第一，如果人们认为自己对于群体来说可有可无，那么他们更容易产生懈怠。第二，群体氛围越公平，人们越不会产生懈怠。那是什么决定了这两种感知（可忽略性和公平性）呢？当人们拥有大量与任务相关的知识和技能时，他们就会更加觉得自己对于群体是必要的。因此，实际上，给群体成员提供任务相关的帮助可以起到对抗懈怠的作用。另外，群体中的人或多或少会对群体中其他人的各方面都有所了解，如年龄、性别、种族、婚姻状况。这个因素与公平性有关。也就是说，如果人们对于群体中的其他人越不熟悉，他们就越少感知到公平性，这样人们就越容易懈怠。这个现象的发生实质上也是因为群体中那些非主流的人被边缘化了。对于其他群体成员的不熟悉也会让这些人感到可有可无，也就更容易懈怠。那么怎样才能减少社会懈怠呢？

减少社会懈怠：一些有用的技巧

减少社会懈怠最有效的方法就是：第一，让每个参与者的结果或者努力很轻易地被识别（Williams, Harkins & Latané, 1981）。在这种情况下，人们不会在一旁袖手旁观而让其他人做事，社会懈怠行为就会减少了。研究发现，当一个人在群体中的贡献被公开时，他在群体里的表现会比独自工作要好得多（Lount & Wilk, 2014）。群体其他人对他所做贡献的认知，和他本身想要作为群体里贡献最多的人的渴望，使得他的表现变好了。

当人们相信他们的贡献对于群体来说是重要的时，这种希望在群体中表现自己的动机会导致个人更努力地表现（Shepperd & Taylor, 1999）。所以，共同做出贡献的任务，例如一个篮球队的比赛表现，将会受到每一位运动员认为自己的贡献清楚被知道的程度和在一个有凝聚力的集体中被识别的程度的影响（Backer, Boen, De Cuyper, Hoigaard, & Vande Broek, 2015）。

第二，通过增加群体成员对于任务表现的承诺，群体的社会懈怠行为也会减少（Brickner, Harkins, & Ostrom, 1986）。努力工作的压力也会抵消来自懈怠的诱惑。第三，通过提高任务的重要性和价值也能减少社会懈怠行为（Karau & Williams, 1993）。第四，当给人们提供了行为标准时，这种标准不论是其他人的成绩，还是他们自己之前的成绩，人们也会表现出更少的社会懈怠行为（Williams et al., 1981）。一个在市场营销班级中开展的有趣的实验表明，组内成员对其他人在共同项目中的表现给出反馈，可以减少社会懈怠（Aggarwal & O'Brien, 2008）。总的说来，这些措施都可以减少社会懈怠。

11.2.3 身处人群中的效应

你现场观看足球或者篮球比赛时，有没有遇到过比赛球员朝着裁判尖叫辱骂、扔东西，甚至采取一些暴力行为？可能我们当中大多数的人都不会碰到这种事，这种极端事件很少发生，但有趣的是，这是人们对群体行为的一个刻板印象，特别是在运动场上。英格兰足球迷因**足球流氓**（hooliganism）行为而出名，因为在英格兰队比赛时经常发生严重骚乱事件（Stott, Hutchison, & Drury, 2001）。这种在人群中，野蛮、毫无控制的行为，被定义为**去个性化**（deindividuation），因为这些行为至少一部分来自于这么一个事实：当人们陷于大型群体中时，他们会失去自己的个性而表现出和其他人一样的行为。更准确地说，去个性化是被用来表示一种心理状态，这种心理状态的特点就是在外部条件作用下，个体自我意识和个体身份的减弱。例如作为群体中的匿名者。

最初关于去个性化的研究（Zimbardo, 1970）似乎暗示：在群体中做一个匿名者会让人们感到不必为其行为负责，这样就鼓励了失控、反社会行为。但最近更多的证据支持了去个性化会引起更多规范化行为。当我们是群体中的一员时，我们会更愿意去遵守群体的规范，不管这个规范是什么（Postmes & Spears, 1998）。例如，在运动场上，那种情境下的规范认为朝着对手喝倒彩是可行的，因此很多人，特别是那些有高度认同感的球迷就会那么做。在过去"英格兰足球流氓"看似就是社会规范。但是最近有迹象表明：对警察进行社会心理干预后，这些规范发生了改变（Stott, Adang, Livingstone, & Schreiber, 2007）。由于规范的转变，在最近的时间内，英格兰队的球迷不再把自己定义为足球流氓了；他们把那些试图惹事的球迷边缘化，因此没有暴力事件发生了。

一个经典实验阐述了在匿名条件下，执行规范的重要性。Johnson 和 Downing（1979）让一些被试穿着长袍，这些服装让人想起了三K党的穿着，而另一些被试穿着类似于护士的制服。群体中的一半被试戴着面具（去个性化条件），而另一半则不带面具（个性化条件）。在个性化条件下，当被试有机会去电击他人时，穿着长袍的人比穿着护士衣服的人会给他人施加更强烈的电击。是不是在长袍条件下的去个性化加强了个体的侵犯性行为？是的，但不明显，而在去个性化条件下，穿着护士制服的被试的确会减弱电击的强度。

总体而言，作为一个大群体的一分子，经历去个性化并不一定就会导致消极或者有害的后果：它只不过增加了群体成员遵守群体规范的倾向。这些规范可能如戴安娜王妃死后群众聚会所表现出来的尊重和哭泣，如 2007 年弗吉尼亚理工大学的校园枪击发生后为死者守夜。也可能是为了统一目标而合作，如合作救援那些在 2010 年海地地震中倒塌建筑物下的受难者，或者在基督复活节聚会上的祷告和一起欢唱愉快的歌。规范和认同感在特定的人群中是至关重要的。当人们在一个大群体中时，如图 11-16 所示，他们所表现出来的行为，不论是好是坏，都取决于群体规范。

群体有时候会做一些个体在单独时连想都不敢想的事情。其中包括极具破坏性的事情，如左图所显示的那样；也包括极具亲和力的事情，就像右图表示的那样。在群体中对于他人的认同感对我们的行为产生了重要的影响，鼓励我们去服从群体的规范。

图 11-16　人群：遵从规范是为善，还是为恶

要点 Key Points

- 仅仅是他人在场，如一个观众或者合作者都会影响到我们在很多任务中的表现。这类影响叫**社会促进**。
- **社会促进的驱力理论**认为其他人的存在具有唤醒作用，它既可以促进也可以降低人们的表现，这取决于人们在特定环境下优势反应的正确与否。
- **评价忧虑**的观点认为：观众会扰乱表演是因为表演者对于他人评价的担忧。
- **分心–冲突理论**认为他人的存在引起了对于任务和观众的注意冲突。这会导致唤醒水平的提高和注意焦点的缩小。
- 最近的研究支持观众缩小了注意焦点这个观点。社会促进的唤醒观点和认知观点都能帮我们解释为什么在动物和人类身上都会发生社会促进。
- 当人们合作完成**叠加性任务**时，**社会懈怠**行为（即每个成员减少成果）就会发生。这种懈怠无论是在成人还是儿童中，体力、认知还是语言任务中都会发生。
- 社会懈怠行为可以通过很多方式减少：通过让结果变得具体明确化，增加对于任务和任务重要性的承诺，让成员确认他们对于群体的贡献是独一无二的，等等。
- 当我们处于大群体中时，**去个性化**，即对于自我感知和道德感的减弱就会发生。最初人们认为**流氓行为**（野蛮的破坏性行为）在人群中是不可避免的。
- 然而，人们在群体中表现的规范行为是以突出群体身份为基础的。这些规范可以是反社会行为的或者亲社会行为的。

11.3 群体协作：合作还是冲突

合作（cooperation）即彼此帮助共赢，这在为达成共同目标的群体中是常见的。正如我们在本章开头所讨论的那样，通过合作，人们可以达到单独一个人所不能完成的目标。但令人惊讶的是，合作并不经常在群体中发生。有时候属于同一群体的个体认为他们个体的兴趣是不相容的，他们不但不合作，反而还会相互对着干，这样会对双方产生消极的影响。对于**冲突**（conflict）而言，它可以被定义为个体或者群体感知到他人采取的行为或者将要采取的行为和自己的兴趣是不相容的这一过程（DeDreu, 2010）。冲突的确是个过程，你也可以从自己的经验中得知，它逐步升级的过程让人难受，从简单的不信任，到生气，然后演变成采取行动去伤害他人。

社会嵌入性（social embeddedness）是良好合作的一部分，它是指了解人和组织所处的社会关系中其他各方的声誉，通常从了解他们的人那里获取信息（Riegelsberger, Sasse, & McCarthy, 2007）。在现今的工作中，随着越来越多的人使用远程办公，通过互联网与不太了解甚至不认识的人沟通越来越常见（Brandon & Hollingshead, 2007）。试图与你不认识的人一起进行团队项目，总是会引发这个项目最终结果会如何的问题。当你认为这样的项目往往需要大量的信任和合作时，尤其如此。在这种遥远的距离下，可以传达同事信任的人际关系线索是不存在的。这一原因可能会导致冲突发生，许多组织和个人一起工作已经转变为以计算机媒体为中介进行视频合作，传递的人际线索很可能因此遗失（见图11-17）。

在一定距离内合作的小组是否能通过分享其他成员的表现（是否乐于合作），例如提供成员的名誉信息，来提高合作积极性呢？这样做是否可能有助于最终提高信任和合作绩效？最近的研究表明，事实的确如此（Feinberg, Willer, & Schultz, 2015）。在这项研究中，参与者与其他人在电脑上进行了一系列游戏。每一轮开始时，每个人都会有10分，并决定捐出多少分给自己的小组。每个人捐出的分数总和会翻倍再平分给同组的所有玩家。这意味着明确地对合作和捐赠行为的激励：每个人捐的更多，每个人得到的也更多。其中一种游戏是，参与者只了解其他三个人各贡献了多少。在另一种游戏中，他们能够告诉另一个人，他们在下一轮中贡献多少。最后一种游戏，参与者不仅告诉其中一个玩家他们要贡献多少，而且他们还可以在下一轮中排除一个人，从而牺牲一部分的潜在收入。

结果是怎样的？首先，玩家的确使用了"名誉"信息来选择下一轮游戏的同伴，人们更倾向于选择那些前面表现出合作意愿的人。那些被认定为名誉差的人则会被排除出游戏，在随后的几轮游戏中这些人则比原先要更为合作。所以，即使是单独工作并离得很远，群体的合作也可以通过得知其他人的名誉信息而被激励，从而克服这一障碍。

人们越来越多地远程工作和通过互联网进行交流。曾经面对面的工作活动现在可以用Skype和其他视频会议程序进行，这些程序允许所有正常的人际线索存在于长途通信中。

图11-17 用还是不用Skype，这是个问题

11.3.1 合作：为了共同目标与他人共事

对于人们来说合作通常都是有利的。但是为什么群体中成员不能总是合作呢？答案是显而易见的：因为人们追求的有些目标无法共存。比如几个人应聘同一份工作或者几个男人同时追求一个女人就不可能合作并共赢，因为只有一个人可以达成目标。社会心理学家把这种情况称作**消极依赖**（negative interdependence），一个人得到理想的结果，别人则不能（Dedreu, 2010）。

然而，在许多情况下合作本可以发生但实际上却没有发生。社会心理学家研究这些情况，目的是找出破坏合作的因素。经常参与这种冲突的人没有意识到妥协是可能的。考虑下面的例子。假设我们想一起去度假。你说你想去瑞士，我说我想去夏威夷。这种冲突可以在双赢的情况下解决吗？也许，但冲突调解人知道的一件事是，解决这类看似不相容的目标冲突，并不是一方屈服于另一方，而是弄清每个人要求背后的本质是什么。现在假设你"真正"的目标是看到一些山（瑞士当然有，但许多其他地方也有），我"真正"的目标是去海边在温暖的水里游泳。每一方的基本目标都知道后，就可以借助一点想象力来解决这个问题。在这种情况下，我们可以去希腊，访问一些可爱的希腊岛上的山和海滩！当然，并非所有的社会冲突都可以通过这种方法解决，但许多是可以的。现在让我们来研究一下经典的研究：缺乏合作往往会导致所有参与方的结果不佳。

社会困境：可以合作，但往往选择不合作的时候

社会困境（social dilemmas）是指在情境中每个人都可以通过采取自私的行为来增加其个人的收益，但是如果所有人都这么做的话，每个人的收益都会减少（Komorita & Parks, 1994; Van Lange & Joireman, 2010）。关于这一困境的经典案例就是囚徒困境，两个嫌疑犯被警察抓获，他们可以选择合作（如保持沉默或者不招供）或者竞争（如出卖另一个人）。如果两个嫌疑犯合作的话，则他们会获得最大的收益。如果相互竞争的话，两个人都会受到损失。那如果一个人选择合作，而另一个人选择了竞争呢？在这种情况下，选择竞争的人会获得适当的收益，而选择合作的人则会遭受损失（3年有期徒刑）。因此，为了实现对他们两个最大的有益结果，他们必须合作。如果他们决定竞争，在努力最大化自己的个人好处的同时，他们都失去了合作的好处。社会心理学家用这种情况来检验是什么因素破坏了合作与竞争的平衡（Balliet & Van Lange, 2013）。

通过减少竞争的好处来增加合作行为是有道理

的。一种方法是增加社会困境中不合作的惩罚措施。但是这么做的话可能会改变人们对于这种情境的感知：从单纯信任他人到完全自我利益的考量，而信任他人的时候，人们的合作行为会高于权衡自我利益的时候。那么在多大程度上，对于不合作行为的制裁会损害到人们接下来的合作行为呢？当这一行为完全违背其意图的时候。

Mulder，van Dijk，De Cremer 和 Wilke（2006）为解决这个问题设计了一个实验。实验情境中群体的四个成员要决定把筹码留给自己还是捐给群体。成员捐给群体的筹码价值会加倍，然后平均分给成员。在其中有个信息给予的阶段，因此可以操控对群体成员不合作行为是否进行惩罚的变量设置。关键的操作是惩罚系统（惩罚应用于捐赠筹码最少的两个人）是否会进行。之后，再让被试参与到另一个没有惩罚机制的社会困境游戏中，这样之前针对不合作行为的惩罚机制的影响就可以得到评估了。

正如你在图 11-18 中看到的，人们在之后的社会困境中做决策时，之前有惩罚机制会降低人们接下来的合作行为。这种合作行为的减少源于人们对于同伴合作行为信任的降低。

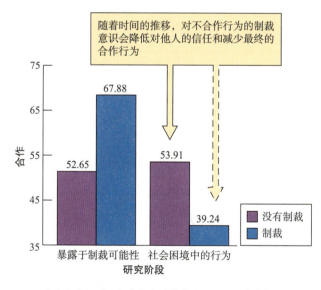

当人们意识到不合作会受到制裁时，人们就会选择和他人合作（左）。但是随后在社会困境情境中，对于不合作会受到制裁的意识会引起更少的合作行为。因为它破坏了人们对他人的信任（右）。

图 11-18　对于不合作的制裁行为的意识会破坏人们的信任和合作

因此，随着时间的推移，制裁的存在对合作的影响可能跟预期的相反。研究显示，只把法律看作是制裁制度会使人们倾向于认为他人是竞争性的、不能被信任的，并导致人们在囚徒困境中倾向于选择竞争（Callan, Kay, Olson, Brar, & Whitefield, 2010）。

11.3.2　应对和解决冲突

大多数冲突的定义强调存在不相容的利益。但有时双方没有对立的利益也会发生冲突，因为他们只是相信利益冲突总是存在的（DeDreu & Van Lange, 1995）。事实上，这种对其他人行为原因的错误理解（错误归因）在冲突里起到至关重要的作用。

想象一下别人误解你后你的感受。假设你无论怎么做都无法改变他们的看法，你会试图想要让他们知道真相还是让事情过去呢？"感到被误解"在不同的种群里造成的反应是不同的。在 Lun，Oishi，Coan，Akimoto 和 Miao（2010）进行的一系列研究中，一群被试在相信自己被误解的情况下记录了 EEG（左前额叶）大脑活动的信号。因为欧裔美国人是被认为期望挑战并在感到被误解后会选择面对的类型，而亚裔美国人则被认为在这种情况下会选择回避，所以两者在此条件下的大脑电信号应该是不同的。正如图 11-19 所示那样。欧裔美国人在他们被误解时表现出较高的活动反射，而亚裔美国人在这种情况下表现减少。相反，亚裔美国人的大脑在他们感到被理解时激活特别高，而欧裔美国人在他们感到被理解时似乎没有被激发。

群体内的冲突往往可能在资源稀缺的情况下发展，而群体成员必须相互竞争才能获得这些资源。一个任务冲突能迅速转化为关系冲突（DeDreu, 2010）。试想一下，你和你的兄弟姐妹被告知必须清理车库，谁首先完成一半的任务，就能在周末使用父母的车。你们不能同时拥有汽车的使用权（理想的资源），所以冲突是有可能发生的。而且，你可以很容易地想象你们为了争夺谁先使用真空吸尘器，然后迅速恶化为骂人和其他最终将损害你们关系的行为。因此，各种社会因素在触发和加强冲突上可以起到强有力的作用。因为冲突造成的损失往往是非常昂贵的，知道有效的、能尽快解决冲突的方法是有用的。两个经常使用的策略是协商与远景目标。

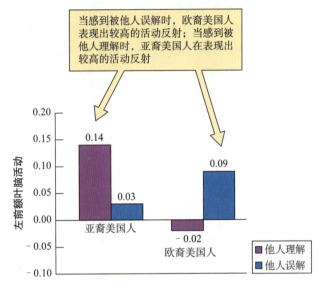

图中展示的是亚裔美国人和欧裔美国人在被他人误解时的左前额叶大脑活动数据。当被他人误解时，欧裔美国人倾向于直面误解，而亚裔美国人倾向于选择回避。

图 11-19 被误解时的大脑活动

1. 协商：通用的过程

解决冲突最常见的方法是协商／谈判（bargaining/negotiation; Pruitt & Carnevale, 1993）。在这个过程中，对立的双方交换信息、还价、妥协。可以通过直接的方式或者代理的方式。如果过程顺利，双方会达成一个可接受的解决方案，这样冲突就解决了。相反，如果交涉失败了，会付出高昂的代价，冲突也会加剧。哪些因素决定这些结果呢？

首先，决定交涉结果最重要的因素是双方所用的策略。许多策略都旨在实现一个重要的目标：降低对方的愿望（如希望或者目标）。这样这个个人和群体就会被说服，无法获得自己想要的结果，转而勉强接受不那么有利的结果。获得这种目标的技巧包括：1）从一个极端的提议开始，这个提议对于提出意见的一方是有利的。2）"弥天大谎"技巧，让对方确信其中的盈亏平衡点远比想象中高，因此他们要付出更多。例如，二手车买卖的人当价格被降低时，会声称他们会亏钱，其实这不是事实。3）让对方确信你还可以去其他地方得到更好的条件（Thompson, 1998）。

第二个关系着交涉结果的重要因素是协商双方的总体取向（Pruitt & Carnevale, 1993）。进行协商的人可以通过以下两个角度进行讨论。首先他们可以把协商看成是一个你死我活的情境，在这个情景中一方的获益必然伴随着另一方的损失。协商过程同样也可以被看作一个潜在双赢的情境，在这个情境中双方的利益并不一定就是不相容的，双方的利益都可以最大限度地得到满足。

这种角度从长远来看是最好的，也经常被用来调解国际冲突，例如巴以冲突。一旦这种和平契约达成一致，就是整合性协议，这个协议比简单的分裂分歧获得的共同利益更多。

这很像我们之前描述的关于两个人在度假目的地之间发生冲突的情况。当双方清楚地沟通其潜在需求时，往往会发现一个满足双方需求的新选择。这种方法称为桥接（bridging），是许多解决冲突的方法之一。一些策略可以在达成一致意见上起作用，它们提供了比简单的妥协更好的结果，如表 11-2 所示。

表 11-2 达成整合性协议的策略

达成整合性协议的策略有很多，这种策略能提出更好的结果，而非单纯的集合，这里进行了概括。

策略	内容
扩大利益	增加可用资源以保证双方都能达到各自的目的
非特异性补偿	一方获得想要得到的，而另一方在另一个无关事件上得到补偿
互助	各方在较次要的问题上做出让步，来交换在主要问题上的妥协
搭桥	双方都得不到最初的要求，但是发展出一个新的方案来满足双方利益
削减成本	一方获得想要的，而另一方在成本上有一定程度的减少

谈判者往往认为，对另一方表现出愤怒将进一步扩大自己的利益，也就是导致对方做出更大的让步。然而，在谈判中表达愤怒的准则也有文化差异，因此这种策略必须小心使用。Adam，Shirako 和 Maddux（2010）发现，对于欧裔的美国人，在谈判中表达愤怒能导致更大的让步，但对于亚裔美国人则只有较小的让步。这些研究表明不同谈判策略的有效性，如情绪的表达，与文化规范有关。

2. 远景目标："我们处在同一条船上"

正如我们在第 6 章中看到的，群体中的成员在冲突中通常把世界分成两个相对的阵营，"我们"和"他们"。他们把自己阵营的成员与属于其他阵营中的成员区别开来，认为自己阵营中的成员优于对方阵营。这种夸大自己群体与对方群体之间的差异和贬低局外人的做法在冲突的发生中起着非常重要的作用。幸运的是，这种倾向会在引入**远景目标**（superordinate goals）的过程中被抵消，这些远景目标是双方共同寻求的目标，这个目标把他们的利益结合在一起而不是分隔开来（Gaertner et al., 1994; Sherif et al., 1961）。当对立的一方看到他们分享的是同一总体目标时，冲突就会显著减少，并且产生明显的合作行为。需要铭记的原则：是否选择与他人合作很大程度上取决于我们信任他人的程度。相反，冲突也经常是由于我们不信任他人或者认为他人的利益与我们不相容。

> ### 要点 Key Points
>
> - **合作**，即与他人合作来达到共同的目标，是社会生活中的共同面。但是合作并不一定会发生，因为在**社会困境**中个体可以通过背叛他人来增加自己的利益，或因为有个人之间的利益**冲突**。
> - 团队之间的合作，如人们在计算机上远程工作，因为没有面对面互动的人际关系线索，所以是很难实现的。然而，**社会嵌入性**，这是一个了解其他有关各方声誉的方法，可以通过让不合作的人负相应的责任来改善合作
> - **消极依赖**（一个人得到预期的结果，其他人没有）会降低合作的可能性。社会困境，如囚徒困境，双方都会受益时合作可能发生，但它往往因为双方互不信任而没有发生。
> - 对于不合作行为的制裁可以改变人们信任他人的程度，从而改变人们合作的程度。
> - 冲突通常开始于当个体感知到他人的利益和自己的利益不相容时。社会因素，例如错误的归因，可以在冲突中起作用。
> - 不同种族的人在被他人误解时，往往会做出不同的反应。欧裔美国人似乎对对抗有准备，而亚裔美国人似乎在这种情况下会退缩。
> - 可以通过很多方式减少冲突行为，但是**协商**和**远景目标**是两个最有效的方法。

11.4 群体中的公平：其特点和影响

你是否曾经遇到这样的情景：感到你从群体中获得的比你应得的要少？如果确有其事，你可能对这种不公平、不公正的事情感到气愤（Cropanzano, 1993）。你是否准备好采取行动纠正它，试图得到任何你觉得你应得的，或者说你害怕潜在的报复？社会心理学家设计了一些实验来理解：1）导致个人判断自己是否受到公平待遇的因素；2）人们如何回应，即他们如何应对这种不公平待遇（Adams, 1965; Walker & Smith, 2002）。下面我们来讨论这两个问题。

11.4.1 判断公正的基本规则：分配公平、程序公平和事务性公平

判断我们在与他人的关系中是否被公平对待是个相当棘手的问题。第一，我们没有相关信息来做出准确的判断（Van den Bos & Lind, 2001）。第二，即使我们做出了准确的判断，但在旁观者眼中感知到的公平也只是个受到很多偏见影响的主观性的看法。尽管存在着这些复杂的因素，关于群体情境下的公平的研究表明，我们对于公平的判断主要关注三个不同方面。

首先是**分配公平**（distributive justice），涉及我们和他人的所得。根据公平原则，群体成员的收入

所得应该和他们的贡献是相对应的：努力付出、经验、技巧越多的人，就应该得到更多的收入。例如，在群体中那些高层人员比新进员工获得更高的工资；同样，那些为了群体目标的实现做出更大贡献的人获得奖励要比那些做出较少贡献的人多。总之，我们通常依照人们的贡献和收入之间的比例来判断是否分配公允（Adams, 1965）。

平均分配，虽是基于价值的分配公平的重要规则，却不是人们唯一可以使用的规则。新的研究评估了不同文化背景下的人们青睐的分配规则，发现不同文化的分配规则有很大不同（Schafer, Haun, & Tomasello, 2015）。在西方国家，尤其是在工作场所的公平往往取决于感知价值，而在其他社会中，成果可以在维持群体成员之间的和谐分布的基础上平均分配。其他分配规则在某些情况下也受到欢迎，如资历规则，老年人获得更多的资源，或按照成员的需求分配（家庭中的频率分布规则）。

为了评估儿童使用价值作为分配差异的标准在何种程度上取决于他们所在的文化规范，Schafer 等人（2015）让从三种不同类型文化背景中的孩子参与任务，并操纵实验让一些孩子能够从箱子里获取比其他人更多的球（从而创造价值差异），或者只是简单地被实验者给予更多的球。德国儿童在这项研究中把价值，每个人获取了多少球，作为了分配奖励的标准。然而，两个来自小的非洲社会的儿童，他们所在的地方人们的互动大部分时间是面对面的，因此他们对价值是相当不敏感的，他们的奖励分配不像德国儿童那样基于一个抽象的规则。这表明，我们倾向于如何分配资源是一种习得的文化规范。

当人们关心自己的分配结果时，这不是对于公平性的完整判断。除此之外，人们还同样对奖励分配过程的公正性感兴趣。这就是**程序性公平**（procedural justice; Tyler & Blader, 2003）。我们基于以下几个因素来进行判断：1）程序一致性：分配过程以同样的方式适用于所有人的程度；2）在分配中纠正错误的机会；3）决策者能够避免受到自己利益的影响。

很多研究为这些因素影响我们对于程序公正性的判断提供了证据（Tyler & Blader, 2003）。例如，在我们的调查中，当人们觉得权威人士持有偏见的态度时，或当人们觉得自己缺少"发言权"时（如不能抱怨或者自己的意见没有被聆听），人们就会报告出更多的程序上的不公正（van Prooijen, van den Bos, Lind, & Wilke, 2006）。在一项对被解雇的人进行的大规模研究中，那些认为解雇程序不公平的人，表现出了更大的敌意和报复组织的意图（Barclay, Skarlicki, & Pugh, 2005）。

我们也会根据结果和过程信息呈现给我们的方式来对公平性进行判定。这就是所谓的**事务性公平**（transactional justice）。而在我们对它的判断中扮演关键角色的有两个因素：给予我们明确合理的分配缘由的程度（Bies, Shapiro, & Cummings, 1988），和我们得知这些分配结果时感受到的礼貌和尊重程度（Greenberg, 1993; Tyler, Boeckmann, Smith, & Huo, 1997）。有关小组成员感觉到他们被尊重或不被尊重时会如何回应的更多信息，请参阅专题"研究告诉我们：感到被尊重的重要性"。

研究告诉我们　　　　感到被尊重的重要性

低估感到受尊重的重要性是很难的，不论是作为独立个人还是基于个人的团体成员。感到受尊重强烈影响着群体之间的关系，对心理健康也有重要的影响。当一个团体认为自己被另一个团体不公正地贬低时，相信他们被弱势群体高度重视的人将倾向于对贬低自己的团体表现出敌意（Branscombe, Spears, Ellemers, & Doosje, 2002）。相反，当弱势群体（拉丁美洲和非洲裔美国人）的成员受到社会中更强大的群体（白人美国人）成员的同伴的尊重和公平对待时，他们与他们所在的学校均表现出更积极的社会参与（Huo, Binning, & Molina, 2010）。

弱势群体从其所在的社会中感受到的尊重和认同如何影响它对另一个少数群体的反应呢？换句话说，感觉受尊重是否创造了尊重他人的意愿？为了考察这个想法，Simon 和 Grabow（2014）询问了一个大样本的德国同性恋社区的成员，他们在多大程度上认为德国的普通人承认和尊重同性恋者。他们发现，越多的同性恋者在他们的社会中感到受到尊重，他们越愿意尊重其他少数群体。这表明被尊重意味着尊重他人。

反之也许也能成立，那些感到不受尊重的少数群体成员会对社会权威表现出更低的信任和更大的不满情绪吗？作为对这个想法的初步测试，Belmi，Cortes Barragan，Neale 和 Cohen（2015）首先对黑人和白人美国大学生进行了抽样，问他们在学校因为种族而感到不受尊重的程度，以及他们认为未来是否会继续如此。研究人员还问了多个有关他们过去一年中与学校相关的违规行为问题，例如，他们是否在考试中作弊和打架。他们发现，学生越担心在学校因为他们种族而受到不尊重，他们越有可能参与违规行为，这种关系在少数民族学生中更强。在员工样本中也观察到类似的关系：那些更加不受雇主尊重的人（尤其是少数民族受访者），他们报告的反生产效果的工作态度越多（例如，故意损坏设备，拿走办公用品，向他人贬低公司）。在最后的研究中，调查人员使一些白种美国人认为因为他们的身份而受到了不尊重的待遇，然后他们完成了一系列的字谜，他们需要报告他们解决了多少个。就像以前研究中的少数群体一样，这些受访者基于他们在工作中的社会身份的不尊重待遇更有可能不诚实地报告他们字谜任务的表现。这项研究表明，不仅人们对以群体为基础的不尊重的评价很敏感，而且感到不受尊重对社会偏差以及对其他少数群体的待遇产生了消极影响。这些过程和结果如图 11-20 所示。

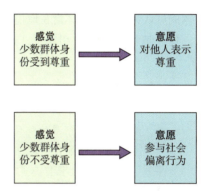

当人们感到他们获得了基于他们的少数群体身份认同的尊重时，他们也表现出对他人的尊重。相反，当人们感到他们的少数群体身份不被尊重时，他们不愿意遵守社会规范，而是更有可能参与社会偏离行为。

图 11-20 对基于群体的尊重和不尊重的反应

总的来说，我们有很多方法来判断公允性：根据我们收到的奖励（分配公正）、分配的程序（程序的公平）以及我们被告知这些分配结果的方式（事务性公平）。这三种公平的形式都对我们的行为产生了较大的影响。

在很多情况下，我们提出了这么一个疑问"我是否被公平对待了"，我们没有得到关于分配结果和程序性、事务性方面充分的信息。我们不知道其他人得到了什么奖励（如他人的薪水），我们也不知道在分配过程中，所有的程序是否被遵循了。我们在这样的情景中该怎么办？元分析（Barsky & Kaplan, 2007）表明：当我们把自己的感受作为信息的来源时，我们就会根据这个感受来进行判断，"如果我觉得很好，那它一定是公平的"，或者"如果我感觉不好，那这个分配就是不公平的。"

情绪如何影响群体间相互作用

一个群体的成员经常需要接触另一个群体的成员。公司可能会合并，一些很成功（迪士尼和皮克斯），其他则不那么成功（美国在线服务公司和时代华纳），这就要求每个公司的员工（通常是以前的竞争对手）好好相处。这种集团合并可能会触发群体内每个成员的认同感危机。这些人，地位较低的成员，特别是那些被原公司高度认同的，在与更高地位的公司的消极社会比较中是有压力的（Amiot, Terry, & Callan, 2007）。对于之前社会地位高的公司的成员来说，如果合并被视为减少了其独特性或认为社会地位低的公司可能拖累了他们，这就可能造成一种不公平感并会有不良的行为后果（Boen, Vanbeselaere, & Wostyn, 2010）。每个合并公司的成员可能都无法认同新的企业实体，并对另一个公司的成员有敌意，对自己公司的老成员有偏袒（Gleibs, Noack, & Mummendey, 2010）。

这种消极情绪的潜力不仅体现在企业集团经历合并的情况。因为人们对他人的评价非常敏感，当群体成员认为另一个群体潜在地拒绝了他们的群体时，负性情绪就可能被引起了，这会产生尴尬的社交互动，群体与群体之间的冲突加剧（Vorauer, 2006）。研究这类由威胁引起的多数和少数群体之间冲突的实验结果表明，对另一群体的信念会对种族行为造成影响。例如，坐在离非裔美国人较远地方的白种美国人，相比起认为非裔美国人在讨论人际关系，认为他们在讨论歧视性种族批判时，白种美国人更担心自己会被视为心胸狭窄的人，（Goff, Steele, & Davies, 2008）。所以，群体中的情绪会影响人际互动的进行。

要点 Key Points

- 个人希望被他们所属的群体公平对待。公平可以从结果（**分配公平**），从程序（**程序性公平**），或结果和过程信息呈现给我们的方式（**事务性公平**）来评判。
- 人们也许没有充分的信息来决定他们是否受到了不公正的待遇。当这类信息缺失时，人们会用他们的感受或者情绪来对公平性进行判断。
- 基于社会身份的尊重可以鼓励人们尊重其他少数民族。相反，觉得种族身份不受尊重会降低遵守社会规范的愿意，增加违法行为。
- 不同的群体不自主地进行合并，两组成员都会感觉受到威胁，因此对他们的老成员偏袒。

11.5 群体决策：如何发生及所面临的陷阱

群体中最重要的活动之一就是**群体决策**（decision making），从若干可能的行为方案中选出一种。政府部门、公司和其他一些组织把重要的决定权委托给群体。这是为什么？人们似乎认为群体的决策会优于个人。毕竟，群体可以群策群力，避免个人的偏见和极端决定。但是这种关于群体决策的观点是否正确呢？群体所做的决定是否真的比个人做的决定要好呢？

为了解决这些问题，社会心理学家关注三个主要问题：1）群体怎样做出决策来达成共识？2）群体做出的决策是否与个人做出的决策有差别？3）群体为什么有时候会做出灾难性的决策？

11.5.1 群体决策的过程：群体怎样达成共识

当群体开始讨论一个问题时，成员不会从一开始就表现出全体一致的观点。相反，他们会带着不同的信息进入决策中（Brodbeck, Kerschreiter, Mojzisch, Frey, & Schulz-Hardt, 2002; Postmes, Spears, Lee, & Novak, 2005）。然而，经过一段时间的讨论，群体通常就会达成一个统一的决定。那么这个过程是怎么完成的，群体成员最初的观点是否能预测最后的决策呢？

群体决策的质量：是否或多或少有点极端

很多假设认为相对于个人而言，群体不会做出极端性的决策。这种观点正确吗？很多证据表明群体比它的成员更容易采取极端的立场。在不同决策和不同背景下，群体都明显表现出从最开始的观点转向更极端的态度的倾向（Burnstein, 1983; Rodrigo & Ato, 2002）。这就是**群体极化**（group polarization）现象。它的主要作用可以概括为：不管讨论前群体的倾向和偏好是怎样，这种偏好会在群体的仔细商议中得到强化。因此，群体会比个人做出更极端的决定。关于这一领域最初的研究（Kogan & Wallach, 1964）表明群体在讨论重要的事情时，会转向更加冒险的决定，这种改变就是指冒险迁移。但进一步的研究发现：这种迁移并不总是朝向冒险的一方，只有当群体最开始的倾向是冒险的时，冒险迁移才会发生。当群体最开始的偏好是谨慎小心的时，迁移则会朝向更加小心的方向。

为什么群体在讨论过程中会走向更极端的观点？如11.21所示。这其中涉及了两个因素：其一是社会比较。当所有意见都被考虑时，我们如果想要突出自己的观点，那么所持有的观点要比其他群体成员更可取。更可取也就意味着观点要更能代表群体的偏好（Turner, 1991）。例如，在自由主义者群体中，观点越自由就越好。在传统主义者群体中，观点越传统越好。

其二是在群体讨论中，多数的争论都是在支持群体原来的偏好。由于这些争论、劝说的发生（第5章的重点内容），成员的观点就会发生改变，会服从大多数人的意见。因此，支持群体最初偏好的争论越多，成员就越确信他们的观点是正确的（Postmes, Spears, & Cihangir, 2001）。在这种观点的支持下，研究发现如果群体成员的观点在讨论前是未知的，群体讨论会更好因为更多的观点被考虑了（Mojzisch & Schulz-Hardt, 2010）。

11.5.2 群体决策的缺陷

群体决策走向极化是一个非常危险的问题，这会干扰成员做出正确的决策。不幸的是，这不是产生消极影响的唯一过程（Hinsz, 1995）。还有其他重要的过程包括：1）趋同思维；2）群体无法分享和使用只有少数成员持有的信息。

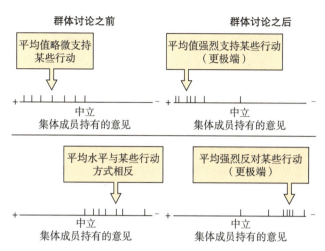

如图所示，群体极化涉及群体决策倾向的转移。群体决策之后的观点比之前的观点更为极端。因此如果当群体开始只是轻微的青睐于某种观点时，在讨论后，群体往往会极端地青睐于它。

图 11-21　群体极化：它是怎样工作的

1. 趋同思维：当凝聚力给群体带来危险时

之前我们讨论群体的高凝聚力对于群体是有好处的：它可以增加任务动机，让这些群体更加令人满意。但像其他很多事情一样，凡事要适可而止。当凝聚力达到一定程度时，就会产生**趋同思维**（groupthink）。这是群体成员对某一决策紧密团结的一种强烈倾向，它假设群体是不会发生错误的，成员会受到来自其他成员的压力而支持群体的决定，拒绝接受与群体决策相冲突的信息。研究表明一旦趋同思维出现了，群体就很难改变他们的决定，即使最终的结果证明这个决策是错误的（Haslam et al., 2006）。

考虑一下美国三位总统（肯尼迪、约翰逊和尼克松）关于升级越南战争的决定。每一次升级都增加了美军的伤亡人数，但在保证越南作为一个独立国家的生存这一目标上却没有任何进展。同样，布什总统和他的内阁选择发动伊拉克战争，然后增加驻伊部队官兵人数，都没有考虑到他们的假设是不正确（萨达姆拥有大规模杀伤性武器）。根据社会心理学家Janis（1982）提出的趋同思维这一概念，它鼓励凝聚力群体中的成员不去考虑其他的行动方案，这一过程对于以上事件的发生做出了"贡献"。

为什么趋同思维会发生？研究发现（Kameda & Sugimori, 1993; Tetlock, Peterson, McGuire, Change,

& Feld, 1992) 有两个关键因素:其一是群体成员中高水平的凝聚力,和领导"核心集团"的支持成员在最终决策时发挥了不相称的作用 (Benabou, 2013; Burris, Rodgers, Mannix, Hendron, & Oldroyd, 2009)。其二是有力的群体规范,这些规范表明群体是绝对可靠的,拥有高道德水平,因此群体不再就这个问题进行讨论。一旦群体做出了决策,最有效的反应就是尽可能地支持这个决定。与此影响密切相关的就是拒绝外来的批评。来自外界的批评被视为带有怀疑和消极的动机。结果呢?这些批评大多数被忽略了,甚至增强了群体的凝聚力,因为成员会集合起来抵御外来人员的攻击。

Hornsey 和 Imani (2004) 曾经报告过这种拒绝外来人员批评的情况。他们要求澳大利亚大学生阅读关于对澳大利亚人的评论,这个评论可能是积极的(当我想到澳大利亚人时,我觉得他们很友好、很热情)或者消极的(当我想到澳大利亚人时,我觉得他们是种族主义者)。另外这些评价可能来自一个澳大利亚人(群体内成员),或者来自一个其他国家的人(缺乏经验的群体外成员),或者一个曾经在澳大利亚生活过的人(有经验的群体外成员)。然后让被试评价这些评论的来源,评价这个人的看法在多大程度上具有建设性。

Hornsey 和 Imani (2004) 分析:当评论是消极的时,群体外成员比群体内成员受到更低的评价,他们的评论受到的评价也会更低。有经验的群体外成员和无经验的群体外成员受到的评价没有区别,因为有经验的群体外成员终归不属于澳大利亚人这一群体。当评论是积极的时,这些现象就不会发生。毕竟,不管表扬来自哪儿,人们都乐于接受。

这恰恰是结果,当陌生人的评价是积极的,不管这个人是不是澳大利亚人,都没有区别。一旦这个人做出了消极的评价,不管他是否在澳大利亚生活过,非澳大利亚人和他的评论将受到更负面的对待。当群体是在外来群体面前受到批评时,对于那些批评的评价会更严厉 (Hornsey et al., 2005)。

2. 无法分享独特的信息给每个成员

在群体决策中偏见的第二个潜在来源是:群体并不总是在整合资源,也不是与每个成员分享信息和观点。事实上,研究 (Gigone & Hastie, 1997; Stasser, 1992) 指出群体中资源或者信息的集中可能是例外,而不是规则。结果是:群体做出决策依靠的是群体分享的信息 (Gigione & Hastie, 1993)。如果这些信息指向的是最好的决策,就不存在问题。但是当那些指向最好决策的信息并没有被成员所分享时,那会怎么样呢?在这种情况下,群体成员仅仅只考虑到他们已经拥有的信息,这也许会妨碍他们做出最好的决策。因此,群体异议的存在至关重要;它可以使成员考虑非共享信息,提高决策质量 (Schulz-Hardt, Brodbeck, Mojzisch, Kerschreiter, & Frey, 2006; Lu, Yuan, & McLeod, 2012)。

3. 头脑风暴:群体中创意的产生

在我们讨论社会促进时,我们考虑到了在他人关注下,我们各种任务中的表现。当群体在一起从事创造性任务时,会比单独完成任务时产生更多的解决方案 (Adarves-Yorno, Postmes, & Haslam, 2007)。**头脑风暴**(brainstorming)是指人们组成一个群体并产生出更多想法的过程。人们通常假设:头脑风暴能比个体单独思考时产生更多有创意的想法 (Stroebe, Diehl, & Abakoumkin, 1992)。但与这种期待相反的是,头脑风暴并不总是比个体单独思考时产生更多的创意想法。所以为什么理论上这么好的一个方法没有在实践中产生效果呢?

Dugosh 和 Paulus (2005) 研究了关于头脑风暴的社会认知,特别是想法呈现的影响。这个特别重要,因为头脑风暴的优势是在小组成员能够发现其他人创造力的情境中得到体现的。这些研究先要弄清楚的是共同想法或者独特想法的呈现是否会导致其他成员高质量思想的产生,在头脑风暴中人们是否会进行社会比较。有些研究认为"表现匹配"可能导致想法产出这一动机的降低(如那些弱智化的人会符合低产出的规则)。Munkes 和 Diehl (2003) 却认为这种社会比较会引起竞争,从而提高了想法的质量。

Dugosh 和 Paulus 为了验证这个假设设计了一个实验,在实验中让一些被试相信他们所面对的想法是从电脑的"主意库"中挑选出来的,而让另一些被试相信想法是其他与自己相似的人想出来的。首先，接触到大量的想法的确会导致参与者产生更多的想法。此外，参与者认为他们接触到的是人产生的想法而不是计算机选择的想法时，会产生更多高质量的想法，这大概是因为参与者觉得需要像"其他人"那样有创造性。

Nemeth，Personnaz，Personnaz 和 Goncalo（2004）指出不同的争论和竞争性意见对于刺激创意思想有着重要作用。在实验中，研究者给被试两种不同的指导语，可能是传统的指导语，或者是鼓励被试进行争论的指导语。总之，争论性的指导语比传统性的指导语产生了更好的结果。因此缺乏对于新观点的批判，这一头脑风暴的核心原则对于刺激思想产生的作用，要少于那些由于坦率的争论所提供的认知刺激。

要点 Key Points

- 人们常常认为群体会比个人做出更差的决定。研究发现群体往往会受到**群体极化**的影响，这会导致群体做出更为极端的决策。有两个原因能解释这个现象：成员希望自己持有的观点更具有代表性，这也意味着观点更加极端，这是因为在群体讨论中人们会被其他成员的论点说服，因此他们就会朝着那个方向不断地修改自己的观点。
- 另外，群体会受到**趋同思维**的影响，这是高凝聚力群体的一种倾向，他们假设群体不会做错事情，而且与群体观点相矛盾的观点是要被拒绝的。
- 与来自群体内部成员的批评相比，群体更容易拒绝那些来自群体外部的批评。同样，和在群体内部成员面前受到批评相比，在其他群体面前受到批评会更让群体感到忧虑。
- 群体成员很难分享到只有部分成员所拥有的信息。相反，群体的讨论主要集中于那些所有成员都拥有的信息。因此，这样的决策反映的只是群体中分享的信息。阻止这一点的一个方法是确保小组成员在讨论开始之前不知道其他成员的意见和信息。
- **头脑风暴**是指在群体中产生创意。但是这种创意的质量并不会更好。这是因为群体成员害怕他们的想法被视为消极的，他们不能提出新的想法，却又想要扩展其他人的想法。

11.6 领导在群体中的作用

领导这个词让人想起英雄人物领导他们的追随者走向更好的画面：胜利、繁荣、社会正义。但到底什么是**领导力**（leadership）？几个不同领域的研究者为这个问题思索了几十年，结果是，目前人们普遍认为，领导包括影响力——通过建立一个集体努力的目标并鼓励大家朝着这个方向发展来影响群体内的其他人，实现群体的共同目标（Yukl，2006；Turner，2005；Zaccaro，2007）。

关于领导力的研究多年来一直是社会心理学的一部分（Haslam，Reicher，& Platow，2010）。在这里，我们将考虑领导力的三个关键方面：1）为什么有些人能成为领袖；2）什么时候非传统的领导人最有可能出现；3）领导者如何影响群体成员对领导表现的评价。

为什么有些人成为领导者，其他人却没有？有些人天生就是领导吗？事实上，一些著名的领导人是因为他们天生的工作（例如，伊丽莎白女王一世）。其他人显然不是：亚伯拉罕·林肯、纳尔逊·曼德拉、比尔·盖茨、贝拉克·奥巴马。这些人，坦率地说，他们都来自相当普通的环境。领袖往往产生于在社会中占主导地位的多数派（Chin，2010），对于美国意味着，从历史上看，白人、异性恋、男性新教徒，这类个体会成为一个领袖。早期有研究人员构想出了一个伟大领袖的理论，这个理论认为，伟大的领导者具有某些使他们区别于其他人的特质，区别于那些只是追随者的特质。

旨在测试这个概念的早期研究并不令人鼓舞。不管他们怎样努力，研究者都不能拿出一个所有伟大的领导人共享的特质列表（Yukl, 1998）。虽然得到的关系一直很弱，一般占不到5%的变异，但某些特质的确在领导者和非领导者之间出现分化。领导者同非领导者比起来往往是稍微更聪明的、社交技能更好的、对新事物更开放的，更外向的（Haslam, 2004; Hogg, 2001）。当然，我们不能从这些研究中知道这些特质是否导致这些人成为领导者，或者出任领导者的经验是否会导致这些特质的发展。

因此，如果领导者和追随者不能很容易地按照他们所拥有的特质来区分彼此，那么有效的和无效的领导者可以以此区分吗？也不可以。试图预测美国总统领导的有效性研究发现，被历史学家评为执政有效的总统相比无效的总统更聪明，他们没有卷入丑闻（Simonton, 2009），但其他方面的背景对于预测总统表现更重要（他们是战争期间的总统，确保国家凝聚力和实现优先事项的确定性）。

某种意义上，没有追随者就没有领导。因此对于领导力的现代理论也对追随者的重要性进行了考虑。例如，研究领导力的专家（Hackman & Wageman, 2007; Turner, 2005）认为领导和追随者在领导关系中的地位是同样重要的，所有领导力理论都要注意两者同等重要的角色，在发挥影响的同时也在接收影响。因为这个原因，近来的研究探讨是否有些人在某些情况（时代）下更容易成为领导，而另一些人在其他情况下会成为领导。事实上，一个评估团队中"共享"领导力有效性的元分析发现它在态度和结果上产生了积极影响（Wang, Waldman, & Zhang, 2014）。

2012年，贝拉克·奥巴马第二次当选美国总统（见图11-22）。这里值得注意的是，他不仅来自一个"弱势领导群体"，而且他是在民族危机期间上任的。这正是Ryan 和Haslam（2005）预测的非传统型领导人将会出现的情境。在对成为CEO的女性的研究中，Haslam, Ryan, Kulich, Trojanowski 和Atkins (2010) 发现，女性被任命为CEO时，该组织经常处于危机中，并有失败的高风险，而男性则更可能在该组织做得很好、失败可能性很低时被任命。

在对伦敦股票交易所上市大公司董事会任命的一个档案研究中，Ryan 和Haslam（2005）发现，当男性获得任命时，公司的股价已经在任命前相对稳定了。然而，女性被任命为董事会时，股票在其任命前几个月持续走低。这些研究结果表明，只有**玻璃悬崖**（grass cliff）存在时非传统的成员才可能被任命为领导，也就是领导的位置因为组织存在危机而不稳定或有风险的时候。这项研究表明，被视为"领导"可能更多地取决于"时机"而不是"人"。

领导者在提高团队成员对团队及其绩效的满意度中起着怎样的作用？研究表明，对于各种类型的群体，拥有被视为群体原型的领导者（而不是和群体成员不同的），可以预测高的成员满意度（Cicero, Pierro, & van Knippenberg, 2007）和感知的领导有效性（Fielding & Hogg, 1997）。为什么领导被视为该群体的原型具有如此重要的作用？Giessner 和 van

贝拉克·奥巴马成功连任美国总统可能是"弱势群体"在不稳定的或特别危险的时间当选的一个实例。毕竟，当时美国卷入了两场战争并遭受着2008年金融衰退的巨大影响。

图11-22　来自弱势群体的领导人在危机情境下更可能成功当选

Knippenberg（2008）提出，这是由于团队成员对领导者的信任的影响。当所有的小组成员经历都不积极，或都不符合自己的利益时，领导者必须做出抉择。此外，有时领导者的决定可能会导致未能实现群体目标。但是，被视为群体原型的领导者被认为更有可能为群体利益而采取行动，并使成员即使在不好的境况下依旧相信领导者。Giessner和van Knippenberg（2008）发现即使当参与者知道他们的领导人的决策导致了一个重要目标的失败，因为领导者被看作是值得信赖的典型成员，相比非典型成员的领导者更容易被原谅。

要点 Key Points

- **领导力**研究者长期寻求区分领导者与追随者的人格特征。有证据表明，领导人可能会稍微比非领导人更加聪明和擅长社交。然而，其直观的吸引力、特质几乎还是不能解释并区分领导者和非领导者，也不能区分有效领导和无效的领导者。
- 非传统的领导人往往在危机期间出现，这意味着他们可以发现自己正在**玻璃悬崖**上，此时更可能失败，因为他们的领导处在更大的风险中。
- 被视为群体原型的领导者（而不是不同于其他成员）有更高的成员满意度和领导有效性。因为领导者被看作是值得信赖的典型成员，相比非典型成员的领导者更容易被原谅。

总结和回顾

人类相互依存是必需的，因为在进化历史上，我们一直依靠**群体**（groups）生存。群体是作为一个连贯单位的人们的**集合**（cohesive）。在**共同纽带群体**（common-bond groups）中，每个成员之间都有联系；但在**共同身份群体**（common-identity groups）中，成员通过与类别的联系而成为一个整体。群体被视为一个连贯整体的程度就是**整体性**（entitativity）。

群体的基本成分包括**地位**（status）、**角色**（roles）和**规范**（norms）。人们获得高地位（群体内的位置或排名）的原因很多：身体特征（如身高），他们作为群体成员有多久了（资历），他们能多大程度代表群体（原型），以及他们行为的方方面面。因为社会角色和人们的自我概念有联系，人们对于他们角色的内化程度，对他们的行为有着重要的实践意义。在监狱情境下被分配担任犯人或者狱警的角色（例如BBC的监狱实验）后，人们会根据自己对于这个角色的认知程度和相应的规范而改变他们的行为。群体规范是一种隐含规则，即怎样做事情才是适当的，可以通过遵守**情感规则**（feeling rules）影响我们的情感表达和体验。**个人主义**（individualism）和**集体主义**（collectivism）的规范会影响我们在多大程度上可以容忍群体内异议。**凝聚力**（cohesiveness），是吸引人们想要成为群体中一员的因素，它会在群体成员中产生一种团结的意识。对于群体未来的焦虑可以鼓励旨在加强内部凝聚力的行动。

加入群体可以为个体带来好处，可以增加自我知识，取得重要目标的进展、巩固地位或者达到社会改变的目的，特别是一个**政治性集体身份**（politicized collective identity）的形成。但是成为群体成员也需要付出代价，例如个人自由的丧失，对于个体时间、精力、资源的高要求。人们参与具有排斥性和享有盛誉的群体的要求是如此强烈，以至于他们愿意为了成为其中的一员而接受痛苦的入会仪式。获得承认的过程越严格，越能增加人们对于群体的承诺。

当个体觉得群体不再能够反映他们的基本价值观和信念时，他们会选择从群体中退出来。当群体遭受**分裂**（schism）时，这会让那些不得不离开的人产生一种情绪上的痛苦。在群体中有不同类型的批评者和群体内的派系批评——个人主义和建设性的异议者。群体内的批评比群体外的批评更能被接受，这是**群体间敏感效应**（intergroup sensitivity effect）的影响，因为他们被认为在考虑群体的利益。

他人的存在，不管是以观众的形式还是以合作者的形式，都会对我们的任务表现产生影响，这类影响就是**社会促进**（social facilitation）。**社会促进的驱力理论**（drive theory of social facilitation）认为他人的存在会产生激发作用，是增强还是减弱表现，这主要依据在特定情境中的反应正确与否。**分心−冲突理论**（distraction conflict theory）认为他人的存在引起了关注任务和关注他人之间的冲突，它增加了人们的注意负荷，缩小了注意力的集中范围，这样就能解释为什么在很多方面都会发生社会促进。**评价忧虑**（evaluation apprehension）的观点认为，观众会降低我们的表现，因为我们关注他们对我们的评价。

当个体合作完成一项任务时，**社会懈怠**（social loafing）——每个成员的产出减少也会发生。社会懈怠可以通过很多方式减少：如让个人的结果变得可识别化，加强个体对于群体的承诺和强调任务的重要性，或者强调每个成员对于群体的贡献都是独特的。

成为某一大群体中的一分子被认为会导致**流氓行为**（hooliganism），如暴力反社会事件。这些暴力行为是因为在群体中个人意识缺失和**去个性化**（deindividuation）。与此相反，在人群中匿名则可能会引起规范性和顺从性行为。当规范在一些人群中发生变化时，人群对于暴力的偏好也会减少。根据在特定人群中的规范，去个性化既可以增强侵略性行为，也可以增强亲社会行为。

合作（cooperation）是社会生活中的普遍现象，它是指人与他人共同工作来完成同一目标。但是在有些情况下，合作行为在该发生时它并没有发生，尤其是在**消极依赖**（negative interdependence）的条件下。缺乏**社会嵌入性**（social embeddedness），即在别人的名誉是未知的情况下，能够得知他人过去的表现可以增加合作积极性。涉及**社会困境**（social dilemmas）的情况被用来研究信任和不信任——个人可以在牺牲另一方的情况下增加自己的收益。不合作的制裁可以减少人们对另一方的信任，从而削弱他们随后的合作意愿。

冲突（conflict）是一个过程，它开始于当个体或者群体感知到他人的利益与自己的利益不相容，并做出错误的归因时。不同文化群体的成员对他人误解的反应不同。减少冲突有很多方式：**协商**（bargaining）或者**远景目标**（superordinate goals）的设立是最有效的策略之一。

个体希望受到所归属群体的公平对待。公平可以通过结果（**分配公平**，distributive justice）、程序（**程序性公平**，procedural justice）或者善意的待遇（**事务性公平**，transactional justice）来判断。当人们感到他们被不公平对待时，他们也许会愿意参与到社会偏离行为中。

研究发现群体易受**群体极化**（group polarization）的影响，这会让团体做出比个人更为极端的决定。这是由于两个原因：团体成员希望成为"好的"团体成员，这实际上意味着持有团体原来的观点；成员受到团体讨论的影响，团体的讨论倾向于对团体初始偏好的争论。另外，团体经常苦于**趋同思维**（groupthink），这是一种假设群体永远正确，与其观点对立的信息都应该被拒绝的倾向。并且群体倾向于拒绝那些来自群体外成员的批评而不是群体内成员的相同批评。群体也不能分享一些只有少数成员所掌握的信息，这样会导致群体产生有偏差的决策。

人们倾向于相信头脑风暴比个体单独工作时更有效率，**头脑风暴**（brainstorming）是指群体中个体尝试产生新想法的过程。研究表明这个观点并不正确。事实上，小组讨论中的异议和辩论往往会产生更多的创意。

伟人领导理论认为领导者和非领导者具有不同的特质。事实证明并非如此。非传统型领导经常出现在危机，**玻璃悬崖**（the glass cliff），的条件下，即具有更大的失败风险的条件下。被视为群体原型的领导者被认为更有效，即使他们失败，也更容易被原谅，因为相比非群体原型的领导，他们被认为是更可靠的。

第 12 章

应对逆境并实现幸福的生活

章节概览

- 社会压力的来源和对健康的影响

    社会关系对健康的影响
    自我观念的影响
    获得归属感

- 减少压力负面影响的社会策略

    利用社会群体改善心理健康
    管理压力：社会认同法
    接纳自己

- 研究告诉我们：缓解退伍军人的创伤后应激障碍

- 建立更公平、有效的法律体系

    司法过程中的社会影响
    偏见与刻板印象在司法系统中的影响

- 培养生活中的幸福感

    总体来说，人们有多幸福
    影响幸福感的因素
    财富能带来幸福感吗
    幸福是"获得你想要的"还是"享受你拥有的"
    幸福的人与不幸福的人之间的区别

- 研究告诉我们：不同文化下，情感和生活满意度之间的关系

    幸福感的好处
    变得过于幸福是可能的吗
    提高幸福水平
    创业是寻求幸福的手段

杀不死我的东西让我更强大。——弗里德里希·尼采（1889）

"人生不容易事十之八九"。我们大多数人会经历各种形式的逆境、拒绝、失望、阻碍和失败。这些逆境可能是在一次重要考试上的一个低分、分手的痛苦、关于亲人健康的一个坏消息、未能得到的重要晋升、你非常想加入的一个运动队对你的拒绝，或在新的环境中感到不受欢迎。我们可能面临的逆境形式似乎各种各样。

当然，生活同时也给我们提供了丰富的积极事件和经验，比如被他人爱所包围而享受到的幸福。还有许多可以带来兴奋或满意的经历，如获得奖学金，收到意想不到的好消息，知道有人相信我们，或实现很少有人做到的运动壮举。因此，公平地说，生活有起有伏，而且很多时候居于两者之间。虽然我们大多数人都在寻求并渴望幸福，但对如何实现它并不清楚。

在这一章中，关于"幸福"的科学研究告诉我们人们如何克服逆境、去享受快乐并过上有意义的生活。让我们首先来看一位名人的例子，索尼娅·索托马约尔在她的早年生活中克服种种困难，最终成为美国历史上第一位拉丁裔美国最高法院法官（见图12-1）。

在她最近出版的回忆录中，索托马约尔法官坦言她从犯罪猖獗的纽约贫民窟奋斗到最高法院的艰苦历程（Sotomayor, 2014）。在这过程中她克服了重重困难：在家里有因父母婚姻问题产生的各种冲突；父亲酗酒又早逝，留下贫困的家庭；她自己得了儿童糖尿病；严重的种族歧视和性别歧视；以及自己痛苦的离婚。

她所描述的奋斗历程有许多方面都值得注意，也正是她采用的策略使她的生活变得更加幸福。幸福生活不仅来源于她的努力，那些负面经历也帮助塑造了今天的她。据她描述，她从母亲和祖母那里得到了宝贵的支持和引导，特别是她们对教育的重视和为终身就业所做的准备。她还指出，她法律和司法生涯的实现，也离不开众位专业导师的帮助。

最终，她的乐观态度比她所面对的逆境更强大。正如索托马约法官在她的自传前言中所写到的："生活在困难环境中的人要知道快乐的结局是可能的。"她接着写道："你不能根据实现的可能性来评估梦想的价值，其真正价值在于我们内心的渴望和意志。"

索尼娅·索托马约尔，波多黎各移民的女儿，在纽约的一个贫民窟长大。尽管面临社会、家庭和健康的挑战，但是她最终成为美国历史上第一位拉丁裔最高法院法官。

图12-1 逆境中的成功

社会心理学的研究在找出人们应对挫折的策略中发挥了重要作用，揭示了成为积极而快乐的人所需要的东西。只要小心应用，这些研究的信息可以帮助我们将逆境变成力量和成就。在本章中，我们将概括社会心理学如何通过其科学方法帮助我们减少压力的负面影响，从而获得更好的健康。我们将从"社会治疗"的角度，详细研究个体应对孤独和建立持久、满意关系的具体步骤（Jetten, Haslam, Haslam, & Branscombe, 2009）。

之后，我们将考虑社会心理学对另一个人类重要目标的贡献：如何使我们的法律制度更加开放、公平和有效，这也是鼓舞索托马约尔法官的一个重要目标。美国的法律制度以及其他许多国家的法律制度现在都存在缺陷，有妨碍公平、公正司法的倾向。社会心理学家研究这些问题的目标很简单：确保法律制度是保护人权，使所有人都有平等机会实现"生命、自由和追求幸福"。

最后我们将讨论对提升幸福发挥作用的主要因素，并探索幸福对人而言有哪些好处。我们将考虑的一些问题是：人们可能会过于幸福吗？文化和年龄在定义幸福的意义方面有哪些影响？如何改善不同国家人民的幸福？还有，我们能做什么使自己更快乐，对我们所拥有的和已做出的选择感到更满意？简而言之，本章所介绍的社会心理学知识，可以帮助你建立我们所追求的快乐和充实的生活。

12.1 社会压力的来源和对健康的影响

你有没有感到自己马上就要被许多倒霉事或者无法处理的压力而搞垮？如果你有过这种经历，你已经对**应激**（stress）有所了解了，这是我们对那些威胁到或可能威胁到生理或心理机能的事件所做出的反应（Lazarus & Folkman, 1984; Taylor, 2002）。但很不幸的是，应激已经成为现代生活中的一部分，是我们很多人都无法逃避的。因为这个原因，也因为它会危害生理及心理健康，因此应激成为心理学的一个重要研究主题；而社会心理学家在这方面做出了卓越工作。我们来回顾一下这一领域的关键发现，以帮助我们理解应激并了解如何应对它。

12.1.1 社会关系对健康的影响

我们生活中应激的主要来源是什么？不幸的是，应激来源列举不尽：很多条件和事件都可以增加我们的总"应激系数"。其中最重要的是我们与他人关系相关的生活事件（例如，亲人的死亡、痛苦的离婚、由于歧视而被排除在重要的生活场所之外、童年忽视、接触和遭受暴力）。很明显，这种社会应激的影响可能是毁灭性的和持久的（McInnis, McQuaid, Matheson, & Anisman, 2015）。事实上，现有证据表明，经历高应激水平的人比没有高应激水平的人更有可能罹患重病。总体而言，应激是导致各种心理和身体健康问题的关键因素（Blackburn & Epel, 2012; Cohen et al., 1998; Cohen & Janicki-Deverts, 2009）。

虽然大型生活事件可能带来创伤和深深的烦恼，但它们不是我们生活中产生应激的唯一社会因素。事实上，日常生活的轻微烦恼（通常称为**烦心琐事**，hassles）也很重要，虽然琐事带来的应激强度相对较低，但却发生得更为频繁。拉撒路和他同事（e.g., DeLongis, Folkman & Lazarus, 1988; Lazarus, Opton, Nomikos, & Rankin, 1985）的几项研究发现表明，日常琐事是应激的重要原因。这些研究人员开发了一个琐事量表，用来测量个体一个月内被普通琐事"骚扰"的程度。这些条目大部分都是平日所常见的事情，例如有太多事情要马上完成、东西不见了、让人讨厌的邻居或者为钱操心等。虽然这样的事件可能看起来相当小，但是它们累积起来就值得重视。琐事量表上的分数与心理症状的报告有强相关性（Lazarus et al., 1985）。总之，人们因日常烦恼而报告的应激越大，他们的心理健康就越差。

1. 应激如何影响健康

应激会对心理和身体健康产生有害影响这点已经不容置疑。但是这些影响是如何发生的呢？虽然我们还无法知道确切的机制到底怎样，但越来越多的证据表明这个过程好像是：耗尽资源，引发消极情绪，导致生理失衡，扰乱体内化学激素。源自躯体虐待、失业或家族成员死亡的慢性应激可以在细胞水平上造成可测量的端粒尺寸减小，端粒是在每个细胞中发现的染色体末端的保护帽。端粒尺寸的减小是几种免疫相关的衰老疾病和死亡率的强预测因子（Epel et al., 2004; Kiecolt-Glaser et al., 2011）。

我们知道，应激会干扰我们免疫系统的有效运行，免疫系统是我们的身体识别和消灭潜在有害物质和入侵者如细菌、病毒和癌细胞的机制。当正常运行时，免疫系统的能力是惊人的。每一天，它都会消除许多对我们的健康潜在的威胁。长期处于应激状态下会破坏这个系统：降低淋巴系统（抵抗细菌与疾病的白细胞）的循环水平，并促进皮质醇激素（一种抑制免疫系统的物质）的分泌（Kemeny, 2003）。这些研究结果表明，应激确实削弱了我们的免疫系统，使我们更容易受到疾病的侵害。

总体而言，研究结果显示应激对人体会产生直接和间接的有害影响。如前所述，直接效应削弱了我们的免疫系统，也损害了其他身体功能。应激还会间接影响我们的生活方式。应激会激发可以即时提供快乐但具有长期健康风险的行为（例如，吸烟、饮酒)。有研究在美国人的代表性样本中,发现了应激和不健康行为之间联系的证据,特别是在低收入个体中(Krueger & Chang, 2008)。

同样,应激与减少健康保护因素(例如,较少的睡眠和健身锻炼行为)有关。研究人员在对美国青少年的研究中震惊地发现,这些年轻人通常不认为应激对他们的身体健康有任何影响(American Psychological Association Survey, 2014)。社会心理学家提出了一个模型,来表示应激如何影响健康,如图12-2所示。当然这个模型可能没有包括应激影响健康的所有途径,但它对这个问题提供了不错的总览。

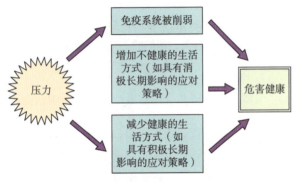

应激会通过许多途径伤害健康。它削弱我们的免疫系统,并伤害我们身体内的其他关键系统。此外,应激可能导致我们采用潜在有害的生活方式,例如暴饮暴食、吸烟或喝酒。与此同时,应激可能减少我们采取长期的积极策略的趋势,例如参加锻炼方案和获得社会支持。

图12-2 应激如何伤害我们的健康

2. 为什么关系重要:社会支持的益处

由于应激是生活中不可避免的一部分,我们面临的关键任务并不是试图消除它,而是有效地应对它,以减少其不利影响。直接应对应激可能需要寻求**社会支持**(social support),从朋友、家庭成员和同事处获得提供的情感支持。更具体地说,社会支持是指一个人经历或感知到自己被他人照顾,被人重视和尊重,是社会互助网络的一部分(Taylor et al., 2010)。

研究结果表明,社会支持可以是保护我们的健康免受应激蹂躏的一个非常有效的手段(House, Landis, & Umberson, 1988)。事实上,已经发现社会支持减少了心理应激,包括抑郁和焦虑,并且促使个体更好地适应高水平的慢性应激(Taylor, 2007)。

在一项研究中,Brown和她的同事(2003)研究了社会支持对死亡率的影响。在846例老年人的样本中,报告为他人(朋友,亲戚和邻居)提供高水平支持的参与者在5年内死亡率比没有或几乎没有对他人提供支持的参与者显著低。

但你不必一定通过与另一个人的接触来体验健康幸福。如图12-3所示,治疗或伴侣宠物(通常是狗)被应用于许多不同的环境,包括医院、退休中心、学校和家庭。效果非常积极:研究人员发现,玩、照顾甚至只是抱着这些"治疗师动物"就可以显著减少应激(Griffin, McCune, Maholmes, & Hurley, 2011)。

狗和其他动物被带到医院、退休家庭和其他地方,以帮助减少人们的应激和孤立感,这一方法已被证明可以非常有效地改善健康并带来幸福。

图12-3 动物可以帮助减轻应激

宠物的这种积极效果在Allen, Shykoff和Izzo(2001)的研究中得以说明。参与者是独自生活的股票经纪人,他们的工作非常紧张,他们都有高血压。参与者随机从动物收容所收养宠物猫或狗,或不接收宠物。结果表明,宠物是社会支持的一个极好的来源,可以显著减少收养者的应激水平。事实上,当暴露于高水平的应激时,收养宠物的参与者的血压升高量与没有收养宠物的人相比减半。为什么动物在这方面如此有效?一种可能是宠物提供了无条件的社会支持。另一种可能性是,照顾宠物的责任是一种亲社会给予的形式,这预示着健康的改善（Dunn, Aknin, & Norton, 2014）。

3. 孤独的后果

我们大多数人在我们的生活中都会经历一段时间的孤独。当我们去到某个新的地方时，例如远离家乡去上大学，或者去因语言不通而随时可能有沟通不便等麻烦的国外旅游。社会心理学家定义**孤独**（loneliness）为一种由于得不到足够数量或足够满意的关系而产生的情绪和认知反应的状态（Archibald, Bartholomew, & Marx, 1995）。

幸运的是，对我们大多数人来说，孤独只是一个暂时的状态。正如我们很快将看到的，我们所属的团体不仅帮助阻止我们感到孤立，而且对我们的身体和心理健康都会产生有益的影响（Jetten et al., 2015）。当然，对于一些人来说，社会隔离是一种选择。他们宁愿过自己的生活，切断与他人的任何密切联系（Burger, 1995），因此，他们不觉得被剥夺了社会接触。但是，许多其他人孤独生活和经历孤独感并不是自主选择的结果，而是因为他们没有成功地与他人建立联系，或者因为他们的社会关系已被切断（离婚、搬迁、亲人的死亡）。换句话说，他们经历不自主的孤独。简而言之，孤独是社会应激的一个非常常见的来源，发生在世界各地的许多文化中（Goodwin, Cook, & Young, 2001; Rokach & Neto, 2000; Shams, 2001）。

如图 12-4 所示，孤独感是不愉快的。它的负面情绪包括抑郁、焦虑、对未来的悲观、自责和害羞（Anderson, Miller, Riger, Dill, & Sedikides, 1994; Jackson, Soderlind, & Weiss, 2000; Jones, Carpenter, & Quintana, 1985）。毫不奇怪，感到孤独的人倾向于将他们的闲暇时间花在孤独的活动中，对他们来说很重要的联系很少，只有偶然的朋友或熟人（Berg & McQuinn, 1989）。孤独的人往往被遗忘，他们相信与他们见面的人很少有共同点（Bell, 1993）。然而，即使一个孩子只有一个亲密的朋友，那也足以减少孤独的感觉（Asher & Paquette, 2003）。

孤独与健康状况不佳有关（Cacioppo, Hughes, Waite, Hawkley, & Thisted, 2006; Hawkley, Burleson, Berntson, & Cacioppo, 2003）。在一项研究中，Jetten 及其同事（2010）对一所大学的一年级学生进行了几个月的跟踪研究，针对他们来到大学之前和之后的生活。学生完成了几个健康水平测试，并报告了他们在入校前所属的群体数量。结果表明，他们属于的群体越多，他们迁移到这个新环境时就越不可能变得沮丧。简而言之，归属于许多团体，通常能在新生遇到高水平应激时给予缓冲。其他有关老年人的研究表明（Haslam, Cruwys, & Haslam, 2014），他们属于更多的群体，甚至只要他们认为他们属于更多的群体，他们就感到更健康。总的来说，似乎很清楚，没有群体归属（切断社会联系）是孤独的一个关键组成部分，对健康有负面影响。

虽然有些人可能选择独自一人，但更多的人并不是因自主选择而孤独，而是因为他们缺乏与他人的密切关系。这通常导致不愉快的，甚至是强烈的孤独感。

图 12-4 非自主选择的孤独

12.1.2 自我观念的影响

你看待自己的方式，包括你对你的能力和你在社会中的角色的看法，可以改变充满应激的环境或应激事件影响你生活的方式。换句话说，我们所有人都会经历应激的负面影响，但我们如何选择回应逆境将决定其对生活产生影响的最终结果。接下来我们将探讨如何将自我观念和应对变化因素的态度纳入我们的选择并给我们带来福祉。

1. 相信我们改变的重要性

如果我们总是被拒绝而导致长期孤独，这可能会使我们对自己的评价更加负面。也就是说，当我们遭受拒绝，又同时认为这件事反映了"我是怎样的人"时，那么从这种拒绝中恢复的难度就更大。

人们在他们认为自己可以改变的程度上有所不同，或者认为他们的特质（包括能力和个性）可塑的或固定的程度不同（Dweck & Legget, 1988）。把自己比作"实物"的人（认为自己不可改变），在遭遇被拒绝并且认为自己未来与他人相处也会遭到拒绝时，倾向于使自己与他人脱离。他们倾向于认为自己不能改变，不能成长，也不能从与他人的这种不幸的经历中学习。

相反，把自己比作"正在进行的工程"，或者认为自己可以在经验中成长和改变（增量理论）的人，在被拒绝后不太可能有指向自己的消极情绪。他们往往对未来可能会再次出现的拒绝表现出较少的恐惧。他们也更有可能觉得没有必要隐瞒他们的被拒经历，因为他们认为它们是一个自我成长的机会。

为了了解人们如何在被拒绝的恢复期进行自我定义，Howe 和 Dweck（2016）进行了几项研究。在一些研究中，他们首先测试参与者对"人们是否可以改变"的认可程度（评估他们持有增量理论的程度），或者"自己是否有一些本质特征不能改变"（评估他们多大程度认可实体理论）。

接下来，这些研究人员要求参与者回忆一个他们被另一个人拒绝的事件。要求参与者指出他们认为拒绝与他们的自我定义相关的程度（如"我被拒绝了，可能是我的错"），以及他们是否害怕将来这种拒绝再出现。最后，他们评估自己被拒绝时的情绪，（如羞愧、不满意自己）。Howe 和 Dweck 发现，认为自己是一个相对固定"实体"的人报告说，拒绝事件让他们重新定义自己有什么问题，而这又反过来使他们害怕反复拒绝和更多的耻辱感。

Howe 和 Dweck（2016）的其他研究进一步评估了实体自我定义与增量自我定义的参与者之间的不同效应。实体自我定义的参与者认为，拒绝"揭示我真正的我"和"担心我不受人喜欢"的程度显著更高。结果表明，这种拒绝经历与"设置防线"保护自我相关。图 12-5 说明了将自己视为不变的实体而不是具有可塑性的人，经历拒绝后对未来行为产

认为自己是"固定的"人认为被拒绝反映了自己的一些本质特征。他们害怕再被拒绝，因此建立"墙壁"，以防止他人接近，并感到羞愧。相反，当人们认为自己是可变的时，拒绝对未来的影响较小，并且经常被视为成长的机会。

图 12-5　当自身不能改变时，拒绝会导致更深远的后果

生影响的过程。

在 Howe 和 Dweck（2016）的其他研究中，他们通过实验影响一些人认为自己具有"设定品质"（例如，实体理论）并使另一些人将这些相同的品质视为在人生中的任何时刻都能改变的（例如，增量理论）。结果表明，这种实验干预对参与者的拒绝反应有影响。认为自己是固定实体的参与者将拒绝归因于他们不愉快的自我。相比之下，那些认为自己能够改变的人并不预期他们在未来可能会被拒绝。这项工作显示了人们对人格的信念如何改变（不是"设定"，而是能够改变），可以帮助人们避免在被拒绝之后封闭自我，引导人们将其看作未来成长的机会。

2. 自我改变的信念可以帮助我们度过逆境

正在经历人生中的改变（如从学习到工作，从高中到大学，移民到新的国家）的人，最容易感受到孤独。鼓励他们去相信自己有潜力做出改变并克服逆境，有助于防止他们在人生的转折点患上抑郁症。研究表明，相信智力是可塑的，"聪明"不是天生的特质，可以增加学生学习的毅力，并提高学术成就（Yeager & Dweck, 2012）。根据这些证据，与自我改变相关的干预也可改善学生在过渡到同龄人关系充满了不确定性和不稳定的高中时期的心理健康。

为了测试这个想法，新入学几周的加利福尼亚州高中生报告了他们在与同伴的交往中是否遭遇了冲突，包括口头或者身体攻击。他们还完成了抑郁症状的测量（Miu & Yeager, 2015）。一周后，学生被随机分配到干预组和对照组。在干预组中，学生被给予以下科学证据："如果你被排斥在外或受迫害，这不是由于你本身的某个缺点；也不是因为排斥或

伤害你的人是天生的坏人，而是出于会随人的主观改变的复杂动机。"在对照组中，为学生提供关于运动能力的延展性的信息，但没有提到排斥或受害。

对学生所写的课程总结进行编码，结果表明学生已经正确地学习了干预信息。事实上，关于侵略者和受害者的可变性的这种单一干预被证明能有效地预防这些弱势学生患上抑郁症。在"人们可以改变"干预后的 9 个月，本研究中的 600 名青少年的临床抑郁症状发生率降低了 40%。与对照组相比，干预组对自尊和负面情绪的影响也更为积极。这项工作有力地表明，相信负面事件可以改善是面对应激的一个简单而有效的手段。

12.1.3 获得归属感

现有证据显示，孤独对我们的身体和心理健康都有害（Hawkley, Thisted, Masi & Cacioppo, 2010），那么更重要的是，人们要意识到构建和维持社会关系的重要性。许多种类的关系可以满足我们与他人联系的需要，如朋友、伴侣、家人、邻居、同事……这里提到的只是其中几个。这些关系还有助于我们建立清晰的社会认同，让我们知道我们归属于哪里。

例如，对于加入宗教组织而被要求与社会隔离，或者可能明确禁止他们结婚的个体（如天主教会的牧师和修女），即使他们不加入许多其他群体，也不形成浪漫的关系，这些人可以通过他们与教会的联系和他们在教会中所扮演的角色来满足他们"归属感"的需要。其他人通过与他们工作的组织或他们所属专业来建立密切联系，以这种方式满足他们社会联系的需要。不感觉孤独的基本原则是拥有社交联系。这种联系不必采取浪漫关系的形式。

1. 被歧视群体的归属感

大量的证据表明，受歧视群体的成员感受到被歧视，会对他们的心理健康造成伤害（Schmitt, Branscombe, Postmes, & Garcia, 2014）。有研究表明，因身体残疾、同性恋和肥胖而受到的歧视对人们的幸福感造成的伤害最大。与少数种族群体和妇女相比，歧视给这类群体造成的影响最为负面的一个原因是，他们经历的歧视和排斥通常来自提供社会支持的人。

例如，在性取向少数群体中，受到歧视会导致与家庭成员和朋友之间的关系紧张，并且意味着孤独感增加（Doyle & Molix, 2015）。由于残疾人很可能在地理上被隔离，他们经历的排斥更可能普遍存在于各种情况和孤立之中。例如，残疾人通常是他们的家庭、学校或社区中唯一残疾的人。因此，他们可能发现难以与其他人建立联系并分享他们的处境。没有这些社会关系，他们很难产生归属感，以应对所遭受的歧视（Branscombe, Fernández, Gómez, & Cronin, 2011; Nario-Redmond, Noel, & Fern, 2013）。

2. 体重歧视的后果

在全球范围内，超过理想体重的人的比例正在增加（King, 2013）。事实上，据估计，在美国 66% 的人超过了他们的理想体重。由于肥胖现象正在增加，但是人们对它的接受程度却没有增加，因此它所产生的心理和身体健康的影响是潜在而严重的。关于体重的社会观念："瘦"绝对是"时髦"的，大部分人都希望自己更瘦些。这意味着，对于体重的歧视会被大众认为是正当的。因此，歧视可能来自陌生人或社会支持来源的亲人（Crandall, 1995）。

虽然超重是各种疾病的危险因素（如糖尿病、高血压），但最近的研究解决了"与超重相关的污名是否比实际超重更有害"的问题（Sutin, Stephan, & Terracciano, 2015, 1807）。研究人员在美国做了一个大型的、具有全国代表性的纵向调查，从 2004 年开始，于 2012 年完成。为了测量歧视，受访者被问及是否曾由于他们的体重，没有获得其他人理应的礼貌或尊重。此外，实验者评估了被试实际的身体质量指数信息（即体重），并且获得了许多人口统计学（性别、种族、年龄）和相关的健康变量（如吸烟、运动、抑郁）。然后计算关键变量：死亡率。

结果表明，即使在考虑了其他风险因素后，报告受体重歧视的人比那些不被体重歧视的人具有更短的预期寿命（更高的死亡率）。经历体重歧视的这些潜在的严重后果表明，反击"肥胖"污名是至关重要的。全美促进肥胖认可协会（NAAFA）是一个非营利组织，它致力于消除体重歧视，改善超重人群的健康状况。NAAFA 使用公共教育促进平等，并向遭受歧视的人提供支持（见图 12-6）。

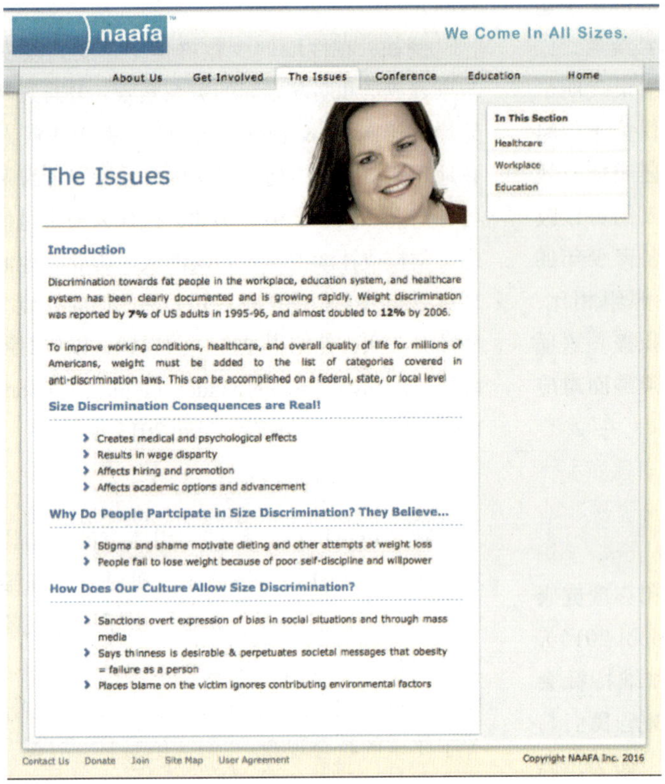

全美促进肥胖认可服务协会是一个民权组织，其目的是抵制针对体重的侮辱和歧视。由于体重的歧视和排斥会导致严重的心理和身体健康后果，这个组织试图成为在"瘦是美丽的"的舆论中，肥胖者的一个安全避风港。

图 12-6　在一个"反肥胖"的世界中提供一个避风港

要点 Key Points

- **应激**是导致心理和身体健康问题的一个因素。它往往源于我们与其他人的关系，并会对其造成影响。应激通过减少淋巴细胞和增加皮质醇而干扰身体免疫系统的运行。慢性应激也可以在细胞水平减少端粒的大小，是疾病和死亡率的强预测因子。
- 每天的**琐事**，往往是另一种强度较低但频率较高的应激。一个人在琐事量表上得分越高，他或她面临与应激相关的疾病的风险越大。
- 我们可以通过寻求**社会支持**（由关心我们的人提供情感支持）来直接应对应激，这有助于减少心理困扰。与伴侣动物或宠物相处，是减少应激的另一个方式。
- **孤独感**发生在一个人得不到如自己期望的那么多或者那么满意的关系时。缺乏社会关系对健康有负面影响。与孤独相关的消极后果包括抑郁、焦虑、自责，以及较低的预期寿命。
- 当人们相信他们的性格是"固定的"并且不能改变时，他们对拒绝做出的反应更可能是使自己远离他人，以避免未来的负面体验。但对于认为自己能够改变的人，拒绝体验更有可能被看作是成长的机会。
- 与自我改变相关的干预有助于提高人们面对应激时的韧性。给予进入高中的弱势学生"人是可塑的"干预 9 个月后，与对照组的学生相比，控制组学生抑郁症显著减少。
- 由于残疾、性取向和体重而受到歧视的人，健康状况更糟糕。一个原因是，这些歧视往往来自为他们提供社会支持的人。控制其他风险因素后，受到体重歧视的人甚至有更高的死亡率。

12.2 减少压力负面影响的社会策略

虽然有很多方法可以降低压力和改善健康，社会心理学家特别感兴趣的两个领域是与社会群体和自我接纳有关的。在本节中，我们将首先考察社会群体如何通过锻炼、社会认同和其他应对机制来管理压力。然后，我们将探讨接受自我这个重要话题，这是一个需要个体发展的条件。

12.2.1 利用社会群体改善心理健康

治疗压力和改善成人的精神和身体健康的一个重要手段是定期进行体育锻炼（Biddle & Mutrie, 2008; Colcombe & Kramer, 2003；Singh, Clements, & Singh, 2001）。然而，人们总是难以坚持定期参加锻炼。获得社会支持，与我们社会网络中的其他人建立联系，对于坚持锻炼有重要帮助。两个针对锻炼对健康的影响的元分析研究发现，在群体中锻炼比独自锻炼产生更积极的结果，特别是当参与者是拥有共同身份感的群体成员时（Burke, Carron, Eys, Ntoumanis, & Estabrooks, 2006; Dishman & Buckworth, 1996）。

我们并不一定要面对面地与他人一起锻炼才能从中获益。Fitbit和其他运动跟踪器等技术可以达到相同的社会目的，以保持人们运动的积极性，并在一定程度上促进他们增加或继续锻炼（见图12-7）。一项研究（Duus & Cooray, 2015）发现，大量的Fitbit用户认为该设备是"自己的一部分"，而不再把它看作外部技术。Fitbit用户将他们的运动率与使用该设备的其他用户进行比较。大多数人使用它来增加他们的日常步数和每周运动的总量。其他Fitbit用户看到他们的步数之后能够给他们点赞，从而构成了社会因素，而用户会认为这是对自己活动水平的鼓励。此外，通过完成每日目标，几乎所有参与这项研究的用户，他们的幸福感和动机都增加了。然而，有些人觉得佩戴设备使他们感受到束缚。他们还认为Fitbit是一个"敌人"，它使他们为没有实现的目标感到内疚。

12.2.2 管理压力：社会认同法

一些在高压岗位中的人（如消防队员、飞行员、军人），他们所属的社会群体会影响他们可能经历的压力，以及他们如何应对压力的方式。与共处压力岗位的人产生认同是否可以帮助人们应对在工作中遇到的压力？Haslam, O'Brien, Jetten, Vormedal和Penna（2011）对英国空军的炸弹处理专家抽样调查了这个问题。在这种情况下，对工作群体的认同与低水平的压力（倦怠）和更高水平的工作满意度相关。结果，同事成了一种社会支持，它作为一个缓冲，对抗了看不见的并且消极的压力。

社会认同是"我"被翻译成"我们"的心理载体，可以让人们感受到他们在压力情境下的控制感，否则可能失去控制感。事实上，作为一个群体的一部分，我们可以实现不可能单独完成的目标。认为我们可以控制并且能够影响我们生活中发生的事，这样的想法强烈地预测着健康水平（Langer & Rodin, 1976），并且能够减少生物应激反应（Dickerson & Kemeny, 2004）。认识自己所在的社群可能会让人们对他们的生活方式有一种控制感，并通过这种方式实现更高的生活满意度。为了测试这个想法，Greenaway等人（2015）分析了47个国家的62 000名参与者的社群认同、个人控制感和生活满意度，同时控制了各种人口变量。正如所料，这些研究人

利用Fitbi和其他的活动跟踪设备可以鼓励人们增加锻炼，以达到自己的目标。通过技术将个人与他人相关联的这些装置可以鼓励人们继续锻炼，从而改善幸福感。

图 12-7　面对面或通过网络与他人一起锻炼

员发现，高社群认同通过增加个人控制感，带给人更高的生活满意度。

所以，加入团体，促进社会联系，是一种有助于预防抑郁症的手段吗？在英国对一个具有全国代表性的大样本进行分析发现，属于更多群体的人不太可能产生抑郁症。在4年期间，每个个体每新加入一个群体，个人患抑郁症风险下降24%（Cruwys et al., 2013）。

为了确定阻止抑郁症状的社会认同究竟是什么，Cruwys, South, Greenaway和Haslam（2015）首先将学生随机分配到以下各项之一：（a）写下你所在的一个团体，以及为什么这个团体对你很重要；（b）列出你所在的三个团体，并写下为什么各个团体对你来说很重要；（c）没有书写反馈的控制条件。然后，研究中的所有参与者被要求解决一个无解的问题任务。之后，他们都获得了代表他们失败的零分。然后评估负性情绪症状，以及参与者做出与抑郁相关的失败归因的倾向（如"当坏事发生时，我认为这是我的错"）。

社会认同条件下，抑郁的归因（如"失败反映了我无法改正的缺点"）和消极情绪都比控制条件下显著降低。仅让他们找出所属的群体（一个或三个），并且让他们认为群体很重要，就可以降低抑郁的归因。这反过来，社会认同可以保护参与者避免经历失败经验后的抑郁情绪症状。这项研究是重要的，因为它表明了我们从群体和身份中得到的认同，如何影响我们看待发生在我们身上的压力事件的方式。用这种方式，它们就能保护我们的心理健康。

许多在军队服役的退伍军人回家后仍遭受**创伤后应激障碍**（post-traumatic stress disorder, PTSD）的折磨，这是由经历或目击极其可怕、通常危及生命的事件引起的心理状况。社会支持是帮助这些退伍军人应对PTSD的关键因素。请参阅专题"**研究告诉我们：缓解退伍军人的创伤后应激障碍**"，了解更多关于这种情况的信息和处理它的社会策略。

研究告诉我们　　缓解退伍军人的创伤后应激障碍

当退役军人从现役部队（通常是远离家乡的战场）返回时他们通常很乐意回来，寻求恢复正常生活（见图12-8）。不幸的是，这通常不像听起来那么容易。由于他们所经历的可怕的和通常危及生命的经历，退伍军人经常会经历称为创伤后应激障碍（PTSD）的严重心理障碍。PTSD的症状包括重现、反复想象他们经历的创伤性情境并且产生过度反应，容易被震惊和由于强烈的情绪而无法集中精力。

显然，这种感觉和记忆可能使PTSD的患者难以成功地适应他们的退伍生活。最近对从伊拉克返回的轻度创伤性脑损伤美国退伍军人的研究发现，他们的PTSD症状的程度是他们生活满意度的强预测因子（Travis Seidl et al., 2015）。那么可以做些什么来帮助这些退伍军人恢复他们的健康和福祉？社会心理学家的研究提供了一些答案（Romero, Riggs, & Ruggero, 2015）。

老兵们采取的应对方式至关重要。如果他们企图否认或最小化自己的感觉，即采用逃避型应

从家庭和军事支持团体获得社会支持的退伍军人，恢复得比那些没有得到社会支持的退伍军人更好。对于患有PTSD的退伍军人尤其如此。

图12-8　社会支持对于退伍军人心理恢复是重要的

对方式，结果只会适得其反。他们参与回避行为越多，PTSD 的影响越严重。另一种应对方式：以问题为中心，这种方式在许多情况下可以减轻压力，但在 PTSD 的情况下并没有效果。相反，在家庭成员的支持下，结合以问题为中心的方法，是减轻压力的核心方式（Romero et al., 2015）。换句话说，当家庭成员帮助退伍军人应对他们的症状压力时，过去创伤性事件的生动记忆、噩梦"跳跃"和易激性可以得到改善。

研究结果表明，管理创伤记忆的特定方法可以帮助减少 PTSD 退伍军人经常报告的生理唤醒。在一项研究中，PTSD 的退伍军人被随机分配到两个组，回忆他们最糟糕的创伤经历，在沉浸条件下，要求回忆被想象为"如同这件事再次在你身上发生的一样"。在远离条件下，要求被试想象自己"远离情境并从远处观察，这件事件在自己身上发生"。与沉浸条件相比，远离条件下的被试，在心率和皮肤电导方面测量的生理反应性显著降低（Wisco et al., 2015）。然而，创伤回忆后的消极情绪在这两种情况下都保持高水平。这表明这一治疗可以成功地处理创伤记忆，但还是需要其他治疗来改善退伍军人的整体健康。

对越南战争战俘的美国退伍军人的大型研究，提供了关于心理调整期间家庭成员社会支持的关键作用的进一步证据。他们在被囚禁期间曾遭受相当大的身体伤害（King et al., 2015）。有趣的是，在经历创伤时年纪更大和受过更好教育的男性能够更好地利用他们退伍后得到的社会支持，以获得情绪功能的改善。这批退伍军人在释放后大多保留军人身份。因此，他们能够获得官方的身份和物质资源。这些资源也可能促使退伍军人积极调整回正常社会，尽管经历了身体酷刑的巨大痛苦。

12.2.3 接纳自己

初入大学的学生为了表现良好并应对新挑战带来的压力，需要意识到他们可能会对他们是否属于这种新环境而感到不确定，也可能担心他们是否能够"符合标准"，特别是来自低代表性群体的学生（如第一代大学生、少数民族成员）。来自这些代表性较低群体的学生可能会想知道大学是否"看重像他们这样的人"。

缓解学生忧虑可以降低压力，改善精神健康（Walton & Cohen, 2011）。例如，知道年龄较大的学生在初次进入校园时也会担心他们的归属问题，就可以通过增加新生"归属感"的方式，帮助他们获得更好的成绩。事实上，帮助学生感觉"融入"的干预措施已经显示可将种族成就差距缩小一半。这也说明了感到被接受的重要性，特别是对少数民族学生来说（Walton & Cohen, 2007）。人们也可以采用两种策略来创造更大的自我接受以及改善自己的健康，这将在接下来的章节中进行解释。

1. 练习自我原谅

我们所有人都经历过失败，犯过错误，冒犯过他人，有时甚至伤害过别人，无论我们是否出于有意。有时，我们甚至会发现我们违背了我们所珍视的道德准则。学会原谅自己，避免各种形式的自我谴责和适应不良的行为，对我们的身心健康至关重要。

在冒犯了其他人之后，人们常常感到内疚，这可以激励他们为自己的行为道歉或用其他方式做出赔偿。这种悔改的行为指示可以让冒犯他人或违反了自己价值观的人重新认识到自己的价值（Shnabel & Nadler, 2008; Zechmeister & Romero, 2002）。相比之下，无法原谅自己与更高的内疚和焦虑相关（Hall & Fincham, 2005），并降低了大学生感知到的整体健康状态（Wilson, Milosevic, Carrol, Hart, & Hibbard, 2008）。

那么对自己而不是其他人的行为进行自我宽恕对健康而言是重要的吗？而且在某种情况下，自我宽恕是否有助于让我们在将来避免采取类似的行为？为了解决这些问题，Wohl, Pychyl 和 Bennett（2010）聚焦于大一新生的共同行为——拖延或没能好好复习重要的考试。这不仅是人们经常出现的行为，也会对学生造成后果严重的自我打击：分数下降和增加抑郁症的风险。通过宽恕这样的拖延行为，不仅减少了对自我的负面感觉，还可以阻止相同行为的重复出现。

为了验证这些想法，Wohl 等人（2010）首先测量了心理学大一学生在他们的第一次考试之前拖延的程度（例如，开始准备考试的时间比预期晚）。他们还测量了学生原谅自己这种行为的程度。几个星期后，在他们期中考试之前，要求学生说明他们在第一次考试中的表现如何。然后，在期中考试之前，学生再次表明他们拖延的程度。

结果显示，在第一次考试之前拖延更多的学生的考试表现比没有拖延的学生要差。然而，学生在第一次考试之前因为拖延而原谅自己得越多，他们对自己的负面情绪就越少。更重要的是，那些原谅自己最初拖延的人在期中考试之前报告的拖延更少。相反，没有原谅自己的学生，则继续表现出同样的问题行为，并在期中考试前也表现出拖延。所以，自我宽恕似乎有两个重要的影响。它有助于减少对我们以前的不良表现的负面情绪，而且也鼓励我们下一次不犯同样的错误。

2. 调整对自己的看法

鉴于我们过去的自我和行为会有一些不完美，除了自我宽恕之外还有其他手段可以帮助我们改变和改善我们的行为吗？当人们想要改变时，经常会尝试设置日期（比如制订新年计划，新学期的开始）。例如，设置"戒烟日期"，或者选择一个日期，来开始一个新的锻炼计划或饮食。这种类型的日期设置通常与其他变化相一致：搬到新城市、结婚或离婚。Dai，Milkman 和 Riis（2015）认为，表明新时期的"时间地标"可以激励人们以促进其目标实现的方式改变。让我们来看看研究人员验证这个想法的不同方式吧。

在一项研究中，要求参与者描述他们想在下个月开始追求的新目标。所有参与者都被告知，如果他们愿意的话可以收到电子邮件提醒。提醒的日期会采用两种方式中的一种来描述：作为一个新的开始或没有这种含义。例如，他们可以收到有或没有"新开始"建议的日期提醒：2014 年 3 月 20 日（星期四，春天的第一天），或 2014 年 3 月 20 日（星期四，3 月的第三个星期四）。正如研究人员所预测的那样，被提供了一个听起来像是一个新开始的日期的参与者更可能（25.6%）要求更改提醒，而不是那些指定日期类似于普通日期（7.2%）的参与者。

Dai 等人（2015）认为，标志新的开端的时间地标，作为启动变化的日期是首选，因为它们使人们在心理上与他们以前的不完美自己分离。在这些研究人员进行的另一项研究中，参与者首先被要求考虑一个他们未实现但希望在未来实现的目标。然后，他们被要求想象自己刚刚搬到一个新的公寓。对于一半的参与者，这一举动被设定为是他们自 9 年前来到这个城市后的第一次搬迁（新的开始情况）。另一半的参与者则被告知在过去 9 年间他们每年搬迁一次（控制情况）。然后，所有参与者被要求表示他们在搬到新公寓后愿意去追求他们之前描述的目标的积极程度。

结果显示的过程如图 12-9 所示。 认为搬家是一个新开始的人比那些认为搬家是一个普通开始的人更有动力去追求一个新的个人目标。新开始的认知使人们感觉与他们过去不完美的自我更加分离，这就促使人们去追求新的目标。通过"标记"过去的自我，在它和我们潜在的、全新的、提升的自我之间划一条分界线，我们就可以激励自己参与到可能会带来全新的、改进的自我的行动中去。

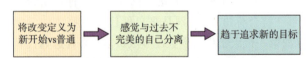

研究表明，将时间框定为"新开始"，可以帮助我们将过去不完美的自我与期望的新自我分离。转而增加了我们追求新目标的动机。

图 12-9　新开始的标志帮助我们脱离过去

有些时候我们也需要看到过去的自己来作为力量，甚至灵感的来源。如果我们看到自己曾克服了劣势，成功克服困境的这种提醒可能会帮助我们应对当前的压力。这个想法类似于我们本章开始时引用的尼采的名言："那些杀不死我的使我更强大。"第一代大学生（他们的父母没有大学学位）认识到了他们的背景也许会对他们的大学生活产生某些障碍，但也认识到它也可以作为一个力量。其他第一代大学生在大学了解了类似的障碍信息，但克服这些困难与他们的社会阶级背景没有联系。Stephens，

Hamedani 和 Destin（2014）发现，鼓励这些第一代学生将他们的阶级差异看作是力量的源泉，可以产生更好的学术认同与表现、更好的心理健康以及面对充满压力的大学生活的应对策略。

要点 Key Points

- 运动是处理压力的重要方法，但如果没有社会支持，坚持是困难的。Fitbit 等技术可以帮助人们通过与使用设备的其他人创建共享身份来保持动力。
- 与群体识别可以帮助人们通过提供个人控制感来减轻紧张的职业压力和疲劳。
- 加入团体可以促进社会联系并帮助预防抑郁症。在失败经验之后，思考我们所属的团体通过对抑郁症重新归因来保护我们。
- 具有**创伤后应激障碍（PTSD）**的军事退伍军人往往对他们的生活不满意，但是当家庭成员提供社会支持时，他们的心理健康状况得到改善。
- 鼓励学生感觉自己"属于"大学的干预能够提高学业成绩和整体幸福感。
- 对我们的失败和对他人的有害行为进行自我宽恕是迈向更大幸福的重要一步。宽恕我们自己的失败（如拖延的行为）可以改善表现，降低抑郁的风险，并鼓励我们不要在下一次犯同样的错误。
- 当新的行为被构筑为一个新的开始时，人们能够更好地改变。这种方法有助于将他们与过去不完美的自我断开，并为追求新目标树立舞台。
- 当我们有一个处于不利地位的过去时，提醒人们克服障碍，把这些情况看作是力量的源泉，能够使第一代大学生适应他们因为背景而经历的压力。

12.3 建立更公平、有效的法律体系

世界各地许多法院建筑物都有一个"正义女神"的雕像。如图 12-10 所示，她被描绘成蒙眼的女神，代表了所有人在法律下应该被平等、公正、一视同仁地对待。这是一个令人钦佩的理想，但在现实生活中却很难实现。正如你在第 2 章和第 6 章中所学到的，在思考和做出关于人的决定时，我们很难忽视其他人的言语、行为或个人特质，不考虑我们先入为主的想法、信念和刻板印象。因此，为了实现公平和公正的法律制度，许多社会心理学家认为我们必须首先要了解当前法律制度中存在的错误和偏见的潜在来源，更好地了解人们事实上如何考虑他人，认识到在法律背景下有偏见的判断可能造成的风险，我们方可采取有效措施纠正问题。让我们看看研究揭示了哪些潜在的陷阱，以及我们如何设法减少它们。

图 12-10　正义是否真的盲目

理想的情况下，正义是"盲目的"，依赖事实和证据而不是主观因素。不幸的是，研究结果表明，在实践中并不总是这样。陪审团、法官、律师、证人和执法部门的决定往往受到个人或社会偏见的影响。

12.3.1 司法过程中的社会影响

从某种意义上说，大多数法律程序都涉及社会影响因素。例如，在犯罪调查期间，虽然警察、侦探试图从他们访谈的人中发现真相，但他们可能无意中影响了人们的反应。同样，在审判期间，律师企图说服陪审员或者主审法官，审判被告有罪或无

罪。虽然社会影响在许多法律系统活动中都存在潜在影响，我们在这里集中在两个特定领域，社会心理学已经确定了可能影响结果公平性的问题：警察如何进行列队辨认和判决前信息的使用。

1. 列队辨认：社会压力如何导致错误

警方常用的一种帮助识别嫌疑犯的技术是列队辨认（见图 12-11）。在这个程序中，会给证人展示几个人，其中一个通常是案件中的嫌疑人。然后，逐个地向证人询问列队辨认中是否有哪个人是罪犯。为了保护匿名，证人可以通过单向玻璃窗观看嫌疑人或他们的照片，这一般发生在犯罪发生后的几周或甚至几个月。虽然列队辨认意在揭示真相，但他们可能遭受几种形式的严重偏见。事实上，尽管人们普遍相信目击者证词的真实价值，但它也有普遍存在错误的倾向（Wells, Steblay, & Dysart, 2015）。我们将探讨出现这种情况的几个原因。

我们来看在列队辨认中找出嫌疑犯的方法。在顺序列队辨认中，每次出现一个嫌疑犯，证人需要认出他们每一个人是否是罪犯。然而，在同时列队辨认中，所有嫌疑人同时出现，证人要指出哪一个是罪犯（如果有的话）。许多研究结果表明，顺序列队辨认更好，因为它们减少了证人由于指认了无罪的人，而犯下严重错误的可能性。

Steblay、Dysart 和 Wells（2011）对许多研究进行了元分析，比较了当实际的犯罪者在呈现给证人的阵列中时，使用这两种列队辨认的演示策略，错误指认的比率。元分析证实，顺序列队辨认比同时列队辨认的准确性更高。这是因为在顺序列队辨认中，证人需要将每个人与他们对犯人的记忆进行比较，而被迫做出绝对的判断。相比之下，同时列队辨认需要证人对阵列中的嫌疑人做出比较判断，这导致证人选择看起来最相似于他们对该人记忆的嫌疑人。当犯罪的目击者被随机分配到同时程序或顺序程序观察相同的照片阵列时（Wells et al., 2015），正确识别率没有差异（总体为 25%）。但重要的发现是，与同时程序（18%）相比，顺序程序（11%）减少了错误识别率。

最让人心烦的研究发现大概是：警方提供给证人的指令语会对列队辨认造成影响。比较中立的指令只是要求他们来辨认涉案的嫌疑人，完全不提这个人是否列在其中。而有误导性的指令会暗示罪犯就在其中，证人的任务是把他从其他人中辨认出来（e.g., Pozzulo & Lindsay, 1999）。这类指令语将给证人施加一种隐晦的社会影响：他们可能感到有压力，必须指认出一个人，即使自己看到的那个人不在里面。

Pozzulo 和 Dempsey（2006）的研究表明这种危

研究结果表明，目击者在试图识别嫌疑犯时通常会犯错误。有时，这是由于使用的具体程序。

图 12-11 列队辨认总是准确吗

害非常明显。他们请儿童以及成年人观看一段关于犯罪表演的录像：其中一位女士的钱包被人偷走了。然后要求两组人从辨认列队中辨认出作案人，列队材料是一些与作案人长相相似的人的照片。研究中这些照片是同时出示的。研究的关键问题是给予被试的指导语。在一种条件下，主试告诉被试犯人有可能在，也有可能不在列队中（中立的指令语）。而在误导性指令语的条件下，主试诱导他们相信犯人就出现在列队中。尽管事实上那个人并不在列队中，因此考察的问题就在于：有误导性的指令是否会令被试产生错误的指认，将一个无辜的人认作是犯人？结果的确如此。无论是成年人还是儿童，都会在听到误导指令后，更容易错误地指认无辜者。

此外，相比起不给任何反馈，列队辨认管理员暗示目击者他们的指认是正确的，则会大大增加证人对他们指认的信心（Smalarz & Wells, 2015）。正如这些研究人员所指出的，目击者错误但有信心的指认，导致了72%的无辜者被定罪，后来根据DNA测试方被证明是无辜的。

这些研究结果表明，社会影响存在于列队辨认工作中。应采取严格的程序，以避免这种影响。证人辨认的指导语应该是中性的，不可暗示证人罪犯一定在队列中，或者在证人指认某人之后，引导证人选择警察怀疑的人。应尽可能使用顺序列队辨认而不是同时列队辨认。社会影响是一个强大的，且往往是非常微妙的过程，所以掌控它是一个艰巨的任务。但这样做将有助于提高在世界各地常用的列队辨认准确辨认的可能性。

2. 以前的定罪和现有收购的影响

如图12-12所示，你可能在电影或电视节目中看到这样一个审讯场景，法官告诉陪审团："忽略这些信息。"但是，一旦我们接触到信息，人们无法像计算机那样将其从内存中删除。事实上，有大量证据表明，陪审员并不能"从记录中剔除不可接受的证据"，更不会表现得好像他们从未听说过或看到过它（Lieberman & Arndt, 2000）。这不仅仅是因为记忆的工作方式，而且也是我们在前面章节中描述的几种社会心理效应。例如，信念坚持，即使新的证据显示这是错误的，我们仍有坚持我们的信念或态

度的倾向。另一个例子是事后聪明式偏差，当事件发生或接收到的新信息与所得结论一致时，我们就偏向于认为"我一直都知道"。所以，在有陪审员不应该记住和使用的证据被给出时，陪审员可能假定他们在法院提交之前就知道这些信息，进而受到它的影响而给出判断。

如果被告过去曾犯过罪，可能也会引发类似的情况。如果向陪审团成员披露这些信息，他们更有可能将现有指控的被告定罪。毕竟，陪审员可以推理，这个人已经有犯罪记录，因此他或她再次犯下现在的罪行很合理（e.g., Greene & Dodge, 1995）。或许先前无罪判决的信息也可能因为被告已被认为有犯罪记录，而增加陪审团做出有罪裁决的可能性。另一种可能是，关于过去的无罪释放的信息实际上可以帮助被告并减少有罪判决的可能性。也就是说，由于被告在过去被宣布为无辜的，她或他现在就更有可能被视为无辜的。这些影响中最可能发生哪一种？法官指令陪审团忽略关于被告过去的某些信息可以有助于陪审团忽视这些信息吗？

虽然法官可以指示陪审团不理会某一条信息，但研究表明，因为记忆过程和社会心理影响，陪审员不可能完全这样做。

图12-12 陪审员能否真正忽略他们收到的信息

Greene和Dodge（1995）进行的一项研究测试了这些可能性。研究人员安排模拟陪审团阅读银行强盗审判的描述。陪审团中的一些人被提供关于被告的过去的信息，而其他人没有收到这种类型的信

息。另外，法官会指示陪审团的一些成员忽略所提供的资料，而其他成员则没有。然后，所有陪审团成员评定被告的罪责，以及他们对他们的决定有多少信心。结果显示，比起没有收到关于被告过去记录的信息的陪审团，收到关于过去定罪和无罪释放信息的陪审团更可能决定被告现在有罪。此外，忽略这些信息的指示实际上没有效果：关于被告过去的信息仍然影响了陪审员的决定。总之，一旦提出证据，忽略的警告几乎或完全没有效果。人们在其他人的印象形成时所拥有的信息，即使是虚假的，对司法审判仍有重要的影响。

12.3.2 偏见与刻板印象在司法系统中的影响

如果说公正要做到一视同仁，那么原则上它就应该完全不受种族、性别、民族以及其他因素的影响。换言之，法官和陪审团的决定应该完全基于证据，而不应该受到被告特征的影响。但凡夫俗子的我们在进入任何社会情境时（包括司法程序），都不可避免地带入了针对不同群体的复杂态度、信仰、价值观以及刻板印象。不容置疑地，这些因素可以影响陪审团的决策，甚至在他们认为自己并没有受到影响的情况下。

1. 多种族陪审团的重要性

陪审团成员在被挑选前，他们会受到被告律师的预审（辩护、起诉）。若某个人的回答表明他们可能对证据的公平评价存在强烈偏见，那么这个人将不会被选为陪审员。这个检查过程被称为 voir dire，一个盎格鲁法语短语，意为"说实话"。在可能与种族相关的例子中，预审问题可以考察潜在陪审员是否有妨碍公正评判非裔美国人的偏差或偏见。由此而挑选出的陪审员相对于未通过预审的陪审员而言，不太可能在被告为黑人时投票有罪。

一个可能影响陪审员实际决策的因素是陪审团的种族构成。Sommers（2006）探讨了陪审员种族多样性对他们审议和决定的影响。在这项研究之前，陪审员多样性的作用是未知的。一种可能性是，在种族多样的陪审团中，相对于白人被告，白人陪审员可能更不愿意讨论黑人被告的负面证据。而且，也许关于种族不公正的信息更可能在种族混合的陪审团中被讨论，而不是全白人或全黑人陪审团。这项研究试图确定种族多样的陪审团是否有重要有益影响。

为了测试这些可能性，Sommers（2006）构建了两种不同类型的模拟陪审团：一个是全白人，另一个是种族多样的。陪审团观看一个实际审讯的录像带，在审讯中黑人被告被指控性侵。证据是混杂的，所以陪审团需要讨论很多。对他们讨论的质量的评价在之后获取，例如，审议时间、讨论事实的数量、被忽略的相关事实的数量以及关于证据的不准确陈述的数量。

正如表 12-1 所示，种族多样的陪审团在几个方面优于同质陪审团（全白人）。种族多样的陪审团花费更多时间审议，讨论更多事实，更不可能在讨论证据中犯错，以及更不可能忽略相关信息。简而言之，种族多样的陪审团比那些不多样的运作更有效率、更公平。总体而言：律师进行 voir dire 来选择陪审员要尽量做到构建种族多样性的陪审团。

表 12-1 种族多样陪审团的优势

如下表所示，相对于种族同质（所有白人）陪审团，种族多样的陪审团在案件审议期间更有效（减少了错误，并讨论了更多的证据）。

	种族多样	种族同质
陪审团审议时间（分钟）	50.67	39.49
讨论事实数量	30.48	25.93
案件中错误事实数量	4.14	7.28

2. 被告和陪审员的特征如何影响法律程序

被告的特征在审讯中被发现对陪审团的决策和其他法律结果会产生影响。在美国，发现非裔美国人被告通常处于劣势。例如，他们相对于白人更有可能被判谋杀罪和死刑，而且在死囚牢房的比例过高（Price, 2015）。除了种族外，身体外貌（吸引力）、性别和社会经济地位都可能是在法律过程中具有影响力的因素。例如，在很多案件中，如果被告长得迷人，或者有较高社会经济地位，或者是位女性，他们都不轻易判为重刑（Mazzella & Feingold, 1994）。吸引力是其中研究最多的一个因素，无论是在真实或模拟审判中，有吸引力的被告都占尽优势，经常得到陪审团的同情，以致无罪释放或者轻判（Downs & Lyons, 1991; Quigley, Johnson, & Byrne, 1995; Wuensch, Castellow, & Moore, 1991）。

除了种族和吸引力之外，还有一种看得见的特征——性别，在司法程序中同样也起着重要的作用。通常来说，女性被告往往比男性更容易获得陪审团和法庭的宽大处理，但这也要视具体案例。例如，当涉及侵犯人身的案件时，女性被告往往更容易被判有罪，大概这是因为对于女性而言这类行为更加难以接受、惊世骇俗（Cruse & Leigh, 1987）。

还有陪审团的性别也很重要。例如，男女陪审团在对待性侵犯的案件上就表现出一致的区别，男性通常比女性更容易将强奸理解为两情相悦（Harris & Weiss, 1995）。一项分析了36个对假设的强奸案或虐童案的研究结果，发现女性陪审员更容易确定被告有罪（Schutte & Hosch, 1997）。

3. 偏见如何影响陪审团审议

越来越多的证据表明，尽管我们目前讨论的因素确实影响了法律结果，但这些影响没有预想中的那么大，至少通过一些司法程序在一个合理的范围内是可以克服的。这方面最鼓舞人心的证据可能要算是Bothwell, Piggott, Foley 和 McFatter（2006）的研究。考虑到过去对偏见和刻板印象的研究，他们推测这类人为因素通常处于自动化或者无意识的水平。换言之，他们的影响行为是以一种隐晦的方式而不是公开的。这表明这类偏见可能更多影响的是私人判断而不是公众决策，如陪审（Hebl & Kleck, 2006）。陪审团的审议经常是深刻并细致的，这可能会削弱模糊或无意识的偏见。

为了验证这个推测，Bothwell 等人（2006）做了一项研究，他们邀请了学生和有可能在真实司法案件中成为陪审团的人来参加，请他们阅读一个关于上级对下属性骚扰的案例。上级和下属（投诉人）的种族不同，有可能是白人或黑人；性别也是研究的一个因素，他们都可能是男性或女性。每位被试阅读的案例中只出现各类组合中的一种情况（例如，黑人男性上级与白人女性下属，白人女性上级和黑人男性下属，诸如此类）。然后请被试评价投诉人本人应该承担多大责任，以及受害人应该从公司那里获得多少补偿金。

测量结果表明，种族和性别偏见在其中具有显著的影响。例如，相比上级是白人而言，如果他或她的上级是黑人，那么投诉人本人应该承担更多责任。同样，他们应得的补偿金也会相应更少。被试反映说（在私人水平），如果上级是黑人，那么下属就应该提前有所戒备，不能跟那人去房间喝一杯。

在做出个人的决定和判断之后，众位陪审员一同举行了一次模拟审判，来决定应该给受害人提供多少补偿金。在模拟法庭结束时，种族与性别的影响很大程度上都消失了。换句话说，尽管这些变量的影响在实际的审议之前的确存在，但在审议过程中就基本上被消除了。图12-13显示了研究参与者的私人判断与他们作为陪审团判决的对比情况。

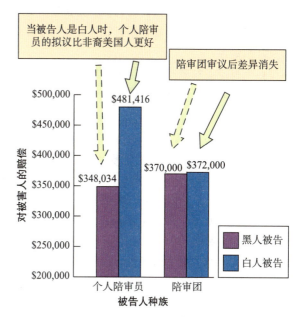

当被试对受到性骚扰的受害者提出个人（私人）拟议时，他们对白人被告的拟议要好于黑人被告。然而，在陪审团审议后，这种差异，以及反映种族和性别偏见的其他差异，往往会消失。这些研究结果表明，陪审团审议可能有助于减少个人陪审员对种族、性别和被告吸引力所持有的偏见的影响。

图12-13 陪审团克服了司法过程的偏见吗

这些发现以及其他相关研究（e.g., Greene & Bornstein, 2003），都表明正义不可能完全做到一视同仁，但司法程序至少有时还是可以克服被告人以及陪审团个人特征所造成的影响的。此外，Devine 和 Cughlin（2014）的综述表明，一些被告特征对陪审团决策的影响可能比先前认为的弱，他们的元分析显示，被告性别和陪审员教育情况没有影响。然而，最强烈影响的特征是被告种族、先前的犯罪记录、被告的社会经济地位、陪审员的权威主义和陪审团对法律制度的信任程度。尽管这意味着有理由对某些偏见可能被克服感到乐观，但法律制度必须继续注意其潜在的作用。社会心理研究提供的知识可以帮助法律、司法和执法专业人员朝着更公平、公正和准确的法律制度迈进。

要点 Key Points

- 社会影响是许多法律相关活动的一个可能的风险因素。为了使法律制度更加公平公正并且保护基本人权，有必要了解当前制度中可能存在的错误和偏见的根源。
- **列队辨认**的方式会造成识别犯罪嫌疑人时的偏差。需要绝对判断的连续列队比相对于比较判断的同时列队更准确。在指认期间向证人提供一些类型的指令和反馈也可能导致识别错误。
- 虽然法官经常指示陪审员忽略某些信息，例如被告先前的定罪或者豁免，但研究表明陪审员实际上做不到。
- Voir dire 的预审程序有助于剔除有偏见的陪审员。研究还表明，种族多样的陪审团比同质陪审团更能公平和有效地运作。
- 在法律诉讼中，被告的种族、性别、身体吸引力和社会经济地位可以影响陪审员的看法和判断。然而，最近对现有证据的综述表明，这种偏见的影响可能比以前认为的弱。
- 陪审团在审查现有证据时进行仔细审议，能减少不利影响，当然不是在所有情况下都能做到。

12.4 培养生活中的幸福感

我们都想要对我们的生活感到幸福和满意，但这具体是什么意思？经过对**幸福**（happiness）的性质、原因和影响的几十年的研究，大多数社会心理学家认为我们的主观幸福感涉及四个基本组成部分（Diener, 2000）：

- 整体生活满意度：对我们生活感到普遍的满意或开心
- 对重要生活领域的满意度：对我们的工作、关系和家庭满意
- 积极情感：经常体验到积极情绪和心境
- 消极情感：相对积极情绪来得少，最好几乎没有

总之，幸福与我们的生活似乎包括多个相互关联的因素。这些因素在我们的生活中存在的程度，强烈影响我们的幸福感和我们把自己的生活视为有意义及感到满足的程度（Keause, 2007）。我们现在介绍一些关于幸福的关键研究结果。准备好接受一些惊喜，因为研究表明，幸福的成分在很多重要方面可能和许多人猜测的不一样。

12.4.1 总体来说，人们有多幸福

让我们从一个非常基本的问题开始：一般来说，人们对他们的生活有多满意？对幸福的研究有时注重于生活的不同方面，但是因为它们是高度相关的，研究人员经常使用简单直接的幸福测量方法，其中包括个人对诸如"你对整个生活满意还是不满意"的回答（Weiss, Bates, & Luciano, 2008）。也许你可能预期人们对这些问题的回答由于居住国家的不同而有很大的差异。如表 12-2 所示，在从 0（糟糕的生活）到 10（最佳的生活）的范围内，国家可以根据人们的幸福进行排序。2012～2014 年，瑞士和大多数北欧国家一直在 158 个国家或地区名单的顶部，而撒哈拉以南非洲国家则位于底部（Helliwell, Layard, & Sachs, 2015）。

表 12-2　不同国家的幸福

《2015年世界幸福报告》提供的研究显示，人们的幸福水平根据他们所居住的国家或地区而大不相同。来自158个国家或地区的人的平均幸福度在0～10上进行评价。这里显示的是2012～2014年各国幸福排名的样本。

国家	排名	平均幸福
瑞士	1	7.59
丹麦	3	7.53
加拿大	5	7.43
荷兰	7	7.38
新西兰	9	7.29
以色列	11	7.28
奥地利	13	7.20
美国	15	7.12
阿根廷	30	6.57
波兰	60	5.79
菲律宾	90	5.07
几内亚	150	3.66
卢旺达	154	3.47
叙利亚	156	3.01
多哥	158	2.84

什么解释了这些国家的幸福差异？根据Helliwell等人（2015）在《2015年世界幸福报告》中提出的研究，有7个变量一致地解释了这些国家或地区平均幸福水平或人们对自己生活质量评估的超过一半以上的变异性。这7个变量涉及了人们生活的社会方面和构成人们生活方式的制度类型。根据对国家或地区幸福水平差异解释的重要程度，这些变量包括社会支持的程度、人均收入、健康预期寿命、选择生活的自由、慷慨对待或信任他人、暴力数量和腐败程度。

但是，如果我们仅仅看富裕、工业化国家（那些人们报告相当高的幸福水平的国家），我们看到，尽管这些国家之间存在微小差异，但那些国家约80%的受访者表示他们是相当快乐和满意他们的生活的（Diener, Lucas, & Scollon, 2006）。研究人员所追求的一个问题是：如果人们在这些国家中的生活非常不同，那么这些富裕国家的人们的幸福程度为何是相当的呢？答案似乎涉及这样一个事实，即有许多幸福的来源。因此，特定国家内的幸福水平很高可能是由于不同的幸福来源（Diener, Ng, Harter, & Arora, 2010）。让我们考虑一下这些富国幸福的因素。

12.4.2　影响幸福感的因素

什么使人们对他们的生活感到幸福？首先，快乐的人相比不快乐的人报告的正面情绪的频率更高，负面情绪的频率更低（Lyubomirsky, King, & Diener, 2015）。更高频率的积极情绪有助于扩大和建立人们情感的、身体的和社会的资源（Fredrickson, 2001; Fredrickson & Joiner, 2002）。

其次，与其他人（朋友、家人、浪漫伴侣）的良好社会关系是快乐的重要因素。这种密切的关系对所有人都可用，不管个人财富如何（见图12-14）。事实上，亲密的家庭关系可能在较不富裕的社会更普遍。例如，在更富有（和个人主义）的社会中，人

研究发现，与家人朋友的亲密关系是幸福的一个重要来源。这些关系对所有人而言都是可能的，不论他们的社会经济地位如何。

图 12-14　亲密家庭关系：幸福的一个重要因素

们倾向于更频繁地搬家。这意味着他们可能离他们的家人和亲密朋友（因上大学或新工作时留下）数百甚至数千英里远。

其他研究结果（Diener, Suh, Lucas, & Smith. 1999）表明，幸福也可能受到其他因素的影响，例如有目标和实现目标的手段，个人、经济和其他资源。许多研究表明，具有具体目标，特别是现实的目标，并且认为他们正朝着这些目标前进的人比没有目标的人更快乐（Cantor & Sanderson, 1999）。

12.4.3　财富能带来幸福感吗

更多的钱等于更多的幸福吗？许多人似乎相信是这样的。事实上，经济学家早就认为一个国家的国内生产总值（GDP）的财富应该是一个国家福祉的主要衡量标准。换句话说，人们认为财富会买到幸福。然而，关于货币财富与幸福之间联系的研究表明，这件事情相当复杂。

总的来说，收入和幸福之间有一些联系。正如我们之前从"2015年世界幸福报告"中看到的，GDP（人均收入）确实预测了幸福水平和人们对生活的满意度。但是，探究相当富裕国家的人均收入和幸福之间关系的研究表明，这种关系没有你想象的那么强烈（Diener et al., 2010; Kahneman, Diener, & Schwarz, 2003）。低收入水平，缺乏金钱可能会使人感到不快乐，因为没有经济基础，人们就不能满足他们的基本需求，如食物、衣服和住所。然而，在较高的收入水平下，收入与人们的快乐感觉并不密切相关。在人们有足够的钱来满足他们所有的基本需求，加上一些"奢侈品"的情况下，增加财富不会进一步提高人们的幸福感或生活满意度。

Kahneman和Deaton（2010）研究了美国人的全国代表性样本，研究表明年收入超过75 000美元后，每年增加收入与人们每天经历的积极情绪几乎没有联系。由于积极的感觉对幸福感至关重要，这一发现表明，当超过某一特定值的货币财富之后，收入不一定会增加幸福。

此外，货币财富与幸福和生活的社会方面没有明显的联系（Diener et al., 2010）。其中一个原因是与朋友和家人的亲密关系也与收入无关。如表12-3所示，许多社会财富（GDP）高的国家的社会繁荣和人们的积极情感却相对较低，而这通常来自于强大的社区关系（见 Putnam, 2000）。正如 Diener 等人（2010, p.60）所说："一些在经济方面表现良好的国家，在社会心理方面的繁荣却只有一小部分，而在经济发展中处于中间位置的一些国家，在社会心理繁荣方面却很好。"

对积极情绪至关重要的一个因素是人们对公共和普通商品（素质教育和健康保健系统、安全道路和便捷公共交通、良好的空气和水质以及良好的经济适用住房）日常体验的满意程度。Oishi, Schimmack 和 Diener（2012）分析了54个国家在公共物品方面的回应。即使在控制收入之后，研究人员发现，生活在税收更加先进，即最高税率和最低税率之间有更大差异的国家的人们，有更积极的日常体验和更高的生活满意度，因为他们对政府提供的公共物品更满意。

为什么个人财富不会导致幸福？考虑 Boyce, Brown 和 Moore（2010）的研究发现，财富本身并不像对个人财富的相对判断那样重要。人们似乎更关心他们的收入（财富）与他人的比较，而不是他们的绝对水平。当要求个人报告他们社会中收入低于或高于他们的人数时，这些相对判断与生活满意度密切相关；而绝对收入与之无关。

表 12-3　财富等于幸福吗

从表12-3中可看到，收入较高的国家（例如美国）不一定具有较高的社会繁荣（例如，人们受到他人的尊重，与朋友和家人的良好关系）或积极情感体验。事实上，丹麦、哥斯达黎加和新西兰等国家的积极情绪和社会繁荣程度都很高，尽管其人均财富低于美国。财富不会自动转化为国民的幸福感。

国家	人均收入	社会繁荣排名	积极情感排名
美国	1	19	26
丹麦	5	13	7
意大利	18	33	67
新西兰	22	12	1
韩国	24	83	58
哥斯达黎加	41	6	4
印度	61	85	63
坦桑尼亚	89	58	52

与这项研究一致，Luttmer（2005）发现，收入

相同但居住在较富裕社区的个人不如生活在较贫穷社区的人快乐。事实上，对于与邻居互动更多的人来说，这种效果更强烈，这表明住富人社区的人有更多的机会将自己与更富裕的邻居进行消极的比较，而不是与更穷的邻居进行比较。

这种倾向更关心做得比别人更好，而不仅仅是富裕，说明了社会比较在我们的主观幸福中的重要作用。即使国家的生活水平提高，生活在这些国家的人们也不一定会说他们更幸福，因为与他们比较的人也正在经历收入的增长。

例如，在美国，人均收入（根据通货膨胀调整）在最近几十年上升了 50% 以上，但人们并不感到更快乐。事实上，他们报告说，他们比"好的旧日子"——收入实际更低时更不幸福。部分原因是，美国人工作时间较长，并且花费更多的时间通勤，这两者都降低了幸福感。与十几年前相比，他们在休闲活动和与他人互动方面花费的时间更少，而这会降低幸福感（Kahneman, Krueger, Schkade, Schwarz, & Stone, 2006）。

12.4.4 幸福是"获得你想要的"还是"享受你拥有的"

争取越来越多的物质财富如何影响我们享受生活的能力？Quoidbach, Dunn, Petrides 和 Miklajcazk（2010）的研究表明，获得物质财富并不真正增加我们的幸福，因为这样做可能降低我们拥有这些物品后享受这些物品的能力。为了测试这个想法，在加拿大大学的学生每人得到一块巧克力；在接收巧克力之前，一些被试暴露于加拿大货币的照片以启动他们对财富的渴望。另一些看与金钱无关的中性照片。观察者在一个从 1（根本不）到 7（很享受）的量尺上对吃巧克力的被试的享受程度进行评价。观察者还记录了被试吃掉巧克力花费的时间。在吃巧克力之前看过钱的照片的被试看上去比那些看到中性照片的人更不享受巧克力，且花费的时间更短。这些研究结果表明，即使金钱可能提供许多

我们想要的东西，金钱也可能降低我们去享受生活乐趣的能力。

其他的研究结果（Larsen & McKibban, 2008）表明，幸福来自于我们想要的和感激我们所拥有的。这里的基本信息是，拥有不是幸福的唯一因素。相反，幸福来自对我们所拥有事物的重视，感激它们并享受它们，而不是努力寻求更多更好的财产。可悲的是，许多人似乎失去了获得财富后享受的能力。他们经常继续相信，如果他们能够得到更多的东西（一辆新车、一个更新和更大的房子、衣橱里一件设计师的作品、店里的新工具、又一件艺术品），他们才能最终获得他们所寻求的幸福（见图 12-15）。但是，事实上，这种态度可能导致令人沮丧的努力和不满的恶性循环。

12.4.5 幸福的人与不幸福的人之间的区别

正如我们所展示的，许多因素影响幸福。除了与我们珍视的人有强烈的社会纽带（Jetten et al., 2015）和感激我们拥有的之外，相对于不幸福的人，那些幸福的人在认知和动机方面还有其他重要的不同吗？我们知道幸福的人比不幸福的人更加喜

研究表明，拥有我们想要的东西并不带来幸福。相反，拥有想要的和感激我们拥有的两者一起才会产生高水平的幸福感。这就是为什么许多拥有大量财富和富有的人不快乐的原因之一：他们不断扩大自己的"需求"列表，并且在他们实际获得这些东西后却不太高兴。

图 12-15 拥有想要的或想要拥有的？哪个带来幸福

欢社交并更关心他人。例如，幸福的人更可能献血（Priller & Schupp, 2011）。Aknin, Sandstrom, Dunn 和 Norton（2011）也发现（横跨122个国家），捐款（亲社会行为）在那些对生活感到满意的人中更有可能发生。

　　Lyubomirsky（2001）发现，幸福的人和不幸福的人对相同的社会信息的反应不同。例如，将自己与其他人对比时，幸福的人（与不幸福的人相比）不会因信息表明其他人以各种方式超越了他们而那么苦恼。幸福的人通常不会被这种消极的社会比较所困扰，他们甚至会对他人的成功产生积极的反应。相比之下，不幸福的人在与他人比较时发现自己"无计可施"，他们更可能心碎。

　　类似地，当在几个选项（如一种甜点、一所大学）之间进行选择时，幸福的人通常对他们做出的选择感到满意，并且对他们拒绝的低评价的选项感到很小的应激。换句话说，他们不太可能遭受认知失调，并且不太可能对做出的选择感到遗憾，相反，不幸福的人往往对他们已经做出的选择表示担心，并且因为给选项评价偏低而感到有压力，还可能持续反思过去。

　　另一个区别是，幸福的人倾向于以积极的方式解释事件，而不幸福的人更加负面地解释相同的事件。这是"看到玻璃杯半满或看到半空"之间的区别。因此，当他们考虑过去的事件时，幸福的人一般倾向于以积极的角度记住这些事件，而不幸福的人以更消极的态度察觉过去的事件。例如，两个人为同一份工作面试，一个人更倾向于感到幸福，另一个人倾向于感到不幸福。两人都面试同样的工作。在面试之后，幸福的人倾向于觉得体验是积极的，即使他或她没有得到这份工作。幸福的人也可能觉得可以从经验中学到教训，这可以使下一次面试做得更好。相比之下，不幸福的人倾向于将面试视为一种负面体验。这个人可能不断地担心他或她的表现，以及他或她是否会得到好的工作。

　　另一个对于幸福或不幸福的人来说不同的过程是自省——反思自己。幸福的人倾向于关注他们强的或积极的品质和感觉。不幸福的人更可能专注于他们的弱点或负面特征，而这往往使他们感到沮丧、缺乏能量或失去追求他们目标的意愿。不幸的人往往有更多不幸福的朋友，而幸福的人有更多幸福的朋友（Fowler & Christakis, 2008）。所以，我们与谁联系可以影响我们自己的情绪。以下的专题"**研究告诉了我们：不同文化下，情感和生活满意度之间的关系**"会进一步探讨积极和消极情绪如何影响幸福水平。

研究告诉我们　　不同文化下，情感和生活满意度之间的关系

　　情绪体验可以对幸福水平产生影响。Kuppens, Realo 和 Diener（2008）想知道积极和消极情绪的频率在人们对生活满意度中发挥了什么作用。他们通过对来自46个不同国家的8 500多名参与者的样本调查了这个问题。总体而言，研究结果表明积极情绪与幸福感密切相关，而负面情绪与不幸福有关。也许更令人惊讶的是，这些关系的强度因文化而异。

　　文化在许多方面有所不同，但核心的一个方面是他们偏向个人主义或集体主义价值观的程度。个人主义文化，如美国，强调每个人的个人成就和他或她的特殊属性。另一方面，诸如日本和中国的集体主义文化倾向于强调人们所属的群体（族裔、教育、专业或宗教团体）之间的和谐。人们对他们的团体规范的适应程度可以预测人们在该文化中的生活满意度（Diener, Tay, & Myers, 2011）。

　　Kuppens 等人（2008）发现，相比集体主义文化，在个人主义文化中积极和消极情绪与幸福和不幸更为相关。例如，在个人主义文化中，如澳大利亚、比利时、德国和美国，这些情绪和幸福之间的关系比集体主义文化，如泰国、印度尼西亚和委内瑞拉更强。因此，相对于集体主义而言，个人情绪体验似乎对个人主义文化中的人的幸福更为重要（见图12-16）。

　　研究还表明，旨在增加幸福的某些干预的类型在某些文化中比在其他文化下更有效。与个人主

义价值观相一致并强调个人自我完善和个人代理的干预做法相对于控制条件下显著改善了英、美国人的幸福感。然而，这些相同的干预并没有改善外国出生的亚裔美国人的幸福，他们的文化价值观更为集体主义，强调幸福的基础是实现社会和谐（Boehm, Lyubomirsky, & Sheldon, 2011）。

一般来说，积极的感觉与幸福有关。然而，这种关系在关注个人行为或表现的文化（左）中比在更多地关注集体成功和和谐（右）的文化中更强。

图 12-16　与幸福相关的积极情感是否在哪里都相同

情绪与幸福的关系还取决于人的年龄。例如，美国的年轻人比老年人报告自己经历更多的愤怒，对应激反应更强烈（Isaacowitz & Livingstone, 2015）。这并不奇怪，美国老年人通常比年轻人报告更多的幸福，尤其是相对于遇到相当多的工作应激和家庭应激的中年人。

人们也倾向于随着年龄的增长而改变他们幸福的基础。在比较美国 20 岁和 50 岁及以上的成年人的研究中，Mogilner, Kamvar 和 Aaker（2011）发现，将幸福的经历与兴奋或高觉醒状态联系的年轻人比老年人多。相比之下，老年人将幸福与具有低唤起状态的平和和宁静联系在一起的可能性比年轻人高出 8 倍。

这种年龄差异似乎是由于时间的变化，这通常随着年龄的增长而发生。对于年轻人来说，未来似乎在他们面前扩大，而对于老年人来说，未来是不太扩大的。关注现在，正如老年人更倾向于做的，导致感觉平静或宁静经历的幸福。这种时间上的差异也有助于解释情感理念中的文化差异。Tsai（2007）指出，中国人希望感到平静和宁静，而美国人更可能重视兴奋感。这些理想反映了关注当前与未来的各自的文化差异。

12.4.6　幸福感的好处

感到幸福当然感觉很好，这是我们多数情况下更喜欢的状态，但不是所有时候。除了感觉良好之外，幸福的人通常会感受到许多与他们对生活的高满意度有关的有形的好处（Lyubomirsky et al., 2005）。在工作方面，主观幸福感较高的个人更有可能体验更好的工作成果，包括高生产力、高工作质量、高收入、更快的晋升和更好的工作满意度（Borman, Penner, Allen, & Motowidlo, 2001; Wright & Cropanzano, 2000）。他们也倾向于拥有更多、更高质量的社会关系，更多的朋友、更令人满意的浪漫关系和更强的社会支持网络（Lyubomirsky, Sheldon, & Schkade, 2005; Pinquart & Sorensen, 2000）。

幸福的人还倾向于报告更健康和更少的不愉快的身体症状，并且更有效地治疗疾病（Lyubomirsky et al., 2005）。特定的健康相关益处与高水平的幸福相关，包括增加对感冒和流感病毒的抗性（Cohen, Doyle, Turner, Alper, & Skoner, 2003）、更强的处理疼痛的能力（Muller et al., 2016）、较低的抑郁发生率（Maruta, Colligan, Malinchoc, & Offord, 2000）以及术后恢复较快（Lamers, Bolier, Westerhof, Smit, &

Bohlmeijer, 2012）。

也许最有趣的是，幸福的人似乎比不幸福的人活得更长。Xu 和 Roberts（2010）将生活在加利福尼亚州的大量人群的主观幸福感与寿命相关联。他们在 28 年内检查了自然原因的死亡，并将其与整体生活满意度、积极情感、消极情感和对重要生活领域的满意度的测量相关联。所有这些测量都是可行的，因为这项研究的人参与了一个全州纵向公共卫生研究。结果令人信服：幸福的所有组成部分（生活满意度、对重要生活领域的满意度、高积极情感、低消极情感）与寿命相关。换句话说，在幸福的这些组成部分上得分越高的人，他们在研究期间死亡的可能性越小。有趣的是，这些发现在年轻人和年长者中均如此。幸福，似乎不仅使我们的生活更愉快，也延长了它们。

12.4.7　变得过于幸福是可能的吗

幸福肯定是人们在生活中追求的目标之一，但是否能过于幸福？最初，你可能会回答："越多越好！"但有时在生活中，一个好东西可能会过度。即使是通常有益的特征或条件也可能因过度而导致消极，而不是积极的结果。令人惊讶的是，有一些理由表明这一原则也适用于幸福。

首先根据 Oishi，Diener 和 Lucas（2007）提出的理论——**幸福理论的最佳水平**（optimum level of well-being theory），考虑福利对任务绩效的影响。这个理论提出，对于任何特定的任务，存在最佳的主观幸福水平。因此，对于任何任务，可能存在与最大性能相关联的积极情感的最佳水平。在这个点之前，许多不同任务的绩效随着福利的提高而提高，但过了之后，绩效便会下降。这类似于在第 11 章讨论过的 Zajonc（1965）的社会促进驱动理论。在这个理论中，观众是一个唤醒的来源，可以提高任务的表现，但超过某一点后表现则会下降。

涉及许多国家的成千上万的参与者的研究结果提供了支持 Zajonc 的理论应用到幸福中的证据。相比那些幸福感稍低的人，在非常高的幸福水平下的人们的表现会受损。各种不同的任务，诸如职业成功、收入和教育程度，均被发现在某一特定点前都随着主观幸福感而增加，但超过这个定点后反而下降。不过，幸福与社会关系的满足之间的关系并非如此。越幸福的人越可能拥有更持久和更令人满意的社交关系。

那么为什么收入、教育程度和职业成功在很高的幸福水平上呈现下降趋势？有关这个问题的讨论，请参见图 12-17。Oishi 等人（2007）解释了极端幸福的人的任务表现减少的原因如下：对于与成就相关的任务（如职业成功、教育程度），非常高的水平的积极情感可能导致自满。因此，动机和努力减少了。所以当人们感到非常幸福时，他们可以"放松"，而不是对艰巨的任务进行最大的努力，因为他们已经对自己的生活很满意了。因而，表现水平在非常高的积极情感水平下反而下降。

对于那些已经非常幸福的人，可能很难诱导他们努力实现更多的成功。

图 12-17　非常高水平的幸福感导致自满

非常高水平的主观幸福感也可能与认知错误相关，正如第 2 章中所述的那样：过度乐观、过度自信和规划谬误（错误地低估了完成任务的时间）。一些消极情绪对于面对他人时改善表现是必要的，而且非常快乐的人比起低积极情感的人可能会发现这样做更困难（Gruber, Mauss, & Tamir, 2011）。

最后，关于个人健康，非常高的主观幸福感可能导致人们相信可以"做"危险或危害健康的事。他们可能吃饭或喝得太多，从事危险的行为等。这种错觉当然可能是有害的，并且损害了由主观幸福赋予的对个人健康的益处。由于这些和其他的原因，非常高水平的主观幸福可以同时具有有害和有利的效果，所以令人惊讶的是，在某些情况下变得太幸福是可能的。

12.4.8 提高幸福水平

对主观幸福的初步研究表明，幸福是相对固定的：人们出生时就对幸福或不幸福有强烈的倾向，而且这些很难改变。换句话说，即使在非常困难的生活环境中，有些人往往是幸福的，而其他人往往不幸福，即使他们很幸运。研究表明，随着时间的推移，主观幸福感相对稳定（Eid & Diener, 2004）。

有观点认为情绪是可变的，包括幸福，但是它们围绕在一个相对稳定的定点波动。因此，在经历强烈的情绪生成事件（如彩票中奖、交通事故致残）之后，人们倾向于适应并最终回到他们基础的个人的定点（e.g., Brickman & Campbell, 1971; Frederick & Loewenstein, 1999）。有越来越多的证据支持"享乐适应症"理论，即事件和环境只会暂时改变人。

首先，回顾世界各地人民平均幸福水平的实质性国家差异，如表12-2所示。没有什么理由可以假设生活在丹麦的人（平均幸福水平为7.53，10点量尺）比饱受战火摧残的叙利亚人（平均幸福水平3.01）有不同的并且是不变的"个人定点"。回想一下，在这些国家幸福水平的差异中占很大比例的因素是社会和制度属性。换句话说，造成这些巨大的跨国幸福差异的因素在根本上是可以改变的，例如使人们受到社会支持的程度，能够控制自己的生活、感到能够信任和慷慨对待他人、政府和其他机构相对没有腐败、暴力事件的低暴发率，对健康寿命有合理预期。

我们还知道，某些可变因素可以系统地预测各国包括美国各地不断增长的不满情绪。正如Wilkinson和Pickett（2010）发现的，随着收入不平等的增加（通过基尼系数衡量，0 = 完全收入平等，1 = 所有收入归于一个人），幸福和许多其他幸福指标都会下降。此外，由于高收入国家的收入分配变得更加不平等，对人们幸福水平至关重要的各种因素都会下降。也就是说，随着收入不平等的增加，对

他人的信任下降、负性情绪体验频率增加、预期寿命下降、杀人和其他暴力犯罪增加、社会凝聚力下降。

使用上述知识并在2005年进行改革的国家（如改善政府质量和提供公共服务），在2012年测量时发现人们的生活满意度持续提高（Helliwell, Huang, & Wang, 2014）。这些和其他旨在改善人口福利的国家干预措施反对定点观点，支持乐观结论，人口幸福水平是可以改变的。

幸福感的个人差异很大，并且随环境变化而变化（Diener et al., 2006）。什么类型针对个人的干预措施可以提高人们的幸福水平？有几个研究已经发现可以这样做：加强社会联系，改变与世界接触的方式并参与目的性活动（Lyubomirsky et al., 2005）。

针对目的性活动（人们在日常生活中自愿或经常做的事情）的干预已被证明会对幸福产生相对持久的影响。例如，研究表明，相对简单的行为干预可以提升幸福感，如进行定期锻炼。其他简单的干预措施，例如指定被试在一天中对他人友好，在他人而不是自己身上花少量的钱，或停下来计算和考虑自己的福分，这些都可以对幸福产生持久的影响（Aknin et al., 2013; Lyubomirsky et al., 2005; Seligman, Steen, Park, & Peterson, 2005）。这里有一些其他步骤，你可以用来提高你的幸福感：

- **启动一个良性循环**。积极情绪体验似乎像是一个"让球滚动"的途径。积极情绪帮助我们采取有效的方法应对生活中不可避免的问题，这反过来可以产生更积极的情绪。所以就像在许多任务中一样，最困难的一步往往可能是第一步。一旦你开始体验积极情感，会变得更容易体验到更多。
- **建立密切的个人关系或加入你珍视的团体**。发展和保持良好的关系需要很多时间，而且可能涉及一个或多个团体，但奖励似乎使得这一努力是值得的（Jetten et al., 2015）。事实上，这可能是你可以做的增加幸福的唯一最重要的事情。尝试更多地了解对你重要的人，以及如何使他们更快乐（Aknin et al., 2013）。结果可能对你的幸福有一个大提升。

- **购买物质产品的体验**。许多人认为，获得新汽车、珠宝、毛衣或一些其他种类的物质对象将有助于他们幸福感的提升。但是，相当多的研究表明，如果你必须在购买物质和购买体验之间进行选择，你将从购买体验中获得更大更持久的幸福（Van Boven, 2005）。这是因为体验更少被拿来比较，所以人们不太可能产生遗憾（Carter & Gilovich, 2010）。体验也更可能建立社会关系，从而有助于幸福。如考虑邀请朋友去音乐会或共进晚餐作为生日礼物会比在物质上花费同等资金产生更多的幸福。体验更有可能使你和朋友幸福，因为它会导致比物质更持久的积极回忆。
- **发展有助于幸福的个人技能**。幸福的人拥有许多有助于幸福的个人特征。这些包括友好和外向、和蔼（相信你会喜欢和信任他们、接近他们）和情绪稳定。所以，考虑你在这些维度上的位置，并在亲密朋友的帮助下往好的方面发展。
- **停止做适得其反的事情**。尽管你想要幸福，但你可能发现自己卷入到产生消极情绪的想法和行动中。在别人的帮助下，许多消极的行为和思维模式是可改变的，如过度担心、试图完美，或为自己设定不合理的目标。同样，通过改变你的焦点，你可以选择更多地活在当下而不是活在未来。例如，不要告诉自己，当你发生 X 时你会开心，而是在日常生活中专注于小小的快乐和愉快的经历。努力减少生活中使人不幸的消极因素并增加提升幸福的积极因素。

12.4.9 创业是寻求幸福的手段

成功创业家所需要的许多特征也有助于提升幸福水平。"创业家"（enterpreneur）的起源是一个法语词，意思是"承担"。然而，在今天的语言中，这个词可以有几种意义，取决于它所处的语境。例如，在非常广泛的背景下，创业家是发起变革的人。在商业环境中，创业家可以是开始新公司，创造新产品或设计一种新的做事方式的人。在某些情况下，这个术语可能只是指为自己工作的人，而不是为他人工作的员工。现在你有一种基本的创业精神，让我们来看看创业家与幸福相关的动机和技能。

创业可以说是风险行为。任何时候有人创建一个新公司或冒险成为他"自己的老板"，通常比作为一个雇员有更多的风险。那么创业如何才能被看作是创造幸福的手段呢？换句话说，什么促使人们成为创业家？可能的一个原因是：创业家往往是乐观主义者。他们认为他们将在生活中体验积极的结果，即使这种信念没有充分的理由（Hmieleski & Baron, 2009）。

在过去，人们普遍认为，成为创业家的动机是对财富和名望的欲望。但是最近的研究（其中许多是受社会心理学理论的启发）表明，金融动机只是总体情况的一小部分。当然，大多数创业家不会反对他们赚了很多钱，但这样的结果通常不是他们关键的中心动机。在许多情况下，他们会逃避他们认为沉闷或不满的工作和生活。换句话说，他们成为创业家是为了在生活中找到更多的意义，这是幸福的关键。其他人成为创业家是因为他们想要更多的个人自由，他们希望可以控制影响生活质量的决策。他们厌倦与不合理的、没什么才干的老板一起工作。

由社会心理学家开发的一个重要的动机与幸福的理论——**自我决定理论**（self-determination theory, SDT; Deci & Ryan, 2000, 2008）与理解企业家的动机直接相关。这个理论部分地侧重于两种动机之间的区别：内在的和外在的。**内在动机**（intrinsic motivation）是指个人为了自己的缘故而追求目标，即纯粹的享受。例如，收集邮票或棒球卡通常是内在动机驱动的。这样的收藏家不期望从这些活动中获得巨大的经济收益；他们追求他们的爱好，因为他们享受这个过程。

相反，**外在动机**（extrinsic motivation）指个人寻求外部奖励的情况。他们可以执行他们不喜欢的任务，为了获得奖励，如金钱、高级职业或更好的工作。正如你可能猜到的，内在动机往往比外在动机促进更高水平的幸福。将自我决定理论应用于创业家有助于解释为什么许多人创业的主要动机不是寻求货币财富。相反，他们想享受他们的工作并变得快乐。

除了了解创业背后的动机，成功的创业家还有哪些其他属性在幸福中也发挥重要作用？首先，创业家作为一个群体，往往对自己有很高的信心（Zhao, Seibert, & Hills, 2005）。他们通常相信他们可以完成自己所设定的任务。这被称为自我效能感（self-efficacy），与第4章中讨论的自尊和自我的其他方面密切相关。我们认为自己积极或消极的程度，对自己的总体态度，直接影响着我们的幸福水平。

创业家倾向于展示的另一个特征是高水平的社交技能，这对于说服潜在投资者为其公司做出贡献很重要（见图12-18）。社交技能包括准确地"阅读"其他人的能力、影响他人的能力、产生热情的能力以及改变或适应一种社会环境的能力。从幸福的角度来看，社交技能高的人更可能被提拔并获得积极的反馈，他们往往比那些低技能的人吸引更多的朋友。

另一个密切相关的变量涉及创业家开发强大社交网络的能力（Baron, 2012）。社交网络可以以各种方式帮助创业家。例如，假设创业家需要某种特定类型的工程师的专业知识，如果他有一个大型的社交网络，其中的某人可能可以推荐一个人来帮忙。企业家如何发展社交网络？最近的研究（Fang, Chi, Chen, & Baron, 2015）表明，他们最初与他们信任的人建立积极的关系，然后扩大他们的社交网络，包括可能帮助他们改善业务的其他人。你可能还记得，具有良好的社会关系和支持、有不同的网络依靠是幸福的重要组成成分。

总而言之，关于创业家的研究表明，他们是以工作为内在动力，工作本身往往会使他们感到幸福。创业家的工作需要自信。创业成功者更有可能是那些具有强大社交技能来允许他们与他人建立积极关系的人。通过扩展他们的社交网络，创业家依靠那些更远的关系来帮助他们改善业务。与创业家的幸福相关的因素也被证明在预测非创业家幸福方面很重要。

好的社交技能对于那些想要成为成功创业家的人很重要。有高社交技能的人比社交技能低的人更幸福。

图12-18　社交技能影响创业家的成功和幸福

要点 Key Points

- 每个人都寻求**幸福**（通常被社会心理学家称为主观幸福感）。关于这一主题的系统研究表明，它涉及四个基本组成部分：整体生活满意度、对重要生活领域的满意度、更多的积极情感和更少的消极情感。

- 人们对关于幸福和生活满意度的问题做出不同的回应，这取决于他们居住的国家。一些中心因素一致解释了国家平均幸福水平一半以上的变异：社会支持程度、人均收入、健康预期寿命、选择生活的自由、对他人的慷慨、暴力的数量和腐败的程度。

- 幸福的一个重要来源是与朋友和家庭的密切联系——是扩展社交网络的一部分。其余因素包括具有具体目标和实现这些目标的资源。此外，幸福的人报告体验积极情绪的频率更高，体验负面情绪的频率更低。

- 研究表明，高于一定水平的收入与人们每天经历的积极情绪之间几乎没有关系。这预示着，超越某一点的货币财富不一定会增加幸福。

- 社会比较通常在主观幸福感中起作用。货币财富本身对于人们的幸福不如相对财富（知道自己在社区或社交圈子中比其他人更富有）那样重要。

- 我们拥有的财产不一定会产生幸福。幸福也似乎来自于珍视我们拥有的东西，感激并享

- 受它们。对更多财产的持续关注会降低我们体验当前愉快的能力。
- 幸福和不幸福的人之间存在许多差异。幸福的人比不幸福的人更加面向社区。幸福的人也倾向于关注积极的方面：他们较少受到负面社会比较的影响，倾向于以积极的方式解释事件，并且自我反思时更强调自己的优势。相比之下，不幸福的人倾向于固着在过去的选择、事件和自己更消极的一面中。
- 个人的、情绪的体验似乎在个人主义文化（强调一个人的特定成就）的幸福水平中比在集体主义文化（强调团体和谐）中发挥更大的作用。
- 除了感觉良好外，幸福还有很多实实在在的好处。高主观幸福的人更有可能体验到更好的工作成果（晋升、工作满意度），有更多高质量的社会关系，更健康，活得更久。
- **幸福理论的最佳水平**有助于解释为什么在某些情况下，人们可能会过于幸福。非常高水平的幸福会导致自满，或导致不合理的过度乐观。因此，极端的幸福可能干扰任务表现或导致认知错误。它也会使人们承担更多的风险。
- 越来越多的证据支持幸福水平在根本上是可以改变的。这种证据表明"人们在经历强烈的情感生成事件后，幸福水平最终回到他们的个人定点"的观点是错的。有意的活动干预可以对幸福产生持久的影响。
- 你可以采取的增加幸福的措施：建立密切的个人关系或加入你珍视的群体，购买体验而不是物质商品，建立有助于幸福的个人技能，停止事与愿违的思想和行动。
- 成功的**创业家**需要的许多特质也是有助于幸福的。尽管有风险，创业家仍有动力开始新的业务，他们创业是为了在未来的生活中找到更多的意义，并获得更多的个人自由，这是幸福的两个关键方面。创业家也具有很高的自我效能感、社交技能，并善于利用他们的社交网络使自己取得成功。这些因素也是与非创业家的幸福水平有关的。
- **自我决定理论**（SDT）有助于解释创业家的动机。创业家往往表现为内在动机（享受参与的活动）驱动，而不是外在动机（为获得外部奖励而执行任务）。内在动机比外在动机更能促进幸福。

总结与回顾

应激（stress）是导致心理和身体健康问题的一个因素。应激可以源于创伤事件或低强度但高频率的**烦心琐事**（hassles）。应激会干扰人体免疫系统，这种干扰甚至可以在细胞水平被测量到。**社会支持**（social support），关心我们的人提供的情感资源，有助于减少应激经历导致的心理困扰。

孤独感（loneliness）发生在一个人拥有比期望更少和更不满意的社会关系时。产生孤独感的社会关系缺乏可能是暂时的，随着生活的变化也可能变成长久的。孤独的人常常被忽视。如果人们将自己的性格视为"固定的"，不能改变的，那么他们可能为了不体验到拒绝而断绝与他人的联系以避免未来的消极经历。相比之下，认为自我是可变的人会把拒绝当作成长的机会。与自我变化相关的干预（从认为自我是不变的到相信自我是可塑的，能够增长的）有助于提高人们面对应激的弹性、减少抑郁症的可能性。

因为残疾、性取向和体重而受到歧视的经历与幸福损害相关。一个原因是这些群体经历的歧视往往来自预期会提供社会支持的人。在控制了其他风险因素后，体重歧视依然可以预测死亡率。

一种处理应激和改善身心健康的方法是定期锻炼。然而，如果没有社会支持，坚持锻炼是困难的。Fitbit的技术可以将人们与监控他们锻炼的其他人联系起来，帮助人们通过使用设备与他人建立共享身份来保持动力。群体认同可以帮助人们通过提供个人控制感来减少应激和疲劳。加入团体可以促进社会联系并帮助预防抑郁症。在经历失败之后，认同我们所属的团体可以削弱抑郁症归因。具有**创伤后应激障碍**（post-traumatic stress disorder, PTSD）的退伍军人在得到家庭成员的社会支持时，身心健康往往得到改善。增强学生对大学的归属感的干预可以提高学生学业成绩和整体幸福感。

应对新挑战的应激（特别是当我们发现自己处于新的不确定环境中或感觉我们过去犯了错误时）的一个重要手段是练习自我原谅。原谅自己的失败（如拖延）可以改善未来的表现，降低抑郁的风险，并鼓励我们不要在下次犯同样的错误。将日期设立为一个新的开始，人们能够更好地实现自我改变。这种方法有助于将他们与过去不完美的自我断开，并为追求新目标构建舞台。提醒人们障碍的存在，并让他们将其视为力量的源泉可以让第一代大学生更好地应对因自己的背景而体验到的应激。

为了使法律制度更加公平、公正和保护基本人权，有必要了解当前制度中可能存在错误和偏见的根源。用于识别犯罪嫌疑人的**列队辨认**（lineups）是否会受到偏见的影响取决于其如何进行。需要绝对判断的顺序列队辨认比产生比较判断的同时列队辨认有更高的准确度。在指认期间向证人提供某些类型的指令和反馈也可能导致识别错误。虽然法官经常指示陪审员忽略某些信息，例如被告先前的定罪或豁免，但研究表明陪审员实际上无法忽略这些信息。

在法律诉讼中，被告的种族、性别、身体吸引力和社会经济地位会影响陪审员的看法和判断。种族多样性的陪审团要比同质陪审团更公平更有效。

每个人都寻求**幸福**（happiness，通常被社会心理学家称为主观幸福感）。关于这一主题的系统研究表明，它涉及四个基本组成部分：整体生活满意度、对重要生活领域的满意度、更多的积极情感和更少的消极情感。人们对幸福和生活满意度水平问题的回应取决于他们居住的国家。一些中心因素一直占国家平均幸福水平的一半以上：社会支持程度、人均收入、健康预期寿命、选择生活的自由、对他人的慷慨、暴力的数量和腐败的程度。

幸福的人报告积极情绪频率更高，消极频率更低。幸福的一个重要来源是与朋友和家庭的密切联系，这是扩展社交网络的一部分。幸福的人更加面向社区。幸福可以通过建立密切的个人关系、加入你珍视的团体、购买体验而不是物质商品、建立有助于幸福的个人技能以及避免事与愿违的想法和行动来增加。

超过一定数量的货币财富不一定会增加幸福。事实上，货币财富的绝对数量不像相对财富那样重要。幸福也似乎来自于对我们所拥有的事物的重视、感激和享受，而不是专注于获得更多，这可能会降低我们享受的能力。高主观幸福的人更有可能体验到更好的工作成果（晋升、工作满意度），有更多高质量的社会关系，更健康，活得更久。

幸福理论的最佳水平（optimum level of well-being theory）有助于解释为什么在某些情况下，人们可能会过于幸福。非常高水平的幸福可能会导致自满，或导致不合理的过度乐观。越来越多的证据支持幸福基准水平从根本上是可以改变的。这种证据表明"人们在经历强烈的情感生成事件后，幸福水平最终回到他们的个人定点"的观点是错的。

成功的**创业家**（entrepreneur）需要的许多特征也是有助于幸福的。尽管有风险，创业家有动力开始新的业务或为自己工作是为了在未来生活中找到更多的意义，并获得更多的个人自由。创业家也具有很高的自我效能感和良好社交技能，并利用他们的社交网络使自己取得成功。**自我决定理论**（Self-determination theory，SDT）有助于解释创业家为什么通常有强烈的内在动机，他们想要完成自己喜欢的工作或活动。而为了获得奖励的外在动机不会带来同样的幸福水平。

图片版权清单

第 1 章

Pages 2: AF archive/Alamy Stock Photo; 4 (bottom left): uremar/Shutterstock; 4 (bottom right): Konstantin Shevtsov/123RF; 4 (center): Wdstock/iStock/Getty Images Plus/Getty Images;5 (bottom left): Tomas Abad/Alamy Stock Photo;5 (bottom right): Rey T. Byhre/Alamy Stock Photo;7 (bottom right): Wavebreakmedia/Shutterstock; 8:Fancy/Alamy Stock Images;9 (bottom left): Bruce Laurance/DigitalVision/Getty Images; 9 (bottom right): Robert Daly/OJO Images/Getty Images; 11: Uniquely India/Age Fotostock;12: Mark Harmel/Alamy Stock Photo; 18: PeopleImages/E+/Getty Images; 19: Nyla Branscombe; 23: Marty Heitner/The Image Works

第 2 章

Pages 28: Gazmandhu/Shutterstock; 30: Shots Studio/Shutterstock; 41: Jerry King/Cartoon Stock;44 (bottom left): Rainbow33/Alamy Stock Photo; 44 (bottom right): Thinkstock Images/Stockbyte/Getty Images;46: Pictorial Press Ltd/Alamy Stock Photo; 48 (bottom left): micro10x/Shutterstock; 48 (bottom right): Rido/123RF

第 3 章

Pages 53: Moviestore collection Ltd/Alamy Stock Photo; 54 (bottom left):YanLev/Shutterstock; 54 (center): Jochen Schoenfeld/Shutterstock; 54(bottom right): Johan Larson/Shutterstock; 56 (bottom left): Stokkete/Shutterstock; 56 (bottom right): violetblue/Shutterstock; 58: Wallenrock/Shutterstock; 61 (bottom right): Goodluz/Shutterstock; 69: Paul Chinn/San Francisco Chronicle/Corbis; 70: Matthew T. Carroll/Moment Open/Getty images;

第 4 章

Pages 78: Gil C/Shutterstock; 80 (bottom): PeskyMonkey/E+/Getty Images; 80(top): Peter Steiner/The New Yorker Collection/The Cartoon Bank;82 (bottom): colematt/iStock/Getty Images Plus/Getty Images; 82 (top): Tim Cordell/CartoonStock;83:B.O'Kane/Alamy Stock Photo; 90(left): hurricanehank/Shutterstock; 92: Andresr/Shutterstock; 97 (bottom left):Caiaimage/Getty Images; 98: Bonnie Kamin/PhotoEdit; 99: Tasos Markou/NurPhoto/Sipa USA/Newscom; 103: ZUMA Press, Inc./Alamy Stock Photo

第 5 章

Pages 109: Justin Bilicki/CartoonStock; 111 (center): Allstar Picture Library/Alamy Stock Photo; 111 (bottom right): Everett Collection Inc./Alamy Stock Photo; P111(bottom left): Byron Purvis/AdMedia/Newscom;115: Andresr/Shutterstock; 113: Nicoleta Ionescu/Alamy Stock Photo; 123: Francisco Diez Photography/Moment/Getty Images; 124: Everett Collection Inc / Alamy Stock Photo;127: Pressmaster/Shutterstock;

第 6 章

Pages 137: David Zalubowski/AP Images; 137: Ray Jones/UPI/Newscom; 139: GL Archive/ Alamy Stock Photo; 140: Andrew Burton/AP Images; 144: Warren Miller/The New Yorker Collection/The Cartoon Bank; 147 (bottom right): Aflo Co.,Ltd./Alamy Stock Photo;155 (left and right): Peter Horree/ Alamy Stock Photo; 213: GL Archive / Alamy Stock Photo

第 7 章

Pages 168 (top left): blueskyimage/123RF; 169: wavebreakmedia/Shutterstock; 171: Monkey Business Images/Shutterstock; 175:Film Fanatique/Alamy Stock Photo; 176 (bottom left): Allstar Picture Library/Alamy Stock Photo; 176 (bottom right): ZUMA Press, Inc./Alamy Stock Photo; 177: Lemley , 2000., p., 42; 178 (top) Michael Witman/iStock/Getty Images; 177 (bottom left): SuperStock/SuperStock;177 (bottom right): Image Source/Alamy Stock Photo; 178: Age fotostock/Alamy Stock Photo;183: AVAVA/Shutterstock; 188: Glasshouse Images/Alamy Stock Photo; 190 (bottom left): Richard Ellis/Alamy Stock Photo; 190 (bottom right): Richard Ellis/Alamy Stock Photo;191(bottom right): Consumer Trends / Alamy Stock Photo; 191 (bottom left): NBC Television/Getty Images;

第 8 章

Pages 200:Begsteiger/Insadco/Age Fotostock; 203 (left and right): Hill Street Studios/Blend Images/Getty Images; 204: Keith Morris/Alamy Stock Photo; 207 (left and right): (c) Philip G. Zimbardo, Inc.;209: AnnaDe/Shutterstock; 216 (left and right): From The Film Obedience, Copyright 1968 by Stanley Milgram, Copyright renewed 1993 by Alexandra Milgram and distributed by Alexander Street Press.;

第 9 章

Pages 225: Stove-Tec.; 228:mykeyruna/Shutterstock; 229: Sue Ogrocki/AP Images; 232 (top):Tony Dejak/AP Images; 232 (center): HANDOUT/KRT/Newscom;232 (bottom): Images-USA/Alamy Stock Photo;234: CandyBox Images/Shutterstock; 236: YankeePhotography/Alamy Stock Photo;237 (bottom left): John Brueske/ Shutterstock; 237 (bottom right):Sozaijiten; 238: Judie Long / Alamy Stock Photo; 240:iStock/Getty Images;239: Christine Langer-Pueschel/Shutterstock;

第 10 章

Pages 248 (right):IPGGutenbergUKLtd/iStock / Getty Images; 249: ZUMA Press,Inc./Alamy Stock Photo;251: Pete Saloutos/Shutterstock; 255: Aaron Amat/Shutterstock; 258 (top): Courtesy of Albert Bandura.; 263: Rick Rycroft/AP images; 266: 123RF;351: Laura Ashley Alamy Stock Photo;272: Vladimir Mucibabic/Shutterstock ;

第 11 章

Pages 276 (bottom left): Vgstudio/Shutterstock; 277 (left): Minerva Studio/Shutterstock; 278 (left): BlueSkyImage/Shutterstock; 278 (right): Andrey_Popov/Shutterstock; 281(right): DigitalVision/Getty Images;283: Charles Barsotti The New Yorker Collection/The Cartoon Bank; 284: Ringo Chiu/ZUMA Press/Newscom; 285: Archie Carpenter/UPI/Newscom; 287: J.Scott Applewhite/AP images; 290: Hero Images/Getty images; 292 (bottom left): John Lund/Blend Images/Alamy Stock Photo; 292 (bottom right): Luca Bruno/AP images; 304: Morgan DessallesJMP/ABACAUSA.COM/Newscom

第 12 章

Pages 308: Stacey Ilyse/ZUMA Press/Newscom;311: Antonio Guillem/Shutterstock; 314:Web page content provided by NAAFA.org; 319: Dariush M/Shutterstock.; 320: Skocko/Shutterstock; 325 (bottom right): Vojtch Vlk/ AGE Fotostock; 327(top left up): Morgan David de Lossy/Corbis; 327 (top right): Blend Images/Superstock; 327 (top left down): mevans/ E+/Getty Images;329 (top left): imtmphoto/123RF; 329 (top left): Image 100/Glow Images/ Corbis; 330: Chris Madden/Cartoonstock;333: Monkey Business Images/Shutterstock